本项目得到国家社科基金项目"宁夏生态吊庄移民回族方言研究"（14CYY008）、北方民族大学"语言学及应用语言学"区级重点学科经费、宁夏哲学社会科学青年托举人才项目资助

A Study on the Dialect of Diaozhuang
Ecological Migrants in Ningxia

宁夏生态吊庄
移民方言研究

张秋红　著

中国社会科学出版社

图书在版编目（CIP）数据

宁夏生态吊庄移民方言研究／张秋红著 . —北京：中国社会科学出版社，
2024.4
ISBN 978-7-5227-3160-5

Ⅰ.①宁…　Ⅱ.①张…　Ⅲ.①移民—社会生活—研究—宁夏
②方言研究—宁夏　Ⅳ.①D632.4②H17

中国国家版本馆 CIP 数据核字（2024）第 044306 号

出 版 人　赵剑英
责任编辑　耿晓明
责任校对　李　军
责任印制　李寡寡

出　　版　中国社会科学出版社
社　　址　北京鼓楼西大街甲 158 号
邮　　编　100720
网　　址　http://www.csspw.cn
发 行 部　010-84083685
门 市 部　010-84029450
经　　销　新华书店及其他书店

印　　刷　北京君升印刷有限公司
装　　订　廊坊市广阳区广增装订厂
版　　次　2024 年 4 月第 1 版
印　　次　2024 年 4 月第 1 次印刷

开　　本　710×1000　1/16
印　　张　26.75
插　　页　2
字　　数　416 千字
定　　价　128.00 元

目　录

第一章　绪论

第一节　宁夏移民概况

壹　扶贫移民

宁夏回族自治区位于北纬 35°14′—39°23′，东经 104°17′—107°39′，处于黄河上游，东邻陕西省，西、北部接内蒙古自治区，西南、南部和东南部与甘肃省相连，南北相距约 456 千米，东西相距约 250 千米，总面积为 6.64 万多平方千米，是古丝绸之路要道，素有"塞上江南"之美誉，自治区首府驻地银川，辖 5 个地级市，22 个县、市（区）。宁夏地处黄土高原与内蒙古高原过渡地带，地势北低南高，南部以流水侵蚀的黄土地貌为主，中部和北部以干旱剥蚀、风蚀地貌为主，大致以宁夏吴忠市同心县、盐池县等为界划分为宁夏北部川区和南部山区。

甘肃河西地区、甘肃定西地区、宁夏西海固地区被称作"三西"地区，该地区生态环境恶劣。1982 年，国家以"三西地区"作为全国区域性扶贫开发实验点，每年对其进行扶贫式开发，计划用十年时间改变贫困落后的面貌。国家实施"三西"农业建设，特别是 1994 年实施国家"八七"扶贫攻坚计划和宁夏"双百"扶贫攻坚计划以来，宁夏开展了有计划、有组织、较大规模的移民扶贫开发。1995 年，国务院正式批准重大扶贫项目——宁夏扶贫扬黄灌溉移民开发工程启动，工程计划用 6 年时间，投资 33 亿元，通过新建电力扬水灌溉工程，开发 200 万亩荒地，以吊庄移民方式，从根本上解决宁夏南部山区（包括固原市原州区、西吉县、彭阳县、隆德县、海原县、泾源县、同心县、盐池县等县区）100 万人口贫困问题，简称"1236"工程。

贰　吊庄移民

"吊庄"一词来自方言，"庄"即"庄子"，村子、村庄义。"吊庄"一词原始含义即"一家人走出去一两个劳动力，到外地开荒种植，就地挖窑洞搭窝棚，再建一个简陋而仅供暂栖的家，这样一户人家扯在两处，一个庄子吊两个地方"（李宁，2003）。在宁夏南部山区，"吊庄"曾是一种传统的粗放简单而又特殊的流动式农业生产手段，故在宁夏扶贫移民开发中借用了"吊庄"一词。1983 年宁夏回族自治区在"三西"地区农业建设领导小组第二次扩大会议上汇报自治区关于"三西"建设规划时，提出计划采取自愿"拉吊庄"的办法，把西海固山区一部分人口搬迁到河套灌区。"三西"地区农业建设领导小组在会后向国务院作专题报告中采纳了这一带有地区性的专用名词。"吊庄移民"主要指整体搬迁、异地安置移民，吊庄移民类型主要分为三种：一是就近灌区进行县内移民吊庄安置，如同心县河西、河东灌区，海原县兴隆、高崖、李旺灌区，固原原州区七营灌区，盐池县惠安堡，中卫碱碱湖等移民吊庄基地；二是从宁夏南部搬迁至宁夏北部原有县乡镇的县外插户吊庄移民，如中卫市南山台子、中宁县长山头、原陶乐县五堆子、三棵柳，青铜峡市甘城子、灵武市白土岗子、狼皮子梁等；三是从宁夏南部搬迁至宁夏北部新建集中安置的县外吊庄移民点，如银川市永宁县闽宁镇（1996 年福建与宁夏对口帮扶建立了"闽宁合作村"，后与原玉泉营吊庄合并为闽宁镇）、贺兰县南梁台子、西夏区兴泾镇（原芦草洼吊庄）、镇北堡镇华西村（江苏省华西村与宁夏合作共建的"宁夏华西村"）、金凤区良田镇（原芦草洼吊庄划出的兴源乡）、兴庆区月牙湖乡（原陶乐县月牙湖吊庄）、石嘴山市平罗县隆湖经济开发区（原潮湖吊庄）、中卫市中宁县大战场镇（原大战场乡、马家梁合并为镇）、吴忠市红寺堡移民开发区、利通区扁担沟镇、同心县石坡子、五坡子吊庄等地。以位于银川西部的泾源县移民吊庄区芦草洼为例，1983 年开始建设，陆续搬迁移民共 5216 户，约 2.34 万人。1990 年，自治区又批准在青铜峡市玉泉营划出 3 万亩土地供西吉县移民 1.5 万人，在贺兰县梁台子划出土地 1.5 万亩供海原县移民 1 万人建设 2 个新吊庄，使实行吊庄移民的南部山区由 3 个增加到 5 个。1992 年，隆湖移民开发区依托丰富资源且靠近大武口区的有利条件，在原有的基础上成立了隆湖扶贫经济开发区，使隆湖开发区由一个以农业为主的移民开发区转变为以引进工业项目，大力发展工业的工业型移民开发区。20 世纪 90 年代中期，"三西"吊庄移民开发建设初具规模。截至 1994 年年底，隆湖、芦草洼、大战场、马家梁、狼皮子梁、月牙湖等 9 处县外大规模集中安置移民开发区已开发配套土地 22.66 万亩，搬迁安置移民 90061 人，群众建房 34324 间，建立吊庄指挥部 2 个，区公所 2 个，乡一级政权 5 个，行政村 71 个，自然村276 个。到 1996 年，共建县外移民开发区 15 处，县内移民开发区 6 处。1995 年 6 月，江苏华西村与宁夏回族自治区政府达成协议，建设一个华西移民新村。自治区政府决定借助江苏华西村的扶持，从西海固地区计划搬迁移民，吊庄移民开发区的数量又增加了一个。在华西村的对口支援下，吊庄移民新村"宁夏华西村"顺利建设。2000 年，先后从海原县、固原原州区及同心县搬迁移民 882 户 6000 人到自然条件较好、交通便利的银川近郊镇北区建设移民新村"宁夏华西村"。20 世纪 90 年代后期开始，吊庄移民开发建设转向以宁夏扶贫扬黄灌溉移民开发工程（也称"1236"工程）建设为主。2009 年 10 月，国务院正式批准设立吴忠市红寺堡区。该区目前已搬迁安置宁夏南部山区同心、海原、原州、彭阳、西吉、隆德、泾源7 县（区）和中宁县的贫困群众 19.4 万人，是全国最大的生态移民扶贫开发区。（吴文彪、王平，2010）据固原市人民政府网 2015 年数据显示：1983—2010 年，固原市通过扶贫移民、生态移民等方式共搬迁 57.16 万人，户口转出本市的约占 59.5%，其中生态移民 15054 户 69841 人。县外移民 11327 户 52256 人，县内移民 3627 户 17585 人。按照《宁夏"十二五"中南部地区生态移民规划》确定的任务，固原市"十二五"期间实施生态移民 53464 户 232475 人，其中：县内安置 19240 户 83154 人，县外安置 34224 户 149321 人。2013 年县外搬迁移民 9323 户 4.4 万人，完成当年任务的 117%。县内搬迁安置移民 8063 户 3.5 万人。集中安置方式保持着原有的生活习惯、社会心理、民族传统等，对移民心理适应有一定的稳定作用。本书主要研究第三类县外吊庄移民方言。

叁 生态移民

"生态移民"一词被正式采纳大约在 2000 年，"为保护珍稀动物而把'神农架自然保护区'内的居民迁往外部，把内蒙古自治区阿拉善盟草原的牧民移往外部等事件被报道后，'生态移民'这个词才渐渐被世人接受"（新吉乐图，2005）。该词出现后，研究者逐渐认为吊庄移民不仅是为了扶

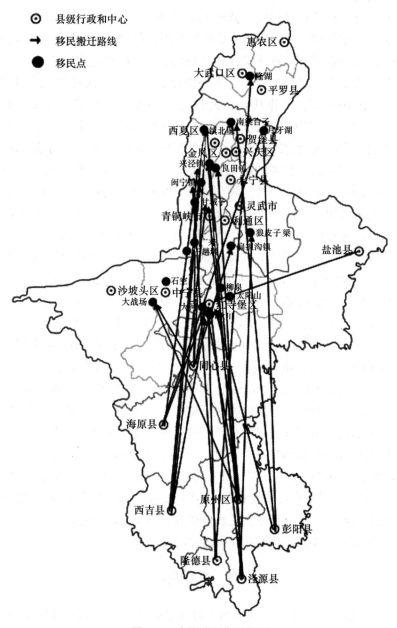

图 1-1　宁夏移民搬迁概况

　　图片来源：宁夏回族自治区自然资源厅网站，http：//www.nxgtt.gov.cn/bsfw/wzfw.htm。
审图号：宁 S〔2019〕第 018 号。

贫移民开发，也是为了保护宁夏南部山区脆弱的生态环境，故也视吊庄移民为生态移民。"生态移民是因为生态环境的恶化或为了改善和保护生态环境所发生的迁移活动，以及由此活动而产生的迁移人口。在这个定义中包括了原因和目的两个方面的含义。不论原因和目的，主要与生态环境直接相关的迁移活动都可称之为生态移民。"（包智民，2006）且国务院进行"三西"建设的指导思想就是"兴河西、河套产粮之利，济定西、西海固之贫；逐步发展林草、变生态环境的恶性循环为良性循环……"，故宁夏吊庄移民兼具扶贫开发、环境保护于一体，本书将扶贫移民、吊庄移民、生态移民等定义合并称为生态吊庄移民。

宁夏移民概况如图1-1。

第二节　宁夏方言及移民方言概况

壹　宁夏方言概况

1. 宁夏方言概况

按照《官话方言的分区》（李荣，1985），中原官话的古全浊入声归阳平，清入、次浊入归阴平；兰银官话，古全浊入声归阳平，清入、次浊入归去声，因此，宁夏境内方言主要有两种：兰银官话和中原官话。《中国语言地图集·汉语方言卷》（第二版）以吴忠市、中卫市为界，北部为兰银官话银吴片，南部为中原官话秦陇片、陇中片、关中片。具体方言分布如图1-2宁夏方言分布。

2. 宁夏南部方言概况

（1）固原市方言概况

宁夏移民以搬迁宁南山区百姓为主，故方言与迁出地固原市各区县基本一致。根据《中国语言地图集·汉语方言卷》（第二版）B4官话之四（兰银官话和中原官话）将宁夏南部方言划分为中原官话陇中片、关中片、秦陇片，宁夏固原市西吉县、隆德县方言归入中原官话陇中片，固原市原州区、彭阳县、中卫市海原县、吴忠市同心县南片归入中原官话秦陇片，固原市泾源县归入中原官话关中片。同心县以同心老县城为界，东南部的下马关镇南部、田老庄乡、马高庄乡、预旺镇、王团镇、张家垣乡方言在《中国语言地图集》（第一版）中归入中原官话陇中片，但该片方言平声分

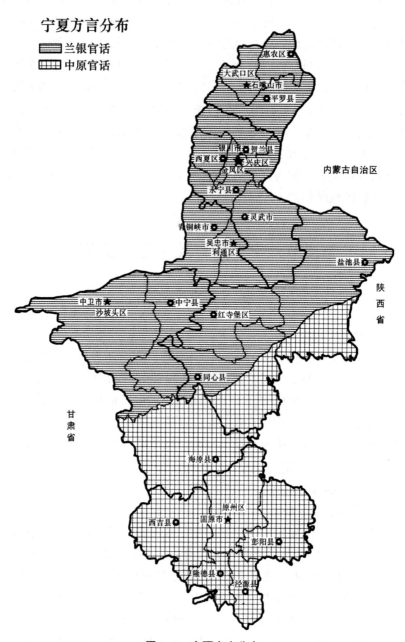

宁夏方言分布

兰银官话
中原官话

内蒙古自治区

陕西省

甘肃省

图1-2　宁夏方言分布

阴阳，清入、次浊入归阴平，全浊入归阳平，故《中国语言地图集》（第二版）将同心县南片方言归入中原官话秦陇片。"这条分界线与北宋、西夏对峙始到清中叶宁夏南北分治的政区边界、与明长城的走向大体重合。"（张安生，2008）结合上述历史沿革可得，今宁夏方言南北中原官话、兰银官话的分布格局与历史政区沿革息息相关。自西夏开始，宁夏南北分治的政治格局及行政区划大体形成。中华民国时期，宁夏北部为宁夏省，南部属甘肃省，直至1958年宁夏回族自治区成立，宁夏南北行政区划才合二为一。此外，宁夏方言南北过渡分界与宁夏地形地貌北低南高、南北温差的等温线也比较一致。

（2）盐池县方言归属

盐池县位于兰银官话和中原官话过渡地带，据《中国语言地图集》（第二版），盐池县城关镇方言归入中原官话秦陇片。2017年盐池县城关镇（今为花马池镇）方言调查显示，盐池县县城（花马池）方言为三调方言，分别为阴平、阳平去、上声，其中阳平、去声、入声合并，如：绳＝剩 ʂəŋ¹³｜成＝秤 tʂʰəŋ¹³｜炉＝路 lu¹³｜毒＝肚 tu¹³，目前尚不能推断是阳平并入去声，还是去声并入阳平，该方言白读系统与中原官话秦陇片、陇中片、关中片都不一致而与兰银官话银吴片一致，如：麦 mia¹³｜白 pia¹³｜拍 pʰia¹³｜百 pia¹³｜北 pia¹³｜六 lu¹³。盐池县城方言阳平、去声、入声合并有这样一种可能，即中古入声先并入去声后一起并入阳平，故本书认为盐池县县城（花马池）方言归入兰银官话比较合适。根据方言特点，盐池县方言以大水坑镇为界，北部为兰银官话区，南部为中原官话区。大水坑镇东部、麻黄山乡东部毗邻陕西定边，方言相近，以麻黄山乡曾家畔村方言为例，该地方言分别有阴平、阳平、上声、去声四个声调，其中古全浊入归阳平，清入、次浊入小部分字归阴平，如：国 kuei³¹｜北 pei³¹｜色 sei³¹｜八 pa³¹｜六 liəu³¹｜麦 mei³¹，大部分字归入阳平，如：谷 ku³⁵｜搭 ta³⁵｜节 tçia³⁵｜急 tçi³⁵｜哭 kʰu³⁵｜塔 tʰa³⁵｜刻 kʰə³⁵｜叶 ia³⁵｜月 ya³⁵，方言特点与中原官话秦陇片同。盐池县麻黄山乡南部毗邻甘肃环县，其方言中古入声归阳平，与兰银官话、中原官话入声的归并都不一致，但多数特征与中原官话秦陇片比较接近，暂归入秦陇片。

综上所述，宁夏南部方言主要分布在固原市辖区、中卫市海原县、吴忠市同心县南部、盐池县南部，具体分布如图1-3宁夏南部方言分布图。随着生态吊庄移民的搬迁，宁夏南部方言逐渐在宁夏北部地区形成大小不一的方言岛。

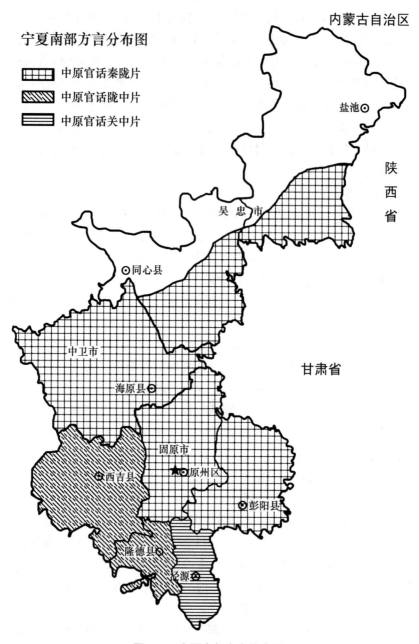

图1-3　宁夏南部方言分布图

贰 宁夏移民方言概况

宁夏移民主流方言与迁出地方言基本一致，主要分为中原官话秦陇片、陇中片、关中片。根据移民来源，选取规模较大的移民点，归纳如下表1-1、图1-4。

本书本着移民迁出地一县一点原则，重点选择移民时间较长的吊庄点，吊庄移民点来源县市比较复杂的方言以移民占主体的所在县方言为代表，如果迁出地方言差异较大的选择2个点，如西吉县。故选取的调查点情况如下：银川市西夏区镇北堡镇2个点（西吉方言、同心方言）、银川市永宁县闽宁镇2个点（西吉方言、隆德方言）、银川市西夏区兴泾镇1个点（泾源方言）、中卫市中宁县大战场镇1个点（固原原州区方言）、银川市兴庆区月牙湖乡1个点（彭阳方言）、吴忠市红寺堡区1个点（海原方言）。

表1-1 　　　　　　　　　　**宁夏吊庄移民方言概况**

生态吊庄移民点	迁出地	方言
银川市西夏区兴泾镇	泾源县	中原官话关中片
银川市金凤区良田镇	泾源县	中原官话关中片
银川市西夏区镇北堡镇	西吉县、同心县、海原县等	中原官话陇中片、秦陇片
银川市永宁县闽宁镇	隆德县、西吉县	中原官话陇中片
银川市兴庆区月牙湖乡	海原县、彭阳县	中原官话陇中片、秦陇片
银川市贺兰县南梁台子	彭阳县、西吉县	中原官话秦陇片、陇中片
中卫市中宁县大战场镇	原州区、彭阳县、同心县、海原县等	中原官话秦陇片
吴忠市红寺堡区	原州区、彭阳县、海原县、西吉县、隆德县、泾源县、同心县	中原官话陇中片、秦陇片、关中片
石嘴山市平罗县隆湖经济开发区	隆德县	中原官话陇中片

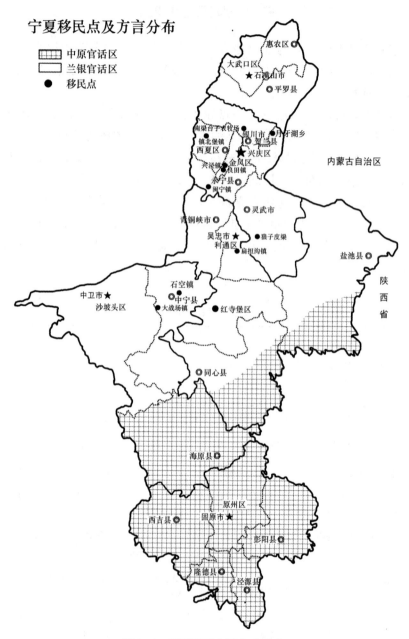

宁夏移民点及方言分布

中原官话区
兰银官话区
●   移民点

惠农区

大武口区
★ 石嘴山市
◎ 平罗县

南梁台子农牧场   银川市   ◎ 月牙湖乡
镇北堡镇   ◎ 贺兰县
西夏区   ★ 兴庆区
兴泾镇   ◎ 金凤区   内蒙古自治区
        ● 良田镇
● 永宁县
● 闽宁镇

            ◎ 灵武市

青铜峡市

吴忠市 ★   ● 狼子皮梁
利通区 ● 扁担沟镇   盐池县 ◎

                              陕
                              西
                              省

石空镇
中卫市 ★   ◎ 中宁县
沙坡头区   ● 大战场镇   ● 红寺堡区

            ◎ 同心县

        海原县 ◎

            原州区
西吉县 ◎   固原市 ★

            彭阳县 ◎

隆德县 ◎
        泾源县 ◎

图 1-4   宁夏移民点及方言分布

第三节 宁夏移民方言研究概况

宁夏吊庄移民主要搬迁宁夏南部地区群众至宁夏北部地区，故下文针对宁夏南部方言及宁夏移民方言研究进行简要概述。

壹 宁夏南部方言研究概况

1. 语音研究

方言单点综合语音研究主要有《西吉音略》（杨子仪，1989）、《海原方言音韵研究》（曹强，2006）、《隆德方言研究》（杨苏平，2015）。《西吉音略》（杨子仪，1989）较为详细地概括了城关话音系、变调、异读、轻声、儿化等，归纳了西吉话同音字表，描述了盐官话、北茗子话、老陕话、苏堡话的语音面貌。《海原方言音韵研究》（曹强，2006）主要描写了海原方言的语音系统，同时将海原方言与《切韵》音系进行历时比较，并从共时层面上将海原方言与中原官话区的固原、西吉、西安、扶风等地方言以及兰银官话区的银川、同心、中宁等地方言进行了横向比较。《隆德方言研究》（杨苏平，2015）在细致调查隆德方言的基础上，从语音、词汇、语法等方面进行比较全面的研究，对我们了解隆德方言乃至西北方言都具有重要的参考意义。《宁夏南部方言语音研究》（张秋红，2021）对宁夏南部38个点进行了较为细致的调查，对宁夏南部方言语音作了比较全面的研究。

（1）声母

李树俨（1993）《中古知庄章三组声纽在隆德方言中的演变——兼论宁夏境内方言分 ts、tʂ 类型》认为隆德话有平、上、去三声，连读能区分阴平和阳平，其突出特点是中古知庄章组字在今隆德话中分化为［ts tsʰ s］、［tʂ tʂʰ ʂ］、［ʧ ʧʰ ʃ］三组声母，文章按十六摄的顺序列出二三等韵与知庄章三组的拼合关系，讨论了隆德方言中知庄章组声母的演变及其条件，该篇文章对隆德方言语音研究具有重要的参考价值。杨苏平发表的六篇文章《隆德方言尖团音分读与合流现象探析》（2007）、《宁夏隆德方言分尖团举例》（2008）、《隆德方言音系与中古音系比较》（2009）、《宁夏隆德方言古从母仄声字的声母异读现象》（2012）、《宁夏隆德方言古全浊声母今读的送气现象》（2013）、《西北汉语方言泥来母混读的类型及历史层次》（2015），探讨了隆德方言的分尖团情况、全浊声母今读情况、泥来母相混情况以及历时发展情况等，深化了隆德方言的语音研究，具有重要的意义。王玉鼎（2009）《论海原方言的浊音清化规则及其形成原因》认为海原话浊音清化规则的形成与关中方言和兰银官话相互波散影响有关，同时跟历史行政区划和移民等因素相关，对探讨海原方言浊音清化有一定的参考价值。《古疑影母在海原方言中的演变》（曹强、王玉鼎，2009）比较细致地总结了古影母、疑母字在今海原方言中的今读情况，探讨了其历史演变情况，指出海原新派话古疑、影母字开始向零声母发展、靠拢，对海原方言语音演变研究有重要参考价值。《固原话中的吸气音》（阎淑琴，2002）、《对宁夏固原话吸气音的两个听辨实验》（闻淑琴，2009）从实验语音学角度，分析了固原话吸气音的特征，并对其进行了相关实验，认为固原话声带不振动的吸气音能分辨声调的调型，但齐齿、撮口呼的送气音容易误认为不送气音。闻淑琴的文章从实验语音学的角度开拓了宁夏南部方言研究的思路。

（2）韵母

宁夏南部方言韵母研究比较薄弱，除了上述《西吉音略》（杨子仪，1989）、《海原方言音韵研究》（曹强，2006）、《隆德方言研究》（杨苏平，2015）涉及韵母研究外，较少文献单独研究韵母。

（3）声调

宁夏南部方言声调研究成果较少。《固原话声调与中古调类之比较研究》（杨子仪，1988）从历时角度把固原方言声调与中古调类进行了比较研究，梳理了三十六字母在固原方言的调类今读，文章调类梳理得比较清晰但分析稍显不足、不够深入。《固原方言两字组连读变调和轻声》（高顺斌，2013）按照轻声、非轻声对固原方言两字组连调情况进行了列举和简单分析研究，该文章语料丰富，但分析不够深入，还可对变调情况作进一步探讨。

2. 词汇研究

（1）方言词汇考证

杨子仪（1991）《固原方言本字考释》通过文献佐证，音义结合，考证了固原方言中110个方言本字，对固原方言有音无字或俗字的正字具有较大的帮助。

（2）词语例释

杨苏平（2005）《隆德方言古词语例释》对隆德方言 10 个古语词进行了文献佐证和相关阐释。《固原话单音词例释》（高顺斌，2008）对固原方言 240 多个单音词进行了解释。《固原方言中的近代汉语词例释》（马芳，2015）对固原方言存古的一些词语进行了解释。这些论文对了解隆德方言有一定的帮助，但不够深入。

（3）构词法

《固原方言四字格词语的结构和语义特点》（高顺斌，2009）对固原方言四字格词语的构词方式、语义特征进行了分析。《固原方言的重叠式》（高顺斌，2009）对固原方言中名词、形容词、量词的重叠式进行了语义、语法、结构等方言的分析。《固原方言的派生词及词缀》（高顺斌，2010）主要从构词方言探讨固原方言的派生词、词缀。《固原方言单音节同义动词研究》（马军丽，2022）。《固原方言造词语研究》（袁海燕，2019）等。以上文章对了解固原方言的构词特征有一定的帮助。

（4）其他

赵红芳对固原方言亲属称谓、方言熟语给予了不少关注，发表了《固原方言中亲属称谓的泛化现象》（2013）、《固原方言中回汉亲属称谓的差异对比》（2013）、《固原方言中回族亲属称谓的特点》（2013）、《固原方言亲属称谓的文化底蕴》（2013）、《固原方言熟语中独特的地域文化》（2015）、《固原方言中回族熟语的特点》（2015）等文章，对固原话亲属称谓词有比较细致的观察和研究。此外，马军丽对固原方言词汇也有一定的研究，发表了《固原方言词汇特点探析》（2012）、《固原方言词汇的文化特色》（2012）等文章。另外，涉及固原方言词汇研究还有零星论文发表，如：《固原方言的隐实示虚趣难词》（刘瑞明，2005）、《宁夏南部山区回族亲属称谓研究》（马学娟，2015）、《银川与固原方言熟语的差异》（赵红芳，2019）、《固原方言"吃"义动词探析》（马军丽，2018）。总之，宁夏南部方言的词汇研究停留在比较浅层次的描写分析上，共时、历时研究不够，局限于本县区方言，没有结合其他学科或以宁夏、西北方言词汇的整体、类型的角度进行把握研究。

3. 语法研究

《固原话否定词语札记》（马学恭，1981）对"不咧""没事""不得"三个否定副词在方言中的使用情况进行了比较详细的分析研究。《固原话的两个动态助词"给""得"》(马学恭，1986) 分析了比较有特色的动态助词在固原话中的情况。《固原话语法特点撮要》(杨子仪，1986) 分析了固原话单音节形容词的重叠形式、动词的表示方法、程度补语的特殊表示法、几种状语、句式等，对了解固原话的语法起到了一定的帮助。《固原方言中的助词"下"》(闫淑琴，1986)、《固原方言里几种特殊的程度补语句》(赵红芳，2012)、《固原方言中的"胡+A/V+呢（呢么）"》(马小燕，2013)、《原州区回族汉语方言中表"完成"体貌助词"唰"》(蒙丽娜，2011)、《固原方言的反复问句》(高顺斌，2014) 等文章主要分析了固原方言语法的几种特色，《隆德方言的体貌格式》(杨苏平，2015)、《隆德方言几种特殊的句式》(杨苏平，2016)、《宁夏隆德方言的时体研究》(吕玲玲，2014) 等文章侧重隆德方言的句式、时体研究。《宁夏泾源方言中的 ABB 构形例析》(白玉波，2011) 认为泾源方言中的 ABB 构形具有副词、形容词、动词和名词的语法功能，能充当状语、定语、谓语和主语。宁夏南部方言语法研究成果较多，但是文章数量有限，且较局限于单一县区方言的描述，共时层面、整体研究或与其他方言的对比研究较少。

贰　移民方言研究概况

宁夏南部地区从 1986 年国家"三西"扶贫搬迁开始，开展了长达三十余年的移民搬迁工程，主要是搬迁宁夏南部山区人口到北部黄河灌区。移民从中原官话区搬迁至兰银官话区，其语言适应、调整引起了大家的关注，并结合调查进行了移民方言探讨，如《移民与文化变迁：宁夏吊庄移民语言变迁的调查研究》(马伟华，2009) 研究了芦草洼（今兴泾镇）移民在迁入地即所谓"吊庄"里的语言变迁，通过语言探讨他们与迁入地原住居民之间族群关系的变化状况，文章视角很好，但是稍显不足的是未从方言学角度进行语音、词汇或语法的探讨或方言例证。《回族移民社区语言的接触与适应——以宁夏平罗县红瑞移民村为例》(马妍，2014) 从人类学视角探讨移民语言文化的变迁与调试，在南部地区移民与迁入地原居民发生交流互动的过程中，移民改变了原有的经济生活、政治身份及文化认同等，这些因素都在不断地影响移民社区的语言适应和语言调试。《红寺堡回族中学生语言情况调查研究》(刘晨红，2015) 通过对宁夏移民主战场——红寺堡区中学生的问卷调查和访谈，了解移民中青少年在方言接

触、选择、调试及认同情况。《宁夏红寺堡生态移民区回族方言接触探析》
（张秋红，2016）从回族方言变迁探讨了移民的方言认同、调试和变异情
况，通过语言变迁了解移民对迁入地的心理适应和社会认同。《移民方言
接触与回族方言语音变迁探析——以宁夏红寺堡开元村关中方言为例》
（张秋红，2017）以清末陕西关中回族移民方言为切入点，从方言、姓氏
等角度切入，探讨分析移民的来源，并分析了移民对方言变迁的影响。
《宁夏生态移民居住方式对方言变化的影响》（李生信，2018）从移民的居
住方式，如聚居、杂居等对迁出地方言的保留或改变对方言产生的影响，
文章认为聚居有利于原方言的保留，形成新的方言岛，而散居则不利于原
方言的保留。

　　如上所述，宁夏南部方言研究取得了一定的成果，对我们初步认识宁
夏南部方言面貌起到了重要作用。有些著作对后学的研究有一定的参考价
值。在以上研究的基础上，鉴于吊庄移民方言将不断式微的状况下，宁夏
南部方言在以下几个方面还有进一步研究的价值。一是补充单点研究材
料。宁夏南部方言研究单点方言研究材料存在大量的空白，上述已论及，
除海原县、隆德县方言存在方言材料外，彭阳、泾源、西吉县方言研究材
料非常缺乏，无法全面了解宁夏南部的方言概况，故对单点方言的全面、
准确描写既能填补宁夏方言研究的空白，又能对宁夏方言的整体面貌提供
材料支撑。二是加快方言志丛书的出版。方言是文化的载体，方言志是地
方志的重要组成部分，方言志能够为后人了解、研究当代方言提供重要的
参考。20世纪90年代宁夏编撰出版了一批方言志书，如：《银川方言志》
（高葆泰、林涛，1993）、《中宁方言志》（李树俨，1989）、《固原方言志》
（杨子仪、马学恭，1990）、《中卫方言志》（林涛，1995）。其他各县的方
言概况主要在地方志其中一章或一节有所记载，如：《中宁县志·方言》
（李树俨，1994）、《中卫县志·方言》（林涛，1995）、《贺兰县志·方言》
（高葆泰，1994）、《西吉县志·方言》（杨子仪、马继善，1995）、《永宁
县志·方言俗语》（高葆泰，1995）、《同心县志·方言》（张安生，
1995）、《平罗县志·方言》（李树俨，1996）。宁夏南部地区的方言丰富多
彩，特别是行政区划的不断调整变更，编辑方言志可以记录、保存方言的
实体状况，因此宁夏南部各区县分别出版方言志书非常有必要、有价值。
三是加强区域性综合研究。宁夏南部方言的研究成果较少，已有文献主要
是对方言某一特征如知庄章组的分合、全浊声母今读、零声母的演变等角

度进行分析，目前缺乏对宁夏南部山区整片方言面貌的系统梳理和研究。四是创新研究方法。传统研究大多采用田野调查法，辅之以共时描写和历时对比，研究方法比较单一，词汇、语法研究方法比较局限，缺乏新思路和新方法。因此，宁夏方言研究可充分运用实验语音学、语言类型学、地理语言学等方法，不断拓宽思路，深入挖掘移民方言的文化内涵，探讨语言演变的规律。2015 年，中国语言资源保护工程启动，宁夏设立了六个语言资源保护工程调查点（银川、固原、同心、西吉、泾源、中卫）和一个中国语言文化典藏点（同心）立项，其中固原、西吉、泾源为宁夏南部方言区。语言资源保护工程利用音像、视频、纸本等进行记录、建库、存档，在一定程度上保存了宁夏方言的基本面貌，为将来宁夏方言的研究保存了最真实、宝贵的资料，意义重大。宁夏方言研究可依托中国语言资源保护工程，切实开展方言文化保护工作，特别是保存保护即将濒危的移民方言。

第二章　语音

第一节　音系

壹　银川市西夏区兴泾镇泾源方音

（一）概况

西夏区兴泾镇位于银川市文昌南路，1983 年响应国家移民政策由宁夏泾源县迁入移民，2001 年移交银川市原郊区管理，2002 年 11 月三区重新划界后，划归西夏区管辖。西夏区兴泾镇全镇总面积 28.8 平方公里，辖 6 个行政村（38 个自然村），1 个社区居委会，1 个流动移民管理服务站，总人口 3432 户 17003 人。下文以泾源县新民乡先进村移民至兴泾镇十里铺村方言为例，概括该方言音系。

（二）声韵调

1. 声母（26 个，含零声母）

p 八兵病步	pʰ 派片爬盘	m 麦明门	f 飞副饭灰	v 问王闻
t 多东毒到	tʰ 讨太同土	n 脑男南		l 老蓝连路
ts 资竹争纸	tsʰ 刺祠拆茶抄		s 丝三事山	z 耳褥
tʂ 张招柱装主	tʂʰ 抽城车昌床春除初		ʂ 手十声生双顺树	ʐ 软热润
tɕ 酒九电举	tɕʰ 天甜清全轻权	ɲ 年泥女	ɕ 想酸谢响县	
k 高共贵	kʰ 开哭葵跪	ŋ 额熬安白	x 好灰活话	
Ø 月安文云一药				

说明：

（1）双唇音［p pʰ m］声母与合口呼韵母相拼时，实际发音接近唇齿塞擦音［pf pfʰ ɱ］。

（2）唇齿浊擦音［v］实际音值为［ʋ］。

（3）舌尖前塞音［t tʰ］拼［u］韵母时，双唇颤动明显。

（4）舌尖前鼻音［n］与开口呼、合口呼韵母相拼，舌面前鼻音［ȵ］与齐齿呼、撮口呼韵母相拼。

（5）舌尖后音［tʂ tʂʰ ʂ］与开口呼韵母相拼，与合口呼韵母相拼时实际音值为舌叶音声母［ʧ ʧʰ ʃ］。

（6）［tʂ tʂʰ］声母中，来源于端组四等的字，实际音值接近［ʇ ʇʰ］声母。

（7）泾源县方言舌尖前塞擦音、擦音［ts tsʰ s］声母，实际音值接近［tθ tθʰ θ］，尤其在子尾词"子"作后缀时，摩擦尤其明显。

2. 韵母（36个）

ɿ 师丝试白	i 米戏急一锡	u 苦五猪骨出谷	y 雨橘局
ʅ 试文十直尺			
ər 二耳而			
a 茶塔法辣八	ia 牙鸭	ua 刮瓦	
ə 歌盒文热壳	iə 写接贴节鞋文	uə 坐盒白活托郭国躲	yə 靴药白学
ɛ 开排鞋白		uɛ 快拐怪	
ɔ 宝饱	iɔ 笑桥药文		
əu 豆走	iəu 油六绿		
ei 赔北白色		uei 对鬼	
æ 南山半	iæ 盐年	uæ 短官	yæ 权卷
in 心新	ən 深根	un 寸滚春	yn 云裙
aŋ 糖宕	iaŋ 响讲	uaŋ 床王双	
əŋ 灯升争横	iŋ 硬病星	uŋ 东通	yŋ 兄用轮

说明：

（1）［i］作单韵母时，实际音值为［j］。

（2）［ə］作单韵母时，舌位靠后，实际接近为［ɣ］。

（3）合口呼韵母与舌叶音声母［ʧ ʧʰ ʃ］相拼时，实际音值为［ɥ ɥa ɥə ɥɛ ɥei ɥæ ɥn ɥaŋ ɥŋ］。

（4）［a］作单韵母时，实际音值为［ʌ］。

（5）［uæ］［uaŋ］等韵母，［u］作介音时，其圆唇色彩较弱。

（6）［æ iæ uæ yæ］韵母在拼鼻音、边音时鼻化色彩比拼擦音、塞音、塞擦音浓，其他鼻尾韵主元音略带鼻化色彩。

（7）韵母［iəu］实际读音接近［iu］。

3. 声调（4个）

调类	调值	例字
阴平	31	东灯通春谷百哭拍六麦
阳平	35	门龙铜红毒白
上声	52	懂古苦草买老
去声	44	动罪冻怪快寸卖路洞地

说明：

（1）部分阳平字调尾略降，实际调值为［354］。

（2）去声字实际调值在［44-55］之间，记为［44］。

（三）同音字汇

说明：本字汇以收录移民至西夏区兴泾镇的泾源方言单字音为主，大多为常用字。字汇根据泾源方言的韵母、声母、声调次序排列，写不出本字的音节用"□"表示，释义、举例在字后用"（　）"表示，举例时用"～"代替例字，又读、文白异读等一字多音现象在字的右下角用数字表示，一般用"1"表示最常用的或最口语化的读音，"2"次之，以此类推。

ɿ

ts　　［31］支枝肢栀（～子花）资姿咨脂兹滋之芝［52］紫纸姊旨指子梓痔淬止趾址［44］自至辎志痣字$_2$

tsʰ　　［31］疵差翅［35］雌瓷糍（～粑）迟$_1$慈磁辞词祠［52］此［44］刺赐次字$_1$

s　　［31］斯厮撕匙私师狮尸司丝思诗［35］时［52］死矢屎使史驶始［44］是四肆示视嗜伺似祀巳寺嗣饲士仕柿事试$_1$（～一下）市恃侍

z　　耳$_1$褥$_1$

ʅ

tʂ　　［31］知蜘执汁秩$_2$质稙直值织职掷只（一～）炙［35］侄$_2$殖植

[52] 只（~有）雉 [44] 滞制（控~）制（~衣）智致稚置治

tʂʰ　　[31] 豉（豆~）痴嗤秩（~序）饬（倒~）赤斥尺吃 [35] 池
驰持侸迟₂（~到）[52] 侈耻齿

ʂ　　[31] 施湿失室识式饰适释 [35] 十什（~锦）拾（~起来）拾
（十）实食蚀石 [52] 舐豕氏 [44] 世势誓逝试₂

ʐ　　[31] 日

i

p　　[31] 笔毕必弼逼碧璧壁 [52] 彼俾臂婢鄙比秕庇 [44] 蔽敝弊
毙币菎闭算（~子）陛璧被（~子）被（~迫）痹备箅

pʰ　　[31] 批坯披丕（曹~：人名）匹僻辟劈屃 [35] 皮疲脾琶（~
琶）枇（~杷止咳露）鼻蚍（~蜉蚂：蚂蚁）[52] 避 [44]
譬屁

m　　[31] 秘泌密蜜觅 [35] 迷谜糜弥靡眉 [52] 米

l　　[31] 立笠粒栗力历（~史）历（~书）[35] 犁黎离篱璃
（玻~）梨厘狸 [52] 礼荔离李里（~面）里（公~）理鲤吏
（贪官污~）[44] 例厉励丽隶利痢（~疾）

tɕ　　[31] 低堤鸡稽饥（~荒）饥（~饿）肌几（茶~）几（~乎）奇
（~数）基机讥（~笑）缉级给（~水团）即鲫戟（方天画~）屐
积迹脊的（目~）滴嫡绩寂击激吉杞₁（枸~）[35] 集辑急及疾
极籍藉 [52] 底抵挤己几（~个）[44] 祭际帝替弟第递济荠剂
计继系（~鞋带）髻寄技妓地（种~）冀纪记忌既季

tɕʰ　　[31] 梯剃妻欺期泣七漆讫乞踢剔戚暵（~干）[35] 题提蹄啼齐
脐畦奇（~怪）骑岐祁鳍其棋旗祈笛敌狄籴 [52] 体启企起杞₂
（~人忧天）岂 [44] 涕屉砌契器弃气汽

ŋ　　[31] 匿逆溺 [35] 泥倪尼疑（怀~）[52] 你拟 [44] 腻佞

ɕ　　[31] 西栖犀溪奚兮牺嬉熙希稀吸悉膝息熄媳惜昔夕锡析 [35]
习袭席 [52] 洗玺徙喜蟢（~虫子）[44] 细系（连~）系
（关~）戏

ø　　[31] 医衣依揖忆亿抑翼益亦译易疫役乙一逸 [35] 宜仪移夷姨
饴（~糖）沂（~蒙山）遗 [52] 倚（~仗）椅易矣以尾₁
（~巴）[44] 艺缢殪（~子）蚁谊义议伊肄（~业）意异毅

u

p	［31］不卜 ［35］殕（长~了）［52］补捕埠堡（红寺~：地名）［44］布（花~）布（~置）怖
pʰ	［31］铺朴（~树）朴（~实）扑 ［35］蒲菩脯酺（醋长~）仆（~人）［52］谱普浦曝瀑堡（镇北~：地名）［44］铺部簿步
m	［31］幕木目穆牧 ［35］谋 ［52］某亩牡母拇 ［44］暮慕墓募
f	［31］夫肤敷孵麸缚福幅蝠（蝙~）复腹覆服伏栿（~子）复 ［35］符扶芙浮佛 ［52］府腑俯甫脯斧付赋傅俘抚釜腐辅 ［44］赴讣（~告）父附富副妇负阜（~阳）复
t	［31］笃督都（首~）［35］独读牍犊毒 ［52］堵赌 ［44］都（~是）肚（~子）肚（牛~）妒（~忌）杜度渡镀
tʰ	［31］突秃 ［35］徒屠途涂图 ［52］土吐（~皮）吐（呕~）［44］兔
l	［31］鹿禄六陆绿禄噜（咕~）辘（轱~）舻（~辘）赂（贿~）［35］卢（~沟桥）炉芦颅鸬卤庐鸬（~鹚）鲈（~鱼）［52］鲁橹房 ［44］路露璐鹭（白~）碌（忙~）麓（贺兰山~）
ts	［31］租卒足 ［35］族 ［52］祖组阻
tsʰ	［31］粗猝促 ［44］醋措错
s	［31］苏酥速肃宿粟 ［35］俗 ［44］素诉嗦（鸡~子）
tʂ	［31］猪诸诛蛛（蜘~）株朱（姓~）朱（~红色）珠竹筑祝嘱 ［35］逐烛 ［52］煮主 ［44］着苎（~麻）助拄驻注（~水）注（~释）柱住蛀铸
tʂʰ	［31］初出畜触 ［35］除锄厨雏 ［52］褚储楚础处杵（铁~磨成针）处 ［44］箸（~笼：筷子笼）
ʂ	［31］梳疏（~远）疏（注~）蔬书舒枢输（~赢）输（运~）殊术述秫（~~：一种农作物）叔淑束蜀属 ［35］熟赎 ［52］暑鼠黍署薯曙 ［44］庶恕戍竖树漱
ʐ̩	［31］入辱褥₂ ［35］如儒孺（手~进去）［52］汝乳
k	［31］姑孤箍估骨谷（~子）谷（山~）谷（姓~）［52］古股鼓 ［44］故固锢（禁~）雇顾
kʰ	［31］枯窟哭酷 ［52］苦 ［44］库裤
x	［31］呼乎忽惚（恍~）［35］胡湖狐壶胡核（桃~）葫（~芦）

斛（石~）糊弧（~形）瑚（珊~）鹄（鸿~）煳（~了）蝴（~蝶）囫（~囵）唬（吓~）[52] 虎琥（~珀）浒（水~）[44] 户沪（上海简称）互护瓠（~子）

Ø　[31] 乌污巫诬杌屋 [35] 吴蜈（~蚣）吾梧（~桐）无 [52] 五伍午武舞侮鹉（鹦~）[44] 误悟恶务雾戊（~戌变法）痦（~子）

y

n　[52] 女

l　[31] 律率 [35] 驴 [52] 吕旅缕履 [44] 虑滤

tɕ　[31] 居车（~马炮）拘驹橘菊锔（~碗）[52] 举矩 [44] 据锯巨拒距聚俱句具惧剧（~烈）剧（戏~）

tɕʰ　[31] 蛆（长~）趋区驱屈曲（酒~）曲（歌~）蛐（~~）岖（崎~）[35] 渠瞿（姓~）局（~长）[52] 去取娶 [44] 趣

ɕ　[31] 墟（废~）虚嘘须（胡~）须（必~）需戌（戊~变法）恤（T~衫）宿₂畜（~牧业）蓄（邮政储~）绪 [35] 徐 [52] 许 [44] 絮序叙绪续旭婿（女~）酗（~酒）

Ø　[31] 淤（~泥）域郁育玉狱欲（~望）浴 [35] 鱼渔于余（多~）余（姓~）愚虞娱于盂（痰~）榆逾愉 [52] 语雨宇禹羽 [44] 御（抵~）御（~用）与誉预豫（犹~）遇寓吁（呼~）迂芋（洋~：土豆）愈喻裕

ər

Ø　[35] 儿而 [52] 尔耳₂饵□（扔）[44] 二贰

a

p　[31] 巴芭疤八 [52] 把（~握）爸 [44] 霸坝（堤~）把（刀~）罢（~工）

pʰ　[35] 爬琶（琵~）杷（枇~）钯（~子）耙（~地）拔 [44] 怕帕

m　[31] 抹 [35] 麻痳（~）妈吗 [52] 蟆（蛤~）马码玛（~瑙）蚂（~蚱）[44] 骂

f　[31] 法发（头~）发（~财）[35] 乏伐筏罚阀（~门）

v　[31] 袜哇蛙挖瓦跮（跑义）[44] □（~□ [vu³¹]：喉结）洼

t　[31] 答搭大（父亲的面称）笪（姓~）褡（~裢）[52] 打

　　　　［44］大（~小）大（大大：叔叔）

tʰ　　［31］他它她踏拓（~印）沓（一~纸）塌榻（~~米）塌溻（~湿了衣服）踢（糟~）遢（邋~）獭（水~）［35］达

n　　 ［31］纳捺呐（唢~）［35］拿［52］哪那［44］娜

l　　 ［31］拉腊蜡辣啦邋（~遢）喇（~嘛）喇（哈~子）

ts　　［31］渣杂札眨扎（小马~）扎（~头发）轧栅［44］诈榨（~油）乍闸炸（~蛋）

tsʰ　 ［31］差插擦［35］茶搽查（调~）茬楂（山~）察铡［44］叉权岔

s　　 ［31］沙纱萨杀［52］洒（~水）洒（洋洋洒~）撒

ʂ　　 ［52］厦（商~）傻

k　　 ［52］尬（尴~）

x　　 ［31］瞎₁（眼~着呢）哈（点头~腰）蛤（~蟆）匣₁（~子）［44］吓（~死我了）下（~头）

ia

tɕ　　［31］家加痂嘉家佳夹（~子）夹（~杂）甲胛［52］假（~货）贾［44］假（放~）架驾嫁稼价

tɕʰ　 ［31］搁恰掐洽卡（~子）

ȵ　　 ［31］鸦鸭押压［35］牙芽衙蚜（~虫）［44］砑（~平）亚

ɕ　　 ［31］虾匣₂瞎₂（~说八道）［35］霞瑕遐暇狭峡辖［44］夏厦下夏

ø　　 ［31］丫［35］崖₂涯［52］雅哑［44］桠

ua

tʂ　　［31］鬏（~个子：发髻）抓［52］爪

ʂ　　 ［31］刷［52］耍

k　　 ［31］瓜刮［52］寡剐［44］挂卦

kʰ　　［31］夸［52］侉（~子：对外地人的蔑称）垮［44］跨

x　　 ［31］花华（中~）铧划［35］华（~山）滑猾［44］化桦画话

ə

t　　 ［31］德₂

tʰ　　［31］特₂特₃

ts　　［31］则泽₂窄₂［35］择₂责₂

tsʰ　　［31］侧₂ 测₂ 拆₂ 䐍策₂ 册₂ ［35］贼

s　　　［31］瑟色₂ 嗇₂

tʂ　　　［31］遮褶（~子）哲蜇（蜜蜂~人）辙折（~扣）折（~断）浙
　　　　［35］蛰（惊~）［52］者［44］蔗

tʂʰ　　［31］车彻撤［52］扯

ʂ　　　［31］奢赊摄涉设［35］蛇舌折［52］舍赦射［44］射麝（~香）
　　　　舍畬（~族）社

ʐ̩　　　［31］热［52］惹

k　　　［31］歌哥戈合蛤（花~）鸽割葛各阁搁胳格革₂ 隔₂ ［44］个

kʰ　　　［31］磕渴壳刻₂ 刻₂ 克₂ 客₂ ［35］咳［52］可

ŋ　　　［31］恶［35］蛾鹅俄讹额₂ ［52］我［44］饿

x　　　［31］喝₂（~茶）赫吓（恐~）［35］贺蛤（~蟆）合盒鹤核（~
　　　　对）［44］喝（吆~）

ø　　　［31］鄂（湖北简称）扼轭（~头）［35］阿（~胶）

iə

p　　　［31］别鳖憋□（跑义）［35］别

pʰ　　　［31］撇

m　　　［31］灭篾

l　　　　［31］猎列烈裂劣

tɕ　　　［31］爹皆阶街接捷劫跌揭节截结洁［35］秸杰［52］姐解
　　　　（~放）［44］借藉介界芥疥届戒械

tɕʰ　　［31］妾怯帖贴铁切［35］茄迭碟牒蝶谍［52］且［44］箧襭

ȵ　　　［31］聂镊蹑业孽捏

ɕ　　　［31］些泄歇蝎屑（头皮~）屑（不~）楔挟（要~）血₂ ［35］
　　　　邪斜谐携胁协［52］写［44］泻卸谢懈

ø　　　［31］耶叶页拽噎液腋［35］爷［52］也野［44］夜

uə

p　　　［31］波菠玻钵拨剥驳［35］钹勃饽博薄₂（~情）泊帛脖₂
　　　　（~子）［52］跛簸（~一下）簸（~箕）

pʰ　　　［31］颇坡泼泊迫魄［35］婆薄₁（~厚）脖₁（~项）［44］破薄
　　　　（~荷）

m　　　［31］末沫抹没莫膜寞摸墨₂ 默陌［35］魔磨摩馍摹［44］磨模

f　　　［35］佛（仿~）佛（阿弥陀~）

v　　　［31］物勿

t　　　［31］多舵掇（拾~）［35］惰夺铎踱（~步）［52］朵躲［44］
剁垛

tʰ　　［31］拖脱托［35］驼驮（~东西）驮（~子）［52］妥椭［44］
唾（~沫）□（大义）

n　　　［31］诺［35］挪

l　　　［31］啰（~嗦）落烙骆酪洛络乐［52］裸［35］罗锣箩骡螺
［44］糯摞

ts　　　［31］撮（一~毛）作琢做₂（~作业）［35］昨［44］左佐

tsʰ　　［31］搓锉错［35］矬凿₁（~子）［44］莝（~草）坐座

s　　　［31］蓑梭唆（教~）莎（~草）塑索缩［52］锁琐

tʂ　　　［31］拙著酌桌卓啄涿捉［35］着（睡~）浊浞

tʂʰ　　［31］绰焯戳

ʂ　　　［31］说芍₁朔［35］勺₁镯［52］所

ʐ　　　［31］若弱

k　　　［31］锅郭国₂虢（~国）［52］果裹馃（~子）［44］过

kʰ　　［31］科棵颗括阔廓扩［44］课

x　　　［31］喝₁（~水）豁霍藿（~香正气水）惑获［35］荷（~花）
荷（薄~）河何和（~面）和（~平）禾活［52］火伙［44］
货祸

ø　　　［31］倭踒（~脚了）窝蜗握沃［44］卧

yə

l　　　［31］略掠

tɕ　　　［31］决诀掘倔爵脚₁镢觉角蹶（马尥~子）［35］绝厥掘嚼₂
［52］懋

tɕʰ　　［31］缺雀鹊却确揣（~蒜）［35］瘸橛嚼₁

ɲ　　　［31］虐疟（~疾）

ɕ　　　［31］靴薛雪血₁穴削［35］学

ø　　　［31］悦阅月越曰粤（~语）约药钥跃岳（~父）岳（西~华
山）乐

ε

p　　　［31］掰（~开）柏（~树）［52］稗（~草）［44］拜罢

pʰ　　［31］拍［35］排牌□白₂［52］摆［44］派败

m　　　［35］埋［52］买［44］卖迈

t　　　［31］呆呆［44］戴贷待怠殆代袋带

tʰ　　［31］胎台（浙江~州）苔［35］台（~湾）抬［44］态太泰

n　　　［35］涯崖₁（~哇哇：回音）捱［52］乃奶［44］耐奈

l　　　［35］来［44］赖癞

ts　　　［31］灾栽斋［35］泽₁择宅［52］宰载（一年一~）载（~重）
　　　　［44］再在载（~歌~舞）债寨

tsʰ　　［31］猜钗差［35］才（~华）才（刚~）材财裁豺柴［52］彩
　　　　采睬［44］菜蔡

s　　　［31］腮鳃筛（~子）筛（~一下）［44］赛晒

k　　　［31］该［52］改解（~开）［44］概溉盖丐

kʰ　　［31］开揩（~手）［52］凯慨楷

ŋ　　　［31］哀埃₂挨₂额［52］蔼［44］爱

x　　　［35］孩鞋［52］海蟹［44］亥害骇

ø　　　［31］哀埃₁（尘~）挨₁（~着）［52］矮［44］碍艾隘

uɛ

tʂ　　　［44］拽（拉）

tʂʰ　　［52］揣（~着）踹（~一脚）搋（皮~子）

ʂ　　　［31］衰摔率蟀［35］谁［52］水［44］帅

k　　　［31］乖［52］拐［44］怪

kʰ　　　［44］块会（~计）刽（~子手）块快筷

x　　　［31］或［35］怀槐淮［44］坏

ø　　　［31］歪［44］外

ɔ

p　　　［31］襃包胞［35］雹［52］保堡（~垒）宝饱［44］报抱暴豹
　　　　爆鲍刨（~子）

pʰ　　　［31］抛剖［35］袍刨（~地）狍［52］跑［44］泡（气~）泡
　　　　（~在水里）炮

m　　　［35］毛茅锚猫矛［52］卯［44］冒帽貌茂贸

t　　　　［31］刀叨［52］祷岛倒（打~）稻导［44］到倒（~水）道盗

tʰ	[31] 滔搯涛 [35] 桃逃淘陶萄 [52] 讨 [44] 套
n	[35] 铙挠 [52] 脑恼□（站）[44] 闹
l	[31] 捞 [35] 劳牢唠 [52] 老 [44] 涝
ts	[31] 遭糟 [35] 凿₂ [52] 早枣蚤澡找 [44] 躁灶皂造罩笊（~篱）
tsʰ	[31] 操抄钞 [35] 曹槽巢 [52] 草骚（~狗）炒吵 [44] 糙
s	[31] 骚臊梢捎稍 [52] 扫（~地）扫（~帚）嫂 [44] 潲（雨~进来了）
tʂ	[31] 朝招 [52] 沼 [44] 赵兆召昭照诏
tʂʰ	[31] 超 [35] 朝潮
ʂ	[31] 烧 [35] 韶芍₂勺₂ [52] 少（多~）[44] 少（~先队员）绍邵
ʐ	[35] 饶 [52] 扰 [44] 绕（围~）绕（~线）
k	[31] 高膏篙羔糕 [52] 稿搞 [44] 告膏（~油）
kʰ	[52] 考烤 [44] 靠犒
ŋ	[35] 熬 [52] 袄坳 [44] 傲鳌（~子：烙饼用具）
x	[31] 蒿薅郝 [35] 豪壕毫号 [52] 好好 [44] 耗浩号
ø	[31] 凹 [44] 懊奥澳（~门）[35] 敖鳌遨（~游）[52] 拗（~断）

ɔi

p	[31] 膘标彪镖（~局）[52] 表（手~）表（~达）裱（装~）婊
pʰ	[31] 飘 [35] 瓢嫖漂（~白剂）[44] 票漂（~亮）鳔（鱼~）
m	[35] 苗描矛（~子）[52] 藐渺秒 [44] 庙妙
l	[35] 燎疗聊辽撩寥 [52] 了廖（姓~）[44] 瞭料炝（马~蹶子）
tɕ	[31] 交郊胶教焦蕉椒骄娇刁貂雕浇饺 [52] 绞狡铰搅剿矫缴侥脚₂ [44] 教校（~对）较酵窖觉醮轿钓吊掉调（~动）调（音~）叫
tɕʰ	[31] 敲锹缲（~边）悄挑藠（灰~菜）[35] 樵瞧乔侨桥荞条调（~和油）[52] 巧 [44] 俏噍（牛倒~）鞘跳窍
ȵ	[52] 咬鸟 [44] 尿□（痒义）

ɕ　　　［31］消宵霄硝销器萧箫　［52］小晓　［44］孝效校（学~）校（上~）笑

∅　　　［31］妖邀腰要么吆　［35］肴淆摇谣窑姚尧　［52］舀杳　［44］靿（鞋~子）要耀鹞（~子）

əu

f　　　［52］否

t　　　［31］兜　［52］斗（一~米）斗（~争）抖陡　［44］豆逗

tʰ　　　［31］偷　［35］头投　［44］透

n　　　［35］奴　［52］努怒

l　　　［31］赂　［35］楼搂耧　［52］篓搂　［44］露漏陋

ts　　　［31］邹　［52］走　［44］做₁（~饭）奏皱绉

tsʰ　　　［31］搊（~往上）　［35］愁　［52］瞅　［44］凑揍骤

s　　　［31］搜飕馊搜　［52］数₁（~钱）叟　［44］数₁（~目）嗽瘦

tʂ　　　［31］周舟州洲帚粥　［35］轴　［52］□（~伞：撑伞）肘（~子）［44］昼纣宙咒

tʂʰ　　　［31］抽　［35］绸稠筹仇酬　［52］丑（美~）丑（~时）　［44］臭

ʂ　　　［31］收　［52］手首守　［44］兽受寿授售

ʐ　　　［31］肉　［35］柔揉

k　　　［31］勾钩沟　［52］狗苟枸（~杞）　［44］彀（~不着：够不着）够（足~）构购勾

kʰ　　　［31］抠眍（眼睛~进去了）　［52］口　［44］叩扣寇

ŋ　　　［52］藕偶沤（~肥）怄（~气）　［44］呕殴

x　　　［35］侯喉猴瘊（~子）　［52］吼　［44］后（~头）后（皇~）厚候

∅　　　［31］欧瓯

iəu

m　　　［44］谬（荒~）

l　　　［31］六₂　［35］流刘留榴（手~弹）硫琉馏（蒸~水）　［52］柳　［44］溜

tɕ　　　［31］揪鬏（~~：小孩的辫子）鸠阄究丢纠　［52］酒九久韭灸　［44］就救臼舅咎枢旧₂

tɕʰ　　　［31］秋（~千）秋（~天）丘鳅（泥~）鞧（~绳）糗（出~）

[35] 囚求球仇（姓~）裘屍 [44] 旧₁ 邱酉（~长）

ȵ̥　[35] 牛 [52] 纽扭

ç　[31] 修羞休 [52] 朽 [44] 秀绣宿（星~）锈袖嗅（~觉）

ø　[31] 忧优悠幽 [35] 尤邮由油游犹 [52] 有友酉莠 [44] 又右
佑诱柚鼬（黄~）釉幼

ei

p　[31] 碑卑悲北百柏伯背（~包）[44] 贝辈背（~书）

pʰ　[31] 杯胚 [35] 培陪赔裴白 [44] 沛配倍佩焙（~干）辔

m　[31] 墨麦脉 [35] 梅枚媒煤楣霉 [52] 每美 [44] 妹昧媚寐

f　[31] 非飞妃 [35] 肥 [52] 匪翡 [44] 废肺吠痱（~子）费

v　[44] 外（~爷：外祖父）

t　[31] 得德

tʰ　[31] 忒特

l　[31] 肋勒

ts　[31] 窄摘 [35] 贼₂ 责

tsʰ　[31] 厕侧₁ 测₁ 拆₁ 册₁ [35] 策₁

s　[31] 涩虱塞色啬

k　[31] 革₁ 隔₁

kʰ　[31] 刻₁（时~）刻₁（~章）克₁ 客₁

x　[31] 黑

uei

t　[31] 堆 [44] 对队兑

tʰ　[31] 推 [52] 腿 [44] 退蜕褪

l　[35] 雷 [52] 屡儡累（积~）垒 [44] 内累（连~）累（劳~）
类泪

ts　[52] 嘴 [44] 罪最醉

tsʰ　[31] 催崔 [44] 脆翠粹

s　[31] 虽 [35] 随绥 [52] 髓 [44] 碎岁遂隧穗

tʂ　[31] 追锥（~子）[44] 缀赘（入~）坠

tʂʰ　[31] 吹炊 [35] 垂槌（~头：拳头）锤

ʂ　[44] 税睡

ʐ　[52] 芮（姓~）蕊 [44] 锐瑞睿

k 　　　［31］闺规龟归国₁［52］诡轨癸（～酉年）鬼［44］鳜（～鱼）
　　　　圭桂跪贵

kʰ 　　［31］盔亏窥［35］魁奎逵（李～）葵［52］傀［44］愧柜

x 　　　［31］恢灰麾挥辉徽（安～）［35］回茴［52］悔晦毁［44］贿
　　　　汇溃桧会（开～）会（～不～）绘秽惠慧讳汇

ø 　　　［31］煨危微威［35］桅为维惟唯违围［52］伪萎委尾₂（～随）
　　　　伟苇纬猬［44］卫为位未味魏畏慰胃谓□（～断：折断）

æ

p 　　　［31］班斑颁扳般搬［52］板版［44］扮办半绊伴拌

pʰ 　　［31］攀潘［35］盘［44］盼瓣襻判叛畔

m 　　　［35］蛮瞒馒［52］满［44］慢漫幔蔓

f 　　　［31］帆藩翻番藩［35］凡烦矾（明～）繁［52］反［44］泛范
　　　　（～围）范（～本）犯贩饭

t 　　　［31］耽担（～水）丹单［52］胆掸［44］旦诞但弹蛋担（扁～）

tʰ 　　　［31］贪坍滩摊［35］潭谭谈痰檀坛弹［52］毯坦［44］探淡
　　　　炭叹

n 　　　［35］南男难［44］难

l 　　　［35］蓝篮兰拦栏阑（～尾）澜［52］娄（～柿子）览揽榄
　　　　（橄～）缆懒［44］滥烂

ts 　　　［31］簪（～子）［52］盏攒［44］暂錾站（车～）站（～立）蘸
　　　　赞瓒（～水）绽栈

tsʰ 　　　［31］参搀餐［35］蚕惭谗（嘴～）馋（～言）残［52］惨铲产
　　　　［44］灿

s 　　　［31］三杉衫钐珊山删［52］散伞［44］散

tʂ 　　　［31］沾粘瞻毡［52］斩展［44］占（～领）占（～卦）战颤

tʂʰ 　　　［35］蟾缠蝉禅（～宗）

ʂ 　　　［31］疝（小肠～气）膻扇（～耳刮子）［52］陕闪单［44］扇善
　　　　膳禅（～让）

ʐ 　　　［35］然燃［52］染冉

k 　　　［31］甘柑泔尴（～尬）干（菜～）干（～净）肝竿［52］感敢
　　　　橄（～榄）杆秆擀赶［44］干（～活）

kʰ 　　　［31］堪龛（佛～）勘看（～守）刊［52］坎砍［44］看（～见）

ŋ　　[31] 安鞍 [44] 揞（～住）暗岸按案

x　　[31] 憨酣颔（～水）[35] 含函咸₁（菜～得很）寒韩还（～有）
晗涵 [52] 喊罕 [44] 撼憾鼾汉旱汗焊翰

Ø　　[31] 庵（尼姑～）[52] 晚挽 [44] 万

iæ̃

p　　[31] 鞭编边蝙 [52] 贬（～低）扁匾 [44] 变辨辩汴（～梁城）
便遍（～地）遍（一～）

pʰ　　[31] 篇偏 [35] 便 [44] 骗片辫

m　　[35] 绵棉眠 [52] 免勉娩缅（～怀）[44] 面（～条）面（～子）

l　　[35] 廉镰帘连联怜莲 [52] 敛（～财）殓（入～）脸 [44] 数₂
（～字）数₂（～钱）练炼楝（～树）恋

tɕ　　[31] 监尖奸拣兼艰间（中～）奸煎颠笺肩坚 [52] 减碱检俭点
简拣剪典茧趼 [44] 鉴监舰渐剑店柬谏间（～谍）涧锏（杀
手～）箭溅践贱饯犍（～牛）建键健腱（～子肉）电殿奠佃垫
荐见

tɕʰ　　[31] 签（牙～）签（～收）添谦迁天千牵铅 [35] 潜钳甜钱乾
（～隆）虔捐（～肩上）田填前 [52] 舔浅遣腆 [44] 嵌欠歉件

ȵ　　[31] 淹腌（～菜）腌（～制）拈蔫 [35] 黏鲇（～鱼）颜₁年捻
（～碎）[52] 眼辇撵 [44] 念雁碾

ɕ　　[31] 仙鲜掀（～车子：推车子）先锨（铁～）[35] 咸₂（～鱼）
咸（～丰）衔嫌闲涎贤弦 [52] 险鲜癣显 [44] 陷馅限苋线羡宪
献现县

Ø　　[31] 阉盐焉烟燕 [35] 岩炎盐阎檐严醃（～茶）延筵言研沿颜₂
[52] 掩魇俨晏演堰（都江～）兖（～州）[44] 验厌艳焰谚砚燕
咽宴

uæ̃

t　　[31] 端 [52] 短 [44] 断₂（判～）断₂（～绝）锻段缎（绸～）
椴（～树蜜）

tʰ　　[35] 团（饭～）团（～结）[44] 断₁（～案）断₁（～掉）

n　　[52] 暖₂

l　　[35] 鸾 [52] 暖₁卵 [44] 乱

ts　　[31] 钻₂（动词）[52] 纂（编～）[44] 钻₂（～石）

tsʰ	[31] 汆（生~面）[52] 篡（~位）[44] 窜
s	[31] 酸 [44] 算₂ 蒜₂
tʂ	[31] 专砖 [52] 转 [44] 赚撰转篆传
tʂʰ	[31] 川穿 [35] 传椽船₂ [52] 喘 [44] 串
ʂ	[31] 闩拴 [35] 船₁（轮~）[44] 涮（~口：漱口）
ʐ	[52] 软阮（姓~）
k	[31] 官棺观冠鳏（~寡）关 [52] 管馆 [44] 贯灌罐观冠惯
kʰ	[31] 宽 [52] 款
x	[31] 欢 [35] 桓还环 [52] 缓 [44] 唤焕换幻患宦
Ø	[31] 豌剜弯湾 [35] 玩完丸顽袁辕园援 [52] 皖（安徽简称）碗腕宛 [44] 怨

yæ̃

tɕ	[31] 捐钻₁（钻洞）[52] 卷（~纸）绢 [44] 钻₁（~子）眷卷（试~）圈倦
tɕʰ	[31] 圈 [35] 全泉拳权颧 [52] 犬 [44] 劝券
ɕ	[31] 轩宣喧孙₁ [35] 旋玄（~机）悬 [52] 选眩 [44] 旋（~转）旋（~走~说：边走边说）楦（鞋~子）蒜₁ 算₁
Ø	[31] 冤渊 [35] 圆员缘元原源 [52] 远 [44] 院愿

ən

p	[31] 奔锛 [52] 本 [44] 笨
pʰ	[31] 喷（~水）[35] 盆 [44] 喷（香~~）
m	[35] 门 [44] 闷
f	[31] 分芬纷 [35] 焚坟 [52] 粉 [44] 粪奋愤忿份
v	[35] 文纹蚊闻 [52] 吻刎 [44] 问
ts	[52] 怎
tsʰ	[31] 参（~差）[35] 岑 [44] 衬
s	[31] 森参（人~）[44] 渗
tʂ	[31] 针斟珍榛臻真 [52] 枕（动词，~枕头）枕（名词，~头）诊疹 [44] 镇阵振震
tʂʰ	[35] 沉陈尘辰晨臣 [44] 趁
ʂ	[31] 深身申伸娠 [35] 神 [52] 葚（桑~）沈审婶 [44] 甚肾慎

ʐ　　　[35] 壬任（姓~）人仁 [52] 忍 [44] 任（~务）纴刃认韧

k　　　[31] 跟根

kʰ　　 [52] 恳垦

ŋ　　　[31] 恩

x　　　[35] 痕 [52] 很 [44] 恨

in

p　　　[31] 彬宾槟（~榔）[52] 禀 [44] 殡鬓

pʰ　　 [31] 拼（~命）[35] 贫频嫔（妃~）[52] 品聘（招~）

m　　　[35] 民 [52] 闽悯敏抿

l　　　[35] 林淋临邻鳞磷 [52] 檁（~子）[44] 赁吝

tɕ　　 [31] 今金襟津巾斤筋 [52] 锦紧仅谨 [44] 浸禁（~止）禁
　　　　（~不住）尽（~力）尽（~头）进晋劲近₂妗（~子：舅母）

tɕʰ　　[31] 侵寝钦亲 [35] 琴禽擒秦勤芹 [44] 妗（~子：舅母）
　　　　亲近₁

ȵ　　　[31] 荫 [35] 银₁（~行）[44] 饮（~马）

ɕ　　　[31] 心辛新薪欣芯（笔~）[44] 信衅

ø　　　[31] 音阴因姻殷 [35] 吟淫龈银₂寅（~虎）[52] 饮（~料）
　　　　引隐尹 [44] 窨（地~子：地窨）印

un

t　　　[31] 敦墩蹾 [44] 顿扽（用力~）饨（馄~）沌（混~）盾
　　　　（矛~）盾（越南~）钝遁

tʰ　　 [31] 吞 [35] 屯豚臀囤

n　　　[44] 嫩₂

l　　　[35] 伦沦轮

ts　　 [31] 尊遵

tsʰ　　[31] 村皴（手~的）[35] 存 [52] 忖 [44] 寸

s　　　[31] 孙（~子兵法）[52] 损笋₂榫

tʂ　　 [31] 肫（鸡~子）[52] 准（~备）准（水~）

tʂʰ　　[31] 椿春 [35] 唇纯醇 [52] 蠢

ʂ　　　[44] 顺舜

ʐ　　　[44] 润闰

tɕ　　 [31] 均钧 [44] 俊

k　　　［52］滚　［44］棍

kʰ　　［31］昆坤　［52］捆　［44］困

x　　　［31］昏婚荤　［35］魂馄浑　［44］混

ø　　　［31］温瘟　［52］稳

yn

l　　　［35］仑　［44］嫩论

tɕ　　［31］君军　［52］菌　［44］郡

tɕʰ　［35］群裙

ɕ　　　［31］熏勋熏孙　［35］寻荀旬循巡　［52］笋₁（竹~）　［44］讯逊迅殉训

ø　　　［35］匀云（白~）云（古人~）　［52］允　［44］熨韵运晕

aŋ

p　　　［31］帮邦浜滂（~沱）梆（~子）　［52］榜绑膀（~子）　［44］谤傍棒蚌磅（五~）

pʰ　　［31］滂（大雨滂~）　［35］旁螃庞　［44］胖

m　　　［35］忙芒（~种）芒（麦~）茫盲虻　［52］莽蟒

f　　　［31］方芳　［35］肪妨房防　［52］仿（~造）仿（~佛）纺访［44］放

v　　　［35］亡　［52］网　［44］忘妄望

t　　　［31］当（~时）　［52］党挡　［44］当（~铺）荡宕

tʰ　　［31］汤　［35］堂棠螳唐糖塘　［52］倘躺　［44］烫趟

n　　　［35］囊　［44］□（~□［suŋ52］：骂人话）□（~鼻子）

l　　　［35］郎廊狼　［52］朗　［44］浪□（耍，城里~去）

ts　　［31］赃脏（肮~）　［44］葬藏脏（内~）

tsʰ　［31］仓苍　［35］藏

s　　　［31］桑丧（婚~嫁娶）　［52］嗓搡磉（~石）　［44］丧（~失）

tʂ　　［31］张章樟　［52］长（~大）涨掌　［44］帐账胀丈₂（~夫）仗杖障瘴

tʂʰ　［31］昌猖（~狂）娼（嫖~）　［35］长（~短）肠常尝偿₂　［52］场厂　［44］畅丈₁（~儿：岳父）唱倡怅（惆~）

ʂ　　　［31］商伤裳偿₁（赔~）　［52］赏晌（~午）　［44］上（~头）上（~去）尚

ʐ̩ [35] 瓤穰（麦~）[52] 壤攘嚷 [44] 让

k [31] 冈岗刚₂ 纲钢缸 [52] 港（~口）構₁（~地）[44] 钢杠

kʰ [31] 康糠慷 [35] 扛 [44] 抗炕亢（~奋）

x [31] 夯 [35] 行（银~）行（一~）航杭 [52] 项₂ [44] 巷₂

ø [31] 肮（~脏）[35] 昂

iaŋ

l [35] 良凉量粮梁粱 [52] 两（~个）两（斤~）辆 [44] 亮谅量

tɕ [31] 将浆疆僵姜礓（料~石）缰姜江豇（~豆）刚₁（~才）[52] 蒋奖桨讲構₂ [44] 酱将匠降虹

tɕʰ [31] 枪羌腔 [35] 墙强（~大）[52] 抢强（勉~）

ȵ [31] 秧₁ [35] 娘 [44] 酿

ɕ [31] 相（互~）箱厢湘襄镶香乡 [35] 详祥降 [52] 想享响饷（粮~）[44] 相（面~）象像橡向项₁ 巷₁

ø [31] 央秧₂殃 [35] 羊洋烊（打~）杨阳扬疡（溃~）[52] 仰养痒 [44] 样

uaŋ

tʂ [31] 庄装桩妆 [44] 壮状撞

tʂʰ [31] 疮窗 [35] 床 [52] 闯 [44] 创

ʂ [31] 霜孀双（一~）[52] 爽

k [31] 光 [52] 广 [44] 逛

kʰ [31] 匡筐眶 [35] 狂 [44] 旷况矿

x [31] 荒慌 [35] 黄簧皇蝗 [52] 谎 [44] 晃

ø [31] 汪 [35] 王 [52] 往 [44] 枉旺

əŋ

p [31] 崩 [52] 蚌 [44] 迸

pʰ [31] 烹 [35] 朋彭膨棚篷蓬 [52] 捧

m [35] 萌盟蒙懵蠓（~虫子）[52] 猛 [44] 孟梦

f [31] 风枫疯丰封峯蜂锋 [35] 冯逢缝（~衣服）[52] 讽 [44] 凤奉俸缝（裂了个~子）

t [31] 登灯 [52] 等 [44] 凳镫邓澄瞪

tʰ [35] 腾誊藤疼

n　　　［35］能

l　　　［31］楞　［52］冷

ts　　　［31］曾增争筝睁缯（~头：扎头发）［44］憎赠锃（油光~亮）

ts^h　　　［31］撑　［35］曾层　［44］蹭

s　　　［31］僧生牲笙（~箫）甥　［52］省（~钱）省（~长）

tʂ　　　［31］征蒸贞侦正征　［52］拯整　［44］证症郑正政

tʂ^h　　　［31］称铛（电饼~）［35］澄惩橙乘承丞澄橙呈程成城诚盛（~饭）［52］逞　［44］称秤

ʂ　　　［31］升声　［35］绳　［44］剩胜圣盛（~开）

ʐ　　　［31］仍扔

k　　　［31］更庚羹耕　［52］哽埂（地~子）梗耿　［44］更

k^h　　　［31］坑　［52］肯

x　　　［31］亨　［35］恒衡横　［44］杏₁横

iŋ

p　　　［31］冰兵　［52］丙秉柄饼　［44］病并（~且）并（合~）

p^h　　　［31］拼　［35］凭平坪评瓶（~子）屏（~幕）萍苹（~果）［44］聘

m　　　［35］鸣明名铭　［52］皿　［44］命

l　　　［31］拎　［35］陵凌菱灵零铃伶（~仃）翎　［52］领岭　［44］令另

tɕ　　　［31］粳（~米）茎京荆惊鲸精晶睛丁钉疔（~疮）仃（伶~）经（古兰~）经（~过）［52］景警井颈顶鼎　［44］境敬竞镜竟静靖净劲钉订锭定径

tɕ^h　　　［31］卿清轻听厅汀听青蜻倾　［35］擎情晴亭停廷庭蜓（蜻~）［52］请艇挺顷苘　［44］庆磬（~竹难书）

ŋ̩　　　［31］鹦₁（~鹉）［35］凝宁　［44］硬宁

ɕ　　　［31］兴星腥馨　［35］行（~为）行（~动）形型刑陉荥（河南~阳）［52］省（反~）醒　［44］兴杏₂幸性姓□（~胡：猫头鹰）

ø　　　［31］应鹰莺鹦₂（~鹉）樱（~花）英婴缨（红~枪）［35］蝇迎盈赢营茔（坟~）萤　［52］影颖　［44］应映

uŋ

t	[31] 东冬 [52] 董懂 [44] 冻栋动洞
tʰ	[31] 通 [35] 同铜桐筒童瞳（~孔）[52] 桶捅统 [44] 痛
n	[35] 农脓侬浓 [44] 齈（~鼻子）弄
l	[35] 笼聋龙 [52] 拢陇垄 [44] 隆
ts	[31] 棕鬃宗综猔踪 [52] 总 [44] 纵（放~）纵（~横）粽（~子）
tsʰ	[31] 聪忽葱囱 [35] 丛从（~来）从（跟~）
s	[31] 松嵩崧 [35] 怂（~恿）[44] 送宋诵颂讼
tʂ	[31] 中忠终钟钟盅 [52] 冢种肿 [44] 中仲众重种
tʂʰ	[31] 充冲春 [35] 虫崇重 [52] 宠 [44] 铳
ʐ	[31] 冗 [35] 戎绒茸荣融容蓉镕
k	[31] 公蚣工功攻弓躬宫恭供（~销社）[52] 汞拱巩 [44] 贡供（上~）
kʰ	[31] 空（~间）[52] 孔恐 [44] 控空（没~）共
x	[31] 轰（~出去）轰（~炸）烘 [35] 弘宏红洪鸿虹（霓~灯）[52] 哄（~娃娃）訇（阿~）[44] 哄（起~）
ø	[31] 翁 [52] 瓮

yŋ

tɕ	[52] 窘迥炯（~~有神）冏（何~：人名）
tɕʰ	[35] 琼穷
ɕ	[31] 兄胸凶（吉~）凶（~恶）[35] 熊雄
ø	[31] 雍痈（~脖子）拥庸墉（刘~：人名）[52] 永泳咏甬（~道）勇涌蛹（蚕~）俑（兵马~）恿（怂~）[44] 孕用佣（~人）

贰　银川市西夏区镇北堡镇同心方音

（一）概况

镇北堡镇地处贺兰山东麓，银川市区西北郊，是贺兰山黄金旅游带腹地，沿山公路贯穿全境，镇区通过镇芦公路可以与银川市北环高速公路连接，交通十分便捷。镇域面积210平方千米，土地使用面积约10万亩，下辖德林村、华西村、镇北堡村、团结村、昊苑村5个行政村和1个华西社区。2018年镇北堡镇辖1个居委会、10个村委会。全镇人口

3.25万人。下文以同心县张家垣乡移民至镇北堡镇团结村为例，概括该方言音系。

（二）声韵调

1. 声母（24个，含零声母）

p 八兵病	pʰ 派爬	m 麦明	f 飞副饭	v 我味五王
t 多东毒	tʰ 讨甜	n 脑熬白安白		l 老蓝连路
ts 资字争纸	tsʰ 刺祠拆茶抄		s 丝酸事山	
tʂ 张竹柱装主	tʂʰ 抽初床春城		ʂ 双顺手十树	ʐ 软热
tɕ 酒九	tɕʰ 清全轻权	ȵ 年泥	ɕ 想谢响县	
k 高共	kʰ 开哭		x 好灰活	
∅ 月安文云一药				

说明：

（1）声母 [v] 摩擦成分弱，实际读音接近 [ʋ]。

（2）声母 [n] 与 [ȵ] 音位互补，前者拼洪音，后者拼细音。

（3）声母 [tʰ] 在拼读中存在擦音成分，实际读音接近 [tθʰ]。

（4）声母 [tʂ tʂʰ ʂ] 拼合口呼韵母时实际读音接近 [tʃ tʃʰ ʃ]。

2. 韵母（33个）

ɿ 师丝试白	i 米戏急一锡	u 苦五猪骨出谷	y 雨橘绿文局
ʅ 试文十直尺			
ɚ 二			
a 茶瓦塔法辣八	ia 牙鸭	ua 刮	
ə 歌盒文热壳色文	iə 接贴节鞋文	uə 坐过盒白活托郭国	yə 靴药白学
ɛ 开排鞋白		uɛ 快	
ɔ 宝饱	iɔ 笑桥药文		
əu 豆走	iəu 油六绿白		
ei 赔北白色白		uei 对鬼	
an 南山半	ian 盐年	uan 短官	yan 权
aŋ 糖王	iaŋ 响讲	uaŋ 床双	
əŋ 深根灯升争	iŋ 心新硬病星	uŋ 寸滚春东	yŋ 云兄用轮

说明：

（1）韵母 [i] 作单韵母时，实际音值为 [j]。

（2）韵母 [a] 作单韵母时，实际音值为 [A]。

（3）韵母［ə］拼舌根音声母时，发音部位靠后，实际音值接近［ɤ］。

（4）韵母［ɛ］实际音值为［E］。

（5）韵母［uə］与声母［p pʰ］相拼时，自由变读为［ə］韵母。

（6）韵母［iəu］实际读音接近［iu］。

（7）韵母［ei］与擦音声母相拼时，实际音值为［ɿi］。

（8）鼻尾韵主元音略带鼻化色彩，韵母［iŋ］中鼻尾实际发音介于［n］和［ŋ］之间，记为［iᶇ］。

3. 声调（4个）

调类	调值	例字
阴平	213	东灯通春谷百哭拍六麦
阳平	13	门龙铜红毒白
上声	52	懂古苦草买老
去声	44	动罪冻怪快寸卖路洞地

说明：

（1）阴平调的调首降幅实际介于［1-2］之间，记为［213］。

（2）去声调值介于［33-44］之间，记为［44］。

（三）同音字汇

说明：本字汇以收录移民至西夏区镇北堡镇的同心方言（张家垣乡）单字音为主，大多为常用字。字汇根据同心方言（张家垣乡）的韵母、声母、声调次序排列，写不出本字的音节用"□"表示，释义、举例在字后用"（　）"表示，例子中用"～"代替，又读、文白异读等一字多音现象在字的右下角用数字表示，一般用"1"表示最常用的或最口语化的读音，"2"次之，以此类推。

ɿ

ts	［213］支枝肢资姿咨脂兹滋辎之芝　［13］迟₂　［52］紫纸只₂（～有）旨指至子梓滓止趾址　［44］姊自字牸（母牛）痔
tsʰ	［213］疵（吹毛求～）差₃（参～）　［13］雌瓷糍慈磁辞词祠

　　　　　　［52］此次　［44］刺赐翅

s　　　　　［213］斯厮撕施₂氏私师狮尸司丝思诗　［13］饲₂时　［52］死矢
　　　　　屎伺使史驶侍　［44］匙（钥~）是四肆示视嗜似祀（祭~）巳
　　　　　（辰~年）寺嗣饲₁士仕柿事始试市

　　　　　　　　　　　　　　　ʅ

tʂ　　　　　［213］知蜘只₁（~有）痴₂执汁质织殖植　［13］迟侄秩直值职
　　　　　［52］致雉掷炙　［44］滞制智稚幼稚置治志（~气）志（地
　　　　　方~）痣

tʂʰ　　　　［213］痴₁嗤秩₂赤斥尺吃　［13］池驰持迟₁　［52］侈敊（豆~）
　　　　　耻齿

ʂ　　　　　［213］施豕湿十什（~锦）拾（~起来）拾（十）虱失室识式饰
　　　　　适释石　［13］实食蚀　［52］舐（~犊情深）恃　［44］世势誓逝

ʐ　　　　　［213］日

　　　　　　　　　　　　　　　i

p　　　　　［213］蓖碑婢笔毕必逼碧璧壁屄　［13］鼻　［52］彼俾鄙比秕
　　　　　（~谷）庇痹箅　［44］蔽敝弊毙币闭箅（~子）陛甓（~刀布）
　　　　　臂被₁（~子）被₁（~迫）避₂备₂篦（~麻）

pʰ　　　　［213］批坯₂土坯披丕匹劈　［13］皮疲脾琵（~琶）枇（~杷）
　　　　　蚍（~蜉蚂：蚂蚁）　［52］避僻辟　［44］譬（~如）屁

m　　　　　［213］秘泌密蜜脉₂觅　［13］迷谜口（~子）糜粥弥靡眉₁
　　　　　（~毛）　［52］米

v　　　　　［13］为（作~）　［44］为（~啥）

t　　　　　［213］低堤的（目~）滴嫡　［13］笛敌狄籴　［52］底抵　［44］
　　　　　帝弟第递地

tʰ　　　　　［213］梯踢剔　［13］题提蹄啼　［52］体替₂　［44］替涕鼻涕剃屉
　　　　　（抽~）

l　　　　　［213］立笠粒力历（~史）历（~书）　［13］犁黎离（~别）篱
　　　　　璃梨厘狸　［52］礼荔（~枝）离（分开：~核子）李里理鲤栗
　　　　　［44］例厉励丽隶利痢（~疾）吏

tɕ　　　　　［213］鸡稽饥肌几（茶~）几（~乎）基机讥急级给（供~）吉
　　　　　即鲫戟屐（木~）积迹脊绩击激赍（~岁女子嫁女儿）　［13］集
　　　　　辑及疾极籍藉寂　［52］挤济₁（~公）己几（~个）　［44］祭际

济₂（～南）荠剂（面～子）计继系（～鞋带）髻寄技妓冀纪记忌既季

tɕʰ　[213] 妻欺缉（～鞋口）泣嘁（～干）七漆讫乞戚 [13] 齐脐畦（菜～）奇骑岐祈鳍其棋期旗祈 [52] 启契企₁起杞岂 [44] 砌企₂器弃气汽

n̩　[213] 匿逆溺 [13] 泥倪尼疑₂ [52] 你拟 [44] 腻

ɕ　[213] 西栖犀溪奚兮玺徙牺嬉熙希稀习袭吸悉膝息熄媳惜昔席夕锡析 [52] 洗喜蟢（～虫子：蜘蛛）[44] 细系（联～）戏

ø　[213] 伊医矣衣依揖（作～）乙一逸忆疫役 [13] 宜仪移夷姨疑₂饴（～糖）沂（～蒙山）遗 [52] 蚁倚椅已以亿抑 [44] 艺刈缢殪（～子）谊义议易（容～）易（交～）肆（～业证）意异毅翼益亦译

u

p　[213] 不卜₂ [52] 补簿（账～）步₁捕₁埠（商～）堡₂（红寺～）[44] 布怖部₁（教育～）

pʰ　[213] 铺₁（～床）扑醭（长～了）仆（前～后继）[13] 蒲菩脯₁（腔～）[52] 谱普浦蒲₂捕₂朴曝瀑 [44] 铺₂（店～）部₂（～队）步₂

m　[213] 木目穆牧 [13] 模（～样子）谋 [52] 某亩母拇 [44] 暮慕墓募幕

f　[213] 夫肤跗（脚面义）敷俘孵麸佛福幅蝠复腹覆 [13] 抚符扶芙浮缚服伏栿梁复（～原）[52] 府腑俯甫脯₂（果～）斧付赋赴讣釜腐辅附否阜（～成门）[44] 傅父富副妇负复（反～）

v　[213] 乌污巫诬屋 [13] 吴蜈吾梧无 [52] 五伍午武舞侮鹉 [44] 误悟恶（可～）务雾勿

t　[213] 都₁（首～）笃督 [13] 独读牍犊毒 [52] 堵赌肚₁（羊～）[44] 妒杜肚₂（～子）度渡镀

tʰ　[213] 秃 [13] 徒屠途涂图突 [52] 土吐 [44] 兔

n　[13] 奴 [52] 努 [44] 怒

l　[213] 鹿禄六₂陆 [13] 卢炉芦鸬庐楼₂（～房）耧₂（农具）绿录 [52] 鲁橹虏卤搂₂（～抱～抱）[44] 路赂露鹭漏₂陋₂

ts　[213] 租卒足 [13] 族 [52] 祖组阻 [44] 做₂

tsʰ　　[213] 粗促 [52] 猝 [44] 醋

s　　　[213] 苏酥肃宿₁粟俗 [44] 素诉塑嗉（鸡~子）漱（~口）速

tʂ　　　[213] 猪诸诛蛛株朱珠竹筑祝烛嘱触₁[13] 柱住逐轴（脑子~得很）[52] 煮主 [44] 著助拄驻注蛀铸

tʂʰ　　[213] 初出畜（~牲）[13] 除储锄厨雏帚₂[52] 褚姓楚础处（相~）处（~所）杵鼠₂[44] 苎（~麻）触₂

ʂ　　　[213] 梳疏（~远）蔬疏（注~）书枢输（~赢）输（运~）殊叔熟淑束蜀属 [13] 术述赎 [52] 舒暑鼠黍庶恕署薯数（动词）秫（~~：一种农作物）[44] 数（名词）戍竖树

ʐ　　　[213] 入褥 [13] 如儒 [52] 汝乳擩辱

k　　　[213] 姑孤箍估骨谷 [52] 古股鼓 [44] 故固锢雇顾

kʰ　　　[213] 枯窟哭 [52] 苦酷 [44] 库裤

x　　　[213] 呼忽 [13] 胡湖狐壶乎葫瓠（~子：南瓜的一种）胡核₂（桃~）斛（石~）[52] 虎浒 [44] 户沪互护瓠（~子）获₂

ø　　　[52] 戊 [44] 坞

　　　　　　　　　y

n　　　[52] 女

l　　　[213] 律率（效~）绿₂[13] 驴 [52] 吕旅缕屡履 [44] 虑滤捋

tɕ　　　[213] 居车（~子：象棋棋子的一类）拘驹橘菊掬（笑容可~）趄₁（~势）[13] 局 [52] 举 [44] 据锯巨拒距聚俱矩句具惧剧（~烈）剧（戏~）

tɕʰ　　[213] 蛆趄₂区驱屈曲（酒~）曲（~折，歌~）[13] 渠瞿 [52] 取娶 [44] 去趣

ɕ　　　[213] 墟虚嘘须需戌肃₂宿₂畜（~牧业）蓄续 [13] 徐婿₂俗₂（风~习惯）[52] 许 [44] 絮序叙绪续恤

ø　　　[213] 於淤吁迂郁狱 [13] 鱼渔余馀愚虞娱于盂榆逾愉 [52] 语雨宇禹羽 [44] 御（防~）御（~用）与（给~）誉预豫遇寓于₂芋愈喻裕域育玉欲浴

　　　　　　　　　ər

ø　　　[13] 儿而 [52] 尔耳饵搋（扔义）[44] 二贰

a

p	［213］巴芭疤八［13］爸拔［52］把（~握）［44］把（刀~）坝罢
pʰ	［13］帕爬琶（琵~）杷（枇~）耙（~子）［44］怕耙（犁~）
m	［213］抹（~布）［13］麻痲蟆妈［52］马码［44］骂
f	［213］法（方~）发（头~）发（~财）［13］乏伐筏罚
v	［213］哇挖袜蛙洼［52］瓦踠（跑义）［44］□（~□［vu³¹］：喉结）
t	［213］答搭大（父亲的面称）褡（~裢）［13］达［52］打［44］大
tʰ	［213］他踏拓塔榻塌溻獭［13］沓（一~纸）
n	［213］纳捺［13］哪拿［44］那
l	［213］拉腊蜡镴辣
ts	［213］楂（山~）渣扎眨札扎［13］杂铡［44］诈榨炸乍闸炸
tsʰ	［213］叉差₁（~不多）插擦察［13］茶搽苴查［52］权岔
s	［213］沙纱萨杀［52］洒撒
tʂ	［52］栅
ʂ	［213］莎［52］厦傻
k	［52］尬（尴~）
x	［213］哈（点头~腰）瞎₂［13］蛤（~蟆）还₂［44］吓₁（~一跳）下₁（底~）

ia

tɕ	［213］家（~庭）家（~具）加痂嘉佳夹甲胛［52］假（真~）贾［44］假（放~）架驾嫁稼价
tɕʰ	［213］掐［52］恰洽
ɕ	［213］虾瞎［13］霞瑕遐暇狭峡匣辖［44］吓₂下₂（~降）夏（姓~）厦（~门）夏（~天）
ø	［213］鸦丫桠鸭押压［13］牙芽衙伢涯崖［52］雅哑亚［44］砑轧

ua

tʂ	［213］髽抓［52］爪
ʂ	［213］刷［52］耍
k	［213］瓜蜗₁（~~牛：蜗牛）刮₁（~胡子）［52］寡剐刮₂

（~风）［44］挂卦

kʰ	［213］夸［52］侉垮［44］跨
x	［213］花［13］华₁划（~船）铧滑猾狡猾［44］化华₂（姓）桦画话划₂（计~）

ə

t	［213］得₂德₂
tʰ	［213］特
ts	［213］则责₂［13］泽择
tsʰ	［213］侧测拆策册［13］厕
s	［213］涩瑟色₁啬₁
tʂ	［213］遮折（~叠）褶哲蜇辙浙［13］蛰（惊~）［52］者折（~断）［44］蔗
tʂʰ	［213］车（汽~）彻［52］扯撤
ʂ	［213］奢赊畲摄涉设折（~本）［13］蛇舌［52］舍₁（~弃）［44］射麝赦舍₂（宿~）社射
ʐ	［213］热［52］惹
k	［213］歌哥戈蛤（花~）鸽割葛各阁搁胳角₂格₁革隔₁［44］个
kʰ	［213］科窠棵颗磕柯珂苛坷（土~坷：土块）渴壳刻（时~）刻（~章）克客₁［13］咳［52］可［44］课
x	［213］喝（~酒）喝（吆~）喝赫［13］荷（薄~）荷（~花）河何合盒鹤核（审~）［52］吓₂（恐~）
∅	［213］阿（~胶）鄂恶（善~）额扼［13］蛾鹅俄

iə

p	［213］鳖憋□（跑义）［13］别（区~）别（离~）
pʰ	［213］撇
m	［213］灭［13］篾
t	［213］爹跌［13］叠碟牒蝶谍
tʰ	［213］帖贴铁［52］腆₂（~肚子）
l	［213］猎列烈裂
tɕ	［213］皆阶秸街接劫揭节结洁［13］捷杰截［52］姐解（~开）解（了~）［44］借（~东西）借（~口）介界芥疥届戒械₂裓（尿~子：尿布）

tɕʰ　[213] 妾怯畏怯切□（～上去：往背上背）[13] 茄 [52] 且 [44] 筐斜褯

ȵ　[213] 聂姓镊蹑孽捏

ɕ　[213] 些胁挟（要～）泄歇蝎屑（不～）屑（木～）楔（～子）[13] 邪斜谐鞋携协穴₂ [52] 写 [44] 泻卸谢械懈蟹

ø　[213] 耶叶页业曳噎 [13] 爷 [52] 也野 [44] 夜液腋

uə

p　[213] 波菠玻钵拨博剥驳卜（萝卜）[13] 钹勃馞薄泊帛 [52] 跛簸（动词）柏（黄～）[44] 簸（～箕）薄（～荷）

pʰ　[213] 颇坡泼泊（梁山～）[13] 婆 [44] 破

m　[213] 末沫没（～有）莫膜寞摸墨₂默₂陌 [13] 魔磨（～刀）摩馍模（～范）摹 [52] 抹 [44] 磨（石～）

f　[213] 佛

v　[213] 物握沃 [13] 讹 [52] 我 [44] 饿卧

t　[213] 多掇 [13] 夺踱 [52] 朵躲 [44] 驮（～子）剁惰垛堕

tʰ　[213] 拖脱托 [13] 驼驮舵 [52] 妥椭 [44] 唾

n　[213] 诺 [13] 挪蛾₂鹅₂ [44] 糯

l　[213] 啰落烙骆洛络乐 [13] 罗锣箩骡螺 [52] 裸瘰 [44] 摞

ts　[213] 撮一撮米作（工作）[13] 凿₂ [52] 左佐 [44] 坐座做作（～业）

tsʰ　[213] 搓错 [13] 矬矮 [44] 锉莝措错

s　[213] 蓑梭唆索缩 [52] 锁琐所

tʂ　[213] 拙酌桌卓琢啄涿捉 [13] 着（睡～）着（听～）浊镯涿

tʂʰ　[213] 绰焯戳 [13] 镯₂（～子）

ʂ　[213] 说勺芍朔

ʐ　[213] 若弱

k　[213] 锅聒郭虢 [13] 国 [52] 果裹馃 [44] 过

kʰ　[213] 科₂棵₂颗₂括阔廓扩 [44] 课₂

x　[213] 霍藿劐 [13] 河₂和（～气）禾和（～面）活或 [52] 火伙惑 [44] 贺货祸豁获

ø　[213] 倭踒窝蜗₂

yə

n　　　　［213］虐₂疟

l　　　　［213］略掠劣

tɕ　　　［213］厥决诀爵脚₂镢觉₁［13］掘橛嚼绝［52］噘倔

tɕʰ　　［213］瘸缺雀鹊却确搓（~蒜：捣蒜）

ɕ　　　［213］薛血削靴雪［13］穴学

ø　　　［213］悦阅月越曰粤虐₁约药钥（~匙）跃岳乐（音~）

ε

p　　　　［213］掰［52］摆［44］拜稗败

pʰ　　　［213］拍₁［13］排牌［44］派

m　　　　［13］埋［52］买［44］卖迈

v　　　　［213］歪［44］外（~面）

t　　　　［213］呆［44］戴贷待怠殆代袋带大（~夫）

tʰ　　　［213］胎［13］台苔抬［44］态太泰

n　　　　［213］挨₂额₂［52］乃奶矮₂［44］耐碍₂爱₂奈艾₂

l　　　　［213］癞［13］来［44］赖癞

ts　　　［213］灾栽斋［13］宅［52］宰载（~重）［44］再在债寨

tsʰ　　　［213］猜豺钗差₄（出~）［13］材财裁才柴［52］彩采睬［44］菜蔡

s　　　　［213］腮鳃塞₂［52］筛［44］赛晒

tʂ　　　［44］摘₂

k　　　　［213］该街₂［52］改解₂［44］概溉盖丐

kʰ　　　［213］开揩［52］凯慨楷

x　　　　［13］孩鞋₂［52］海骇［44］亥害

ø　　　　［213］哀埃挨（~近）挨（~打）［13］伌₂［52］蔼矮隘［44］碍爱艾

uε

tʂ　　　［44］拽

tʂʰ　　　［213］吹炊［13］垂［52］揣

ʂ　　　　［213］衰摔［44］睡帅率（~领）蟀

k　　　　［213］乖［52］拐［44］怪

kʰ　　　　［52］块会（~计）刽［44］块快筷

x　　　　［13］怀槐淮或₂［44］坏

ɔ

p	[213] 襃包胞 [13] 雹 [52] 保堡宝饱 [44] 报抱暴菢豹爆鲍刨
pʰ	[213] 抛剖 [13] 袍刨狍 [52] 跑 [44] 泡（名词）泡（动词）炮
m	[13] 毛茅猫锚矛 [52] 卯牡 [44] 冒帽貌茂贸
t	[213] 刀叨 [52] 祷岛倒导 [44] 到倒道稻盗
tʰ	[213] 滔掏涛 [13] 桃逃淘陶萄 [52] 讨 [44] 套
n	[13] 熬₂挠挠 [52] 脑恼袄₂ [44] 傲₂奥₂闹
l	[13] 劳捞牢唠 [52] 老酪 [44] 涝
ts	[213] 遭糟 [13] 凿昨 [52] 早枣蚤澡找 [44] 躁灶皂造罩笊
tsʰ	[213] 操抄钞 [13] 曹槽 [52] 騲（～鸡：母鸡）草炒吵 [44] 糙
s	[213] 骚臊梢捎稍 [52] 扫嫂潲（雨～进来）[44] 扫掃帚
tʂ	[213] 朝昭招 [52] 棹沼 [44] 赵兆召照诏
tʂʰ	[213] 超 [13] 巢朝潮
ʂ	[213] 烧 [13] 韶 [52] 少（多～）[44] 少（～年）绍邵
ʐ	[13] 饶 [52] 扰绕（围～）[44] 绕（～线）
k	[213] 高篙羔糕 [52] 膏₁（药～）稿搞 [44] 告膏₂（～油）
kʰ	[52] 考烤 [44] 靠犒
x	[213] 蒿薅 [13] 豪壕毫号₁（哀～）[52] 好（～坏）好（爱～）郝 [44] 耗浩号₂（～码）
ø	[213] □（～白菜）[13] 熬 [52] 袄 [44] 傲鳌懊（～恼）奥懊（～悔）坳（山～）

cɔ

p	[213] 膘标彪 [52] 表（手～）表（～示）
pʰ	[213] 飘漂（～白）[13] 瓢嫖 [52] 漂（～亮）[44] 票
m	[13] 苗描猫矛（～子）[52] 藐渺 [44] 秒庙妙
t	[213] 刁貂雕 [44] 钓吊掉调（音～）调（～查）
tʰ	[213] 挑 [13] 条调（～和）[44] 跳粜
l	[13] 燎嘹疗聊辽撩寥 [52] 了（～结）瞭廖 [44] 料尥
tɕ	[213] 交郊胶教₁（～书）焦蕉椒骄娇浇缴脚角饺 [52] 绞狡铰

搅剿矫侥 [44] 教₂（～育）校₁（～对）较酵窖觉₂（睡～）醮噍轿叫

tɕʰ	[213] 敲锹缲悄雀₂鹊₂ [13] 樵瞧乔侨桥荞 [52] 巧俏 [44] 窍
ŋ̣	[52] 咬₂鸟 [44] 尿
ɕ	[213] 消宵霄硝销枵嚣萧削₂ [52] 小晓 [44] 孝效校₂（学～，上～）笑鞘（刀～）
∅	[213] 妖邀腰要₁（～求）幺（～二三）吆药₂ [13] 肴淆摇谣窑姚尧 [52] 咬舀杳 [44] 勒要₂（重～）耀鹞跃₂

əu

m	[13] 谋₂
f	[52] 否₂
t	[213] 都₂（～是）兜 [52] 斗抖陡 [44] 斗豆逗
tʰ	[213] 偷 [13] 头投 [44] 透
n	[52] 努₂
l	[13] 楼搂₁（～过来）耧（播种用的农具）[52] 篓搂₂（～抱）[44] 漏陋₁
ts	[213] 邹掫 [52] 走 [44] 奏皱绉骤
tsʰ	[213] 掫₂（往上～）[13] 愁 [52] 瞅 [44] 凑
s	[213] 搜飕馊 [52] 叟 [44] 嗽瘦
tʂ	[213] 周舟州洲粥 [13] 帚₁轴₂ [52] 肘 [44] 昼纣宙咒
tʂʰ	[213] 抽 [13] 绸稠筹仇酬 [52] 丑（～陋）丑（～时）[44] 臭
ʂ	[213] 收 [52] 手首守 [44] 兽受寿授售
ʐ̣	[13] 柔揉 [44] 肉
k	[213] 勾（～住）钩沟 [52] 狗苟 [44] 够₁构购勾（～当）
kʰ	[213] 抠 [13] 叩₂（～头）扣₂ [52] 口 [44] 叩₁扣₁寇
x	[13] 侯喉猴瘊候₂ [52] 吼 [44] 后（皇～）厚后（～头）候₁
∅	[52] 藕偶（配～）偶（～然）欧呕殴 [44] 怄

iəu

m	[44] 谬
t	[213] 丢

l　　　　[213] 六 [13] 流刘留榴硫琉馏 [52] 柳 [44] 溜

tɕ　　　 [213] 揪鬏鸠阄纠（~缠）纠（~正）究 [52] 酒九久韭灸
　　　　[44] 就救臼舅咎旧枢

tɕʰ　　 [213] 秋（~天）秋（~千）鳅（牛~）丘糗（出~）[13] 囚
　　　　泅求球仇屎

n̠ʑ　　 [13] 牛 [52] 纽扭

ç　　　 [213] 修羞休 [52] 朽 [44] 秀绣宿₃（星~）锈袖嗅

ø　　　 [213] 忧优悠西莠幽 [13] 尤邮由油游犹 [52] 有友₁ [44]
　　　　友₂ 又右佑诱柚鼬釉幼

ei

p　　　 [213] 杯碑₂卑悲北百柏伯 [13] 白 [44] 贝辈背（后~）倍背
　　　　（~诵）焙被₂（~迫）备

pʰ　　 [213] 杯₂胚坯拍魄 [13] 培陪赔裴 [52] 迫 [44] 沛配佩辔

m　　　 [213] 墨₁默₁麦₁脉₁ [13] 梅枚媒煤眉₂楣霉 [52] 每美 [44]
　　　　妹昧媚寐

f　　　 [213] 非飞 [13] 肥 [52] 匪翡 [44] 废肺吠痱妃费

v　　　 [213] 煨危威 [13] 桅维惟唯微违围 [52] 伪萎委尾伟苇纬猬
　　　　[44] 卫喂位未味魏畏慰胃谓外（~爷：外祖父）

t　　　 [213] 得德

l　　　 [213] 肋勒

ts　　　[213] 窄摘责 [13] 贼择₂

tsʰ　 [213] 拆₂开 [13] 厕₂

s　　　 [213] 虱₂塞₁色₂啬₂ [13] 谁₁

k　　　 [213] 格₂隔₂

kʰ　　 [213] 客₂

x　　　 [213] 黑 [13] 核₂

uei

t　　　 [213] 堆 [44] 对队兑

tʰ　　 [213] 推 [52] 腿 [44] 退蜕褪

l　　　 [13] 雷 [52] 儡累₁（积~）垒 [44] 内累（走~了）累₂
　　　　（连~）类泪

ts　　　[213] 催崔 [52] 嘴 [44] 罪最醉

tsʰ ［44］脆翠粹

s ［213］虽绥　［13］髓随　［44］碎岁遂隧穗

tʂ ［213］追锥　［44］缀赘坠

tʂʰ ［13］槌锤

ʂ ［13］谁₂　［52］水　［44］税

z̩ ［44］芮锐瑞蕊

k ［213］圭闺规龟归　［52］鳜诡轨癸鬼　［44］桂跪柜贵

kʰ ［213］盔傀亏窥　［13］魁奎逵葵　［44］溃愧

x ［213］恢灰麾挥辉徽　［13］回茴　［52］贿悔桧毁　［44］晦汇会
（开~）会（~不~）绘秽惠慧讳汇

an

p ［213］班斑颁扳般搬　［52］板版　［44］扮瓣办半绊伴拌

pʰ ［213］攀襻潘藩　［13］盘　［44］盼判叛

m ［13］蛮瞒馒　［52］满　［44］慢漫幔

f ［213］翻番藩　［13］凡帆烦矾繁　［52］反　［44］泛范犯贩饭

v ［213］豌剜顽弯湾　［13］玩完丸　［52］皖碗晚挽宛　［44］腕
万蔓

t ［213］耽担（~任）担（扁~）丹单₁　［52］胆掸鸡毛~子　［44］
淡旦诞但弹₁（子~）蛋

tʰ ［213］贪坍滩摊　［13］潭谭谈痰檀坛弹₂（~琴）　［52］毯坦
［44］探炭叹

n ［213］安₂　［13］南男难₁（困~）　［52］暖₂　［44］暗₂难₂
（患~）岸₂鞍₂按₂案₂

l ［13］蓝篮兰拦栏　［52］娄览揽榄缆懒　［44］滥烂

ts ［213］簪　［52］暂斩盏攒　［44］錾站（~立）站（车~）蘸赞
攒绽₁（木板~开）栈

tsʰ ［213］参搀餐　［13］蚕惭谗馋残　［52］惨铲产　［44］灿

s ［213］三杉衫珊山　［52］散（松~）伞　［44］散（~开）

tʂ ［213］沾粘瞻毡　［52］展　［44］占（~卜）占（~用）战绽₂
（~放）

tʂʰ ［13］蟾缠蝉禅₁（~宗）　［44］颤

ʂ ［213］珊₂膻扇　［13］单₂　［52］陕闪　［44］删疝扇善膳禅₂

（～让）

ȥ　[13] 然燃 [52] 染冉

k　[213] 甘柑泔尴干（羊肉～）干（～净）肝竿[52] 感敢橄杆秆擀赶 [44] 干（～活）

kʰ　[213] 堪龛勘刊看（～守）[52] 坎砍 [44] 看（～见）

x　[213] 憨酣鼾 [13] 含函咸₂ 寒韩还₁（～有）[52] 撼憾喊罕 [44] 汉旱汗焊翰

ø　[213] 庵揞（按义）安鞍 [44] 暗岸按案

ian

p　[213] 鞭编边蝙 [52] 贬扁匾 [44] 变辨辩汴便₁（方～）遍（一～）遍（～地）辫

pʰ　[213] 篇偏 [13] 便₂（～宜）[52] 片 [44] 骗

m　[213] 鲇₂ [13] 绵棉眠 [52] 免勉娩缅 [44] 面（～条）面（见～）

t　[213] 掂颠 [52] 点典 [44] 店电殿奠佃垫

tʰ　[213] 添天 [13] 甜田填 [52] 舔掭腆₁

l　[213] 恋 [13] 廉镰帘连联怜莲 [52] 敛殓脸两₂（～个）[44] 练炼

tɕ　[213] 监₁（～考）尖歼兼搛（～菜）艰间（中～）间（～断）奸煎犍（～牛：公牛）笺肩坚 [52] 减碱检俭剑简裥柬拣剪茧趼（～子：老茧）[44] 鉴舰渐谏涧锏箭溅践贱饯件建键健腱荐见

tɕʰ　[213] 鸽嵌签（牙～）签（～收）谦迁千牵铅 [13] 钳钱乾虔掮前 [52] 潜浅遣 [44] 欠歉

ȵ　[213] 鲇₁ 拈蔫 [13] 黏年 [52] 碾辇捻撵 [44] 念

ɕ　[213] 仙鲜₁（新～）掀先 [13] 咸（～丰）咸₂ 衔嫌闲涎贤弦悬 [52] 险鲜₂（朝～）显 [44] 陷馅锨限苋线羡宪献现县

ø　[213] 岩淹阉严俨腌焉烟 [13] 炎盐阎檐盐醃颜延筵言研沿 [52] 掩魇眼演兖 [44] 验厌艳焰酽雁晏谚堰砚燕（姓）燕（～子）咽宴

uan

t　[213] 端 [52] 短 [44] 断（果～）断（～开）锻段缎椴

tʰ　[13] 团（面～）团（～长）

n	［52］暖
l	［13］鸾　［52］卵　［44］乱
ts	［213］钻$_1$（动词）［52］纂　［44］钻$_2$（~石）
ts^h	［213］汆　［44］窜纂
s	［213］酸　［44］算蒜
tʂ	［213］专砖膊　［52］转（~眼）纂　［44］赚撰转（~圈圈）传$_2$（~记）
tʂ^h	［213］川穿　［13］传$_1$椽船　［52］喘　［44］串
ʂ	［213］拴　［44］闩涮篅（盛粮食的用具）
ʐ	［52］软
k	［213］官棺观$_1$冠$_1$鳏关　［52］管馆　［44］贯灌罐观$_2$（道~）冠$_2$惯
k^h	［213］宽　［52］款
x	［213］欢　［13］桓还$_3$环　［52］缓　［44］唤焕换幻患宦

yan

ʐ	［52］阮
tɕ	［213］绢捐　［52］卷卷　［44］眷圈$_1$倦
tɕ^h	［213］圈$_2$　［13］全泉拳权颧　［52］犬　［44］劝券
ɕ	［213］轩宣喧　［13］旋玄　［52］癣选　［44］旋（~走~说：边走边说）楦（鞋~子）眩
∅	［213］冤渊　［13］圆员缘元原源袁辕园援　［52］远　［44］院愿怨

aŋ

p	［213］帮邦浜（沙家~）［52］榜谤绑　［44］傍棒蚌
p^h	［213］滂　［13］旁螃庞　［44］胖
m	［13］忙茫芒$_2$（~种）盲虻　［52］莽蟒
f	［213］方肪芳　［13］妨房防　［52］仿（模~）仿（~佛）纺访　［44］放
v	［213］汪尪　［13］亡芒$_1$（麦~）王　［52］网辋往　［44］忘妄望旺
t	［213］当（~时）［52］党挡　［44］当（~铺）荡宕
t^h	［213］汤　［13］堂棠螳唐糖塘　［52］倘躺　［44］烫趟

n	［13］囊［52］攮［44］齉（~鼻子）
l	［13］郎廊狼螂［44］朗浪□（玩，~门子：串门）
ts	［213］赃脏₁（肮~）［44］葬藏₂（西~）脏₂（内~）
tsʰ	［213］仓苍［13］藏₁
s	［213］桑丧（~事）［52］嗓搡［44］丧（~失）
tʂ	［213］张章樟［52］长₁（生~）涨掌［44］帐账胀丈仗杖障瘴
tʂʰ	［213］昌娼猖［13］长₂（~短）肠常尝偿［52］畅场厂怅（惆~）［44］唱倡
ʂ	［213］商伤裳［13］尝₂［52］赏晌［44］上（~山）上（~面）尚
ʐ	［13］瓤［52］壤攘嚷［44］让
k	［213］冈刚纲钢缸［52］岗钢（把刀~一~）港（~口）［44］杠
kʰ	［213］康糠慷［52］抗扛［44］炕
x	［213］夯［13］行₁（银~）航杭［44］项₂巷₂
∅	［213］肮［13］昂

iaŋ

l	［13］良凉量（~尺寸）粮梁粱［52］两（~个）两（斤~）辆［44］酿₂（~酒）亮谅量（数~）
tɕ	［213］将₁（~来）浆疆僵姜礓缰姜江虹［52］蒋奖桨讲耩［44］酱将₂（大~）匠降（下~）虹（彩虹）
tɕʰ	［213］枪羌腔［13］藏₂墙强₁［52］抢强₂（倔~）
ȵ	［13］娘［44］酿₁（~皮）
ɕ	［213］相₁箱厢湘襄镶香乡［13］详祥降［52］想饷享响［44］相₂（~貌）象像橡向项巷
∅	［213］央秧殃［13］羊洋烊杨阳扬疡［52］仰养痒［44］样

uaŋ

tʂ	［213］庄装桩［44］壮状撞₁
tʂʰ	［213］疮窗［13］床［52］闯创［44］撞₂
ʂ	［213］霜孀双［52］爽
k	［213］光［52］广［44］桄逛
kʰ	［213］匡筐眶［13］狂［44］旷况矿

x　　　　［213］荒慌 ［13］黄簧皇蝗 ［52］谎 ［44］晃

əŋ

p　　　　［213］奔锛崩迸 ［52］本 ［44］奔笨

pʰ　　　［213］喷₁烹 ［13］盆朋彭膨棚篷蓬 ［52］蚌捧 ［44］喷₂
　　　　（～香）

m　　　　［13］门萌盟蒙 ［52］猛懵蠓（～虫子）［44］闷孟梦

f　　　　［213］分芬纷风枫疯丰封峰蜂锋 ［13］焚坟冯逢缝（～衣服）
　　　　［52］粉讽奉₂俸 ［44］粪奋愤忿份凤奉缝₂（裂了个～）

v　　　　［213］温瘟吻刎翁 ［13］文纹蚊闻 ［52］稳瓮 ［44］问璺
　　　　（～子：裂缝）

t　　　　［213］登灯 ［52］等 ［44］凳镫邓澄₁（把水～一下）瞪

tʰ　　　　［213］吞焞 ［13］腾誊藤疼

n　　　　［213］恩₂ ［13］能

l　　　　［13］楞 ［52］冷

ts　　　　［213］曾₁（姓）增争睁 ［52］憎 ［44］赠锃

tsʰ　　　［213］参₂（～差）撑掌 ［13］岑曾₂层 ［44］衬蹭

s　　　　［213］森参₅（人～）僧生牲笙甥 ［52］省（～长）省（节～）
　　　　［44］渗

tʂ　　　　［213］针斟珍榛臻真征蒸筝贞侦正（～月）征胗（鸡～干）［52］
　　　　枕（名词）枕（动词）诊疹拯整 ［44］镇阵振震证症郑正政

tʂʰ　　　［213］称（～东西）（称～呼）铛 ［13］沉陈尘辰晨臣澄₂
　　　　（～清）橙乘承丞呈程成城诚盛₁（～饭）［52］惩逞 ［44］趁秤

ʂ　　　　［213］深身申伸娠升胜（～任）声 ［13］神绳 ［52］葚沈审婶
　　　　［44］甚肾慎剩胜(～败)圣盛₂（兴～）

ʐ　　　　［213］扔 ［13］壬任₂（姓）人仁仍 ［52］纫忍 ［44］任₁刃
　　　　认韧

k　　　　［213］跟根更₁（～换）粳庚羹耕 ［52］哽埂梗耿 ［44］够更₂
　　　　（～加）

kʰ　　　　［213］坑 ［52］恳垦肯

x　　　　［213］亨 ［13］痕恒衡杏₁ ［52］很 ［44］恨横₁（～竖）横
　　　　（蛮～）

ø　　　　［213］恩₁

iŋ

p　　[213] 彬宾槟冰兵 [52] 禀殡鬓丙秉柄饼 [44] 病并（合~）
并（~且）

pʰ　　[13] 贫频凭平坪评瓶屏萍 [52] 品 [44] 聘姘拼

m　　[13] 民鸣明名铭 [52] 闽悯敏抿皿 [44] 命

t　　[213] 丁钉（名词）靪疔 [52] 顶鼎 [44] 钉（动词）订锭定

tʰ　　[213] 听厅汀 [13] 亭停廷庭蜓 [52] 艇挺

l　　[13] 林淋临邻鳞磷陵凌菱灵零铃伶拎翎 [52] 檁领岭 [44] 赁
吝令另

tɕ　　[213] 今金禁₁（~不起）襟津巾斤筋茎京荆惊鲸精晶睛颈经
[52] 锦紧仅谨境景警井 [44] 浸禁₂（情不自~）妗尽进晋劲近
敬竟镜竞静靖净劲径

tɕʰ　　[213] 侵钦亲₁清轻青蜻倾 [13] 琴禽擒秦勤芹擎情晴睛 [52]
寝卿请顷 [44] 亲₂（~家）庆磬

ȵ　　[13] 凝宁₁（~夏）[52] 佞 [44] 硬₂宁₂（~可）

ɕ　　[213] 心辛新薪欣兴₁星腥馨 [13] 行₂（品~）形型刑陉 [52]
省（反~）醒 [44] 信衅兴₂杏₂幸性姓

ø　　[213] 音阴因姻殷应₁鹰莺樱英婴缨颖 [13] 吟淫银寅蝇迎盈赢
营茔萤 [52] 饮引隐尹影 [44] 荫窨（地~子）饮（~牛）泅印
应₂（对~）硬映

uŋ

t　　[213] 敦墩蹲东冬 [52] 董懂 [44] 顿囤沌盾钝遁冻栋动洞

tʰ　　[213] 通 [13] 屯豚臀同铜桐童瞳 [52] 桶捅筒统 [44] 饨痛

n　　[213] 嫩 [13] 农₂脓侬浓 [44] 弄₂

l　　[13] 论₁（~语）仑伦沦轮聋农₁隆龙 [52] 笼拢陇垅 [44]
论₂弄

ts　　[213] 尊遵棕鬃宗综踪 [52] 总 [44] 粽纵（~向）纵（放~）

tsʰ　　[213] 村皴聪匆葱囱 [13] 存丛从（~容）从（跟~）[52] 忖
[44] 寸

s　　[213] 孙松嵩松 [52] 损笋榫𣤶 [44] 送宋诵颂讼

tʂ　　[213] 中₁（~间）忠终钟（姓）钟盅 [52] 准冢种₂肿 [44]
中₂（~奖）仲众重₁种₁

tʂʰ	［213］椿春充冲春 ［13］唇纯醇虫崇重₂ ［52］蠢铳宠
ʂ	［13］唇₂ ［44］顺舜
ʐ	［13］戎绒融茸 ［44］润闰
ç	［44］逊训
k	［213］公蚣工功攻弓躬宫恭供₁ ［52］滚汞拱巩₁ ［44］棍贡供₂共
kʰ	［213］昆坤空₁（~间）［52］捆孔巩₂恐 ［44］困控空₂（有~）
x	［213］昏婚轰（~隆隆）轰（~出去）烘（~干）［13］魂馄浑弘宏红洪鸿虹 ［52］哄 ［44］混荤横₂洪₂
∅	［13］云（~彩）云（不知所~）［44］熨韵运

yŋ

ʐ	［13］荣₁容₁蓉熔
tç	［213］均钧君军 ［52］窘菌迥 ［44］俊郡
tçʰ	［13］群裙琼穷
ç	［213］荀熏勋薰兄胸凶（吉~）凶（~巴巴）［13］寻旬循巡熊雄 ［44］讯迅殉
∅	［213］晕₁ ［13］匀荣₂容₂ ［52］允永泳咏拥甬勇涌 ［44］孕雍痈壅庸用晕₂

叁 银川市西夏区镇北堡镇西吉方音

（一）概况

镇北堡镇地处贺兰山东麓，银川市区西北郊，隶属于银川市西夏区，2018年辖1个居委会、10个村委会：镇北堡社区；团结村、新华村、德林村、昊苑村、顾家桥村、芦花村、三闸村、同庄村、良渠稍村、镇北堡村。全镇人口3.25万人。下文以西吉县硝河乡搬迁至镇北堡镇德林村移民方言为例，总结该地方言音系。

（二）声韵调

1. 声母（25个，含零声母）

p 八兵病	pʰ 派片爬	m 麦明	f 飞副饭风	v 问温王
t 多东毒	tʰ 讨	n 脑南安白		l 老蓝连路

ts 资字争纸　　　tsʰ 刺祠拆茶抄　　　　　　　　s 丝三酸山事

tʂ 张柱装主　　　tʂʰ 初床车船　　　　　　　　　ʂ 双手书十树　z̩ 热软

tɕ 酒九电店　　　tɕʰ 清全轻权天甜　ȵ 年泥　　　ɕ 想谢响县

k 高共　　　　　kʰ 开　　　　　　ŋ 安白崖白恶白　　x 好灰活

ø 月雨云用

说明：

（1）声母［v］摩擦成分弱，实际读音接近［ʋ］。

（2）声母［n］与［ȵ］音位互补，前者拼洪音，后者拼细音。

（3）声母［tʂ tʂʰ ʂ］拼合口呼韵母时实际读音接近［tʃ tʃʰ ʃ］。

2. 韵母（33 个）

ɿ 师丝试　　　　　i 米戏急七锡　　　　u 苦五猪骨出谷　　　y 雨橘局

ʅ 十直尺

ər 二耳

a 茶塔法瓦辣八　　ia 牙鸭　　　　　　ua 刮夸

ə 歌盒文热色文　　iə 写接贴节　　　　uə 坐过活托郭盒白　yə 靴药学月

ɛ 开排鞋　　　　　　　　　　　　　　uɛ 快

ɔ 宝饱　　　　　　iɔ 笑桥

ei 赔白北色白　　　　　　　　　　　uei 对鬼国白

əu 豆走　　　　　iəu 油六绿

an 南山半　　　　ian 盐年　　　　　uan 短官　　　　　yan 权远

aŋ 糖王　　　　　iaŋ 响讲　　　　　uaŋ 床双

əŋ 参根灯升争横文　iŋ 心新星硬病　　uŋ 寸滚春东横白　yŋ 云兄用

说明：

（1）韵母［i］作单韵母时，实际读音接近［j］；与鼻音声母相拼时，实际读音接近［ɿ］；与清擦音声母相拼时，实际读音接近［ɿi］。

（2）合口呼韵母与［tʂ tʂʰ ʂ z̩］声母相拼时，实际音值为［ʮ ʮa ʮə ʮɛ ʮei ʮæ̃ ʮn ʮaŋ ʮŋ］。

（3）韵母［ɛ］，实际音值接近［ɛi］。

（4）［an ian uan yan aŋ iaŋ uaŋ］韵母主元音带鼻化色彩。

3. 声调（3个）

调类	调值	例字
平声	13	东该通开门龙铜皮糖红谷百搭节急哭拍塔切刻六麦叶月毒白盒罚
上声	52	懂古鬼九统苦讨草买老五有
去声	44	动罪近后冻怪半死痛快寸去卖路硬乱洞地饭树

说明：

（1）上声实际调值接近［522］。

（2）去声调尾稍降，实际调值接近［443］。

（三）同音字汇

说明：本字汇以收录移民至西夏区镇北堡镇的西吉话（硝河乡）单字音为主，大多为常用字。字汇根据西吉话（硝河乡）的韵母、声母、声调次序排列，写不出本字的音节用"□"表示，释义、举例在字后用"（　）"表示，例子中用"~"代替，又读、文白异读等一字多音现象在字的右下角用数字表示，一般用"1"表示最常用的或最口语化的读音，"2"次之，以此类推。

ɿ

ts	［13］支枝肢资姿咨兹滋辎之芝 ［52］紫纸旨指子梓滓止趾址 ［44］姊自至字痔志（~气）志（地方~）痣
tsʰ	［13］雌疵（吹毛求~）瓷（~器）糍（~粑）迟兹慈磁（~石）辞词祠齿侍 ［52］此次 ［44］刺赐翅字
s	［13］斯厮撕施匙（汤~；钥~）私师狮司丝思诗始时 ［52］死尸矢屎使史驶 ［44］是氏四肆示视嗜似祀（祭~）巳寺嗣饲士仕柿事试市恃

ʅ

tʂ	［13］知蜘直值织职殖植只执汁侄秩质 ［52］滞（停~）［44］制

（～度）制（～造）智致稚（幼～）置治

tʂʰ　[13] 池驰痴持赤尺吃 [52] 耻斥

ʂ　[13] 食蚀识式饰适释石湿十什（～字乡）拾（～起来）实失室 [44] 世势誓逝

ʐ　[13] 日

i

p　[13] 碑鼻逼碧璧壁笔毕必屄虮（～蜂蚂：蚂蚁）[52] 彼鄙比（～较）秕（～子，～谷）粥 [44] 蔽敝弊币毙蓖（～麻）闭算（～子）陛（～下）鏴（～刀布）臂被（～子）婢被（～打）庇痹备箆（～梳）

pʰ　[13] 批坯（土～）皮疲脾丕琵（～琶）枇劈 [52] 僻辟匹（一～布）[44] 避屁

m　[13] 迷糜（～子）簚（竹～子）弥靡眉楣密蜜 [52] 米 [44] 谜秘泌媚觅

t　[213] 的（目～）嫡 [13] 笛敌狄 [44] 帝第弟$_2$递

tʰ　[44] 涕（鼻～）弟$_1$（徒～）

l　[13] 犁黎离（～别）篱璃（玻～）梨厘狸（～猫）力（～头：历书）历（经～）立笠粒栗 [52] 礼荔（～枝）李里（～头）里（公～）理鲤 [44] 例厉励丽（美～）隶离（～核子）利痢吏

tɕ　[13] 低鸡稽饥（～饿）肌几（茶～）基机讥饥（～荒）即鲫极戢积迹脊籍藉（狼～）的（目～）滴嫡笛敌狄绩寂击激集辑（编～）急级给（供～）及疾吉箕（簸～）囗（胡～：土块）赍（～岁女子嫁女儿）[52] 底抵挤己杞几（～乎）几（～个）[44] 祭际帝第递济荠计继系（～鞋带）髻寄技妓冀纪（～律，世～）记忌既展（木～）季

tɕʰ　[13] 堤梯题提蹄啼妻齐脐畦（菜～）企奇骑岐祁欺其棋期（时～）旗岂祈踢剔泣七漆 [52] 体砌启契（～约）起讫乞 [44] 替剃屉（抽～）弟剂（一～药，麦～子）地器弃气汽戚

ɕ　[13] 西栖犀溪奚兮玺徙牺熙希稀息熄媳惜昔席夕锡析习袭吸悉膝 [52] 洗嬉喜 [44] 细系（联～）系戏

ɲ　[13] 泥倪尼疑拟逆（～风）溺（～死）[52] 你 [44] 腻

ø　[13] 宜仪移伊夷姨医沂（～蒙山）衣依遗忆亿抑亦译揖（作～）

一逸疫役［52］蚁倚椅已以乙［44］艺缢（自~）瘗（~子）谊
义议易（难~）肄（~业）意异毅翼益易（交~）胰（~子:
香皂）

u

p	［13］不［52］补怖（恐~）堡［44］布（花~）布（分~）
pʰ	［13］铺（~设）蒲菩（~萨）脯卜扑仆（倒）仆［52］谱普浦捕朴瀑（~布）［44］铺（店~）部簿步赴讣
m	［13］谋木目穆［52］模（~子）某亩牡母拇［44］暮慕墓募牧幕
f	［13］夫肤跗（脚面）敷俘（~虏）孵（~小鸡）麸（麦~子）抚扶芙（~蓉）浮福幅蝠（蝙~）复腹覆（~盖）复（反~）服伏枎（梁）复（~原）［52］府腑俯甫斧符釜腐辅附否［44］付赋傅父富副妇负阜复（~兴）
t	［13］都（首~）独读犊特笃督［52］堵赌［44］妒杜度渡镀
tʰ	［13］徒屠途涂图秃突毒［52］肚（牛~）妒（~忌）土吐（~痰）吐（呕~）［44］兔肚（腹部）
n	［13］奴［52］努［44］怒
l	［13］庐炉芦（~草）鸬（~鹚）鲁虏卤赂庐（茅~，~山）楼搂（~取）耧（农具）篓搂（~抱）鹿禄陆绿录［44］路露鹭（白~）漏陋
ts	［13］租足卒（兵~）族［52］祖组阻［44］做₁（~饭）
tsʰ	［13］粗促猝（~死）［44］醋
s	［13］苏酥素粟速肃₂（严~）［44］诉塑（~像）嗉（鸟~子）
tʂ	［13］猪诸诛蛛₂株朱珠铸竹筑逐烛嘱触祝［52］煮拄注主［44］著（显~）助驻柱住注蛀
tʂʰ	［13］除储（~蓄）初锄杵厨雏帚（扫~）畜（~牲）轴出［52］楚础（基~）处（相~）处（~所）鼠₁
ʂ	［13］梳（~头）疏（~远）蔬书舒枢输（~赢）输（运~）殊赎束蜀属叔熟（煮~）淑［52］暑黍恕署（专~）薯（白~）数（动词）戍鼠₂［44］庶数（名词）竖树术述
ʐ	［13］如入褥［52］汝儒乳辱
v	［13］吴蜈（~蚣）吾梧（~桐）乌污无巫诬鹉（鹦~）勿屋

［52］五伍午武舞侮［44］误悟恶（恨，可~）务雾

k ［13］姑孤箍骨（筋~；~头）谷（山~）谷（~子）轱（~辘）
［52］古估（~计）股鼓［44］故固锢（禁~）雇顾

kʰ ［13］枯窟（~窿）哭［52］苦酷［44］库裤

x ［13］呼胡湖狐壶乎葫（~芦）胡核（挑~）忽［52］虎浒［44］
户沪互护瓠（~瓜）

y

n ［52］女

l ［13］驴律率（速~）［52］吕旅缕（丝~）履捋（~胡子）［44］
虑滤

tɕ ［13］车（~马炮）矩（规~）橘菊掬（一捧）［52］举［44］
居据锯（~子，~木头）巨拒距聚拘驹俱句具惧剧（~烈）剧
（戏~）

tɕʰ ［13］蛆（生~）渠趋区（~域）驱瞿曲（~折；歌~）屈曲
（酒~）蛐（~蟮）局［52］取娶［44］去（来~）趣

ɕ ［13］徐墟（~市）虚嘘（吹~）须（胡~）须（必~）需肃₁
（甘~）宿俗戌恤畜蓄（储~）［52］许［44］絮序叙绪续婿续

ø ［13］鱼渔淤余（多~）余（姓）愚虞娱盂榆逾狱［52］语雨
宇禹羽［44］御（抵~）御（~花园）于（~此）与（给~）誉
（荣~）预豫遇寓吁迂芋愉愈（病~）喻裕域郁育玉欲浴

ər

ø ［13］儿尔而［52］耳饵□（扔）［44］二贰

a

p ［13］巴芭疤爸八拔［52］把（~守，~握，一~）［44］霸把
（柄，刀~）坝（小~）罢

pʰ ［13］爬琶（琵~）杷（枇~）钯（~子）耙（犁~，~地）
［44］怕帕

m ［13］麻蟆（蛤~）抹（~布）［52］马码（~子）［44］妈骂

f ［13］法（~子）乏发（头~）发伐筏罚

v ［13］哇袜挖洼蛙［52］瓦瓦（动词）［44］□（~□［vu³¹］：
喉结）

t ［13］答搭褡（~裢）达大（父亲的面称）［52］打［44］大

（～小）

tʰ　　［13］他踏搨（～本）沓（一～纸）塔榻塌

n　　　［13］哪（～个）拿纳

l　　　［13］拉腊蜡镴（锡～）辣　［52］捺（撇～）

ts　　 ［13］渣杂栅（～栏）扎（用针～）眨（～眼）炸（用油～）札扎咋（怎么）［44］诈榨（～油）炸（～弹）乍闸

tsʰ　　［13］茶搽楂（山～）叉杈（枝～）差（～别，～不多）茬查（调～）插擦铡（～刀）察［44］岔（三～路）

s　　　［13］沙纱杀　［52］洒厦（大～）洒撒（～手）萨［44］啥

ş　　　［52］傻

k　　　［52］尬（尴～）

x　　　［13］哈（点头～腰）瞎［44］吓₁（～一跳）下₁（底～）

ø　　　［13］阿（～胶；～哥）

ia

tɕ　　 ［13］家加痂嘉家（～具）夹（～菜）夹（～衣）甲胛（～膀）
　　　 ［52］假（真～）贾（姓）［44］假（放～）架驾嫁稼价佳

tɕʰ　　［13］掐［52］搰（抓：～住）袷［44］恰

ɕ　　　［13］虾（鱼～）霞瑕遐暇狭峡辖（管～）匣（风～：风箱）
　　　 ［44］夏（姓）厦（～门）下（～降）夏（春～）

ȵ　　　［13］娘（妈）［52］哑［44］砑（～平）

ø　　　［13］牙芽衙鸦丫（～头）桠（～杈）涯（天～）鸭押压［52］雅［44］亚轧（被车～）

ua

tʂ　　 ［13］抓［52］爪（～子）

ʂ　　　［13］刷［52］耍

k　　　［13］瓜［52］蜗寡剐刮［44］挂卦

kʰ　　 ［13］夸［52］侉（～子：外地人的贬称）垮［44］跨

x　　　［13］花华（中～）铧划（～船）滑猾（狡～）［44］化华（～山、姓）桦（～树）画（名词；动词）话划（计～）

ə

p　　　［13］菠（～菜）［52］跛（～子）簸（～一～）簸（～箕）［44］薄（～荷）

pʰ	［13］颇坡婆 ［44］破
t	［13］多₁
ts	［52］左
tsʰ	［13］搓
s	［52］涩瑟
tʂ	［13］遮折（~迭）褶（皱纹）蜇（惊~）哲辙浙 ［52］者蔗折（~断）
tʂʰ	［13］车（马~）彻撤 ［52］扯
ʂ	［13］蛇奢赊佘（姓）摄涉蜇（蝎子~人）舌设折（弄折了）［52］舍 ［44］射麝（~香）赦舍社射
ʐ	［13］热 ［52］惹
k	［13］歌哥个（~人）戈鸽割葛各阁搁胳（~臂）角（牛~）
kʰ	［13］咳（~嗽）壳（~子）磕渴 ［52］可
ŋ	［13］蛾鹅俄讹 ［52］我 ［44］饿
x	［13］荷（薄~）河何荷（~花）喝（~酒）合盒鹤 ［52］赫喝（~彩）［44］贺
∅	［13］扼 ［52］鄂

iə

p	［13］别（区~）鳖别（离~）憋□（跑义）
pʰ	［13］撇（~捺；~开）
m	［13］灭
t	［13］爹
l	［13］猎列烈裂 ［52］掠
tɕ	［13］皆阶秸（麦~）劫跌迭碟牒蝶谍杰接捷揭节截结洁羯（~羊：骟过的公羊）［52］姐 ［44］借藉（~故）介界芥疥届戒械
tɕʰ	［13］茄（~子）帖（碑~；请~）贴铁切（~开）□（往肩上扛）［52］且怯（畏~）妾 ［44］裌
ɕ	［13］些邪斜谐携胁协歇蝎血屑（不屑）楔（~子）［52］写 ［44］泻卸谢懈解（姓）蟹泄（~漏）
ȵ	［13］业孽聂（姓）镊（~子）蹑（~脚走）捏
∅	［13］耶爷叶页噎（~住了）［52］也（~是）野 ［44］夜液腋

uə

p	［13］玻（~璃）剥驳帛拨馞（面~）博泊（梁山~）泊（停~）
pʰ	［13］波泼勃薄
m	［13］魔磨（~刀）摩馍末沫没（沉~；~有）莫膜［52］模（~范）摹（~仿）默陌（~生）抹寞摸［44］磨（石~）
f	［13］缚佛（仿~）佛（~像）
v	［13］倭（~瓜）踒（~了脚）窝握沃物［44］卧
t	［13］多₂掇（拾~）掇（掂~）夺踱铎［52］朵躲［44］剁惰跺（~脚）垛（柴~）
tʰ	［13］拖鸵驮脱托（~付）［52］妥椭（椭圆）托（~着）［44］舵驮（~子）唾（唾液）
n	［13］恶（善~）［52］诺
l	［13］挪罗箩骡螺（~蛳）啰（~嗦）锣糯（~米）落烙络［52］裸（~体）酪洛乐［44］骆摞（~起来）
ts	［13］撮（一~米）作（工~）昨［52］佐［44］座
tsʰ	［13］锉矬（矮）凿（~子）［44］坐措（~置）错（~误）错（~杂）
s	［13］蓑梭（~子）唆（啰~）莎（~草）缩索（绳~）［52］锁琐（~碎）
tʂ	［13］拙桌卓琢涿啄（~鹿）浊捉着（穿~打扮）着（睡~）酌
tʂʰ	［13］戳［52］绰（宽~）
ʂ	［13］说（~话）镯（~子）勺（~子）芍（~药花）［52］所朔
ʐ	［13］若弱
k	［13］锅郭［52］果裹馃（~子）［44］过
kʰ	［13］科廓扩（~充）括（包~）阔［52］棵颗（一~珠）［44］课
x	［13］和（~气）禾豁（~然）活［52］火伙惑［44］货祸和（~面）霍藿（~香）劐（用刀~开）

yə

l	［52］劣略
tɕ	［13］厥掘橛（~子）决镢（~头）觉（知~）角（墙~~子，一~钱）饺（煮~子：饺子）诀掘爵嚼脚［52］噘（脾气~）倔

（~强）

tɕʰ	［13］瘸（~腿）确绝缺雀（麻~） 鹊（喜~）却	
ɕ	［13］靴学薛雪穴屑（木~）削	
Ø	［13］悦阅月越曰粤药钥（~匙）岳（五~）岳（~父）乐（音）虐疟（~疾）约	

ɛ

p	［52］摆 ［44］拜粺
pʰ	［13］排牌排（竹~）［44］派败
m	［13］埋 ［52］买 ［44］卖迈
v	［13］歪 ［44］外
t	［13］呆 ［44］带大（~夫）戴贷待怠殆代袋
tʰ	［13］台苔（青~；舌~）抬奋（~子）［44］太泰胎态
n	［13］哀 ［44］奈耐 ［52］奶矮乃
l	［13］来 ［44］赖癞
ts	［13］斋灾栽 ［52］宰载（一年一~）载（~重）载（满~）［44］债寨再在
tsʰ	［13］豺钗差（出~）柴材财裁才（刚~）才（~华）［52］猜彩采睬 ［44］蔡菜
s	［13］腮鳃 ［52］筛（~子）［44］晒赛
k	［13］街该 ［52］改解（~开）［44］概溉盖丐（乞~）
kʰ	［13］开揩 ［52］凯慨（慷~）楷
ŋ	［13］挨（~住）崖（山~）捱（~打）额 ［52］碍 ［44］爱艾蔼（和~）
x	［13］孩鞋核（审~）［52］海 ［44］亥害骇（惊~）
Ø	［13］埃（尘~）

uɛ

tʂ	［52］拽 ［44］拽（拖）
tʂʰ	［52］揣（~着）
ʂ	［13］衰摔 ［44］帅率（~领）蟀
k	［13］乖 ［52］拐 ［44］怪
kʰ	［44］块（一~）会（~计）刽块（土~）快筷
x	［13］怀槐淮或（~者）获 ［44］坏

ɔ

p	［13］包胞［52］褒（～奖）保宝饱［44］报豹爆鲍（姓；鲍鱼）抱暴菢（～鸡娃子）曝
pʰ	［13］袍抛刨（动词）狍［52］跑［44］泡炮（枪～）泡（～在水里）刨（木工工具）
m	［13］茅猫锚猫毛［52］卯矛［44］貌戊茂贸冒帽
t	［13］刀叨（唠～）［52］祷岛倒（打～）稻盗导［44］到倒（～水）道
tʰ	［13］滔掏（～出来）桃逃淘（～汰）陶萄涛［52］讨［44］套
n	［13］挠［52］脑恼［44］那鏊（烙饼用具）奥闹
l	［13］劳捞（～钱；打～）牢唠（～叨）［52］老［44］涝（旱～）
ts	［13］遭糟［52］找笊（～篱）早枣蚤澡［44］躁灶皂造（建～）罩
tsʰ	［13］操（～作）曹槽抄（～写）钞（～票）巢［52］草骚（～狗：母狗）炒吵［44］糙（粗～）
s	［13］梢（树～）捎（～带）［52］扫（～地）嫂稍［44］骚臊（～气）扫（～帚）
tʂ	［13］朝（今～）昭招沼（～气）［44］赵兆召照诏
tʂʰ	［13］超朝（～代）潮□（～子：傻子）
ʂ	［13］烧［52］少（多～）［44］少（～年）韶（～关）绍邵
ʐ̩	［13］饶［52］扰绕（围～）绕（～线）
k	［13］高篙（进船竿）羔糕［52］膏稿搞［44］告膏（～油）
kʰ	［52］考烤［44］靠犒
ŋ	［13］熬［52］袄［44］傲
x	［13］蒿（～子面）薅（～草：除草）豪壕毫号（呼～）郝（姓）［52］好（～坏）［44］好（喜～）耗浩号（～数）
∅	［13］熝（～白菜）［44］懊（～恼）懊（～悔）

iɔ

p	［13］膘（长～）标彪［52］表（～示）表（手～）
pʰ	［13］飘瓢嫖（～赌）［52］漂（～白液）［44］票（车～）漂（～亮）

m	[13] 苗描矛（~子）[52] 藐渺秒 [44] 庙妙
l	[13] 燎疗聊辽撩寥瞭 [52] 燎（火~眉毛）了（~结）[44] 料廖（姓）
tɕ	[13] 交郊胶教（~书）焦蕉（芭~）椒娇刁貂雕浇 [52] 绞狡（~猾）铰搅剿骄矫缴（上~）侥（~幸）饺（~子）[44] 教（~育）校（~对）较窖觉（睡~）钓吊掉调（音~）调（~动）叫
tɕʰ	[13] 敲锹缲（~边）悄（静~~）樵瞧乔侨桥荞条调（~和）藋（灰~菜）筲（~帚）[52] 巧挑 [44] 俏轿跳粜窍
ɕ	[13] 涌消宵霄硝销枵嚣萧箫 [52] 小晓 [44] 酵孝效校（学校）校（上校）笑鞘（刀鞘）
ȵ	[52] 咬鸟痒 [44] 尿
ø	[13] 肴妖邀腰要（~求）摇谣窑姚尧 [52] 舀（~水）杳(~无音信) [44] 勒（袜~子）要（重~）耀鹞（~鹰）幺（~二三）吆喝跃

ei

p	[13] 卑北百柏伯 [52] 悲 [44] 贝辈背（脊~）
pʰ	[13] 杯胚（~胎）培陪赔裴披迫拍白罴 [52] 倍佩魄 [44] 沛配背（~书）焙（~干）
m	[13] 梅枚媒煤霉墨麦脉 [52] 每美 [44] 妹昧寐
f	[13] 非飞肥 [52] 匪翡（~翠）[44] 废肺吠妃费（~用）
v	[13] 桅（船~杆）维惟唯微威违围纬猬危为（作~）[52] 尾伟苇（芦~）伪萎（气~）委 [44] 卫未味魏畏慰胃谓喂为（~什么）位外（~爷：外祖父）
t	[13] 得德
tʰ	[13] 特
l	[13] 肋勒（~索；~脖子）
ts	[13] 则塞（阻~）泽择（~菜）宅窄摘责
tsʰ	[13] 厕（~所）贼侧测拆（开）策册
s	[13] 色啬（吝~）虱
k	[13] 格革隔
kʰ	[13] 刻（时~）刻（用刀~）克客

x　　　　　[13] 黑

uei

t　　　　　[13] 堆 [44] 对队兑

tʰ　　　　[13] 推 [52] 腿 [44] 退蜕褪

l　　　　　[13] 雷 [52] 屡儡（傀~）累（~赘）垒 [44] 内累（乏）累
（连~）类泪

ts　　　　[52] 嘴 [44] 罪最醉

tsʰ　　　[13] 催崔 [44] 脆翠粹（纯粹）

s　　　　　[13] 随虽绥隧（~道）[52] 髓遂 [44] 碎（小）碎（破~）
岁穗

tʂ　　　　[13] 追锥 [44] 缀（点缀）坠

tʂʰ　　　[13] 吹炊垂槌锤 [44] 赘

ʂ　　　　　[13] 谁 [52] 水 [44] 税睡

ʐ　　　　　[44] 芮（姓）锐瑞蕊

k　　　　　[13] 闺归国龟 [52] 诡鬼轨 [44] 鳜圭桂贵

kʰ　　　　[13] 盔魁傀（~儡）奎规亏窥逵葵 [44] 跪愧柜

x　　　　　[13] 灰回茴挥辉徽麾 [52] 恢悔晦毁 [44] 贿汇溃（~脓）桧
（乔木名；秦~）会（~议）会（~不~）绘秽惠慧讳彗

əu

pʰ　　　　[13] 剖

t　　　　　[13] 都（~是）[52] 斗抖陡斗 [44] 兜豆逗

tʰ　　　　[13] 偷头投 [44] 透

ts　　　　[13] 蛛₁（~~：蜘蛛）[52] 走 [44] 奏邹皱绉骤

tsʰ　　　[13] 搊（~起来）愁 [52] 瞅 [44] 凑

s　　　　　[13] 搜飕馊（饭~了）搜（~集）[44] 嗽（咳~）瘦漱（~口）

tʂ　　　　[13] 周舟州洲粥 [52] 肘囗（~伞：打伞）[44] 昼纣（桀~）
宙咒

tʂʰ　　　[13] 抽绸稠筹仇酬 [52] 丑（难看）丑（子~寅卯）[44] 臭
（香~）

ʂ　　　　　[13] 收 [52] 手首守 [44] 兽受寿授售

ʐ　　　　　[13] 柔揉 [44] 肉

k　　　　　[13] 勾钩沟 [52] 狗苟 [44] 够构购勾（~当）垢（水~）

kʰ　　[13] 抠眍（眼~）[52] 口 [44] 叩（~头）扣（~住）寇

ŋ　　[52] 藕偶（配~）偶（~然）呕（~吐）殴沤（~肥）怄（~气）

x　　[13] 侯喉猴瘊（~子）[52] 吼 [44] 后（~头）后（皇~）厚候

iəu

l　　[13] 流刘留榴（石~）硫（~磺）琉（~璃）馏六 [52] 柳 [44] 溜

tɕ　　[13] 揪（一把~住）口（梳个~儿）鸠纠（~缠）丢纠 [52] 酒九久韭灸（针~）[44] 就阄（拈~）救究臼舅咎枢

tɕʰ　　[13] 秋（~天）秋（~千）囚丘求球仇（姓）屦 [44] 旧

ɕ　　[13] 修羞休 [52] 朽嗅 [44] 秀绣宿（星~）锈（铁~）袖

ȵ　　[13] 牛 [52] 纽扭谬

ø　　[13] 忧优尤邮由油游犹悠（~闲）幽蚰（~蜒）[52] 有友酉莠 [44] 又右佑诱柚釉幼

an

p　　[13] 班斑颁扳般搬 [52] 板版 [44] 扮瓣办半伴

pʰ　　[13] 藩攀盘 [44] 盼绊判拌叛

m　　[13] 蛮瞒馒（~头）[52] 满 [44] 慢漫

f　　[13] 凡帆翻番（几~）烦藩矾繁 [52] 反 [44] 泛范（模~）范（姓）犯贩饭

v　　[13] 豌（~豆）剜顽（~皮）弯湾玩（古~；游~）完丸（肉~）[52] 晚挽宛碗皖（安徽）[44] 万蔓（瓜~子）腕

t　　[13] 耽担（~任）担（挑~）丹单（~独）[52] 胆 [44] 淡诞但弹（子~）蛋旦

tʰ　　[13] 贪潭谭坍（~下来）痰檀坛弹（~琴）滩摊 [52] 毯坦掸（鸡毛~子）[44] 探（试~）谈炭叹

n　　[13] 南男

l　　[13] 蓝篮难（~易）兰拦栏 [52] 览揽榄（橄~）缆懒缆（~车）[44] 滥难（苦~）烂

ts　　[13] 簪绽（破~）[52] 斩盏攒（积~）[44] 暂站（立）站（车~）蘸（~酱油）赞瓒（溅）栈

tsʰ　　[13] 参蚕谗馋参（~差）餐残搀掺（~水：兑水）[52] 惨憯铲产 [44] 灿

s　　　[13] 三杉衫钐（大~镰）珊山 [52] 散（鞋带~了）伞删 [44] 散（分~）

tʂ　　　[13] 毡沾粘（~贴）瞻 [52] 展 [44] 占（~卜）占战颤

tʂʰ　　[13] 蟾（~蜍）缠禅（~宗）

ʂ　　　[13] 杉膻扇蝉膳 [52] 陕（~西）闪 [44] 疝（~气）扇善单（姓）禅（~让）骟（~羊））蟮（蛐~）

ʐ　　　[13] 然燃 [52] 染冉

k　　　[13] 甘柑尴（~尬）干肝竿（竹~）干（~湿）[52] 感敢橄（~榄）杆秆（稻~）擀（~面）赶 [44] 干

kʰ　　　[13] 堪勘（~误；~探）看（~守）刊 [44] 看（~见）[52] 坎砍

ŋ　　　[13] 安鞍 [44] 暗岸按案

x　　　[13] 含函憨咸寒韩还（~有）[52] 撼憾喊罕 [44] 酣鼾（拉~）汉旱汗焊（~铁壶）翰

ø　　　[44] 揞（~住）

ian

p　　　[13] 鞭编边蝙 [52] 贬扁匾煸（干~）搧（~袖子：挽袖子）[44] 变辩汴便（方~）遍（一~）遍（~地）

pʰ　　　[13] 偏便（~宜）[52] 篇片 [44] 骗（欺~）辨辫

m　　　[13] 绵棉眠 [52] 免勉娩（分~）缅渑（~池子）[44] 面（~粉）面（~部）

l　　　[13] 廉镰帘连联恋怜莲 [52] 脸敛 [44] 练炼裢（褡~）

tɕ　　　[13] 掂（~掇）兼搛（~菜：用筷子夹）奸监（~察）鉴监（国子~）尖歼（~灭）艰间（中~）煎犍（~子）颠笺肩坚 [52] 检俭点减碱柬拣谏铜（车~）简剪典茧跰 [44] 剑店簟（席）间（~断）涧件舰渐箭溅（~一身水）践饯（~行）建键健腱电殿奠佃垫（~钱）荐见

tɕʰ　　　[13] 钳添甜谦铅鸽（啄，~米）乾（~坤）虔嵌签（抽~）签（~字）潜迁钱天田填千前牵 [52] 舔歉遣浅 [44] 欠贱腍

ɕ　　　[13] 枚（木~）嫌咸闲衔仙鲜（新~）涎掀先贤 [52] 险陷鲜

（~少）显［44］限苋（~菜）羡线宪献县现

ȵ　［13］鲇（~鱼）拈（~起来）蔫（食物不新鲜）黏（~米）蔫
　　（花萎）年捻（以指~碎）［52］眼碾辇撵［44］念

ø　［13］淹阉炎盐阎檐（屋~）严腌沿颜焉（心不在~）延岩筵言
　　研烟蜒（蚰~）［52］庵掩魇（~住了：梦魇了）演囗（~：痣）
　　［44］验厌艳焰醶（~茶）雁谚堰咽宴砚燕（姓）燕（~子）

uan

t　［13］端［52］短［44］断（掰~）锻（~炼）段缎椴

tʰ　［13］团（一~）团（饭~）［44］断（~绝）

l　［13］鸾［52］暖卵［44］乱

ts　［44］钻（动词）钻（木工用具）囗（门~：门轴）

tsʰ　［13］汆（生~面）［44］窜

s　［13］酸［44］算蒜

tʂ　［44］篆赚撰转（~眼，~送）转（~动）

tʂʰ　［13］椽专砖川穿传（~达）［52］喘［44］传（~记）串篡

ʂ　［13］船篅（盛谷具，~子）闩拴［44］涮（~洗）

ʐ　［52］软阮

k　［13］关官棺观（参~）观（道~）冠（衣~）［52］管馆［44］
　　惯贯灌罐冠（~军）

kʰ　［13］宽［52］款

x　［13］还（~原）环欢桓［52］缓［44］幻患宦唤焕换

yan

tɕ　［52］卷（~起）绢［44］眷卷倦

tɕʰ　［13］圈（圆~）拳权颧（~骨）全泉［52］犬［44］圈
　　（羊~）劝券

ɕ　［13］喧轩宣旋（~转）玄悬弦［52］癣选［44］楦（鞋~子）
　　馅旋（~吃~做）眩

ø　［13］圆员缘元原源冤袁辕园援（~救）渊［52］远［44］院苑
　　愿怨

aŋ

p　［13］邦帮［52］绑榜谤［44］棒蚌浜（沙家~）傍

pʰ　［13］庞滂（~沱大雨）旁螃（~蟹）［44］胖

m　　　［13］盲虻（牛～）忙芒茫［52］莽蟒

f　　　［13］方肪（脂～）芳妨（～害）房防［52］仿（～效）纺仿
　　　　（相似）仿（～佛）访［44］放

v　　　［13］汪（一～水）亡芒（麦～儿）王［52］网辋（车～子）枉
　　　　往［44］忘妄望旺（火～）

t　　　［13］当（～时）铛（铃～）［52］党挡［44］当（～作）荡
　　　　（放～）宕（延～）

tʰ　　　［13］汤堂棠螳（～螂）唐糖塘［52］躺［44］倘（～使）烫趟
　　　　（一～）

n　　　［13］囊［44］齉（～鼻子）

l　　　［13］郎廊狼螂［52］攮（用刀子～）朗［44］浪口（玩，～门
　　　　子：串门）

ts　　　［13］赃脏（不干净）［44］葬藏（西～）脏

tsʰ　　　［13］仓苍藏（隐～）

s　　　［13］桑丧（婚～）［52］嗓操［44］丧（～失）

tʂ　　　［13］张章樟［52］长（生～）涨掌［44］帐账胀丈仗杖障
　　　　（保～）瘴（～气）

tʂʰ　　　［13］长（～短）肠场娼猖昌常［44］畅唱［52］厂倡（提～）
　　　　畅怅（惆～）

ʂ　　　［13］商伤尝裳（衣～）偿［52］赏晌（～午）尚［44］上
　　　　（～山）上（～面）

ʐ　　　［13］瓤（瓜～）穰（麦～）［52］壤（土～）攘嚷［44］让

k　　　［13］冈岗刚₂纲钢缸［52］港（～口）钢（刀钝了）［44］杠

kʰ　　　［13］扛腔康糠慷（～慨）［44］抗炕

x　　　［13］行（～列）航杭［52］夯（打～）［44］项₁巷₁

Ø　　　［13］昂脏（肮脏）

iaŋ

l　　　［13］良凉量（～长短）粮梁梁［52］两（～个）两（几～几钱）
　　　　辆［44］酿亮谅量（数～）

tɕ　　　［13］江豇（～豆）将（～来）浆疆僵姜礓（料～石）缰（～绳）
　　　　姜刚₁（～～）［52］讲蒋奖桨［44］降（下～）虹（彩虹）酱将
　　　　（大～）

tɕʰ　　［13］枪墙强［44］匠［52］抢强（勉~；倔~）

ɕ　　　［13］降（投~）香乡相（互~）箱厢湘襄镶详祥［52］享响想
　　　饷［44］向相（~貌）象像橡（~树）项₂巷₂

ŋ　　　［13］娘

ø　　　［13］疡（溃~）央秧殃羊洋烊（融化）杨阳扬［52］养仰
　　　［44］样

uaŋ

tʂ　　　［13］桩庄装［44］壮状

tsʰ　　［13］窗疮床［52］闯创［44］撞

ʂ　　　［13］双（一~）双（~胞胎）霜孀［52］爽

k　　　［13］光［52］广桄（一~线）［44］逛

kʰ　　［13］匡筐眶（眼~）狂［44］旷况矿

x　　　［13］荒慌黄簧（锁~）皇蝗［52］谎［44］晃（~眼）

əŋ

p　　　［13］崩奔锛［52］本奔（投~）［44］迸（迸裂）笨

pʰ　　［13］烹彭膨（~胀）棚喷（~水）盆篷蓬朋［52］捧［44］喷
　　　（~香）

m　　　［13］萌盟蒙蠓（~虫）门［52］猛［44］孟梦闷

f　　　　［13］风枫疯丰冯芬纷焚坟分（~开）封峰蜂锋逢缝（~衣服）
　　　［52］粉［44］讽凤粪奋愤忿份（一~两~）奉俸缝（一条~）

v　　　［13］温瘟文纹蚊闻吻刎翁［52］稳［44］问璺（裂~）瓮

t　　　　［13］登灯［52］等［44］凳镫（鞍~）邓澄瞪（~眼）

tʰ　　　［13］腾誊藤疼吞

l　　　　［13］能［52］冷［44］楞

ts　　　［13］曾（姓）增争筝睁［44］憎赠锃（~亮）

tsʰ　　［13］曾（曾经）层撑［44］蹭掌（椅子~儿）衬

s　　　　［13］僧生牲笙甥森参（人~）［44］渗（水~透）［52］省
　　　（~长）省（节~）

tʂ　　　［13］征（~求）蒸贞侦正（~月）征针斟珍臻［52］拯（~救）
　　　整枕（名词）枕（动词）真诊疹振［44］证症郑正政镇阵榛震

tʂʰ　　［13］澄惩橙称（~呼）乘承丞澄橙（~子）呈程成城诚盛（~满
　　　了）沉陈尘辰晨臣［52］逞（~能）［44］称（相~）秤（一

杆~）趁）

ʂ	［13］绳升胜（~任）声深神身申伸娠 ［44］剩胜（~败）圣盛（兴~）甚肾慎 ［52］沈审婶
ʐ	［13］仍扔壬任（姓）人仁 ［52］纫（缝~）忍韧 ［44］任（责~）刃认
k	［13］耕跟根 ［52］庚埂（田~）耿 ［44］更（~换；五~）粳（~米）羹哽（骨~在喉）梗（茎）更（~加）□（~不着：够不着）
kʰ	［13］坑 ［52］肯恳垦
ŋ	［13］恩
x	［13］恒亨衡痕横（~直）哼□（~□［xəu³¹］：猫头鹰）［52］很 ［44］杏恨横（蛮~）

iŋ

p	［13］冰兵彬宾槟（~榔）［52］禀丙秉柄饼 ［44］并（合~）并殡鬓
pʰ	［13］凭平坪评瓶屏（围~）萍贫频（~繁）［52］品拼（~命）［44］病聘姘（~头）拼
m	［13］鸣明名铭民 ［44］命 ［52］皿闽（~宁镇）悯敏抿
tʰ	［13］汀
l	［13］陵凌菱灵零铃伶拎翎林淋（~湿）临邻鳞磷 ［52］领岭檩（~子）［44］令另吝（~啬）
tɕ	［13］茎京荆惊鲸精晶睛（~睛）颈丁钉（铁~）靬疔经（~纬）今金禁（~不住）襟巾斤筋 ［52］景警井顶鼎锦紧仅谨 ［44］境敬竞镜竞静靖净劲（~敌）钉（~住）订（~约）锭定径禁（~止）津进晋尽近劲（有~）
tɕʰ	［13］卿擎清情晴轻（~重）听（~见）厅听（~其自然）亭停廷庭蜓（蜻~）艇青蜻（~蜓）侵寝钦琴禽擒亲秦芹勤倾 ［52］请挺顷 ［44］庆浸妗（舅母）亲（~家）
ɕ	［13］兴（~旺）行（~为）行（品~）星腥心寻辛新薪欣形型刑荥（~阳）［52］省（反~）醒 ［44］兴（高~）幸性姓信衅馨
ȵ	［13］凝宁（安~）［44］硬宁（~可）佞

ø	［13］蝇莺鹦（～鹉）樱（～桃）迎英婴缨盈赢吟音阴荫（屋子很～）淫殷银因姻寅营茔颖萤［52］影饮（～酒）饮（～料）隐引尹［44］应（～当；～用）鹰应（～付）映窨（地～子）饮（～马）洇印

uŋ

t	［13］东敦（～厚）墩饨（馄～）蹲冬［52］董懂［44］冻栋动洞顿囤沌钝盾（矛～）
tʰ	［13］通同铜桐筒童瞳屯豚臀［52］桶捅统［44］痛遁
l	［13］笼聋隆伦沦农脓浓龙［52］拢陇垄［44］弄嫩
ts	［13］棕鬃（马～）踪尊遵宗综（～合）［52］总［44］粽纵（～横）纵（放～）
tsʰ	［13］聪怱葱囱（烟～）从（～容）从（跟～）村存皴（脸～）丛［44］撺寸
s	［13］怂（～恿）松孙松［52］损笋［44］宋嵩诵颂讼送
tʂ	［13］中（当～）忠钟（～鼓）钟（姓）盅终［52］种（～类）肿准［44］中（射～）仲种（种树）众
tʂʰ	［13］虫崇重（～复）冲椿（香～）春纯醇（酒味～）充［52］宠蠢［44］重（轻～）
ʂ	［13］唇［44］顺舜
ʐ	［13］茸（参～）戎绒［44］润闰
k	［13］恭公蚣（蜈～）工功攻（～击）弓躬宫［52］滚汞碌（～子）［44］供（～给）拱（～手）供（～养）棍贡共
kʰ	［13］坤空（～虚）［52］巩（～固）恐昆（～虫）昆（～仑）捆孔［44］困控空（没～）
x	［13］弘昏婚魂馄（～饨）浑（～浊）荤轰（～出去）轰（～动）宏烘（～干）红洪鸿虹［52］哄（～骗）［44］混（相～）轰哄（起～）

yŋ

l	［13］论仑轮［44］论（议～）
tɕ	［13］君军［52］均窘菌迥（～然不同）［44］俊郡钧
tɕʰ	［13］群裙琼穷
ɕ	［13］荀熏勋熏旬循巡兄熊雄胸凶（吉～）凶（～恶）［52］迅

〔44〕讯逊训殉

Ø 〔13〕云（白~）云（不知所~）匀荣融容蓉（芙~）镕庸〔52〕
允永泳咏拥勇涌〔44〕孕熨韵运晕雍痈壅（~肥）用

肆 银川市永宁县闽宁镇隆德方音

（一）概况

1997 年习近平贯彻党中央决策部署，推动福建和宁夏开展对口帮扶，
建立闽宁镇，隶属宁夏回族自治区银川市永宁县，下辖福宁村、木兰村、
武河村、园艺村、玉海村、原隆村。2016 年全镇面积 56 平方公里，辖 6
个行政村 77 个村民小组，人口约 46302 人。下文以隆德观庄乡搬迁至闽宁
镇福宁村移民方言为例，概述闽宁镇隆德方言音系。

（二）声韵调

1. 声母（24 个，含零声母）

p 八兵病	pʰ 派爬	m 麦明	f 飞副饭	v 我味五王
t 多东毒	tʰ 讨甜	n 脑熬白安白		l 老连路
ts 资字争纸	tsʰ 刺祠拆茶抄		s 丝酸事山	
tʂ 张竹柱装主	tʂʰ 抽初床春城		ʂ 双顺手十树	ʐ 软热
tɕ 酒九	tɕʰ 清全轻权局	ȵ 年泥	ɕ 想谢响县	
k 高共	kʰ 开哭		x 好灰活	
Ø 月文安云一药				

说明：

（1）浊擦音〔v〕摩擦成分弱，实际读音接近〔ʋ〕。

（2）声母〔n〕与〔ȵ〕音位互补，前者拼洪音，后者拼细音。

（3）舌尖后音〔tʂ tʂʰ ʂ ʐ〕拼合口呼韵母时实际读音接近〔ʧ ʧʰ ʃ ʒ〕。

2. 韵母（33 个）

ɿ 师丝试白	i 米戏急一锡	u 苦五猪骨出谷	y 雨橘绿文局
ʅ 试文十直尺			
ər 二耳			
a 茶瓦塔法辣八	ia 牙鸭	ua 刮夸	
ə 歌盒文热壳色文	iə 接贴节鞋文	uə 坐过盒白活托郭国	yə 靴药白学

ɛ 开排鞋白 3 　　　　　　　　　　　　uɛ 快

ɔ 宝饱　　　　　ciɔ 笑桥药文

əu 豆走　　　　　iəu 油六绿白

ei 赔北白色白　　　　　　　　　　　uei 对鬼

æ 南山半　　　iæ 盐年　　　　uæ 短官　　　　yæ 权远

aŋ 糖王　　　iaŋ 响讲　　　uaŋ 床双

əŋ 深根灯升争　　iŋ 心新硬病星　　uŋ 寸滚春东横　　yŋ 云兄用轮

说明：

（1）韵母［i］作单韵母时，实际读音为［j］。

（2）韵母［u］作单韵母时，实际读音接近［w］。

（3）韵母［a］作单韵母时，实际读音为［A］。

（4）韵母［ə］拼舌根音声母时，发音部位靠后，实际读音接近［ɣ］。

（5）韵母［ɛ］实际读音为［ɛi］。

（6）韵母［iəu］实际读音接近［iu］。

（7）鼻尾韵主元音略带鼻化色彩，韵母［iŋ］中鼻尾实际发音介于［n］和［ŋ］之间，记为［iŋ］。

3. 声调（3个）

调类	调值	例字
平声	13	东灯通春谷百哭拍六麦门龙铜红毒白
上声	52	懂古苦草买老
去声	44	动罪冻怪快寸卖路洞地

说明：

（1）阴平介于［12-13］之间，记为［13］。

（2）去声调值接近［443］，记为［44］。

（三）同音字汇

说明：本字汇以收录移民至银川市永宁县闽宁镇的隆德方言（观庄乡）单字音为主，大多为常用字。字汇根据隆德方言（观庄乡）的韵母、声母、声调次序排列，写不出本字的音节用"□"表示，释义、举例在字后用"（　）"表示，例子中用"～"代替，又读、文白异读等一字多音现象在字的右下角用数字表示，一般用"1"表示最常用的或最口语化的读音，"2"次之，以此类推。

ɿ

ts　　[13] 支枝肢资姿咨兹滋辎之芝 [52] 紫纸旨指子梓滓止趾址
　　　　[44] 姊自至字痔志（～气）志（地方～）痣

tsʰ　　[13] 雌疵（瑕～）赐瓷糍（～粑）慈磁辞词祠嗤 [52] 此齿
　　　　[44] 刺翅次

s　　　[13] 斯厮撕施匙（钥～）私师狮尸司丝伺思似祀巳（～时）诗
　　　　时 [52] 死矢屎始 [44] 是氏四肆示视嗜寺嗣饲士仕柿事使史驶
　　　　试市恃（有～无恐）侍

ʅ

tʂ　　[13] 知蜘只（～有）只（一～）置执汁侄秩质直值织职殖植掷
　　　　[44] 滞制（～造）制（～度）智致稚脂治

tʂʰ　　[13] 池驰迟痴持炙赤斥尺吃 [52] 侈耻

ʂ　　　[13] 湿十什（～锦）拾实失室食蚀识式饰射适释石 [52] 舐
　　　　[44] 世势誓逝

ʐ　　　[13] 日

i

p　　　[13] 蓖（～麻）臂鼻笔毕必弼逼碧璧辟壁屄 [52] 彼俾鄙比秕
　　　　[44] 蔽敝弊毙币闭算（笾～子）陛鏣（～刀布）被（～子）被
　　　　（～打）婢避庇痹（小儿麻～）备篦（～子）

pʰ　　[13] 批披皮疲脾丕琵（～琶）枇（～杷止咳露）匹（一～）僻
　　　　劈蚍（～蜉蚂：蚂蚁）[44] 譬屁

m　　　[13] 迷谜糜（～子）弥靡秘泌眉媚密蜜觅 [52] 米

t　　　[13] 低堤的（目～）滴嫡笛敌狄籴 [52] 底抵 [44] 帝弟第
　　　　递地

tʰ　　[13] 梯屉（抽～）题提蹄啼踢剔 [52] 体 [44] 替涕剃

l　　　[13] 犁黎离（～别）篱璃（玻～）梨厘狸（狐～）立笠粒栗力
　　　　历（经～）历（日～）[52] 礼李里（～头）里（公～）理鲤
　　　　[44] 例厉励丽隶荔（～枝）离（～核子）利痢（～疾）吏

tɕ　　[13] 鸡稽饥（~饿）讥（~荒）肌几（茶~）几（~乎）基杞₁（枸~）机集辑（编~）急级给（~水团）及疾吉即鲫（~鱼）极戟屐（木~）积迹脊籍（~贯）藉（狼~）绩寂击激 [52] 挤己几（~个）[44] 祭际济荠剂（面~子）计继系（~鞋带）髻寄技妓冀纪（~律，年~）记忌既季

tɕʰ　[13] 妻齐脐畦（一~菜）奇骑岐祈鳍欺其棋期旗祈泣七漆讫乞戚 [52] 启企起杞₂（~人忧天）岂 [44] 砌契器弃气汽去₁（~哪里）

ȵ　　[13] 泥倪尼疑匿逆溺 [52] 你拟 [44] 腻侫

ɕ　　[13] 西栖犀溪奚兮玺徙牺嬉熙希稀习袭吸悉膝息熄媳惜昔席夕锡析 [52] 洗喜蟢（~虫子）[44] 细系（关~）系（连~）戏

ø　　[13] 宜仪移伊夷姨医饴沂（~蒙山）衣依遗揖（作~）乙一逸忆亿抑翼益亦译易交易疫役 [52] 蚁倚椅矣已以 [44] 艺缢（自~）臀（~子）谊义议易肄意异毅

u

p　　[13] 不卜 [52] 补捕 [44] 布（花~）布（~置）怖

pʰ　 [13] 铺（~床）蒲菩（~萨）脯（胸~）朴扑仆（~人）瀑（~布）[52] 谱普浦（~东新区）埠（蚌~）朴曝₂（一~十寒）[44] 铺（店~）部簿（账~）步

m　　[13] 谋幕木目穆牧 [52] 亩牡母拇

f　　[13] 夫肤跗（脚~子）敷俘孵麸（麦~子）抚符扶芙（~蓉）浮佛（仿~）缚（束~）福幅蝠（蝙~）复腹服伏袱（~子）[52] 府腑俯甫斧讣釜腐辅否负阜（~阳）[44] 付赋傅赴父附富副妇复（~兴）复（~习）复（恢~）覆（~盖）

v　　[13] 吴蜈（~蚣）吾梧（~桐）乌污无巫诬屋 [52] 五伍午武舞侮鹉（鹦~）[44] 误悟恶（憎~）务雾

t　　[13] 都（首~）独读牍犊（牛~子）笃督毒 [52] 堵赌 [44] 肚（羊~子）肚（~子）妒杜度渡镀

tʰ　 [13] 徒屠途涂图突秃 [52] 土吐 [44] 兔

n　　[13] 努奴弩驽 [44] 怒

l　　[13] 卢炉芦鸬卤庐楼（~房）耧（摆~）蒌鹿禄陆绿录 [52] 努鲁橹虏搂（~抱）[44] 路赂露鹭漏陋

ts	［13］租卒族足 ［52］祖组阻 ［44］做（～饭）
tsʰ	［13］粗猝（～死）促 ［44］醋
s	［13］苏酥速肃宿粟俗 ［44］素诉塑嗉（鸡～子）
tʂ	［13］猪诸诛蛛株朱（姓～）朱（～砂）珠竹筑逐祝烛嘱 ［52］煮主 ［44］著（～名）苎（～麻）助拄驻注柱住注蛀铸
tʂʰ	［13］除初锄厨雏出畜（～牲）触 ［52］褚（姓～）储（～蓄）楚础处（相～）处（～所）杵鼠₁（老～）
ʂ	［13］梳疏蔬书舒枢输（～赢）输（～送）殊术述秫叔熟淑赎束蜀属 ［52］暑黍署（～名）薯数（～钱）鼠₂（～标）［44］庶恕数（～字）戍竖树
ʐ	［13］如儒入辱褥 ［52］汝乳 ［44］擩（～进去）
k	［13］姑孤箍骨谷（～子）谷（山～）［52］古估（～计）牯股鼓 ［44］故固锢（禁～）雇顾
kʰ	［13］枯窟（～窿）哭酷 ［52］苦 ［44］库裤
x	［13］呼虎胡湖狐壶乎葫（～芦）胡忽核（桃～）斛（石～）［52］浒（水～）［44］户沪互护瓠（～子）
ø	［52］戊

y

n	［52］女
l	［13］驴捋（～胡子）律率（效～）［52］吕旅缕屡履 ［44］虑滤
tɕ	［13］居车（～马炮）拘驹橘菊 ［52］举矩 ［44］据锯（～子）巨拒距聚俱句具惧剧（～烈）剧（戏～）
tɕʰ	［13］蛆渠趋区驱瞿屈酒（～曲）曲（～折）局 ［52］去₂取娶 ［44］趣
ɕ	［13］徐墟（废～）虚嘘须（胡～）须（必～）需婿（女～）戌恤畜（牲～）蓄（储～）续 ［52］许 ［44］絮序叙绪续
ø	［13］鱼渔于（关～）于（～是）淤（～泥）余（姓～）余（多～）愚虞娱吁迂盂（痰～）榆逾愉域郁育玉狱欲 ［52］语雨宇禹羽 ［44］御（防～）御（～花园）与（给～）誉预豫遇寓芋（洋～）愈喻裕

ər

ø	［13］儿而 ［52］尔耳饵□（扔）［44］二贰

a

p	［13］巴芭疤爸八拔 ［52］把（～握，一～刀）［44］霸把（刀～）坝（堤～）罢
pʰ	［13］爬琶（琵～）杷（枇～）钯（～子）耙（～地）［44］怕帕
m	［13］麻蟆（蛤～）妈码抹（～布）［52］马［44］骂
f	［13］法（方～）乏发（头～）发（～财）伐筏罚
v	［13］蛙（青～）洼袜哇挖 ［52］瓦踭（跑义）［44］□（～□ ［vu³¹］：喉结）
t	［13］答搭达大（父亲面称）［52］打［44］大（～小）大（～夫）
tʰ	［13］踏拓（～本）沓（一～）塔榻塌溻（～湿）［52］他
n	［13］拿纳捺（撇～）［52］哪（～里）那
l	［13］拉腊蜡辣
ts	［13］楂（山～）渣杂扎眨（～眼）闸炸（～徽子）札铡（～刀）［52］栅［44］诈榨（～油）炸（～弹）乍
tsʰ	［13］茶搽叉权差（～不多）茬查（调～）插擦察［44］岔（～路口）
s	［13］沙纱撒（～肥料）萨杀［52］洒厦（大～）
ʂ	［52］傻
ç	［13］瞎辖（管～）
k	［52］尬（尴～）
x	［13］哈（点头～腰）瞎₁（～子）

ia

tç	［13］家加痂嘉家（～具）佳夹甲胛（～子）肩［52］假（真～）假（放～）贾（姓～）［44］架驾嫁稼价
tçʰ	［13］恰掐洽［52］搭（～住）
ȵ	［44］砑（～平）
ç	［13］虾霞瑕遐暇狭峡匣瞎₂［44］吓（～一跳）下（底～）夏（姓～）厦（～门）下（～降）夏（春～）
ø	［13］牙芽衙鸦丫（～头）桠涯崖₂鸭押压轧（～棉花）［52］雅哑［44］亚

ua

tʂ	［13］抓　［52］爪（~子）
ʂ	［13］刷　［52］耍
k	［13］瓜刮　［52］寡剐　［44］挂卦蜗₁（~~牛：蜗牛）
kʰ	［13］夸　［52］侉（~子）垮　［44］跨
x	［13］花华（中~）华（~山）划（~船）铧（犁~）桦（~树）滑猾（狡~）　［44］化画话划（计~）

ə

ts	［13］责₂择₂泽₂则₂仄₂啧（~~：拟声词）
tsʰ	［13］厕₂（~所）
s	［13］涩
tʂ	［13］遮折（~叠）褶（~子）蛰（惊~）哲蜇辙浙　［52］者折（~断）　［44］蔗
tʂʰ	［13］车（坐~）彻撤　［52］扯
ʂ	［13］蛇奢赊佘（姓~）摄涉舌设折（弄~了）　［52］舍赦　［44］射麝（~香）舍社
ʐ	［13］热　［52］惹
k	［13］歌哥戈鸽割葛各阁搁胳（~臂）革₂隔₂　［44］个（~人，一~）
kʰ	［13］咳（~嗽）磕渴喝（~采，吆~）壳刻₂（时~）刻（~章）客₂　［52］可
ŋ	［13］阿（~胶）
x	［13］蛤（~蟆）喝（~酒）合盒鹤赫吓（恐~）
Ø	［13］鄂扼轭

iə

p	［13］别（区~）别（离~）鳖憋□（跑义）
pʰ	［13］撇（~开）
m	［13］灭蔑（~视）
t	［13］爹跌叠碟牒蝶谍
tʰ	［13］帖（请~）贴铁
l	［13］猎列烈裂
tɕ	［13］皆阶秸（麦~）街接捷劫杰揭节截结洁　［52］姐解（~开）

[44] 借（~故）介界芥疥届戒械

tɕʰ　[13] 茄（~子）妾怯（畏~）切（~开）□（往肩上扛）[52] 且 [44] 裤（尿~子）

ŋ　[13] 聂（姓~）镊（~子）蹑（~手~脚）业孽捏

ɕ　[13] 些邪斜谐鞋₂ 携胁协挟（要~）泄（~漏）歇蝎屑（不~）屑（头皮~）楔（~子）血 [52] 写解姓 [44] 泻卸谢懈蟹

ø　[13] 耶爷叶页噎（~住了）[52] 也野 [44] 夜液腋

uə

p　[13] 菠玻（~璃）钵拨钹勃饽博泊（梁山~）薄泊剥驳帛 [52] 跛（~子）簸（~一~）簸（~箕）[44] 薄薄荷

pʰ　[13] 波颇坡婆泼迫₂ 魄₂ [44] 破

m　[13] 魔磨（~刀）摩馍模（~子）模（~范）摹（~仿）末沫抹（~墙）没（~有）莫膜寞摸默陌 [52] 暮慕 [44] 磨（~子）墓募

f　[13] 佛（~像）

v　[13] 物勿握沃 [44] 卧

t　[13] 多掇（拾~）掇（掂~）夺铎踱 [52] 朵躲 [44] 剁惰垛（柴~）

tʰ　[13] 拖脱托（~着）驼驮（~东西）[52] 妥椭（~圆）[44] 舵驮（~子）唾（~沫）

n　[13] 挪诺

l　[13] 罗锣箩骡螺（~丝）啰（~唆）落烙骆酪洛络乐 [52] 裸（~体）[44] 糯（~米）摞（~起来）

ts　[13] 撮作（~坊）凿昨 [44] 坐座做 [52] 左佐

tsʰ　[13] 搓锉矬（~子）[44] 措（~施）错（~误）错（交~）

s　[13] 蓑梭唆（啰~）莎（~草）缩 [52] 索锁琐（繁~）

tʂ　[13] 拙着（睡~）酌桌卓琢啄涿浊捉镯（~子）

tʂʰ　[13] 绰戳（~棍子）焯戳

ʂ　[13] 说勺（~子）芍（~药）朔 [52] 所（派出~）

ʐ　[13] 若弱

k　[13] 锅聒郭国虢 [52] 果裹馃（炸~子）[44] 过

kʰ　[13] 科棵颗珠括阔廓扩 [44] 课

ŋ　　[13] 蛾鹅俄讹恶（~人）[52] 我 [44] 饿

x　　[13] 河何荷（~花）和（~平）禾和（~面）豁（~口）活
　　　[52] 火伙 [44] 贺货祸霍（~元甲）藿（~香）惑获

Ø　　[13] 倭蹉（脚~了）窝蜗₂

yə

n　　[13] 虐疟（~疾）

l　　[13] 劣略掠

tɕ　　[13] 绝厥瘚（脾气~）橛（~子）决诀掘倔（~强）爵嚼脚₁镢
　　　（~头）觉（知~）角

tɕʰ　　[13] 瘸（~腿）犬缺雀（麻~）鹊（喜~）却确

ɕ　　[13] 靴薛雪穴削学

Ø　　[13] 悦阅月越曰粤约药钥（~匙）跃岳（五~）岳（~父）乐
　　　（音~）

ɛ

p　　[13] 百柏伯白掰（~开）[52] 摆 [44] 拜稗（~子草）

pʰ　　[13] 奋（~子）排（~放）排（竹~）牌迫拍魄 [44] 派败

m　　[13] 埋麦脉 [52] 买 [44] 卖迈

v　　[13] 歪 [44] 外（~头）

t　　[13] 呆得德 [44] 戴贷待怠殆代袋带

tʰ　　[13] 胎台（~湾）苔（青~）抬跆（~拳道）特 [44] 态太泰

n　　[13] 哀埃（~及）挨（~近）挨（~打）崖₁（~娃娃：回音）
　　　额（~颅）[52] 乃蔼（和~）奶 [44] 耐碍爱奈艾

l　　[13] 来癞（~呱子：癞蛤蟆）肋勒 [44] 赖癞

ts　　[13] 灾栽斋则₁泽₁择₁（~菜，选~）宅₁窄₁摘₁责₁ [52] 宰载
　　　（一年一~）载（满~而归）[44] 再载（~重）在债寨

tsʰ　　[13] 猜才（~华）才（刚~）材财裁豺钗差（出~）柴侧测拆
　　　（~开）策册 [52] 彩采睬 [44] 菜蔡

s　　[13] 腮鳃瑟虱塞色嗇（~得很）[52] 筛（~子）[44] 赛晒

k　　[13] 该街₁格₁革₁隔₁核（审~）[52] 改解₂（~开）[44] 概
　　　溉盖丐（乞~）

kʰ　　[13] 开揩刻₁克₁客₁ [52] 凯慨（感~）楷

x　　[13] 孩鞋 [52] 海 [44] 亥害骇（惊涛~浪）

ø　　　　［13］哀₂ 埃₂ 挨₂ ［52］蔼₂（和~）矮隘 ［44］艾₂

uɛ

v　　　　［13］桅

tʂ　　　　［44］拽

tʂʰ　　　　［52］揣（~摩）

ʂ　　　　［13］衰摔率（~领）蟀 ［44］帅

k　　　　［13］乖 ［52］拐 ［44］怪

kʰ　　　　［44］块（土~）块（一~钱）会（~计）刽快筷

x　　　　［13］怀槐淮或 ［44］坏

ɔ

p　　　　［13］褒（~奖）包胞 ［52］保堡（~垒）宝饱 ［44］报抱暴菢（~鸡娃）豹爆鲍（姓~，~鱼）曝（~光）

pʰ　　　　［13］袍抛刨（~地）狍剖 ［52］跑 ［44］泡炮（枪~）泡（~水）刨鲍

m　　　　［13］毛茅猫锚某矛 ［52］卯 ［44］冒帽貌茂贸

t　　　　［13］刀叨（唠~）［52］祷岛倒（打~）道导 ［44］到倒（~水）盗

tʰ　　　　［13］滔掏（~出来）桃逃淘（~米）陶萄涛 ［52］讨稻 ［44］套

n　　　　［13］熬鳌铙挠 ［52］脑恼袄懊（~恼）［44］傲闹

l　　　　［13］劳捞牢唠（~叨）［52］老 ［44］涝（旱~）

ts　　　　［13］遭糟 ［52］早枣蚤澡找 ［44］躁灶皂造（建~）罩棹笊（~子）

tsʰ　　　　［13］操（~作）糙（粗~）曹槽抄钞巢 ［52］草騲炒吵

s　　　　［13］骚臊（~气）梢（树~）捎（~带）稍 ［52］扫（~地）扫（~帚）嫂潲（雨~进来）

tʂ　　　　［13］朝（~阳）召昭招 ［52］沼（~气）［44］赵兆照诏

tʂʰ　　　　［13］超朝（~代）潮

ʂ　　　　［13］烧韶（~关）［52］少（多~）［44］少（~年）绍邵

ʐ　　　　［13］饶 ［52］扰绕（围~）绕（~线）

k　　　　［13］高膏（牙~）篙（竹~）羔糕 ［52］稿搞 ［44］告膏（~油）

kʰ　　［52］考烤　［44］靠犒

x　　　［13］蒿（~子面）薅（~草）**豪壕毫嚎郝**（姓~）［52］好（~坏）好（喜~）［44］耗浩号（~码）

Ø　　　［44］奥懊（~悔）

iɔ

p　　　［13］膘（贴秋~）标彪［52］表（~示）表（手~）

pʰ　　　［13］飘瓢嫖［52］漂（~白）［44］票（车~）漂（~亮）

m　　　［13］苗描猫矛（~子）［52］藐渺秒［44］庙妙

t　　　［13］刁貂雕［44］钓吊掉调（音~）调（~动）藋（灰）

tʰ　　　［13］挑条调（~和）［44］跳粜

l　　　［13］燎疗聊辽撩（~拨）寥瞭［52］燎（火~眉毛）了（~结）
　　　　［44］料尥（马~蹶子）廖（姓~）

tɕ　　　［13］交郊胶教（~书）焦蕉（香~）椒骄娇浇［52］绞狡铰搅
　　　　剿矫缴侥饺［44］教（~育）校（~对）较酵窖觉（睡~）醮
　　　　（打~）叫

tɕʰ　　　［13］敲锹缲（~边）悄（静~~）樵瞧乔侨桥荞［52］巧［44］
　　　　俏鞘（刀~）轿窍

ȵ　　　［52］咬鸟　［44］尿

ɕ　　　［13］淆消宵霄硝销器萧箫［52］小晓［44］孝效校（学~）校
　　　　（上~）笑

Ø　　　［13］肴妖邀腰要（~求）摇谣窑姚尧么（~二三）吆（~喝）
　　　　［52］舀（~水）杳（~无音信）［44］勒（鞋~子）要（重~）
　　　　耀鹞（~子）

əu

t　　　　［13］都（~是）兜［52］斗（一~）抖陡［44］斗（~争）
　　　　豆逗

tʰ　　　　［13］偷头投［44］透

n　　　　［13］奴［44］怒

ts　　　　［13］邹［52］走［44］奏皱绉骤

tsʰ　　　［13］掫（往上~）愁［52］瞅［44］凑

s　　　　［13］飕馊嗖搜（~集）［52］叟［44］嗽（咳~）瘦漱（~口）

tʂ　　　　［13］周舟州洲帚轴粥［52］肘［44］昼纣（商~王）宙咒

tʂʰ	［13］抽绸稠筹仇酬 ［52］丑（美~）丑（子~寅卯）［44］臭（香~）
ʂ	［13］收 ［52］手首守 ［44］兽受寿授售
ʐ	［13］柔揉肉
k	［13］勾（~指头）钩沟 ［52］狗枸（~杞）苟勾（~当）［44］够构购垢（污~）
kʰ	［13］抠 ［52］口 ［44］叩（~头）扣（纽~）扣（~押）寇
x	［13］侯喉猴瘊（~子）［52］吼 ［44］厚后（皇~）后（前~）候
ø	［13］瓯殴 ［52］藕偶（配~）偶（~然）欧呕（~吐）［44］沤（~肥）怄（~气）

 iəu

m	［44］谬
m̥	［44］谬
t	［13］丢
l	［13］流刘留榴（石~）硫（~磺）琉（~璃）馏六 ［52］柳 ［44］溜
tɕ	［13］揪（~住）鸠阄（抓~）纠（~缠）究纠（~正）［52］酒九久韭灸 ［44］就救臼舅咎枢
tɕʰ	［13］秋（~天）秋（~千）囚丘求球仇（姓~）屄 ［52］糗（出~）［44］旧
ȵ	［13］牛 ［52］纽扭
ɕ	［13］修羞休 ［52］朽 ［44］秀绣宿（星~）锈（铁~）袖嗅（~觉）
ø	［13］忧优尤邮由油游犹悠幽 ［52］有友酉莠 ［44］又右佑诱柚鼬（黄~）釉幼蚰（~蜒）

ei

p	［13］焙（~干）乾碑卑北 ［52］悲 ［44］贝辈背（脊~）背（~诵）被（~打）
pʰ	［13］杯胚（~胎）培陪赔裴 ［44］沛坯（土~）配倍佩辔
m	［13］梅枚媒煤楣霉墨 ［52］每美 ［44］妹昧寐
f	［13］非飞妃肥 ［52］匪翡（~翠）［44］废肺吠痱（~子）费

（～用）

v	［13］危为（作～）维惟唯微威违围 ［52］伪萎（枯～）委尾伟苇（芦～）纬 ［44］煨（～炕）卫喂为（～啥）位未味魏畏慰胃谓猬外（～爷：外祖父）
ts	［13］贼
x	［13］黑

uei

t	［13］堆 ［44］对队兑
tʰ	［13］推 ［52］腿 ［44］退蜕（～皮）褪
l	［13］雷 ［52］儡（傀～）累（积～）垒 ［44］内累（劳～）累（连～）类泪
ts	［52］嘴 ［44］罪最醉
tsʰ	［13］催崔（姓～）［44］脆翠粹
s	［13］髓随虽绥 ［44］碎岁遂隧（～道）穗
tʂ	［13］追锥 ［44］缀（点～）赘坠
tʂʰ	［13］吹炊垂槌锤
ʂ	［13］谁 ［52］水 ［44］税睡
ʐ	［52］蕊 ［44］芮（姓～）锐瑞
k	［13］圭闺规龟归 ［52］诡轨癸鬼 ［44］桂贵
kʰ	［13］盔魁奎亏窥逵葵 ［52］傀（～儡）［44］溃（～脓）跪愧柜
x	［13］恢灰回茴（～香）麾挥辉徽 ［52］悔晦毁 ［44］贿汇桧会（开～）会（～不～）绘秽惠慧讳汇

æ̃

p	［13］班斑颁扳般搬 ［52］板版 ［44］扮瓣办半绊伴拌
pʰ	［13］攀潘盘藩 ［44］盼襻判版
m	［13］蛮瞒馒（～头）［52］满 ［44］慢漫幔蔓（瓜～）
f	［13］凡帆翻番烦藩矾繁 ［52］反 ［44］泛范（模～）范（姓～）犯贩饭
v	［13］玩完丸豌剜顽弯湾 ［52］皖碗腕晚挽宛 ［44］万
t	［13］耽担（扁～）担（～水）丹单 ［52］胆掸 ［44］淡旦诞但弹（子～）蛋
tʰ	［13］贪潭谭坍谈痰滩摊檀坛弹（～琴）［52］毯坦 ［44］探炭叹

n　　[13] 南男难（困~）安鞍 [52] 暗 [44] 揞（~住）按难（患~）岸案

l　　[13] 蓝篮兰拦栏 [52] 览揽榄（橄~）缆懒 [44] 滥烂

ts　　[13] 簪 [52] 斩盏攒 [44] 暂錾站（~立）站（车~）蘸赞瓒（水~起来）绽（破~）栈

tsʰ　[13] 参蚕惭谗馋搀餐残 [52] 惨铲产 [44] 灿

s　　[13] 三杉衫钐（大~镰）山 [52] 伞 [44] 散（松~）散（分~）

tʂ　　[13] 沾粘（~贴）瞻毡 [52] 展 [44] 占（~卜）占（~领）战颤

tʂʰ　[13] 蟾（~酥）缠蝉禅（~宗）

ʂ　　[13] 珊删膻扇 [52] 陕（~西）闪 [44] 疝（~气）扇善膳姓（~单）禅（~让）

ʐ　　[13] 然燃黏（~牙）[52] 染冉

k　　[13] 甘柑尴（~尬）干肝竿（竹~）干（~湿）[52] 感敢橄（~榄）杆秆（麦~）擀（~面）赶 [44] 干（~活）

kʰ　　[13] 堪龛勘刊 [52] 坎砍侃槛 [44] 看

x　　[13] 含函憨酣咸（~淡）鼾寒韩还（~有）[52] 喊罕 [44] 撼憾汉旱汗焊翰

∅　　[44] 庵

iæ̃

p　　[13] 鞭编边蝙 [52] 贬扁匾 [44] 变辨辩汴便（方~）遍（一~）遍（~地）

pʰ　　[13] 篇偏便（~宜）[44] 骗片辫

m　　[13] 绵棉眠 [52] 免勉娩缅湎 [44] 面（~粉）面（~子）

t　　[13] 掂颠癫（~痫）[52] 点典碘 [44] 店电殿奠佃垫

tʰ　　[13] 添甜天田填 [52] 舔腆

l　　[13] 廉镰帘连联怜莲 [52] 敛殓脸 [44] 练炼楝恋

tɕ　　[13] 监尖奸兼搛（~菜）艰间（空~）奸煎笺肩坚 [52] 减碱检俭简裥柬拣谏剪茧 [44] 鉴舰剑间（~谍）涧间（车~）箭溅践贱饯件犍（~牛）建键健腱荐见

tɕʰ　[13] 鹐（~米）签（牙~）签（~字）潜钳谦迁钱乾（~坤）

　　　虔捐千前牵铅［52］浅遣［44］嵌渐欠歉

ɳ　　　［13］黏鲇（～鱼）拈蔫年［52］眼碾辇捻（～碎）撵［44］念

ç　　　［13］咸（～丰）衔锨（铁～）嫌闲仙鲜（新～）涎掀先贤弦
　　　［52］险鲜（朝～）癣显［44］陷馅限苋（～菜）线羡宪献现县

ø　　　［13］岩淹阉炎盐阎檐盐腌严酽（～茶）腌颜焉（心不在～）延
　　　筵言研烟燕（姓～）沿蜒（蚰～）［52］掩魇（～住了：梦魇）
　　　俨（～然）演兖□（～子）［44］验厌艳焰雁晏谚堰砚燕（～子）
　　　咽宴

uæ̃

t　　　［13］端［52］短［44］锻断段缎椴

tʰ　　　［13］团（面～）团（～长）

n　　　［52］暖

l　　　［13］鸾［52］卵［44］乱

ts　　　［13］钻（～洞）［52］纂［44］钻（～戒）

tsʰ　　　［13］氽（生～面）［44］窜篡

s　　　［13］酸［44］算蒜

tʂ　　　［13］专砖［52］撰转（～眼）［44］赚转（～圈）篆传（自～）

tʂʰ　　　［13］传（～达）椽川穿船［52］喘［44］串

ʂ　　　［13］闩拴［44］涮（～洗）

ʐ　　　［52］软阮

k　　　［13］官棺观（～看）冠（衣～）关［52］管馆［44］贯灌罐观
　　　（道～）冠（～军）惯

kʰ　　　［13］宽［52］款

x　　　［13］欢桓还（～原）环［52］缓［44］唤焕换幻患宦

yæ̃

tç　　　［13］绢捐［52］卷（～起）［44］眷卷（试～）倦

tçʰ　　　［13］全泉圈（圆～）拳权颧（～骨）［44］圈（羊～）劝券

ç　　　［13］轩宣旋喧楦（鞋～子）玄悬［52］选［44］旋（～走～说：
　　　边走边说）镟（～床）眩

ø　　　［13］圆员缘元原源冤袁辕园援［52］远［44］院愿怨渊

aŋ

p　　　［13］帮邦浜（沙家～）［52］榜绑［44］谤傍棒蚌

pʰ　　[13] 滂旁螃庞 [44] 胖迸

m　　[13] 忙芒（~种）茫芒（麦~）盲虻 [52] 莽蟒

f　　　[13] 方肪（脂~）芳妨（~碍）房防 [52] 仿（~效）仿
（相~）仿（~佛）纺访 [44] 放

v　　　[13] 汪亡王 [52] 网枉往 [44] 忘妄望旺

t　　　[13] 当铛 [52] 党挡 [44] 当（~铺）荡宕

tʰ　　[13] 汤堂棠螗（~螂）唐糖塘 [52] 倘躺 [44] 烫趟

n　　　[13] 囊 [44] 攮（插，用刀子~进去）

l　　　[13] 郎廊狼螂（蟑~）[44] 朗浪□（玩，~门子：串门）

ts　　[13] 赃脏 [44] 葬西（藏~）脏（内~）[52] □（现在）

tsʰ　[13] 仓苍藏₂

s　　　[13] 桑 [52] 嗓搡 [44] 丧（婚~嫁娶）丧（~失）

tʂ　　[13] 张章樟 [52] 长（生~）涨掌 [44] 帐账胀丈仗杖障瘴
（乌烟~气）樟（~脑丸）

tʂʰ　[13] 长（~短）肠昌娼猖常尝偿 [52] 场厂 [44] 畅唱倡

ʂ　　　[13] 商伤裳（衣~）[52] 赏晌（~午）[44] 上（~山）尚上
（~头）

ʐ　　　[13] 瓤（瓜~）[52] 壤攘嚷 [44] 让

k　　　[13] 冈刚纲钢（~铁）缸 [52] 岗港（~口）[44] 钢（把刀~
一下）杠

kʰ　　[13] 康糠慷（~慨）扛 [44] 抗炕

x　　　[13] 行（银~）航杭夯（打~）[44] 项₁巷₁

ø　　　[13] 昂肮（~脏）

iaŋ

l　　　[13] 良凉量（测~）粮梁粱 [52] 两（~个）两（斤~）辆
[44] 酿亮谅量（树~）

tɕ　　[13] 将（~来）浆疆僵姜礓（料~石）缰姜江豇（~豆）[52]
蒋奖桨讲耩（~地）[44] 酱将（大~）匠强（倔~）降（下~）
虹（天上的彩虹）

tɕʰ　[13] 枪墙羌强腔藏₁ [52] 抢

ȵ　　　[13] 娘

ɕ　　　[13] 相（互~）箱厢湘襄镶详祥香乡降（投~）[52] 想饷享响

	［44］相（～貌）象像橡（～皮）向项₂巷₂
∅	［13］央秧殃羊洋烊杨阳扬疡［52］仰养痒［44］样

uaŋ

tʂ	［13］庄装桩［44］壮状撞
tʂʰ	［13］疮床窗［52］闯［44］创
ʂ	［13］霜孀双（一～鞋）［52］爽
k	［13］光［52］广［44］逛
kʰ	［13］匡筐眶狂［44］旷况矿
x	［13］荒慌黄簧皇蝗［52］谎［44］晃

əŋ

p	［13］奔（～跑）锛崩［52］本［44］笨奔（投～）
pʰ	［13］喷（～水）盆朋烹彭膨篷蓬棚鹏［52］捧［44］喷（～嚏）
m	［13］门萌盟蒙［52］猛懵（～懂）蠓（～虫子）［44］闷孟梦
f	［13］分芬纷焚坟风枫疯丰冯封峰蜂锋逢缝（～衣服）［52］粉讽 ［44］粪奋愤忿份（～子钱）凤奉俸缝（～子）
v	［13］温瘟文纹蚊闻［52］稳吻刎
t	［13］登灯［52］等［44］凳镫邓澄（把水～一～）瞪（～眼）
tʰ	［13］腾誊藤疼
n	［13］恩能
l	［52］冷［44］楞
ts	［13］曾（姓～）增争筝睁［44］憎赠铛（～光）
tsʰ	［13］参（～差）岑曾（～经）层撑噌（～子）铛（电饼～） ［44］蹭（磨～）
s	［13］森参（人～）僧生牲笙甥［52］省（～长）省（节～） ［44］渗（～水）
tʂ	［13］针斟珍榛臻真征（～求）征（长～）蒸贞侦正（～月） ［52］枕（动词）枕（～头）诊疹拯整［44］镇阵振震证症郑 正政
tʂʰ	［13］沉陈尘辰晨臣澄（～清）橙称（～呼）称（～一下）乘承 丞橙（～子）呈程成城诚盛（～饭）［52］惩逞（～能）［44］趁 衬称（对～）秤（一杆～）
ʂ	［13］深神身申伸娠绳升声［52］沈审婶［44］葚（桑～）甚肾

慎剩胜（~任）胜（~利）圣盛（兴~）

ʐ [13] 壬任（姓~）人仁仍扔 [52] 忍 [44] 任（责~）纫（缝~）刃认韧

k [13] 跟根更（~换）庚羹耕 [52] 哽（~住了）埂（田~子）梗（脑~）耿 [44] 更（~加）□（~不着：够不着）

k^h [13] 坑 [52] 恳垦肯

x [13] 痕恒亨衡横（~竖）[52] 很 [44] 恨横（蛮~）

iŋ

p [13] 彬宾槟（~榔）冰兵 [52] 禀丙秉柄饼 [44] 殡鬓病并

p^h [13] 拼（~命）贫频凭平坪评拼瓶屏萍 [52] 品 [44] 聘

m [13] 民鸣明名铭 [52] 闽悯敏抿皿 [44] 命

t [13] 丁钉（~子）靪疔 [52] 顶鼎 [44] 钉（~住）订锭定

t^h [13] 听厅汀亭停廷庭蜓（蜻~）[52] 艇挺

l [13] 林淋临邻鳞磷陵凌菱灵零铃伶拎翎 [52] 檩（~子）领岭 [44] 赁吝令另

tɕ [13] 今金襟津巾斤筋京荆惊鲸精晶睛经 [52] 锦紧仅谨景警井颈 [44] 浸禁（~不住）禁（~止）妗（~子：舅母）尽进晋劲近茎境敬竟镜竞静靖净劲径

$tɕ^h$ [13] 侵钦琴禽擒亲（~人）秦勤芹卿擎清情晴轻青蜻（~蜓）倾 [52] 寝请顷 [44] 亲（~家）庆磬

ȵ [13] 凝（~固）宁（~夏）[44] 硬宁（~可）

ɕ [13] 心寻辛新薪欣兴（~旺）行（~为）行（品~）星腥馨形型刑 [52] 省（反~）醒 [44] 信衅（挑~）兴（高~）杏幸性姓

Ø [13] 吟音阴荫淫银因姻洇（墨水~开）寅殷应（~当）鹰蝇莺鹦（鹦~）樱迎英婴缨盈赢营茔萤 [52] 饮（~料）引隐尹影颖 [44] 窨（地~子）饮（~牛）印应（响~）映

uŋ

v [13] 翁 [44] 瓮

t [13] 敦（~厚）墩蹲东冬 [52] 董懂 [44] 顿扽饨（馄~）囤（~子）沌盾（矛~）钝遁冻栋动洞

t^h [13] 吞屯豚臀通同铜桐筒童瞳 [52] 桶捅统 [44] 痛

l　　　　　［13］论（～语）仑伦沦轮笼聋农脓隆浓龙［52］拢陇垅［44］
　　　　　　嫩论（议～）弄

ts　　　　　［13］尊遵棕鬃宗综踪［52］总［44］粽纵（～横）纵（放～）

tsʰ　　　　［13］村存皴（手～了）聪匆葱囱丛从（～容）从（跟～）［52］
　　　　　　忖［44］寸

s　　　　　［13］孙松（～树）松（～开）嵩［52］损笋榫（～头）怂
　　　　　　（～恿）［44］送宋诵颂讼

tʂ　　　　　［13］中（～间）忠终钟盅［52］准冢种（～类）肿［44］中
　　　　　　（～奖）仲众重（轻～）种（～树）

tʂʰ　　　　［13］椿（香～）春唇纯醇虫崇充重（～复）冲（～凉）舂
　　　　　　（～米）［52］蠢宠［44］冲（脾气～）

ʂ　　　　　［44］顺舜

ʐ　　　　　［13］荣戎绒茸容蓉熔镕［52］冗［44］润闰

k　　　　　［13］公蚣（蜈～）工功攻弓躬宫恭供［52］滚汞拱巩［44］棍
　　　　　　贡供（上～）共

kʰ　　　　　［13］昆（～虫）昆（～明）坤空（～房子）［52］捆孔恐［44］
　　　　　　困控空（有～）

x　　　　　［13］昏婚魂馄（～饨）浑荤弘轰宏烘红洪鸿虹訇（阿～）［52］
　　　　　　哄［44］混（～水：洪水）

　　　　　　　　　　　　　　　　yŋ

ʐ　　　　　［13］融

tɕ　　　　　［13］均钧菌君军［52］窘迥［44］俊郡

tɕʰ　　　　［13］群裙琼穷

ɕ　　　　　［13］荀旬循巡熏勋薰兄熊雄胸凶（～手）凶（吉～）［44］讯逊
　　　　　　迅殉训

ø　　　　　［13］匀云（白～）云（不知所～）雍（～正）痈（～瓜瓜：大脖
　　　　　　子）拥臃（～肥）庸［52］允永泳咏甬勇涌［44］熨韵运晕孕用

伍　银川市永宁县闽宁镇西吉方音

（一）概况

　　1997年，时任福建省委书记的习近平同志贯彻党中央决策部署，推动
福建和宁夏开展对口帮扶，建立闽宁镇。隶属宁夏回族自治区银川市永宁

县，下辖福宁村、木兰村、武河村、园艺村、玉海村、原隆村。2016 年全镇面积 56 平方公里，辖 6 个行政村 77 个村民小组，人口约 46302 人。下文以西吉火石寨乡搬迁至闽宁镇福宁村移民方言为例，概述闽宁镇西吉方言音系。

（二）声韵调

1. 声母（25 个，含零声母）

p 八兵病	pʰ 派片爬	m 麦明	f 飞副饭风	v 问温王
t 多东毒	tʰ 讨天甜	n 脑南安白		l 老蓝连路
ts 资字争纸	tsʰ 刺祠拆茶抄		s 丝三酸山事	
tʂ 张招争蒸柱装主	tʂʰ 车昌潮虫初床船		ʂ 手十诗声双书树	ʐ 热软
tɕ 酒九	tɕʰ 清全轻权	ȵ 年泥	ɕ 想谢响县	
k 高共	kʰ 开	ŋ 安白崖白恶白 x 好灰活		
Ø 月雨云用				

说明：

（1）声母［v］摩擦成分弱，实际读音接近［ʋ］。

（2）声母［n］与［ȵ］音位互补，前者拼洪音，后者拼细音。

（3）声母［tʂ tʂʰ ʂ］拼合口呼韵母时实际读音接近［tʃ tʃʰ ʃ］。

2. 韵母（33 个）

ɿ 师丝试	i 米戏急七锡	u 苦五猪骨出谷	y 雨橘局
ʅ 十直尺			
ər 二耳			
a 茶塔法瓦辣八	ia 牙鸭	ua 刮	
ə 歌盒文热色文	iə 写接贴节	uə 坐过活托郭盒白	yə 靴药学月
ɛ 开排鞋		uɛ 快	
ɔ 宝饱	iɔ 笑桥		
ei 赔白北色白		uei 对鬼国白	
əu 豆走	iəu 油六绿		
an 南山半	ian 盐年	uan 短官	yan 权
aŋ 糖王	iaŋ 响讲	uaŋ 床双	
əŋ 参根灯升争横文	iŋ 心新星硬病	uŋ 寸滚春东横白	yŋ 云兄用

说明：

（1）韵母［i］作单韵母时，实际读音接近［j］；与鼻音声母相拼时，

实际读音接近 [ɻ]；与清擦音声母相拼时，实际读音接近 [ɿi]。

（2）合口呼韵母与 [tʂ tʂʰ ʂ ʐ] 声母相拼时，实际音值为 [ʯ ʮa ʮə ʮɛ ʮei ʮɛ̃ ʮn ʮaŋ ʮn]。

（3）韵母 [ɛ]，实际音值接近 [ɛi]。

（4）[an ian uan yan aŋ iaŋ uaŋ] 韵母主元音带鼻化色彩。

3. 声调（3个）

调类	调值	例字
平声	13	东该通开门龙铜皮糖红谷百搭节急哭拍塔切刻六麦叶月毒白盒罚
上声	52	懂古鬼九统苦讨草买老五有
去声	44	动罪近后冻怪半死痛快寸去卖路硬乱洞地饭树

说明：

（1）上声实际调值接近 [53]。

（2）去声调尾稍降，实际调值接近 [443]。

（三）同音字汇

说明：本字汇以收录移民至银川市永宁县闽宁镇的西吉方言（火石寨乡）单字音为主，大多为常用字。字汇根据西吉方言（火石寨乡）的韵母、声母、声调次序排列，写不出本字的音节用"□"表示，释义、举例在字后用"（　）"表示，例子中用"～"代替，又读、文白异读等一字多音现象在字的右下角用数字表示，一般用"1"表示最常用的或最口语化的读音，"2"次之，以此类推。

1

ts　　[13] 支枝肢资姿咨脂兹滋之芝 [52] 紫纸只（～有）姊旨指至子滓止趾址 [44] 自字志痣

tsʰ　[13] 雌瓷（～器）糍（～粑）慈磁（～石）辞词祠迟呲鹚 [52] 此次齿□（刷义，～点油）[44] 刺赐翅伺痔

s　　[13] 斯厮撕施匙（汤～，钥～）私师狮尸司丝思诗时 [52] 死矢

屎使史驶始［44］是氏四肆示视嗜似祀（祭~）巳寺嗣饲士仕柿事试市恃侍

ɿ

| tʂ | ［13］知蜘执汁侄秩质直值织职殖植只［52］滞（停~）致［44］制（~度）制（~造）智稚（幼~）置治 |

tʂʰ　［13］池驰痴持尺吃迟［52］侈（奢~）耻赤斥

ʂ　［13］湿十什（~字乡：西吉县辖乡镇）拾（~起来）实失室食蚀识式饰适释石［44］世势誓逝

ʐ　［13］日

i

p　［13］碑鼻笔毕必弼逼璧壁［52］彼被（~打）鄙比（比较）秕（~子）碧［44］蔽敝弊币毙荸（~麻）闭算（~子）陛（~下）鐾（~刀布）臂被（~子）婢备箆（~梳）

pʰ　［13］批皮疲脾丕琵（~琶）枇屁蚍（~蜂蚂：蚂蚁）（女性生殖器官）［52］庀匹（一~布）僻辟劈［44］避痹屁

m　［13］迷糜（粥）弥籴（竹~子）靡秘泌眉楣密蜜［52］米谜觅

t　［13］低堤的（目~）滴嫡笛敌狄［52］底抵［44］帝弟第递地

tʰ　［13］梯题提蹄啼踢剔［52］体［44］替涕（鼻~）剃屉（抽~）

l　［13］犁黎离（~别）篱璃（玻~）荔（~枝）梨厘狸（~猫）立笠粒栗力历（~书）历（经~）［52］礼李里（~面）里（公~）理鲤［44］例厉励丽（美~）隶离（~核子）利痢吏

tɕ　［13］鸡稽饥（~饿）肌几（茶~）机讥（~笑）饥（~荒）基杞集辑（编~）急级给（供~）及疾吉即鲫极积迹脊籍藉（狼~）绩击激赍（~发女子：嫁女儿）箕（簸~）［52］挤几（~乎）几（~个）系（~鞋带）［44］祭际济剂（面~子）计继系（~鞋带）髻寄技妓冀既季己纪（~律，世~）记忌寂

tɕʰ　［13］妻齐脐荠畦（菜~）企奇骑岐祁祈欺其棋期（时~）旗缉（~鞋口）泣曝七漆膝戚讫乞［52］启岂起［44］砌契（~约）器弃气汽囗（灭义，把火~死）

ɕ　［13］西栖犀溪奚兮玺徙牺嬉熙希稀习袭吸悉息熄媳惜昔席夕锡析［52］洗喜螅（~子）［44］细系（关~）系（联~）戏

ȵ　［13］泥倪尼疑逆（~风）溺（~死）［52］你拟［44］腻

Ø　　　[13] 宜仪移伊夷姨医沂（~蒙山）衣依遗揖（作~）益亦乙一
　　　逸 [52] 蚁倚椅已以亿 [44] 艺缢瘗谊义议易（容~）意异毅忆
　　　抑翼译易（交~）疫役

u

p　　　[13] 卜不 [52] 补堡₁（红寺~：地名）[44] 布（花~）布
　　　（分~）怖（恐~）

pʰ　　[13] 铺（~床）蒲菩（~萨）脯仆 [52] 谱普浦捕赴朴扑 [44]
　　　铺（店~）部簿步

m　　　[13] 谋木目穆牧 [52] 模（~子）某亩牡母拇 [44] 暮慕墓
　　　募幕

f　　　[13] 夫肤跗（脚~子：脚面）敷俘（~虏）孵（~小鸡）麸
　　　（麦~子）抚殍符扶芙（~蓉）浮缚福幅蝠（夜蝙~）复（反~）
　　　复（~原）腹覆（~盖）服伏栿（梁）[52] 府腑俯甫斧釜腐辅
　　　否 [44] 付赋傅讣父附富副妇负阜复（~兴）

v　　　[13] 吴蜈（~蚣）吾梧（~桐）乌污无巫诬屋 [52] 五伍午武
　　　舞侮鹉（鹦~）[44] 误悟恶（可~）务雾

t　　　[13] 都（首~）都（~是）独读犊犊督毒 [52] 堵赌 [44] 肚
　　　（牛~）妒杜肚（~子）度渡镀

tʰ　　[13] 徒屠途涂图秃突 [52] 土吐（~痰）吐（呕~）[44] 兔

n　　　[13] 奴 [52] 努 [44] 怒

l　　　[13] 庐炉芦（~草）鸬（~鹚）卤庐（~山）楼耧（摆~）篓搂
　　　（~抱）录鹿禄陆六 [52] 鲁橹虏 [44] 路赂露鹭（白~）漏陋

ts　　　[13] 租足族卒（兵~）[52] 祖组阻 [44] 做（~饭）

tsʰ　　[13] 粗促猝 [44] 醋

s　　　[13] 苏酥粟速俗₂肃₂宿₁ [44] 素诉塑（~像）嗦（鸟~子）

tʂ　　　[13] 猪诸诛蛛株朱珠铸祝烛嘱竹筑逐轴朮（白~）[52] 煮主
　　　[44] 著（显~）助拄驻注柱住注蛀

tʂʰ　　[13] 除储（~蓄）初锄厨雏畜（~牲）触出 [52] 楚础（柱下
　　　石）处（相~）杵处(~所)鼠₁ [44] 苎（~麻）

ʂ　　　[13] 梳（~头）疏（~远）蔬书舒枢输（运~）殊叔熟（煮~）
　　　淑赎束蜀属术述秫 [52] 暑黍署（专~）薯（白~）数（动词）
　　　鼠₂ [44] 庶恕数（名词）戍竖树朔

ʐ [13] 如儒入辱褥 [52] 汝乳孺（~进去）

k [13] 姑孤箍（~住）谷（~子）谷（山~）骨（筋~；~头）
[52] 古估（~计）股鼓 [44] 故固锢（禁~）雇顾

kʰ [13] 枯哭窟（~窿）[52] 苦酷 [44] 库裤

x [13] 呼胡湖狐壶乎葫（~芦）胡核（果子~）忽 [52] 虎浒
[44] 户沪互护瓠(~瓜)获

y

l [13] 驴律率（效~）绿₂ [52] 吕旅缕（丝~）屡履捋（~袖）
[44] 虑滤

tɕ [13] 居车（~马炮）拘驹菊掬（一捧）橘 [52] 举 [44] 据锯
（~子，~木头）巨拒距聚俱矩（规~）句具惧剧（~烈）剧
（戏~）

tɕʰ [13] 蛆（生~）渠趋区（~域）驱瞿曲（酒~）曲（~折，
歌~）局黢（~黑）屈 [52] 取娶 [44] 去（来~）趣

ɕ [13] 徐墟（~市）虚嘘（吹~）须需畜（~牧业）蓄（储~）戌
恤俗₁（风~）肃₁（甘~）宿₁（~舍）[52] 许 [44] 絮序叙绪
续婿续

ȵ [52] 女

ø [13] 鱼渔余愚虞娱迂于盂榆逾愉 [52] 语与（给~）雨宇禹羽
[44] 御于（~此）淤誉（荣~）预豫遇寓吁芋愈（病~）喻裕域
郁育玉狱欲浴

ər

ø [13] 儿而 [52] 尔耳饵□（扔义）[44] 二贰

a

p [13] 巴芭疤爸八拔爬₂（~山）[52] 把（~守，~握，一~）
[44] 霸把（柄，刀~）坝（堤）坝（平川）罢

pʰ [13] 爬₁琶（琵~）杷（枇~）钯（~子）耙（犁~，~地）
[44] 怕帕

m [13] 麻痲蟆（蛤~）抹（~布）[52] 妈马码（号~）[44] 骂

f [13] 法（~子）乏发（头~）发（~财，~现）伐筏罚

v [13] 哇挖袜蛙 [52] 瓦踠（跑义）[44] 洼□（~鸣：喉结）

t [13] 达答搭大（父亲的面称）褡（~裢）[52] 打 [44] 大

　　　　（~小）

tʰ　　　[13] 他踏搨（~本）沓（一~纸）塔榻塌

n　　　[13] 哪（~个）拿纳

l　　　[13] 捺（撒~）辣拉腊蜡镴（锡~）

ts　　　[13] 渣札扎轧（被车~）铡（~刀）杂扎（用针~）眨（~眼）炸（用油~）[44] 诈榨（~油）炸（~弹）乍闸（~门）

tsʰ　　　[13] 茶搽楂（山~）叉杈（枝~）差（~别，~不多）茬查（调~）察插 [44] 岔（三~路）擦

s　　　[13] 沙纱萨杀 [52] 洒厦（大~）洒撒（~手）

ʂ　　　[52] 傻

k　　　[52] 尬（尴~）

kʰ　　　[13] 咖 [52] 卡咯喀

x　　　[13] 哈（点头~腰）瞎₁ [44] 吓₁（~一跳）下₁（底~）

ø　　　[13] 啊阿

ia

tɕ　　　[13] 家加痂嘉家（~具）佳夹（~菜）夹（~衣）甲胛（肩~）[52] 假（真~）贾（姓）[44] 假（放~）架驾嫁稼价

tɕʰ　　　[13] 掐 [52] 恰洽 [44] 搿（~住）

ɕ　　　[13] 虾（鱼~）霞瑕遐蛤（虾蟆）暇辖（管~）狭峡匣（箱~）[44] 夏（姓）厦（~门）下（~降）夏（春~）吓₂下₂

ȵ　　　[13] 娘

ø　　　[13] 牙芽衙雅鸦丫（~头）涯（天~）鸭押压 [52] 哑 [44] 砑（~平）亚

ua

tʂ　　　[13] 抓 [52] 爪（爪子）

tʂʰ　　　[52] 欻（拟声词）

ʂ　　　[13] 刷 [52] 耍

k　　　[13] 瓜刮₁（~胡子）蜗₁ [52] 寡剐刮₂（~风）[44] 挂卦

kʰ　　　[13] 夸 [52] 侉（~子）垮 [44] 跨

x　　　[13] 花华（中~）铧划（~船）滑猾（狡~）[44] 化华（~山，姓~）桦（~木）画（名词，动词）话划（计~）

ə

t	[13]	的₂得₂德₂
tʰ	[44]	特₂忑
n	[13]	呢
l	[13]	了　[44] 乐₂勒₂
ts	[13]	责₂择₂泽₂则₂仄₂啧
tsʰ	[13]	侧₂测₂册₂策₂厕₂恻₂
s	[13]	色₂涩₂啬₂瑟₂塞₂
tʂ	[13]	遮折（～迭）褶（皱纹）蛰（惊～）哲蜇（蝎子～人）辙折（～断）浙 [52] 者 [44] 蔗
tʂʰ	[13]	车（马～）彻撤 [52] 扯
ʂ	[13]	蛇奢赊佘（姓～）摄涉舌设折（弄～了，～本）[52] 舍 [44] 射麝（～香）赦舍社射
ʐ	[13]	热 [52] 惹
k	[13]	歌哥戈葛鸽各阁搁胳（～臂）格₂革₂隔₂角₁（牛～）纥（～蚤）[44] 个（～人）个（一～）
kʰ	[13]	咳（～嗽）渴壳（～子）刻（时～）克客颗₂棵₂硌₂ [52] 可 [44] 课₂
x	[13]	荷（薄～）河₂何₂荷（～花）喝（～彩）喝（～酒）合盒鹤
ø	[13]	讹扼恶（善～）额₂蛾₂鹅₂俄₂娥 [52] 鄂 [44] 饿

iə

p	[13]	别（区～）别（离～）鳖憋 [44] □（跳义）
pʰ	[52]	撇（～捺，～开）
m	[13]	灭
t	[13]	跌迭碟牒蝶谍
tʰ	[13]	帖（碑～，请～）贴腆铁
l	[13]	列烈裂猎
tɕ	[13]	接捷劫杰揭节结洁街₂ [52] 解₂
tɕʰ	[13]	怯（畏～）切（～开）截且挈□（扛义，～麻袋）[52] 妾
ɲ	[13]	业孽捏聂（姓～）镊（～子）蹑（～脚走）
ɕ	[13]	胁协泄（～漏）歇蝎楔（～子）血鞋₂
ø	[13]	叶页噎（～住了）[44] 液腋

uə

p　　[13] 菠（~菜）钵拨剥驳帛勃饽（面~）博泊（梁山~）薄泊（停~）伯（大~子）[52] 跛（~足）簸（~一~）簸（~箕）[44] 薄（~荷）

pʰ　　[13] 颇坡玻（~璃）婆剖泼迫脖（~子）[44] 破

m　　[13] 魔磨（~刀）摩馍摹（~仿）末沫默没（沉~，~有）莫膜寞摸 [52] 模（~范）抹陌（~生）[44] 磨（石~子）

f　　[13] 佛（仿~）佛（~像）

t　　[13] 多夺掇（拾~）掇（掂~）铎踱 [52] 朵躲 [44] 舵驮剁惰跺垛（柴~）

tʰ　　[13] 拖鸵驮脱 [52] 妥椭（~圆）托（~付）托（~着）[44] 唾（~沫）

n　　[13] 挪蛾₁鹅₁俄₁诺 [44] 糯（~米）

l　　[13] 罗锣箩骡螺（~丝）啰（~嗦）落烙骆酪洛络乐 [52] 裸（~体）摞（~起来）

ts　　[13] 撮（一~米）作（工~）凿昨 [52] 左佐 [44] 坐座

tsʰ　　[13] 搓锉矬（矮）错（~杂）[52] 措（~置）[44] 错（~误）

s　　[13] 蓑梭（~子）唆（啰~）莎（~草）缩索（绳~）[52] 锁琐（~碎）

tʂ　　[13] 拙桌卓琢啄涿（~鹿）浊捉着（穿~）着（睡~）酌

tʂʰ　　[13] 戳镯（~子）敠（~起棍子）焯（把菜放在开水里~~）[52] 绰（宽~）

ʂ　　[13] 说（~话）勺（~子）芍（~药花）[52] 所

ʐ　　[13] 若弱

v　　[13] 握沃物勿 [52] 我 [44] 饿卧

k　　[13] 锅割郭国₂ [52] 果裹馃 [44] 过（~来）过（经~）

kʰ　　[13] 科括（包~）阔廓扩（~充）硞₁ [52] 稞₁颗₁（一~珠）[44] 课₁

x　　[13] 河₁（黄~）何₁（姓~）和（~气）禾豁（~然）活藿（~香）劐（用刀~开）或 [52] 火伙 [44] 贺货祸和（~面）霍惑

Ø　　[13] 倭踒（脚~了）窝蜗₂（~牛）

yə

l	［13］劣略掠
tɕ	［13］厥掘橛（~子）决诀镢（~头）觉（知~）角₂（一~钱；~落）掘倔（~强）爵嚼脚 ［52］懰（脾气~）
tɕʰ	［13］瘸（~腿）绝缺确却雀₂（麻~）鹊₂（喜~）
ȵ	［13］虐₂疟₂
ɕ	［13］靴薛雪穴学削血
ø	［13］悦阅月越曰粤虐₁疟₁（~疾）约药钥（~匙）岳（~父）岳（五~）乐（音~）跃₂

ɛ

p	［44］拜败 ［52］摆粺
pʰ	［13］排牌［44］派
m	［13］埋 ［52］买 ［44］卖迈
t	［13］呆（懂）呆 ［44］戴贷待怠殆代袋带大（~夫、~黄）
tʰ	［13］胎台苔（青~，舌~）抬 ［52］态 ［44］太泰
n	［13］哀埃（尘~）挨（~住）崖（山~）搋（~打）额 ［52］乃碍奶矮 ［44］耐爱奈艾蔼（和~）隘
l	［13］来 ［44］赖癞
ts	［13］灾栽斋泽择（~菜）宅策册 ［52］宰载（~重）载（满~）［44］再在债寨
tsʰ	［13］猜才（~华）才（刚~）材财裁豺钗差（出~）柴测拆（~房子）侧 ［52］彩采睬 ［44］菜蔡
s	［13］腮鳃 ［52］筛（动词）筛（~子）［44］赛晒
v	［13］歪 ［52］崴 ［44］外（~头）
k	［13］该街₁ ［52］改解₁（~开）［44］概溉盖丐（乞~）
kʰ	［13］开揩 ［52］凯慨（慷~）楷
x	［13］孩赫核（审~）鞋 ［52］海 ［44］亥害骇（惊~）
ø	［13］哎唉艾₂爱₂碍₂矮₂挨₂哀₂癌埃₂

uɛ

tʂ	［52］拽（拖）
tʂʰ	［13］揣（~度）［52］踹搋
ʂ	［13］衰摔 ［44］帅率（~领）蟀

k　　　［13］乖　［52］拐　［44］怪

kʰ　　［52］块（一~）会（~计）　［44］块（土~）快筷

x　　　［13］怀槐淮　［44］坏

ɔ

p　　　［13］褒（~奖）包胞　［52］保堡₂宝饱　［44］报抱暴菢（~小鸡）豹爆鲍（1姓；2~鱼）刨（木工工具）曝瀑（~布）

pʰ　　［13］袍抛刨（动词）狍　［52］跑　［44］泡（气~）泡（~在水里）炮（~弹）雹

m　　　［13］毛茅猫锚矛　［52］卯　［44］冒帽貌茂贸

t　　　［13］刀叨（唠~）　［52］祷岛倒（打~）稻盗导　［44］到倒（~水）道

tʰ　　　［13］滔掏（~出来）桃逃淘（~汰）陶萄涛　［52］讨　［44］套

n　　　［13］熬₁燉（~白菜）挠　［52］脑恼袄懊（~恼）懊（~悔）［44］那（~里，远指）傲鏊（烙饼用具，~子）奥闹

l　　　［13］劳捞（~钱，打~）牢唠（~叨）　［52］老　［44］涝（旱~）

ts　　　［13］遭糟　［52］早枣蚤澡找　［44］灶皂造（建~）笊笐（~篱）

tsʰ　　［13］操（~作）曹槽抄（~写）钞（~票）巢　［52］草騲炒吵［44］躁糙（粗~）

s　　　［13］梢（树~）捎（~带）　［52］扫（~地）嫂稍潲（~雨）［44］骚臊（~气）扫

tʂ　　　［13］朝（今~）昭招沼（~气）　［44］赵兆召照诏

tʂʰ　　［13］超朝（~代）潮

ʂ　　　［13］烧韶（~关）　［52］少（多~）　［44］少（~年）绍邵

ʐ　　　［13］饶　［52］扰绕（围~）　［44］绕（~线）

k　　　［13］高篙（进船竿）羔糕　［52］膏稿搞　［44］告膏（~油）

kʰ　　［52］考烤　［44］靠犒

x　　　［13］蒿（~子面）薅（~草：除草）豪壕毫号（呼~）郝（姓~）［52］好（~坏）好（爱~）　［44］耗浩号（~数）

ø　　　［13］熬₂凹敖鳌（~拜）遨嗷獒（藏~）翱（~翔）　［52］袄［44］奥傲澳（~门）

iɔ

p　　［13］膘（长~）标彪［52］表（~示）表（手~）

pʰ　　［13］飘飘嫖（~赌）［52］漂（~白液）［44］票漂（~亮）

m　　［13］苗描矛（~子）［52］藐渺秒［44］庙妙

t　　［13］刁貂雕［44］钓吊掉调（音~）调（~动）

tʰ　　［13］条调（~和油）藋（灰~菜）［52］挑［44］跳粜跳

l　　［13］燎（~原）疗聊辽撩寥［52］燎（火~眉毛）了（了结）
　　　廖（姓）［44］瞭料炓（马~厥子）

tɕ　　［13］交郊胶教（~书）焦蕉（芭~）椒骄娇浇［52］绞狡铰搅
　　　剿矫（~正）缴（上~）侥（~幸）饺（~子）［44］教（~育）
　　　校（~对）较窖觉（睡~）

tɕʰ　　［13］敲锹缲（~边）悄（静~~）樵瞧乔侨桥荞雀₁（麻~）鹊₁
　　　（喜~）□（跨义，~过去）［52］巧俏［44］轿窍

ɕ　　［13］消宵霄硝销枵嚣萧箫［52］小晓［44］酵孝效校（学~）
　　　校（上~）笑鞘（刀~）

ȵ　　［52］咬鸟痒₁［44］尿

ø　　［13］肴殽妖邀腰要（~求）摇谣窑姚尧幺（~二三）吆（~喝）
　　　［52］舀（~水）［44］跃₁（大~进）勒（鞋~子）要（重~）耀
　　　鹞（~子）

əu

t　　　［13］兜［52］斗（一~米）斗（~争）抖陡［44］豆逗

tʰ　　　［13］偷头投［44］透

n　　　［52］怄（~气）

l　　　［13］楼₂耧₂搂₂篓₂娄髅（骷~）镂（~空）喽（~啰）［44］
　　　陋₂漏₂

ts　　　［52］走［44］奏邹皱绉骤

tsʰ　　　［13］搊（~起来）愁［52］瞅［44］凑

s　　　［13］搜飕馊（饭~了）搜（~集）［44］嗽（咳~）瘦漱（~口）

tʂ　　　［13］粥周舟州洲帚［52］肘［44］昼纣（商~王）宙咒

tʂʰ　　　［13］抽绸稠筹仇酬［52］丑丑［44］臭（香~）

ʂ　　　［13］收［52］手首守［44］兽受寿授售

ʐ　　　［13］柔揉［44］肉

k　　　[13] 勾钩沟 [52] 狗苟 [44] 够（往上~）够（足~）构购勾（~当）

kʰ　　[13] 抠眍（眼~）[52] 口叩（~头）[44] 扣（~住）寇

x　　　[13] 侯喉猴瘊（~子）[52] 吼 [44] 后厚後候

ø　　　[13] 欧 [52] 藕偶（配~）偶（~然）呕（~吐）殴沤（~肥）

iəu

m　　　[52] 谬缪

t　　　[13] 丢

l　　　[13] 流刘留榴（石~）硫（~磺）琉（~璃）绿₁六 [52] 柳 [44] 溜馏

tɕ　　 [13] 揪（一把~住）□（梳个~儿）纠鸠纠（~缠）[52] 酒九久韭灸（针~）[44] 就枢阄（拈~）救究臼舅咎旧

tɕʰ　 [13] 秋（~天）秋（~千）囚丘求球仇（姓）屌（男性生殖器官）

ȵ　　　[13] 牛 [52] 纽扭

ɕ　　　[13] 修羞休 [52] 朽 [44] 嗅（用鼻子闻）秀绣宿（星~）锈（铁~）袖嗅

ø　　　[13] 忧优尤邮由油游犹悠（~闲）幽 [52] 有友酉莠 [44] 又右佑诱柚鼬（黄~）釉幼

ei

p　　　[13] 杯悲北百柏白 [44] 贝辈背（~部）背（~诵）焙（~干）卑伯（阿~子）

pʰ　　[13] 胚（~胎）坯（土~）培陪赔裴披拍 [52] 倍佩辔魄 [44] 沛配

m　　　[13] 梅枚媒煤霉墨麦脉 [52] 每美媚寐 [44] 妹昧

f　　　[13] 非飞妃肥 [52] 匪翡（~翠）[44] 废肺吠费（~用）

v　　　[13] 维惟唯微威违围伟苇（芦~）纬危伪为（作~）[52] 尾萎（气~）委 [44] 卫位未味魏畏慰胃谓猬喂为（~啥）外（~爷：外祖父）

t　　　[13] 得德

tʰ　　[13] 特

n　　　[44] 那

l	[13] 肋勒（~索，~脖子）擂雷$_2$ [52] 磊$_2$垒$_2$蕾 [44] 类$_2$累$_2$泪$_2$
ts	[13] 贼窄摘责栅（~栏）塞（~住）则$_1$（原~）
ts^h	[13] 厕（~所）则$_2$（准~）侧$_2$（~棱子睡）
s	[13] 涩瑟虱色啬（吝~）塞（堵~）
k	[13] 隔$_1$格$_1$革$_1$ [52] 给
k^h	[13] 刻（~章子）
x	[13] 黑
∅	[52] 欸（应答词）

uei

t	[13] 堆 [44] 对兑
t^h	[13] 推 [52] 腿 [44] 退队蜕褪
l	[13] 雷 [52] 儡（傀~）累（~赘）累（连~）垒 [44] 内累（极困）类泪
ts	[52] 嘴 [44] 罪最醉
ts^h	[13] 催崔 [44] 脆翠粹（纯~）
s	[13] 随虽绥 [52] 髓 [44] 碎岁遂隧（~道）穗
tʂ	[13] 追锥 [44] 拽缀（点~）赘坠
tʂ^h	[13] 吹炊垂槌锤捶陲棰椎
ʂ	[13] 谁 [52] 水 [44] 税睡
ʐ	[52] 蕊 [44] 芮（姓~）锐瑞
k	[13] 圭闺归规龟国$_1$ [52] 鬼诡轨 [44] 鳜桂柜贵跪
k^h	[13] 盔魁傀（~儡）奎逵葵亏窥 [52] 愧
x	[13] 恢灰回茴挥辉徽麾 [52] 悔毁 [44] 贿晦汇溃（~脓）刽桧（秦~）会（~议）会（不~）绘秽惠慧讳汇

an

p	[13] 班斑颁扳般搬 [52] 板版 [44] 扮瓣办半绊伴拌
p^h	[13] 攀潘盘藩 [44] 盼襻（纽~子）判叛
m	[13] 蛮瞒馒（~头） [52] 满 [44] 慢漫幔蔓（瓜~子）
f	[13] 凡帆翻番（几~）烦藩矾繁 [52] 反 [44] 泛范犯贩饭
v	[13] 玩（古~，游~）完丸（肉~）豌（~豆）剜顽（~皮）弯湾 [52] 碗晚挽宛 [44] 腕万

t　　　[13] 丹单（~独）耽担（~任）担（挑~）[52] 掸（鸡毛~子）胆 [44] 旦诞但弹（子~）蛋淡

tʰ　　[13] 滩摊檀坛弹（~琴）贪潭谭坍（~下来）谈痰 [52] 坦毯 [44] 炭叹探（试~）

n　　　[13] 难（~易）安鞍南男 [44] 难（苦~）岸按案揞(~住) 暗

l　　　[13] 兰拦栏蓝篮 [52] 懒览揽榄（橄~）缆 [44] 烂滥

ts　　[13] 簪绽（破~）簪咱 [52] 盏攒（积~）斩 [44] 赞瓒（溅）栈暂錾（~花）站（立）站（车~）蘸（~酱油）

tsʰ　[13] 餐残参蚕惭谗馋搀□（嫌~：嫌弃）[52] 铲产惨 [44] 灿

s　　　[13] 珊山删三杉衫钐（大镰）[52] 伞 [44] 散（鞋带~了）散（分散）

tʂ　　[13] 沾粘（~贴）瞻占（~卜）毡 [52] 展 [44] 占战颤

tʂʰ　[13] 蟾（~蜍）缠禅（~宗）[44] 颤

ʂ　　　[13] 疝（~气）膻搧蝉单（姓）[52] 陕（~西）闪 [44] 扇善膳禅（~让）

ʐ　　　[13] 然燃 [52] 染冉

k　　　[13] 干（~净）干（~湿）肝竿（竹~）甘柑尴（~尬）[52] 杆秆（稻~）擀（~面）赶感敢橄（~榄）[44] 干（~活）

kʰ　　[13] 看（~守）堪勘（~探）[52] 刊坎砍 [44] 看（~见）

x　　　[13] 鼾（扯~）寒韩还（~有）含函憨酣咸 [52] 喊罕 [44] 汉旱汗焊（~铁壶）翰撼憾

ø　　　[44] 庵

ian

p　　　[13] 鞭编边蝙 [52] 汴扁匾遍（一~）贬揙（~袖子）[44] 变辨辩便（方~）遍(~地)辫

pʰ　　[13] 偏便（~宜）[52] 篇 [44] 骗（欺~）片

m　　　[13] 绵棉眠 [52] 免勉娩（分~）缅 [44] 面（白~）面（~子）

t　　　[13] 掂（~掇）颠 [52] 点典 [44] 店簟（席，~子）电殿奠佃垫（~钱）

tʰ　　[13] 添甜天田填 [52] 舔

l　　　[13] 连联怜莲廉镰帘 [52] 脸敛 [44] 练炼

tɕ	［13］兼搛（用筷子夹，~菜）艰间（中~）奸间（车~）煎犍（~子）笺肩坚监(~察)鉴监（国子~）尖歼（~灭）［52］检俭简柬拣间（~断）谏涧剪茧跰笕（以竹通水，~子）减碱［44］渐剑箭溅（~一身水）践贱饯（~行）件建键健腱荐见舰
tɕʰ	［13］签（抽~）签（~字）潜钳谦迁钱乾（~坤）虔千前牵铅鹐（鸟啄物，~米）［52］浅遣［44］欠歉嵌
ɕ	［13］枚（铁~）嫌闲仙鲜（新~）涎掀先贤弦咸衔［52］险鲜（~少）显［44］限苋（~菜）线羡宪献现县眩陷馅
ȵ	［13］鲇（~鱼）鯳（食物不新鲜）蔫（花萎）年黏（~米）［52］碾眼捻（以指~碎）撵［44］念
∅	［13］淹阉炎盐阎檐盐（腌）严俨（~然）腌颜焉（心不在~）延筵言研烟沿岩［52］掩魇演堰□（~子：痣）［44］验厌艳焰酽（~茶）雁谚砚燕（~子）咽宴

uan

t	［13］端［52］短［44］断（~绝）段缎（绸~）断（决~）锻（~炼）
tʰ	［13］团（饭~）团（~长）
l	［13］鸾恋［52］暖卵［44］乱□（~糊）
ts	［13］钻（动词）纂（编~）［44］钻（木工用具，~石）
tsʰ	［13］氽（生~面）
s	［13］酸［44］算蒜
tʂ	［52］撰转（~眼）［44］转（~身）篆赚
tʂʰ	［13］传（~达）椽专砖川穿船［52］喘［44］窜篡传（传记）串
ʂ	［13］拴篅（盛谷具，~子）［44］闩涮（~羊肉）
ʐ	［52］软阮
k	［13］官棺观（参~）冠（衣~）观（寺~）关［52］管馆［44］贯灌罐冠（~军）惯
kʰ	［13］宽［52］款
x	［13］欢桓还（~原）环［52］缓皖（安徽）［44］唤焕换幻患宦

yan

tɕ　　　［52］卷（~起）［44］眷卷（试~）绢圈（羊~）倦

tɕʰ　　［13］全泉圈（圆~）拳权颧（~骨）捐［52］犬［44］劝券

ɕ　　　［13］轩宣旋喧玄悬［52］癣选［44］旋（~吃~做：边吃边做）
　　　　旋（~床）楦（鞋~）□（阉义）

ø　　　［13］圆员缘元原源冤袁辕园援（救~）渊［52］远［44］院
　　　　愿怨

aŋ

p　　　［13］邦帮［52］绑榜［44］棒蚌浜（沙家~）谤傍

pʰ　　 ［13］庞滂（~沱）旁螃（~蟹）［44］胖

m　　　［13］盲虻（牛~）忙芒茫［52］莽蟒

f　　　［13］方肪（脂~）芳妨（~害）房防［52］仿（~效）纺仿
　　　　（相似）仿（~佛）访［44］放

v　　　［13］亡芒（麦~儿）王［52］网辋（车~）枉往［44］汪
　　　　（一~水）忘妄望旺（火~）

t　　　［13］当（~时）［52］党挡［44］当（~作）荡宕（延~）

tʰ　　 ［13］汤堂棠螗（~螂）唐糖塘［52］倘（~使）躺［44］烫趟
　　　　（一~）

n　　　［13］囊［44］齉（~鼻子：鼻子不通气）［52］攘（捅义，刀
　　　　子~进去）

l　　　［13］郎廊狼螂［44］朗浪

ts　　　［13］赃脏（不干净）［44］葬藏（西~）脏（内~）

tsʰ　　［13］仓苍藏（隐~）

s　　　［13］桑丧（婚~）［52］嗓搡［44］丧（~失）

tʂ　　　［13］张章樟［52］长（生~）涨掌［44］帐账胀丈仗杖障
　　　　（保~）瘴（~气）

tʂʰ　　［13］长（~短）肠场昌猖常［52］畅厂倡（提~）［44］唱

ʂ　　　［13］商伤尝裳（衣~）偿［52］赏晌（~午）尚［44］上（~
　　　　山）上（~面）

ʐ　　　［13］瓤（瓜~）穰（麦~子）□（黏义，~得很）［52］酿壤
　　　　（土~）攘嚷［44］让

k　　　［13］冈岗刚纲钢缸［44］港（~口）钢（把刀~一下）杠

kʰ	[13] 扛康糠慷（~慨）腔₁（~子）[44] 抗炕（烧~，~了）
x	[13] 行（一~）航杭 [52] 夯（打~）[44] 项₁ 巷₁
Ø	[13] 肮（~脏）昂

iaŋ

l	[13] 良凉量（~长短）粮梁粱 [52] 两（~个）两（几~几钱）[44] 亮谅辆量（数~）
tɕ	[13] 江豇（~豆）将（~来）浆疆僵姜礓（~石）缰（~绳）姜 [52] 讲蒋奖桨 [44] 降（下~）虹（彩虹）酱将（大~）匠
tɕʰ	[13] 强腔₂（~调）枪墙 [52] 强（勉~）抢
ŋ̣	[13] 娘 [44] □（~~：姑母）
ɕ	[13] 香乡降（投~）相（互~）箱厢湘襄镶相（~貌）详祥 [52] 享响想饷 [44] 向象像橡（~树）项₂ 巷₂
Ø	[13] 央秧殃羊洋烊（融化）杨阳扬疡（溃~）[52] 仰养痒₂ [44] 样

uaŋ

tʂ	[13] 桩庄装 [44] 撞壮状
tʂʰ	[13] 窗疮床 [52] 闯 [44] 创
ʂ	[13] 双（一~）双（~~：双胞胎）霜孀 [52] 爽
k	[13] 光 [52] 广犷（粗~）[44] 桄（一~线）逛
kʰ	[13] 匡筐眶（眼~）狂 [44] 旷况矿
x	[13] 荒慌黄簧（弹~）皇蝗 [52] 谎 [44] 晃（摇~）

əŋ

p	[13] 崩奔锛逩 [52] 本 [44] 迸（~裂）笨
pʰ	[13] 烹彭膨（~胀）朋棚篷蓬喷（~水）盆 [52] 捧 [44] 喷（~香）
m	[13] 萌盟蒙门 [52] 猛蠓（~虫）[44] 孟梦闷
f	[13] 封峰蜂锋逢缝（~衣服）风枫疯丰冯分（~开）芬纷焚坟 [52] 讽粉 [44] 奉俸缝（一条~）凤粪奋愤忿份（一~两份）
v	[13] 翁温瘟文纹蚊闻吻刎 [52] 瓮稳 [44] 问璺（缝，裂了个~子）
t	[13] 登灯 [52] 等 [44] 凳镫（鞍~）邓澄瞪（~眼）
tʰ	[13] 吞腾誊藤疼

n　　　　[13] 恩能

l　　　　[13] 楞 [52] 冷

ts　　　[13] 曾（姓）增憎争等睁 [44] 赠锃

tsʰ　　[13] 曾（~经）层撑 [44] 衬蹭掌（椅子~儿）

s　　　[13] 森参（人~）僧生牲笙甥 [52] 省（~长）省（节~）
　　　　[44] 渗（水~透）

tʂ　　　[13] 针斟珍榛臻真诊疹征（~求）蒸贞侦正（~月）征 [52]
　　　　枕（~头）枕（动词，~枕头）拯（~救）整 [44] 镇阵振震证
　　　　症郑正政

tʂʰ　　[13] 沉陈尘辰晨臣澄惩橙称（~呼）乘承丞澄橙（~子）呈程
　　　　成城诚盛（~满了）[52] 称（相~）逞（~能）[44] 趁秤（一
　　　　杆~）

ʂ　　　[13] 深神身申伸娠绳升声 [52] 沈审婶 [44] 甚肾慎剩胜
　　　　（~败）圣盛（兴~）

ʐ　　　[13] 壬任（姓~）人仁仍扔 [52] 忍韧 [44] 任（责~）纴
　　　　（缝~）刃认

k　　　[13] 跟根羹耕 [52] 庚埂（田~子）梗（茎）耿 [44] 更
　　　　（~换，五~）粳（~米）哽（骨~在喉）更（~加）

kʰ　　　[13] 坑 [52] 恳垦肯

x　　　[13] 痕恒亨衡横（~直）[52] 很 [44] 恨横（蛮~）杏₁

iŋ

p　　　[13] 彬宾槟（~榔）冰兵 [52] 禀丙秉柄饼 [44] 殡鬓病并
　　　　（合~）并

pʰ　　　[13] 贫频（~繁）凭平坪评瓶屏（围~）萍拼（~音）[52] 品
　　　　拼（~命）聘姘（~头）

m　　　[13] 民鸣明名铭 [52] 闽（~越）悯敏抿 [44] 命

t　　　[13] 丁钉（铁~）仃（孤苦伶~）疔（~疮）叮（吗~咛）
　　　　[52] 顶鼎 [44] 钉（~住）订（~约）锭定

tʰ　　　[13] 听（~见）厅听（~其自然）亭停廷庭蜓（蜻~）艇
　　　　[52] 挺

l　　　　[13] 林淋（~湿）临邻鳞磷陵凌菱灵零铃伶拎翎 [52] 檩（屋
　　　　上或墙上的长条形构件）领岭 [44] 吝（~啬）令另

tɕ　　［13］今金禁（～不住）襟津巾茎京荆惊鲸精晶睛（眼～）颈经（～过）经（～纬）斤筋［52］锦紧仅景警井谨［44］禁（止）尽（～前）进晋尽境敬竟镜竞静靖净劲（～敌）径劲（有～）近

tɕʰ　　［13］钦撳（按）琴禽擒亲（～人）秦卿擎清情晴轻青蜻（～蜓）倾勤芹噙［52］侵寝请顷［44］浸妗（舅母）亲（～家）庆

ɳʑ　　［13］凝宁（～夏）［44］凝（汤～住了）硬宁（～可）佞

ɕ　　［13］心寻辛新薪兴（～旺）行（～为）行（品～）星腥馨形型刑欣殷［52］省（反～）醒［44］信讯衅兴（高～）幸性姓杏₂

ø　　［13］淫吟音阴荫（屋子很～）银应（～当，～用）鹰蝇莺鹦（～鹉）樱（～桃）迎英婴缨盈赢营莹颖萤因姻洇寅［52］饮（～酒）影引隐尹［44］窨（地～子）饮（～马）应（～付）映印

uŋ

t　　［13］东冬敦（～厚）墩扽（猛地一拉）蹲［52］董懂［44］冻栋动洞顿盾（矛～）沌钝遁饨（馄～）

tʰ　　［13］通同铜桐筒童瞳屯豚臀囤［52］桶捅统［44］痛

n　　［13］农脓［44］嫩

l　　［13］浓龙笼聋隆论仑［52］陇垄拢［44］弄

ts　　［13］踪棕鬃（马～）宗遵尊［52］总［44］纵（～横）纵（放～）粽综

tsʰ　　［13］从（跟～）从（～容）聪怱葱囱（烟～）丛皴（脸～）村存［44］寸

s　　［13］怂（～恿）松嵩孙［52］笋榫（～头）损［44］诵颂讼送宋

tʂ　　［13］锺钟盅中（当～）忠终［52］冢种（～类）肿准［44］众重（轻～）种（～树）中（射～）仲

tʂʰ　　［13］充重（～复）虫崇冲椿（～树）春纯醇（酒味～）［52］宠蠢

ʂ　　［13］唇［44］顺舜

ʐ　　［13］戎绒茸（参～）［44］润闰

k　　［13］弓躬宫公蚣（蜈～）工功攻（～击）恭供（～给）［52］汞

拱（~桥）滚 [44] 贡供（~养）共棍

k^h　[13] 空（~虚）昆（~虫）昆（~仑）[52] 孔巩（~固）恐坤捆 [44] 控空（有~）困（~难，~了）

x　　[13] 弘宏烘（~干）红洪鸿虹馄（~饨）浑（~浊）荤昏婚魂 [52] 哄（~骗）[44] 轰（~出去）混（相~）

yŋ

l　　[13] 伦沦轮 [44] 论（议~）

ʐ　　[13] 融荣

tɕ　　[13] 军钧君 [52] 迥（~然不同）均窘菌 [44] 俊郡

tɕ^h　[13] 穷琼群裙

ɕ　　[13] 熊雄兄胸凶（吉~）荀旬循巡熏勋熏凶（~恶）[44] 迅殉训逊

Ø　　[13] 云（白~）云（不知所~）匀雍（~正）瘤（~脖子：脖子肿）拥容蓉（芙~）镕（朱~基）庸融荣 [52] 永泳咏允勇涌 [44] 孕熨韵运晕用

陆　银川市兴庆区月牙湖乡彭阳方音

（一）概况

月牙湖乡位于银川市东北部 40 公里，原属石嘴山市陶乐县（已撤），地处毛乌素沙漠与黄河交接处。1956 年 11 月，陶乐县组建新星乡，驻月牙湖。1958 年设红星公社，由原月牙湖乡和高仁镇乡组建，驻高仁镇。1961 年，设月牙湖公社。1989 年，海原县移民移入此地，设立移民吊庄。2003 年，根据国务院关于宁夏回族自治区行政区划调整的批复精神，陶乐县建制被撤销，原陶乐县城更名为陶乐镇。此次的行政区划调整将原陶乐县月牙湖乡划归银川市兴庆区管辖。2011 年起，又陆续从彭阳县移入 1.5 万人。全乡现辖 12 个行政村：月牙湖村、海陶北村、海陶南村、塘南村、大塘北村、大塘南村、小塘村、滨河家园一村、滨河家园二村、滨河家园三村、滨河家园四村、滨河家园五村；一个林场，现有住户 7000 余户，约 30000 人。下文以彭阳城阳乡移民至月牙湖乡的方言为代表，概括该方言音系。

（二）声韵调

1. 声母（24 个，含零声母）

p 八兵病	pʰ 派爬	m 麦明	f 飞副饭	v 问温王五
t 多毒	tʰ 讨甜	n 脑熬恶安		l 老蓝连路
ts 资字争纸	tsʰ 刺祠拆茶抄	s 丝三酸山		
tʂ 张柱装主	tʂʰ 初床车春船	ʂ 双顺手十树	ʐ 热软	
tɕ 酒九租组	tɕʰ 抽清轻权族	ȵ 年泥	ɕ 想谢响县苏	
k 高共	kʰ 开苦	x 好灰活		
∅ 问一云药				

说明：

（1）声母［v］摩擦成分弱，实际读音接近［ʋ］。

（2）声母［n］与［ȵ］音位互补，前者拼洪音，后者拼细音。

（3）声母［tʂ tʂʰ ʂ］拼合口呼韵母时实际读音接近［tʃ tʃʰ ʃ］。

2. 韵母（33 个）

ɿ 师丝试	i 米戏急七一锡	u 苦五猪出骨谷绿	y 雨橘局
ʅ 十直尺			
a 茶塔法辣八瓦	ia 牙鸭	ua 刮夸	
ə 歌盒热壳色	iə 写节贴接	uə 过坐活郭	yə 靴月药白学
ɛ 开排鞋二耳		3u 快	
ɔ 宝饱	iɔ 笑桥		
ei 赔飞北白		uei 对鬼国	
əu 豆走	iəu 油六		
an 南山半	ian 盐年	uan 短官	yan 权园
aŋ 糖王	iaŋ 响讲	uaŋ 床双	
əŋ 参根灯升横	iŋ 心新星硬病	uŋ 滚春寸东	yŋ 云兄用

说明：

（1）韵母［i］与鼻音声母相拼时，实际读音接近［ɿi］；作单韵母与除鼻音外的声母相拼时，实际音值为［j］。

（2）韵母［a］舌位靠后，实际读音为［ɑ］。

（3）韵母［ə］实际读音接近［ɣ］。

（4）韵母［ɛ］实际读音为［ɛ］。

（5）韵母［iəu］实际读音接近［iu］。

（6）鼻尾韵主元音略带鼻化色彩，韵母［iŋ］中鼻尾实际发音介于［n］和［ŋ］之间，记为［iŋ］。

3. 声调（4个）

调类	调值	例字
阴平	213	东该灯风通开天春谷百搭节急哭拍塔切刻六麦叶月
阳平	13	门龙牛油铜皮糖红毒白盒罚
上声	52	懂古鬼九统苦讨草买老五有
去声	44	动罪近后冻怪半四快寸路硬洞地饭树

说明：

（1）阴平调调首降幅实际介于［1-2］之间，记为［213］。

（2）去声调值介于［33-44］之间，记为［44］。

（三）同音字汇

说明：本字汇以收录彭阳城阳乡移民至月牙湖乡的方言单字音为主，大多为常用字。字汇根据彭阳方言（城阳乡）的韵母、声母、声调次序排列，写不出本字的音节用"□"表示，释义、举例在字后用"（ ）"表示，例子中用"～"代替，又读、文白异读等一字多音现象在字的右下角用数字表示，一般用"1"表示最常用的或最口语化的读音，"2"次之，以此类推。

ɿ

ts　　［213］低支枝肢只（～有）资姿咨脂之芝［52］底抵紫纸旨指子梓滓止趾址志（～气）痣［44］姊自至字痔志（方～）弟

tsʰ　　［213］差（参～）兹滋踢剔［13］雌瓷（～器）糙（～粑）迟慈磁（～石）辞词祠［52］此次齿［44］剃刺疵（吹毛求～）赐翅伺

s　　［213］斯厮撕施氏私师狮尸司丝思诗［13］匙（汤～；钥～）时［52］死矢屎使史始［44］是四肆示视嗜似祀（祭～）巳寺嗣饲士仕柿事试市侍驶

ɿ

tʂ　　[213] 知蜘汁侄秩质织职殖植掷只炙 [13] 执直值 [44] 滞
　　　（停~）制（~度）制（~造）智致雉（~鸡）稚（幼~）置治

tʂʰ　　[213] 痴赤尺吃 [13] 池驰持 [52] 侈（奢~）耻斥

ʂ　　[213] 湿失室识式饰适释 [13] 十什（~锦）拾（~起来）实食
　　蚀石 [44] 世势誓逝

ʐ̩　　[213] 日

i

p　　[213] 蓖（~麻）陛（~下）碑卑臂笔毕必弼逼碧壁璧屄 [13]
　　鼻 [52] 彼比（~较）秕（~子；~谷）[44] 蔽敝弊币毙闭箅
　　（~子）鎞（~刀布）被（~子）被（~打）篦（~梳）

pʰ　　[213] 劈批 [13] 皮疲脾琵（~琶）枇蚍（~蜉蚂：蚂蚁）[52]
　　鄙庀丕匹（一~布）劈僻辟 [44] 譬（~喻）避痹屁备

m　　[213] 密蜜觅 [13] 迷谜縻（~子）篾（竹~子）弥麋泌眉楣倪
　　[52] 米秘乜皿 [44] 媚腻

t　　[213] 的（目~）嫡 [13] 笛敌狄 [44] 帝第₂递

tʰ　　[213] 堤梯 [13] 题提蹄啼 [52] 体 [44] 替涕（鼻~）屉
　　（抽~）弟₁（徒~）

l　　[213] 立笠粒力历（~头：历书）历（经~）[13] 离（~别）
　　篱璃（玻~）荔（~枝）梨厘狸（~猫）吏犁黎 [52] 李里
　　（~头）里（公~）理鲤礼 [44] 例厉励离（~核子）利痢丽
　　（美~）隶栗

tɕ　　[213] 饥（~饿）肌几（茶~）鸡稽基杞机讥饥（~荒）给
　　（供~）即鲫击激戟积迹脊绩寂 [13] 集辑（编~）急级及疾吉
　　极籍藉（狼~）箕（簸~）囗（胡~：土块）[52] 挤几（~乎）
　　几（~个）[44] 祭际寄技妓地冀济剂（一~药；麦~子）计继系
　　（~鞋带）髻己纪（~律，世~）记忌既季

tɕʰ　　[213] 妻欺岂缉（~鞋口）七漆膝乞 [13] 畦（菜~）奇骑岐祁
　　鳍齐脐其棋期（时~）旗祈 [52] 企砌启起戚 [44] 去（来~）
　　器弃契（~约）气汽讫

ɕ　　[213] 玺徙牺西栖犀奚兮熙希泣吸悉息熄媳惜昔夕锡析 [13] 溪
　　稀习袭席 [52] 洗喜 [44] 戏细系（联~）嬉

ȵ　　　［213］逆（~风）溺（~死）［13］尼泥疑拟［52］你［44］匿

ø　　　［213］伊医衣依㧑（作~）乙一逸忆亿抑翼益亦译疫役［13］宜
　　　仪移夷姨肄（~业）遗沂（~蒙山）毅［52］蚁倚椅已以尾
　　　［44］艺谊义议易（难~）易（交~）缢（自~）臀（~子）意异
　　　胰（~子：香皂）

u

p　　　［213］卜［13］不［52］补堡瀑（~布）［44］布（花~）布
　　　（分~）怖（恐~）

pʰ　　　［13］铺（~设）蒲菩（~萨）仆（倒）仆［52］谱普浦脯
　　　（杏~）朴扑［44］铺（店~）部簿步捕

m　　　［213］目木［13］谋［52］亩牡母拇［44］暮慕墓募某幕穆牧

f　　　［213］夫肤跗（脚面）麸（麦~子）福幅蝠（蝙~）复腹覆
　　　（~盖）复（反~）复（~原）［13］敷俘（~虏）符扶芙（~蓉）
　　　浮服伏栿（梁）［52］府腑俯甫斧付赋孵（~小鸡）抚赴釜腐辅
　　　附否［44］傅讣父富副妇负阜复（~兴）

v　　　［213］乌污屋沃［13］无巫吴蜈（~蚣）吾梧（~桐）［52］诬
　　　武舞侮鹉（鹦~）五伍午［44］务雾误悟恶（恨，可~）戊

t　　　［213］都（首~）笃督［13］毒独读牍犊［52］堵赌肚（牛~）
　　　妒（~忌）［44］杜肚（腹部）度渡镀

tʰ　　　［213］突秃［13］徒屠途涂图［52］土吐（~痰）吐（呕~）
　　　［44］兔

n　　　［13］奴［52］努［44］怒

l　　　［213］房陆鹿禄录［13］庐炉芦（~草）卤庐（茅~；~山）楼
　　　娄［52］鲁橹搂（~取）［44］路赂露鹭（白~）漏陋

ts　　　［13］卒（兵~）

tsʰ　　　［213］猝（仓~）

s　　　［213］粟［44］肃₂（严~）

tʂ　　　［213］诛蛛株朱珠猪诸筑祝粥烛嘱触［13］铸储（~蓄）竹逐轴
　　　［52］主煮［44］拄驻注柱住注蛀著（显~）箸（筷子）助

tʂʰ　　　［213］初锄出［13］厨雏除帚（扫~）［52］褚（姓）楚础
　　　（基~）处（相~）杵处（~所）鼠₁

ʂ　　　［213］枢输（~赢）输（运~）殊梳（~头）疏（~远）蔬书叔

淑束属［13］熟（煮~）赎［52］数（动词）舒暑黍庶恕署（专~）薯（白~）秫蜀鼠₂［44］数（名词）戍竖树术述

ẓ　［213］入褥［13］儒榆如［52］乳擩（~进去）汝辱

k　［213］姑孤箍骨（筋~；~头）谷（山~）谷（~子）牯（~辘）［52］古估（~计）股鼓［44］故固锢（禁~）雇顾

kʰ　［213］枯窟（~窿）哭［52］苦酷［44］库裤

x　［213］呼忽［13］胡湖狐壶乎葫（~芦）胡核（果子~）［52］虎浒［44］户沪互护瓠（~瓜）

y

l　［13］律率（速~）［52］履吕旅虑滤捋（~胡子）

tɕ　［213］租车（~马炮）拘驹矩（规~）瞿［13］居橘族菊掬（一捧）局足［52］祖组举阻［44］做₁（~饭）据锯（~子，~木头）巨拒距聚俱句具惧剧（~烈）剧（戏~）醋

tɕʰ　［213］区（~域）驱蛆（生~）屈曲（~折；歌~）促粗蛐（~蟮）［13］渠趋曲（酒~）［52］取娶［44］趣

ɕ　［213］苏酥墟（~市）虚嘘（吹~）须（胡~）须（必~）需婿戌恤速肃₁（甘~）宿畜（~牲）畜蓄（储~）俗［13］素徐［52］许［44］诉塑（~像）嗉（鸟~子）续絮序叙绪续

ø　［213］淤狱［13］鱼渔余（多~）余（姓~）愚虞娱迂于盂禹羽裕驴［52］语与（给~）雨［44］御（抵~）御（~花园）于（~此）誉（荣~）预豫遇寓吁宇芋逾愉愈（病~）喻慰域郁育玉欲浴

ər

ø　［13］儿尔而［52］耳饵（扔）［44］二贰

a

p　［213］巴芭疤八［13］爸拔［52］把（~守；~握；一~）［44］霸把（柄，刀~）坝（小~）罢

pʰ　［13］爬琶（琵~）杷（枇~）钯（~子）耙（犁~；~地）［44］怕帕

m　［213］抹（~布）［13］麻蟆（蛤~）妈［52］马码（~子）［44］骂

f　［213］法（~子）发（头~）发［13］乏伐筏罚

v　　　　［213］蛙哇挖袜［52］瓦踮（跑义）［44］瓦（动词）洼□（~□［vu³¹］：喉结）

t　　　　［213］答搭褡（~裢）［13］达大（父亲的面称）［52］打［44］大（~小）

tʰ　　　［213］塔榻塌踏搨（~本）沓（一~纸）獭（水~）［52］他

n　　　　［213］纳捺（撒~）［13］哪（~个）拿

l　　　　［213］腊蜡镴（锡~）拉辣

ts　　　［213］渣扎（用针~）札扎轧（被车~）［13］眨（~眼）炸（用油~）杂铡（~刀）咋（怎么）［44］诈榨（~油）炸（~弹）闸

tʂʰ　　［213］叉权（枝~）差（~别，~不多）插擦［13］茶搽楂（山~）茬查（调~）察［44］岔（三~路）

s　　　　［213］沙纱萨杀［52］洒厦（偏~）洒撒（~手）［44］啥

ʂ　　　　［52］傻

k　　　　［52］尬（尴~）

x　　　　［213］瞎哈（点头~腰）［44］下₁（底~）吓（恐~）吓₁（~一跳）

ia

tɕ　　　［213］家（~庭）加痂嘉家（~具）夹（~子）夹（~衣）甲胛（~膀）礓（~石）［13］佳［52］假（真~）贾（姓~）［44］假（放~）架驾嫁稼价

tɕʰ　　［213］掐［52］恰洽

ɕ　　　　［213］虾（鱼~）［13］霞瑕遐暇狭峡匣（风~：风箱）辖（管~）［44］夏（姓）厦（~门）下（~降）夏（春~）吓₂（~一跳）

ȵ　　　　［13］压［44］砑（~平）

ø　　　　［213］鸦丫（~头）鸭押［13］牙芽衙［52］雅哑亚

ua

tʂ　　　［213］抓［52］爪（~子）［44］鬃（~髻）

ʂ　　　　［213］刷［52］耍

k　　　　［213］瓜₁瓜₂（~子：傻子）刮［52］寡剐［44］蜗挂卦

kʰ　　　［13］夸［52］侉（~子：外地人的贬称）垮［44］跨

x　　　［213］花［13］华（中~）铧滑猾（狡~）［44］化划（~船）华（~山、姓）桦(~树)画（名词；动词）话划（计~）

ə

n　　　［52］鄂

tʂ　　　［213］遮者褶（皱纹）折（~断）浙［13］折（~迭）蛰（惊~）哲蜇（蝎子~人）辙［44］蔗

tʂʰ　　　［213］车（马~）彻［52］扯撤

ʂ　　　［213］奢赊摄涉设［13］蛇佘（姓）舌折（弄~了）［52］舍［44］射麝（~香）赦舍社射

ʐ　　　［213］热［52］惹

k　　　［213］歌鸽各阁［13］胳（~臂）隔角（牛~）

kʰ　　　［213］渴刻（时~）刻（用刀~）客［13］咳（~嗽）壳(~子)［52］可

ø　　　［13］扼

iə

p　　　［213］鳖憋□（跳义）［13］别（区~）别（离~）

pʰ　　　［52］撇（~捺；~开）

m　　　［213］灭［52］篾（竹~）

t　　　［213］爹跌迭碟牒蝶谍滴

tʰ　　　［213］帖（碑~；请~）贴铁

l　　　［213］猎列烈裂

tɕ　　　［213］接捷揭节［13］皆阶秸（麦~）杰截结洁羯（~羊：骟过的公羊）［52］姐［44］借藉（借故）介界芥疥届戒械

tɕʰ　　　［213］切（~开）［13］茄（~子）□（往肩上扛）［52］且妾［44］裤

ɕ　　　［213］些胁薛歇挟（要~）蝎楔（~子）［13］邪斜谐携协屑（木~）血穴［52］写［44］泻卸谢懈解（姓）蟹泄

ȵ　　　［213］聂（姓）镊（~子）蹑（~脚走）业孽捏

ø　　　［213］叶页噎（~住了）［13］耶爷［52］也（~是）野［44］夜液腋

uə

p　　　［213］玻（~璃）钵拨钹剥驳［13］菠（~菜）薄（~荷）勃悖

（面~）博泊（梁山~）薄泊（停~）帛［52］跛（~子）簸（~一~）簸（~箕）

pʰ　　　［213］颇坡泼［13］波婆［44］破

m　　　［213］末沫寞［13］魔磨（~刀）摩馍模（~子）模（~范）摹（~仿）没（沉~；~有）莫膜［44］磨（石~）［52］抹摸

f　　　［213］缚［13］佛（仿~）佛（~像）

v　　　［213］倭（~瓜）蹂（~了脚）窝握恶（善~）［13］鹅俄阿（~胶；~哥）讹物勿［52］我［44］饿卧

t　　　［213］多掇（拾~）掇（掂~）［13］夺铎踱［52］朵躲［44］驮（~子）刴惰跺（~脚）垛（柴楽）

tʰ　　　［213］拖舵脱托（~付）［13］驼驮［52］妥椭（~圆）托（~着）［44］唾（~液）

n　　　［213］诺

l　　　［213］裸（~体）落烙骆酪洛络乐［13］挪罗锣箩蛾骡螺（~蛳）啰（~嗦）［44］糯（~米）摞（~起来）

ts　　　［213］作（工~）［13］凿昨［52］左佐撮（一~米）［44］坐座

tsʰ　　　［213］搓锉［13］矬（矮）［44］措（~置）错（~误）错（~杂）

s　　　［213］蓑梭（~子）唆（啰~）索（绳~）朔缩［52］锁琐（~碎）

tʂ　　　［213］拙桌捉［13］着（穿~打扮）着（睡~）酌卓琢啄涿（~鹿）浊镯（~子）

tʂʰ　　　［213］绰（宽~）焯（把菜放在开水里~~）戳

ʂ　　　［213］说（~话）［13］勺（~子）芍（~药花）［52］所

ʐ　　　［213］若弱

k　　　［213］哥锅聒（~耳朵）割葛搁郭［13］戈［52］果裹馃（~子）［44］个（~人）过

kʰ　　　［213］科磕括（包~）阔廓扩（~充）［52］棵颗（一~珠）［44］课

x　　　［213］喝（~酒）喝（~彩）豁（~然）霍藿（~香）劐（用刀~开）鹤［13］荷（薄~）河何荷（~花）和（~气）禾合盒活［52］火伙［44］贺货祸和（~面）

yə

l [213] 劣略掠

tɕ [213] 脚觉（知~）角（墙~~子，一~钱）饺（煮~子：饺子）
[13] 劫厥掘橛(~子) 决诀掘倔（~强）嚼镢（~头）爵 [52]
懕（脾气~）

tɕʰ [213] 怯（畏~）缺却确 [13] 瘸（~腿）绝

ɕ [213] 靴雪削 [13] 学

ȵ [13] 虐疟（~疾）

ø [213] 悦阅月越曰粤约药钥（~匙）岳（五~）岳（~父）乐
（音~）

ɛ

p [52] 摆 [44] 拜稗

pʰ [13] 排牌排（竹~）[52] 魄 [44] 派败

m [13] 埋 [52] 买卖 [44] 迈

v [213] 歪 [44] 外

t [213] 呆 [44] 戴胎贷待怠殆代袋带大（~夫）

tʰ [213] 奋（~子）特 [13] 台苔（青~；舌~）抬 [44] 态太泰

n [213] 挨（~住）哀埃（尘~）[13] 涯（天~）崖（山~）捱
（~打）额 [52] 乃蔼（和~）奶矮隘碍 [44] 耐艾爱奈

l [13] 来 [44] 赖癞

ts [213] 灾栽斋 [13] 泽择（~菜）宅责 [52] 宰载（一年一~）
载（~重）载（满~）[44] 再债寨在

tsʰ [213] 猜钗差（出~）[13] 豺柴材财裁才（刚~）才（~华）
则（原~）[52] 彩采睬 [44] 菜蔡

s [213] 腮鳃 [52] 筛（~子）[44] 晒赛

k [213] 街该耕 [13] 革 [52] 解（~开）改 [44] 丐（乞~）概
溉盖

kʰ [213] 开 [52] 楷凯慨（慷~）

x [13] 蛤（虾蟆）骇（惊~）鞋孩核（审~）[52] 海 [44] 害亥

uɛ

tʂʰ [213] 揣（~着）

ʂ [213] 衰 [52] 摔 [44] 帅率（~领）蟀

k	［213］乖　［52］拐　［44］怪
kʰ	［52］块（一~）会（~计）块（土~）［44］快筷
x	［213］或（~者）惑　［13］怀槐淮获　［44］坏

ɔ

p	［213］包胞　［13］铇　［52］褒（~奖）保宝饱　［44］报抱暴菢（~鸡娃子）豹爆鲍（姓；~鱼）曝
pʰ	［213］抛　［13］袍刨（动词）狍　［52］跑　［44］泡炮（枪~）泡（~在水里）雹
m	［13］毛茅猫锚猫矛　［52］卯　［44］冒帽貌茂贸
t	［213］刀叨（唠~）［52］祷岛倒（打~）盗导　［44］到倒（~水）道
tʰ	［213］搯掏（~出来）［13］桃逃淘（~汰）陶萄涛　［52］讨稻　［44］套
n	［13］熬熝（~白菜）饶挠　［52］脑恼袄　［44］傲鳌（烙饼用具）懊（~恼）奥懊（~悔）闹坳（山~）
l	［13］劳捞（~钱；打~）牢唠（~叨）［52］老　［44］涝（旱~）
ts	［213］遭糟　［13］蚤　［52］早枣澡找　［44］灶皂造（建~）罩笊（~篱）
tsʰ	［213］操（~作）抄（~写）钞（~票）［13］曹槽巢剿［52］草騲（~狗：母狗）炒吵　［44］躁糙（粗~）
s	［213］骚臊（~气）梢（树~）捎（~带）［52］扫（~地）嫂稍潲（雨~进来）［44］扫（~帚）
tʂ	［213］朝（今~）昭招沼（~气）［44］赵兆召照诏
tʂʰ	［213］超□（~子：傻子）［13］朝（~代）潮
ʂ	［213］烧　［13］韶（~关）［52］少（多~）［44］少（~年）绍邵
ʐ	［13］饶　［52］扰绕（围~）绕（~线）
k	［213］高羔　［52］膏篙（进船竿）糕稿搞　［44］告膏（~油）
kʰ	［52］考烤犒　［44］靠
x	［213］蒿（~子面）薅（~草：除草）［13］豪壕毫嚎［52］好（~坏）［44］好（喜~）耗浩号（~数）郝（姓）

iɔ

p	[213] 膘（长~）标彪 [52] 表（~示）表（手~）
pʰ	[213] 飘 [13] 瓢嫖（~赌）鳔 [52] 漂（~白液）[44] 票（车~）漂（~亮）
m	[13] 苗描矛（~子）[52] 藐渺秒杳（~无音信）[44] 庙妙
t	[213] 刁貂雕 [44] 钓吊掉调（音~）调（~动）
tʰ	[13] 条调（~和）蔫（灰~菜）笤（~帚）[52] 挑 [44] 跳祟
l	[13] 燎疗聊辽撩瞭 [52] 燎（火~眉毛）寥了（~结）廖（姓）[44] 料尥（马~厥子）
tɕ	[213] 交郊胶教（~书）焦蕉（芭~）椒浇缴（上~）[52] 绞狡铰搅较醮（打~）骄娇矫（~诈）侥（~幸）[44] 教（~育）窖觉（睡~）轿叫
tɕʰ	[213] 敲悄（静~~）雀（麻~）鹊（喜~）[13] 樵瞧乔侨桥荞 [52] 巧俏 [44] 锹窍
ɕ	[213] 消宵霄硝销枵嚣萧箫 [13] 淆 [52] 小晓 [44] 校（~对）酵孝效校（学~）校（上~）笑鞘（刀~）
ȵ	[52] 咬鸟痒 [44] 尿
∅	[213] 妖邀腰要（~求）幺（~二三）吆喝 [13] 肴摇谣窑姚尧 [52] 舀（~水）[44] 勒（袜~子）要（重~）耀鹞（~子）跃

ei

p	[213] 悲百柏北 [13] 伯白 [44] 背（~诵）背（脊~）焙（~干）辈贝
pʰ	[213] 披杯坯（土~）拍 [13] 培陪赔裴 [52] 醅胚（~胎）沛迫 [44] 倍佩配
m	[213] 陌（~生）墨默麦脉 [13] 梅枚媒煤霉 [52] 每美 [44] 妹昧寐
f	[213] 非飞妃 [13] 肥 [52] 腓翡（~翠）[44] 废肺费（~用）
v	[213] 威微危萎（气~）[13] 违围苇（芦~）纬猬维惟唯为（作~）[52] 畏伟伪委 [44] 卫未味魏胃谓位喂为（~啥）外（~爷：外祖父）
t	[213] 得德
n	[44] 那

l　　　　[213] 肋勒（~索；~脖子）

ts　　　[213] 窄摘 [13] 贼

tsʰ　　[213] 拆（开）侧测策册 [13] 厕（~所）

s　　　　[213] 涩瑟虱塞（阻~）色啬（吝~）[13] 谁

k　　　　[13] 格

kʰ　　[213] 克

x　　　　[213] 黑赫

uei

t　　　　[213] 堆 [44] 对兑

tʰ　　[213] 推 [52] 腿 [44] 退队蜕褪

l　　　　[13] 雷 [52] 屡儡（傀~）累（~赘）垒类 [44] 内累（乏）累（连~）泪

ts　　　[52] 嘴 [44] 罪最醉

tsʰ　　[213] 催崔 [44] 脆翠粹（纯~）

s　　　　[213] 虽绥 [13] 遂隧（~道）随 [52] 髓 [44] 碎（小）碎（破~）岁穗

tʂ　　　[213] 追锥 [52] 拽（拖）[44] 拽缀（点~）赘坠

tʂʰ　[213] 吹炊 [13] 槌锤垂

ʂ　　　　[52] 水 [44] 税睡

ʐ　　　　[52] 蕊 [44] 芮（姓）锐瑞

k　　　　[213] 归龟轨规 [13] 国 [52] 鬼癸诡 [44] 溃（~脓）刽闺桂贵

kʰ　　[213] 盔傀（~儡）亏窥 [13] 魁奎逵葵 [52] 桧（乔木名；秦~）愧 [44] 柜跪

x　　　　[213] 恢灰挥辉徽麾 [13] 回茴 [52] 悔毁 [44] 贿晦汇会（~议）会（~不~）绘秽惠慧讳汇

əu

pʰ　　[213] 剖

t　　　　[213] 都（~是）兜 [52] 斗抖陡斗 [44] 豆逗

tʰ　　[213] 偷 [13] 头投 [44] 透

n　　　　[213] 欧 [13] 奴 [52] 努藕偶（配~）偶（~然）呕（~吐）殴沤（~肥）怄（~气）[44] 怒

ts 　　［213］邹绉　［52］走　［44］奏皱骤

ts^h 　［213］搊（~起来）［13］愁　［52］瞅　［44］凑

s 　　［213］搜飕馊（饭~了）搜（~集）［52］叟　［44］嗽（咳~）瘦漱（~口）

tʂ 　　［213］周舟州洲　［52］肘　［44］昼纣（桀~）宙咒

tʂ^h 　［213］抽　［13］仇酬绸稠筹　［52］丑（难看）丑（子~寅卯）［44］臭（香~）

ʂ 　　［213］收　［52］守手首　［44］兽受寿授售

ʐ 　　［13］柔揉　［44］肉

k 　　［213］勾钩沟苟勾（~当）［52］狗　［44］够构购垢（水~）

k^h 　［213］抠眍（眼~）［52］口　［44］叩（~头）扣（~住）寇

x 　　［13］侯喉猴瘊（~子）［52］吼　［44］后（~头）后（皇~）厚候

iəu

t 　　［213］丢

l 　　［213］六绿　［13］流刘留榴（石~）硫（~磺）琉（~璃）馏　［52］柳　［44］溜

tɕ 　　［213］揪（一把~住）鸠阄（拈~）纠（~缠）咎枢纠　［52］酒九久韭灸（针~）臼　［44］就救究舅

tɕ^h 　［213］秋（~天）秋（~千）丘　［13］求球仇（姓）囚尿　［44］旧

ɕ 　　［213］修羞休宿（星~）［52］朽嗅　［44］秀绣锈（铁~）袖

ȵ 　　［13］牛　［52］纽扭　［44］谬

ø 　　［213］忧优幽　［13］尤邮由油游犹悠（~闲）蚰（~蜒）［52］有酉　［44］友又右佑诱柚鼬（黄~）釉幼

an

p 　　［213］班斑颁扳般搬　［52］板版　［44］扮瓣办半绊伴拌

p^h 　［213］攀潘　［13］盘　［44］盼判叛

m 　　［13］蛮瞒馒（~头）［52］满　［44］慢漫幔蔓（瓜~子）

f 　　［213］帆藩翻番（几~）藩　［13］凡烦矾繁　［52］反　［44］泛范（模~）范（姓）犯贩饭

v 　　［213］豌（~豆）剜弯湾　［13］玩（古~；游~）完丸（肉~）

顽（～皮）［52］皖（安徽）碗晚挽宛［44］腕万

t	［213］担（～任）担（挑～）耽丹单（～独）［52］胆掸（鸡毛～子）［44］淡旦诞但弹（子～）蛋
tʰ	［213］坍（～下来）贪滩摊［13］痰潭谭檀坛弹（～琴）［52］毯坦［44］谈探（试～）炭叹
n	［213］庵安鞍［13］南男难（～易）［44］揞（～住）暗难（苦～）岸按案
l	［13］蓝篮兰拦栏［52］览揽榄（橄～）缆褛懒缆（～车）［44］滥烂
ts	［213］簪绽（破～）［52］斩盏［44］暂錾（～花）站（立）站（车～）蘸（～酱油）赞溅（溅）栈
tsʰ	［213］参搀参（～差）岑餐掺（～水：兑水）［13］惭谗馋蚕残［52］惨灿铲产
s	［213］三杉衫钐（大镰）珊山［52］散（鞋带～了）伞删［44］散（分～）
tʂ	［213］沾粘（～贴）瞻占（～卜）毡［52］展［44］占战颤
tʂʰ	［13］蟾（～蜍）缠禅（～宗）
ʂ	［213］膻搧单（姓）［13］蝉［52］陕（～西）闪膳［44］疝（～气）扇善禅（～让）骟（～羊）蟮（蛐～）
ʐ	［13］黏（～米）然燃［52］染冉
k	［213］甘柑尴（～尬）干肝竿（竹～）干（～净）［52］感敢橄（～榄）杆秆（稻～）擀（～面）赶［44］干
kʰ	［213］看（～守）［52］堪坎砍勘（～误；～探）刊［44］看（～见）
x	［213］憨酣鼾（睡时～声）［13］含函咸寒韩还（～有）［52］撼憾喊罕［44］汉旱汗焊（～铁壶）翰

ian

p	［213］鞭编边蝙［52］贬扁匾煸（干～）搧（～袖子：挽袖子）［44］变辨辩汴便（方～）遍（一～）遍（～地）辫
pʰ	［213］偏［13］便（～宜）［52］篇片［44］骗（欺～）
m	［13］鲇（～鱼）绵棉眠［52］免勉娩（分～）［44］缅面（～粉）面（～部）

t	［213］掂（~掇）颠 ［52］点典 ［44］店电殿奠佃垫（~钱）
tʰ	［213］添天腆 ［13］甜田填 ［52］舔
l	［13］廉镰帘连联怜莲 ［52］敛殓脸 ［44］练炼裢（褡~）
tɕ	［213］监（~察）鉴尖奸（~灭）兼搛（~菜：用筷子夹）艰间（中~）奸涧铜（车~）煎肩坚 ［52］减碱检俭剑简柬拣间(~断)谏剪茧跘 ［44］舰渐箭溅（~一身水）践贱钱（~行）件犍（~子）建键健腱荐见
tɕʰ	［213］鸧（啄，~米）签（抽~）签（~字）谦迁遣笺千牵铅 ［13］潜钳钱乾（~坤）虔前 ［52］浅 ［44］嵌欠歉
ɕ	［213］枚（木~）仙鲜（新~）掀先 ［13］咸衔嫌闲涎贤玄 ［52］险鲜（~少）癣羡显 ［44］陷限线宪献现县
ȵ	［213］拈（~轻怕重）蔫（食物不新鲜）蔫（花萎）［13］年 ［52］眼辇捻（以指~碎）撵碾₁（~子：平整路面的工具）［44］念碾₂（~子：碾粮食的农具）
∅	［213］淹阉腌焉（心不在~）烟 ［13］岩盐阎檐（屋~）严俨（~然）颜延言研沿蜒（蚰~）［52］掩魇（~住了：梦魇了）演堰□（~：痣）［44］验厌炎艳焰酽（~茶）雁谚筵砚燕（姓）燕（~子）咽宴

uan

t	［213］端 ［52］短 ［44］断（掰~）锻（~炼）断（~绝）段缎
tʰ	［13］团（一~）团（饭~）
l	［13］鸾 ［52］暖卵 ［44］乱恋
ts	［213］钻（动词）［52］攥（积~）［44］纂（编~）钻（木工用具）□（门~：门轴）
tsʰ	［213］汆（生~面）［44］篡
s	［213］酸 ［44］算蒜
tʂ	［52］转（~眼，~送）［44］赚转（~动）篆撰
tʂʰ	［213］专砖川穿 ［13］传（~达）椽 ［52］喘 ［44］窜传（~记）串
ʂ	［213］篅（盛谷具，~子）拴 ［13］船 ［44］闩涮（~洗）
ʐ	［52］软阮
k	［213］官棺观（参~）冠（衣~）关 ［52］管馆 ［44］贯灌罐观

（道~）冠（~军）惯

k^h	[213] 宽 [52] 款
x	[213] 欢 [13] 桓还（~原）环 [52] 缓 [44] 唤焕换幻患宦

yan

tɕ	[52] 卷（~起）绢 [44] 眷卷圈（羊~）倦券
tɕ^h	[213] 圈（圆~）[13] 全泉拳权颧（~骨）[52] 捐犬 [44] 劝
ɕ	[213] 宣轩喧 [13] 旋（~转）弦悬 [52] 选 [44] 馅旋（~吃~做）楦（鞋~子）眩
Ø	[213] 冤渊 [13] 圆员缘元原源袁辕园援（~救）[52] 远 [44] 院愿怨

aŋ

p	[213] 帮谤邦 [52] 榜绑 [44] 傍棒蚌浜（沙家~）
p^h	[13] 滂（~沱大雨）旁螃（~蟹）庞 [44] 胖
m	[52] 莽蟒 [13] 忙芒茫盲虻（牛~）
f	[213] 方 [13] 肪（脂~）妨（~害）房防 [52] 仿（~效）芳纺仿（相似）仿（~佛）访 [44] 放
v	[213] 汪（一~水）[13] 亡芒（麦~儿）王 [52] 网辋（车~子）枉往 [44] 忘妄望旺（火~）
t	[213] 当（~时）铛（铃~）[52] 党挡 [44] 当（当~）荡（放~）宕（延~）
t^h	[213] 汤 [13] 堂棠螳（~螂）唐糖塘 [52] 倘（~使）躺 [44] 烫趟（一~）
n	[213] 肮（~脏）[13] 囊昂 [52] 攮（用刀子~）[44] 齉（~鼻子）
l	[13] 郎廊狼螂 [44] 朗浪囗（玩，~门子：串门）
ts	[213] 赃脏（不干净）[44] 葬藏₃（西~）脏
ts^h	[213] 仓苍藏₂
s	[213] 桑丧（婚~）[52] 嗓搡 [44] 丧（~失）
tʂ	[213] 张章樟 [52] 长（生~）涨掌 [44] 帐账胀丈仗杖障（保~）瘴（~气）
tʂ^h	[213] 娼昌猖 [13] 长（~短）肠场常 [52] 畅厂倡（提~）[44] 唱怅（惆~）

ʂ　　[213] 商伤 [13] 尝裳（衣~）[52] 赏晌（~午）偿 [44] 上（~山）尚上（~面）

ʐ̩　　[213] 攘 [13] 瓤（瓜~）穰（麦~）[52] 壤（土~）嚷酿 [44] 让

k　　[213] 冈岗刚₁ 纲钢缸 [44] 杠港（~口）

kʰ　　[213] 康糠慷（~慨）腔 [13] 扛 [44] 抗炕

x　　[13] 行（~列）航杭 [52] 夯（打~）[44] 项₁巷₁

iaŋ

l　　[13] 良凉量（~长短）粮梁粱 [52] 两（~个）两（几~几钱）辆 [44] 亮谅量（数~）

tɕ　　[213] 疆僵姜缰（~绳）姜江豇（~豆）将（~来）刚₁（~~）[52] 讲蒋奖桨 [44] 匠降（下~）虹（彩虹）酱将（大~）

tɕʰ　　[213] 羌枪 [13] 藏₁（~起来）墙强 [52] 抢 [44] 强（倔~）

ɕ　　[213] 相（互~）箱厢湘襄镶香乡 [13] 详祥降（投~）[52] 想饷享响 [44] 相（~貌）象像橡（~树）向项₂巷₂

ŋ　　[13] 娘

ø　　[213] 央秧殃 [13] 羊洋烊（融化）杨阳扬疡（溃~）[52] 仰养 [44] 样

uaŋ

tʂ　　[213] 庄装桩 [44] 壮状

tsʰ　　[213] 疮窗 [13] 床 [52] 闯创 [44] 撞

ʂ　　[213] 霜孀双（一~）双（~胞胎）[52] 爽

k　　[213] 光 [52] 广 [44] 桄（一~线）逛

kʰ　　[213] 匡筐眶（眼~）[13] 狂 [44] 旷况矿

x　　[213] 荒慌 [13] 黄簧（锁~）皇蝗 [52] 谎 [44] 晃（~眼）

əŋ

p　　[213] 奔崩 [52] 本奔（投~）[44] 笨迸（~裂）

pʰ　　[213] 喷（~水）烹 [13] 盆彭膨（~胀）棚篷蓬 [52] 捧 [44] 喷（~香）

m　　[13] 门萌盟蒙 [52] 猛 [44] 闷孟梦懵（~懂）

f　　[213] 分（~开）芬纷风枫疯丰封峰蜂锋 [13] 焚坟冯逢缝（~衣服）[52] 粉 [44] 粪奋愤忿份（一~两~）讽凤奉俸缝

（一条~）

v　　　[213] 温瘟翁 [13] 文纹蚊闻 [52] 稳 [44] 吻刎问瓮

t　　　[213] 登灯 [52] 等 [44] 凳镫（鞍~）邓澄瞪（~眼）

t^h　　[213] 吞 [13] 腾誊藤疼

n　　　[213] 恩 [13] 能

l　　　[13] 楞 [52] 冷

ts　　　[213] 曾（姓）增争筝睁 [13] 憎 [44] 赠铛（~亮）

ts^h　[213] 撑掌（椅子~儿）[13] 曾（~经）层 [44] 衬蹭

s　　　[213] 森参（人~）僧生牲笙甥 [52] 省（~长）省（节~）
　　　[44] 渗（水~透）

tʂ　　　[213] 针斟珍榛臻真诊疹征（~求）蒸贞侦正（~月）征 [52]
　　　枕（名词）枕（动词）振拯（~救）整 [44] 镇阵震证症郑正政

tʂ^h　[213] 称（~呼）[13] 沉陈尘辰晨臣澄惩橙乘承丞澄橙（~子）
　　　呈程成城诚盛（~满了）[52] 称（相~）逞（~能）[44] 趁秤
　　　（一杆~）

ʂ　　　[213] 深身申伸娠升声 [13] 神绳 [52] 沈审婶 [44] 甚肾慎
　　　剩胜（~任）胜（~败）圣盛（兴~）

ʐ　　　[13] 壬任（姓）人仁仍 [44] 任（责~）纫（缝~）刃认
　　　[52] 忍韧扔

k　　　[213] 跟根更（~换；五~）庚羹 [52] 埂（田~）梗（茎）耿
　　　[44] 哽（骨~在喉）更（~加）□（~不着：够不着）

k^h　[213] 坑 [52] 恳垦肯

x　　　[213] 亨□（~□ [xəu³¹]：猫头鹰）[13] 痕恒衡 [52] 很
　　　[44] 恨

iŋ

p　　　[213] 槟（~榔）彬宾冰兵 [52] 禀丙秉柄饼 [44] 殡鬓病并并
　　　（合~）

p^h　[13] 贫频（~繁）凭平坪评瓶屏（围~）萍 [52] 品 [44] 拼
　　　（~命，~音）姘（~头）拼聘

m　　　[13] 民鸣明铭名 [52] 闽（~宁镇）悯敏抿 [44] 命

t　　　[213] 丁钉（铁~）疔 [52] 顶鼎 [44] 钉（~住）订（~约）
　　　锭定

tʰ　　　[213] 听（～见）厅 [13] 亭廷庭蜓（蜻～）艇 [52] 挺
　　　　[44] 停

l　　　　[13] 林淋（～湿）临邻鳞磷陵凌菱灵零铃伶 [52] 檩（～子）
　　　　领岭 [44] 赁（租～）吝（～啬）令另

tɕ　　　[213] 今金禁（～不住）襟津斤筋巾茎京荆颈经（～纬）惊鲸精
　　　　晶睛（眼～）经 [52] 锦紧仅谨景警井 [44] 禁（～止）进晋尽
　　　　劲（有～）近静靖净劲（～敌）境敬竞镜竞径

tɕʰ　　　[213] 钦亲轻（～重）卿清青蜻（～蜓）[13] 琴禽擒秦勤芹情
　　　　晴□（凝固，～住了）[52] 侵寝倾顷请 [44] 浸亲（～家）庆

ɕ　　　　[213] 心辛新薪殷兴（～旺）馨星腥 [13] 寻行（～为）行
　　　　（品～）形型刑 [52] 省（反～）醒 [44] 信衅欣兴（高～）杏
　　　　幸性姓

ȵ　　　[13] 凝宁（安～）[44] 硬宁（～可）

ø　　　[213] 音阴荫（屋子很～）因姻洇应（～当；～用）鹰莺鹦
　　　　（～鹉）樱（～桃）婴缨英 [13] 吟淫银寅蝇盈赢营茔萤迎 [52]
　　　　饮（～酒）饮（～料）引隐尹影 [44] 窨（地～子）饮（～马）
　　　　印应（～付）颖映

uŋ

t　　　　[213] 敦（～厚）墩蹲冬东 [52] 董懂 [44] 顿饨（馄～）盾
　　　　（矛～）冻栋动洞

tʰ　　　[213] 通捅 [13] 屯豚臀同铜桐童瞳 [52] 统桶筒 [44] 囤钝
　　　　遁痛

l　　　　[13] 农脓隆笼聋浓龙 [52] 拢陇垄 [44] 弄

ts　　　[213] 尊遵宗综（～合）棕鬃（马～）踪 [52] 总 [44] 粽纵
　　　　（～横）纵（放～）

tsʰ　　　[213] 村皱（脸～）聪匆葱囱（烟～）[13] 存丛从（～容）从
　　　　（跟～）[44] 寸

s　　　　[213] 孙松嵩松 [44] 送宋诵颂讼 [13] 怂（～恿）[52] 损榫
　　　　（～头）

tʂ　　　[213] 中（当～）忠终钟（～鼓）钟（姓）盅 [52] 准种（～类）
　　　　肿 [44] 肫（～肝）中（～奖）仲众重（轻～）种（～树）

tʂʰ　　　[213] 椿（香～）春充冲 [13] 纯醇（酒味～）虫崇重（～复）

[52] 蠢铳（放～）宠

ş　[13] 唇 [44] 顺舜

ʐ　[13] 戎绒茸（参～）[44] 润闰

k　[213] 公蚣（蜈～）工功攻（～击）弓躬宫恭 [52] 滚磙（～子）
拱（～手）[44] 棍贡汞供（～给）供（～养）共

kʰ　[213] 坤空（～虚）[52] 昆（～虫）昆（～仑）捆孔巩（～固）
恐 [44] 困控空（没～）

x　[213] 昏婚荤轰（～出去）轰（～动）[13] 魂馄（～饨）浑
（～浊）弘宏烘（～干）红洪鸿虹訇（阿～：教长）[52] 哄
（～骗）[44] 混（相～）横（～直）横（蛮～）哄（起～）

yŋ

l　[13] 仑伦沦轮 [44] 嫩论（议～）

tɕ　[213] 均钧窘君军迥（～然不同）[52] 菌 [44] 俊郡

tɕʰ　[13] 群裙琼穷穹

ɕ　[213] 熏勋需兄胸凶（吉～）凶（～恶）[13] 荀旬循巡殉熊雄
[52] 笋 [44] 讯逊迅训

ø　[213] 允痈涌 [13] 匀云（白～）云（不知所～）荣融容蓉
（芙～）镕 [52] 永泳咏雍拥勇 [44] 熨韵运晕孕庸用

柒　中卫市中宁县大战场镇固原方音

（一）概况

大战场镇地处中宁县城西南，东临石炭沟，西望米钵山，南接同心，北至清水河。1983 年作为移民吊庄开始建设，1987 年成立乡政府，2003 年长山头、马家梁、大战场三乡合并，设立大战场乡，2012 年 4 月撤乡设镇。2013 年被列为全区重点小城镇，2014 年被列为全国重点小城镇。大战场镇下辖 14 个行政村、1 个农场，总人口 11.2 万人。除宽口井生态移民区（含宁原、杞海两个村）为整体搬迁移民外，其余 12 个村全部为自发移民。大战场镇宽口井生态移民项目是自治区"十二五"生态移民项目之一，自 2012 年 9 月开始，该移民区陆续从海原县曹洼乡、九彩乡、树台乡搬迁过来的移民群众共计 1665 户 7250 人（其中杞海村

887 户 4349 人，宁原村 778 户 3496 人）。[①] 下文以固原原州区开城镇搬迁至大战场清河村移民方言为例，概括该移民方言音系。

（二）声韵调

1. 声母（24 个，含零声母）

p 八兵病	pʰ 派爬	m 麦明	f 飞副饭	v 温王
t 多毒	tʰ 讨甜	n 脑熬白恶安白		l 老蓝连路
ts 资字争纸	tsʰ 刺祠拆茶抄		s 丝三酸山	
tʂ 张柱装主	tʂʰ 初床车春船		ʂ 双顺手十树	ʐ 热软
tɕ 酒九	tɕʰ 清轻权	ȵ 年泥	ɕ 想谢响县	
k 高共	kʰ 开苦		x 好灰活	
ø 问一云药				

说明：

（1）浊擦音［v］摩擦成分弱，实际读音接近［ʋ］。

（2）声母［n］与［ȵ］音位互补，前者拼洪音，后者拼细音。

（3）舌尖后音［tʂ tʂʰ ʂ］拼合口呼韵母时实际读音接近舌叶音［ʧ ʧʰ ʃ］。

2. 韵母（33 个）

ɿ 师丝试	i 米戏急七一锡	u 苦五猪出骨谷	y 雨橘局
ʅ 十直尺			
ər 二耳			
a 茶塔法辣八	ia 牙鸭	ua 瓦刮	
ə 歌热壳	iə 写节贴接	uə 过坐活郭盒	yə 靴月药白学
ɛ 开排鞋		uɛ 快	
ɔ 宝饱	iɔ 笑桥		
ei 赔飞北白色		uei 对鬼国	
əu 豆走	iəu 油六绿		
æ̃ 南山半	iæ̃ 盐年	uæ̃ 短官	yæ̃ 权园
aŋ 糖王	iaŋ 响讲	uaŋ 床双	
əŋ 灯升参横根	iŋ 心新星硬病	uŋ 滚春寸东	yŋ 云兄用

---

① 中宁县志编纂委员会：《中宁县志（1986—2006）》，宁夏人民出版社 1995 年版。

说明：

（1）韵母［i］作单韵母时，实际读音为［j］。

（2）韵母［a］作单韵母时，发音部位靠后，实际读音为［A］。

（3）韵母［ə］拼舌根音声母时，发音部位靠后，实际读音接近［ɣ］。

（4）韵母［ɛ］实际读音为［E］。

（5）韵母［əu］主元音唇形略圆，实际读音接近［ou］。

（6）韵母［iəu］实际读音接近［iu］。

（7）鼻尾韵主元音略带鼻化色彩，韵母［iŋ］中鼻尾实际发音介于［n］和［ŋ］之间，记为［iŋ］。

3. 声调（3个）

调类	调值	例字
平声	13	东该灯风通开天春门龙牛油铜皮糖红毒白盒罚谷百搭节急哭拍塔切刻六麦叶月
上声	52	懂古鬼九统苦讨草买老五有
去声	44	动罪近后冻怪半四快寸路硬洞地饭树

说明：

（1）平声实际调值接近［132］。

（2）上声实际调值介于［52-53］之间，记为［52］

（3）去声调尾略升，实际调值接近［443］。

（三）同音字汇

说明：本字汇以收录移民至中卫市中宁县大战场镇的固原方言（开城镇）单字音为主，大多为常用字。字汇根据固原方言（开城镇）的韵母、声母、声调次序排列，写不出本字的音节用"□"表示，释义、举例在字后用"（ ）"表示，例子中用"～"代替，又读、文白异读等一字多音现象在字的右下角用数字表示，一般用"1"表示最常用的或最口语化的读音，"2"次之，以此类推。

ɿ

ts	[13] 支$_1$（～持）枝肢资姿咨兹滋辎淄（渣～）芝$_1$（～麻）[52] 紫籽（～牛：母牛）纸姊脂$_2$（胭～）旨$_2$（圣～）指$_2$子梓痔$_2$（～疮）止趾址痣 [44] 自至$_2$字置$_1$志$_1$
ts^h	[13] 雌差（参～）豉$_2$（～油）瓷（陶～）糍（～粑）迟$_1$慈磁（～铁）辞词祠持$_2$ [52] 此耻$_2$ [44] 刺疵（瑕～）赐翅$_2$（～膀）次
s	[13] 斯厮撕施$_2$匙$_2$（钥～）私尸$_2$司丝思饲诗始时$_1$侍 [52] 死屎$_2$ [44] 是$_2$氏四肆示$_2$视$_2$嗜伺似祀（祭～）巳（～时）寺嗣士仕柿俟事使$_1$史驶试$_1$市$_1$

ʅ

tʂ	[13] 知蜘（蜘～）支$_2$只（～有）芝$_2$（灵～）执汁栀（～子花）侄秩质直值织职殖植掷只炙 [52] 纸$_2$雉（吕～）脂$_1$旨$_1$指$_1$至痔志$_2$志痣$_2$ [44] 滞制智致稚置$_2$治之
tʂ^h	[13] 池驰侈奢侈匙$_1$（钥～）豉$_1$（豆～）迟$_2$痴持$_1$嗤饬赤斥尺吃 [52] 耻齿 [44] 翅$_2$
ʂ	[13] 施师狮时$_2$湿十什（～锦）拾（～起来）拾（十）实失室食蚀识式饰射适释石 [52] 豕矢屎使$_2$ [44] 世势誓逝舐（～犊情深）是氏示尸$_1$视$_2$嗜$_2$试$_2$市$_2$恃
ʐ	[13] 日

i

p	[13] 碑彼臂鼻笔毕必弼逼碧璧辟壁屄 [52] 算（～子）陛（～下）鐾（把刀一～下）俾婢被（～迫）鄙比（～较）秕（～谷）囗（气球～气了：瘪气）庇 [44] 蔽敝弊毙币萆（～麻）闭被（～子）痹（麻～）备篦（～子）
p^h	[13] 批裴$_2$彼$_2$披皮疲脾丕琵（～琶）枇（～杷）蚍（～蜉蚂：蚂蚁）匹（一～布）僻劈 [52] 避 [44] 譬（～如）屁
m	[13] 迷谜糜（～子）弥靡秘泌眉密蜜觅 [52] 米
t	[13] 低堤的（目～）滴嫡笛敌狄籴 [52] 底抵 [44] 帝弟第递地
t^h	[13] 梯题提蹄啼踢剔 [52] 体 [44] 替涕鼻涕剃屉（抽～）
n	[13] 泥

l　　　　[13] 犁黎离（~别）篱璃（玻~）荔（~枝）梨厘狸（~猫）立
　　　　笠粒栗力历（经~）历（日~）[52] 礼李里（~面）里（公~）
　　　　理鲤 [44] 例厉励丽隶离（分开，~核子）利痢吏

tɕ　　　[13] 鸡稽饥（~笑）讥（~荒）肌几（茶~）几（~乎）杞₂
　　　　（枸~）基机集辑（编~）缉（~拿）急级给（~水团）及疾吉即
　　　　鲫极戟屐（木~）积迹脊籍藉（狼~）绩寂击激 [52] 挤己几
　　　　（~个）[44] 祭际济荠剂（面~子）计继系（~鞋带）髻寄技妓
　　　　冀纪(~律) 记忌既季

tɕʰ　　　[13] 妻齐脐畦（一~菜）奇骑岐祈鳍欺杞₁ 其棋期（~末）旗岂
　　　　祈泣七漆讫乞戚矖（把水 ~ 一下）缉（~鞋口）[52] 启契
　　　　（房~）企起 [44] 砌器弃气汽

ŋ̥　　　[13] 倪尼疑拟匿逆（~向）溺（~爱）[52] 你佞 [44] 腻

ɕ　　　[13] 西栖犀溪奚兮牺嬉熙希稀习袭吸悉膝息熄媳惜昔席夕锡析
　　　　[52] 洗喜蟢（~虫子）[44] 细系（关~）系（联~）戏 [13]
　　　　玺徙

ø　　　　[13] 宜仪移伊夷姨肄（~业）饴（~糖）沂（~蒙山）衣依遗揖
　　　　（作~）乙一逸忆亿抑翼益亦译易（交~）疫役 [52] 倚椅矣已以
　　　　[44] 艺刈缢瞖（~子）蚁谊义议易（容~）医意异毅

u

p　　　　[13] 不卜 [52] 补捕 [44] 布（~匹）布（公~）怖（恐~）
　　　　步埠（蚌~：地名）

pʰ　　　[13] 铺（~床）蒲菩（~萨）脯（胸~）朴（~素）朴（~树）
　　　　扑醭（长~了）仆赴₁（前~后继）曝瀑（~布）堡（宁夏红寺~
　　　　区）[52] 谱普浦傅赴 [44] 铺（店~）部簿

m　　　　[13] 模（~具）谋幕木目穆牧 [52] 某₁（~人）亩牡（~丹）
　　　　母拇 [44] 暮慕墓募

f　　　　[13] 夫肤趺（~面子：脚背）敷俘（~虏）孵（~化）麸(~子)
　　　　符扶芙（~蓉）浮佛（仿~）佛（阿弥陀~）缚福幅蝠（蝙~）
　　　　复（~习）复（恢~）腹覆（颠~）服伏袱（~子）蜉（蚍~蟒）
　　　　[52] 府腑俯甫脯（果~）斧傅₂抚釜腐辅附否负阜 [44] 付赋
　　　　赴₂讣父富副妇复（~兴）

v　　　　[13] 物勿

t	[13] 都（首~）独读牍犊（牛~子）笃督毒［52］堵赌［44］肚（牛~）肚（~子）妒杜度渡镀
tʰ	[13] 徒屠途涂图突秃［52］土吐（~痰）吐（呕~）［44］兔
n	[13] 奴［52］努［44］怒
l	[13] 卢炉芦（~苇）鸬（~鹚）房卤（~水）庐（~山）鹿禄陆绿录［52］鲁橹［44］路赂露鹭（白~）璐碌（忙~）麓（贺兰山~）
tɕʰ	[13] 屈
ts	[13] 租卒（兵~）族足［52］祖组阻
tsʰ	[13] 粗猝（~死）促［44］醋
s	[13] 苏酥速肃宿粟俗［44］素诉塑（雕~）嗉（鸡~子）
tʂ	[13] 猪诸诛蛛株朱（~红色）朱（姓~）珠竹筑逐轴祝烛嘱［52］苎（~麻）煮主［44］著（~名）箸（~笼：筷子笼）助拄（~拐杖）驻注（~水）注（~释）柱住蛀铸
tʂʰ	[13] 除初锄厨雏出畜（~牲）触［52］褚（姓~）储（~蓄）楚础处（相~）杵（~子）处（~所）帚
ʂ	[13] 梳疏（~远）蔬书舒枢输（~赢）输（运~）殊术述秫叔熟（~悉）淑赎束蜀属［52］所（派出~）暑鼠黍署（~名）薯（红~）曙（~光）数（~钱）［44］庶恕数(~字)戍竖树
ʐ	[13] 如儒入辱褥［52］汝乳擩（~进去）
k	[13] 姑孤箍估（~计）骨（~头）谷（山~）谷（~子）轱（~辘）谷（姓~）［52］古股鼓［44］故固锢（禁~）雇顾
kʰ	[13] 枯窟（~窿）哭酷［52］苦［44］库裤
x	[13] 呼胡湖狐壶乎葫（~芦）胡忽核（果~）斛（石~）弧（~形）瑚（珊~）鹄（鸿~）煳（~了）蝴（~蝶）糊唬（吓~）惚（恍~）囫（~囵）［52］虎浒（水~传）琥（~珀）［44］户沪互护瓠（~瓜）
∅	[13] 吴蜈（~蚣）吾梧（~桐）乌污无巫诬屋［52］五伍午武舞侮鹉（鹦~）［44］误悟坞恶（可~）务雾戊
ȵ	[52] 女

y

l [13] 驴律率（效~）[52] 吕旅缕屡履 [44] 虑滤

tɕ [13] 居车（~马炮）拘驹橘菊局 [52] 举聚矩 [44] 据锯（~子）巨拒距俱句具惧剧（~烈）剧（戏~）

tɕʰ [13] 蛆（长~）渠趋区驱瞿曲（酒~）曲（歌~）[52] 去（~皮）取娶 [44] 趣

ɕ [13] 徐墟（废~）虚嘘（吹~）须（胡~）须（必~）需戌恤畜（~牧）蓄（储~）续 [52] 许 [44] 絮序叙绪续女（~婿）旭酗（~酒）

ø [13] 鱼渔淤（~泥）余（多~）余（姓~）愚虞娱吁（呼~）迂于盂（痰~）榆逾愉域郁育玉狱欲（~望）浴 [52] 语雨宇禹羽 [44] 御（~用）御（抵~）驭（驾~）於与（给~）誉预豫遇寓芋愈喻裕

ər

ø [13] 儿而 [52] 尔耳饵口（扔）[44] 二贰

a

p [13] 巴芭疤爸八拔 [52] 把（~握）[44] 霸把（刀~）坝（堤~）罢

pʰ [13] 爬琶（琵~）杷（枇~）笆（~子）耙（~地）[44] 怕帕

m [13] 麻痲蟆（蛤~）妈吗抹（~布）[52] 马码（号~）蚂（~蚁）玛（~瑙）蚂（~蚱）[44] 骂

f [13] 法（方~）乏发（头~）发（~财）伐筏罚阀（~门）

v [13] 蛙洼袜挖 [44] 口（~口 [vu³¹]：喉结）[52] 踪（跑义）瓦

t [13] 答搭褡（~裢）达大（父亲的面称）笪（姓~）[52] 打 [44] 大（~小）

tʰ [13] 他它她踏拓（~印）沓（一~纸）塔榻塌溻（汗了~衣服）蹋（糟~）（邋~）遢獭（水~）

n [13] 拿纳捺（撇~）呐（唢~）[52] 哪（~里）那 [44] 娜

l [13] 拉腊蜡镴（锡~）辣癞啦邋（~遢）喇（~嘛）

ts [13] 杂扎（针~）扎（~实）眨闸炸札铡（~刀）[44] 诈榨（~油）炸（~药）栅（~栏）

tsʰ　　［13］茶搽楂（山~）渣叉权差（~不多）茬查（调~）插擦察
　　　　［44］岔（~气）

s　　　［13］沙纱撒（~手）萨杀［52］洒（~水）洒（洋洋~~）

tʂ　　　［44］乍

tʂʰ　　［44］诧（~异）

ʂ　　　［52］厦（大~）傻

k　　　［52］尬（尴~）

kʰ　　　［13］咖（~啡）咔（~嚓）喀（~什）［52］卡（~车）咯
　　　　（~痰）

x　　　［13］哈（点头~腰）蛤（~蟆）瞎（眼~）［44］吓（~一跳）
　　　　下（~头）

ø　　　［13］阿₂（~姨）

ia

tɕ　　　［13］家（~庭）家（~具）加痂嘉佳夹（~菜）甲胛肩胛）
　　　　［52］假（真~）贾（姓~）［44］假（放~）架驾嫁稼价

tɕʰ　　　［13］恰掐洽［52］卡（发~）蹃（~过去：跨过去）［44］搭
　　　　（~住）

ȵ　　　［13］娘（~~：伯母）［44］矸（~平）□（~肥：沤肥）

ɕ　　　［13］虾（鱼~）霞瑕遐暇狭峡匣（~子）瞎₂辖（管~）［44］
　　　　吓₂（~一跳）夏（姓~）夏（~天）厦（~门）下（~降）

ø　　　［13］牙芽衙鸦丫（~头）桠（树~）涯（天~）崖（悬~）鸭押
　　　　压轧（~棉花）［52］雅哑［44］亚

ua

tʂ　　　［13］鬏（~个子：发髻）抓

ʂ　　　［13］刷［52］耍

k　　　［13］瓜刮［52］寡剐［44］挂卦

kʰ　　　［13］夸［52］侉（~子：外地人的蔑称）垮［44］跨

x　　　［13］花华（中~）划（~船）划（计~）铧（犁~）滑猾
　　　　（狡~）［44］化华（~山）桦（~树）画话

ə

t　　　　［13］德₂

tʰ　　　［13］特₂

l ［52］乐₂

ts ［13］则₂泽₂窄

tsʰ ［13］厕₂（~所）侧₂测₂踅（豆~子：破豆）策₂册₂

s ［13］涩瑟虱色

tʂ ［13］遮摺（~叠）褶（~子：皱纹）蛰（惊~）哲蜇（蜜蜂~人）辙折（打~）浙［52］者［44］蔗

tʂʰ ［13］车（汽~）彻撤［52］扯

ʂ ［13］蛇奢赊佘（姓~）涉舌设折（~本）［52］舍摄［44］射麝（~香）赦舍社射₂畲（~族）

ʐ ［13］热［52］惹

k ［13］歌哥戈鸽割葛各阁搁胳格革隔［44］个（一~）

kʰ ［13］科₂咳（~）磕柯珂苛坷（土~垃：土块）渴壳刻（时~）刻₂（~章）克客［52］可

x ［13］荷₂（薄~）何禾喝（~水）合和₂（~坤：）盒（~子）喝（吆~）鹤吓（恐~）核（~对）［52］赫

ø ［13］蛾鹅俄讹鄂（湖北简称）恶扼轭

iə

p ［13］别（区~）别（离~）鳖憋□（跑义）

pʰ ［13］撇（~开）

m ［13］篾（竹~）灭咩

t ［13］爹跌叠碟牒蝶谍

tʰ ［13］帖（请~）贴铁

l ［13］猎列烈裂

tɕ ［13］皆阶秸（麦~）接捷劫杰揭节截结洁街［52］姐解（~开）［44］借（~东西）借（~口）介界芥疥届戒械

tɕʰ ［13］茄（~子）妾怯（羞~）切（~开）［52］且［44］笡（~着身子）斜襟（尿~子：尿布）

ŋ ［13］聂（姓~）镊（~子）蹑（~手~脚）业₁孽捏

ɕ ［13］些邪斜谐携胁协挟（要~）泄（~漏）歇蝎屑（不~一顾）屑（头皮~）楔（~子）血［52］写［44］泻卸谢蟹懈

ø ［13］耶爷叶页曳拖噎（~住了）液腋业₂［52］也野［44］夜

uə

p	［13］波₂菠（~菜）玻（~璃）薄（~荷）钵拨钹勃饽（面~~）博泊（梁山~）薄泊（停~）剥驳帛［52］跋（~子）簸（~一下）簸（~箕）
pʰ	［13］波（~斯语）颇坡婆泼迫₂魄［44］破
m	［13］魔磨（~刀）摩馍模（~范）摹（~仿）末沫抹没（淹~）莫膜寞摸默陌［44］磨（石~）
v	［13］握沃
t	［13］多掇（拾~）掇（掂~）夺铎踱［52］朵躲［44］刹惰垛（麦~）［52］舵
tʰ	［13］拖驼驮（~东西）脱托（~起）［52］妥椭（~起）［44］唾（~沫）
n	［13］挪蛾₂（飞~）鹅₂（天~）俄₂（~罗斯）诺［44］饿₂糯（~米）
l	［13］罗锣箩骡螺（~丝钉）啰（~唆）落烙骆酪洛络乐（快~）［52］裸（~露）［44］摞
ts	［13］做撮（一~毛）作（工~）凿（~子）昨［52］左佐［44］坐座
tsʰ	［13］搓锉莝（~草）矬矮错（交~）［44］措（~施）错（对~）
s	［13］蓑梭（~子）唆（啰~）莎（~草）索（绳~）缩［52］锁琐（~碎）
tʂ	［13］拙着（~急）着（睡~）酌桌卓琢啄涿（~鹿）浊捉镯（~子）
tʂʰ	［13］绰（~~有余）戳（~棍子）焯（~菜）戳
ʂ	［13］说勺（~子）芍（~药）朔
ʐ	［13］若弱
k	［13］锅聒阔郭虢（~国）［52］果裹裸（~子）［44］过
kʰ	［13］科₁（~学）窠括（包~）廓扩（~大）［52］棵₁颗₁［44］课₁
x	［13］荷₁（薄~）河₁荷₁（~花）和₁（~平）和（~面）豁（~口）活霍（姓~）藿（~香）劐（~开）镬或惑获［52］火伙

　　　　　[44] 贺货祸

Ø　　　[13] 倭矬（~脚）窝蜗 [44] 饿阿（~胶）卧 [52] 我

yə

l　　　[13] 劣略掠虐疟（~疾）

tɕ　　　[13] 绝厥噘（~脾气）掘橛（~子）决诀掘爵嚼脚觉（知~）蹶
　　　　　（马尥~子）[52] 倔（~老头）

tɕʰ　　[13] 瘸（~腿）缺雀鹊却确搉（~断：折断）

ɕ　　　[13] 靴薛雪穴削学

Ø　　　[13] 悦阅月越曰粤约药₁ 钥（~匙）跃岳（~父）岳（西~华
　　　　　山）乐（音~）

ε

p　　　[13] 掰（~开）柏（~树）[52] 摆 [44] 拜稗败

pʰ　　[13] 排（~队）排（竹~）牌 [52] 拍 [44] 派

m　　　[13] 埋麦脉 [52] 买 [44] 卖迈

v　　　[13] 歪 [44] 外（~头）

t　　　[13] 呆（痴~）呆（~在家）[44] 戴贷待怠殆代袋带大(~夫)

tʰ　　[13] 胎台（~州）台（~湾）苔（青~）抬 [44] 态太泰

n　　　[13] 崖₂（~哇哇：回音）挨₁ 捱（~打）额₁（名~）[52] 乃
　　　　　碍₁（妨~）蔼₁（和~）奶矮₁ [44] 耐爱₂奈艾（~叶）隘

l　　　[13] 来 [44] 赖癞

ts　　　[13] 灾栽泽择（~菜）宅摘责 [52] 宰载（一年一~）载
　　　　　（满~）[44] 再载在斋债寨

tsʰ　　[13] 猜才（~华）才（刚~）材财裁豺钗（薛宝~）差（出~）
　　　　　柴拆（~开）策册₁ [52] 彩采睬 [44] 菜蔡

s　　　[13] 腮鳃 [52] 筛（~子）[44] 赛晒

k　　　[13] 该 [52] 改 [44] 概溉盖丐（乞~）

kʰ　　[13] 开揩 [52] 凯慨（感~）楷

x　　　[13] 孩鞋₁ [52] 海亥 [44] 害骇（~人听闻）

Ø　　　[13] 哀埃（尘~）挨（~骂）[52] 碍₂蔼₂（和~）矮₂隘₂
　　　　　[44] 爱艾₂

uɛ

tʂ	［44］拽（拉）
tʂʰ	［44］揣（~着）
ʂ	［13］衰摔率（~兵）蟀［44］帅
k	［13］乖［52］拐［44］怪
kʰ	［44］块会（~计）刽块快筷
x	［13］怀槐淮［44］坏

ɔ

p	［13］褒（~奖）包胞雹苞（花~）［52］保堡宝饱［44］报抱暴菢（~鸡娃子）豹爆鲍（~鱼）
pʰ	［13］袍抛刨（~地）（~子）狍刨剖［52］跑［44］泡（气~）泡（~汤）炮
m	［13］毛茅锚猫矛［52］卯某₂（~事）［44］冒帽猫貌茂贸
t	［13］刀叨（唠~）［52］祷岛倒（打~）稻导［44］到倒(~水)道盗
tʰ	［13］滔掏桃逃淘陶萄涛［52］讨［44］套
n	［13］袄₁挠挠［52］脑恼［44］鏊（~子：烙饼用具）奥₁闹
l	［13］劳捞牢唠（~叨）［52］老［44］涝（旱~）
ts	［13］遭糟［52］早枣蚤澡爪（~子）找［44］躁灶皂造罩笊（~子）
tsʰ	［13］操曹槽抄钞［52］草骚（~狗）炒吵［44］糙
s	［13］骚梢捎稍［52］扫（~地）扫（~把）嫂［44］臊潲
tʂ	［13］朝（~阳）昭招［52］沼（~气）［44］赵兆召照诏
tʂʰ	［13］巢超朝（~代）潮
ʂ	［13］烧韶［52］少（多~）［44］少（~年）绍邵
ʐ	［13］饶尧［52］扰绕（围~）绕（~线）
k	［13］高篙（竹~）［52］膏羔糕稿搞［44］告膏（~油）
kʰ	［52］考烤［44］靠犒
x	［13］蒿（~子面）薅（~草）豪壕毫号（~叫）［52］好(~坏)好（爱~）郝（姓~）［44］耗浩号（~数）
∅	［13］熬□（~白菜）袄₂敖鳌遨（~游）［52］懊₂（~恼）懊₂（~悔）拗（~断）［44］傲奥₂坳（山~）澳（~门）

iɔ

p　　　［13］膘标彪镖（～局）［52］表（手～）表（～达）裱（装～）嫖

pʰ　　［13］飘漂（～白液）瓢嫖鳔［44］票漂（～亮）

m　　　［13］苗描矛（～子）［52］藐渺秒［44］庙妙

t　　　［13］刁貂雕［44］钓吊掉调（声～）调（～动）藋（灰～菜）

tʰ　　　［13］挑条调（～和油）笤（～帚）［44］跳祟

l　　　［13］燎（火～眉毛）疗聊辽撩（～起来）寥瞭［52］了（～结）廖（姓～）［44］料疗（马～蹶子）

tɕ　　　［13］交郊胶教（～书）焦蕉（香～）椒骄娇浇角饺［52］绞狡铰搅剿矫缴侥［44］教（～育）校（～正）较酵窖觉（睡～）醮噍（牛倒～）轿叫

tɕʰ　　［13］敲锹缲（～边）悄（～～）樵瞧乔侨桥荞［52］巧［44］俏鞘（刀～）窍

ȵ　　　［52］咬鸟［44］尿

ɕ　　　［13］涍消宵霄硝销嚣萧箫［52］小晓［44］孝效校（学～）校（上～）笑

Ø　　　［13］肴妖邀腰要（～求）摇谣窑姚吆（～喝）杳（～无音信）［52］舀（～东西）［44］药₂勒（鞋～子）要（重～）耀鹞（～子：一种捉鱼的鸟）幺（～二三，数字一）

ei

p　　　［13］碑₂卑悲北百柏伯白背（～书包）［44］贝辈背（～部）背（～诵）倍₂

pʰ　　［13］杯培陪赔裴焙（烘～）［52］胚坯（土～）迫（强～）［44］沛配倍佩辔

m　　　［13］梅枚媒煤眉₂楣霉墨₁［52］每美［44］妹昧媚寐

f　　　［13］非飞妃肥翡（～翠）［52］匪［44］废肺吠痱（～子）费

v　　　［13］桅（～杆）危为（作～）维惟唯微威违围猥煨（～炕）［52］伪萎委尾伟苇纬［44］喂为（～啥）位未味魏畏慰胃谓外（～爷：外祖父）

t　　　［13］得德

tʰ　　　［13］忒（～好了）特

l [13] 肋勒 [52] 垒类₂ [44] 累₂（连~）泪₂

ts [13] 则贼

tsʰ [13] 厕（~所）侧₁测₁（~量）

s [13] 塞色₂啬（吝~）

kʰ [13] 刻₁（刀~）

x [13] 黑

uei

t [13] 堆 [44] 对队兑

tʰ [13] 推 [52] 腿 [44] 退蜕（~皮）褪

l [13] 雷 [52] 傫（~僵）累（积~）类 [44] 内累（走~了）累₁（连~）泪

ts [52] 嘴 [44] 罪最醉

tsʰ [13] 催崔 [44] 脆翠粹

s [13] 髓随虽绥 [44] 碎岁遂隧穗

tʂ [13] 追锥 [44] 缀（点~）赘（入~）坠

tʂʰ [13] 吹炊垂槌锤

ʂ [13] 谁 [52] 水 [44] 税睡

ʐ [52] 蕊 [44] 芮（姓~）锐瑞睿

k [13] 闺规龟归国 [52] 诡轨癸鬼 [44] 鳜（~鱼）圭桂跪柜贵

kʰ [13] 盔魁傀（~儡）奎亏窥逵葵 [52] 溃₂（崩~）[44] 愧

x [13] 恢灰回茴（~香）麾挥辉徽 [52] 悔晦毁 [44] 贿汇溃₁（~脓）桧会（开~）会（~不~）绘秽惠慧讳汇

ø [13] 煨 [44] 卫

əu

t [13] 都（~是）兜 [52] 斗（一~米）斗（~争）抖陡 [44] 豆逗

tʰ [13] 偷头投 [44] 透

l [13] 楼 [52] 耧篓搂 [44] 漏陋

ts [13] 邹 [52] 走 [44] 皱绉骤

tsʰ [13] 揫（往上~）搊（~起来）愁 [52] 瞅 [44] 奏凑

s [13] 搜（~身）搜（~集）飕馊 [52] 叟 [44] 嗽（咳~）瘦漱（~口）

tʂ　　[13] 周舟州洲粥 [52] 肘□（～伞：打伞）[44] 昼纣（～王）宙咒

tʂʰ　　[13] 抽绸稠筹仇酬 [52] 丑（～时）丑（～陋）[44] 臭

ʂ　　[13] 收 [52] 手首守 [44] 兽受寿授售

ʐ　　[13] 柔揉肉

k　　[13] 勾（～住）钩沟 [52] 狗苟 [44] 够构购勾（～当）

kʰ　　[13] 抠 [52] 口 [44] 叩扣寇

x　　[13] 侯喉猴瘊（～子）[52] 吼 [44] 后（前～）后（皇～）厚候

ø　　[13] 瓯 [52] 藕偶（配～）偶（～然）欧呕（～吐）殴沤（～烂了）怄（～气）

iəu

m　　[44] 谬

t　　[13] 丢

l　　[13] 流刘留榴（石～）硫（～磺）琉（～璃瓦）六 [52] 柳 [44] 溜馏

tɕ　　[13] 揪鬏（梳个～～）鸠阄（抓～）纠（～缠）纠（～正）[52] 酒九久韭灸（针～）臼 [44] 就救究舅咎旧柩

tɕʰ　　[13] 秋（～天）秋（～千）鞧（～绳）囚泅丘邱求球裘仇（姓～）鳅（泥～）尿[52] 糗（出～）酋（～长）

ȵ　　[13] 牛 [52] 纽扭

ç　　[13] 修羞宿（星～）休 [52] 朽 [44] 秀绣锈袖嗅（～觉）

ø　　[13] 忧优尤邮由油游犹悠幽 [52] 有友酉莠 [44] 又右佑诱柚鼬（黄～）釉幼

æ

p　　[13] 班斑颁扳般搬 [52] 板版 [44] 扮瓣办半绊伴拌

pʰ　　[13] 攀潘盘 [44] 盼襻（纽～子）判叛

m　　[13] 蛮瞒馒 [52] 满 [44] 慢漫幔

f　　[13] 凡帆藩翻番烦藩矾繁 [52] 反 [44] 泛范（模～）范（～围）犯贩饭

v　　[13] 完丸豌剜顽弯湾 [52] 皖（安徽简称）碗晚挽宛 [44] 腕万蔓（瓜～子）

t　　[13] 耽担（~任）担（~子）丹单（~独）[52] 胆掸（鸡毛~子）[44] 旦诞但弹（子~）蛋

tʰ　　[13] 贪潭谭坍（~塌）谈痰滩摊檀坛弹（~琴）[52] 毯坦 [44] 探淡炭叹

n　　[13] 南男难（~题）安₁鞍₁ [44] 难（~兄~弟）按₁案₁（图~）

l　　[13] 蓝篮兰拦栏阑（~尾）澜 [52] 溇（~柿子）览揽榄（橄~）滥缆懒 [44] 烂

ts　　[13] 簪 [52] 斩盏攒（~钱）[44] 暂錾站（~起来）站（车~）蘸₁（~点醋）赞瓒（~到水了）绽（木板~开）栈（客~）

tsʰ　　[13] 参（~加）蚕惭谗₁（~言）馋₁（嘴~）搀餐残 [52] 惨铲产 [44] 灿

s　　[13] 三杉山删 [52] 散（~落）伞 [44] 钐（大镰刀）散（分~）

tʂ　　[13] 沾粘瞻占（~卜）毡 [52] 展 [44] 蘸₂占（~用）绽₂（破~）战

tʂʰ　　[13] 谗₂蟾缠蝉禅（参~悟道）[44] 颤

ʂ　　[13] 衫珊删₂膻扇 [52] 陕闪 [44] 疝（小肠~气）扇善膳单（姓~）禅（~让）

ʐ　　[13] 然燃 [52] 染冉

k　　[13] 甘柑泔（~水）尴（~尬）干（天~地支）干（~湿）肝竿 [52] 感敢橄（~榄油）杆秆（麦~）擀（~面杖）赶 [44] 干（~活）

kʰ　　[13] 堪龛看（~守所）刊 [52] 坎砍勘（~探）[44] 看（~见）

x　　[13] 含函憨酣咸₁（菜~）鼾（扯~：打鼾）寒韩还（~有）颔（~水）涵晗 [52] 喊罕 [44] 撼憾汉旱汗焊翰悍（彪~）

ø　　[13] 安₂鞍₂ [44] 庵揞（用手~住）暗岸按₂案₂

iæ̃

p　　[13] 鞭编边蝙 [52] 贬扁匾 [44] 变辨辩汴便（方~）遍（看一~）遍（~地）辫

pʰ　　[13] 篇偏便（~宜）[44] 骗片

m　　　［13］绵棉眠［52］免勉娩（分~）缅（~怀）［44］面（~条）面（~子）

t　　　［13］掂（~量）颠［52］点典［44］店簟（草~子）电殿奠佃垫

tʰ　　　［13］添甜天田填［52］舔掭（~笔）腆（腼~）

l　　　［13］廉镰帘连联怜莲［52］敛（收~）殓（入~）脸［44］练炼楝（~树）恋₂

tɕ　　　［13］监（~考）尖歼（~灭）兼搛（~菜）艰间（中~）奸煎犍（~牛：公牛）笺肩坚［52］减碱检俭简裥拣剪茧［44］鉴监（太~）舰剑柬间（~断）谏涧箭溅践贱饯件建键健腱荐见

tɕʰ　　　［13］鸽（鸡~米）签（牙~）签（~到）潜钳谦迁钱乾（~坤）虔掮（~肩上）千前牵铅［52］浅遣［44］嵌渐欠歉

ȵ　　　［13］黏（~起来）鲇（~鱼）拈（~轻怕重）蔫年［52］眼碾辇（步~子）捻（用指头~碎）撵［44］念

ɕ　　　［13］咸₂（~菜）咸（~丰年间）衔锨（~铁）嫌闲仙鲜（新~）涎掀先贤弦［52］险鲜（朝~）癣显［44］陷馅限苋（~菜）线羡宪献现县

ø　　　［13］岩阎炎盐阎檐严腌颜延筵研烟沿［52］淹掩魇俨演［44］验厌艳焰盐腌酽（~茶）雁晏谚焉言堰砚燕（姓~）燕（~子）咽宴

uæ̃

t　　　［13］端［52］短［44］断（果~）断（折~）锻（~炼）段缎椴

tʰ　　　［13］团（~长）团（饭~）

n　　　［52］暖

l　　　［13］鸾［52］卵［44］乱恋₁

tɕ　　　［52］卷（~纸）绢［44］眷卷（试~）圈（羊~）倦

tɕʰ　　　［13］圈拳权颧

ts　　　［13］钻（老鼠~风箱）［52］纂［44］钻（~石）

tsʰ　　　［44］汆（生~面）窜

s　　　［13］酸［44］算蒜

tʂ　　　［13］专砖［52］转（~眼）［44］赚撰转（~圈）篆传（水

浒~）

tʂʰ	［13］传（~话）椽川穿船［52］喘［44］篡串
ʂ	［13］闩拴［44］涮（~羊肉）
ẓ	［52］软阮
k	［13］官棺观（~看）冠（鸡~）鳏（~夫）关［52］管馆［44］贯灌罐观（道~）冠（~军）惯
kʰ	［13］宽囗（纽~子：纽扣）［52］款
x	［13］欢桓还（~原）环［52］缓［44］唤焕换幻患宦
∅	［13］玩

yɛ̃

tɕ	［13］捐
tɕʰ	［13］全泉［52］犬［44］劝券
ɕ	［13］轩宣旋喧玄悬［52］选［44］旋（~走~说：边走边说）楦（鞋~子）眩
∅	［13］圆员缘元原源冤袁辕园援渊［52］远［44］院愿怨

aŋ

p	［13］帮邦浜（沙家~）梆（~子）［52］榜绑膀（~子）［44］谤傍棒蚌磅（十~）
pʰ	［13］滂旁螃（~蟹）庞［44］胖
m	［13］忙芒（~种）茫盲虻（牛~）［52］莽蟒
f	［13］方肪（脂~）芳妨（~碍）房防［52］仿（~照）仿（年纪相~）仿（~佛）纺访［44］放
v	［13］亡芒（麦~）王［52］汪网辋往［44］忘妄望枉旺
t	［13］当（~时）［52］党挡［44］当（~铺）荡宕
tʰ	［13］汤堂棠螳（~螂）唐糖塘［52］倘躺［44］烫趟
n	［13］囊囊囗（~鼻子）
l	［13］郎廊狼螂［52］朗［44］浪囗（耍，城里~去）
ts	［13］赃脏（衣服~了）［44］葬藏（西~）脏（内~）
tsʰ	［13］仓苍藏（~起来）
s	［13］桑丧（婚~嫁娶）［52］嗓操［44］丧（~失）
tʂ	［13］张章樟［52］长（生~）涨掌［44］帐账胀丈仗杖障瘴（乌烟~气）

tʂʰ　　[13] 长（~短）肠昌猖（~狂）娼（嫖~）常尝偿 [52] 场厂
　　　　[44] 畅唱倡怅（惆~）

ʂ　　　[13] 商伤裳（衣~）[52] 赏晌（~午）[44] 上（~山下乡）
　　　　上（~面）尚

ʐ　　　[13] 瓤（瓜~）穰（禾~）[52] 壤（土~）攘嚷 [44] 让

k　　　[13] 冈岗刚纲钢（~铁）缸 [52] 港（~口）[44] 钢（~一下
　　　　刀）杠

kʰ　　　[13] 康糠慷（~慨）扛 [44] 抗炕亢（~奋）

x　　　[13] 行（银~）行（一~）航杭夯（~土）[44] 项（脖~）巷₂

ø　　　[13] 昂肮（~脏）

iaŋ

l　　　[13] 良凉量（~尺寸）粮梁粱 [52] 两（~个）两（斤~）
　　　　[44] 酿亮谅辆量（数~）

tɕ　　　[13] 将（~来）浆疆僵姜礓（料~石）缰（~绳）姜江豇（~豆）
　　　　[52] 蒋奖桨讲糨（~地）强（勉~）[44] 酱将（大~）匠降
　　　　（下~）虹₁（彩虹）

tɕʰ　　[13] 枪墙羌强（~大）腔 [52] 抢

ȵ　　　[13] 娘

ɕ　　　[13] 相（互~）箱厢湘襄镶详祥香乡降（投~）[52] 想饷
　　　　（粮~）享响 [44] 相（~貌）象像橡（~皮）向项（~目）巷₁

ø　　　[13] 央秧殃羊洋烊（打~）杨阳扬疡（溃~）[52] 仰养痒
　　　　[44] 样

uaŋ

tʂ　　　[13] 庄装桩妆 [44] 壮状撞

tʂʰ　　[13] 疮床窗 [52] 闯 [44] 创

ʂ　　　[13] 霜孀双 [52] 爽

k　　　[13] 光 [52] 广桄（一~线）[44] 逛

kʰ　　　[13] 匡筐眶（眼~）狂 [44] 旷况矿

x　　　[13] 荒慌黄簧皇蝗 [52] 谎晃

əŋ

p　　　[13] 奔锛崩 [52] 本 [44] 奔笨蚌

pʰ　　[13] 喷（~水）盆朋烹彭膨（~胀）棚篷蓬 [52] 捧 [44] 喷

（~香）迸（~裂）

m	［13］门萌盟蒙懵（~懂）蠓（~虫子）［52］猛［44］闷孟梦
f	［13］分（~开）芬纷焚坟风枫疯丰冯封峰蜂锋逢缝（~衣服）
	［52］粉讽［44］粪奋愤忿份凤奉俸缝（一条~）
v	［13］温瘟文纹蚊闻翁［52］稳吻刎瓮（~中捉鳖）［44］问
t	［13］登灯［52］等［44］凳镫（马~）邓澄（把~一下）瞪（~眼）
tʰ	［13］吞腾誊藤疼煺（把包子~一下）
n	［13］恩₁能
l	［13］楞［52］冷
ts	［13］曾姓增争筝睁［44］憎赠锃（油光~亮）
tsʰ	［13］参（~差不齐）岑曾（~经）层撑［44］蹭（磨~）
s	［13］森参（人~）僧生牲笙（~箫）甥［52］省（~长）省（~钱）［44］渗（~水）
tʂ	［13］针斟珍榛臻真征（~求）征（长~）蒸贞侦正（~月）［52］枕诊疹拯整［44］镇阵振震证症郑正政
tʂʰ	［13］沉陈尘辰晨臣澄橙称（~呼）乘承丞澄铛（电饼~）橙（~子）呈程成城诚盛（~饭）［52］惩逞（~能）［44］趁衬称（对~）秤（~砣）
ʂ	［13］深神身申伸娠（妊~）绳升声胜（~任）［52］沈审婶［44］葚（桑~）甚肾慎剩胜（~利）圣盛（兴~）
ʐ	［13］壬（~辰年）任（姓~）人仁仍扔［52］忍［44］任（责~）纴（缝~）刃认韧
k	［13］跟根庚羹耕［52］哽（~住了）埂（田~）梗［44］更（~换）更（~加）
kʰ	［13］坑［52］恳垦肯
x	［13］痕恒亨衡横₂（~竖）［52］很［44］恨杏横（蛮~）
ø	［13］恩₂

iŋ

p	［13］彬宾槟（~榔）冰兵［52］禀丙秉柄饼［44］殡鬓病并（合~）并（~不是）
pʰ	［13］拼（~命；~音）贫频（~率）凭平坪评拼（~图）瓶屏

（~幕）萍苹（~果）嫔（妃~）[52] 品聘

m　　[13] 民鸣明名铭 [52] 闽悯敏抿皿 [44] 命

t　　[13] 丁钉（~子）靪疔（~疮）仃（伶~）[52] 顶鼎 [44] 钉
（~住）订锭定

tʰ　　[13] 听（~话）厅汀亭停廷庭蜓（蜻~）[52] 艇挺

l　　[13] 林淋（~雨）临邻鳞磷陵凌菱灵零铃伶（~仃）拎翎 [52]
檩领岭 [44] 赁（~房子：租房子）吝（~啬）令另

tɕ　　[13] 今金襟津巾斤筋茎京荆惊鲸精晶睛经（~历）经（~线）
[52] 锦紧仅谨景警井颈 [44] 浸禁（~不住）禁（~止）妗
（~子：舅母）尽（~头）尽（~力）进晋劲（有~）劲（~敌）
近境敬竟镜竞静靖净径

tɕʰ　　[13] 钦琴禽擒亲（~人）秦勤芹卿擎清情晴轻青蜻（~蜓）倾
[52] 侵寝请顷 [44] 亲（~家）庆

ŋ　　[13] 凝宁（~夏）宁（~可）[44] 硬

ɕ　　[13] 心芯（笔~）辛新薪欣兴（~旺）行（~为）行（~动）星
腥馨形型刑陉（河北井~县）荥（河南~阳市）[52] 省（反~）
醒 [44] 信衅（挑~）兴（高~）幸性姓

ø　　[13] 吟音阴淫银因姻寅（~时）殷（~商）应（~该）鹰蝇莺鹦
（~鹉）樱（~桃）迎英婴缨盈赢营茔（坟~）萤 [52] 饮（~酒）
饮（~料）引隐尹影颖 [44] 荫（~凉）窨（地~子：地窖）饮
（~马）印应（反~）映

uŋ

t　　[13] 敦（~厚）墩蹲东冬 [52] 董懂 [44] 顿拥（用力~）饨
（馄~）沌（混~）盾（矛~）盾（越南~）钝遁冻栋动洞

tʰ　　[13] 屯豚臀囤通同铜桐童瞳 [52] 桶捅筒统 [44] 痛

n　　[13] 农₂脓₂侬₂浓 [44] 嫩弄

l　　[13] 伦沦轮笼聋农₁脓侬隆龙 [52] 拢陇垅

ts　　[13] 尊遵棕鬃（马~）宗综踪 [52] 总 [44] 粽纵（~横）纵
（放~）

tsʰ　　[13] 村存皴（手~的）聪匆葱囱（烟~）丛从（~容）从
（跟~）[52] 忖 [44] 寸

s　　[13] 孙松嵩松 [52] 损笋榫（~头）怂（~恿）[44] 送宋诵

颂讼

ʈʂ　　[13] 中（~间）忠终钟（~声）钟（姓~）盅（酒~）[52] 准
（~备）准（水~）冢种（~类）肿 [44] 中（~奖）仲众重
（~量）重（~要）种（~树）

ʈʂʰ　[13] 椿（香~）春唇纯莼（~菜）醇虫崇充重（~复）冲春
（~米）[52] 蠢宠 [44] 铳（放~）

ʂ　　[44] 顺舜

ʐ　　[13] 荣戎绒茸（鹿~）容蓉（芙~）融熔 [52] 冗（~长）
[44] 润闰

k　　[13] 公蚣（蜈~）工功攻弓躬宫恭供（~给）[52] 滚汞拱巩
[44] 棍贡供（上~）共

kʰ　[13] 昆（~虫）昆（~明）坤空（~气）[52] 捆孔恐 [44] 困
控空（有~）

x　　[13] 昏婚魂馄（~饨）浑荤弘轰（~出去）轰（~炸）宏烘
（~干）红洪鸿虹₂（彩~）虹（霓~灯）[52] 哄（~娃娃）訇
（阿~）[44] 混（~淆）横₁（~直）哄（起~）

l　　[13] 论（~语）仑 [44] 论（讨~）

tɕ　[13] 均钧君军 [52] 窘菌炯（~~有神）炅（何~：人名）迥
（~然不同）[44] 俊郡

tɕʰ　[13] 群裙琼（秦~）穷

ɕ　　[13] 寻荀旬循巡熏勋薰兄熊雄胸凶（吉~）凶（~恶）[52] 逊
[44] 讯迅殉训

ø　　[13] 匀云（白~）云（不知所~）雍痈（~脖子）拥庸墉
（刘~：人名）[52] 允永泳咏甬（~道）勇涌蛹（蚕~）俑（兵
马~）愿（怂~）[44] 熨韵运晕孕用佣（~人）

捌　吴忠市红寺堡区海原方音

（一）概况

宁夏吴忠市红寺堡区前身为红寺堡开发区，是宁夏回族自治区吴忠市
第二个市辖区。它是国家大型水利枢纽工程——宁夏扶贫扬黄灌溉移民工
程（"1236"工程）的主战场，是全国最大的生态扶贫移民集中区，2009

年 9 月经国务院批复设立吴忠市红寺堡区，行政区域面积 2767 平方公里，截至 2013 年，辖 2 镇 3 乡、1 个街道、61 个行政村、2 个城镇社区，总人口 179390 人。下文以海原县李旺乡移民到红寺堡区的方言为代表，概括该方言音系。

（二）声韵调

1. 声母（24 个，含零声母）

p 八兵病	pʰ 派爬	m 麦明	f 飞副饭	v 味五温王
t 多东毒	tʰ 讨天甜	n 脑南熬白恶白		l 老蓝连路
ts 资字争纸	tsʰ 刺祠拆茶抄		s 丝酸事山	
tʂ 张柱装主	tʂʰ 抽初床船		ʂ 双顺手十树	ʐ 软热
tɕ 酒九	tɕʰ 清全轻权	ȵ 年泥	ɕ 想谢响县	
k 高共	kʰ 开哭		x 好灰活	
ø 月云一药				

说明：

（1）浊擦音［v］摩擦成分弱，实际读音接近［ʋ］。

（2）声母［n］与［ȵ］音位互补，前者拼洪音，后者拼细音。

（3）舌尖后音［tʂ tʂʰ ʂ］拼合口呼韵母时实际读音接近［tʃ tʃʰ ʃ］。

2. 韵母（33 个）

ɿ 师白丝试白	i 米戏急一锡	u 苦五猪骨出谷	y 雨橘绿局
ʅ 师文试文十直尺			
ɚ 二			
a 茶瓦塔法辣八	ia 牙鸭	ua 刮	
ə 歌盒热壳色	iə 接贴节鞋文	uə 坐过活托郭国	yə 靴药白学
ɛ 开排鞋白		uɛ 快	
ɔ 宝饱	iɔ 笑桥药文		
əu 豆走	iəu 油六		
ei 赔北白		uei 对鬼	
an 南山半	ian 盐年	uan 短官	yan 权
aŋ 糖王	iaŋ 响讲	uaŋ 床双	
əŋ 深根灯升争横	iŋ 心新硬病星	uŋ 寸滚春东	yŋ 云兄用

说明：

（1）韵母［i］与鼻音声母相拼时，实际读音接近［ɿ］；作单韵母与鼻音外的声母相拼时，实际音值为 [j]。

（2）韵母 [a] 作单韵母时，实际音值为 [ɑ]。

（3）韵母 [ə] 实际音值接近 [ɤ]。

（4）韵母 [ɛ] 实际音值为 [ɛ]。

（5）韵母 [uə] 与双唇音 [p pʰ m] 相拼时，实际音值为 [ə]。

（6）韵母 [iəu] 实际读音接近 [iu]。

（7）鼻尾韵主元音带鼻化色彩，韵母 [iŋ] 中鼻尾实际发音介于 [n] 和 [ŋ] 之间，记为 [iŋ]。

3. 声调（3个）

调类	调值	例字
平声	13	东灯通春谷百哭拍六麦门龙铜红毒白
上声	52	懂古苦草买老
去声	44	动罪冻怪快寸卖路洞地

说明：

（1）阴平调调首降幅实际介于 [1-2] 之间，记为 [213]。

（2）去声调值介于 [33-44] 之间，记为 [44]。

（三）同音字汇

说明：本字汇以收录移民至吴忠市红寺堡区的海原方言（李旺乡）单字音为主，大多为常用字。字汇根据海原方言（李旺乡）的韵母、声母、声调次序排列，写不出本字的音节用"□"表示，释义、举例在字后用"（ ）"表示，例子中用"~"代替，又读、文白异读等一字多音现象在字的右下角用数字表示，一般用"1"表示最常用的或最口语化的读音，"2"次之，以此类推。

ɿ

ts	[13] 支枝肢资姿咨脂兹滋之芝 [52] 紫纸只（~有）姊旨指至子滓止趾址 [44] 自字志（~气）志（方~）痣
tsʰ	[13] 雌瓷（~器）糍（~粑）迟慈磁（~石）辞词祠 [52] 此次齿 [44] 刺赐翅伺痔

s　　　[13] 厮撕施匙（汤~；钥~）私师狮尸司丝思斯诗时 [52] 死矢屎使史驶始 [44] 是氏四肆示视嗜似祀（祭~）巳寺嗣饲士仕柿事试市恃侍

ʅ

tʂ　　[13] 知蜘执汁侄秩质直值织职殖植掷只炙 [52] 滞（停~）致 [44] 制（~度）制（~造）智稚（幼~）置治

tʂʰ　[13] 池驰痴持赤斥尺吃 [52] 侈（奢~）耻

ʂ　　[13] 湿十什（~锦）拾（~起来）实石失室食蚀识式饰适释 [44] 世势誓逝

ʐ　　[13] 日

i

p　　[13] 碑鼻逼笔毕必弼碧璧壁屄 [52] 彼被（~打）鄙比（~较）秕（~子；~谷）[44] 蔽敝弊币毙蓖（~麻）闭算（~子）陛（~下）鎞（~刀布）臂被（~子）婢备篦（~梳）

pʰ　[13] 批皮疲脾丕琵（~琶）枇僻辟劈蚍（~蜉蚂：蚂蚁）[52] 庇匹（一~布）[44] 避痹屁

m　　[13] 迷麋（~子）箪（竹~子）弥靡秘泌眉楣密蜜觅 [52] 米谜

t　　[13] 低堤的（目~）滴嫡笛敌狄籴 [52] 底抵 [44] 帝地弟₂第递

tʰ　[13] 梯题提蹄啼踢剔 [52] 体 [44] 替涕（鼻~）剃屉（抽~）弟₁（徒~）

l　　[13] 离（~别）篱璃（玻~）荔（~枝）梨厘狸（~猫）犁黎立笠粒力（~头：历书）历（经~）[52] 李里（~头）里（公~）理鲤礼 [44] 例厉励离（~核子）利痢吏丽（美~）隶栗

tɕ　[13] 稽饥（~饿）肌几（茶~）机讥饥（~荒）鸡基杞集辑（编~）即鲫疾极戟展（木~）积迹脊绩寂籍藉（狼~）急级给（供~）及吉击激箕（簸~）□（胡~：土块）[52] 几（~乎）几（~个）挤 [44] 祭际计继系（~鞋带）髻寄技妓冀既济剂（一~药；麦~子）己纪（~律；世~）记忌季

tɕʰ　[13] 畦（菜~）企奇骑岐祁祈妻齐脐欺其棋期（时~）旗缉（~鞋口）七漆泣讫乞 [52] 启岂起 [44] 契（~约）器弃气汽砌

ç　　[13] 溪奚兮玺徙牺希西栖犀嬉熙稀习袭悉膝锡析惜昔席夕吸息
熄媳 [52] 洗喜蟢(~子) [44] 系（联~）系（关~）戏细

ȵ　　[13] 倪尼泥疑匿逆（~风）佞溺（~死）[52] 你拟 [44] 腻

ø　　[13] 宜仪移伊夷姨医沂（~蒙山）衣依遗揖（作~）忆亿抑翼
益亦译易（交~）乙一逸疫役 [52] 蚁倚椅已以 [44] 艺缢
（自~）臆（~子）谊义议易（难~）意异毅胰(~子：香皂)

u

p　　[13] 不卜 [52] 补堡 [44] 布（花~）布（分~）怖（恐~）

pʰ　[13] 铺（~设）蒲菩（~萨）脯仆曝瀑（~布）朴朴扑 [52]
谱普浦捕赴 [44] 铺（店~）部簿步

m　　[13] 谋木目穆牧幕 [52] 模（~子）某亩牡母拇 [44] 暮慕
墓募

f　　[13] 夫肤跗（脚面）敷俘（~虏）孵（~小鸡）麸（麦~子）
抚殕符扶芙（~蓉）浮佛（仿~）福幅蝠（蝙~）复腹覆（~盖）
复（反~）服伏栿（梁）复（~原）缚 [52] 府腑俯甫斧釜腐辅
否 [44] 付赋傅讣父附富副妇负阜复（~兴）

v　　[13] 吴蜈（~蚣）吾梧（~桐）乌污无巫诬屋 [52] 五伍午武
舞侮鹉（鹦~）[44] 误悟恶（恨，可~）务雾戊

t　　[13] 都（首~）都（~是）独读㸑犊笃督毒 [52] 堵赌 [44]
肚（牛~）妒（~忌）杜肚（腹部）度渡镀

tʰ　[13] 徒屠途涂图突秃 [52] 土吐（~痰）吐（呕~）[44] 兔

n　　[13] 奴 [52] 努 [44] 怒

l　　[13] 庐炉芦（~草）鸬（~鹚）卤庐（茅~；~山）楼搂(~住)
耧（农具，摆~）篓鹿禄陆录 [52] 鲁橹虏搂（~抱）[44] 路
赂露鹭（白~）漏陋

ts　　[13] 租卒（兵~）族足 [52] 祖组阻 [44] 做₁（~饭）

tsʰ　[13] 粗猝（仓~）促 [44] 醋

s　　[13] 苏酥素速肃₂（严~）宿粟俗 [44] 诉塑（~像）嗉（鸟~
子）

ʈʂ　[13] 猪诸株朱珠铸诛蛛竹筑烛嘱逐轴祝 [52] 煮主 [44] 著
（显~）助拄驻注柱住注蛀

ʈʂʰ　[13] 除储（~蓄）初锄厨雏畜（~牲）触出帚（扫~）[52] 楚

　　　　础（基~）处（相~）杵处（~所）鼠₁［44］苎（~麻）

ʂ　　［13］梳（~头）疏（~远）蔬书舒枢输（~赢）输（运~）殊赎
　　　　束蜀属术述秫叔熟（煮~）淑［52］暑黍署（专~）薯（白~）
　　　　数（动词）鼠₂［44］庶恕数（名词）戍竖树

ʐ　　［13］如儒入辱褥［52］汝乳擩（~进去）

k　　［13］姑孤箍骨（筋~；~头）谷（山~）谷（~子）毂（~辘）
　　　　［52］古估（~计）股鼓［44］故固锢（禁~）雇顾

kʰ　　［13］枯窟（~窿）哭酷［52］苦［44］库裤

x　　［13］呼胡湖狐壶乎葫（~芦）胡忽核（果~）［52］虎浒［44］
　　　　户沪互护瓠（~瓜）

　　　　　　　　　　　　　y

n　　［52］女

l　　［13］驴律率（速~）［52］吕旅缕（丝~）履捋（~胡子）［44］
　　　　虑滤

tɕ　　［13］居车（~马炮）拘驹剧（~烈）橘菊掬（一~水）锔（~碗）
　　　　［52］举［44］据锯（~子，~木头）巨拒距俱矩（规~）句具惧
　　　　聚剧（戏~）

tɕʰ　　［13］蛆（生~）渠区（~域）驱氍趋屈曲（酒~）曲（~折；
　　　　歌~）蛐（~蟮）局［52］取娶［44］去（来~）趣

ɕ　　［13］徐墟（~市）虚嘘（吹~）须（胡~）须（必~）需续戌恤
　　　　畜蓄（储~）肃₁（甘~）［52］许［44］絮序叙绪婿续

ø　　［13］鱼渔余（多~）余（姓）愚虞娱迂于盂榆逾愉域郁玉狱
　　　　欲浴［52］语与（给~）雨宇禹羽［44］御（抵~）御（~花
　　　　园）于（~此）淤誉（荣~）预豫遇寓吁芋愈（病~）喻裕育

　　　　　　　　　　　　　ər

ø　　［13］儿而［52］尔耳饵□（扔）［44］二贰

　　　　　　　　　　　　　a

p　　［13］巴芭疤爸八拔［52］把（~守；握；一~）［44］霸把
　　　　（柄，刀~）坝（小~）罢

pʰ　　［13］爬琶（琵~）杷（枇~）钯（~子）耙（犁~；~地）［44］
　　　　怕帕

m　　［13］麻蟆（蛤~）抹（~布）［52］妈马码（~子）［44］骂

f　　　[13] 发（头~）发伐筏罚法（~子）乏

v　　　[13] 哇袜挖蛙洼 [52] 瓦跮（跑义）[44] □（~□[vu³¹]：喉结）

t　　　[13] 答搭达大（父亲的面称）褡（~裢）[52] 打 [44] 大（~小）

tʰ　　[13] 他踏搨（~本）沓（一~纸）塌榻塌

n　　　[13] 哪（~个）拿纳捺（撒~）

l　　　[13] 拉腊蜡镴（锡~）辣

ts　　[13] 渣杂扎（用针~）眨（~眼）闸炸（用油~）札扎铡（~刀）栅（~栏）咋（怎么）[44] 诈榨（~油）炸（~弹）乍

tʂʰ　[13] 茶搽楂（山~）叉杈（枝~）差（~别；~不多）茬查（调~）插擦察 [44] 岔（三~路）

s　　　[13] 沙纱撒（~手）萨杀 [52] 洒厦（大~）[44] 啥

ʂ　　　[52] 傻

k　　　[52] 尬（尴~）

x　　　[13]（点头~腰）瞎 [44] 吓₁（~一跳）下₁（底~）

ia

tɕ　　[13] 家加痂嘉家（~具）佳夹（~衣）甲胛（~膀）[52] 假（真~）贾（姓）[44] 假（放~）架驾嫁稼价

tɕʰ　[13] 掐 [52] 恰洽 [44] 搿（捕、拿住）

ɕ　　　[13] 虾（鱼~）霞瑕遐虾暇狭峡匣（风~：风箱）辖（管~）[44] 夏（姓）厦（~门）下（~降）夏（春~）吓₂下₂

ø　　　[13] 牙芽衙雅鸦丫（~头）涯（天~）鸭押压 [52] 哑 [44] 砑（~平）亚轧（被车~）

ua

tʂ　　[13] 抓 [52] 爪（~子）

ʂ　　　[13] 刷 [52] 耍

k　　　[13] 瓜蜗刮 [52] 寡剐 [44] 挂卦

kʰ　　[13] 夸 [52] 侉（~子：外地人的贬称）垮 [44] 跨

x　　　[13] 花华（中~）铧划（~船）滑猾（狡~）[44] 化华（~山、姓）桦（~树）画（名词；动词）话划（计~）

ə

ts	［13］泽择（~菜）
tsʰ	［13］策册侧
s	［13］涩
tʂ	［13］遮折（~迭）褶（皱纹）蜇（惊~）哲蜇（蝎子~人）辙折（~断）浙［52］者［44］蔗
tʂʰ	［13］车（马~）彻撤［52］扯
ʂ	［13］蛇奢赊佘（姓）摄涉舌设折（弄~了）［52］舍［44］射麝（~香）赦舍社射
ʐ	［13］热［52］惹
k	［13］歌哥戈蛤（~蜊）鸽葛各阁搁胳（~臂）格革角（牛~）［44］个（~人）
ŋ	［13］蛾鹅俄讹［52］我［44］饿
x	［13］荷（薄~）河何荷（~花）喝（~酒）合盒鹤［52］赫喝（~彩）［44］贺
Ø	［13］讹鄂扼轭

iə

p	［13］别（区~）鳖别（离~）憋囗（跑义）
pʰ	［13］撇（~捺；~开）
m	［13］灭
t	［13］跌迭碟牒蝶谍爹
tʰ	［13］帖（碑~；请~）贴铁［52］腆
l	［13］猎列烈裂
tɕ	［13］接捷劫杰揭节结洁皆阶秸（麦~）羯（~羊：骟过的公羊）［52］姐［44］借藉（~故）介界芥疥届戒械
tɕʰ	［13］妾怯（畏~）切（~开）截茄（~子）囗（~到肩上：扛到肩上）［52］且［44］褯（尿~子：尿布）
ɕ	［13］胁协歇蝎楔（~子）挟（要~）些邪斜谐携屑（不~）屑（木~）［52］写［44］泄（~漏）泻卸谢懈蟹
ȵ	［13］聂（姓）镊（~子）蹑（~脚走）业孽捏
Ø	［13］叶页噎（~住了）耶爷［52］也（~是）野［44］液腋夜

uə

p	[13] 波菠（~菜）帛剥驳博泊（梁山~）钵拨钹勃馞（面~）薄泊（停~）[44] 薄（~荷）[52] 跋（~子）簸（~一~）簸（~箕）
pʰ	[13] 颇坡玻（~璃）婆剖泼迫 [44] 破
m	[13] 魔磨（~刀）摩馍摹（~仿）末沫抹没（沉~；~有）莫膜寞摸 [52] 模（~范）陌（~生）[44] 磨（石~）
f	[13] 佛（仿~）佛（~像）
v	[13] 倭（~瓜）踒（~了脚）窝握物勿沃 [52] 我 [44] 饿卧
t	[13] 多掇（拾~）掇（掂~）夺踱铎 [52] 朵躲 [44] 舵驮（~子）剁惰桗（柴~）
tʰ	[13] 拖鸵驮脱托（~付）[52] 妥椭（~圆）托（~着）[44] 唾（~液）
n	[13] 挪蛾鹅俄诺恶（善~）[44] 糯（~米）
l	[13] 罗箩骡螺（~蛳）啰（~嗦）锣落烙骆酪洛络乐 [52] 裸（~体）[44] 擽（~起来）
ts	[13] 撮（一~米）作（工~）凿昨 [52] 左佐 [44] 坐座
tsʰ	[13] 搓锉矬（矮）[52] 措（~置）[44] 错（~误）错（~杂）
s	[13] 蓑梭（~子）唆（啰~）莎（~草）索（绳~）缩 [52] 锁琐（~碎）
tʂ	[13] 拙着（睡~）着（穿~打扮）酌桌卓琢啄涿（~鹿）浊捉
tʂʰ	[13] 绰（宽~）敠（~起棍子）焯（把菜放在开水里~~）戳镯（~子）浞
ʂ	[13] 说（~话）朔勺（~子）芍（芍药花）[52] 所
ʐ	[13] 若弱
k	[13] 锅割国郭虢（虞号）[52] 果裹粿（~子）[44] 过
kʰ	[13] 科磕括（包~）阔廓扩（~充）[52] 棵颗（一~珠）[44] 课
x	[13] 和（~气）禾豁（~然）活霍藿（~香）获 [52] 火伙 [44] 贺货祸和（~面）惑

yə

l	[13] 略掠劣

tɕ　　　［13］厥掘决诀觉（知~）角（墙~~子；一~钱）饺（煮~子：饺子）掘倔（~强）镢（~头）爵嚼脚却［52］憋（脾气~）

tɕʰ　　［13］瘸（~腿）确缺绝雀（麻~）鹊（喜~）

ɕ　　　［13］靴薛学血穴雪削

n　　　［13］虐₂疟₂

ø　　　［13］悦阅月越曰粤岳（~父）岳（五~）乐（音~）药钥（~匙）跃虐₁疟₁（~疾）约

ɛ

p　　　［52］摆稗［44］拜败

pʰ　　　［13］排（~列）排（竹~）牌［44］派

m　　　［13］埋［52］买［44］卖迈

t　　　［13］呆［44］带大（~夫）戴贷待怠殆代袋

tʰ　　　［13］胎奋（~子）台苔（青~；舌~）抬［52］态［44］太泰

n　　　［13］哀埃（尘~）挨（~住）崖（山~）捱（~打）额［52］碍奶矮乃［44］爱奈艾蔼（和~）隘耐

l　　　［13］来［44］赖癞

ts　　　［13］斋灾栽［52］宰载（一年一~）载（~重）载（满~）［44］债寨再在

tsʰ　　［13］豺钗差（出~）柴猜才（刚~）才（~华）材财裁测拆（~开）［52］彩采睬［44］蔡菜

s　　　［13］腮鳃［52］筛（~子）［44］晒赛

v　　　［13］歪［44］外

k　　　［13］街该［52］解（~开）改［44］概溉盖丐（乞~）

kʰ　　　［13］开揩［52］凯慨（慷~）楷

x　　　［13］孩鞋［52］海［44］亥害骇（惊~）

uɛ

tʂ　　　［52］拽（拖）

tʂʰ　　［13］揣（~度）

ʂ　　　［13］衰摔率（~领）蟀［44］帅

k　　　［13］乖［52］拐［44］怪

kʰ　　　［52］块（一~去）会（~计）［44］块（土~）快筷

x　　　［13］怀槐淮或（~着）［44］坏

ɔ

p　　[13] 褒（~奖）包胞 [44] 报抱暴菢（~鸡娃子）豹爆鲍
（姓；~鱼）刨（木工工具）[52] 保宝饱

pʰ　　[13] 袍抛刨（动词）狍雹 [52] 跑 [44] 泡炮（枪~）泡（~在
水里）

m　　[13] 毛茅猫锚猫矛 [52] 卯 [44] 冒帽貌茂贸

t　　[13] 刀叨（唠~）[52] 祷岛倒（打~）稻盗导 [44] 到倒
（~水）道

tʰ　　[13] 滔掏（~出来）桃逃淘（~汰）陶萄涛 [52] 讨 [44] 套

n　　[13] 熬㶱（~白菜）饶挠 [52] 脑恼袄 [44] 傲鳌（烙饼用
具）闹

l　　[13] 劳捞（~钱；打~）牢唠（~叨）[52] 老 [44] 涝
（旱~）

ts　　[13] 遭糟 [52] 早枣蚤澡找 [44] 灶皂造（建~）罩笊（~篱）

tsʰ　　[13] 操（~作）曹槽抄（~写）钞（~票）巢 [52] 草驔
（~狗；母狗）炒吵 [44] 躁糙（粗~）

s　　[13] 骚臊（~气）梢（树~）捎（~带）稍潲（~雨）[52] 扫
（~地）嫂扫（~帚）

tʂ　　[13] 朝（今~）昭招 [52] 沼（~气）[44] 赵兆召照诏

tʂʰ　　[13] 超朝（~代）潮囗（~子：傻子）

ʂ　　[13] 烧韶（~关）[52] 少（多~）[44] 少（~年）绍邵

ʐ　　[13] 饶 [52] 扰 [44] 绕（围~）绕（~线）

k　　[13] 高膏篙羔糕 [52] 稿搞 [44] 告膏（~油）

kʰ　　[52] 考烤 [44] 靠犒

ŋ　　[13] 熬 [52] 袄 [44] 傲

x　　[13] 蒿（~子面）薅（~草：除草）豪壕毫号（呼~）[52] 好
（~坏）郝（姓）[44] 好（喜~）耗浩号（~数）

ø　　[44] 懊（~恼）奥懊（~悔）

iɔ

p　　[13] 膘（长~）标彪 [52] 表（~示）表（手~）

pʰ　　[13] 飘漂（~白）瓢嫖（~赌）[44] 票（车~）漂（~亮）

m　　[13] 苗描 [52] 藐渺秒 [44] 庙妙

t　　　［13］刁貂雕　［44］调（音~）调（~动）钓吊掉

tʰ　　［13］薍（灰~菜）挑条调（~和油）筶（~帚）［44］跳粜

l　　　［13］憭（~干）疗聊辽撩寥　［52］燎（火~眉毛）了（~结）
　　　　［44］瞭料炓（马~厥子）廖（姓）

tɕ　　［13］交郊胶教（~书）浇骄娇饺（~子）［213］焦蕉（芭~）
　　　　椒　［52］绞狡铰搅剿缴（上~）侥（~幸）矫（~诈）［44］教
　　　　（~育）校（~对）较窖觉（睡~）叫

tɕʰ　　［13］敲锹缲（~边）樵瞧乔侨桥荞　［52］巧　［44］悄（静~~）
　　　　俏窍轿

ɕ　　　［13］消宵霄硝销萧箫枵嚣　［52］小晓　［44］酵孝效校（学~）
　　　　校（上~）笑鞘（刀~）

ȵ　　　［52］咬鸟　［44］尿

ø　　　［13］肴淆尧幺（~二三，数字一）吆喝妖邀腰要（~求）摇谣
　　　　窑姚　［52］杳（~无音信）舀（~水）［44］勒（袜~子）要
　　　　（重~）耀鹞（~子）

ei

p　　　［13］杯悲北百柏白　［44］贝辈背（脊~）背（~书）焙（~干）
　　　　卑伯

pʰ　　［13］胚（~胎）坯（土~）培陪赔裴披拍　［52］倍佩蓓魄　［44］
　　　　沛配

m　　　［13］梅枚媒煤霉默麦脉　［52］每美媚寐　［44］妹昧

f　　　［13］非飞妃肥　［52］匪翡（~翠）［44］废肺吠费（~用）

t　　　［13］得德

tʰ　　［13］特

n　　　［44］那

l　　　［13］肋勒（~脖子）

ts　　　［13］贼摘责宅窄

tsʰ　　［13］厕（~所）则

s　　　［13］塞（阻~）虱瑟色啬（吝~）

v　　　［13］危伪为（作~）维惟唯微威违围伟苇（芦~）纬　［52］萎
　　　　（气~）委尾　［44］卫喂为（~啥）位未味魏畏慰胃谓猬　［44］
　　　　外（~爷：外祖父）

k　　　　　［13］隔革

kʰ　　　　　［13］刻（用刀~）

x　　　　　［13］黑

uei

t　　　　　［13］堆　［44］对队兑

tʰ　　　　　［13］推　［52］腿　［44］退蜕褪

l　　　　　［13］雷　［52］儡（傀~）累（~赘）累（连~）垒　［44］内累
　　　　　（乏）类泪

ts　　　　　［52］嘴　［44］罪最醉

tsʰ　　　　　［13］催崔　［44］脆翠粹（纯~）

s　　　　　［13］随虽绥　［52］髓　［44］碎（小）碎（破~）岁遂隧
　　　　　（~道）穗

tʂ　　　　　［13］追锥　［44］拽缀（点~）赘坠

tʂʰ　　　　　［13］吹炊垂槌锤

ʂ　　　　　［13］谁　［52］水　［44］税睡

ʐ　　　　　［52］蕊　［44］芮（姓）锐瑞

k　　　　　［13］圭闺规龟归　［52］诡轨鬼　［44］鳜桂跪柜贵

kʰ　　　　　［13］盔魁傀（~儡）奎亏窥逵葵　［52］愧

x　　　　　［13］恢灰回茴麾挥辉徽　［52］悔毁　［44］贿晦汇溃（~脓）刽
　　　　　桧（乔木名；秦~）会（~议）会（~不~）绘秽惠慧讳汇

əu

t　　　　　［52］兜斗抖陡斗　［44］豆逗

tʰ　　　　　［13］偷头投　［44］透

n　　　　　［44］怄（~气）

ts　　　　　［13］邹　［52］走　［44］奏皱绉骤

tsʰ　　　　　［13］搊（~起来）愁　［52］瞅　［44］凑

s　　　　　［13］搜飕搜（~集）　［52］叟馊（饭~了）　［44］嗽（咳~）瘦
　　　　　漱（~口）

tʂ　　　　　［13］周舟州洲帚粥　［52］肘　［44］昼纣（桀~）宙咒

tʂʰ　　　　　［13］抽绸稠筹仇酬　［52］丑（难看）丑（子~寅卯）　［44］臭
　　　　　（香~）

ʂ　　　　　［13］收　［52］手首守　［44］兽受寿授售

ʐ　　　［13］柔揉肉

k　　　［13］勾钩沟［52］狗苟［44］够构购勾（~当）垢（水~）

kʰ　　　［13］抠眍（眼~）［52］口［44］叩（~头）扣（~住）寇

x　　　［13］侯喉猴瘊（~子）［52］吼［44］后（~头）后（皇~）
　　　厚候

ø　　　［13］欧殴［44］沤（~肥）［52］藕偶（配~）偶（~然）呕
　　　（~吐）

iəu

m　　　［44］谬

t　　　［13］丢

l　　　［13］流刘留榴（石~）硫（~磺）琉（~璃）馏绿六［52］
　　　柳溜

tɕ　　　［13］揪（一把~住）囗（梳个~儿）阄（拈~）纠（~缠）究纠
　　　［52］酒九久韭灸（针~）［44］就鸠救臼舅咎旧枢

tɕʰ　　　［13］秋（~天）秋（~千）囚丘求球仇（姓）屎［52］糗
　　　（出~了）

ɕ　　　［13］修羞休［52］朽［44］秀绣宿（星~）锈（铁~）袖嗅

ȵ　　　［13］牛［52］纽扭

ø　　　［13］忧优尤邮由油游犹悠（~~）幽蚰（~蜒）［52］有友酉莠
　　　［44］又右佑诱柚鼬（黄~）釉幼

an

p　　　［13］班斑颁扳般搬［52］板版［44］扮瓣办半绊伴拌

pʰ　　　［13］攀潘盘［44］盼判叛

m　　　［13］蛮瞒馒（~头）［52］满［44］慢漫幔

f　　　［13］藩翻番（几~）烦藩矾繁凡帆［52］反［44］贩饭泛范
　　　（模~）范（姓）犯

t　　　［13］耽担（~任）担（挑~）丹单（~独）［52］胆掸（鸡毛~
　　　子）［44］淡旦诞但弹（子~）蛋

tʰ　　　［13］贪潭谭坍（~下来）谈痰滩摊檀坛弹（~琴）［52］毯坦
　　　［44］探（试~）炭叹

n　　　［13］南男难（~易）安鞍［44］难（苦~）按案

l　　　［13］蓝篮兰拦栏［52］娄览揽榄（橄~）缆懒缆（~车）［44］

滥烂

ts	［13］簪［52］斩盏攒（积~）［44］暂錾（~花）站（立）站（车~）蘸（~酱油）赞瓒（溅）绽（破~）栈
tsʰ	［13］参蚕惭谗馋搀餐残掺（~水：兑水）［52］惨铲产［44］灿
s	［13］三杉衫珊山删［52］散（鞋带~了）伞［44］散（分~）
tʂ	［13］沾粘（~贴）瞻毡［52］展［44］占（~卜）占（~座）战
tʂʰ	［13］蟾（~蜍）缠蝉禅（~宗）［44］颤
ʂ	［13］膻搧［52］陕（~西）闪［44］疝（~气）扇善膳单（姓）禅（~让）骟（~羊）蟮（蚰~）
ʐ	［13］然燃［52］染冉
v	［13］玩（古~；游~）完丸（肉~）豌（~豆）剜顽（~皮）弯湾［52］晚挽皖（安徽）碗［44］万蔓（瓜~子）腕
k	［13］甘柑泔（~水）尴（~尬）干肝竿（竹~）干（~湿）［52］感敢橄（~榄）杆秆（稻~）擀（~面）赶［44］干
kʰ	［13］堪勘（~误；~探）看（~守）刊［52］坎砍［44］看（~见）
x	［13］含函憨酣咸鼾（扯~）寒韩还（~有）［52］喊罕［44］撼憾汉旱汗焊（~铁壶）翰
ø	［13］庵［44］暗岸

ian

p	［13］鞭编边蝙［52］贬扁匾煸（干~）褊（~袖子：挽袖子）［44］变辨辩汴便（方~）遍（一~）遍（~地）辫
pʰ	［13］篇偏便（~宜）［52］片［44］骗（欺~）
m	［13］绵棉眠［52］免勉娩（分~）缅［44］面（~粉）面（~部）
l	［13］廉镰帘连联怜莲［52］敛脸［44］殓练炼裢（褡~）
tɕ	［13］监（~察）尖歼（~灭）兼艰间（中~）奸煎笺肩坚［52］减碱检俭搛（~菜：用筷子夹）简柬拣剪茧趼［44］鉴舰渐剑间（~断）谏涧锏（车~）箭溅（~一身水）践贱饯（~行）件犍（~子）建键健腱荐见
tɕʰ	［13］铅鹐（啄，~米）签（抽~）签（~字）钳谦迁钱乾（~坤）虔掮千前牵［52］潜浅遣［44］嵌欠歉

ç [13] 咸衔枕（木~）嫌闲仙鲜（新~）涎掀先贤弦 [52] 险鲜（朝~）显 [44] 陷馅限线羡宪献现县

ŋ̍ [13] 黏（~米）鲇（~鱼）拈（~起来）蔫（食物不新鲜）蔫（花萎）年 [52] 眼碾辇捻（以指~碎）撵 [44] 念

∅ [13] 沿岩淹阉炎盐阎檐（屋~）严腌颜焉（心不在~）延筵言研烟俨（~然）蜒（~蚰）[52] 掩魇（~住了：梦魇了）演□（~：痣）[44] 验厌艳焰盐（腌）酽（~茶）雁谚堰砚燕（姓）燕（~子）咽宴

uan

t [13] 端 [52] 短 [44] 断（掰~）锻（~炼）断（~绝）段缎椴

tʰ [13] 团（一~）团（饭~）

l [13] 鸾恋銮（金~殿）[52] 暖卵 [44] 乱

ts [13] 钻（动词）[52] 纂（编~）[44] 钻（木工用具）

tsʰ [13] 汆（生~面）

s [13] 酸 [44] 算蒜

tʂ [52] 转（~眼，~送）[44] 篆赚撰转（~动）□（门~：门轴）

tʂʰ [13] 专砖川穿船传（~达）椽 [52] 喘 [44] 传（~记）串窜篡

ʂ [13] 拴 [44] 闩涮（~洗）

ʐ̩ [52] 软阮

k [13] 官棺观（参~）冠（衣~）关 [52] 管馆 [44] 贯灌罐观（道~）冠（~军）惯

kʰ [13] 宽 [52] 款

x [13] 欢桓还（原）环 [52] 缓 [44] 唤焕换幻患宦

yan

tɕ [52] 绢（手~）卷（~起）[44] 眷卷圈（羊~）倦

tɕʰ [13] 圈（圆~）拳权颧（骨）全泉 [52] 券犬 [44] 捐劝

ç [13] 喧轩玄悬宣旋（~转）[52] 癣（牛皮~）选 [44] 楦（鞋~子）眩旋（~吃~做）

∅ [13] 圆员缘元原源冤宛袁辕园援（~救）渊 [52] 远 [44] 院愿怨

aŋ

p	[13] 邦帮 [52] 绑榜 [44] 浜（沙家～）蚌棒谤傍
pʰ	[13] 庞滂（～沱大雨）旁螃（～蟹）[44] 胖
m	[13] 盲虻（牛～）忙芒茫 [52] 莽蟒
f	[13] 方肪（脂～）芳妨（～害）房防 [52] 仿（～效）纺仿（相似）仿（～佛）访 [44] 放
v	[13] 汪（一～水）亡芒（麦～儿）王 [52] 网辋（车～子）往 [44] 忘妄望枉旺（火～）
t	[13] 当（～时）铛（铃～）[52] 党挡 [44] 当（当～）荡（放～）宕（延～）
tʰ	[13] 汤堂棠螳（～螂）唐糖塘 [52] 倘（～使）躺 [44] 烫趟（一～）
n	[13] 囊 [52] 攘（用刀子～）[44] 齉（～鼻子）
l	[13] 郎廊狼螂 [52] 朗 [44] 浪口（玩，～门子：串门）
ts	[13] 赃脏（不干净）[44] 葬藏（西～）脏
tsʰ	[13] 仓苍藏（隐～）
s	[13] 桑丧（婚～）[52] 嗓搡 [44] 丧（～失）
tʂ	[13] 章樟张 [52] 掌长（生～）涨 [44] 丈仗杖障（保～）瘴（～气）帐账胀
tʂʰ	[13] 昌猖娼常长（～短）肠 [52] 厂场 [44] 唱倡（提～）畅怅（惆～）
ʂ	[13] 商伤尝裳（衣～）偿 [52] 赏晌（～午）[44] 上（～山）尚上（～面）
ʐ	[13] 瓤（瓜～）穰（麦～）[52] 壤（土～）攘嚷 [44] 让
k	[13] 冈刚₂纲钢缸 [52] 岗港（～口）[44] 钢（把刀～一下）杠
kʰ	[13] 康糠慷（～慨）扛 [44] 抗炕
x	[13] 行（～列）航杭 [52] 夯（打～）[44] 项₁巷₁
∅	[13] 昂肮（～脏）

iaŋ

l	[13] 酿良凉量（～长短）粮梁粱量（数～）[52] 两（～个）两（几～几钱）辆 [44] 亮谅

tɕ   [13] 将（~来）江豇（~豆）浆疆僵姜礓（料~石）缰（~绳）
        姜刚₁（~~）[52] 讲蒋奖桨 [44] 降（下~）虹（彩虹）酱将
        （大~）匠

tɕʰ   [13] 腔枪墙羌强 [52] 抢强（勉~；倔~）

ɕ   [13] 降（投~）相（互~）箱厢湘襄镶详祥香乡 [52] 饷想享
        响 [44] 相（~貌）象像橡（~树）向项₂巷₂

ȵ   [13] 娘

ø   [13] 疡（溃~）央秧殃羊洋烊（融化）杨阳扬 [52] 养痒仰
        [44] 样

uaŋ

tʂ   [13] 庄装桩 [44] 壮状撞

tsʰ   [13] 疮床窗 [52] 闯 [44] 创

ʂ   [13] 霜媚双（一~）双（~胞胎）[52] 爽

k   [13] 光 [52] 广 [44] 桄（一~线）逛

kʰ   [13] 匡筐眶（眼~）狂 [44] 旷况矿

x   [13] 荒慌黄簧（锁~）皇蝗 [52] 谎 [44] 晃（~眼）

əŋ

p   [13] 崩奔锛 [52] 本奔（投~）[44] 笨进（~裂）

pʰ   [13] 喷（~水）盆棚烹彭膨（~胀）蓬篷朋 [52] 捧 [44] 喷
       （~香）

m   [13] 门萌盟蒙 [52] 猛懵（~懂）[44] 闷孟蠓（~虫）梦

f   [13] 芬纷焚坟风枫疯丰冯分（~开）封峰蜂锋逢缝（~衣服）
       [52] 讽粉 [44] 粪奋愤忿份（一~两~）凤奉俸缝（一条~）

t   [13] 登灯 [52] 等 [44] 凳镫（鞍~）邓澄瞪（~眼）

tʰ   [13] 腾誊藤疼吞

n   [13] 能恩

l   [13] 楞 [52] 冷

ts   [13] 曾（姓）增争筝睁 [44] 憎赠铮（~亮）

tsʰ   [13] 参（~差）岑曾（~经）层撑 [44] 蹭衬蹭（椅子~儿）

s   [13] 森参（人~）僧笙甥生牲 [52] 省（~长）省（节~）
       [44] 渗（水~透）

tʂ   [13] 针斟榛臻真贞侦征（~求）蒸正（~月）征珍 [52] 枕

（名词）枕（动词）诊疹拯（～救）整［44］镇阵振震证症郑正政

tʂʰ	［13］沉陈尘橙（～子）诚盛（～水）辰晨臣澄橙称（～呼）乘承丞呈程成城［52］逞（～能）惩［44］趁称（相～）秤（一杆～）澄
ʂ	［13］深神身申伸娠绳升声［52］沈审婶［44］甚盛（兴～）肾慎剩胜（～败）胜（～任）圣
ʐ	［13］壬仍扔任（姓）人仁［52］忍［44］任（责～）纫（缝～）刃认韧
v	［13］温瘟文纹蚊闻翁［52］稳吻刎瓮［44］问璺（裂～子）
k	［13］跟根更（～换；五～）庚羹耕［52］哽（骨～在喉）埂（田～）梗（茎）耿［44］粳（～米）更（～加）□（～不着：够不着）
kʰ	［13］坑［52］肯恳垦
x	［13］恒痕亨衡横（～直）□（～□［xəu³¹］：猫头鹰）［52］很［44］恨横（蛮～）杏₁

iŋ

p	［13］冰彬宾槟（～榔）兵［52］禀丙秉柄饼［44］殡鬓病并（合～）并（～排）
pʰ	［13］拼（～命）凭贫频（～繁）平坪评拼瓶屏（围～）萍［52］品［44］聘
m	［13］民鸣明名铭［52］闽（～宁镇）悯敏抿皿［44］命
t	［13］丁钉（铁～）靪疔［52］顶鼎［44］钉（～住）订（～约）锭定
tʰ	［13］听（～见）厅汀听（～其自然）亭停廷庭蜓（蜻～）［52］艇挺
l	［13］林淋（～湿）临陵凌菱邻鳞磷灵零铃伶拎翎［52］檩（～子）领岭［44］赁（租～）吝（～啬）令另
tɕ	［13］津茎京荆惊鲸精晶睛（眼～）经今金禁（～不住）襟巾斤筋经（～纬）［52］景警井颈锦紧仅谨［44］进晋尽近境敬竟镜竞劲（～敌）径静靖净禁（～止）劲（有～）
tɕʰ	［13］侵亲秦卿擎清轻（～重）青蜻（～蜓）戚情晴钦撳（按）

琴禽擒勤芹倾［52］寝请顷［44］浸亲（~家）庆

ç　　　［13］心辛新薪欣殷行（~为）行（品~）兴（~旺）星腥馨形型
刑［52］醒省（反~）［44］信幸兴（高~）性姓衅杏₂

ŋ̩　　　［13］凝宁（安~）［44］硬宁（~可）

∅　　　［13］音阴淫莺鹦（~鹉）樱（~桃）应（~当；~用）鹰蝇迎英
婴缨盈赢吟银因姻洇寅营茔（坟~）萤［52］饮（~酒）饮
（~料）隐影引尹颖［44］荫（屋子很~）窨（地~子）饮(~马)
应（~付）映印

uŋ

t　　　［13］敦（~厚）墩蹲东冬［52］董懂［44］顿饨（馄~）
冻栋动洞盾（矛~）

tʰ　　　［13］屯豚臀囤通同铜桐童瞳［52］桶捅筒统［44］沌钝遁痛

n　　　［13］农脓浓［44］嫩

l　　　［13］论仑笼聋隆龙［52］拢陇垄［44］弄

ts　　　［13］尊遵棕鬃（马~）宗综（~合）踪［52］总［44］粽纵（~横）
纵（放~）从（~容）

tsʰ　　　［13］村存皴（脸~）聪忽葱囱（烟~）丛从（跟~）［52］忖
［44］寸

s　　　［13］孙松嵩菘［52］损㧐（~惠）笋榫（~头）［44］送宋诵
颂讼

tʂ　　　［13］中（当~）忠钟（~鼓）钟（姓）盅终［52］冢种（~类）
肿准［44］中（射~）仲重（轻~）种（~树）众

tʂʰ　　　［13］虫重（~复）冲椿（香~）春纯莼（~菜）醇（酒味~）崇
充［52］宠蠢

ʂ　　　［13］唇［44］顺舜

ʐ　　　［13］茸（参~）荣戎绒融冗（拨~参加）容蓉（芙~）镕庸
［44］润闰

k　　　［13］公蚣（蜈~）工功攻（~击）弓躬宫恭供（~给）［52］滚
磙（~子）汞拱（~手）［44］棍贡供（~养）共

kʰ　　　［13］昆（~虫）昆（~仑）坤空（~虚）［52］捆孔巩（~固）
恐［44］困控空（没~）

x　　　［13］昏婚魂馄（~饨）浑（~浊）荤弘烘（~干）红洪鸿虹轰

（~出去）轰（~动）宏訇（阿~：教长）［52］哄（~骗）［44］
混（相~）哄（起~）

yŋ

l　　　［13］论仑轮［44］论（议~）

tɕ　　［13］君军均钧［52］窘菌迥（~然不同）［44］俊郡

tɕʰ　［13］群裙琼穷

ɕ　　　［13］寻荀熏勋熏旬循巡兄熊雄胸凶（吉~）凶（~恶）［44］讯
　　　逊训迅殉

ø　　　［13］云（白~）云（不知所~）匀雍痈［52］允永泳咏拥勇涌
　　　［44］熨韵运晕孕用

第二节　连读调

　　宁夏吊庄移民方言大体与迁出地一致，故各片内部连读调比较一致，下文选取生态吊庄移民区代表方言，即中原官话秦陇片、陇中片、关中片各一个方言点，分别描述三片方言连读变调的区别。

壹　两字组连调

（一）秦陇片方言连读调类型

1. 秦陇片方言根据阴平、阳平、上声、去声两字组归纳连读变调如下表2-1。

表2-1　　　　　　　　　　秦陇片方言连读变调表

前字 ＼ 后字	阴平 213	阳平 13	上声 52	去声 44
阴平 213	213　213 13　　31 ———— 213　213 13　　13	213　13 31 ———— 213　13 13　31	213　52 31	213　44 31

续表

前字＼后字	阴平 213	阳平 13	上声 52	去声 44
阳平 13	13 213 31 ——— 13 213 13	13 13 31	13 52	13 44 31
上声 52	52 213 31 ——— 52 213 13	52 13 31	52 52	52 44 31
去声 44	44 213 13 ——— 44 213 31	44 13 31	44 52 31	44 44 31 ——— 44 44 52

2. 以同心搬迁至银川市西夏区镇北堡镇方言为例，该点单字调分别为阴平〔213〕，阳平〔13〕，上声〔52〕，去声〔44〕，连调例词列举如下：

阴平+阴平	飞机 fei²¹³⁻¹³tɕi²¹³⁻³¹	香椿 ɕiaŋ²¹³⁻¹³tʂʰuŋ²¹³⁻³¹	声音 ʂəŋ²¹³⁻¹³iŋ²¹³⁻³¹
	当官 taŋ²¹³⁻¹³kuan²¹³⁻¹³	收入 ʂəu²¹³⁻¹³ʐu²¹³⁻¹³	开业 kʰɛ²¹³⁻¹³iə²¹³⁻¹³
阴平+阳平	今年 tɕiŋ²¹³⁻³¹ȵian¹³	耕田 kəŋ²¹³⁻³¹tʰian¹³	帮忙 paŋ²¹³⁻³¹maŋ¹³
阴平+上声	山水 ʂan²¹³⁻³¹ʂuei⁵²	乡长 ɕiaŋ²¹³⁻³¹tʂaŋ⁵²	孙女 suŋ²¹³⁻³¹ny⁵²
阴平+去声	书记 ʂu²¹³⁻³¹tɕi⁴⁴	车票 tʂʰə³¹pʰiɔ⁴⁴	青菜 tɕʰiŋ³¹tsʰɛ⁴⁴
阳平+阴平	农村 nuŋ¹³tsʰuŋ²¹³⁻³¹	良心 liaŋ¹³ɕiŋ²¹³⁻³¹	南方 nan¹³faŋ²¹³⁻³¹
阳平+阳平	皮鞋 pʰi¹³xɛ¹³	羊毛 iaŋ¹³mɔ¹³	银行 iŋ¹³xaŋ¹³
	围裙 vei¹³tɕʰyŋ¹³⁻³¹	眉毛 mi¹³mɔ¹³⁻³¹	牙疼 ia¹³tʰəŋ¹³⁻³¹
阳平+上声	门口 məŋ¹³kʰəu⁵²	长短 tʂʰaŋ¹³tuan⁵²	牛奶 ȵiəu¹³nɛ⁵²
	朋友 pʰəŋ¹³iəu⁵²⁻³¹	牙齿 ia¹³tʂʰʅ⁵²⁻³¹	
阳平+去声	城市 tʂʰəŋ¹³sʅ⁴⁴	咸菜 cian¹³tsʰɛ⁴⁴	排队 pʰɛ¹³tuei⁴⁴
	棉裤 mian¹³kʰu³¹	徒弟 tʰu¹³ti³¹	
上声+阴平	火车 xuə⁵²tʂʰə³¹	点心 tian⁵²ɕiŋ³¹	喜欢 ɕi⁵²xuan³¹
	打针 ta⁵²tʂəŋ¹³		
	享福 ɕiaŋ⁴⁴fu¹³		

上声+阳平	水池 ʂuei⁵²tʂʰʅ¹³	锁门 suə⁵²məŋ¹³	检查 tɕian⁵²tʂʰa¹³
	伙食 xuə⁵²ʂʅ³¹	老实 lɔ⁵²ʂʅ³¹	小学 ɕiɔ⁵²ɕyə³¹
上声+上声	厂长 tʂʰaŋ⁵²tʂaŋ⁵²	举手 tɕy⁵²ʂou⁵²	好歹 xɔ⁵²tɛ⁵²
	手表 ʂou⁵²⁻³¹piɔ⁵²	水果 ʂuei⁵²⁻³¹kuə⁵²	管理 kuan⁵²⁻³¹li⁵²
上声+去声	海带 xɛ⁵²tɛ⁴⁴	水库 ʂuei⁵²kʰu⁴⁴	比赛 pi⁵²sɛ⁴⁴
	韭菜 tɕiəu⁵²tsʰɛ⁴⁴⁻³¹	板凳 pan⁵²təŋ⁴⁴⁻³¹	古代 ku⁵²tɛ⁴⁴⁻³¹
	写字 ɕiɔ⁵²⁻³¹tsʅ⁴⁴		
去声+阴平	坐车 tsuə⁴⁴tʂʰə²¹³⁻³¹	唱歌 tʂʰaŋ⁴⁴kə²¹³⁻³¹	半天 pan⁴⁴tʰian²¹³⁻³¹
	唱歌 tʂʰaŋ⁴⁴kə¹³	树叶 ʂu⁴⁴iə¹³	犯法 fan⁴⁴fa¹³
去声+阳平	酱油 tɕiaŋ⁴⁴iəu¹³	半年 pan⁴⁴ȵian¹³	化肥 xua⁴⁴fei¹³
	算盘 suan⁴⁴pʰan¹³⁻³¹	练习 lian⁴⁴ɕi¹³⁻³¹	汉族 xan⁴⁴tsu¹³⁻³¹
	技术 tɕi⁴⁴⁻¹³ʂu¹³⁻³¹		
去声+上声	报纸 pɔ⁴⁴tsʅ⁵²	政府 tʂəŋ⁴⁴fu⁵²	信纸 ɕiŋ⁴⁴tsʅ⁵²
	户口 xu⁴⁴kʰəu⁵²⁻³¹		
去声+去声	变化 pian⁴⁴xua⁴⁴	种菜 tʂuŋ⁴⁴tsʰɛ⁴⁴	世界 ʂʅ⁴⁴tɕiə⁴⁴
	孝顺 ɕiɔ⁴⁴ʂuŋ⁴⁴⁻³¹		
	创造 tʂʰuaŋ⁴⁴⁻⁵²tsɔ⁴⁴	会计 kʰuɛ⁴⁴⁻⁵²tɕi⁴⁴	

3. 宁夏南部方言存在大量的重叠式子尾词，多为后字轻声，以同心搬迁至银川市西夏区镇北堡镇方言为例，清平、清入、次浊入作前字加子尾时，前字读低降调，记为 [31]，后字"子"读为高平调，记为 [44]，如：刀子 tɔ³¹tsʅ⁴⁴ ｜ 珠子 tʂu³¹tsʅ⁴⁴ ｜ 桌子 tʂuə³¹tsʅ⁴⁴ ｜ 夹子 tɕia³¹tsʅ⁴⁴ ｜ 麦子 mei³¹tsʅ⁴⁴ ｜ 叶子 iə³¹tsʅ⁴⁴。

（二）陇中片方言连读调类型

1. 陇中片方言根据平声、上声、去声两字组归纳连读变调如下表2-2。

表2-2　　　　　　　　　　陇中片方言连读变调表

前字 ＼ 后字	平声 13	上声 52	去声 44
平声 13	13　13 24　31 ——— 13　13 24 ——— 13　13 31　24	13　52 31 ——— 13　52 24	13　44 31 ——— 13　44 31　52

续表

前字＼后字	平声 13	上声 52	去声 44
上声 52	52　13 　　31 ——— 52　13 　　24	52　52 　　31	52　44 　　31
去声 44	44　13 　　31 ——— 44　13 　　24 ——— 44　13 　　44	44　52 　　31	44　44 　　31

2. 以西吉搬迁至西夏区镇北堡镇方言为例，该点单字调格局分别是平声［13］，上声［52］，去声［44］，连调例词列举如下：

平声+平声　　额头 ə$^{13-24}$tʰəu^{13}　　　　丢人 tɕiəu$^{13-24}$ʐəŋ^{13}　　　　农民 nuŋ$^{13-24}$miŋ^{13}
　　　　　　　春天 tʂʰuŋ$^{13-24}$tɕʰian^{31}　　冬天 tuŋ$^{13-24}$tɕʰian^{31}　　调羹 tɕʰiɔ$^{13-24}$kəŋ^{31}
　　　　　　　热头 ʐʮə$^{13-31}$tʰəu^{13}　　　风匣 fəŋ$^{13-31}$ɕia^{13}　　　　帮忙 paŋ$^{13-31}$maŋ^{24}
　　　　　　　切刀 tɕʰiə$^{13-31}$tɔ^{24}　　　　蒸笼 tʂəŋ$^{13-31}$luŋ^{24}

平声+上声　　牲口 səŋ$^{13-31}$kʰəu^{52}　　　花卷 xua$^{13-31}$tɕyan^{52}　　浇水 tɕiɔ$^{13-31}$ʂuei^{52}
　　　　　　　门槛 məŋ$^{13-31}$kʰan^{31}　　茅坑 mɔ$^{13-24}$kʰəŋ^{31}　　　黄米 xuaŋ$^{13-24}$mi^{31}

平声+去声　　填炕 tʰian$^{13-24}$kʰaŋ^{44}　　洋芋 iaŋ$^{13-24}$y^{44}　　　　麻利 ma$^{13-24}$li^{44}
　　　　　　　月亮 yə$^{13-31}$liaŋ^{44}　　　春上 tʂʰuŋ$^{13-31}$ʂaŋ^{44}　　铺盖 pʰu$^{13-31}$kɛ^{44}

上声+平声　　响雷 ɕiaŋ^{52}luei^{13}　　　母驴 mu^{52}ly^{13}　　　　向葵 ɕiaŋ^{52}kʰuei^{13}
　　　　　　　乳牛 ʐu^{52}ɳiəu$^{13-24}$　　　母羊 mu^{52}iaŋ$^{13-24}$　　　脬牛 pʰɔ^{52}ɳiəu$^{13-24}$
　　　　　　　顶棚 tɕiŋ^{52}pʰəŋ$^{13-31}$　　扁担 pian^{52}tan$^{13-31}$　　　母鸡 mu^{52}tɕi$^{13-31}$

上声+上声　　水果 ʂuei$^{52-31}$kua^{52}　　老板 lɔ$^{52-31}$pan^{52}　　　　水桶 ʂuei$^{52-31}$tʰuŋ^{52}
　　　　　　　口水 kʰəu^{52}ʂuei$^{52-31}$

上声+去声　　水窖 ʂuei^{52}tɕiɔ^{44}　　　眼泪 ɳian^{52}luei^{44}　　　写字 ɕiə^{52}tsʮ^{44}
　　　　　　　唢呐 suə^{52}la$^{44-31}$　　　手绢 ʂəu^{52}tɕyan$^{44-31}$　　韭菜 tɕiəu^{52}tsʰɛ$^{44-31}$
　　　　　　　老碗 lɔ$^{52-31}$van$^{44-52}$

去声+平声　　叫驴 tɕiɔ⁴⁴ly¹³　　　　　放牛 faŋ⁴⁴n̠iəu¹³　　　　外行 vɛ⁴⁴xaŋ¹³

　　　　　　　涝坝 lɔ⁴⁴pa¹³⁻³¹　　　夏天 ɕia⁴⁴tɕʰian¹³⁻³¹　　骡马 kʰuɔ⁴⁴ma¹³⁻³¹

　　　　　　　犍牛 tɕian⁴⁴⁻³¹n̠iəu¹³

去声+上声　　右手 iəu⁴⁴ʂəu⁵²　　　　大雨 ta⁴⁴y⁵²　　　　　送礼 suŋ⁴⁴li⁵²

　　　　　　　户口 xu⁴⁴kʰəu⁵²⁻³¹

去声+去声　　庙会 miɔ⁴⁴xuei⁴⁴　　　下蛋 ɕia⁴⁴tan⁴⁴　　　　骂仗 ma⁴⁴tʂaŋ⁴⁴

　　　　　　　孝顺 ɕiɔ⁴⁴ʂuŋ⁴⁴⁻³¹

（三）关中片方言连读调类型

1. 关中片方言根据阴平、阳平、上声、去声两字组归纳连读变调如下表 2-3。

表 2-3　　　　　　　　　　　关中片方言连读变调表

前字＼后字	阴平 31	阳平 35	上声 52	去声 44
阴平 31	31　31 35	31　35 　　31	31　52 　　31	31　44 　　31
阳平 35	35　31 31	35　35 31　31 ——— 35　35 31　52 ——— 35　35 31	35　52	35　44 　　31 ——— 35　44 　　52
上声 52	52　31	52　35 44　31 ——— 52　35 　　31	52　52 　　31 ——— 52　52 　　31	52　44 　　31
去声 44	44　31	44　35 　　31	44　52 　　31 ——— 44　52 　　35	44　44

2. 阴平作前字，无论后字来自哪个调类，都不变调，个别借词例外，变为［35］；阳平作前字，后字为阴平、去声时不变调，后字为阳平时变为［31］，后字为上声时部分变为［31］；上声在阴平、去声前不变调，在阳平前变为［44］，上声前变为［31］；去声作前字，无论后字时哪个调类，均不变调。

以泾源搬迁至银川市西夏区兴泾镇方言为例，该点单字调格局分别是阴平［31］，阳平［35］，上声［52］，去声［44］，单字调和连调模式的关系如下表 2-4。

表 2-4 　　　　　　　　　　**兴泾镇方言连调表**

前字＼后字	阴平 31	阳平 35	上声 52	去声 44
阴平 31	35+31 沙滩 sa³⁵tʰæ³¹ 香菇 ɕiaŋ³⁵ku³¹	31+35 工人 kuŋ³¹z̩əŋ³⁵ 消毒 ɕiɔ³¹tu³⁵	31+52 身体 ʂəŋ³¹tɕʰi⁵² 乡长 ɕiaŋ³¹tʂaŋ⁵²	31+44 车站 tʂə³¹tsæ⁴⁴ 开会 kʰɛ³¹xuei⁴⁴
阳平 35	31+31 棉花 miæ³¹xua³¹ 黄瓜 xuaŋ³¹kua³¹	35+35 头疼 tʰəu³⁵tʰəŋ³⁵ 农民 nuŋ³⁵min³⁵	35+52 门槛 mən³¹kʰæ⁵² 牛奶 ȵiəu³⁵nɛ⁵²	35+44 羊圈 iaŋ³⁵tɕyæ⁴⁴ 还账 xuæ³⁵tʂaŋ⁴⁴
上声 52	52+31 老师 lɔ⁵²sɿ³¹ 眼睛 ȵiæ⁵²tɕiŋ³¹	52+35 嘴唇 tsuei⁵²ʂun³⁵ 锁门 suɔ⁵²mən³⁵	31+52 水桶 ʂuei⁵²tʰuŋ⁵² 火铲 xuɔ³¹tʂʰæ⁵²	44+31 场院 tʂʰaŋ⁴⁴yæ³¹ 柳树 liəu⁴⁴ʂu³¹
去声 44	44+31 冻冰 tuŋ⁴⁴piŋ³¹ 下霜 ɕia⁴⁴ʂuaŋ³¹	44+35 骒骡 kʰuə⁴⁴luə³⁵ 蒜苗 ɕyæ⁴⁴miɔ³⁵	44+52 大雨 ta⁴⁴y⁵² 信纸 ɕin⁴⁴tsɿ⁵²	44+44 上粪 ʂaŋ⁴⁴fən⁴⁴ 种菜 tʂuŋ⁴⁴tsʰɛ⁴⁴

贰　重叠式变调

（一）AA 式重叠

以同心搬迁至银川市西夏区镇北堡镇方言为例，清平叠字前字变读为［31］，后字变读为［44］，与去声调值同，以固原官厅为例，列举如下：

阴平+阴平	珠珠 tʂu³¹tʂu²⁴		刀刀 tɔ³¹tɔ²⁴
	包包 pɔ³¹pɔ²⁴		心心 ɕiŋ³¹ɕiŋ²⁴
阳平+阳平	馍馍 muə²⁴muə³¹		娃娃 va²⁴va³¹
	盆盆 pʰəŋ²⁴pʰəŋ³¹		虫虫 tʂʰuŋ²⁴tʂʰuŋ³¹
上声+上声	眼眼 ȵian⁵²ȵian³¹		粉粉 fəŋ⁵²fəŋ³¹
	本本 pəŋ⁵²pəŋ³¹		颗颗 kʰuə⁵²kʰuə³¹
去声+去声	面面 mian⁴⁴mian³¹		棍棍 kuŋ⁴⁴kuŋ³¹
	巷巷 xaŋ⁴⁴xaŋ³¹		蛋蛋 tan⁴⁴tan³¹

(二)"AA子"式重叠

"AA子"式重叠是宁夏移民方言最常见的现象,基本所有移民点都具有该现象,除泾源移民安置点外,其他移民方言"AA子"式重叠变调模式基本一致,列举如下:

阴平+阴平+子:珠珠子 tʂu³¹tʂu⁴⁴tsʅ²¹ | 刀刀子 tɔ³¹tɔ⁴⁴tsʅ²¹ | 包包子 pɔ³¹pɔ⁴⁴tsʅ²¹

阳平+阳平+子:虫虫子 tʂʰuŋ¹³tʂʰuŋ³¹tsʅ²¹ | 盆盆子 pʰəŋ¹³pʰəŋ³¹tsʅ²¹ | 勺勺子 ʂuə³¹ʂuə⁴⁴tsʅ²¹

上声+上声+子:甲甲子 tɕia¹³tɕia⁵²tsʅ²¹ | 颗颗子 kʰuə³¹kʰuə⁴⁴tsʅ²¹ | 本本子 pəŋ³¹pəŋ⁴⁴tsʅ²¹

去声+去声+子:巷巷子 xaŋ³¹xaŋ⁴⁴tsʅ²¹ | 罐罐子 kuæ³¹kuæ⁴⁴tsʅ²¹ | 凳凳子 təŋ³¹təŋ⁴⁴tsʅ²¹

叁 儿化

(一)儿化

普通话的儿化指音节中韵母带上卷舌色彩的一种特殊音变现象,卷舌的韵母称为儿化韵,具有区别词义、词性、表小或喜爱的感情色彩。宁夏移民方言儿化以卷舌形式 [ər] 为主,此外彭阳城阳移民方言还存在平舌 [ɛ] 的儿化现象,主要有表小、表喜爱的感情色彩。由于搬迁时间基本为10-30年,故儿化现象基本与迁出地方言一致,泾源移民安置点儿化现象比较丰富,西吉、海原、固原、彭阳、隆德等移民安置点儿化较少。

（二）自成音节

部分儿尾自成音节［ər］尾以宁夏泾源搬迁至银川市西夏区兴泾镇移民为例，见表2-5。［ɛ］尾以宁夏彭阳县城阳乡搬迁至银川市兴庆区月牙湖乡为例，见表2-6。

表2-5　银川市兴泾镇移民方言儿化韵和基本韵母的对应关系及例词

儿化韵	基本韵母	例词
ər	i ɿ ʅ ɑ ə ən əŋ ɤe ue ʯ	故意儿 ku⁴⁴iər³¹｜事儿 sər⁴⁴｜日儿葵 zʯər³¹kʰuei³⁵｜下巴儿 xa⁴⁴pər³¹｜花蛾儿 xuaʔŋər³⁵｜眼睛仁儿 ȵiæ⁵²tɕiŋ³¹zʯər³⁵｜调羹儿 tʰiʔ³⁵kər³¹
iər	ʯ in iŋ	那日儿 na⁴⁴iər³¹｜围巾儿 vei³⁵tɕiər³¹｜明儿 miər³⁵
uər	uŋ ua uə ue un ɑu u	险乎儿 ɕiæ⁵²xuər³¹｜棉花儿 miæ³⁵xuər³¹｜肚脐窝儿 tu⁴⁴tɕʰi³⁵vuər³¹｜一块儿 i³¹kʰuər⁴⁴｜冰棍儿 piŋ³¹kuər⁵²｜蚂蚁虫儿 ma³¹i³¹tʂʰuər³⁵
yər	y yʯ yæ yə	马驹儿 ma⁵²tɕyər³¹｜手绢儿 ʂəu⁵²tɕyər³¹｜麻雀儿 ma³⁵tɕʰyər³¹
ɔr	ɔ ɤe	豆腐脑儿 təu⁴⁴fu³¹nɔr⁵²｜时候儿 sɿ³⁵xɔr³¹
iɔr	iɔ	水饺儿 ʂuei³¹tɕiɔr⁵²
ʯr	æ ɑŋ	汗衫儿 xæ⁴⁴sʯr³¹｜丈儿 tʂʰʯr⁴⁴
iʯr	iæ iɑŋ	左面儿 tsuə⁵²miʯr³¹｜这样儿 tʂʯ⁴⁴iʯr⁴⁴
uʯr	uæ uaŋ	当官儿 taŋ³⁵kuʯr³¹｜弹簧儿 tʰæ³⁵xuʯr³⁵

表2-6　银川市月牙湖乡移民方言儿尾和基本韵母的对应关系及例词

"儿"自成音节	基本韵母	例词
ɛ	i ɿ ʅ	玩意儿｜蚕蚁儿｜瓜子儿｜挑刺儿｜六指儿
	u	兔儿
	iə	有些儿
	uə	娃伙儿
	ɔ	酸枣儿｜桃儿｜猫儿
	iɔ	面条儿｜粉条儿｜雀儿
	uɤ	一块儿
	əu	小偷儿｜老头儿｜鱼钩儿｜袖口儿｜领扣儿
	ei	气味儿
	an	花篮儿｜脸蛋儿｜豆瓣儿酱
	ian	一点儿
	aŋ	香肠儿｜偏方儿
	əŋ	花生仁儿｜一阵儿｜蜜蜂儿｜指头缝儿｜风筝儿｜调羹儿
	iŋ	今儿个｜明儿个｜衣襟儿｜脚印儿｜鼓劲儿

（三）区域差异

一般认为回族群众口语中儿化、儿尾词比汉族更丰富。季永海
（1999）通过《蒙古秘史》中［l］、［r］的汉译对音及清乾隆时期《钦定
清汉对音字式》中［l］、［r］对音，认为北方阿尔泰语系语言的影响，以
及汉族与阿尔泰民族接触、杂居、融合，是发生［ər］与儿化的重要来源
之一。回族人口语使用的部分外语借词［l］、［r］、［h］在汉语译音的结
果一般是用"热""尔""日""勒"作为对音汉字，其特点与"儿化"的
读法比较接近，这一现象在全国各地的回族群众口语中都存在。但据调查
显示，宁夏移民方言儿化的丰富与否与民族的关联性不大，与地域、人口
来源等因素息息相关，如来自彭阳城阳乡的月牙湖乡汉族移民，其儿化词
比较丰富，但来自彭阳交岔乡的月牙湖乡回族移民，其方言儿尾词也并不
丰富。故不可笼统地归纳为民族差异，应结合多点比较再进行总结分析。

肆 轻声

（一）轻声变调

轻声是一种特殊音变，指在一定的条件下读得又短又轻的调子，没有
固定的调值。宁夏南部方言子尾、儿尾、头尾一般为轻声，以固原移民方
言为例，列举如下：

阴平+轻声：刀子 $to^{31}tsʅ^{24}$　　　　珠子 $tʂu^{31}tsʅ^{24}$
　　　　　　窄的 $tsə^{31}ti^{24}$　　　　高了 $ko^{31}liɔ^{24}$
阳平+轻声：绳子 $ʂəŋ^{24}tsʅ^{4}$　　　　盆子 $pʰəŋ^{24}tsʅ^{4}$
　　　　　　长的 $tʂʰaŋ^{24}ti^{4}$　　　　红了 $xuŋ^{24}liɔ^{4}$
上声+轻声：李子 $li^{52}tsʅ^{2}$　　　　拐子 $kuɛ^{52}tsʅ^{2}$
　　　　　　小的 $ɕiɔ^{52}ti^{2}$　　　　走了 $tsəu^{52}liɔ^{2}$
去声+轻声：盖子 $kɛ^{44}tsʅ^{4}$　　　　豆子 $təu^{44}tsʅ^{4}$
　　　　　　大的 $ta^{44}ti^{4}$　　　　见了 $tɕian^{44}liɔ^{4}$

该方言点轻声受前字影响所读调值有所差异，在阳平、去声前读为
［4］，在上声前读为［2］，在阴平前读为［24］，与阳平调值一样，阴平
前字受后字轻声的影响，调值由［132］变读为［31］。

（二）子尾轻声

宁夏吊庄移民方言子尾丰富，除泾源移民方言子尾读为［tə⁰］外，其他移民点子尾一律读为［tsʅ⁰］，如彭阳搬迁至中卫市中宁县大战场镇方言：冷子ləŋ⁵²tsʅ³¹｜房子faŋ¹³tsʅ³¹。移民迁出地泾源县为关中方言岛，该方言最明显的特点是所有的子尾读为［tə］，略带喉塞尾［ʔ］，如：桌子tʂuə³¹tə⁰｜凳子təŋ⁴⁴tə⁰｜饺子tɕiɔ⁵²tə⁰｜碾子ȵiæ⁵²tə⁰｜磕子kuŋ⁵²tə⁰｜杯子pʰei⁵²tə⁰｜被子pi⁴⁴tə⁰。该县最南端新民乡子尾读为［tsə］，擦音成分较弱，略带喉塞尾［ʔ］，如：桌子tʂuə³¹tsə⁰｜凳子təŋ⁴⁴tsə⁰｜饺子tɕiɔ⁵²tsə⁰｜碾子ȵiæ⁵²tsə⁰｜磕子kuŋ⁵²tsə⁰｜杯子pʰei⁵²tsə⁰｜被子pi⁴⁴tsə⁰。这一特点与山西、陕西方言比较相似，如山西长治话：扇子saŋ⁴⁴tə³¹³｜包子pɔ²¹³tə³¹³｜饺子tɕiɔ²¹³tə³¹³｜茄子tɕʰiə²⁴tə³⁴、山西天镇话麦子mia³²zə⁰｜粽子tsuəɣ²⁴zə⁰、山西忻州话：蚊子vəŋ²¹tə⁰｜房子fɛ²¹tə⁰｜勺子ʂɔ³¹tə⁰、山西大同话：凳子tɣ²⁴tsə³²｜胰子i²⁴tsə³²（乔全生，1995），陕西吴堡方言：坛子tʰã³³tsəʔ²¹｜杯子pɑe²⁴tsəʔ²¹｜瓶子pʰɛe³³tsəʔ²¹（邢向东、王兆富，2014），陕西、山西方言与宁夏南部方言子尾韵的形成是否属于同一类型不得而知，但宁夏南部关中方言子尾韵的演变原因有可能为子尾儿化后合音而成。

第三节　音韵特点

壹　声母

（一）声母特点

1. 古全浊声母全部清化

中古并母、奉母、定母、从母、澄母、崇母、船母、群母、匣母等全浊声母在宁夏吊庄移民方言中不论平仄全部清化，逢塞音、塞擦音时平声送气仄声不送气。以同心县南部搬迁至银川市西夏区镇北堡镇移民方言为例，如：袍并母pʰɔ¹³｜抱并母pɔ⁴⁴、疼定母tʰəŋ¹³｜邓定母təŋ⁴⁴、虫澄母tʂʰuŋ¹³｜仲澄母tʂuŋ⁴⁴。

2. 古端组声母的今读类型

中古端组声母在今宁夏移民方言今读大都为［t tʰ］声母，其中银川市月牙湖乡来自彭阳城阳的移民方言部分端组声母与韵母［i］相拼读为

［ts］组声母，如：弟 tsʅ⁴⁴ | 体 tsʰʅ⁵² | 剃 tsʰʅ²¹³ | 低 tsʅ²¹³。

3. 古精组声母的今读类型

中古精组字在今宁夏移民方言基本读［ts］组和［tɕ］组声母，其中银川市月牙湖乡来自彭阳城阳方言部分精组声母与韵母［u］相拼读为［tɕ］组声母，如：祖 tɕy⁵² | 族 tɕʰy¹³ | 粗 tɕʰy²¹³ | 塑 ɕy⁴⁴。

4. 古知庄章声母的今读类型

中古知庄章组字在今宁夏吊庄移民方言分为［ts］组和［tʂ］组。如下表：

中古韵	ts 组	tʂ 组
知开二（江摄除外）	√	
知开三（假摄除外）、知合三、知开二（江摄）		√
庄开二、庄开三（江摄除外）	√	
庄合二、庄合三、庄开二（江摄）		√
章开三（止摄）	√	
章开三、章合三（除止摄外）		√

以同心搬迁至银川市西夏区镇北堡镇的方言为例：

第一，知组开口二等字（江摄除外）读为［ts］组声母，如：茶假开二 tsʰa¹³ | 罩效开二 tsɔ⁴⁴ | 站咸开二 tsan⁴⁴ | 扎山开二 tsa²¹³ | 拆梗开二 tsʰei²¹³。知组开口三等字（假摄除外）、知组合口三等字、江摄开口二等知组字读为［tʂ］组声母，如：滞蟹开三 tʂʅ¹³ | 知止开三 tʂʅ²¹³ | 赵效开三 tʂɔ⁴⁴ | 抽流开三 tʂʰəu²¹³ | 粘咸开三 tʂan²¹³ | 沉深开三 tʂʰən¹³ | 哲山开三 tʂə²¹³ | 珍臻开三 tʂən²¹³ | 张宕开三 tʂaŋ²¹³ | 橙曾开三 tʂʰəŋ¹³ | 呈梗开三 tʂʰəŋ¹³ | 追止合三 tʂuei⁴⁴ | 除遇合三 tʂʰu¹³ | 转山合三 tʂuan⁵² | 椿臻合三 tʂʰuŋ²¹³ | 中通合三 tʂuŋ²¹³ | 桌江开二 tʂuə²¹³。

第二，庄组开口二三等字（江摄除外）读为［ts］组声母，如：斋蟹开二 tsɛ²¹³ | 筛止开三 sɛ⁵² | 炒效开二 tsʰɔ⁵² | 愁流开三 tsʰəu¹³ | 森深开三 səŋ²¹³ | 山山开二 san²¹³ | 衬臻开三 tsʰəŋ²¹³ | 壮宕开三 tsuaŋ⁴⁴ | 色曾开三 sei²¹³ | 窄梗开二 tsei²¹³。巢效开二 tsʰɔ¹³ | 抓效开二 tsua²¹³等字为例外。庄组合口二三等字、江摄开口二等庄组字读为［tʂ］组声母，如：助遇合三 tʂu⁴⁴ | 耍假合二 ʂua⁵² | 拽蟹合三 tʂʰuɛ⁴⁴ | 涮山合三 ʂuan⁴⁴ | 蟀臻合三 ʂuɛ⁴⁴ | 捉江开二 tʂuə²¹³ | 崇通合三

tʂʰuŋ¹³。傻假合二 ʂa⁵² | 阻遇合三 tsu⁵² | 所遇合三 suə⁵² | 缩通合三 suə²¹³等字为例外。

第三，章组止摄开口三等字读为［ts］组声母，如：支 tsɿ²¹³ | 纸 tsɿ⁵² | 指 tsɿ⁵² | 芝 tsɿ²¹³ | 翅 tsʰɿ⁴⁴ | 示 sɿ⁴⁴ | 视 sɿ⁴⁴ | 始 sɿ⁵² | 试 sɿ⁴⁴ | 市 sɿ⁴⁴。除止摄开口三等字外，章组其他韵摄字都读为［tʂ］组声母，如：遮假开三 tʂə²¹³ | 主遇合三 tʂu⁵² | 制蟹开三 tʂɿ⁴⁴ | 出止合三 tʂʰu²¹³ | 招效开三 tʂɔ²¹³ | 收流开三 ʂəu²¹³ | 占咸开三 tʂan⁴⁴ | 针深开三 tʂəŋ²¹³ | 穿山合三 tʂʰuan²¹³ | 春臻合三 tʂʰuŋ²¹³ | 厂宕开三 tʂʰaŋ⁵² | 蒸曾开三 tʂəŋ²¹³ | 尺梗开三 tʂʰɿ²¹³ | 众通合三 tʂuŋ⁴⁴。

5. 古日母字的今读类型

第一，中古日母止摄开口字在今宁夏吊庄移民方言大都读为零声母，以彭阳白阳搬迁至中宁大战场镇的方言为例，如：耳止开三 ər⁵² | 二止开三 ər⁴⁴。

第二，除止摄开口字外，日母其他韵摄字在今宁夏吊庄移民方言全都读［ʐ］声母，以彭阳白阳搬迁至中宁大战场镇的方言为例，如：染咸开三 ʐan⁵² | 绕效开三 ʐɔ⁴⁴ | 揉流开三 ʐəu⁵² | 乳遇合三 ʐu⁵² | 惹假开三 ʐə⁵² | 认臻开三 ʐəŋ⁴⁴ | 让宕开三 ʐaŋ⁴⁴ | 肉通合三 ʐəu⁴⁴。

第三，泾源方言个别日母字白读为［z］声母，如：耳止开三 zɿ⁵² | 褥通开三 zu³¹。

6. 古见母字的今读类型

中古蟹摄、江摄开口二等见母个别字今读为［k］声母，受普通话影响，也读为［tɕ］声母，故呈现［k］［tɕ］并存的现象，这一现象存在于整个宁夏移民方言中。以泾源搬迁至西夏区兴泾镇方言为例，如：街 kɛ³¹ / tɕiə³¹、解（～开）kɛ⁵² /tɕiə⁵²、角（牛～）kə³¹ /tɕiɔ³¹。

7. 古晓、匣母字的今读类型

古晓、匣母今读按等呼的差异读为［x］、［ɕ］声母，以同心搬迁至银川市西夏区镇北堡镇方言为例。

第一，中古大部分晓、匣母字开合一、二等字以及止摄合口三等字读为［x］声母，如：河果开一匣母 xuə¹³ | 火果合一晓母 xuə⁵² | 灰蟹合一晓母 xuei²¹³ | 回蟹合一匣母 xuei¹³ | 坏蟹合二匣母 xuɛ⁴⁴ | 毁止合三晓母 xuei⁵² | 挥止合三晓母 xuei⁴⁴。

第二，中古晓、匣母字开合三、四等字以及部分咸摄开口二等字、山摄开口二等字、江摄开口二等字、梗摄开口二等字腭化为［ɕ］声母，如：靴果合三晓母 ɕyə²¹³ | 虚遇合三晓母 ɕy²¹³ | 系蟹开四匣母 ɕi⁴⁴ | 携蟹合四匣母 ɕiə | 戏止

开三晓母 ɕi⁴⁴ ｜ 闲山开二匣母 ɕian¹³ ｜ 行（～为）梗开二匣母 ɕiŋ¹³ ｜ 陷咸开二匣母 ɕian⁴⁴ ｜ 降江开二匣母 ɕiaŋ¹³。部分字例外，如：惠蟹合四匣母 xuei⁴⁴ ｜ 慧蟹合四匣母 xuei⁴⁴ ｜ 况宕合三晓母 kʰuaŋ⁴⁴ ｜ 茎梗开二匣母 tɕiŋ²¹³。

第三，中古假摄、蟹摄、江摄二等部分晓、匣母字存在文白异读，白读为 [x]，文读为 [ɕ]，如（"/"前为白读，后为文读）：

下假开二匣母	xa⁴⁴ / ɕia⁴⁴	巷江开二匣母	xaŋ⁴⁴ / ɕiaŋ⁴⁴
鞋蟹开二匣母	xɛ¹³ / ɕiə¹³	杏梗开二匣母	xəŋ⁴⁴ / ɕiŋ⁴⁴
咸（碱）咸开二匣母	xan¹³ / ɕian¹³	瞎山开二晓母	xa²¹³ / ɕia²¹³
项江开二匣母	xaŋ⁴⁴ / ɕiaŋ⁴⁴	吓假开二晓母	xa⁴⁴ / ɕia⁴⁴

第四，还有一些特殊的语音现象，部分匣母字读为零声母，如：肴效开二 iɔ¹³ ｜ 淆效开二 iɔ¹³ ｜ 萤梗合四 iŋ¹³。泾源县搬迁而来的移民方言部分匣母字不腭化，如：匣咸开＝xa³⁵。

（二）全浊塞音、塞擦音的读音

中古全浊声母字在今宁夏吊庄移民方言中全部清化，其中，古全浊声母（并、定、从、澄、崇、船、群母）仄声字在今宁夏吊庄移民方言中大部分逢塞音、塞擦音平声送气，仄声不送气。但移民方言部分古全浊仄声字今读为送气清音。如：

声母	大战场镇（固原）	闽宁镇（隆德）	兴泾镇（泾源）
并母	败 pʰɛ⁴⁴ ｜ 部 pʰu⁴⁴ ｜ 倍 pʰei⁴⁴	败 pʰɛ⁴⁴ ｜ 部 pʰu⁴⁴ ｜ 倍 pʰei⁴⁴	败 pʰɛ⁴⁴ ｜ 部 pʰu⁴⁴ ｜ 倍 pʰei⁴⁴
定母	蛋 tʰæ⁴⁴ ｜ 弟 tʰi⁴⁴	蛋 tʰæ⁴⁴ ｜ 弟 tʰi⁴⁴	蛋 tʰæ⁴⁴ ｜ 弟 tɕʰi⁴⁴ ｜ 大 tʰuə⁴⁴
从母	贼 tsʰei²⁴ ｜ 族 tsʰu²⁴	贼 tsʰei¹³ ｜ 族 tsʰu¹³	坐 tsʰuə⁴⁴ ｜ 贼 tsʰei³⁵ ｜ 族 tsʰu³⁵
澄母	着（睡～） tʂʰuə²⁴ ｜ 柱 tʂʰu⁴⁴	着（睡～） tʂʰuə¹³ ｜ 柱 tʂʰu⁴⁴	着（睡～） tʂʰuə³⁵ ｜ 丈 tʂʰaŋ⁴⁴
崇母	镯 tʂʰuə²⁴	镯 tʂʰuə¹³	镯 tʂʰuə³⁵
群母	跪 kʰuei⁴⁴ ｜ 柜 kʰuei⁴⁴	跪 kʰuei⁴⁴ ｜ 柜 kʰuei⁴⁴ ｜ 局 tɕʰy³⁵	跪 kʰuei⁴⁴ ｜ 柜 kʰuei⁴⁴ ｜ 局 tɕʰy³⁵

据曹强（2006）统计，古全浊塞音、塞擦音仄声字在海原话中今读送气音的约占 9.7%。据杨苏平（2015）统计，古全浊塞音、塞擦音仄声字在隆德方言读送气音的约占 31.15%。古全浊声母仄声字在今官话方言中逢塞音、塞擦音时读为送气音的特点还广泛存在于山西、陕西、甘肃等地，晋陕甘宁青方言与唐五代西北方音的关系非常密切，古全浊声母字今读为送气清音应属于存古现象。宁夏吊庄移民方言古全浊声母字今读送气和不送气两种类型，说明在全浊声母的演变过程中，既有存古的现象，也有自身演变或受其他语言方言接触的影响。今在大力推广普及国家通用语言文字背景下，宁夏吊庄移民区年轻人有意识地向通用语言文字靠拢，今新派方言中古全浊声母字读送气清音的字逐渐减少。

（三）端组拼细音的读音

部分来自泾源、西吉县的移民老派方言端组字拼细音时读为 [tɕ tɕʰ]，以泾源搬迁至银川市西夏区兴泾镇方言为例，如：电端母＝间见母 tɕiæ⁴⁴ | 田定母＝钱从母 tɕʰiæ³⁵，新派方言读为 [t tʰ] 声母，如：天透母 tʰiæ≠千清母 tɕʰiæ³¹、田定母 tʰiæ≠钱从母 tɕʰiæ³⁵。

（四）泥来母的分混

来自西吉、隆德的移民方言中，中古泥、来母逢细音不相混，逢洪音时泥母混入来母，读为 [l] 声母，如：农泥母＝龙来母 luŋ¹³ | 南泥母＝兰来母 læ¹³ | 脑泥母＝老来母 lɔ⁵²。宁夏吊庄移民方言中秦陇片、关中片方言泥来母字相混较少，根据《方言调查字表》调查统计，镇北堡同心移民方言只有"农""酿"两字易相混，主要是泥母混入来母，读为 [l] 声母。

（五）心母字的读音

宁夏移民方言中，关中片方言部分山、臻摄合口心母字白读为 [ɕ] 声母，如：酸山合一 ɕyæ³¹ | 蒜山合一 ɕyæ⁴⁴ | 蒜山合一 ɕyæ⁴⁴ | 算山合一 ɕyæ⁴⁴ | 孙臻合一 ɕyn³¹ | 笋臻合三 ɕyn⁵²。文读为 [s] 声母，如：孙 sun³¹ | 笋 sun⁵² | 酸 suæ³¹ | 蒜 suæ⁴⁴ | 算 suæ⁴⁴。

（六）分尖团

宁夏移民安置区部分方言点老派方言精组拼细音读为 [ts tsʰ] 声母，以隆德南部、搬迁至银川市永宁县闽宁镇方言为例，如：精精母 tsiŋ²¹³ ≠ 经见母 tɕiŋ²¹³ | 节精母 tsiə²¹³ ≠ 结见母 tɕiə²¹³ | 秋清母 tsʰiəu²¹³ ≠ 丘溪母 tɕʰiəu²¹³ | 齐从母 tsʰi²⁴ ≠ 旗群母 tɕʰi²⁴ | 修心母 siəu²¹³ ≠ 休晓母 ɕiəu²¹³。但是，移民时间较长且年龄较小的群体，方言已经不分尖团，如：精精母＝经见母 tɕiŋ²¹³ | 节精

母=结_{见母} tɕiə²¹³。

（七）微疑影云母字的读音

中古微、疑、影、云母大部分字在今宁夏吊庄移民方言中读为零声母，以泾源搬迁至银川市西夏区兴泾镇方言为例，如：英 iŋ³¹｜羊 iaŋ³⁵｜庵 æ̃³¹｜雨 y⁵²｜月 yə³¹｜云 yŋ³⁵｜元 yæ̃³⁵。但部分开口呼、合口呼、齐齿呼零声母字的今读类型有所不同。

1. 古疑影母洪音字今读类型

部分古疑影母洪音字在宁夏南部秦陇片、陇中片方言中白读为 [n] 声母，以彭阳搬迁至中卫市中宁县大战场镇方言为例，如：蔼 nɛ⁵²｜恶 nuə⁴⁴｜安 næ̃²¹³｜恩 nəŋ²¹³｜熬 nɔ¹³｜崖 nɛ¹³。关中片方言白读为 [ŋ] 声母，以泾源搬迁至银川市西夏区兴泾镇方言为例，如：爱 ŋɛ⁴⁴｜安 ŋæ̃³¹｜袄 ŋɔ⁵²｜蛾 ŋə³⁵｜藕 ŋeu⁵²｜岸 ŋæ̃⁴⁴。

2. 古疑影母细音字今读类型

部分古疑影母细音字在宁夏吊庄移民方言中白读为 [ɲ] 声母，以泾源搬迁至银川市西夏区兴泾镇方言为例，如：眼 ɲiæ⁵²｜咬 ɲiɔ⁵²｜硬 ɲiŋ⁴⁴｜业 ɲiə⁴⁴｜疑 ɲi³⁵｜秧 ɲiaŋ³¹。

3. 古微母字今读类型

部分古微母字在宁夏吊庄移民方言中今读为 [v] 声母，以同心南部搬迁至银川市西夏区镇北堡镇方言为例，如：温 vən²¹³｜问 vən⁴⁴｜王 vaŋ³⁵｜味 vei⁴⁴｜五 vu⁵²。

贰　韵母

（一）韵母特点

1. 中古阳声韵的演变

第一，宁夏吊庄移民方言咸摄和山摄韵尾脱落，主要元音鼻化，如泾源搬迁至银川市西夏区兴泾镇方言：南 næ̃³⁵｜盐 iæ̃³⁵。

第二，秦陇片、陇中片方言古深、臻摄字并入曾、梗、通摄，演变为 [ŋ] 尾韵，如：心=星 ɕiŋ｜参_{人参}=僧 səŋ｜村=葱 tsʰuŋ｜春=充 tʂʰuŋ｜运=用 yŋ；古宕、江摄字今读为主元音略带鼻化色彩的鼻尾韵，如：双 ʂuãŋ｜糖 tʰãŋ，其中来自西吉县的移民方言鼻化色彩比其他县区更明显。

2. 古果摄一等见、晓组字的读音

古果摄开合一等见系部分字在今宁夏吊庄移民方言中，白读为［uə］，文读为［ə］，以同心南部搬迁至银川市西夏区镇北堡镇方言为例，如（"/"前为白读，后为文读，下文同）：

蛾_{疑母}　nuə¹³ / ə¹³　　　　河_{匣母}　xuə¹³ /xə¹³

饿_{疑母}　vuə⁴⁴ /ə⁴⁴　　　　贺_{匣母}　xuə⁴⁴ /xə⁴⁴

颗_{溪母}　k^huə²¹³ / k^hə²¹³　　禾_{匣母}　xuə¹³ / xə¹³

课_{溪母}　k^huə⁴⁴ /k^hə⁴⁴　　　和_{匣母}　xuə¹³ / xə¹³

3. 古蟹、止摄来母字的读音

中古蟹、止摄来母合口一三等字在今宁夏吊庄移民方言中读为［uei］，以泾源搬迁至西夏区兴泾镇方言为例，如：

蟹摄_{合口一等}：内 luei⁴⁴｜雷 luei³⁵｜儡 luei⁵²｜累_{~得很} luei⁴⁴

止摄_{合口三等}：累_{连~}luei⁴⁴｜垒 luei⁵²｜类 luei⁴⁴｜泪 luei⁴⁴

4. 古流摄开口一等来母字的读音

古流摄开口一等来母部分字在同心县南片张家垣乡方言中，白读为［u］，文读为［əu］，如：

陋　lu⁴⁴ /ləu⁴⁴　　　　漏　lu⁴⁴ / ləu⁴⁴

搂　lu¹³ / ləu¹³　　　　楼　lu¹³ /ləu¹³

楼　lu¹³ / ləu¹³

（二）中古入声韵字的读音

1. 德、陌、麦、职韵字

中古入声德、职、麦、陌韵字在今宁夏吊庄移民方言白读中，逢开口呼读为［ei］，逢合口呼读为［uei］，以泾源搬迁至西夏区兴泾镇方言为例，如：

德韵_{开口一等}：德_{端母} tei³¹｜北_{帮母} pei³¹｜墨_{明母} mei³¹｜默_{明母} mei³¹｜得_{端母} tei³¹｜特_{定母} t^hei³⁵｜肋_{来母} lei³¹｜则_{精母} tsei³¹｜贼_{从母} tsei³⁵｜塞_{心母} sei³¹｜刻_{溪母} k^hei³¹

德韵_{合口一等}：国_{见母} kuei³¹｜或_{匣母} xuei³⁵

职韵：侧庄母 tsʰei³¹｜测初母 tsʰei³¹｜色生母 sei³¹｜嗇生母 sei³¹

麦韵：麦明母 mei³¹｜脉明母 mei³¹｜摘知母 tsei³¹｜责庄母 tsei³¹｜策初母 tsʰei³¹｜册初母 tsʰei³¹｜革见母 kei³¹｜隔见母 kei³¹

陌韵：百帮母 pei³¹｜柏帮母 pei³¹｜伯帮母 pei³¹｜迫帮母 pʰei³¹｜拍滂母 pʰei³¹｜白並母 pei³⁵｜陌明母 mei³¹｜拆徹母 tsʰei³¹｜泽澄母 tsei³⁵｜择澄母 tsei³⁵｜宅澄母 tsei³⁵｜窄庄母 tsei³¹｜格见母 kei³¹｜客溪母 kʰei³¹｜额疑母 nei³¹

2. 中古宕摄开口三等见系入声字

第一，古宕摄开口三等见系入声部分字，白读为 [yə]，文读为 [iɔ]，以同心搬迁至银川市西夏区镇北堡镇方言为例，如：脚见母 tɕyə²¹³ / tɕiɔ²¹³、跃以母 yə²¹³ / iɔ⁴⁴、药以母 yə²¹³ /iɔ⁴⁴。

第二，古宕摄开口三等精组入声部分字，部分白读为 [iɔ]，文读为 [yə]，以同心搬迁至银川市西夏区镇北堡镇方言为例，如：削心母 ɕiɔ²¹³ / ɕyə²¹³、雀精母 tɕʰiɔ²¹³ / tɕʰyə²¹³、鹊清母 tɕʰiɔ²¹³ / tɕʰyə²¹³。

叁　声调

（一）声调特点

1. 古平声的演变

第一，中古平声分阴阳。宁夏移民方言中秦陇片、关中片以声母的清浊为条件分为两类，古清平字今读阴平，古浊平字今读阳平。如：同心搬迁至银川市西夏区镇北堡镇方言：方非母 faŋ²¹³ ≠ 房奉母 faŋ¹³｜初初母 tʂʰu²¹³ ≠ 锄崇母 tʂʰu¹³、泾源搬迁至银川市西夏区兴泾镇方言：天透母 tɕʰiæ³¹ ≠ 田定母 tɕʰiæ³⁵｜昏晓母 xuŋ³¹ ≠ 魂匣母 xuŋ³⁵。

第二，中古平声不分阴阳。宁夏移民方言中陇中片平声字今不论清浊一律读为平声，如西吉搬迁至银川市西夏区镇北堡镇方言：方非母 = 房奉母 faŋ¹³｜通透母 = 铜定母 xuŋ¹³｜胸晓母 = 雄以母 ɕyŋ¹³。这一类型主要出现在西吉、隆德县移民方言中。

2. 古上声的演变

宁夏移民方言中古清上、次浊上今读为上声；全浊上声归入去声。与迁出地方言一致。

3. 古去声的演变

宁夏移民方言古去声不分阴阳，今读去声，如隆德搬迁至永宁县闽宁镇方言：付非母 fu⁴⁴ ＝妇奉母 fu⁴⁴ ＝附奉母 fu⁴⁴｜到端母 tɔ⁴⁴ ＝稻定母 tɔ⁴⁴ ＝盗定母 tɔ⁴⁴｜救见母 tɕieu⁴⁴ ＝舅群母 tɕiəu⁴⁴ ＝旧群母 tɕiəu⁴⁴。

4. 古入声的演变

宁夏移民方言入声舒化，各片归并略有差异。陇中片方言清入、次浊入、全浊入归入平声，如隆德搬迁至永宁县闽宁镇方言：八帮母 pa¹³ ＝拔並母 pa¹³ ＝巴帮母 pa¹³｜督端母 tu¹³ ＝毒定母 tu¹³ ＝都（首~）端母 tu¹³｜失书母 ʂ ʅ¹³ ＝实船母 ʂʅ¹³。秦陇片、关中片方言全浊入声归阳平，清入、次浊入归阴平，如同心搬迁至银川市西夏区镇北堡镇方言：八帮母 pa²¹³ ≠拔 ≠巴帮母 pa²¹³並母 pa¹³｜失书母 ʂʅ²¹³ ≠实船母 ʂʅ¹³。

（二）阴、阳平调类的合并

《中国语言地图集》（第二版）在对宁夏吊庄移民方言进行划分时，以平声分阴阳将固原市方言（泾源县除外）划分为陇中片、秦陇片，"从1977-2008跨三十年不同时段的调查记录来看，秦陇片固海、盐池两小片的单字调都处于三声调化的演变过程中，这给宁夏秦陇片与陇中片的划界带来了一定困难"（张安生，2008）。同心县张家垣乡搬迁至西夏区镇北堡镇的老派方言区分阴阳平，如：方非母 faŋ²¹³ ≠房奉母 faŋ¹³｜天透母 tʰian²¹³ ≠田定母 tʰian¹³；新派方言阴阳平合并，如：方非母 ＝房奉母 faŋ¹³｜天透母 ＝田定母 tʰian¹³。就阴阳平的合并来看，陇中片方言阴阳平已基本完成了调类的合并，如：通透母 ＝铜定母 tʰuŋ¹³｜方非母 ＝房奉母 faŋ¹³｜天透母 ＝甜定母 tʰiæ¹³｜胸晓母 ＝雄以母 ɕyŋ¹³。从语言接触的角度进行分析，弱势方言容易向强势方言靠拢，固原县（今为原州区）自1953年起，处于宁夏南部区域的政治、经济、文化中心，周边方言（彭阳话、海原话、西吉话、隆德话）向其靠拢，但今以固原话为代表的秦陇片方言却朝着陇中片方言阴阳平合并的方向发展，这种现象并非方言接触的影响，应是方言调类自身演变引起的调类合并现象。

第四节　文白异读

宁夏吊庄移民方言受普通话影响，在共时层面出现文白异读并存的现象，其中白读音一般为方言底层，文读音为普通话影响产生的读书音。现根据《方言调查字表》，总结归纳宁夏吊庄移民方言文白异读情况如下

（下文"/"前为白读，后为文读）。

壹　声母的文白异读

1. 古全浊声母字

中古全浊塞音、塞擦音在今宁夏移民方言中一般逢平声送气，仄声不送气，如银川市西夏区兴泾镇方言：条_{定母} tʰiɔ³⁵ ｜ 秦_{从母} tɕʰiŋ³⁵ ｜ 赔_{並母} pʰei³⁵ ｜ 群_{群母} tɕʰyŋ³⁵ ｜ 调_{定母} tiɔ⁵² ｜ 尽_{从母} tɕiŋ⁴⁴ ｜ 奉_{奉母} fəŋ⁴⁴ ｜ 掘_{群母} tɕyə³⁵，但部分全浊塞音、塞擦音声母字例外，一般白读为送气的清音声母，文读为不送气的清音声母。以同心搬迁至银川市西夏区镇北堡镇方言为例，如：

败_{並母}［pʰɛ⁴⁴］失~ /［pɛ⁴⁴］枯枝~叶　　　步_{並母}［pʰu⁵²］~子 /［pu⁵²］~行

舵_{定母}［tʰuə¹³］~手 /［tuə¹³］船~　　镯_{澄母}［tʂʰuə¹³］~子 /［tʂuə¹³］手~

部_{並母}［pʰu⁴⁴］队/［pu⁴⁴］~位　　　秩_{澄母}［tʂʰʅ⁵²］~序 /［tʂʅ⁵²］~序册

捕_{並母}［pʰu⁵²］抓~ /［pu⁵²］~获　　撞_{澄母}［tʂʰuaŋ⁴⁴］~门 /［tʂuaŋ⁴⁴］~衫

傍_{並母}［pʰaŋ⁴⁴］~晚 /［paŋ⁴⁴］~大款

2. 泥来母分混

中古泥来母分混在宁夏移民方言中主要体现在泥母混入来母，读为［l］声母。移民方言中来自西吉、隆德、泾源等地方言泥、来母逢细音不相混，逢洪音时泥母混入来母，读为［l］声母。以泾源搬迁至西夏区兴泾镇方言为例，如：

农_{泥母}［luŋ³⁵］~民 /［nuŋ³⁵］~夫山泉　　酿_{泥母}［liaŋ⁴⁴］~皮 /［ȵiaŋ⁴⁴］~酒

暖_{泥母}［luæ̃⁵²］晒~~ /［nuæ̃⁵²］~手宝　　脑_{泥母}［lɔ⁵²］~门 /［nɔ⁵²］~白金

3. 古见系字

（1）中古见、溪母部分字在宁夏移民方言中存在文白异读情况，一般白读为［k］，文读为［tɕ］，以隆德搬迁至银川市永宁县闽宁镇方言为例，如：

街_{见母}［kɛ²¹³］~上 /［tɕiə²¹³］~舞　　　　　解_{见母}［kɛ⁵³］~开 /［tɕiə⁵³］~放鞋

刚见母 [tɕiaŋ²¹³] ~~好 / [kaŋ²¹³] ~强　　　讲见母 [kaŋ⁵³] ~话 / [tɕiaŋ⁵³] ~解员

觉见母 [kə²¹³] ~得 / [tɕʏə²¹³] 感~　　　角见母 [kə²¹³] 牛~ / [tɕʏə²¹³] 一~钱

腔溪母 [kʰaŋ²¹³] ~子 / [tɕʰiaŋ²¹³] 满~热血　　巷匣母 [xaŋ⁴⁴] ~~子 / [ɕiaŋ⁴⁴] 雨~

（2）中古疑、影母部分字在宁夏移民方言中存在文白异读情况。在宁夏秦陇片、陇中片的移民方言中与细音相拼时，白读为 [ɲ] 声母，文读为零声母；与洪音相拼时，白读为 [n] 声母，文读为零声母。在关中片移民方言中白读为 [ɲ] 声母，文读为零声母。以同心南部搬迁至银川市西夏区镇北堡镇方言（秦陇片）为例，如：

硬疑母 [ɲiŋ⁴⁴] 石头~ / [iŋ⁴⁴] ~件　　　咬疑母 [ɲiɔ⁵²] 狗~ / [iɔ⁵²] 程~金

疑疑母 [ɲi²¹³] 怀~ / [i²¹³] 嫌~人　　　额疑母 [nɛ¹³] ~颅 / [ə¹³] ~头

崖疑母 [nɛ¹³] ~哇哇（回音）/ [ia¹³] 悬~　　傲疑母 [nɔ¹³] ~骄 / [ɔ¹³] ~立

岸疑母 [nan⁴⁴] 河~ / [an⁴⁴] 海~线　　　熬疑母 [nɔ¹³] ~药 / [ɔ¹³] ~夜

挨影母 [nɛ²¹³] ~打 / [ɛ²¹³] ~批　　　矮影母 [nɛ⁵²] ~子 / [ɛ⁵²] ~星

袄影母 [nɔ⁵²] 棉~ / [ɔ⁵²] 皮~　　　奥影母 [nɔ⁴⁴] ~妙 / [ɔ⁴⁴] ~运会

安影母 [nan²¹³] ~全 / [an²¹³] 晚~　　　案影母 [nan⁴⁴] ~件 / [an⁴⁴] 方~

（3）中古部分晓匣母字在宁夏移民方言中，白读为 [x]，文读为 [ɕ]，以同心搬迁至银川市西夏区镇北堡镇方言为例，如：

瞎晓母 [xa²¹³] 眼睛~了 / [ɕia²¹³] 黑灯~火　　吓晓母 [xa⁴⁴] ~了一跳 / [ɕia⁴⁴] 惊~

下匣母 [xa⁴⁴] ~头 / [ɕia⁴⁴] 居高临~　　　鞋匣母 [xɛ²⁴] ~子 / [ɕiə²⁴] 滑板~

咸匣母 [xæ²⁴] 菜~得很 / [ɕiæ²⁴] ~鱼翻身　　项匣母 [xaŋ⁴⁴] 脖~ / [ɕiaŋ⁴⁴] ~目

杏匣母 [xəŋ⁴⁴] ~子 / [ɕiŋ⁴⁴] 红~出墙　　巷匣母 [xaŋ⁴⁴] ~~子 / [ɕiaŋ⁴⁴] 雨~

（4）中古喻母个别字在宁夏移民方言中，白读为零声母，文读为 [ʐ] 声母，以同心搬迁至银川市西夏区镇北堡镇方言为例，如：

容喻母 [yŋ²¹³] ~易 / [ʐuŋ²¹³] 雍~华贵　荣喻母 [yŋ²¹³] ~华富贵 / [ʐuŋ²¹³] ~国府

4. 其他

除了上述情况存在文白异读外，还有部分字也存在声母的文白异读情况，有些为误读字，如：痴、械；有些为全清声母字读为送气音，如：杯、巩；有些为次清声母字读为不送气音，如：触、趋。以同心搬迁至银川市西夏区镇北堡镇方言为例，如：

痴彻母［tʂʅ²¹³］~呆/［tʂʰʅ²¹³］~心妄想　械匣母［tɕiə⁴⁴］机~/［ɕiə⁴⁴］~斗

鼠书母［tʂʰu⁵²］老~/［ʂu⁵²］~标　杯帮母［pʰei²¹³］~子/［pei²¹³］~盘狼藉

巩见母［kʰuŋ⁵²］~固/［kuŋ⁵²］冯~　藏从母［tɕʰiaŋ¹³］~起来/［tsʰaŋ¹³］~宝阁

趋清母［tɕy²¹³］~势/［tɕʰy²¹³］亦步亦　触昌母［tʂu²¹³］接~/［tʂʰu⁴⁴］~手可及

蜗见母［kua²¹³］~牛儿/［uə²¹³］~居　鲶泥母［mian¹³］~鱼/［n̪ian¹³］~鱼

船船母［ʂuan¹³］轮~/［tʂʰuan¹³］~舶　芒明母［vaŋ¹³］麦~/［maŋ¹³］锋~毕露

唇船母［ʂuŋ¹³］嘴~/［tʂʰuŋ¹³］~亡齿寒　尝禅母［ʂaŋ¹³］~一下/［tʂʰaŋ¹³］~试

贰 韵母的文白异读

1. 古入声韵的文白异读

宁夏移民方言出现文白异读的入声字主要集中在宕江曾梗通五摄。

（1）宕江摄

宕江摄的文白异读类型主要出现在精组、见系字，且宁夏移民方言基本所有片区较一致。主要分为以下三种形式，以同心县张家垣移民至银川市西夏区镇北堡方言为例：

第一，白读［iɔ］，文读［yə］。如：雀宕开三［tɕʰiɔ²¹³］麻~子/［tɕʰyə²¹³］~寨、削宕开三［ɕiɔ²¹³］~皮/［ɕyə²¹³］剥~、鹊宕开三［tɕʰiɔ²¹³］喜~子/［tɕʰyə²¹³］~桥仙。

第二，白读［yə］，文读［iɔ］。如：药宕开三［yə²¹³］买~/［iɔ⁴⁴］芍~、跃宕开三［yə²¹³］~龙门/［iɔ⁴⁴］大~进、脚宕开三［tɕyə²¹³］~趾头/［tɕiɔ⁴⁴］手架。

第三，白读［uə］，文读［ɔ］。如：凿宕开一［tsuə¹³］~子/［tsɔ¹³］~壁借光。

（2）曾梗摄

第一，白读［ei］，文读［ə］。该类型主要出现在开口字中（合口字白读为［uei］，文读为［uə］，如"国"）。以泾源搬迁至银川市西夏区兴泾镇方言为例，如：

得_{曾开一}	［tei³¹］～到／［tə³¹］彼～、大帝	色_{曾开三}	［sei³¹］颜～／［sə³¹］～素
德_{曾开一}	［tei³¹］品～／［tə³¹］～州	啬_{曾开三}	［sei³¹］～皮／［sə³¹］吝～
塞_{曾开一}	［sei³¹］～子／［sə³¹］堵～	涩_{深三}	［sei³⁵］苦～／［sə³⁵］盖～
拆_{梗开二}	［tsʰei³¹］～开／［tsʰə³¹］～迁	择_{梗开二}	［tsei³⁵］～菜／［tsə³⁵］～木而栖
格_{梗开二}	［kei³¹］花～～子／［kə³¹］～力	客_{梗开二}	［kʰei³¹］～人／［kʰə³¹］迁～骚人
责_{梗开二}	［tsei³¹］～任／［tsə³¹］～无旁贷	隔_{梗开二}	［kei³¹］～开／［kə³¹］恍如～世
泽_{梗开二}	［tsei³⁵］毛～东／［tsə³⁵］洪～湖	革_{梗开二}	［kei³¹］～命／［kə³¹］西装～履
核_{梗开二}	［xei³⁵］审～／［xə³⁵］～武器	摘_{梗开二}	［tsei³¹］～花／［tsə³¹］～抄
虱_{臻三}	［sei³¹］～子／［sə³¹］～多不痒		

第二，白读［ei］，文读［uə］。该类文白异读的字较少，以泾源搬迁至银川市西夏区兴泾镇方言为例，如：墨_{曾开一}［mei³¹］～水／［muə³¹］～守成规、默_{曾开一}［mei³¹］～～／［muə³¹］幽～。

第三，白读［ei］，文读［ɛ］。该类文白异读的字较少，主要梗摄开口二等明母字，以泾源搬迁至银川市西夏区兴泾镇方言为例，如：麦_{梗开二}［mei³¹］～子／［mɛ³¹］～克风、脉_{梗开二}［mei³¹］号～／［mɛ³¹］来龙去～。

第四，白读［u］，文读［y］。该类文白异读的字较少，以同心张家垣搬迁至银川市西夏区镇北堡镇方言为例，如：获_{梗合二}［xu⁴⁴］收～／［xy⁴⁴］～益匪浅。

第五，白读［ɛ］，文读［ə］。该类文白异读的字较少，但广泛存在于宁夏移民方言中，以泾源搬迁至银川市西夏区兴泾镇方言为例，如：额_{梗开二}［nɛ³¹］～颅／［ə³¹］～度。

（3）通摄

第一，白读［y］，文读［u］。以同心张家垣搬迁至银川市西夏区镇北堡镇方言为例，如：宿_{通合三}［ɕy²¹³］～舍／［su²¹³］归～、肃_{通合三}［ɕy²¹³］甘～／［su²¹³］严～、俗_{通合三}［ɕy⁴⁴］风～／［su²¹³］通～易懂。

第二，白读［u］／［iəu］，文读［y］。《方言调查字表》只有"绿"一个字存在该类型，彭阳县_{小岔乡}、同心县_{张家垣乡}、盐池县_{麻黄山乡}白读为［u］，如：同心张家垣搬迁至银川市西夏区镇北堡镇方言：绿［lu²¹³］～色／［ly²¹³］～化，该读音可能是受兰银官话影响。原州区_{开城镇}、西吉县_{吉强镇}、海原县_{贾塘乡}、泾源县_{新民乡}、隆德县_{观庄乡}白读为［iəu］，如：泾源搬迁至西夏区兴泾镇方言：绿［liəu³¹］～色／［ly⁴⁴］～化。

（4）山臻摄

白读［iə］，文读［yə］。以同心张家垣搬迁至银川市西夏区镇北堡镇方言为例：血山合四［ɕiə²¹³］流~／［ɕyə²¹³］呕心沥~、穴山合四［ɕiə²¹³］~位／［ɕyə²¹³］地~。

2. 古舒声韵的文白异读

（1）果摄

白读为［uə］，文读为［ə］。该类型主要出现在见系字中，以隆德搬迁至银川市永宁县闽宁镇方言为例，如：

蛾果开一	［ŋuə¹³］飞~／［ə¹³］幺~子	何果开一	［xuə¹³］姓~／［ə¹³］几~
俄果开一	［ŋuə¹³］~国／［ə¹³］埃塞~比亚	我果开一	［ŋuə⁵²］~大／［uə⁵²］自~批评
鹅果开一	［ŋuə¹³］天~／［ə¹³］天~湖	饿果开一	［ŋuə⁴⁴］~了／［ə⁴⁴］忍饥挨~
河果开一	［xuə¹³］黄~／［xə¹³］江~日下	贺果开一	［xuə⁴⁴］祝~／［xə⁴⁴］~卡
荷果开一	［xuə¹³］~花／［xə¹³］~兰	和果合一	［xuə¹³］~气／［xə¹³］~谐社会
科果合一	［kʰuə¹³］~学／［kʰə¹³］迪斯~	课果合一	［kʰuə⁴⁴］上~／［kʰə⁴⁴］选修~
棵果合一	［kʰuə¹³］一~树／［kʰə¹³］五~松体育馆	颗果合一	［kʰuə¹³］~~／［kʰə¹³］~粒无收
禾果合一	［xuə¹³］~苗／［xə¹³］嘉~影城		

（2）蟹止摄

第一，白读为［ei］，文读为［i］。这种类型主要出现在帮组字，分布地域比较广泛，单字音以文读为主，词语中以白读为主，以泾源搬迁至银川市西夏区兴泾镇方言为例，如：

坏蟹合一	［pʰei³¹］土~／［pʰi³¹］毛~	被止开三	［pi⁴⁴］~子／［pei⁴⁴］空调~
披止开三	［pʰei³¹］~上衣裳／［pʰi³¹］所向~靡	眉止开三	［mi³⁵］~毛／［mei³⁵］迫在~睫

第二，白读为［i］，文读为［ei］。这种类型的字较少，仅存在口语中，单字不说，一般在词语中出现。如同心张家垣搬迁至银川市西夏区镇北堡镇方言：为止合三［vi⁴⁴］~啥／［vei⁴⁴］~啥。

（3）遇摄

第一，白读为［əu］，文读为［u］。这种类型的字较少，如同心张家垣搬迁至银川市西夏区镇北堡镇方言：努遇合一［nəu⁵²］~力／［nu⁵²］~嘴、怒遇开一［nəu⁴⁴］发~／［nu⁴⁴］~发冲冠。

第二，白读为［u］，文读为［uə］。该类型的字较少，但分布范围基本覆盖宁夏所有移民方言区，如泾源搬迁至银川市西夏区兴泾镇方言：做_{遇合一}［tsu⁴⁴］~饭/［tsuə⁴⁴］~作业。

（4）流摄

流摄部分字白读［u］，文读［əu］。该类文白异读情况只出现在来母字中，如同心张家垣搬迁至银川市西夏区镇北堡镇方言：

楼_{流开一}［lu²¹³］~房/［ləu²¹³］红~梦　　漏_{流开一}［lu⁴⁴］~水/［ləu⁴⁴］遗~

耧_{流开一}［lu²¹³］~(农具)/［ləu²¹³］~子　　陋_{流开一}［lu⁴⁴］简~/［ləu⁴⁴］~室铭

搂_{流开一}［lu⁵²］~一下/［ləu⁵²］~~抱抱　　嵝_{流开一}［lu²¹³］~子/［ləu²¹³］话~子

（5）山摄

该类文白异读无规律，各类声母字都有个别例字，以同心张家垣搬迁至银川市西夏区镇北堡镇方言为例，如：

腆_{山开四}［tʰiə⁵²］~肚子/［tʰian⁵²］腼~　　暖_{山合一}［nan⁵²］~和/［nuan⁵²］嘘寒问~

环_{山合二}［xuɛ¹³］~县/［xuan¹³］~绕　　还_{山合二}［xa¹³］~有/［xan¹³］~是

（6）其他韵摄

部分韵摄文白异读无规律，各类声母都有个别例字，以同心张家垣搬迁至银川市西夏区镇北堡镇方言为例，如：

凝_{曾开三}［n̠i¹³］~住/［n̠iŋ¹³］~聚　　或_{曾合一}［xuɛ¹³］~者/［xuə¹³］~日

堡_{效开一}［pu⁵²］红寺~/［pɔ⁵²］~垒　　吞_{臻开一}［tʰəŋ²¹³］~下去/［tʰuŋ²¹³］~没

两_{宕开三}［lian⁵²］~个/［liaŋ⁵²］二~　　法_{咸合三}［fan²¹³］办~/［fa⁵²］~海

横_{梗合二}［xuŋ⁴⁴］~竖/［xəŋ⁴⁴］纵~

叁　声调的文白异读

宁夏移民方言声调的文白异读主要是受普通话影响，有些字在方言中基本不用，但随着推广普及国家通用语言文字和影视新媒体的传播而得到运用。如：遁_{端母上声}tuŋ⁵²｜庶_{书母去声}ʂu⁵²｜滤_{来母去声}ly⁵²｜桧_{见母去声}xuei⁵²｜尬_{见母去声}ka⁵²｜贿_{晓母上声}xuei⁵²。部分例字本来合乎本方言的规律，但受

普通话或其他方言影响，存在方言、普通话两种声调。以隆德搬迁至银川
市永宁县闽宁镇方言为例，如：

伟_{云母上声}［vei⁵³］/［vei¹³］　　　齿_{昌母上声}［tsʰʅ⁵³］/［tsʰʅ¹³］

丽_{来母平声}［li¹³］/［li⁴⁴］　　　恋_{来母去声}［lyæ⁴⁴］/［lyæ¹³］

玉_{疑母入声}［y¹³］/［y⁴⁴］　　　益_{影母入声}［i¹³］/［i⁴⁴］

陆_{来母入声}［lu¹³］/［lu⁴⁴］　　　辱_{日母入声}［ʐu¹³］/［ʐu⁵³］

此外，部分字的声调在规律之外，如同心搬迁至银川市西夏区镇北堡
镇方言，该点阴平调值为［213］，阳平调值为［13］，上声调值为［52］，
去声调值为［44］，部分字声调为规律之外，如：购 kəu¹³｜帕 pʰa²¹³｜舒 ʂ
u⁵²｜于 y⁴⁴｜儒 ʐu⁵²｜离 li²¹³｜卡 tɕʰia⁴⁴。该现象既不符合方言读音，又不
符合普通话声调，与连调规律也不符可视为例外。

第五节　字音对照表

1. 本节主要收录宁夏8个吊庄移民方言代表点的字音材料。所收方言
点依次为：1 红寺堡（海原方音）、2 闽宁镇₁（西吉方音）、3 闽宁镇₂（隆
德方音）、4 镇北堡₁（西吉方音）、5 镇北堡₂（同心方音）、6 月牙湖（彭
阳方音）、7 兴泾镇（泾源方音）、8 大战场（固原方音）。

2. 本节共选录汉字 1750 个，按照《方言调查字表》顺序排列。

3. 如果某字存在文白异读或又读现象，只收录该字在方言口语中最常
用的读法。

4. 注释和举例在汉字后用小字表示。

表 2-7　　　　　　　　　**宁夏移民方言字音对照表**

序号	例字	红寺堡	闽宁镇1	闽宁镇2	镇北堡1	镇北堡2	月牙湖	兴泾镇	大战场
1	多	tuə¹³	tuə¹³	tuə¹³	tə¹³	tuə²¹³	tuə²¹³	tuə³¹	tuə¹³
2	拖	tʰuə¹³	tʰuə¹³	tʰuə¹³	tʰuə¹³	tʰuə²¹³	tʰuə²¹³	tʰuə³¹	tʰuə¹³
3	他	tʰa⁵²	tʰa¹³	tʰa⁵²	tʰa²¹³	tʰa⁵²	tʰa³¹	tʰa¹³	
4	驮	tʰuə¹³	tʰuə¹³	tʰuə¹³	tʰuə¹³	tʰuə¹³	tʰuə³⁵	tʰuə¹³	

序号	例字	红寺堡	闽宁镇1	闽宁镇2	镇北堡1	镇北堡2	月牙湖	兴泾镇	大战场
5	大	ta^{44}	ta^{44}	ta^{44}	ta^{44}	ta^{44}	ta^{44}	ta^{44}	ta^{44}
6	挪	$luə^{13}$	$nuə^{13}$	$nuə^{13}$	$luə^{13}$	$luə^{13}$	$luə^{13}$	$nuə^{35}$	$nuə^{13}$
7	左	$tsuə^{44}$	$tsuə^{52}$	$tsuə^{52}$	$tsə^{52}$	$tsuə^{52}$	$tsuə^{52}$	$tsuə^{44}$	$tsuə^{52}$
8	搓	$ts^huə^{13}$	$ts^huə^{13}$	$ts^huə^{13}$	$ts^hə^{13}$	$ts^huə^{213}$	$ts^huə^{213}$	$ts^huə^{31}$	$ts^huə^{13}$
9	哥	$kə^{13}$	$kə^{13}$	$kə^{13}$	$kə^{13}$	$kuə^{213}$	$kuə^{213}$	$kə^{31}$	$kə^{13}$
10	个（~人）	$kə^{44}$	$kə^{44}$	$kə^{44}$	$kə^{13}$	$kə^{44}$	$kuə^{44}$	$kə^{44}$	$kə^{44}$
11	可	$k^hə^{52}$	$k^hə^{52}$	$k^hə^{52}$	$k^hə^{52}$	$k^hə^{52}$	$k^hə^{52}$	$k^hə^{52}$	$k^hə^{52}$
12	蛾	$ŋə^{13}$	$nuə^{13}$	$ə^{13}$	$ŋə^{13}$	$nuə^{13}$	$luə^{13}$	$ŋə^{35}$	$ə^{13}$
13	我	$ŋə^{52}$	$vuə^{52}$	$vuə^{52}$	$ŋə^{52}$	$vuə^{52}$	$vuə^{52}$	$ŋə^{52}$	$uə^{52}$
14	饿	$ŋə^{44}$	$vuə^{44}$	$vuə^{44}$	$ŋə^{44}$	$vuə^{44}$	$vuə^{44}$	$ŋə^{44}$	$nuə^{44}$
15	河	$xə^{13}$	$xə^{13}$	$xə^{13}$	$xə^{13}$	$xuə^{13}$	$xuə^{13}$	$xə^{35}$	$xuə^{13}$
16	贺	$xə^{44}$	$xuə^{44}$	$xuə^{44}$	$xə^{44}$	$xuə^{44}$	$xuə^{44}$	$xə^{35}$	$xuə^{44}$
17	茄（~子）	$tɕ^hiə^{13}$	$tɕ^hiə^{13}$	$tɕ^hiə^{13}$	$tɕ^hiə^{13}$	$tɕ^hiə^{13}$	$tɕ^hiə^{13}$	$tɕ^hiə^{35}$	$tɕ^hiə^{13}$
18	波	$p^hə^{13}$	$puə^{13}$	$p^huə^{13}$	$p^huə^{13}$	$puə^{213}$	$p^huə^{13}$	$p^huə^{31}$	$p^huə^{13}$
19	菠（~菜）	$pə^{13}$	$puə^{13}$	$puə^{13}$	$pə^{13}$	$puə^{13}$	$puə^{13}$	$puə^{31}$	$puə^{13}$
20	簸（~箕）	$pə^{52}$	$puə^{52}$	$puə^{52}$	$pə^{52}$	$puə^{52}$	$puə^{52}$	$puə^{52}$	$puə^{52}$
21	坡	$p^hə^{13}$	$p^huə^{13}$	$p^huə^{13}$	$p^hə^{13}$	$p^huə^{213}$	$p^huə^{213}$	$p^huə^{31}$	$p^huə^{13}$
22	破	$p^hə^{44}$	$p^huə^{44}$	$p^hə^{44}$	$p^hə^{44}$	$p^huə^{44}$	$p^huə^{44}$	$p^hə^{44}$	$p^hə^{44}$
23	婆	$p^hə^{13}$	$p^huə^{13}$	$p^huə^{13}$	$p^hə^{13}$	$p^huə^{13}$	$p^huə^{13}$	$p^huə^{35}$	$p^huə^{13}$
24	馍	$mə^{13}$	$muə^{13}$	$muə^{13}$	$muə^{13}$	$muə^{13}$	$muə^{13}$	$muə^{31}$	$muə^{13}$
25	磨（名词）	$mə^{44}$	$muə^{44}$	$muə^{44}$	$muə^{44}$	$muə^{44}$	$muə^{44}$	$muə^{44}$	$muə^{44}$
26	朵	$tuə^{52}$	$tuə^{52}$	$tuə^{52}$	$tuə^{52}$	$tuə^{52}$	$tuə^{52}$	$tuə^{52}$	$tuə^{52}$
27	剁	$tuə^{44}$	$tuə^{44}$	$tuə^{44}$	$tuə^{44}$	$tuə^{44}$	$tuə^{44}$	$tuə^{44}$	$tuə^{44}$
28	垛（麦~子）	$tuə^{52}$	$tuə^{44}$	$tuə^{44}$	$tuə^{44}$	$tuə^{44}$	$tuə^{44}$	$tuə^{44}$	$tuə^{44}$
29	骡	$luə^{13}$	$luə^{13}$	$luə^{13}$	$luə^{13}$	$luə^{13}$	$luə^{13}$	$luə^{35}$	$luə^{13}$
30	摞（~起来）	$luə^{44}$	$luə^{52}$	$luə^{44}$	$luə^{52}$	$luə^{44}$	$luə^{44}$	$luə^{44}$	$luə^{44}$
31	锉	$ts^huə^{13}$	$ts^huə^{13}$	$ts^huə^{13}$	$ts^huə^{13}$	$ts^huə^{213}$	$ts^huə^{213}$	$ts^huə^{31}$	$ts^huə^{13}$
32	坐	$ts^huə^{44}$	$tsuə^{44}$	$tsuə^{44}$	$ts^huə^{44}$	$tsuə^{44}$	$tsuə^{44}$	$tsuə^{44}$	$tsuə^{44}$
33	座	$tsuə^{44}$	$tsuə^{44}$	$tsuə^{44}$	$tsuə^{44}$	$tsuə^{44}$	$tsuə^{44}$	$tsuə^{44}$	$tsuə^{44}$
34	锁	$suə^{52}$	$suə^{52}$	$suə^{52}$	$suə^{52}$	$suə^{52}$	$suə^{52}$	$suə^{52}$	$suə^{52}$
35	锅	$kuə^{13}$	$kuə^{13}$	$kuə^{13}$	$kuə^{13}$	$kuə^{213}$	$kuə^{213}$	$kuə^{31}$	$kuə^{13}$
36	果	$kuə^{52}$	$kuə^{52}$	$kuə^{52}$	$kuə^{52}$	$kuə^{52}$	$kuə^{52}$	$kuə^{52}$	$kuə^{52}$
37	过	$kuə^{44}$	$kuə^{44}$	$kuə^{44}$	$kuə^{44}$	$kuə^{44}$	$kuə^{44}$	$kuə^{44}$	$kuə^{44}$
38	科	$k^huə^{13}$	$k^huə^{13}$	$k^huə^{13}$	$k^huə^{13}$	$k^huə^{213}$	$k^huə^{213}$	$k^huə^{31}$	$k^huə^{13}$
39	棵	$k^huə^{13}$	$k^huə^{52}$	$k^huə^{52}$	$k^huə^{52}$	$k^huə^{213}$	$k^huə^{52}$	$k^huə^{31}$	$k^huə^{52}$

序号	例字	红寺堡	闽宁镇1	闽宁镇2	镇北堡1	镇北堡2	月牙湖	兴泾镇	大战场
40	颗（一~珠）	kʰuə^{52}	kʰuə^{52}	kʰuə^{52}	kʰuə^{52}	kʰuə^{213}	kʰuə^{52}	kʰuə^{31}	kʰuə^{52}
41	课	kʰuə^{44}	kʰuə^{44}	kʰuə^{44}	kʰuə^{44}	kʰuə^{44}	kʰuə^{44}	kʰuə^{44}	kʰuə^{44}
42	卧	vuə^{44}	vuə^{44}	vuə^{44}	vuə^{44}	vuə^{44}	vuə^{44}	uə^{44}	uə^{44}
43	火	xuə^{52}	xuə^{52}	xuə^{52}	xuə^{52}	xuə^{52}	xuə^{52}	xuə^{52}	xuə^{52}
44	货	xuə^{44}	xuə^{44}	xuə^{44}	xuə^{44}	xuə^{44}	xuə^{44}	xuə^{44}	xuə^{44}
45	禾	xuə^{13}	xuə^{13}	xə^{13}	xuə^{13}	xuə^{13}	xuə^{13}	xuə^{31}	xə^{13}
46	祸	xuə^{44}	xuə^{44}	xuə^{44}	xuə^{44}	xuə^{44}	xuə^{44}	xuə^{44}	xuə^{44}
47	窝	vuə^{13}	uə^{13}	uə^{13}	vuə^{13}	vuə^{213}	vuə^{213}	uə^{31}	uə^{13}
48	瘸（~腿）	tɕʰyə^{13}	tɕʰyə^{13}	tɕʰyə^{13}	tɕʰyə^{13}	tɕʰyə^{13}	tɕʰyə^{13}	tɕʰyə^{35}	tɕʰyə^{13}
49	靴	ɕyə^{13}	ɕyə^{13}	ɕyə^{13}	ɕyə^{13}	ɕyə^{213}	ɕyə^{213}	ɕyə^{31}	ɕyə^{13}
50	巴	pa^{13}	pa^{13}	pa^{13}	pa^{13}	pa^{213}	pa^{213}	pa^{31}	pa^{13}
51	把（量词）	pa^{52}	pa^{52}	pa^{52}	pa^{52}	pa^{52}	pa^{52}	pa^{52}	pa^{52}
52	爸	pa^{13}	pa^{13}	pa^{13}	pa^{13}	pa^{13}	pa^{13}	pa^{52}	pa^{13}
53	怕	pʰa^{44}	pʰa^{44}	pʰa^{44}	pʰa^{44}	pʰa^{44}	pʰa^{44}	pʰa^{44}	pʰa^{44}
54	爬	pʰa^{13}	pʰa^{13}	pʰa^{13}	pʰa^{13}	pʰa^{13}	pʰa^{13}	pʰa^{35}	pʰa^{13}
55	麻	ma^{13}	ma^{13}	ma^{13}	ma^{13}	ma^{13}	ma^{13}	ma^{35}	ma^{13}
56	妈	ma^{13}	ma^{52}	ma^{13}	ma^{44}	ma^{13}	ma^{13}	ma^{35}	ma^{13}
57	马	ma^{52}	ma^{52}	ma^{52}	ma^{52}	ma^{52}	ma^{52}	ma^{52}	ma^{52}
58	骂	ma^{44}	ma^{44}	ma^{44}	ma^{44}	ma^{44}	ma^{44}	ma^{44}	ma^{44}
59	拿	na^{13}	na^{13}	na^{13}	na^{13}	na^{13}	na^{13}	na^{35}	na^{13}
60	茶	tsʰa^{13}	tsʰa^{13}	tsʰa^{13}	tsʰa^{13}	tsʰa^{13}	tsʰa^{13}	tsʰa^{35}	tsʰa^{13}
61	榨（~油）	tsa^{44}	tsa^{44}	tsa^{44}	tsa^{44}	tsa^{44}	tsa^{44}	tsa^{44}	tsa^{44}
62	沙	sa^{13}	sa^{13}	sa^{13}	sa^{13}	sa^{213}	sa^{213}	sa^{31}	sa^{13}
63	洒	sa^{52}	sa^{52}	sa^{52}	sa^{52}	sa^{52}	sa^{52}	sa^{52}	sa^{52}
64	家	tɕia^{13}	tɕia^{13}	tɕia^{13}	tɕia^{13}	tɕia^{213}	tɕia^{213}	tɕia^{31}	tɕia^{13}
65	假（真~）	tɕia^{52}	tɕia^{52}	tɕia^{52}	tɕia^{52}	tɕia^{52}	tɕia^{52}	tɕia^{52}	tɕia^{52}
66	嫁	tɕia^{44}	tɕia^{44}	tɕia^{44}	tɕia^{44}	tɕia^{44}	tɕia^{44}	tɕia^{44}	tɕia^{44}
67	牙	ia^{13}	ia^{13}	ia^{13}	ia^{13}	ia^{13}	ia^{13}	ȵia^{35}	ia^{13}
68	虾（鱼~）	ɕia^{13}	ɕia^{13}	ɕia^{13}	ɕia^{13}	ɕia^{213}	ɕia^{213}	ɕia^{31}	ɕia^{13}
69	吓（~一跳）	xa^{44}	xa^{44}	ɕia^{44}	xa^{44}	xa^{44}	xa^{44}	xa^{44}	ɕia^{44}
70	下（方位）	xa^{44}	xa^{44}	ɕia^{44}	xa^{44}	xa^{44}	xa^{44}	xa^{44}	ɕia^{44}
71	夏（春~）	ɕia^{44}	ɕia^{44}	ɕia^{44}	ɕia^{44}	ɕia^{44}	ɕia^{44}	ɕia^{44}	ɕia^{44}
72	鸦	ia^{13}	ia^{13}	ia^{13}	ia^{13}	ia^{213}	ia^{213}	ȵia^{35}	ia^{13}
73	哑	ia^{52}	ia^{52}	ia^{52}	ȵia^{52}	ia^{52}	ia^{52}	ȵia^{52}	ia^{52}
74	姐	tɕiə^{52}	tɕiə^{52}	tɕiə^{52}	tɕiə^{52}	tɕiə^{52}	tɕiə^{52}	tɕiə^{52}	

序号	例字	红寺堡	闽宁镇1	闽宁镇2	镇北堡1	镇北堡2	月牙湖	兴泾镇	大战场
75	借	tɕiə⁴⁴	tɕiə⁴⁴	tɕiə⁴⁴	tɕiə⁴⁴	tɕiə⁴⁴	tɕiə⁴⁴	tɕiə⁴⁴	tɕiə⁴⁴
76	褯	tɕʰiə⁴⁴	tɕʰiə⁴⁴	tɕʰiə⁴⁴	tɕʰiə⁴⁴	tɕʰiə⁴⁴	tɕʰiə⁴⁴	tɕʰiə⁴⁴	tɕʰiə⁴⁴
77	些	ɕiə¹³	ɕiə¹³	ɕiə¹³	ɕiə¹³	ɕiə²¹³	ɕiə²¹³	ɕiə³¹	ɕiə¹³
78	写	ɕiə⁵²	ɕiə⁵²	ɕiə⁵²	ɕiə⁵²	ɕiə⁵²	ɕiə⁵²	ɕiə⁵²	ɕiə⁵²
79	斜	ɕiə¹³	ɕiə¹³	ɕiə¹³	ɕiə¹³	ɕiə¹³	ɕiə¹³	ɕiə³⁵	ɕiə¹³
80	谢	ɕiə⁴⁴	ɕiə⁴⁴	ɕiə⁴⁴	ɕiə⁴⁴	ɕiə⁴⁴	ɕiə⁴⁴	ɕiə⁴⁴	ɕiə⁴⁴
81	遮	tʂə¹³	tʂə¹³	tʂə¹³	tʂə¹³	tʂə²¹³	tʂə²¹³	tʂə³¹	tʂə¹³
82	车（~辆）	tʂʰə¹³	tʂʰə¹³	tʂʰə¹³	tʂʰə¹³	tʂʰə²¹³	tʂʰə²¹³	tʂʰə³¹	tʂʰə¹³
83	扯	tʂʰə⁵²	tʂʰə⁵²	tʂʰə⁵²	tʂʰə⁵²	tʂʰə⁵²	tʂʰə⁵²	tʂʰə⁵²	tʂʰə⁵²
84	蛇	ʂə¹³	ʂə¹³	ʂə¹³	ʂə¹³	ʂə¹³	ʂə¹³	ʂə³⁵	ʂə¹³
85	射	ʂə⁴⁴	ʂə⁴⁴	ʂə⁴⁴	ʂə⁴⁴	ʂə⁴⁴	ʂə⁴⁴	ʂə⁵²	ʂə⁴⁴
86	赊	ʂə¹³	ʂə¹³	ʂə¹³	ʂə¹³	ʂə²¹³	ʂə²¹³	ʂə³¹	ʂə¹³
87	舍（动词）	ʂə⁵²	ʂə⁵²	ʂə⁵²	ʂə⁵²	ʂə⁵²	ʂə⁵²	ʂə⁵²	ʂə⁵²
88	社	ʂə⁴⁴	ʂə⁴⁴	ʂə⁴⁴	ʂə⁴⁴	ʂə⁴⁴	ʂə⁴⁴	ʂə⁴⁴	ʂə⁴⁴
89	惹	ʐə⁵²	ʐə⁵²	ʐə⁵²	ʐə⁵²	ʐə⁵²	ʐə⁵²	ʐə⁵²	ʐə⁵²
90	爷	iə¹³	iə¹³	iə¹³	iə¹³	iə¹³	iə¹³	iə³⁵	iə¹³
91	野	iə⁵²	iə⁵²	iə⁵²	iə⁵²	iə⁵²	iə⁵²	iə⁵²	iə⁵²
92	夜	iə⁴⁴	iə⁴⁴	iə⁴⁴	iə⁴⁴	iə⁴⁴	iə⁴⁴	iə⁴⁴	iə⁴⁴
93	傻	ʂa⁵²	ʂa⁵²	ʂa⁵²	ʂa⁵²	ʂa⁵²	ʂa⁵²	ʂa⁵²	ʂa⁵²
94	耍	ʃua⁵²	ʂua⁵²	ʂua⁵²	ʂua⁵²	ʂua⁵²	ʂua⁵²	ʂua⁵²	ʂua⁵²
95	瓜	kua¹³	kua¹³	kua¹³	kua¹³	kua²¹³	kua²¹³	kua³¹	kua¹³
96	蜗	kua⁵²	kua¹³	uə¹³	kua⁵²	kua⁴⁴	kua⁴⁴	uə³¹	uə⁴⁴
97	夸	kʰua¹³	kʰua¹³	kʰua¹³	kʰua¹³	kʰua¹³	kʰua¹³	kʰua³¹	kʰua¹³
98	侉	kʰua⁵²	kʰua⁵²	kʰua⁵²	kʰua⁵²	kʰua⁵²	kʰua⁵²	kʰua⁵²	kʰua⁵²
99	跨	kʰua⁴⁴	kʰua⁴⁴	kʰua⁴⁴	kʰua⁴⁴	kʰua⁴⁴	kʰua⁴⁴	kʰua⁴⁴	kʰua⁵²
100	瓦	va⁵²	va⁵²	va⁵²	va⁵²	va⁵²	va⁵²	a⁵²	ua⁵²
101	花	xua¹³	xua¹³	xua¹³	xua¹³	xua²¹³	xua²¹³	xua³¹	xua¹³
102	化	xua⁴⁴	xua⁴⁴	xua⁴⁴	xua⁴⁴	xua⁴⁴	xua⁴⁴	xua⁴⁴	xua⁴⁴
103	华（中~）	xua¹³	xua¹³	xua¹³	xua¹³	xua¹³	xua¹³	xua³¹	xua¹³
104	划（划船）	xua⁴⁴	xua⁴⁴	xua⁴⁴	xua⁴⁴	xua⁴⁴	xua⁴⁴	xua³⁵	xua⁴⁴
105	洼	va¹³	va⁴⁴	va¹³	va⁴⁴	va⁴⁴	va⁴⁴	ua⁴⁴	va⁴⁴
106	补	pu⁵²	pu⁵²	pu⁵²	pu⁵²	pu⁵²	pu⁵²	pu⁵²	pu⁵²
107	谱	pʰu⁵²	pʰu⁵²	pʰu⁵²	pʰu⁵²	pʰu⁵²	pʰu⁵²	pʰu⁵²	pʰu⁵²
108	布	pu⁴⁴	pu⁴⁴	pu⁴⁴	pu⁴⁴	pu⁴⁴	pu⁴⁴	pu⁴⁴	pu⁴⁴
109	铺（动词）	pʰu¹³	pʰu¹³	pʰu¹³	pʰu¹³	pʰu²¹³	pʰu²¹³	pʰu³¹	pʰu¹³

续表

序号	例字	红寺堡	闽宁镇1	闽宁镇2	镇北堡1	镇北堡2	月牙湖	兴泾镇	大战场
110	普	p^hu^{52}	p^hu^{52}	p^hu^{52}	p^hu^{52}	p^hu^{52}	p^hu^{52}	p^hu^{52}	p^hu^{52}
111	簿	p^hu^{44}	p^hu^{44}	p^hu^{44}	p^hu^{44}	p^hu^{44}	p^hu^{44}	p^hu^{44}	p^hu^{44}
112	蒲	p^hu^{13}	p^hu^{13}	p^hu^{52}	p^hu^{13}	p^hu^{13}	p^hu^{13}	p^hu^{52}	p^hu^{13}
113	步	p^hu^{44}	p^hu^{44}	p^hu^{44}	p^hu^{44}	p^hu^{44}	p^hu^{44}	p^hu^{44}	pu^{44}
114	捕	p^hu^{52}	p^hu^{52}	p^hu^{52}	p^hu^{52}	p^hu^{44}	p^hu^{44}	p^hu^{52}	pu^{52}
115	墓	mu^{44}	mu^{44}	$mu\vartheta^{44}$	mu^{44}	mu^{44}	mu^{44}	mu^{44}	$mu\vartheta^{44}$
116	都（~来了）	$t\vartheta u^{13}$	tu^{13}	$t\vartheta u^{13}$	$t\vartheta u^{13}$	$t\vartheta u^{213}$	$t\vartheta u^{213}$	$t\vartheta u^{35}$	$t\vartheta u^{44}$
117	堵	tu^{52}	tu^{52}	tu^{52}	tu^{52}	tu^{52}	tu^{52}	tu^{52}	tu^{52}
118	土	t^hu^{52}	t^hu^{52}	t^hu^{52}	t^hu^{52}	t^hu^{52}	t^hu^{52}	t^hu^{52}	t^hu^{52}
119	兔	t^hu^{44}	t^hu^{44}	t^hu^{44}	t^hu^{44}	t^hu^{44}	t^hu^{44}	t^hu^{44}	t^hu^{44}
120	徒	t^hu^{13}	t^hu^{13}	t^hu^{13}	t^hu^{13}	t^hu^{13}	t^hu^{13}	t^hu^{35}	t^hu^{13}
121	图	t^hu^{13}	t^hu^{13}	t^hu^{13}	t^hu^{13}	t^hu^{13}	t^hu^{13}	t^hu^{35}	t^hu^{13}
122	杜	t^hu^{44}	tu^{44}	tu^{44}	tu^{44}	tu^{44}	tu^{44}	tu^{44}	tu^{44}
123	度	tu^{44}	tu^{44}	tu^{44}	tu^{44}	tu^{44}	tu^{44}	tu^{44}	tu^{44}
124	奴	$n\vartheta u^{13}$	nu^{13}	$n\vartheta u^{13}$	nu^{13}	$n\vartheta u^{13}$	$n\vartheta u^{13}$	$n\vartheta u^{35}$	$n\mathrm{\textopeno}^{13}$
125	努	lu^{52}	nu^{52}	lu^{52}	nu^{52}	$n\vartheta u^{52}$	$n\vartheta u^{52}$	$n\vartheta u^{52}$	nu^{52}
126	怒	$n\vartheta u^{44}$	nu^{44}	nu^{44}	nu^{44}	$n\vartheta u^{44}$	$n\vartheta u^{44}$	$n\vartheta u^{52}$	$n\mathrm{\textopeno}^{44}$
127	炉	lu^{13}	lu^{13}	lu^{13}	lu^{13}	lu^{13}	lu^{13}	lu^{35}	lu^{13}
128	路	lu^{44}	lu^{44}	lu^{44}	lu^{44}	lu^{44}	lu^{44}	$l\vartheta u^{44}$	lu^{44}
129	租	tsu^{13}	tsu^{13}	tsu^{13}	tsu^{13}	tsu^{213}	$t\mathrm{\textctc}y^{213}$	tsu^{31}	tsu^{13}
130	祖	tsu^{52}	tsu^{52}	tsu^{52}	tsu^{52}	tsu^{52}	$t\mathrm{\textctc}y^{52}$	tsu^{31}	tsu^{52}
131	做	tsu^{44}	tsu^{44}	tsu^{13}	tsu^{44}	tsu^{44}	$t\mathrm{\textctc}y^{44}$	tsu^{31}	$tsu\vartheta^{13}$
132	粗	ts^hu^{13}	ts^hu^{13}	ts^hu^{13}	ts^hu^{13}	$t\mathrm{\textctc}^hu^{13}$	$t\mathrm{\textctc}^hu^{13}$	ts^hu^{31}	ts^hu^{13}
133	醋	ts^hu^{44}	ts^hu^{44}	ts^hu^{44}	ts^hu^{44}	$t\mathrm{\textctc}^hu^{44}$	$t\mathrm{\textctc}^hu^{44}$	ts^hu^{44}	ts^hu^{13}
134	错（~误）	$ts^hu\vartheta^{44}$	$ts^hu\vartheta^{44}$	$ts^hu\vartheta^{44}$	$ts^hu\vartheta^{44}$	$ts^hu\vartheta^{44}$	$ts^hu\vartheta^{44}$	$ts^hu\vartheta^{44}$	$ts^hu\vartheta^{44}$
135	素	su^{44}	su^{44}	su^{44}	su^{44}	su^{44}	$\mathrm{\textctc}y^{44}$	su^{44}	su^{44}
136	箍（~桶）	ku^{13}	ku^{13}	ku^{13}	ku^{13}	ku^{213}	ku^{213}	ku^{31}	ku^{13}
137	古	ku^{52}	ku^{52}	ku^{52}	ku^{52}	ku^{52}	ku^{52}	ku^{31}	ku^{52}
138	固	ku^{44}	ku^{44}	ku^{44}	ku^{44}	ku^{44}	ku^{44}	ku^{44}	ku^{44}
139	枯	k^hu^{13}	k^hu^{13}	k^hu^{52}	k^hu^{13}	k^hu^{213}	k^hu^{213}	k^hu^{31}	k^hu^{52}
140	苦	k^hu^{52}	k^hu^{52}	k^hu^{52}	k^hu^{52}	k^hu^{52}	k^hu^{52}	k^hu^{52}	k^hu^{52}
141	裤	k^hu^{44}	k^hu^{44}	k^hu^{44}	k^hu^{44}	k^hu^{44}	k^hu^{44}	k^hu^{44}	k^hu^{44}
142	吴	vu^{13}	vu^{13}	vu^{13}	vu^{13}	vu^{13}	vu^{13}	u^{35}	u^{13}
143	五	vu^{52}	vu^{52}	vu^{52}	vu^{52}	vu^{52}	vu^{52}	u^{35}	u^{52}
144	误	vu^{44}	vu^{44}	vu^{44}	vu^{44}	vu^{44}	vu^{44}	u^{44}	u^{44}

序号	例字	红寺堡	闽宁镇1	闽宁镇2	镇北堡1	镇北堡2	月牙湖	兴泾镇	大战场
145	呼	xu^{13}	xu^{13}	xu^{13}	xu^{13}	xu^{213}	xu^{213}	xu^{31}	xu^{13}
146	虎	xu^{52}	xu^{52}	xu^{52}	xu^{52}	xu^{52}	xu^{52}	xu^{52}	xu^{52}
147	壶	xu^{13}	xu^{13}	xu^{13}	xu^{13}	xu^{13}	xu^{13}	xu^{35}	xu^{13}
148	户	xu^{44}	xu^{44}	xu^{44}	xu^{44}	xu^{44}	xu^{44}	xu^{44}	xu^{44}
149	乌	vu^{13}	vu^{13}	vu^{13}	vu^{13}	vu^{213}	vu^{213}	u^{35}	u^{13}
150	恶（憎~）	vu^{44}	vu^{44}	$ŋə^{13}$	vu^{44}	vu^{44}	vu^{44}	u^{44}	u^{44}
151	女	$ȵy^{52}$	ny^{52}	ny^{52}	ny^{52}	mi^{52}	mi^{52}	ny^{52}	ny^{52}
152	吕	ly^{52}	ly^{52}	ly^{52}	ly^{52}	ly^{52}	ly^{52}	ly^{52}	ly^{52}
153	驴	ly^{13}	ly^{13}	ly^{13}	ly^{13}	y^{13}	y^{13}	ly^{35}	ly^{13}
154	旅	ly^{52}	ly^{52}	ly^{52}	ly^{52}	ly^{52}	ly^{52}	ly^{52}	ly^{52}
155	虑	ly^{44}	ly^{44}	ly^{44}	ly^{44}	ly^{52}	ly^{52}	ly^{44}	ly^{52}
156	蛆（生~）	$tɕ^hy^{13}$	$tɕ^hy^{13}$	$tɕ^hy^{13}$	$tɕ^hy^{13}$	$tɕ^hy^{213}$	$tɕ^hy^{213}$	$tɕ^hy^{31}$	$tɕ^hy^{13}$
157	絮	$ɕy^{44}$	$ɕy^{44}$	$ɕy^{44}$	$ɕy^{44}$	$ɕy^{44}$	$ɕy^{44}$	$ɕy^{44}$	$ɕy^{44}$
158	徐	$ɕy^{13}$	$ɕy^{13}$	$ɕy^{13}$	$ɕy^{13}$	$ɕy^{13}$	$ɕy^{13}$	$ɕy^{35}$	$ɕy^{13}$
159	序	$ɕy^{44}$	$ɕy^{44}$	$ɕy^{44}$	$ɕy^{44}$	$ɕy^{44}$	$ɕy^{44}$	$ɕy^{44}$	$ɕy^{44}$
160	猪	$tʃu^{13}$	$tʂu^{13}$	$tʂu^{13}$	$tʂu^{13}$	$tʂu^{213}$	$tʂu^{213}$	$tʂu^{31}$	$tʂu^{13}$
161	著（~名）	$tʃu^{44}$	$tʂu^{44}$	$tʂu^{44}$	$tʂu^{44}$	$tʂu^{44}$	$tʂu^{44}$	$tʂu^{44}$	$tʂu^{44}$
162	除	$tʃ^hu^{13}$	$tʂ^hu^{13}$	$tʂ^hu^{13}$	$tʂ^hu^{13}$	$tʂ^hu^{13}$	$tʂ^hu^{13}$	$tʂ^hu^{35}$	$tʂ^hu^{13}$
163	储（~蓄）	$tʃu^{13}$	$tʂ^hu^{13}$	$tʂu^{13}$	$tʂ^hu^{13}$	$tʂu^{13}$	$tʂu^{13}$	$tʂu^{31}$	$tʂu^{52}$
164	阻	tsu^{52}	tsu^{52}	tsu^{52}	tsu^{52}	tsu^{52}	$tɕy^{52}$	tsu^{31}	tsu^{52}
165	初	$tʃ^hu^{13}$	$tʂ^hu^{13}$	$tʂ^hu^{13}$	$tʂ^hu^{13}$	$tʂ^hu^{213}$	$tʂ^hu^{213}$	$tʂ^hu^{31}$	$tʂ^hu^{13}$
166	楚	$tʃ^hu^{52}$	$tʂ^hu^{52}$	$tʂ^hu^{52}$	$tʂ^hu^{52}$	$tʂ^hu^{52}$	$tʂ^hu^{52}$	$tʂ^hu^{31}$	$tʂ^hu^{52}$
167	锄	$tʃ^hu^{13}$	$tʂ^hu^{13}$	$tʂu^{13}$	$tʂ^hu^{13}$	$tʂ^hu^{213}$	$tʂ^hu^{213}$	$tʂ^hu^{35}$	$tʂ^hu^{13}$
168	助	$tʃu^{44}$	$tʂu^{44}$	$tʂu^{44}$	$tʂu^{44}$	$tʂu^{44}$	$tʂu^{44}$	$tʂu^{44}$	$tʂu^{44}$
169	梳（~头）	$ʃu^{13}$	$ʂu^{13}$	$ʂu^{13}$	$ʂu^{13}$	$ʂu^{213}$	$ʂu^{213}$	$ʂu^{31}$	$ʂu^{13}$
170	所	$ʃuə^{52}$	$ʂuə^{52}$	$ʂuə^{52}$	$ʂuə^{52}$	$ʂuə^{52}$	$ʂuə^{52}$	$ʂuə^{52}$	$ʂuə^{52}$
171	煮	$tʃu^{52}$	$tʂu^{52}$	$tʂu^{52}$	$tʂu^{52}$	$tʂu^{52}$	$tʂu^{52}$	$tʂu^{52}$	$tʂu^{52}$
172	处（~所）	$tʃ^hu^{52}$	$tʂ^hu^{52}$	$tʂu^{52}$	$tʂ^hu^{52}$	$tʂ^hu^{52}$	$tʂ^hu^{52}$	$tʂu^{52}$	$tʂu^{52}$
173	书	$ʃu^{13}$	$ʂu^{13}$	$ʂu^{13}$	$ʂu^{13}$	$ʂu^{213}$	$ʂu^{213}$	$ʂu^{31}$	$ʂu^{13}$
174	暑	$ʃu^{52}$	$ʂu^{52}$	$ʂu^{52}$	$ʂu^{52}$	$ʂu^{52}$	$ʂu^{52}$	$ʂu^{52}$	$ʂu^{52}$
175	鼠	$tʃ^hu^{52}$	$tʂ^hu^{52}$	$tʂ^hu^{52}$	$tʂ^hu^{52}$	$tʂ^hu^{52}$	$tʂ^hu^{52}$	$tʂ^hu^{31}$	$tʂ^hu^{52}$
176	恕	$ʃu^{44}$	$ʂu^{44}$	$ʂu^{52}$	$ʂu^{52}$	$ʂu^{52}$	$ʂu^{52}$	$ʂu^{44}$	$ʂu^{52}$
177	薯（红~）	$ʃu^{52}$	$ʂu^{52}$	$ʂu^{52}$	$ʂu^{52}$	$ʂu^{52}$	$ʂu^{52}$	$ʂu^{52}$	$ʂu^{52}$
178	如	$ʐu^{13}$	$ʐu^{13}$	$ʐu^{13}$	$ʐu^{13}$	$ʐu^{13}$	$ʐu^{13}$	$ʐu^{31}$	$ʐu^{13}$
179	居	$tɕy^{13}$	$tɕy^{13}$	$tɕy^{44}$	$tɕy^{44}$	$tɕy^{13}$	$tɕy^{13}$	$tɕy^{31}$	$tɕy^{13}$

续表

序号	例字	红寺堡	闽宁镇1	闽宁镇2	镇北堡1	镇北堡2	月牙湖	兴泾镇	大战场
180	举	tɕy^{52}	tɕy^{52}	tɕy^{52}	tɕy^{52}	tɕy^{52}	tɕy^{52}	tɕy^{52}	tɕy^{52}
181	锯（~子）	tɕy^{44}	tɕy^{44}	tɕy^{44}	tɕy^{44}	tɕy^{44}	tɕy^{44}	tɕy^{44}	tɕy^{44}
182	墟（废~）	ɕy^{13}	ɕy^{13}	ɕy^{13}	ɕy^{13}	ɕy^{213}	ɕy^{213}	ɕy^{31}	ɕy^{13}
183	去（~哪儿）	tɕʰi^{44}	tɕʰy^{44}	tɕʰy^{44}	tɕʰy^{44}	tɕʰi^{44}	tɕʰi^{44}	tɕʰy^{52}	tɕʰy^{52}
184	渠	tɕʰy^{13}	tɕʰy^{13}	tɕʰy^{13}	tɕʰy^{13}	tɕʰy^{13}	tɕʰy^{13}	tɕʰy^{35}	tɕʰy^{13}
185	巨	tɕy^{44}	tɕy^{44}	tɕy^{44}	tɕy^{44}	tɕy^{44}	tɕy^{44}	tɕy^{44}	tɕy^{44}
186	鱼	y^{13}	y^{13}	y^{13}	y^{13}	y^{13}	y^{13}	y^{35}	y^{13}
187	语	y^{52}	y^{52}	y^{52}	y^{52}	y^{52}	y^{52}	y^{52}	y^{44}
188	御	y^{44}	y^{44}	y^{44}	y^{44}	y^{44}	y^{44}	y^{44}	y^{44}
189	虚	ɕy^{13}	ɕy^{13}	ɕy^{13}	ɕy^{13}	ɕy^{213}	ɕy^{213}	ɕy^{31}	ɕy^{13}
190	许	ɕy^{52}	ɕy^{52}	ɕy^{52}	ɕy^{52}	ɕy^{52}	ɕy^{52}	ɕy^{31}	ɕy^{52}
191	余	y^{13}	y^{13}	y^{13}	y^{13}	y^{13}	y^{13}	y^{35}	y^{13}
192	预	y^{44}	y^{44}	y^{44}	y^{44}	y^{44}	y^{44}	y^{44}	y^{44}
193	夫	fu^{13}	fu^{13}	fu^{13}	fu^{13}	fu^{213}	fu^{213}	fu^{31}	fu^{13}
194	府	fu^{52}	fu^{52}	fu^{52}	fu^{52}	fu^{52}	fu^{52}	fu^{31}	fu^{52}
195	付	fu^{52}	fu^{44}	fu^{52}	fu^{44}	fu^{52}	fu^{52}	fu^{52}	fu^{52}
196	傅	fu^{44}	fu^{44}	fu^{52}	fu^{44}	fu^{44}	fu^{44}	fu^{31}	fu^{52}
197	麸（麦~子）	fu^{13}	fu^{13}	fu^{13}	fu^{13}	fu^{213}	fu^{213}	fu^{31}	fu^{13}
198	抚	fu^{52}	fu^{13}	fu^{13}	fu^{13}	fu^{52}	fu^{52}	fu^{35}	fu^{13}
199	扶	fu^{13}	fu^{13}	fu^{13}	fu^{13}	fu^{13}	fu^{13}	fu^{35}	fu^{13}
200	父	fu^{44}	fu^{44}	fu^{44}	fu^{44}	fu^{44}	fu^{44}	fu^{44}	fu^{44}
201	腐	fu^{52}	fu^{52}	fu^{52}	fu^{52}	fu^{52}	fu^{52}	fu^{31}	fu^{52}
202	附	fu^{52}	fu^{44}	fu^{52}	fu^{52}	fu^{52}	fu^{52}	fu^{31}	fu^{52}
203	无	vu^{13}	vu^{13}	vu^{13}	vu^{13}	vu^{13}	vu^{13}	u^{35}	u^{13}
204	武	vu^{52}	vu^{52}	vu^{52}	vu^{52}	vu^{52}	vu^{52}	u^{52}	u^{52}
205	雾	vu^{44}	vu^{44}	vu^{44}	vu^{44}	vu^{44}	vu^{44}	u^{44}	u^{44}
206	屡	ly^{52}	ly^{52}	ly^{52}	luei^{52}	luei^{52}	luei^{52}	luei^{44}	luei^{52}
207	趋	tɕʰy^{13}	tɕʰy^{13}	tɕʰy^{13}	tɕʰy^{13}	tɕʰy^{13}	tɕʰy^{13}	tɕʰy^{52}	tɕʰy^{13}
208	取	tɕʰy^{52}	tɕʰy^{52}	tɕʰy^{52}	tɕʰy^{52}	tɕʰy^{52}	tɕʰy^{52}	tɕʰy^{52}	tɕʰy^{52}
209	聚	tɕy^{44}	tɕy^{44}	tɕy^{44}	tɕy^{44}	tɕy^{44}	tɕy^{44}	tɕy^{44}	tɕy^{52}
210	需	ɕy^{13}	ɕy^{13}	ɕy^{13}	ɕy^{13}	ɕy^{213}	ɕy^{213}	ɕy^{31}	ɕy^{13}
211	续	ɕy^{44}	ɕy^{44}	ɕy^{44}	ɕy^{44}	ɕy^{44}	ɕy^{44}	ɕy^{44}	ɕy^{44}
212	蛛	tʃu^{13}	tʂu^{13}	tʂu^{13}	tʂu^{13}	tʂu^{213}	tʂu^{213}	tʂu^{31}	tʂu^{13}
213	注	tʃu^{44}	tʂu^{44}	tʂu^{52}	tʂu^{52}	tʂu^{44}	tʂu^{44}	tʂu^{44}	tʂu^{44}
214	厨	tʃʰu^{13}	tʂʰu^{13}	tʂʰu^{13}	tʂʰu^{13}	tʂʰu^{13}	tʂʰu^{13}	tʂʰu^{35}	tʂʰu^{13}

序号	例字	红寺堡	闽宁镇1	闽宁镇2	镇北堡1	镇北堡2	月牙湖	兴泾镇	大战场
215	柱	tʃʰu⁴⁴	tʂu⁴⁴	tʂʰu⁴⁴	tʂu⁴⁴	tʂu⁴⁴	tʂu⁴⁴	tʂʰu⁴⁴	tʂʰu⁴⁴
216	住	tʃu⁴⁴	tʂu⁴⁴	tʂʰu⁴⁴	tʂu⁴⁴	tʂu⁴⁴	tʂu⁴⁴	tʂʰu⁴⁴	tʂʰu⁴⁴
217	数（动词）	ʃu⁵²	ʂu⁵²	ʂu⁵²	ʂu⁵²	ʂu⁵²	ʂu⁵²	ʂu⁵²	ʂu⁵²
218	数（名词）	ʃu⁴⁴	ʂu⁴⁴	ʂu⁴⁴	ʂu⁴⁴	ʂu⁴⁴	ʂu⁴⁴	ʂu⁵²	ʂu⁴⁴
219	珠	tʃu¹³	tʂu¹³	tʂu¹³	tʂu¹³	tʂu²¹³	tʂu²¹³	tʂu³¹	tʂu¹³
220	主	tʃu⁵²	tʂu⁵²	tʂu⁵²	tʂu⁵²	tʂu⁵²	tʂu⁵²	tʂu⁵²	tʂu⁵²
221	注	tʃu⁴⁴	tʂu⁴⁴	tʂu⁵²	tʂu⁴⁴	tʂu⁴⁴	tʂu⁴⁴	tʂu⁴⁴	tʂu⁴⁴
222	输	ʃu¹³	ʂu¹³	ʂu¹³	ʂu¹³	ʂu²¹³	ʂu²¹³	ʂu³¹	ʂu¹³
223	竖	ʃu⁴⁴	ʂu⁴⁴	ʂu⁴⁴	ʂu⁴⁴	ʂu⁴⁴	ʂu⁴⁴	ʂu⁵²	ʂu⁴⁴
224	树	ʃu⁴⁴	ʂu⁴⁴	ʂu⁴⁴	ʂu⁴⁴	ʂu⁴⁴	ʂu⁴⁴	ʂu⁴⁴	ʂu⁴⁴
225	儒	ʐu⁵²	ʐu¹³	ʐu⁵²	ʐu⁵²	ʐu¹³	ʐu¹³	ʐu³¹	ʐu⁵²
226	乳	ʐu⁵²	ʐu⁵²	ʐu⁵²	ʐu⁵²	ʐu⁵²	ʐu⁵²	ʐu³¹	ʐu⁵²
227	驹	tɕy¹³	tɕy¹³	tɕy¹³	tɕy⁴⁴	tɕy²¹³	tɕy²¹³	tɕy³¹	tɕy¹³
228	句	tɕy⁴⁴	tɕy⁴⁴	tɕy⁴⁴	tɕy⁴⁴	tɕy⁴⁴	tɕy⁴⁴	tɕy⁴⁴	tɕy⁴⁴
229	区（地~）	tɕʰy¹³	tɕʰy¹³	tɕʰy¹³	tɕʰy¹³	tɕʰy²¹³	tɕʰy²¹³	tɕʰy³¹	tɕʰy¹³
230	具	tɕy⁴⁴	tɕy⁴⁴	tɕy⁴⁴	tɕy⁴⁴	tɕy⁴⁴	tɕy⁴⁴	tɕy⁴⁴	tɕy⁴⁴
231	愚	y¹³	y¹³	y¹³	y¹³	y¹³	y¹³	y³⁵	y¹³
232	遇	y⁴⁴	y⁴⁴	y⁴⁴	y⁴⁴	y⁴⁴	y⁴⁴	y⁴⁴	y⁴⁴
233	于	y¹³	y¹³	y¹³	y⁴⁴	y¹³	y¹³	y³⁵	y¹³
234	雨	y⁵²	y⁵²	y⁵²	y⁵²	y⁵²	y⁵²	y⁵²	y⁵²
235	芋	y⁴⁴	y⁴⁴	y⁴⁴	y⁴⁴	y⁴⁴	y⁴⁴	y⁴⁴	y⁴⁴
236	榆	y¹³	y¹³	y¹³	y¹³	ʐu¹³	ʐu¹³	y³⁵	y¹³
237	戴	tei⁴⁴	tɛ⁴⁴	tɛ⁴⁴	tɛ⁴⁴	tɛ⁴⁴	tɛ⁴⁴	tɛ⁴⁴	tɛ⁴⁴
238	胎	tʰei¹³	tʰɛ¹³	tʰɛ¹³	tʰɛ⁴⁴	tʰɛ¹³	tʰɛ¹³	tʰɛ³¹	tʰɛ¹³
239	态	tʰei⁵²	tʰɛ⁵²	tʰɛ⁵²	tʰɛ⁴⁴	tʰɛ⁴⁴	tʰɛ⁴⁴	tʰɛ³¹	tʰɛ⁴⁴
240	贷	tei⁴⁴	tɛ⁴⁴	tɛ⁴⁴	tɛ⁴⁴	tɛ⁴⁴	tɛ⁴⁴	tɛ⁴⁴	tɛ⁴⁴
241	台（戏~）	tʰei¹³	tʰɛ¹³	tʰɛ¹³	tʰɛ¹³	tʰɛ¹³	tʰɛ¹³	tʰɛ³⁵	tʰɛ¹³
242	抬	tʰei¹³	tʰɛ¹³	tʰɛ¹³	tʰɛ¹³	tʰɛ¹³	tʰɛ¹³	tʰɛ³⁵	tʰɛ¹³
243	袋	tei⁴⁴	tɛ⁴⁴	tɛ⁴⁴	tɛ⁴⁴	tɛ⁴⁴	tɛ⁴⁴	tɛ⁴⁴	tɛ⁴⁴
244	乃	nei⁵²	nɛ⁵²	nɛ⁵²	nɛ⁵²	nɛ⁵²	nɛ⁵²	nɛ⁵²	nɛ⁵²
245	耐	nei⁴⁴	nɛ⁴⁴	nɛ⁴⁴	nɛ⁴⁴	nɛ⁴⁴	nɛ⁴⁴	nɛ⁴⁴	nɛ⁴⁴
246	来	lei¹³	lɛ¹³	lɛ¹³	lɛ¹³	lɛ¹³	lɛ¹³	lɛ³⁵	lɛ¹³
247	灾	tsei¹³	tsɛ¹³	tsɛ¹³	tsɛ¹³	tsɛ²¹³	tsɛ²¹³	tsɛ³¹	tsɛ¹³
248	宰	tsei⁵²	tsɛ⁵²	tsɛ⁵²	tsɛ⁵²	tsɛ⁵²	tsɛ⁵²	tsɛ⁵²	tsɛ⁵²
249	再	tsei⁴⁴	tsɛ⁴⁴	tsɛ⁴⁴	tsɛ⁴⁴	tsɛ⁴⁴	tsɛ⁴⁴	tsɛ⁴⁴	tsɛ⁴⁴

续表

序号	例字	红寺堡	闽宁镇1	闽宁镇2	镇北堡1	镇北堡2	月牙湖	兴泾镇	大战场
250	猜	ts^hei^{52}	$ts^h\varepsilon^{13}$	$ts^h\varepsilon^{13}$	$ts^h\varepsilon^{52}$	$ts^h\varepsilon^{213}$	$ts^h\varepsilon^{213}$	$ts^h\varepsilon^{31}$	$ts^h\varepsilon^{52}$
251	彩	ts^hei^{52}	$ts^h\varepsilon^{52}$	$ts^h\varepsilon^{52}$	$ts^h\varepsilon^{52}$	$ts^h\varepsilon^{52}$	$ts^h\varepsilon^{52}$	$ts^h\varepsilon^{52}$	$ts^h\varepsilon^{52}$
252	菜	ts^hei^{44}	$ts^h\varepsilon^{44}$	$ts^h\varepsilon^{44}$	$ts^h\varepsilon^{44}$	$ts^h\varepsilon^{44}$	$ts^h\varepsilon^{44}$	$ts^h\varepsilon^{44}$	$ts^h\varepsilon^{44}$
253	才	ts^hei^{13}	$ts^h\varepsilon^{13}$	$ts^h\varepsilon^{13}$	$ts^h\varepsilon^{13}$	$ts^h\varepsilon^{13}$	$ts^h\varepsilon^{13}$	$ts^h\varepsilon^{35}$	$ts^h\varepsilon^{13}$
254	在	$tsei^{44}$	tse^{44}	tse^{44}	tse^{44}	tse^{44}	tse^{44}	tse^{44}	tse^{44}
255	赛	sei^{44}	$s\varepsilon^{44}$	$s\varepsilon^{44}$	$s\varepsilon^{44}$	$s\varepsilon^{44}$	$s\varepsilon^{44}$	$s\varepsilon^{44}$	$s\varepsilon^{44}$
256	该	kei^{13}	$k\varepsilon^{13}$	$k\varepsilon^{13}$	$k\varepsilon^{13}$	$k\varepsilon^{213}$	$k\varepsilon^{213}$	$k\varepsilon^{31}$	$k\varepsilon^{13}$
257	改	kei^{52}	$k\varepsilon^{52}$	$k\varepsilon^{52}$	$k\varepsilon^{52}$	$k\varepsilon^{52}$	$k\varepsilon^{52}$	$k\varepsilon^{52}$	$k\varepsilon^{52}$
258	概	kei^{44}	$k\varepsilon^{44}$	$k\varepsilon^{44}$	$k\varepsilon^{44}$	$k\varepsilon^{44}$	$k\varepsilon^{44}$	$k\varepsilon^{44}$	$k\varepsilon^{44}$
259	溉	kei^{52}	$k\varepsilon^{44}$	$k\varepsilon^{44}$	$k\varepsilon^{44}$	$k\varepsilon^{44}$	$k\varepsilon^{44}$	$k\varepsilon^{44}$	$k\varepsilon^{44}$
260	开	k^hei^{13}	$k^h\varepsilon^{13}$	$k^h\varepsilon^{13}$	$k^h\varepsilon^{13}$	$k^h\varepsilon^{213}$	$k^h\varepsilon^{213}$	$k^h\varepsilon^{31}$	$k^h\varepsilon^{13}$
261	咳（~嗽）	$k^h\partial^{13}$	$k^h\partial^{13}$	$k^h\partial^{13}$	$k^h\partial^{13}$	$k^h\partial^{13}$	$k^h\partial^{13}$	$k^h\partial^{31}$	$k^h\partial^{13}$
262	硋	ηei^{52}	ne^{52}	ne^{52}	ηe^{52}	ne^{52}	ne^{52}	η^{31}	ne^{52}
263	海	xei^{52}	$x\varepsilon^{52}$	$x\varepsilon^{52}$	$x\varepsilon^{52}$	$x\varepsilon^{52}$	$x\varepsilon^{52}$	$x\varepsilon^{52}$	$x\varepsilon^{52}$
264	孩	xei^{13}	$x\varepsilon^{13}$	$x\varepsilon^{13}$	$x\varepsilon^{13}$	$x\varepsilon^{13}$	$x\varepsilon^{13}$	$x\varepsilon^{35}$	$x\varepsilon^{13}$
265	哀	ηei^{13}	ne^{13}	ε^{13}	ne^{13}	ne^{213}	ne^{213}	ηe^{35}	ei^{44}
266	爱	ηei^{44}	ne^{44}	ε^{44}	ηe^{44}	ne^{44}	ne^{44}	ηe^{44}	ne^{44}
267	贝	pei^{44}	pei^{44}	pei^{44}	pei^{44}	pei^{44}	pei^{44}	pei^{44}	pei^{52}
268	带	tei^{44}	$t\varepsilon^{44}$	$t\varepsilon^{44}$	$t\varepsilon^{44}$	$t\varepsilon^{44}$	$t\varepsilon^{44}$	$t\varepsilon^{44}$	$t\varepsilon^{44}$
269	太	t^hei^{44}	$t^h\varepsilon^{44}$	$t^h\varepsilon^{44}$	$t^h\varepsilon^{44}$	$t^h\varepsilon^{44}$	$t^h\varepsilon^{44}$	$t^h\varepsilon^{44}$	$t^h\varepsilon^{44}$
270	大（~夫）	tei^{44}	$t\varepsilon^{44}$	$t\varepsilon^{44}$	$t\varepsilon^{44}$	$t\varepsilon^{44}$	$t\varepsilon^{44}$	ta^{44}	ta^{44}
271	奈	nei^{44}	$n\varepsilon^{44}$	$n\varepsilon^{44}$	$n\varepsilon^{44}$	$n\varepsilon^{44}$	$n\varepsilon^{44}$	$n\varepsilon^{44}$	$n\varepsilon^{44}$
272	癞	lei^{44}	le^{44}	le^{44}	le^{44}	le^{44}	le^{44}	le^{44}	le^{44}
273	蔡	ts^hei^{44}	$ts^h\varepsilon^{44}$	$ts^h\varepsilon^{44}$	$ts^h\varepsilon^{44}$	$ts^h\varepsilon^{44}$	$ts^h\varepsilon^{44}$	$ts^h\varepsilon^{44}$	$ts^h\varepsilon^{44}$
274	盖	kei^{44}	$k\varepsilon^{44}$	$k\varepsilon^{44}$	$k\varepsilon^{44}$	$k\varepsilon^{44}$	$k\varepsilon^{44}$	$k\varepsilon^{44}$	$k\varepsilon^{44}$
275	艾	ηei^{44}	ne^{44}	ne^{44}	ηe^{44}	ne^{44}	ne^{44}	ε^{44}	ne^{44}
276	害	xei^{44}	$x\varepsilon^{44}$	$x\varepsilon^{44}$	$x\varepsilon^{44}$	$x\varepsilon^{44}$	$x\varepsilon^{44}$	$x\varepsilon^{44}$	$x\varepsilon^{44}$
277	蔼（和~）	ηei^{44}	ne^{44}	ne^{44}	ηe^{44}	ne^{52}	ne^{52}	ηe^{52}	ne^{52}
278	拜	pei^{44}	pe^{44}	pe^{44}	pe^{44}	pe^{44}	pe^{44}	pe^{44}	pe^{44}
279	排	p^hei^{13}	$p^h\varepsilon^{13}$	$p^h\varepsilon^{13}$	$p^h\varepsilon^{13}$	$p^h\varepsilon^{13}$	$p^h\varepsilon^{13}$	$p^h\varepsilon^{35}$	$p^h\varepsilon^{13}$
280	埋	mei^{13}	me^{13}	me^{13}	me^{13}	me^{13}	me^{13}	me^{35}	me^{13}
281	斋	$tsei^{13}$	tse^{13}	tse^{13}	tse^{13}	tse^{213}	tse^{213}	tse^{31}	tse^{44}
282	阶	$t\varepsilon i\partial^{13}$	$t\varepsilon i\partial^{13}$	$t\varepsilon i\partial^{13}$	$t\varepsilon i\partial^{13}$	$t\varepsilon i\partial^{13}$	$t\varepsilon i\partial^{13}$	$t\varepsilon i\partial^{31}$	$t\varepsilon i\partial^{13}$
283	秸（麦~）	$t\varepsilon i\partial^{13}$	$t\varepsilon i\partial^{13}$	$t\varepsilon i\partial^{13}$	$t\varepsilon i\partial^{13}$	$t\varepsilon i\partial^{13}$	$t\varepsilon i\partial^{13}$	$t\varepsilon i\partial^{31}$	$t\varepsilon i\partial^{13}$
284	戒	$t\varepsilon i\partial^{44}$	$t\varepsilon i\partial^{44}$	$t\varepsilon i\partial^{44}$	$t\varepsilon i\partial^{44}$	$t\varepsilon i\partial^{44}$	$t\varepsilon i\partial^{44}$	$t\varepsilon i\partial^{44}$	$t\varepsilon i\partial^{44}$

序号	例字	红寺堡	闽宁镇1	闽宁镇2	镇北堡1	镇北堡2	月牙湖	兴泾镇	大战场
285	械	ɕiə⁴⁴	tɕiə⁴⁴	tɕiə⁴⁴	tɕiə⁴⁴	tɕiə⁴⁴	tɕiə⁴⁴	tɕiə⁴⁴	tɕiə⁴⁴
286	挨（~住）	ŋei¹³	nɛ¹³	nɛ¹³	ŋɛ¹³	nɛ²¹³	nɛ²¹³	ŋɛ³¹	ɛ¹³
287	摆	pei⁵²	pɛ⁵²	pɛ⁵²	pɛ⁵²	pɛ⁵²	pɛ⁵²	pɛ⁵²	pɛ⁵²
288	派	pʰei⁴⁴	pʰɛ⁴⁴	pʰɛ⁴⁴	pʰɛ⁴⁴	pʰɛ⁴⁴	pʰɛ⁴⁴	pʰɛ⁵²	pʰɛ⁴⁴
289	牌	pʰei¹³	pʰɛ¹³	pʰɛ¹³	pʰɛ¹³	pʰɛ¹³	pʰɛ¹³	pʰɛ³⁵	pʰɛ¹³
290	罢	pʰa⁴⁴	pa⁴⁴	pa⁴⁴	pa⁴⁴	pa⁴⁴	pa⁴⁴	pa⁴⁴	pa⁴⁴
291	稗	pei⁵²	pɛ⁵²	pɛ⁵²	pɛ⁴⁴	pɛ⁴⁴	pɛ⁴⁴	pɛ⁵²	pɛ⁴⁴
292	买	mei⁴⁴	mɛ⁵²	mɛ⁵²	mɛ⁵²	mɛ⁵²	mɛ⁵²	mɛ⁵²	mɛ⁵²
293	卖	mei⁴⁴	mɛ⁴⁴	mɛ⁴⁴	mɛ⁴⁴	mɛ⁴⁴	mɛ⁵²	mɛ⁴⁴	mɛ⁴⁴
294	奶	nei⁵²	nɛ⁵²	nɛ⁵²	nɛ⁵²	nɛ⁵²	nɛ⁵²	nɛ⁵²	nɛ⁵²
295	债	tsei⁴⁴	tsɛ⁴⁴	tsɛ⁴⁴	tsɛ⁴⁴	tsɛ⁴⁴	tsɛ⁴⁴	tsɛ⁴⁴	tsɛ⁴⁴
296	柴	tsʰei¹³	tsʰɛ¹³	tsʰɛ¹³	tsʰɛ¹³	tsʰɛ¹³	tsʰɛ¹³	tsʰɛ³⁵	tsʰɛ¹³
297	筛（~子）	sei⁵²	sɛ⁵²	sɛ⁵²	sɛ⁵²	sɛ⁵²	sɛ⁵²	sɛ³¹	sɛ⁵²
298	洒	sa⁵²	sa⁵²	sa⁵²	sa⁵²	sa⁵²	sa⁵²	sa⁵²	sa⁵²
299	晒	sei⁴⁴	sɛ⁴⁴	sɛ⁴⁴	sɛ⁴⁴	sɛ⁴⁴	sɛ⁴⁴	sɛ⁴⁴	sɛ⁴⁴
300	佳	tɕia¹³	tɕia¹³	tɕia¹³	tɕia⁴⁴	tɕia¹³	tɕia¹³	tɕia³¹	tɕia¹³
301	街	kei¹³	kɛ¹³	kɛ¹³	kɛ¹³	kɛ²¹³	kɛ²¹³	tɕiə³¹	tɕiə¹³
302	解（~开）	kei⁵²	kɛ⁵²	kɛ⁵²	kɛ⁵²	kɛ⁵²	kɛ⁵²	tɕiə⁵²	tɕiə⁵²
303	崖（悬~）	ŋei¹³	nɛ¹³	nɛ¹³	ŋɛ¹³	nɛ¹³	nɛ¹³	ia³⁵	nɛ¹³
304	鞋	xei¹³	xɛ¹³	xɛ¹³	xɛ¹³	xɛ¹³	xɛ¹³	xɛ³⁵	xɛ¹³
305	矮	ŋei⁵²	nɛ⁵²	ɛ¹³	nɛ⁵²	nɛ⁵²	nɛ⁵²	ɛ⁵²	ɛ⁵²
306	败	pʰei⁴⁴	pɛ⁴⁴	pʰɛ⁴⁴	pʰɛ⁴⁴	pʰɛ⁴⁴	pʰɛ⁴⁴	pʰɛ⁴⁴	pʰɛ⁴⁴
307	迈	mei⁴⁴	mɛ⁴⁴	mɛ⁴⁴	mɛ⁴⁴	mɛ⁴⁴	mɛ⁴⁴	mɛ⁴⁴	mɛ⁵²
308	寨	tsei⁴⁴	tsɛ⁴⁴	tsɛ⁴⁴	tsɛ⁴⁴	tsɛ⁴⁴	tsɛ⁴⁴	tsɛ⁴⁴	tsɛ⁴⁴
309	币	pi⁴⁴	pi⁴⁴	pi⁴⁴	pi⁴⁴	pi⁴⁴	pi⁴⁴	pi⁴⁴	pi⁴⁴
310	厉	li⁴⁴	li⁴⁴	li⁴⁴	li⁴⁴	li⁴⁴	li⁴⁴	li⁴⁴	li⁴⁴
311	际	tɕi⁴⁴	tɕi⁴⁴	tɕi⁴⁴	tɕi⁴⁴	tɕi⁴⁴	tɕi⁴⁴	tɕi⁴⁴	tɕi⁴⁴
312	制	tʂʅ⁴⁴	tʂʅ⁴⁴	tʂʅ⁴⁴	tʂʅ⁴⁴	tʂʅ⁴⁴	tʂʅ⁴⁴	tʂʅ⁴⁴	tʂʅ⁴⁴
313	世	ʂʅ⁴⁴	ʂʅ⁴⁴	ʂʅ⁴⁴	ʂʅ⁴⁴	ʂʅ⁴⁴	ʂʅ⁴⁴	ʂʅ⁴⁴	ʂʅ⁴⁴
314	艺	i⁴⁴	i⁴⁴	i⁴⁴	i⁴⁴	i⁴⁴	i⁴⁴	i⁴⁴	i⁴⁴
315	闭	pi⁴⁴	pi⁴⁴	pi⁴⁴	pi⁴⁴	pi⁴⁴	pi⁴⁴	pi⁴⁴	pi⁴⁴
316	批	pʰi¹³	pʰi¹³	pʰi¹³	pʰi¹³	pʰi¹³	pʰi¹³	pʰi⁵²	pʰi¹³
317	錾（~刀布）	pi⁴⁴	pi⁴⁴	pi⁴⁴	pi⁴⁴	pi⁴⁴	pi⁴⁴	pi⁴⁴	pi⁵²
318	迷	mi¹³	mi¹³	mi¹³	mi¹³	mi¹³	mi¹³	mi³⁵	mi¹³
319	米	mi⁵²	mi⁵²	mi⁵²	mi⁵²	mi⁵²	mi⁵²	mi⁵²	mi⁵²

序号	例字	红寺堡	闽宁镇1	闽宁镇2	镇北堡1	镇北堡2	月牙湖	兴泾镇	大战场
320	谜	mi⁴⁴	mi⁵²	mi¹³	mi⁴⁴	mi¹³	mi¹³	mi³⁵	mi¹³
321	低	ti¹³	ti¹³	ti¹³	tɕi¹³	ti²¹³	tsʅ²¹³	ti³¹	ti¹³
322	堤	tʰi¹³	ti¹³	ti¹³	tɕʰi¹³	ti²¹³	tʰi²¹³	ti⁴⁴	ti¹³
323	底	ti⁵²	ti⁵²	ti⁵²	tɕi⁵²	ti⁵²	tsʅ⁵²	ti⁵²	ti⁵²
324	帝	ti⁴⁴	ti⁴⁴	ti⁴⁴	tɕi⁴⁴	ti⁴⁴	ti⁴⁴	ti⁴⁴	ti⁴⁴
325	梯	tʰi¹³	tʰi¹³	tʰi¹³	tɕʰi¹³	tʰi²¹³	tʰi²¹³	tʰi³¹	tʰi¹³
326	体	tʰi⁵²	tʰi⁵²	tʰi⁵²	tɕʰi⁵²	tʰi⁵²	tʰi⁵²	tʰi³¹	tʰi⁵²
327	替	tʰi⁴⁴	tʰi⁴⁴	tʰi⁴⁴	tɕʰi⁴⁴	tʰi⁴⁴	tʰi⁴⁴	tʰi⁴⁴	tʰi⁴⁴
328	蹄	tʰi¹³	tʰi¹³	tʰi¹³	tɕʰi¹³	tʰi¹³	tʰi¹³	tʰi³⁵	tʰi¹³
329	弟	tʰi⁴⁴	ti⁴⁴	ti⁴⁴	tɕʰi⁴⁴	ti⁴⁴	tsʅ⁴⁴	ti⁴⁴	ti⁴⁴
330	第	tʰi⁴⁴	ti⁴⁴	ti⁴⁴	tɕi⁴⁴	ti⁴⁴	ti⁴⁴	ti⁴⁴	ti⁴⁴
331	泥	ȵi¹³	ȵi¹³	ȵi¹³	ȵi¹³	ȵi¹³	ȵi¹³	ȵi³⁵	ȵi¹³
332	犁	li¹³	li¹³	li¹³	li¹³	li¹³	li¹³	li³⁵	li¹³
333	礼	li⁵²	li⁵²	li⁵²	li⁵²	li⁵²	li⁵²	li⁵²	li⁵²
334	挤	tɕi⁵²	tɕi⁵²	tɕi⁵²	tɕi⁵²	tɕi⁵²	tɕi⁵²	tɕi⁵²	tɕi⁵²
335	妻	tɕʰi¹³	tɕʰi¹³	tɕʰi¹³	tɕʰi¹³	tɕʰi²¹³	tɕʰi²¹³	tɕʰi³¹	tɕʰi¹³
336	齐	tɕʰi¹³	tɕʰi¹³	tɕʰi¹³	tɕʰi¹³	tɕʰi¹³	tɕʰi¹³	tɕʰi³⁵	tɕʰi¹³
337	剂（面~子）	tɕʰi⁴⁴	tɕi⁴⁴	tɕi⁴⁴	tɕʰi⁴⁴	tɕi⁴⁴	tɕi⁴⁴	tɕi⁴⁴	tɕi⁴⁴
338	西	ɕi¹³	ɕi¹³	ɕi¹³	ɕi¹³	ɕi²¹³	ɕi²¹³	ɕi³¹	ɕi¹³
339	洗	ɕi⁵²	ɕi⁵²	ɕi⁵²	ɕi⁵²	ɕi⁵²	ɕi⁵²	ɕi⁵²	ɕi⁵²
340	细	ɕi⁴⁴	ɕi⁴⁴	ɕi⁴⁴	ɕi⁴⁴	ɕi⁴⁴	ɕi⁴⁴	ɕi⁴⁴	ɕi⁴⁴
341	婿	ɕi¹³	ɕy⁴⁴	ɕy¹³	ɕy⁴⁴	ɕy²¹³	ɕy²¹³	ɕy³¹	ɕy⁴⁴
342	鸡	tɕi¹³	tɕi¹³	tɕi¹³	tɕi¹³	tɕi²¹³	tɕi²¹³	tɕi³¹	tɕi¹³
343	继	tɕi⁴⁴	tɕi⁵²	tɕi⁴⁴	tɕi⁴⁴	tɕi⁴⁴	tɕi⁴⁴	tɕi⁴⁴	tɕi⁴⁴
344	溪	ɕi¹³	ɕi¹³	ɕi¹³	ɕi¹³	ɕi¹³	ɕi¹³	ɕi³¹	ɕi¹³
345	启	tɕʰi⁵²	tɕʰi⁵²	tɕʰi⁵²	tɕʰi⁵²	tɕʰi⁵²	tɕʰi⁵²	tɕʰi⁵²	tɕʰi⁵²
346	契（地~）	tɕʰi⁴⁴	tɕʰi⁴⁴	tɕʰi⁴⁴	tɕʰi⁵²	tɕʰi⁴⁴	tɕʰi⁴⁴	tɕʰi⁴⁴	tɕʰi⁴⁴
347	系（联~）	ɕi⁴⁴	ɕi⁴⁴	ɕi⁴⁴	ɕi⁴⁴	ɕi⁴⁴	ɕi⁴⁴	ɕi³¹	ɕi⁴⁴
348	缢	i⁴⁴	i⁴⁴	i¹³	i⁴⁴	i⁴⁴	i⁴⁴	i⁴⁴	i⁴⁴
349	杯	pʰei¹³	pei¹³	pʰei¹³	pʰei¹³	pʰei²¹³	pʰei²¹³	pʰei³¹	pʰei¹³
350	辈	pei⁴⁴	pei⁴⁴	pei⁴⁴	pei⁴⁴	pei⁴⁴	pei⁴⁴	pei⁴⁴	pei⁴⁴
351	配	pʰei⁴⁴	pʰei⁴⁴	pʰei⁴⁴	pʰei⁴⁴	pʰei⁴⁴	pʰei⁴⁴	pʰei⁴⁴	pʰei⁴⁴
352	赔	pʰei¹³	pʰei¹³	pʰei¹³	pʰei¹³	pʰei¹³	pʰei¹³	pʰei³⁵	pʰei¹³
353	裴	pʰi¹³	pʰei¹³	pʰei¹³	pʰei¹³	pʰei¹³	pʰei¹³	pʰei³⁵	pʰei¹³
354	倍	pʰei¹³	pʰei⁵²	pʰei¹³	pʰei⁵²	pʰei⁴⁴	pʰei⁴⁴	pʰei⁴⁴	pʰei⁴⁴

序号	例字	红寺堡	闽宁镇1	闽宁镇2	镇北堡1	镇北堡2	月牙湖	兴泾镇	大战场
355	背（~诵）	pei⁴⁴	pei⁴⁴	pei⁴⁴	pʰei⁴⁴	pei⁴⁴	pei⁴⁴	pei⁴⁴	pei⁴⁴
356	煤	mei¹³	mei¹³	mei¹³	mei¹³	mei¹³	mei¹³	mei³⁵	mei¹³
357	每	mei⁵²	mei⁵²	mei⁵²	mei⁵²	mei⁵²	mei⁵²	mei⁵²	mei⁵²
358	妹	mei⁴⁴	mei⁴⁴	mei⁴⁴	mei⁴⁴	mei⁴⁴	mei⁴⁴	mei⁴⁴	mei⁴⁴
359	堆	tuei¹³	tuei¹³	tuei¹³	tuei¹³	tuei²¹³	tuei²¹³	tuei³¹	tuei¹³
360	对	tuei⁴⁴	tuei⁴⁴	tuei⁴⁴	tuei⁴⁴	tuei⁴⁴	tuei⁴⁴	tuei⁴⁴	tuei⁴⁴
361	推	tʰuei¹³	tʰuei¹³	tʰuei¹³	tʰuei¹³	tʰuei²¹³	tʰuei²¹³	tʰuei³¹	tʰuei¹³
362	腿	tʰuei⁵²	tʰuei⁵²	tʰuei⁵²	tʰuei⁵²	tʰuei⁵²	tʰuei⁵²	tʰuei⁵²	tʰuei⁵²
363	退	tʰuei⁴⁴	tʰuei⁴⁴	tʰuei⁴⁴	tʰuei⁴⁴	tʰuei⁴⁴	tʰuei⁴⁴	tʰuei⁴⁴	tʰuei⁴⁴
364	队	tʰuei⁴⁴	tʰuei⁴⁴	tʰuei⁴⁴	tuei⁴⁴	tʰuei⁴⁴	tʰuei⁴⁴	tʰuei⁴⁴	tʰuei⁴⁴
365	内	luei⁴⁴	luei⁴⁴	luei⁴⁴	luei⁴⁴	luei⁴⁴	luei⁴⁴	luei⁴⁴	luei⁴⁴
366	雷	luei¹³	luei¹³	luei¹³	luei¹³	luei¹³	luei¹³	luei³⁵	luei¹³
367	累（极困）	luei⁴⁴	luei⁴⁴	luei⁵²	luei⁴⁴	luei⁴⁴	luei⁴⁴	luei⁴⁴	luei⁴⁴
368	催	tsʰuei¹³	tsʰuei¹³	tsʰuei¹³	tsʰuei¹³	tsʰuei²¹³	tsʰuei²¹³	tsʰuei³¹	tsʰuei¹³
369	罪	tsuei⁴⁴	tsuei⁴⁴	tsuei⁴⁴	tsuei⁴⁴	tsuei⁴⁴	tsuei⁴⁴	tsuei⁴⁴	tsuei⁴⁴
370	碎	suei⁴⁴	suei⁴⁴	suei⁴⁴	suei⁴⁴	suei⁴⁴	suei⁴⁴	suei⁴⁴	suei⁴⁴
371	块	kʰuei⁵²	kʰuɛ⁵²	kʰuɛ⁵²	kʰuɛ⁴⁴	kʰuɛ⁵²	kʰuɛ⁵²	kʰuɛ⁵²	kʰuɛ⁵²
372	灰	xuei¹³	xuei¹³	xuei¹³	xuei¹³	xuei²¹³	xuei²¹³	xuei³¹	xuei¹³
373	悔	xuei⁵²	xuei⁵²	xuei⁵²	xuei⁵²	xuei⁵²	xuei⁵²	xuei⁵²	xuei⁵²
374	回	xuei¹³	xuei¹³	xuei¹³	xuei¹³	xuei¹³	xuei¹³	xuei³⁵	xuei¹³
375	最	tsuei⁴⁴	tsuei⁴⁴	tsuei⁴⁴	tsuei⁴⁴	tsuei⁴⁴	tsuei⁴⁴	tsuei⁴⁴	tsuei⁴⁴
376	外	vei⁴⁴	vɛ⁴⁴	vɛ⁴⁴	vɛ⁴⁴	vɛ⁴⁴	vɛ⁴⁴	vɛ⁴⁴	vɛ⁴⁴
377	会（开~）	xuei⁴⁴	xuei⁴⁴	xuei⁴⁴	xuei⁴⁴	xuei⁴⁴	xuei⁴⁴	xuei⁴⁴	xuei⁴⁴
378	拽	tʃuei⁴⁴	tʂuei⁴⁴	tʂuei⁴⁴	tʂuɛ⁵²	tʂuei⁴⁴	tʂuei⁴⁴	tʂuei⁴⁴	tʂuei⁴⁴
379	乖	kuei¹³	kuɛ¹³	kuɛ¹³	kuɛ¹³	kuɛ²¹³	kuɛ²¹³	kuɛ³¹	kuɛ¹³
380	怪	kuei⁴⁴	kuɛ⁴⁴	kuɛ⁴⁴	kuɛ⁴⁴	kuɛ⁴⁴	kuɛ⁴⁴	kuɛ⁴⁴	kuɛ⁴⁴
381	怀	xuei¹³	xuɛ¹³	xuɛ¹³	xuɛ¹³	xuɛ¹³	xuɛ¹³	xuɛ³⁵	xuɛ¹³
382	坏	xuei⁴⁴	xuɛ⁴⁴	xuɛ⁴⁴	xuɛ⁴⁴	xuɛ⁴⁴	xuɛ⁴⁴	xuɛ⁴⁴	xuɛ⁴⁴
383	拐	kuei⁵²	kuɛ⁵²	kuɛ⁵²	kuɛ⁵²	kuɛ⁵²	kuɛ⁵²	kuɛ⁵²	kuɛ⁵²
384	挂	kua⁴⁴	kua⁴⁴	kua⁴⁴	kua⁴⁴	kua⁴⁴	kua⁴⁴	kua⁴⁴	kua⁴⁴
385	歪	vei¹³	vɛ¹³	vɛ¹³	vɛ¹³	vɛ²¹³	vɛ²¹³	uɛ³¹	uɛ¹³
386	画	xua⁴⁴	xua⁴⁴	xua⁴⁴	xua⁴⁴	xua⁴⁴	xua⁴⁴	xua⁴⁴	xua⁴⁴
387	快	kʰuei⁴⁴	kʰuɛ⁴⁴	kʰuɛ⁴⁴	kʰuɛ⁴⁴	kʰuɛ⁴⁴	kʰuɛ⁴⁴	kʰuɛ⁴⁴	kʰuɛ⁴⁴
388	话	xua⁴⁴	xua⁴⁴	xua⁴⁴	xua⁴⁴	xua⁴⁴	xua⁴⁴	xua⁴⁴	xua⁴⁴
389	脆	tsʰuei⁴⁴	tsʰuei⁴⁴	tsʰuei⁴⁴	tsʰuei⁴⁴	tsʰuei⁴⁴	tsʰuei⁴⁴	tsʰuei⁴⁴	tsʰuei⁴⁴

续表

序号	例字	红寺堡	闽宁镇1	闽宁镇2	镇北堡1	镇北堡2	月牙湖	兴泾镇	大战场
390	岁	suei^{44}	suei^{44}	suei^{44}	suei^{44}	suei^{44}	suei^{44}	suei^{44}	suei^{44}
391	卫	vei^{44}	vei^{44}	vei^{44}	vei^{44}	vei^{44}	vei^{44}	uei^{44}	uei^{44}
392	肺	fei^{44}	fei^{44}	fei^{44}	fei^{44}	fei^{44}	fei^{44}	fei^{44}	fei^{44}
393	桂	kuei^{44}	kuei^{44}	kuei^{44}	kuei^{44}	kuei^{44}	kuei^{44}	kuei^{44}	kuei^{44}
394	慧	xuei^{44}	xuei^{44}	xuei^{44}	xuei^{44}	xuei^{44}	xuei^{44}	xuei^{44}	xuei^{44}
395	碑	pi^{13}	pi^{13}	pei^{13}	pi^{13}	pi^{213}	pi^{213}	pʰei^{31}	pi^{13}
396	臂	pi^{13}	pi^{44}	pi^{13}	pi^{44}	pi^{213}	pi^{213}	pi^{52}	pi^{13}
397	披	pʰei^{13}	pʰei^{13}	pʰei^{13}	pʰei^{13}	pʰei^{213}	pʰei^{213}	pʰei^{31}	pʰei^{13}
398	皮	pʰi^{13}	pʰi^{13}	pʰi^{13}	pʰi^{13}	pʰi^{13}	pʰi^{13}	pʰi^{35}	pʰi^{13}
399	被（~子）	pi^{44}	pi^{44}	pi^{44}	pi^{44}	pi^{44}	pi^{44}	pi^{44}	pi^{44}
400	避	pʰi^{52}	pʰi^{44}	pi^{52}	pʰi^{44}	pʰi^{44}	pʰi^{44}	pi^{52}	pi^{52}
401	糜（~子）	mi^{13}	mi^{13}	mi^{13}	mi^{13}	mi^{13}	mi^{13}	mi^{35}	mi^{13}
402	离（离~）	li^{13}	li^{13}	li^{13}	li^{13}	li^{13}	li^{13}	li^{35}	li^{13}
403	紫	tsʅ^{52}	tsʅ^{52}	tsʅ^{52}	tsʅ^{52}	tsʅ^{52}	tsʅ^{52}	tsʅ^{52}	tsʅ^{52}
404	此	tsʰʅ^{52}	tsʰʅ^{52}	tsʰʅ^{52}	tsʰʅ^{52}	tsʰʅ^{52}	tsʰʅ^{52}	tsʰʅ^{52}	tsʰʅ^{52}
405	刺	tsʰʅ^{44}	tsʰʅ^{44}	tsʰʅ^{44}	tsʰʅ^{44}	tsʰʅ^{44}	tsʰʅ^{44}	tsʰʅ^{44}	tsʰʅ^{52}
406	撕	sʅ^{13}	sʅ^{13}	sʅ^{13}	sʅ^{13}	sʅ^{213}	sʅ^{213}	sʅ^{31}	sʅ^{13}
407	知	tʂʅ^{13}	tʂʅ^{13}	tʂʅ^{13}	tʂʅ^{13}	tʂʅ^{213}	tʂʅ^{213}	tʂʅ^{31}	tʂʅ^{13}
408	智	tʂʅ^{44}	tʂʅ^{44}	tʂʅ^{13}	tʂʅ^{44}	tʂʅ^{44}	tʂʅ^{44}	tʂʅ^{44}	tʂʅ^{44}
409	池	tʂʰʅ^{13}	tʂʰʅ^{13}	tʂʰʅ^{13}	tʂʰʅ^{13}	tʂʰʅ^{13}	tʂʰʅ^{13}	tʂʰʅ^{35}	tʂʰʅ^{13}
410	驰	tʂʰʅ^{52}	tʂʰʅ^{13}	tʂʰʅ^{13}	tʂʰʅ^{13}	tʂʰʅ^{13}	tʂʰʅ^{13}	tʂʰʅ^{35}	tʂʰʅ^{13}
411	支	tsʅ^{13}	tsʅ^{13}	tsʅ^{13}	tsʅ^{13}	tsʅ^{213}	tsʅ^{213}	tsʅ^{31}	tsʅ^{13}
412	纸	tsʅ^{52}	tsʅ^{52}	tsʅ^{52}	tsʅ^{52}	tsʅ^{52}	tsʅ^{52}	tsʅ^{52}	tsʅ^{52}
413	只（~有）	tsʅ^{13}	tsʅ^{52}	tsʅ^{13}	tsʅ^{52}	tsʅ^{213}	tsʅ^{213}	tsʅ^{35}	tsʅ^{13}
414	匙（钥~）	sʅ^{13}	sʅ^{13}	sʅ^{13}	sʅ^{13}	sʅ^{13}	sʅ^{13}	sʅ^{31}	sʅ^{13}
415	是	sʅ^{44}	sʅ^{44}	sʅ^{44}	sʅ^{44}	sʅ^{44}	sʅ^{44}	sʅ^{44}	sʅ^{44}
416	儿	ər^{13}	ər^{13}	ər^{13}	ər^{13}	ər^{13}	ɛ^{13}	ər^{35}	ər^{13}
417	寄	tɕi^{44}	tɕi^{44}	tɕi^{44}	tɕi^{44}	tɕi^{44}	tɕi^{44}	tɕi^{44}	tɕi^{44}
418	企	tɕʰi^{13}	tɕʰi^{13}	tɕʰi^{13}	tɕʰi^{13}	tɕʰi^{52}	tɕʰi^{52}	tɕʰi^{52}	tɕʰi^{44}
419	奇	tɕʰi^{13}	tɕʰi^{13}	tɕʰi^{13}	tɕʰi^{13}	tɕʰi^{13}	tɕʰi^{13}	tɕʰi^{35}	tɕʰi^{13}
420	宜	i^{13}	i^{13}	i^{44}	i^{13}	i^{13}	i^{13}	i^{35}	i^{13}
421	议	i^{44}	i^{44}	i^{44}	i^{44}	i^{44}	i^{44}	i^{44}	i^{44}
422	戏	ɕi^{44}	ɕi^{44}	ɕi^{44}	ɕi^{44}	ɕi^{44}	ɕi^{44}	ɕi^{44}	ɕi^{44}
423	椅	i^{52}	i^{52}	i^{52}	i^{52}	i^{52}	i^{52}	i^{52}	i^{52}
424	移	i^{13}	i^{13}	i^{13}	i^{13}	i^{13}	i^{13}	i^{35}	i^{13}

序号	例字	红寺堡	闽宁镇1	闽宁镇2	镇北堡1	镇北堡2	月牙湖	兴泾镇	大战场
425	易（难~）	i^{44}	i^{44}	i^{44}	i^{44}	i^{44}	i^{44}	i^{52}	i^{44}
426	悲	pei^{13}	pei^{13}	pei^{52}	pei^{52}	pei^{213}	pei^{213}	pei^{44}	pei^{52}
427	比（~较）	pi^{52}	pi^{52}	pi^{52}	pi^{52}	pi^{52}	pi^{52}	pi^{52}	pi^{52}
428	屁	pʰi^{44}	pʰi^{44}	pʰi^{44}	pʰi^{44}	pʰi^{44}	pʰi^{44}	pʰi^{44}	pʰi^{44}
429	备	pi^{44}	pi^{44}	pi^{44}	pi^{44}	pʰi^{44}	pʰi^{44}	pi^{44}	pi^{44}
430	鼻	pʰi^{13}	pi^{13}	pi^{13}	pi^{13}	pi^{13}	pi^{13}	pi^{35}	pi^{13}
431	箅（~子）	pi^{44}	pi^{44}	pi^{44}	pi^{44}	pi^{44}	pi^{44}	pi^{44}	pi^{44}
432	眉	mi^{13}	mi^{13}	mei^{13}	mi^{13}	mi^{13}	mi^{13}	mei^{35}	mi^{13}
433	美	mei^{52}	mei^{52}	mei^{52}	mei^{52}	mei^{52}	mei^{52}	mei^{52}	mei^{52}
434	地	tʰi^{44}	ti^{44}	ti^{44}	tɕʰi^{44}	ti^{44}	tɕi^{44}	tɕi^{44}	ti^{44}
435	腻	ȵi^{44}	ȵi^{44}	ȵi^{13}	ȵi^{44}	mi^{44}	mi^{44}	ȵi^{44}	ȵi^{44}
436	梨	li^{13}	li^{13}	li^{13}	li^{13}	li^{13}	li^{13}	li^{35}	li^{13}
437	利	li^{44}	li^{44}	li^{44}	li^{44}	li^{44}	li^{44}	li^{44}	li^{44}
438	资	tsɿ^{13}	tsɿ^{13}	tsɿ^{13}	tsɿ^{13}	tsɿ^{213}	tsɿ^{213}	tsɿ^{31}	tsɿ^{13}
439	姊	tsɿ^{52}	tsɿ^{52}	tsɿ^{44}	tsɿ^{52}	tsɿ^{44}	tsɿ^{44}	tsɿ^{44}	tsɿ^{44}
440	次	tsʰɿ^{52}	tsʰɿ^{52}	tsʰɿ^{52}	tsʰɿ^{52}	tsʰɿ^{52}	tsʰɿ^{52}	tsʰɿ^{52}	tsʰɿ^{52}
441	瓷（陶~）	tsʰɿ^{13}	tsʰɿ^{13}	tsʰɿ^{13}	tsʰɿ^{13}	tsʰɿ^{13}	tsʰɿ^{13}	tsʰɿ^{35}	tsʰɿ^{13}
442	自	tsɿ^{44}	tsɿ^{44}	tsɿ^{44}	tsɿ^{44}	tsɿ^{44}	tsɿ^{44}	tsɿ^{44}	tsɿ^{44}
443	私	sɿ^{13}	sɿ^{13}	sɿ^{13}	sɿ^{13}	sɿ^{213}	sɿ^{213}	sɿ^{31}	sɿ^{13}
444	死	sɿ^{52}	sɿ^{52}	sɿ^{52}	sɿ^{52}	sɿ^{52}	sɿ^{52}	sɿ^{52}	sɿ^{52}
445	四	sɿ^{44}	sɿ^{44}	sɿ^{44}	sɿ^{44}	sɿ^{44}	sɿ^{44}	sɿ^{44}	sɿ^{44}
446	迟	tsʰɿ^{13}	tsʰɿ^{13}	tʂʰʅ^{13}	tsʰɿ^{13}	tsʰɿ^{13}	tsʰɿ^{13}	tʂʰʅ^{35}	tʂʰʅ^{13}
447	师	sɿ^{13}	sɿ^{13}	sɿ^{13}	sɿ^{13}	sɿ^{213}	sɿ^{213}	sɿ^{31}	sɿ^{13}
448	指	tsɿ^{52}	tsɿ^{52}	tsɿ^{13}	tsɿ^{52}	tsɿ^{52}	tsɿ^{52}	tsɿ^{31}	tsɿ^{52}
449	至	tʂʅ^{52}	tsɿ^{52}	tsɿ^{52}	tsɿ^{44}	tsɿ^{44}	tsɿ^{44}	tsɿ^{52}	tsɿ^{44}
450	示	sɿ^{44}	sɿ^{44}	sɿ^{44}	sɿ^{44}	sɿ^{44}	sɿ^{44}	sɿ^{35}	sɿ^{44}
451	屎	sɿ^{52}	sɿ^{52}	sɿ^{52}	sɿ^{52}	sɿ^{52}	sɿ^{52}	sɿ^{52}	sɿ^{52}
452	视	sɿ^{44}	sɿ^{44}	sɿ^{44}	sɿ^{44}	sɿ^{44}	sɿ^{44}	sɿ^{35}	sɿ^{44}
453	二	ər^{44}	ər^{44}	ər^{44}	ər^{44}	ər^{44}	ɛ^{44}	ər^{44}	ər^{44}
454	饥（~饿）	tɕi^{13}	tɕi^{13}	tɕi^{13}	tɕi^{13}	tɕi^{213}	tɕi^{213}	tɕi^{31}	tɕi^{13}
455	冀	tɕi^{44}	tɕi^{44}	tɕi^{44}	tɕi^{44}	tɕi^{44}	tɕi^{44}	tɕi^{44}	tɕi^{13}
456	弃	tɕʰi^{44}	tɕʰi^{44}	tɕʰi^{52}	tɕʰi^{44}	tɕʰi^{44}	tɕʰi^{44}	tɕʰi^{52}	tɕʰi^{44}
457	祁	tɕʰi^{13}	tɕʰi^{13}	tɕʰi^{13}	tɕʰi^{13}	tɕʰi^{13}	tɕʰi^{13}	tɕʰi^{35}	tɕʰi^{13}
458	姨	i^{13}	i^{13}	i^{13}	i^{13}	i^{13}	i^{13}	i^{35}	i^{13}
459	你	ȵi^{52}	ȵi^{52}	ȵi^{52}	ȵi^{52}	ȵi^{52}	ȵi^{52}	ȵi^{52}	ȵi^{52}

续表

序号	例字	红寺堡	闽宁镇1	闽宁镇2	镇北堡1	镇北堡2	月牙湖	兴泾镇	大战场
460	厘	li¹³	li¹³	li¹³	li¹³	li¹³	li¹³	li³⁵	li¹³
461	李	li⁵²	li⁵²	li⁵²	li⁵²	li⁵²	li⁵²	li⁵²	li⁵²
462	子	tsɿ⁵²	tsɿ⁵²	tsɿ⁵²	tsɿ⁵²	tsɿ⁵²	tsɿ⁵²	tsɿ⁵²	tsɿ⁵²
463	慈	tsʰɿ¹³	tsʰɿ¹³	tsʰɿ¹³	tsʰɿ¹³	tsʰɿ¹³	tsʰɿ¹³	tsʰɿ³⁵	tsʰɿ¹³
464	字	tsɿ⁴⁴	tsɿ⁴⁴	tsɿ⁴⁴	tsʰɿ⁴⁴	tsɿ⁴⁴	tsɿ⁴⁴	tsɿ⁴⁴	tsɿ⁴⁴
465	丝	sɿ¹³	sɿ¹³	sɿ¹³	sɿ¹³	sɿ²¹³	sɿ²¹³	sɿ³¹	sɿ¹³
466	词	tsʰɿ¹³	tsʰɿ¹³	tsʰɿ¹³	tsʰɿ¹³	tsʰɿ¹³	tsʰɿ¹³	tsʰɿ³⁵	tsʰɿ¹³
467	祠	sɿ¹³	tsʰɿ¹³	sɿ¹³	tsʰɿ¹³	tsʰɿ¹³	tsʰɿ¹³	sɿ³⁵	sɿ¹³
468	寺	sɿ⁴⁴	sɿ⁴⁴	sɿ⁴⁴	sɿ⁴⁴	sɿ⁴⁴	sɿ⁴⁴	sɿ⁴⁴	sɿ⁴⁴
469	痔	tsɿ⁴⁴	tsʰɿ⁴⁴	tsʰɿ⁴⁴	tsɿ⁴⁴	tsɿ⁴⁴	tsɿ⁴⁴	tsɿ⁵²	tsɿ⁵²
470	治	tʂʅ⁴⁴	tʂʅ⁴⁴	tʂʅ⁴⁴	tʂʅ⁴⁴	tʂʅ⁴⁴	tʂʅ⁴⁴	tʂʅ⁴⁴	tʂʅ⁴⁴
471	厕（~所）	tsʰei¹³	tsʰei¹³	tsʰei¹³	tsʰei¹³	tsʰei²¹³	tsʰei²¹³	tsʰei³¹	tsʰei¹³
472	柿	sɿ⁴⁴	sɿ⁴⁴	sɿ⁴⁴	sɿ⁴⁴	sɿ⁴⁴	sɿ⁴⁴	sɿ⁴⁴	sɿ⁴⁴
473	事	sɿ⁴⁴	sɿ⁴⁴	sɿ⁴⁴	sɿ⁴⁴	sɿ⁴⁴	sɿ⁴⁴	sɿ⁴⁴	sɿ⁴⁴
474	使	sɿ⁵²	sɿ⁵²	sɿ⁴⁴	sɿ⁵²	sɿ⁵²	sɿ⁵²	sɿ³¹	sɿ⁴⁴
475	芝	tsɿ¹³	tsɿ¹³	tsɿ¹³	tsɿ¹³	tsɿ²¹³	tsɿ²¹³	tsɿ³¹	tsɿ¹³
476	止	tsɿ⁵²	tsɿ⁵²	tsɿ⁵²	tsɿ⁵²	tsɿ⁵²	tsɿ⁵²	tsɿ⁵²	tsɿ⁵²
477	志	tsɿ⁴⁴	tsɿ⁴⁴	tsɿ⁵²	tsɿ⁵²	tsɿ⁴⁴	tsɿ⁴⁴	tsɿ⁵²	tsɿ⁵²
478	齿	tsʰɿ⁵²	tsʰɿ⁵²	tsʰɿ⁵²	tsʰɿ¹³	tsʰɿ⁵²	tsʰɿ⁵²	tsʰɿ⁵²	tsʰɿ⁵²
479	诗	sɿ¹³	sɿ¹³	sɿ¹³	sɿ¹³	sɿ²¹³	sɿ²¹³	sɿ³¹	sɿ¹³
480	始	sɿ⁵²	sɿ⁵²	sɿ¹³	sɿ¹³	sɿ⁵²	sɿ⁵²	sɿ³⁵	sɿ¹³
481	试	sɿ⁴⁴	sɿ⁴⁴	sɿ⁴⁴	sɿ⁴⁴	sɿ⁴⁴	sɿ⁴⁴	sɿ³⁵	sɿ⁴⁴
482	时	sɿ¹³	sɿ¹³	sɿ¹³	sɿ¹³	sɿ¹³	sɿ¹³	sɿ³⁵	sɿ¹³
483	市	sɿ⁴⁴	sɿ⁴⁴	sɿ⁴⁴	sɿ⁴⁴	sɿ⁴⁴	sɿ⁴⁴	sɿ³⁵	sɿ⁴⁴
484	而	ər¹³	ər¹³	ər¹³	ər¹³	ər¹³	ɛ¹³	ər³⁵	ər¹³
485	耳	ər⁵²	ər⁵²	ər⁵²	ər⁵²	ər⁵²	ɛ⁵²	zɿ⁵²	ər⁵²
486	基	tɕi¹³	tɕi¹³	tɕi¹³	tɕi¹³	tɕi²¹³	tɕi²¹³	tɕi³¹	tɕi¹³
487	记	tɕi⁴⁴	tɕi⁴⁴	tɕi⁴⁴	tɕi⁴⁴	tɕi⁴⁴	tɕi⁴⁴	tɕi⁴⁴	tɕi⁴⁴
488	欺	tɕʰi¹³	tɕʰi¹³	tɕʰi¹³	tɕʰi¹³	tɕʰi²¹³	tɕʰi²¹³	tɕʰi³¹	tɕʰi¹³
489	起	tɕʰi⁵²	tɕʰi⁵²	tɕʰi⁵²	tɕʰi⁵²	tɕʰi⁵²	tɕʰi⁵²	tɕʰi⁵²	tɕʰi⁵²
490	杞（枸~）	tɕi¹³	tɕi¹³	tɕi¹³	tɕi⁵²	tɕi²¹³	tɕi²¹³	tɕi³¹	tɕi¹³
491	棋	tɕʰi¹³	tɕʰi¹³	tɕʰi¹³	tɕʰi¹³	tɕʰi¹³	tɕʰi¹³	tɕʰi³⁵	tɕʰi¹³
492	忌	tɕi⁴⁴	tɕi⁴⁴	tɕi⁴⁴	tɕi⁴⁴	tɕi⁴⁴	tɕi⁴⁴	tɕi⁴⁴	tɕi⁴⁴
493	疑	ɲi¹³	ɲi¹³	ɲi¹³	ɲi¹³	ɲi¹³	ɲi¹³	ɲi³⁵	ɲi¹³
494	喜	ɕi⁵²	ɕi⁵²	ɕi¹³	ɕi⁵²	ɕi⁵²	ɕi⁵²	ɕi⁵²	ɕi⁵²

序号	例字	红寺堡	闽宁镇1	闽宁镇2	镇北堡1	镇北堡2	月牙湖	兴泾镇	大战场
495	医	i^{13}	i^{13}	i^{44}	i^{13}	i^{213}	i^{213}	i^{44}	i^{44}
496	意	i^{44}	i^{44}	i^{44}	i^{44}	i^{44}	i^{44}	i^{44}	i^{44}
497	已	i^{52}	i^{52}	i^{52}	i^{52}	i^{52}	i^{52}	i^{44}	i^{52}
498	异	i^{13}	i^{44}	i^{52}	i^{44}	i^{44}	i^{44}	i^{44}	i^{52}
499	机	$tɕi^{13}$	$tɕi^{13}$	$tɕi^{13}$	$tɕi^{13}$	$tɕi^{213}$	$tɕi^{213}$	$tɕi^{31}$	$tɕi^{13}$
500	几（~个）	$tɕi^{52}$	$tɕi^{52}$	$tɕi^{52}$	$tɕi^{52}$	$tɕi^{52}$	$tɕi^{52}$	$tɕi^{52}$	$tɕi^{52}$
501	既	$tɕi^{44}$	$tɕi^{44}$	$tɕi^{44}$	$tɕi^{44}$	$tɕi^{44}$	$tɕi^{44}$	$tɕi^{44}$	$tɕi^{44}$
502	气	$tɕʰi^{44}$	$tɕʰi^{44}$	$tɕʰi^{44}$	$tɕʰi^{44}$	$tɕʰi^{44}$	$tɕʰi^{44}$	$tɕʰi^{44}$	$tɕʰi^{44}$
503	希	$ɕi^{13}$	$ɕi^{13}$	$ɕi^{13}$	$ɕi^{13}$	$ɕi^{213}$	$ɕi^{213}$	$ɕi^{31}$	$ɕi^{13}$
504	衣	i^{13}	i^{13}	i^{13}	i^{13}	i^{213}	i^{213}	i^{31}	i^{13}
505	嘴	$tsuei^{52}$	$tsuei^{52}$	$tsuei^{52}$	$tsuei^{52}$	$tsuei^{52}$	$tsuei^{52}$	$tsuei^{52}$	$tsuei^{52}$
506	随	$suei^{13}$	$suei^{13}$	$suei^{13}$	$suei^{13}$	$suei^{13}$	$suei^{13}$	$suei^{35}$	$suei^{13}$
507	吹	$tʃʰuei^{13}$	$tʂʰuei^{13}$	$tʂʰuei^{13}$	$tʂʰuei^{13}$	$tʂʰuei^{213}$	$tʂʰuei^{213}$	$tʂʰuei^{35}$	$tʂʰuei^{13}$
508	垂	$tʃʰuei^{13}$	$tʂʰuei^{13}$	$tʂʰuei^{13}$	$tʂʰuei^{13}$	$tʂʰuei^{13}$	$tʂʰuei^{13}$	$tʂʰuei^{35}$	$tʂʰuei^{13}$
509	睡	$ʃuei^{44}$	$ʂuei^{44}$	$ʂuei^{44}$	$ʂuei^{44}$	$ʂuei^{44}$	$ʂuei^{44}$	$ʂuei^{44}$	$ʂuei^{44}$
510	规	$kʰuei^{13}$	$kuei^{13}$	$kuei^{13}$	$kʰuei^{13}$	$kuei^{213}$	$kuei^{213}$	$kuei^{31}$	$kuei^{13}$
511	亏	$kʰuei^{13}$	$kʰuei^{13}$	$kʰuei^{13}$	$kʰuei^{13}$	$kʰuei^{213}$	$kʰuei^{213}$	$kʰuei^{31}$	$kʰuei^{13}$
512	跪	$kʰuei^{44}$	$kuei^{44}$	$kuei^{44}$	$kʰuei^{44}$	$kuei^{44}$	$kʰuei^{44}$	$kuei^{44}$	$kuei^{44}$
513	危	vei^{13}	vei^{13}	vei^{13}	vei^{13}	vei^{213}	vei^{213}	uei^{31}	vei^{13}
514	毁	$xuei^{52}$	$xuei^{52}$	$xuei^{52}$	$xuei^{52}$	$xuei^{52}$	$xuei^{52}$	$xuei^{52}$	$xuei^{52}$
515	委	vei^{52}	vei^{52}	vei^{52}	vei^{52}	vei^{52}	vei^{52}	uei^{31}	vei^{52}
516	类	$luei^{52}$	$luei^{44}$	$luei^{52}$	$luei^{44}$	$luei^{44}$	$luei^{52}$	$luei^{52}$	lei^{52}
517	泪	$luei^{44}$	$luei^{44}$	$luei^{44}$	$luei^{44}$	$luei^{44}$	$luei^{44}$	$luei^{44}$	$luei^{44}$
518	醉	$tsuei^{44}$	$tsuei^{44}$	$tsuei^{44}$	$tsuei^{44}$	$tsuei^{44}$	$tsuei^{44}$	$tsuei^{44}$	$tsuei^{44}$
519	翠	$tsʰuei^{44}$	$tsʰuei^{44}$	$tsʰuei^{44}$	$tsʰuei^{44}$	$tsʰuei^{44}$	$tsʰuei^{44}$	$tsʰuei^{44}$	$tsʰuei^{44}$
520	虽	$suei^{13}$	$suei^{13}$	$suei^{13}$	$suei^{13}$	$suei^{213}$	$suei^{213}$	$suei^{31}$	$suei^{13}$
521	穗	$suei^{44}$	$suei^{44}$	$suei^{44}$	$suei^{44}$	$suei^{44}$	$suei^{44}$	$suei^{44}$	$suei^{44}$
522	追	$tʃuei^{13}$	$tʂuei^{13}$	$tʂuei^{13}$	$tʂuei^{13}$	$tʂuei^{213}$	$tʂuei^{213}$	$tʂuei^{31}$	$tʂuei^{13}$
523	锤	$tʃʰuei^{13}$	$tʂʰuei^{13}$	$tʂʰuei^{13}$	$tʂʰuei^{13}$	$tʂʰuei^{13}$	$tʂʰuei^{13}$	$tʂʰuei^{35}$	$tʂʰuei^{13}$
524	水	$ʃuei^{52}$	$ʂuei^{52}$	$ʂuei^{52}$	$ʂuei^{52}$	$ʂuei^{52}$	$ʂuei^{52}$	$ʂuei^{52}$	$ʂuei^{52}$
525	谁	$ʃuei^{13}$	$ʂuei^{13}$	$ʂuei^{13}$	$ʂuei^{13}$	sei^{13}	sei^{13}	$ʂuei^{31}$	$ʂuei^{13}$
526	龟	$kuei^{13}$	$kuei^{13}$	$kuei^{13}$	$kuei^{13}$	$kuei^{213}$	$kuei^{213}$	$kuei^{31}$	$kuei^{13}$
527	愧	$kʰuei^{52}$	$kʰuei^{52}$	$kʰuei^{44}$	$kʰuei^{44}$	$kʰuei^{52}$	$kʰuei^{52}$	$kʰuei^{52}$	$kʰuei^{13}$
528	季	$tɕi^{44}$	$tɕi^{44}$	$tɕi^{44}$	$tɕi^{44}$	$tɕi^{44}$	$tɕi^{44}$	$tɕi^{44}$	$tɕi^{44}$
529	葵	$kʰuei^{13}$	$kʰuei^{13}$	$kʰuei^{13}$	$kʰuei^{13}$	$kʰuei^{13}$	$kʰuei^{13}$	$kʰuei^{35}$	$kʰuei^{13}$

序号	例字	红寺堡	闽宁镇1	闽宁镇2	镇北堡1	镇北堡2	月牙湖	兴泾镇	大战场
530	柜	kʰuei⁴⁴	kuei⁴⁴	kuei⁴⁴	kʰuei⁴⁴	kʰuei⁴⁴	kʰuei⁴⁴	kuei⁴⁴	kuei⁴⁴
531	位	vei⁴⁴	vei⁴⁴	vei⁴⁴	vei⁴⁴	vei⁴⁴	vei⁴⁴	uei⁴⁴	vei⁴⁴
532	维	vei¹³	vei¹³	vei¹³	vei¹³	vei¹³	vei¹³	uei³⁵	vei¹³
533	飞	fei¹³	fei¹³	fei¹³	fei¹³	fei²¹³	fei²¹³	fei³¹	fei¹³
534	匪	fei⁵²	fei⁵²	fei⁵²	fei⁵²	fei⁵²	fei⁵²	fei³¹	fei⁵²
535	费（~用）	fei⁴⁴	fei⁴⁴	fei⁴⁴	fei⁴⁴	fei⁴⁴	fei⁴⁴	fei⁴⁴	fei⁴⁴
536	肥	fei¹³	fei¹³	fei¹³	fei¹³	fei¹³	fei¹³	fei³⁵	fei¹³
537	微	vei¹³	vei¹³	vei¹³	vei¹³	vei²¹³	vei²¹³	uei³¹	vei¹³
538	尾（~巴）	vei⁵²	vei⁵²	vei⁵²	vei⁵²	i⁵²	i⁵²	uei⁵²	vei⁵²
539	味	vei⁴⁴	vei⁴⁴	vei⁴⁴	vei⁴⁴	vei⁴⁴	vei⁴⁴	uei⁴⁴	vei⁴⁴
540	归	kuei¹³	kuei¹³	kuei¹³	kuei¹³	kuei²¹³	kuei²¹³	kuei³¹	kuei¹³
541	鬼	kuei⁵²	kuei⁵²	kuei⁵²	kuei⁵²	kuei⁵²	kuei⁵²	kuei⁵²	kuei⁵²
542	贵	kuei⁴⁴	kuei⁴⁴	kuei⁴⁴	kuei⁴⁴	kuei⁴⁴	kuei⁴⁴	kuei⁴⁴	kuei⁴⁴
543	围	vei¹³	vei¹³	vei¹³	vei¹³	vei¹³	vei¹³	uei³⁵	vei¹³
544	胃	vei⁴⁴	vei⁴⁴	vei⁴⁴	vei⁴⁴	vei⁴⁴	vei⁴⁴	uei⁴⁴	vei⁴⁴
545	汇	xuei⁴⁴	xuei⁴⁴	xuei⁴⁴	xuei⁴⁴	xuei⁴⁴	xuei⁴⁴	uei⁴⁴	xuei⁴⁴
546	保	pɔ⁵²	pɔ⁵²	pɔ⁵²	pɔ⁵²	pɔ⁵²	pɔ⁵²	pɔ⁵²	pɔ⁵²
547	堡	pu⁵²	pu⁵²	pu⁵²	pu⁵²	pu⁵²	pu⁵²	pu³¹	pu⁵²
548	宝	pɔ⁵²	pɔ⁵²	pɔ⁵²	pɔ⁵²	pɔ⁵²	pɔ⁵²	pɔ⁵²	pɔ⁵²
549	报	pɔ⁴⁴	pɔ⁴⁴	pɔ⁴⁴	pɔ⁴⁴	pɔ⁴⁴	pɔ⁴⁴	pɔ⁴⁴	pɔ⁴⁴
550	袍	pʰɔ¹³	pʰɔ¹³	pɔ¹³	pʰɔ¹³	pʰɔ¹³	pʰɔ¹³	pɔ³⁵	pɔ¹³
551	抱	pɔ⁴⁴	pɔ⁴⁴	pɔ⁴⁴	pɔ⁴⁴	pɔ⁴⁴	pɔ⁴⁴	pɔ⁴⁴	pɔ⁴⁴
552	菢（~小鸡）	pɔ⁴⁴	pɔ⁴⁴	pɔ⁴⁴	pɔ⁴⁴	pɔ⁴⁴	pɔ⁴⁴	pɔ⁴⁴	pɔ⁴⁴
553	毛	mɔ¹³	mɔ¹³	mɔ¹³	mɔ¹³	mɔ¹³	mɔ¹³	mɔ³⁵	mɔ¹³
554	帽	mɔ⁴⁴	mɔ⁴⁴	mɔ⁴⁴	mɔ⁴⁴	mɔ⁴⁴	mɔ⁴⁴	mɔ⁴⁴	mɔ⁴⁴
555	刀	tɔ¹³	tɔ¹³	tɔ¹³	tɔ¹³	tɔ²¹³	tɔ²¹³	tɔ³¹	tɔ¹³
556	到	tɔ⁴⁴	tɔ⁴⁴	tɔ⁴⁴	tɔ⁴⁴	tɔ⁴⁴	tɔ⁴⁴	tɔ⁴⁴	tɔ⁴⁴
557	掏（~出来）	tʰɔ¹³	tʰɔ¹³	tʰɔ¹³	tʰɔ¹³	tʰɔ²¹³	tʰɔ²¹³	tʰɔ³¹	tʰɔ¹³
558	讨	tʰɔ⁵²	tʰɔ⁵²	tʰɔ⁵²	tʰɔ⁵²	tʰɔ⁵²	tʰɔ⁵²	tʰɔ⁵²	tʰɔ⁵²
559	套	tʰɔ⁴⁴	tʰɔ⁴⁴	tʰɔ⁴⁴	tʰɔ⁴⁴	tʰɔ⁴⁴	tʰɔ⁴⁴	tʰɔ⁴⁴	tʰɔ⁴⁴
560	桃	tʰɔ¹³	tʰɔ¹³	tʰɔ¹³	tʰɔ¹³	tʰɔ¹³	tʰɔ¹³	tʰɔ³⁵	tʰɔ¹³
561	道	tɔ⁴⁴	tɔ⁴⁴	tɔ⁵²	tɔ⁴⁴	tɔ⁴⁴	tɔ⁴⁴	tɔ⁵²	tɔ⁵²
562	稻	tʰɔ⁵²	tɔ⁵²	tʰɔ⁵²	tɔ⁵²	tʰɔ⁵²	tʰɔ⁵²	tʰɔ⁵²	tʰɔ⁵²
563	盗	tɔ⁴⁴	tɔ⁵²	tɔ⁵²	tɔ⁵²	tɔ⁵²	tɔ⁵²	tɔ⁵²	tɔ⁴⁴
564	导	tɔ⁵²	tɔ⁵²	tɔ⁵²	tɔ⁵²	tɔ⁵²	tɔ⁵²	tɔ⁵²	tɔ⁵²

续表

序号	例字	红寺堡	闽宁镇1	闽宁镇2	镇北堡1	镇北堡2	月牙湖	兴泾镇	大战场
565	脑	nɔ⁵²	nɔ⁵²	nɔ⁵²	nɔ⁵²	nɔ⁵²	nɔ⁵²	nɔ⁵²	nɔ⁵²
566	劳	lɔ¹³	lɔ¹³	lɔ¹³	lɔ¹³	lɔ¹³	lɔ¹³	lɔ³⁵	lɔ¹³
567	老	lɔ⁵²	lɔ⁵²	lɔ⁵²	lɔ⁵²	lɔ⁵²	lɔ⁵²	lɔ⁵²	lɔ⁵²
568	涝（旱~）	lɔ⁴⁴	lɔ⁴⁴	lɔ¹³	lɔ⁴⁴	lɔ⁴⁴	lɔ⁴⁴	lɔ³⁵	lɔ⁴⁴
569	糟	tsɔ¹³	tsɔ¹³	tsɔ¹³	tsɔ¹³	tsɔ²¹³	tsɔ²¹³	tsɔ³¹	tsɔ¹³
570	早	tsɔ⁵²	tsɔ⁵²	tsɔ⁵²	tsɔ⁵²	tsɔ⁵²	tsɔ⁵²	tsɔ⁵²	tsɔ⁵²
571	躁	tsɔ⁴⁴	tsʰɔ⁴⁴	tsʰɔ⁴⁴	tsɔ⁴⁴	tsʰɔ⁴⁴	tsʰɔ⁴⁴	tsʰɔ⁴⁴	tsʰɔ⁴⁴
572	灶	tsɔ⁴⁴	tsɔ⁴⁴	tsɔ⁴⁴	tsɔ⁴⁴	tsɔ⁴⁴	tsɔ⁴⁴	tsɔ⁴⁴	tsɔ⁴⁴
573	操（~作）	tsʰɔ¹³	tsʰɔ¹³	tsʰɔ¹³	tsʰɔ¹³	sɔ⁵²	sɔ⁵²	tsʰɔ³¹	tsʰɔ¹³
574	草	tsʰɔ⁵²	tsʰɔ⁵²	tsʰɔ⁵²	tsʰɔ⁵²	tsʰɔ⁵²	tsʰɔ⁵²	tsʰɔ⁵²	tsʰɔ⁵²
575	糙（粗~）	tsʰɔ⁴⁴	tsʰɔ⁴⁴	tsʰɔ¹³	tsʰɔ⁴⁴	tsʰɔ⁴⁴	tsʰɔ⁴⁴	tsʰɔ⁴⁴	tsʰɔ⁴⁴
576	曹	tsʰɔ¹³	tsʰɔ¹³	tsʰɔ¹³	tsʰɔ¹³	tsʰɔ¹³	tsʰɔ¹³	tsʰɔ³⁵	tsʰɔ¹³
577	造	tsɔ⁴⁴	tsɔ⁴⁴	tsɔ⁴⁴	tsɔ⁴⁴	tsɔ⁴⁴	tsɔ⁴⁴	tsɔ⁴⁴	tsɔ⁴⁴
578	臊（~气）	sɔ⁴⁴	sɔ⁴⁴	sɔ¹³	sɔ⁴⁴	sɔ²¹³	sɔ²¹³	sɔ³¹	sɔ¹³
579	嫂	sɔ⁵²	sɔ⁵²	sɔ⁵²	sɔ⁵²	sɔ⁵²	sɔ⁵²	sɔ⁵²	sɔ⁵²
580	扫	sɔ⁴⁴	sɔ⁴⁴	sɔ⁴⁴	sɔ⁴⁴	sɔ⁴⁴	sɔ⁴⁴	sɔ⁵²	sɔ⁵²
581	高	kɔ¹³	kɔ¹³	kɔ¹³	kɔ¹³	kɔ²¹³	kɔ²¹³	kɔ³¹	kɔ¹³
582	羔	kɔ¹³	kɔ¹³	kɔ¹³	kɔ¹³	kɔ²¹³	kɔ²¹³	kɔ³¹	kɔ⁵²
583	告	kɔ⁴⁴	kɔ⁴⁴	kɔ⁴⁴	kɔ⁴⁴	kɔ⁴⁴	kɔ⁴⁴	kɔ⁴⁴	kɔ⁴⁴
584	烤	kʰɔ⁵²	kʰɔ⁵²	kʰɔ⁵²	kʰɔ⁵²	kʰɔ⁵²	kʰɔ⁵²	kʰɔ⁵²	kʰɔ⁵²
585	靠	kʰɔ⁴⁴	kʰɔ⁴⁴	kʰɔ⁴⁴	kʰɔ⁴⁴	kʰɔ⁴⁴	kʰɔ⁴⁴	kʰɔ⁴⁴	kʰɔ⁴⁴
586	熬	ŋɔ¹³	nɔ¹³	nɔ¹³	ŋɔ¹³	nɔ¹³	nɔ¹³	nɔ³⁵	ɔ¹³
587	傲	ŋɔ⁴⁴	nɔ⁴⁴	nɔ⁴⁴	ŋɔ⁴⁴	nɔ⁴⁴	nɔ⁴⁴	ŋɔ⁴⁴	ɔ⁴⁴
588	蒿（~子面）	xɔ¹³	xɔ¹³	xɔ¹³	xɔ¹³	xɔ²¹³	xɔ²¹³	xɔ³¹	xɔ¹³
589	好（~坏）	xɔ⁵²	xɔ⁵²	xɔ⁵²	xɔ⁵²	xɔ⁵²	xɔ⁵²	xɔ⁵²	xɔ⁵²
590	耗	xɔ⁴⁴	xɔ⁴⁴	xɔ¹³	xɔ⁴⁴	xɔ⁴⁴	xɔ⁴⁴	xɔ⁴⁴	xɔ¹³
591	嚎	xɔ¹³	xɔ¹³	xɔ¹³	xɔ¹³	xɔ¹³	xɔ¹³	xɔ³¹	xɔ¹³
592	号（~数）	xɔ⁴⁴	xɔ⁴⁴	xɔ⁴⁴	xɔ⁴⁴	xɔ⁴⁴	xɔ⁴⁴	xɔ⁵²	xɔ⁴⁴
593	袄	ŋɔ⁵²	nɔ⁵²	nɔ⁵²	ŋɔ⁵²	nɔ⁵²	nɔ⁵²	ŋɔ⁵²	nɔ¹³
594	包	pɔ¹³	pɔ¹³	pɔ¹³	pɔ¹³	pɔ²¹³	pɔ²¹³	pɔ³¹	pɔ¹³
595	饱	pɔ⁵²	pɔ⁵²	pɔ⁵²	pɔ⁵²	pɔ⁵²	pɔ⁵²	pɔ⁵²	pɔ⁵²
596	爆	pɔ⁴⁴	pɔ⁴⁴	pɔ⁵²	pɔ⁴⁴	pɔ⁴⁴	pɔ⁴⁴	pɔ⁴⁴	pɔ⁴⁴
597	炮（枪~）	pʰɔ⁴⁴	pʰɔ⁴⁴	pʰɔ⁴⁴	pʰɔ⁴⁴	pʰɔ⁴⁴	pʰɔ⁴⁴	pʰɔ⁴⁴	pʰɔ⁴⁴
598	跑	pʰɔ⁵²	pʰɔ⁵²	pʰɔ⁵²	pʰɔ⁵²	pʰɔ⁵²	pʰɔ⁵²	pʰɔ⁵²	pʰɔ⁵²
599	猫	mɔ¹³	mɔ¹³	mɔ¹³	mɔ¹³	mɔ¹³	mɔ¹³	mɔ³⁵	mɔ⁴⁴

续表

序号	例字	红寺堡	闽宁镇1	闽宁镇2	镇北堡1	镇北堡2	月牙湖	兴泾镇	大战场
600	貌	mɔ^{44}	mɔ^{44}	mɔ^{44}	mɔ^{44}	mɔ^{44}	mɔ^{44}	mɔ^{44}	mɔ^{44}
601	挠	nɔ^{13}	nɔ^{13}	nɔ^{13}	nɔ^{13}	nɔ^{13}	nɔ^{13}	nɔ^{44}	nɔ^{13}
602	闹	nɔ^{44}	nɔ^{44}	nɔ^{44}	nɔ^{44}	nɔ^{44}	nɔ^{44}	nɔ^{44}	nɔ^{44}
603	罩	tsɔ^{44}	tsɔ^{44}	tsɔ^{44}	tsɔ^{44}	tsɔ^{44}	tsɔ^{44}	tsɔ^{44}	tsɔ^{44}
604	抓	tʃua^{13}	tʂua^{13}	tʂua^{13}	tʂua^{13}	tʂua^{213}	tʂua^{213}	tʂua^{31}	tʂua^{13}
605	爪（~子）	tʃua^{52}	tʂua^{52}	tʂua^{52}	tʂua^{52}	tʂua^{52}	tʂua^{52}	tʂua^{52}	tʂua^{52}
606	找	tsɔ^{52}	tsɔ^{52}	tsɔ^{52}	tsɔ^{52}	tsɔ^{52}	tsɔ^{52}	tsɔ^{52}	tsɔ^{52}
607	笊（~篱）	tsɔ^{44}	tsɔ^{44}	tsɔ^{44}	tsɔ^{52}	tsɔ^{44}	tsɔ^{44}	tsɔ^{44}	tsɔ^{44}
608	抄（~写）	tsʰɔ^{13}	tsʰɔ^{13}	tsʰɔ^{13}	tsʰɔ^{13}	tsʰɔ^{213}	tsʰɔ^{213}	tsʰɔ^{31}	tsʰɔ^{13}
609	炒	tsʰɔ^{52}	tsʰɔ^{52}	tsʰɔ^{52}	tsʰɔ^{52}	tsʰɔ^{52}	tsʰɔ^{52}	tsʰɔ^{52}	tsʰɔ^{52}
610	捎（~带）	sɔ^{13}	sɔ^{13}	sɔ^{13}	sɔ^{13}	sɔ^{213}	sɔ^{213}	sɔ^{31}	sɔ^{13}
611	交	tɕiɔ^{13}	tɕiɔ^{13}	tɕiɔ^{13}	tɕiɔ^{13}	tɕiɔ^{213}	tɕiɔ^{213}	tɕiɔ^{31}	tɕiɔ^{13}
612	搅	tɕiɔ^{52}	tɕiɔ^{52}	tɕiɔ^{52}	tɕiɔ^{52}	tɕiɔ^{52}	tɕiɔ^{52}	tɕiɔ^{52}	tɕiɔ^{52}
613	觉（睡~）	tɕiɔ^{44}	tɕiɔ^{44}	tɕiɔ^{44}	tɕiɔ^{44}	tɕiɔ^{44}	tɕiɔ^{44}	tɕiɔ^{44}	tɕiɔ^{44}
614	敲	tɕʰiɔ^{13}	tɕʰiɔ^{13}	tɕʰiɔ^{13}	tɕʰiɔ^{13}	tɕʰiɔ^{213}	tɕʰiɔ^{213}	tɕʰiɔ^{31}	tɕʰiɔ^{13}
615	巧	tɕʰiɔ^{52}	tɕʰiɔ^{52}	tɕʰiɔ^{52}	tɕʰiɔ^{52}	tɕʰiɔ^{52}	tɕʰiɔ^{52}	tɕʰiɔ^{52}	tɕʰiɔ^{52}
616	咬	ɲiɔ^{52}	ɲiɔ^{52}	ɲiɔ^{52}	ɲiɔ^{52}	ɲiɔ^{52}	ɲiɔ^{52}	ɲiɔ^{52}	ɲiɔ^{52}
617	孝	ɕiɔ^{44}	ɕiɔ^{44}	ɕiɔ^{44}	ɕiɔ^{44}	ɕiɔ^{44}	ɕiɔ^{44}	ɕiɔ^{44}	ɕiɔ^{44}
618	校（学~）	ɕiɔ^{44}	ɕiɔ^{44}	ɕiɔ^{44}	ɕiɔ^{44}	ɕiɔ^{44}	ɕiɔ^{44}	ɕiɔ^{44}	ɕiɔ^{44}
619	勒（鞋~子）	iɔ^{44}	iɔ^{44}	iɔ^{44}	iɔ^{44}	iɔ^{44}	iɔ^{44}	iɔ^{44}	iɔ^{44}
620	标	piɔ^{13}	piɔ^{13}	piɔ^{13}	piɔ^{13}	piɔ^{213}	piɔ^{213}	piɔ^{31}	piɔ^{13}
621	表	piɔ^{52}	piɔ^{52}	piɔ^{52}	piɔ^{52}	piɔ^{52}	piɔ^{52}	piɔ^{52}	piɔ^{52}
622	飘	pʰiɔ^{13}	pʰiɔ^{13}	pʰiɔ^{13}	pʰiɔ^{13}	pʰiɔ^{213}	pʰiɔ^{213}	pʰiɔ^{31}	pʰiɔ^{13}
623	票（车~）	pʰiɔ^{44}	pʰiɔ^{44}	pʰiɔ^{44}	pʰiɔ^{44}	pʰiɔ^{44}	pʰiɔ^{44}	pʰiɔ^{44}	pʰiɔ^{44}
624	漂（~亮）	pʰiɔ^{52}	pʰiɔ^{44}	pʰiɔ^{44}	pʰiɔ^{44}	pʰiɔ^{44}	pʰiɔ^{44}	pʰiɔ^{44}	pʰiɔ^{44}
625	瓢	pʰiɔ^{13}	pʰiɔ^{13}	pʰiɔ^{13}	pʰiɔ^{13}	pʰiɔ^{13}	pʰiɔ^{13}	pʰiɔ^{35}	pʰiɔ^{13}
626	苗	miɔ^{13}	miɔ^{13}	miɔ^{13}	miɔ^{13}	miɔ^{13}	miɔ^{13}	miɔ^{35}	miɔ^{13}
627	庙	miɔ^{44}	miɔ^{44}	miɔ^{44}	miɔ^{44}	miɔ^{44}	miɔ^{44}	miɔ^{44}	miɔ^{44}
628	焦	tɕiɔ^{13}	tɕiɔ^{13}	tɕiɔ^{13}	tɕiɔ^{13}	tɕiɔ^{213}	tɕiɔ^{213}	tɕiɔ^{31}	tɕiɔ^{13}
629	瞧	tɕʰiɔ^{13}	tɕʰiɔ^{13}	tɕʰiɔ^{13}	tɕʰiɔ^{13}	tɕʰiɔ^{13}	tɕʰiɔ^{13}	tɕʰiɔ^{35}	tɕʰiɔ^{13}
630	消	ɕiɔ^{13}	ɕiɔ^{13}	ɕiɔ^{13}	ɕiɔ^{13}	ɕiɔ^{213}	ɕiɔ^{213}	ɕiɔ^{31}	ɕiɔ^{13}
631	小	ɕiɔ^{52}	ɕiɔ^{52}	ɕiɔ^{52}	ɕiɔ^{52}	ɕiɔ^{52}	ɕiɔ^{52}	ɕiɔ^{52}	ɕiɔ^{52}
632	笑	ɕiɔ^{44}	ɕiɔ^{44}	ɕiɔ^{44}	ɕiɔ^{44}	ɕiɔ^{44}	ɕiɔ^{44}	ɕiɔ^{44}	ɕiɔ^{44}
633	朝（~代）	tʂʰɔ^{13}	tʂʰɔ^{13}	tʂʰɔ^{13}	tʂʰɔ^{13}	tʂʰɔ^{13}	tʂʰɔ^{13}	tʂʰɔ^{31}	tʂʰɔ^{13}
634	招	tʂɔ^{13}	tʂɔ^{13}	tʂɔ^{13}	tʂɔ^{13}	tʂɔ^{213}	tʂɔ^{213}	tʂɔ^{31}	tʂɔ^{13}

序号	例字	红寺堡	闽宁镇1	闽宁镇2	镇北堡1	镇北堡2	月牙湖	兴泾镇	大战场
635	照	tʂɔ⁴⁴	tʂɔ⁴⁴	tʂɔ⁴⁴	tʂɔ⁴⁴	tʂɔ⁴⁴	tʂɔ⁴⁴	tʂɔ⁴⁴	tʂɔ⁴⁴
636	烧	ʂɔ¹³	ʂɔ¹³	ʂɔ¹³	ʂɔ¹³	ʂɔ²¹³	ʂɔ²¹³	ʂɔ³¹	ʂɔ¹³
637	饶	ʐɔ¹³	ʐɔ¹³	ʐɔ¹³	ʐɔ¹³	ʐɔ¹³	ʐɔ¹³	ʐɔ³¹	ʐɔ¹³
638	绕（~线）	ʐɔ⁵²	ʐɔ⁴⁴	ʐɔ⁵²	ʐɔ⁵²	ʐɔ⁵²	ʐɔ⁵²	ʐɔ⁵²	ʐɔ⁵²
639	骄	tɕiɔ⁵²	tɕiɔ⁵²	tɕiɔ⁵²	tɕiɔ⁵²	tɕiɔ⁵²	tɕiɔ⁵²	tɕiɔ³¹	tɕiɔ⁵²
640	桥	tɕʰiɔ¹³	tɕʰiɔ¹³	tɕʰiɔ¹³	tɕʰiɔ¹³	tɕʰiɔ¹³	tɕʰiɔ¹³	tɕʰiɔ³¹	tɕʰiɔ¹³
641	轿	tɕʰiɔ⁴⁴	tɕʰiɔ⁴⁴	tɕʰiɔ⁴⁴	tɕʰiɔ⁴⁴	tɕiɔ⁴⁴	tɕiɔ⁴⁴	tɕʰiɔ⁴⁴	tɕʰiɔ⁴⁴
642	㭉	ɕiɔ¹³	ɕiɔ¹³	ɕiɔ¹³	ɕiɔ¹³	ɕiɔ²¹³	ɕiɔ²¹³	ɕiɔ³¹	ɕiɔ¹³
643	腰	iɔ¹³	iɔ¹³	iɔ¹³	iɔ¹³	iɔ²¹³	iɔ²¹³	iɔ³¹	iɔ¹³
644	要（重~）	iɔ⁴⁴	iɔ⁴⁴	iɔ⁴⁴	iɔ⁴⁴	iɔ⁴⁴	iɔ⁴⁴	iɔ⁴⁴	iɔ⁴⁴
645	摇	iɔ¹³	iɔ¹³	iɔ¹³	iɔ¹³	iɔ¹³	iɔ¹³	iɔ³⁵	iɔ¹³
646	鹞（~子）	iɔ⁴⁴	iɔ⁴⁴	iɔ⁴⁴	iɔ⁴⁴	iɔ⁴⁴	iɔ⁴⁴	iɔ⁴⁴	iɔ⁴⁴
647	鸟	ɲiɔ⁵²	ɲiɔ⁵²	ɲiɔ⁵²	ɲiɔ⁵²	ɲiɔ⁵²	ɲiɔ⁵²	ɲiɔ⁵²	ɲiɔ⁵²
648	钓	tiɔ⁴⁴	tiɔ⁴⁴	tiɔ⁴⁴	tɕiɔ⁴⁴	tiɔ⁴⁴	tiɔ⁴⁴	tiɔ⁴⁴	tiɔ⁴⁴
649	挑	tʰiɔ⁵²	tʰiɔ⁵²	tʰiɔ¹³	tɕʰiɔ⁵²	tʰiɔ⁵²	tʰiɔ⁵²	tʰiɔ³¹	tʰiɔ⁵²
650	跳	tʰiɔ⁴⁴	tʰiɔ⁴⁴	tʰiɔ⁴⁴	tɕʰiɔ⁴⁴	tʰiɔ⁴⁴	tʰiɔ⁴⁴	tʰiɔ⁴⁴	tʰiɔ⁴⁴
651	条	tʰiɔ¹³	tʰiɔ¹³	tʰiɔ¹³	tɕʰiɔ¹³	tʰiɔ¹³	tʰiɔ¹³	tʰiɔ³⁵	tʰiɔ¹³
652	掉	tiɔ⁴⁴	tiɔ⁴⁴	tiɔ⁴⁴	tɕiɔ⁴⁴	tiɔ⁴⁴	tiɔ⁴⁴	tiɔ⁴⁴	tiɔ⁴⁴
653	尿	ɲiɔ⁴⁴	ɲiɔ⁴⁴	ɲiɔ⁴⁴	ɲiɔ⁴⁴	ɲiɔ⁴⁴	ɲiɔ⁴⁴	ɲiɔ⁴⁴	ɲiɔ⁴⁴
654	料	liɔ⁴⁴	liɔ⁴⁴	liɔ⁴⁴	liɔ⁴⁴	liɔ⁴⁴	liɔ⁴⁴	liɔ⁴⁴	liɔ⁴⁴
655	萧	ɕiɔ¹³	ɕiɔ¹³	ɕiɔ¹³	ɕiɔ¹³	ɕiɔ²¹³	ɕiɔ²¹³	ɕiɔ³¹	ɕiɔ¹³
656	浇	tɕiɔ¹³	tɕiɔ¹³	tɕiɔ¹³	tɕiɔ¹³	tɕiɔ²¹³	tɕiɔ²¹³	tɕiɔ³¹	tɕiɔ¹³
657	叫	tɕiɔ⁴⁴	tɕiɔ⁴⁴	tɕiɔ⁴⁴	tɕiɔ⁴⁴	tɕiɔ⁴⁴	tɕiɔ⁴⁴	tɕiɔ⁴⁴	tɕiɔ⁴⁴
658	窍	tɕʰiɔ⁴⁴	tɕʰiɔ⁴⁴	tɕʰiɔ⁴⁴	tɕʰiɔ⁴⁴	tɕʰiɔ⁴⁴	tɕʰiɔ⁴⁴	tɕʰiɔ⁵²	tɕʰiɔ⁴⁴
659	晓	ɕiɔ⁵²	ɕiɔ⁵²	ɕiɔ⁵²	ɕiɔ⁵²	ɕiɔ⁵²	ɕiɔ⁵²	ɕiɔ⁵²	ɕiɔ⁵²
660	亩	mu⁵²	mu⁵²	mu⁵²	mu⁵²	mu⁵²	mu⁵²	mu⁵²	mu⁵²
661	母	mu⁵²	mu⁵²	mu⁵²	mu⁵²	mu⁵²	mu⁵²	mu⁵²	mu⁵²
662	抖	tʰəu⁵²	təu⁵²	təu⁵²	təu⁵²	təu⁵²	təu⁵²	təu⁵²	təu⁵²
663	偷	tʰəu¹³	tʰəu¹³	tʰəu¹³	tʰəu¹³	tʰəu²¹³	tʰəu²¹³	tʰəu³¹	tʰəu¹³
664	透	tʰəu⁴⁴	tʰəu⁴⁴	tʰəu⁴⁴	tʰəu⁴⁴	tʰəu⁴⁴	tʰəu⁴⁴	tʰəu⁴⁴	tʰəu⁴⁴
665	头	tʰəu¹³	tʰəu¹³	tʰəu¹³	tʰəu¹³	tʰəu¹³	tʰəu¹³	tʰəu³⁵	tʰəu¹³
666	豆	təu⁴⁴	təu⁴⁴	təu⁴⁴	təu⁴⁴	təu⁴⁴	təu⁴⁴	təu⁴⁴	təu⁴⁴
667	楼	lu¹³	lu¹³	lu¹³	lu¹³	lu¹³	lu¹³	lu³⁵	lu¹³
668	漏	lu⁴⁴	lu⁴⁴	lu⁴⁴	lu⁴⁴	lu⁴⁴	lu⁴⁴	lu⁴⁴	lu⁴⁴
669	走	tsəu⁵²	tsəu⁵²	tsəu⁵²	tsəu⁵²	tsəu⁵²	tsəu⁵²	tsəu⁵²	tsəu⁵²

续表

序号	例字	红寺堡	闽宁镇1	闽宁镇2	镇北堡1	镇北堡2	月牙湖	兴泾镇	大战场
670	奏	tsəu^{44}	tsəu^{44}	tsəu^{44}	tsəu^{44}	tsəu^{44}	tsəu^{44}	tsəu^{44}	tsəu^{44}
671	凑	tsʰəu^{44}	tsʰəu^{44}	tsʰəu^{44}	tsʰəu^{44}	tsʰəu^{44}	tsʰəu^{44}	tsʰəu^{44}	tsʰəu^{44}
672	嗽（咳~）	səu^{44}	səu^{44}	səu^{44}	səu^{44}	səu^{44}	səu^{44}	səu^{31}	səu^{13}
673	钩	kəu^{13}	kəu^{13}	kəu^{13}	kəu^{13}	kəu^{213}	kəu^{213}	kəu^{31}	kəu^{13}
674	狗	kəu^{52}	kəu^{52}	kəu^{52}	kəu^{52}	kəu^{52}	kəu^{52}	kəu^{52}	kəu^{52}
675	够	kəu^{44}	kəu^{44}	kəu^{44}	kəu^{44}	kəu^{44}	kəu^{44}	kəu^{44}	kəu^{44}
676	抠	kʰəu^{13}	kʰəu^{13}	kʰəu^{13}	kʰəu^{13}	kʰəu^{213}	kʰəu^{213}	kʰəu^{31}	kʰəu^{13}
677	口	kʰəu^{52}	kʰəu^{52}	kʰəu^{52}	kʰəu^{52}	kʰəu^{52}	kʰəu^{52}	kʰəu^{52}	kʰəu^{52}
678	扣（~住）	kʰəu^{44}	kʰəu^{44}	kʰəu^{44}	kʰəu^{44}	kʰəu^{44}	kʰəu^{44}	kʰəu^{44}	kʰəu^{44}
679	藕	ŋəu^{52}	əu^{52}	əu^{52}	ŋəu^{52}	əu^{52}	nəu^{52}	ŋɔ^{52}	əu^{52}
680	吼	xəu^{52}	xəu^{52}	xəu^{52}	xəu^{52}	xəu^{52}	xəu^{52}	xəu^{52}	xəu^{52}
681	猴	xəu^{13}	xəu^{13}	xəu^{13}	xəu^{13}	xəu^{13}	xəu^{13}	xəu^{31}	xəu^{13}
682	后（~头）	xəu^{44}	xəu^{44}	xəu^{44}	xəu^{44}	xəu^{44}	xəu^{44}	xəu^{44}	xəu^{44}
683	富	fu^{44}	fu^{44}	fu^{44}	fu^{44}	fu^{44}	fu^{44}	fu^{44}	fu^{44}
684	副	fu^{44}	fu^{44}	fu^{44}	fu^{44}	fu^{44}	fu^{44}	fu^{44}	fu^{44}
685	浮	fu^{13}	fu^{13}	fu^{13}	fu^{13}	fu^{13}	fu^{13}	fu^{35}	fu^{13}
686	妇	fu^{44}	fu^{44}	fu^{44}	fu^{44}	fu^{44}	fu^{44}	fu^{44}	fu^{44}
687	谋	mu^{13}	mu^{13}	mu^{13}	mu^{13}	mu^{13}	mu^{13}	mu^{35}	mu^{13}
688	矛	mɔ^{13}	mɔ^{13}	mɔ^{13}	mɔ^{52}	mɔ^{13}	mɔ^{13}	mɔ^{35}	mɔ^{13}
689	扭	ȵiəu^{52}	ȵiəu^{52}	ȵiu^{52}	ȵiəu^{52}	ȵiəu^{52}	ȵiəu^{52}	ȵiu^{52}	ȵiu^{52}
690	流	liəu^{13}	liəu^{13}	liu^{13}	liəu^{13}	liəu^{13}	liəu^{13}	liu^{35}	liu^{13}
691	柳	liəu^{52}	liəu^{52}	liu^{52}	liəu^{52}	liəu^{52}	liəu^{52}	liu^{52}	liu^{52}
692	揪（~住）	tɕiəu^{13}	tɕiəu^{13}	tɕiəu^{13}	tɕiəu^{13}	tɕiəu^{213}	tɕiəu^{213}	tɕiəu^{31}	tɕiəu^{13}
693	酒	tɕiəu^{52}	tɕiəu^{52}	tɕiəu^{52}	tɕiəu^{52}	tɕiəu^{52}	tɕiəu^{52}	tɕiəu^{52}	tɕiəu^{52}
694	秋（~天）	tɕʰiəu^{13}	tɕʰiəu^{13}	tɕʰiəu^{13}	tɕʰiəu^{13}	tɕʰiəu^{213}	tɕʰiəu^{213}	tɕʰiəu^{31}	tɕʰiəu^{13}
695	就	tɕʰiəu^{44}	tɕiəu^{44}	tɕiəu^{44}	tɕiəu^{44}	tɕiəu^{44}	tɕiəu^{44}	tɕiəu^{44}	tɕiəu^{44}
696	修	ɕiəu^{13}	ɕiəu^{13}	ɕiəu^{13}	ɕiəu^{13}	ɕiəu^{213}	ɕiəu^{213}	ɕiəu^{31}	ɕiəu^{13}
697	秀	ɕiəu^{44}	ɕiəu^{44}	ɕiəu^{44}	ɕiəu^{44}	ɕiəu^{44}	ɕiəu^{44}	ɕiəu^{44}	ɕiəu^{44}
698	肘	tʂəu^{52}	tʂəu^{52}	tʂəu^{52}	tʂəu^{52}	tʂəu^{52}	tʂəu^{52}	tʂəu^{52}	tʂəu^{52}
699	抽	tʂʰəu^{13}	tʂʰəu^{13}	tʂʰəu^{13}	tʂʰəu^{13}	tʂʰəu^{213}	tʂʰəu^{213}	tʂʰəu^{31}	tʂʰəu^{13}
700	丑	tʂʰəu^{52}	tʂʰəu^{52}	tʂʰəu^{52}	tʂʰəu^{52}	tʂʰəu^{52}	tʂʰəu^{52}	tʂʰəu^{52}	tʂʰəu^{52}
701	稠	tʂʰəu^{13}	tʂʰəu^{13}	tʂʰəu^{13}	tʂʰəu^{13}	tʂʰəu^{13}	tʂʰəu^{13}	tʂʰəu^{35}	tʂʰəu^{13}
702	皱	tsəu^{44}	tsəu^{44}	tsəu^{44}	tsəu^{44}	tsəu^{44}	tsəu^{44}	tsʰəu^{31}	tsəu^{44}
703	搊（往上~）	tsʰəu^{13}	tsʰəu^{13}	tsʰəu^{13}	tsʰəu^{13}	tsʰəu^{213}	tsʰəu^{213}	tsʰəu^{31}	tsʰəu^{13}
704	甃	tsʰəu^{52}	tsʰəu^{52}	tsʰəu^{52}	tsʰəu^{52}	tsʰəu^{52}	tsʰəu^{52}	tsʰəu^{52}	tsʰəu^{52}

序号	例字	红寺堡	闽宁镇1	闽宁镇2	镇北堡1	镇北堡2	月牙湖	兴泾镇	大战场
705	愁	tsʰəu¹³	tsʰəu¹³	tsʰəu¹³	tsʰəu¹³	tsʰəu¹³	tsʰəu¹³	tsʰəu³⁵	tsʰəu¹³
706	瘦	səu⁴⁴	səu⁴⁴	səu⁴⁴	səu⁴⁴	səu⁴⁴	səu⁴⁴	səu⁴⁴	səu⁴⁴
707	州	tʂəu¹³	tʂəu¹³	tʂəu¹³	tʂəu¹³	tʂəu²¹³	tʂəu²¹³	tʂəu³¹	tʂəu¹³
708	丑	tʂʰəu⁵²	tʂʰəu⁵²	tʂʰəu⁵²	tʂʰəu⁵²	tʂʰəu⁵²	tʂʰəu⁵²	tʂʰəu⁵²	tʂʰəu⁵²
709	臭（香~）	tʂʰəu⁴⁴	tʂʰəu⁴⁴	tʂʰəu⁴⁴	tʂʰəu⁴⁴	tʂʰəu⁴⁴	tʂʰəu⁴⁴	tʂʰəu⁴⁴	tʂʰəu⁴⁴
710	收	ʂəu¹³	ʂəu¹³	ʂəu¹³	ʂəu¹³	ʂəu²¹³	ʂəu²¹³	ʂəu³¹	ʂəu¹³
711	手	ʂəu⁵²	ʂəu⁵²	ʂəu⁵²	ʂəu⁵²	ʂəu⁵²	ʂəu⁵²	ʂəu⁵²	ʂəu⁵²
712	兽	ʂəu⁴⁴	ʂəu⁴⁴	ʂəu⁴⁴	ʂəu⁴⁴	ʂəu⁴⁴	ʂəu⁴⁴	ʂəu⁴⁴	ʂəu⁴⁴
713	仇（报~）	tʂʰəu¹³	tʂʰəu¹³	tʂʰəu¹³	tʂʰəu¹³	tʂʰəu¹³	tʂʰəu¹³	tʂʰəu³⁵	tʂʰəu¹³
714	寿	ʂəu⁴⁴	ʂəu⁴⁴	ʂəu⁴⁴	ʂəu⁴⁴	ʂəu⁴⁴	ʂəu⁴⁴	ʂəu⁴⁴	ʂəu⁴⁴
715	揉	zəu¹³	ʐəu¹³	ʐəu¹³	ʐəu¹³	ʐəu¹³	ʐəu¹³	ʐəu³⁵	ʐəu¹³
716	九	tɕiəu⁵²	tɕiəu⁵²	tɕiu⁵²	tɕiəu⁵²	tɕiəu⁵²	tɕiəu⁵²	tɕiu⁵²	tɕiu⁵²
717	救	tɕiəu⁴⁴	tɕiəu⁴⁴	tɕiu⁴⁴	tɕiəu⁴⁴	tɕiəu⁴⁴	tɕiəu⁴⁴	tɕiu⁴⁴	tɕiu⁴⁴
718	球	tɕʰiəu¹³	tɕʰiəu¹³	tɕʰiu¹³	tɕʰiəu¹³	tɕʰiəu¹³	tɕʰiəu¹³	tɕʰiu³⁵	tɕʰiu¹³
719	舅	tɕiəu⁴⁴	tɕiəu⁴⁴	tɕiu⁴⁴	tɕiəu⁴⁴	tɕiəu⁴⁴	tɕiəu⁴⁴	tɕiu⁴⁴	tɕiu⁴⁴
720	旧	tɕʰiəu⁴⁴	tɕiəu⁴⁴	tɕiu⁴⁴	tɕʰiəu⁴⁴	tɕiəu⁴⁴	tɕʰiəu⁴⁴	tɕiu⁴⁴	tɕiu⁴⁴
721	牛	ȵiəu¹³	ȵiəu¹³	ȵiu¹³	ȵiəu¹³	ȵiəu¹³	ȵiəu¹³	ȵiu³⁵	ȵiu¹³
722	休	ɕiəu¹³	ɕiəu¹³	ɕiu¹³	ɕiəu¹³	ɕiəu²¹³	ɕiəu²¹³	ɕiu³¹	ɕiu¹³
723	优	iəu¹³	iəu¹³	iu¹³	iəu¹³	iəu²¹³	iəu²¹³	iu³¹	iu¹³
724	有	iəu⁵²	iəu⁵²	iu⁵²	iəu⁵²	iəu⁵²	iəu⁵²	iu⁵²	iu⁵²
725	右	iəu⁴⁴	iəu⁴⁴	iu⁴⁴	iəu⁴⁴	iəu⁴⁴	iəu⁴⁴	iu⁴⁴	iu⁵²
726	油	iəu¹³	iəu¹³	iu¹³	iəu¹³	iəu¹³	iəu¹³	iu³⁵	iu¹³
727	丢	tiəu¹³	tiəu¹³	tiu¹³	tɕiəu¹³	tiəu²¹³	tiəu²¹³	tiu³¹	tiu¹³
728	幼	iəu⁴⁴	iəu⁴⁴	iu⁴⁴	iəu⁴⁴	iəu⁴⁴	iəu⁴⁴	iu³¹	iu⁴⁴
729	耽	tan¹³	tan¹³	tan¹³	tan¹³	tan²¹³	tan²¹³	tan³¹	tan¹³
730	答	ta¹³	ta¹³	ta¹³	ta¹³	ta²¹³	ta²¹³	ta³⁵	ta¹³
731	贪	tʰan¹³	tʰan¹³	tʰan¹³	tʰan¹³	tʰan²¹³	tʰan²¹³	tʰan³¹	tʰan¹³
732	探（试~）	tʰan⁴⁴	tʰan⁴⁴	tʰan⁴⁴	tʰan⁴⁴	tʰan⁴⁴	tʰan⁴⁴	tʰan³¹	tʰan⁴⁴
733	踏	tʰa¹³	tʰa¹³	tʰa¹³	tʰa¹³	tʰa²¹³	tʰa²¹³	tʰa³⁵	tʰa¹³
734	潭	tʰan¹³	tʰan¹³	tʰan¹³	tʰan¹³	tʰan¹³	tʰan¹³	tʰan³⁵	tʰan¹³
735	南	nan¹³	nan¹³	nan¹³	nan¹³	nan¹³	nan¹³	nan³⁵	nan¹³
736	纳	na¹³	na¹³	la¹³	na¹³	na²¹³	na²¹³	la³¹	la¹³
737	拉	la¹³	la¹³	la¹³	la¹³	la²¹³	la²¹³	la³¹	la¹³
738	蚕	tsʰan¹³	tsʰan¹³	tsʰan¹³	tsʰan¹³	tsʰan¹³	tsʰan¹³	tsʰan³⁵	tsʰan¹³
739	杂	tsa¹³	tsa¹³	tsa¹³	tsa¹³	tsa¹³	tsa¹³	tsa³⁵	tsa¹³

续表

序号	例字	红寺堡	闽宁镇1	闽宁镇2	镇北堡1	镇北堡2	月牙湖	兴泾镇	大战场
740	感	kan^{52}	kan^{52}	kan^{52}	kan^{52}	kan^{52}	kan^{52}	kan^{52}	kan^{52}
741	鸽	kə^{13}	kə^{13}	kə^{13}	kə^{13}	kə^{213}	kə^{213}	kə^{31}	kə^{13}
742	砍	k^{h}an^{52}	k^{h}an^{52}	k^{h}an^{52}	k^{h}an^{52}	k^{h}an^{52}	k^{h}an^{52}	k^{h}an^{52}	k^{h}an^{52}
743	喝（～水）	xə^{13}	xə^{13}	xuə^{13}	xə^{13}	xə^{213}	xuə^{213}	xuə^{31}	xuə^{13}
744	含	xan^{13}	xan^{13}	xan^{13}	xan^{13}	xan^{13}	xan^{13}	xan^{35}	xan^{13}
745	盒	xə^{13}	xə^{13}	xuə^{13}	xə^{13}	xə^{13}	xuə^{13}	xuə^{35}	xuə^{13}
746	暗	ŋan^{44}	nan^{44}	nan^{52}	ŋan^{44}	nan^{44}	nan^{44}	nan^{52}	nan^{52}
747	担（～任）	tan^{13}	tan^{13}	tan^{13}	tan^{13}	tan^{213}	tan^{213}	tan^{31}	tan^{13}
748	胆	tan^{52}	tan^{52}	tan^{13}	tan^{52}	tan^{52}	tan^{52}	tan^{52}	tan^{52}
749	毯	t^{h}an^{52}	t^{h}an^{52}	t^{h}an^{52}	t^{h}an^{52}	t^{h}an^{52}	t^{h}an^{52}	t^{h}an^{52}	t^{h}an^{52}
750	塔	t^{h}a^{13}	t^{h}a^{13}	t^{h}a^{13}	t^{h}a^{13}	t^{h}a^{213}	t^{h}a^{213}	t^{h}a^{31}	t^{h}a^{13}
751	谈	t^{h}an^{13}	t^{h}an^{13}	t^{h}an^{13}	t^{h}an^{44}	t^{h}an^{13}	t^{h}an^{44}	t^{h}an^{44}	t^{h}an^{44}
752	淡	tan^{44}	tan^{44}	tan^{44}	tan^{44}	tan^{44}	tan^{44}	tan^{44}	tan^{44}
753	蓝	lan^{13}	lan^{13}	lan^{13}	lan^{13}	lan^{13}	lan^{13}	lan^{35}	lan^{13}
754	腊	la^{13}	la^{13}	la^{13}	la^{13}	la^{213}	la^{213}	la^{31}	la^{13}
755	三	san^{13}	san^{13}	san^{13}	san^{13}	san^{213}	san^{213}	san^{31}	san^{13}
756	甘	kan^{13}	kan^{13}	kan^{13}	kan^{13}	kan^{213}	kan^{213}	kan^{31}	kan^{13}
757	敢	kan^{52}	kan^{52}	kan^{52}	kan^{52}	kan^{52}	kan^{52}	kan^{52}	kan^{52}
758	磕	k^{h}ə^{13}	k^{h}uə^{13}	k^{h}uə^{13}	k^{h}ə^{13}	k^{h}ə^{213}	k^{h}uə^{213}	k^{h}uə^{13}	k^{h}uə^{13}
759	憨	xan^{13}	xan^{13}	xan^{13}	xan^{13}	xan^{213}	xan^{213}	xan^{31}	xan^{13}
760	喊	xan^{52}	xan^{52}	xan^{52}	xan^{52}	xan^{52}	xan^{52}	xan^{52}	xan^{52}
761	醋	xan^{44}	xan^{13}	xan^{13}	xan^{44}	xan^{213}	xan^{213}	xan^{44}	xan^{13}
762	站（～立）	tsan^{44}	tsan^{44}	tsan^{44}	tsan^{44}	tsan^{44}	tsan^{44}	tsan^{44}	tsan^{44}
763	赚	tʃuan^{44}	tʂuan^{44}	tʂuan^{44}	tʂuan^{44}	tʂuan^{44}	tʂuan^{44}	tʂuan^{44}	tʂuan^{44}
764	站（车～）	tsan^{44}	tsan^{44}	tsan^{44}	tsan^{44}	tsan^{44}	tsan^{44}	tsan^{44}	tsan^{44}
765	斩	tsan^{52}	tsan^{52}	tsan^{52}	tsan^{52}	tsan^{52}	tsan^{52}	tsan^{52}	tsan^{52}
766	蘸（～酱油）	tsan^{44}	tsan^{44}	tsan^{44}	tsan^{44}	tsan^{44}	tsan^{44}	tsan^{44}	tsan^{44}
767	眨（～眼）	tsa^{13}	tsa^{13}	tsa^{13}	tsa^{13}	tsa^{13}	tsa^{13}	tsa^{31}	tsa^{13}
768	插	ts^{h}a^{13}	ts^{h}a^{13}	ts^{h}a^{13}	ts^{h}a^{13}	ts^{h}a^{213}	ts^{h}a^{213}	ts^{h}a^{31}	ts^{h}a^{13}
769	馋	ts^{h}an^{13}	ts^{h}an^{13}	ts^{h}an^{13}	ts^{h}an^{13}	ts^{h}an^{13}	ts^{h}an^{13}	ts^{h}an^{35}	ts^{h}an^{13}
770	闸	tsa^{44}	tsa^{44}	tsa^{44}	tsa^{44}	tsa^{44}	tsa^{44}	tsa^{44}	tsa^{44}
771	减	tɕian^{52}	tɕian^{52}	tɕian^{52}	tɕian^{52}	tɕian^{52}	tɕian^{52}	tɕian^{52}	tɕian^{52}
772	夹	tɕia^{13}	tɕia^{13}	tɕia^{13}	tɕia^{13}	tɕia^{213}	tɕia^{213}	tɕia^{31}	tɕia^{13}
773	掐	tɕ^{h}ia^{13}	tɕ^{h}ia^{13}	tɕ^{h}ia^{13}	tɕ^{h}ia^{13}	tɕ^{h}ia^{213}	tɕ^{h}ia^{213}	tɕ^{h}ia^{31}	tɕ^{h}ia^{13}
774	咸（～淡）	xan^{13}	xan^{13}	ɕian^{13}	xan^{13}	xan^{13}	xan^{13}	ɕian^{35}	ɕian^{13}

序号	例字	红寺堡	闽宁镇1	闽宁镇2	镇北堡1	镇北堡2	月牙湖	兴泾镇	大战场
775	馅	$ɕian^{44}$	$ɕian^{44}$	$ɕian^{44}$	$çyan^{44}$	$ɕian^{44}$	$çyan^{44}$	$ɕian^{44}$	$ɕian^{44}$
776	峡	$ɕia^{13}$	$ɕia^{13}$	$ɕia^{13}$	$ɕia^{13}$	$ɕia^{13}$	$ɕia^{13}$	$ɕia^{35}$	$ɕia^{13}$
777	搀	ts^han^{13}	ts^han^{13}	ts^han^{13}	ts^han^{13}	ts^han^{213}	ts^han^{213}	ts^han^{31}	ts^han^{13}
778	衫	san^{13}	san^{13}	san^{13}	san^{13}	san^{213}	san^{213}	san^{31}	san^{13}
779	监（~察）	$tɕian^{13}$	$tɕian^{13}$	$tɕian^{13}$	$tɕian^{13}$	$tɕian^{213}$	$tɕian^{213}$	$tɕian^{31}$	$tɕian^{13}$
780	胛（肩~）	$tɕia^{13}$	$tɕia^{13}$	$tɕia^{13}$	$tɕia^{13}$	$tɕia^{213}$	$tɕia^{213}$	$tɕia^{31}$	$tɕia^{13}$
781	岩	ian^{13}	ian^{13}	ian^{13}	ian^{13}	ian^{13}	ian^{13}	ian^{35}	ian^{13}
782	匣（抽~）	$ɕia^{13}$	$ɕia^{13}$	$ɕia^{13}$	$ɕia^{13}$	$ɕia^{13}$	$ɕia^{13}$	$ɕia^{31}$	$ɕia^{13}$
783	鸭	ia^{13}	ia^{13}	ia^{13}	ia^{13}	ia^{213}	ia^{213}	ia^{31}	ia^{13}
784	压	$ȵia^{13}$	ia^{13}	ia^{44}	ia^{13}	$ȵia^{13}$	$ȵia^{13}$	ia^{31}	ia^{44}
785	贬	$pian^{52}$	$pian^{52}$	$pian^{52}$	$pian^{52}$	$pian^{52}$	$pian^{52}$	$pian^{52}$	$pian^{52}$
786	黏（粘）	$ȵian^{13}$	$ȵian^{13}$	$ȵian^{13}$	$ȵian^{13}$	$ʐan^{13}$	$ʐan^{13}$	$ȵian^{35}$	$ȵian^{13}$
787	镰	$lian^{13}$	$lian^{13}$	$lian^{13}$	$lian^{13}$	$lian^{13}$	$lian^{13}$	$lian^{31}$	$lian^{13}$
788	猎	$liə^{13}$	$liə^{13}$	$liə^{13}$	$liə^{13}$	$liə^{213}$	$liə^{213}$	$liə^{31}$	$liə^{13}$
789	尖	$tɕian^{13}$	$tɕian^{13}$	$tɕian^{13}$	$tɕian^{13}$	$tɕian^{213}$	$tɕian^{213}$	$tɕian^{31}$	$tɕian^{13}$
790	接	$tɕiə^{13}$	$tɕiə^{13}$	$tɕiə^{13}$	$tɕiə^{13}$	$tɕiə^{213}$	$tɕiə^{213}$	$tɕiə^{31}$	$tɕiə^{13}$
791	签	$tɕ^hian^{13}$	$tɕ^hian^{13}$	$tɕ^hian^{13}$	$tɕ^hian^{13}$	$tɕ^hian^{213}$	$tɕ^hian^{213}$	$tɕ^hian^{31}$	$tɕ^hian^{13}$
792	沾	$tʂan^{13}$	$tʂan^{13}$	$tʂan^{13}$	$tʂan^{13}$	$tʂan^{213}$	$tʂan^{213}$	$tʂan^{31}$	$tʂan^{13}$
793	折（~叠）	$tʂə^{13}$	$tʂə^{13}$	$tʂə^{13}$	$tʂə^{13}$	$tʂə^{13}$	$tʂə^{13}$	$tʂə^{31}$	$tʂə^{13}$
794	陕（~西）	$ʂan^{52}$	$ʂan^{52}$	$ʂan^{52}$	$ʂan^{52}$	$ʂan^{52}$	$ʂan^{52}$	$ʂan^{52}$	$ʂan^{52}$
795	闪	$ʂan^{52}$	$ʂan^{52}$	$ʂan^{52}$	$ʂan^{52}$	$ʂan^{52}$	$ʂan^{52}$	$ʂan^{52}$	$ʂan^{52}$
796	染	$ʐan^{52}$	$ʐan^{52}$	$ʐan^{52}$	$ʐan^{52}$	$ʐan^{52}$	$ʐan^{52}$	$ʐan^{52}$	$ʐan^{52}$
797	检	$tɕian^{52}$	$tɕian^{52}$	$tɕian^{52}$	$tɕian^{52}$	$tɕian^{52}$	$tɕian^{52}$	$tɕian^{52}$	$tɕian^{52}$
798	脸	$ȵian^{52}$	$lian^{52}$	$lian^{52}$	$lian^{52}$	$lian^{52}$	$lian^{52}$	$lian^{52}$	$lian^{52}$
799	钳	$tɕ^hian^{13}$	$tɕ^hian^{13}$	$tɕ^hian^{13}$	$tɕ^hian^{13}$	$tɕ^hian^{13}$	$tɕ^hian^{13}$	$tɕ^hian^{35}$	$tɕ^hian^{13}$
800	俭	$tɕian^{52}$	$tɕian^{52}$	$tɕian^{52}$	$tɕian^{52}$	$tɕian^{52}$	$tɕian^{52}$	$tɕian^{52}$	$tɕian^{52}$
801	验	ian^{44}	ian^{44}	ian^{44}	ian^{44}	ian^{44}	ian^{44}	ian^{44}	ian^{44}
802	险	$ɕian^{52}$	$ɕian^{52}$	$ɕian^{52}$	$ɕian^{52}$	$ɕian^{52}$	$ɕian^{52}$	$ɕian^{52}$	$ɕian^{52}$
803	淹	ian^{13}	ian^{13}	ian^{13}	ian^{13}	ian^{213}	ian^{213}	ian^{31}	ian^{52}
804	掩	ian^{52}	ian^{52}	ian^{52}	ian^{52}	ian^{52}	ian^{52}	ian^{52}	ian^{52}
805	魇	ian^{52}	ian^{52}	ian^{52}	ian^{52}	ian^{52}	ian^{52}	ian^{52}	ian^{52}
806	厌	ian^{44}	ian^{44}	ian^{44}	ian^{44}	ian^{44}	ian^{44}	ian^{44}	ian^{44}
807	炎	ian^{13}	ian^{13}	ian^{44}	ian^{13}	ian^{44}	ian^{44}	ian^{44}	ian^{44}
808	盐	ian^{13}	ian^{13}	ian^{13}	ian^{13}	ian^{13}	ian^{13}	ian^{35}	ian^{13}
809	焰	ian^{44}	ian^{44}	ian^{44}	ian^{44}	ian^{44}	ian^{44}	ian^{44}	ian^{44}

序号	例字	红寺堡	闽宁镇1	闽宁镇2	镇北堡1	镇北堡2	月牙湖	兴泾镇	大战场
810	叶	iə¹³	iə¹³	iə¹³	iə¹³	iə²¹³	iə²¹³	iə³¹	iə¹³
811	剑	tɕian⁴⁴	tɕian⁴⁴	tɕian⁴⁴	tɕian⁴⁴	tɕian⁵²	tɕian⁵²	tɕian⁴⁴	tɕian⁴⁴
812	劫	tɕiə¹³	tɕiə¹³	tɕiə¹³	tɕiə¹³	tɕyə¹³	tɕyə¹³	tɕiə³⁵	tɕiə¹³
813	欠	tɕʰian⁴⁴	tɕʰian⁴⁴	tɕʰian⁴⁴	tɕʰian⁴⁴	tɕʰian⁴⁴	tɕʰian⁴⁴	tɕʰian⁴⁴	tɕʰian⁴⁴
814	严	ian¹³	ian¹³	ian¹³	ian¹³	ian¹³	ian¹³	ian³⁵	ian¹³
815	酽（~茶）	ian⁴⁴	ian⁴⁴	ian¹³	ian⁴⁴	ian⁴⁴	ian⁴⁴	ian⁴⁴	ian⁴⁴
816	业	ȵiə¹³	ȵiə¹³	ȵiə¹³	ȵiə¹³	ȵiə²¹³	ȵiə²¹³	ȵiə³¹	ȵiə¹³
817	锨	ɕian¹³	ɕian¹³	ɕian¹³	ɕian⁴⁴	ɕian²¹³	ɕian²¹³	ɕian³¹	ɕian¹³
818	胁	ɕiə¹³	ɕiə¹³	ɕiə¹³	ɕiə¹³	ɕiə²¹³	ɕiə²¹³	ɕiə³⁵	ɕiə¹³
819	腌	ian¹³	ian¹³	ian¹³	ian¹³	ian²¹³	ian²¹³	ian³¹	ian¹³
820	点	tian⁵²	tian⁵²	tian⁵²	tɕian⁵²	tian⁵²	tian⁵²	tian⁵²	tian⁵²
821	店	tian⁴⁴	tian⁴⁴	tian⁴⁴	tɕian⁴⁴	tian⁴⁴	tian⁴⁴	tian⁴⁴	tian⁴⁴
822	跌	tiə¹³	tiə¹³	tiə¹³	tɕiə¹³	tiə²¹³	tiə²¹³	tiə³¹	tiə¹³
823	添	tʰian¹³	tʰian¹³	tʰian¹³	tɕʰian¹³	tʰian²¹³	tʰian²¹³	tʰian³¹	tʰian¹³
824	舔	tʰian⁵²	tʰian⁵²	tʰian⁵²	tɕʰian⁵²	tʰian⁵²	tʰian⁵²	tʰian⁵²	tʰian⁵²
825	贴	tʰiə¹³	tʰiə¹³	tʰiə¹³	tɕʰiə¹³	tʰiə²¹³	tʰiə²¹³	tʰiə³¹	tʰiə¹³
826	甜	tʰian¹³	tʰian¹³	tʰian¹³	tɕʰian¹³	tʰian¹³	tʰian¹³	tʰian³⁵	tʰian¹³
827	叠	tiə¹³	tiə¹³	tiə¹³	tɕiə¹³	tiə²¹³	tiə²¹³	tiə³⁵	tiə¹³
828	念	ȵian⁴⁴	ȵian⁴⁴	ȵian⁴⁴	ȵian⁴⁴	ȵian⁴⁴	ȵian⁴⁴	ȵian⁴⁴	ȵian⁴⁴
829	撵（~菜）	tɕian¹³	tɕian¹³	tɕian¹³	tɕian¹³	tɕian²¹³	tɕian²¹³	tɕian³¹	tɕian⁵²
830	谦	tɕʰian¹³	tɕʰian¹³	tɕʰian¹³	tɕʰian¹³	tɕʰian²¹³	tɕʰian²¹³	tɕʰian³¹	tɕʰian¹³
831	嫌	ɕian¹³	ɕian¹³	ɕian¹³	ɕian¹³	ɕian¹³	ɕian¹³	ɕian³⁵	ɕian¹³
832	协	ɕiə¹³	ɕiə¹³	ɕiə¹³	ɕiə¹³	ɕiə¹³	ɕiə¹³	ɕiə³⁵	ɕiə¹³
833	法（方~）	fa¹³	fa¹³	fa¹³	fa¹³	fa²¹³	fa²¹³	fa³¹	fa¹³
834	泛	fan⁴⁴	fan⁴⁴	fan⁴⁴	fan⁴⁴	fan⁴⁴	fan⁴⁴	fan⁴⁴	fan⁴⁴
835	凡	fan¹³	fan¹³	fan¹³	fan¹³	fan¹³	fan¹³	fan³⁵	fan¹³
836	犯	fan⁴⁴	fan⁴⁴	fan⁴⁴	fan⁴⁴	fan⁴⁴	fan⁴⁴	fan⁴⁴	fan⁴⁴
837	乏	fa¹³	fa¹³	fa¹³	fa¹³	fa¹³	fa¹³	fa³⁵	fa¹³
838	禀	piŋ⁵²	piŋ⁵²	piŋ⁵²	piŋ⁵²	piŋ⁵²	piŋ⁵²	pin⁵²	piŋ⁵²
839	品	pʰiŋ⁵²	pʰiŋ⁵²	pʰiŋ⁵²	pʰiŋ⁵²	pʰiŋ⁵²	pʰiŋ⁵²	pʰin⁵²	pʰiŋ⁵²
840	林	liŋ¹³	liŋ¹³	liŋ¹³	liŋ¹³	liŋ¹³	liŋ¹³	lin³⁵	lin¹³
841	檩（~子）	liŋ⁵²	liŋ⁵²	liŋ⁵²	liŋ⁵²	liŋ⁵²	liŋ⁵²	lin⁵²	liŋ⁵²
842	立	li¹³	li¹³	li¹³	li¹³	li²¹³	li²¹³	li³¹	li¹³
843	浸	tɕʰiŋ⁵²	tɕʰiŋ⁴⁴	tɕʰiŋ⁴⁴	tɕʰiŋ⁴⁴	tɕʰiŋ⁴⁴	tɕʰiŋ⁴⁴	tɕʰin⁴⁴	tɕʰiŋ⁴⁴
844	集	tɕi¹³	tɕi¹³	tɕi¹³	tɕi¹³	tɕi¹³	tɕi¹³	tɕi³¹	tɕi¹³

序号	例字	红寺堡	闽宁镇1	闽宁镇2	镇北堡1	镇北堡2	月牙湖	兴泾镇	大战场
845	心	$\varsigma i\eta^{13}$	$\varsigma i\eta^{13}$	$\varsigma i\eta^{13}$	$\varsigma i\eta^{13}$	$\varsigma i\eta^{213}$	$\varsigma i\eta^{213}$	ςin^{31}	ςin^{13}
846	寻	$\varsigma i\eta^{13}$	$\varsigma i\eta^{13}$	$\varsigma i\eta^{13}$	$\varsigma i\eta^{13}$	$\varsigma y\eta^{13}$	$\varsigma i\eta^{13}$	$\varsigma i\eta^{35}$	$\varsigma i\eta^{13}$
847	习	ςi^{13}	ςi^{13}	ςi^{13}	ςi^{13}	ςi^{13}	ςi^{13}	ςi^{35}	ςi^{13}
848	沉	$t\hat{s}^h \partial\eta^{13}$	$t\hat{s}^h \partial\eta^{13}$	$t\hat{s}^h \partial\eta^{13}$	$t\hat{s}^h \partial\eta^{13}$	$t\hat{s}^h \partial\eta^{13}$	$t\hat{s}^h \partial\eta^{13}$	$t\hat{s}^h \partial\eta^{35}$	$t\hat{s}^h \partial n^{13}$
849	森	$s\partial\eta^{13}$	$s\partial\eta^{13}$	$s\partial\eta^{13}$	$s\partial\eta^{13}$	$s\partial\eta^{213}$	$s\partial\eta^{213}$	$s\partial n^{31}$	$s\partial n^{13}$
850	参（人~）	$s\partial\eta^{13}$	$s\partial\eta^{13}$	$s\partial\eta^{13}$	$s\partial\eta^{13}$	$s\partial\eta^{213}$	$s\partial\eta^{213}$	$s\partial n^{31}$	$s\partial n^{13}$
851	渗（水~透）	$s\partial\eta^{44}$	$s\partial\eta^{44}$	$s\partial\eta^{44}$	$s\partial\eta^{44}$	$s\partial\eta^{44}$	$s\partial\eta^{44}$	$s\partial n^{44}$	$s\partial n^{44}$
852	涩	sei^{13}	sei^{13}	se^{13}	$s\partial^{52}$	sei^{213}	sei^{213}	se^{31}	se^{13}
853	针	$t\hat{s}\partial\eta^{13}$	$t\hat{s}\partial\eta^{13}$	$t\hat{s}\partial\eta^{13}$	$t\hat{s}\partial\eta^{13}$	$t\hat{s}\partial\eta^{213}$	$t\hat{s}\partial\eta^{213}$	$t\hat{s}\partial n^{31}$	$t\hat{s}\partial n^{13}$
854	枕	$t\hat{s}\partial\eta^{52}$	$t\hat{s}\partial\eta^{52}$	$t\hat{s}\partial\eta^{52}$	$t\hat{s}\partial\eta^{52}$	$t\hat{s}\partial\eta^{52}$	$t\hat{s}\partial\eta^{52}$	$t\hat{s}\partial n^{52}$	$t\hat{s}\partial n^{52}$
855	汁	$t\hat{s}\text{ʅ}^{13}$	$t\hat{s}\text{ʅ}^{13}$	$t\hat{s}\text{ʅ}^{13}$	$t\hat{s}\text{ʅ}^{13}$	$t\hat{s}\text{ʅ}^{213}$	$t\hat{s}\text{ʅ}^{213}$	$t\hat{s}\text{ʅ}^{31}$	$t\hat{s}\text{ʅ}^{13}$
856	深	$\text{ʂ}\partial\eta^{13}$	$\text{ʂ}\partial\eta^{13}$	$\text{ʂ}\partial\eta^{13}$	$\text{ʂ}\partial\eta^{13}$	$\text{ʂ}\partial\eta^{213}$	$\text{ʂ}\partial\eta^{213}$	$\text{ʂ}\partial n^{31}$	$\text{ʂ}\partial n^{13}$
857	婶	$\text{ʂ}\partial\eta^{52}$	$\text{ʂ}\partial\eta^{52}$	$\text{ʂ}\partial\eta^{52}$	$\text{ʂ}\partial\eta^{52}$	$\text{ʂ}\partial\eta^{52}$	$\text{ʂ}\partial\eta^{52}$	$\text{ʂ}\partial n^{52}$	$\text{ʂ}\partial n^{52}$,
858	湿	ʂʅ^{13}	ʂʅ^{13}	ʂʅ^{13}	ʂʅ^{13}	ʂʅ^{213}	ʂʅ^{213}	ʂʅ^{31}	ʂʅ^{13}
859	甚	$\text{ʂ}\partial\eta^{44}$	$\text{ʂ}\partial\eta^{44}$	$\text{ʂ}\partial\eta^{44}$	$\text{ʂ}\partial\eta^{44}$	$\text{ʂ}\partial\eta^{44}$	$\text{ʂ}\partial\eta^{44}$	$\text{ʂ}\partial n^{44}$	$\text{ʂ}\partial n^{44}$
860	十	ʂʅ^{13}	ʂʅ^{13}	ʂʅ^{13}	ʂʅ^{13}	ʂʅ^{13}	ʂʅ^{13}	ʂʅ^{35}	ʂʅ^{13}
861	任（责~）	$\text{ʐ}\partial\eta^{44}$	$\text{ʐ}\partial\eta^{44}$	$\text{ʐ}\partial\eta^{44}$	$\text{ʐ}\partial\eta^{44}$	$\text{ʐ}\partial\eta^{44}$	$\text{ʐ}\partial\eta^{44}$	$\text{ʐ}\partial n^{44}$	$\text{ʐ}\partial n^{44}$
862	入	$\text{ʐ}u^{13}$	$\text{ʐ}u^{13}$	$\text{ʐ}u^{13}$	$\text{ʐ}u^{13}$	$\text{ʐ}u^{213}$	$\text{ʐ}u^{213}$	$\text{ʐ}u^{31}$	$\text{ʐ}u^{13}$
863	金	$t\varsigma i\eta^{13}$	$t\varsigma i\eta^{13}$	$t\varsigma i\eta^{13}$	$t\varsigma i\eta^{13}$	$t\varsigma i\eta^{213}$	$t\varsigma i\eta^{213}$	$t\varsigma in^{31}$	$t\varsigma in^{13}$
864	锦	$t\varsigma i\eta^{52}$	$t\varsigma i\eta^{52}$	$t\varsigma i\eta^{52}$	$t\varsigma i\eta^{52}$	$t\varsigma i\eta^{52}$	$t\varsigma i\eta^{52}$	$t\varsigma i\eta^{52}$	$t\varsigma i\eta^{52}$
865	禁（~止）	$t\varsigma i\eta^{44}$	$t\varsigma i\eta^{44}$	$t\varsigma i\eta^{44}$	$t\varsigma i\eta^{44}$	$t\varsigma i\eta^{44}$	$t\varsigma i\eta^{44}$	$t\varsigma in^{44}$	$t\varsigma in^{44}$
866	急	$t\varsigma i^{13}$	$t\varsigma i^{13}$	$t\varsigma i^{13}$	$t\varsigma i^{13}$	$t\varsigma i^{13}$	$t\varsigma i^{13}$	$t\varsigma i^{31}$	$t\varsigma i^{13}$
867	琴	$t\varsigma^h i\eta^{13}$	$t\varsigma^h i\eta^{13}$	$t\varsigma^h i\eta^{13}$	$t\varsigma^h i\eta^{13}$	$t\varsigma^h i\eta^{13}$	$t\varsigma^h i\eta^{13}$	$t\varsigma^h in^{35}$	$t\varsigma^h in^{13}$
868	及	$t\varsigma i^{13}$	$t\varsigma i^{13}$	$t\varsigma i^{13}$	$t\varsigma i^{13}$	$t\varsigma i^{13}$	$t\varsigma i^{13}$	$t\varsigma i^{35}$	$t\varsigma i^{13}$
869	吸	ςi^{13}	ςi^{13}	ςi^{13}	ςi^{13}	ςi^{213}	ςi^{213}	ςi^{31}	ςi^{13}
870	音	$i\eta^{13}$	$i\eta^{13}$	$i\eta^{13}$	$i\eta^{13}$	$i\eta^{213}$	$i\eta^{213}$	in^{31}	in^{13}
871	单（~独）	tan^{13}	tan^{13}	tan^{13}	tan^{13}	tan^{213}	tan^{213}	tan^{31}	tan^{13}
872	掸（鸡毛~子）	tan^{52}	tan^{52}	tan^{52}	$t^h an^{52}$	tan^{52}	tan^{52}	tan^{52}	tan^{52}
873	滩	$t^h an^{13}$	$t^h an^{13}$	$t^h an^{13}$	$t^h an^{13}$	$t^h an^{213}$	$t^h an^{213}$	$t^h an^{31}$	$t^h an^{13}$
874	坦	$t^h an^{52}$	$t^h an^{52}$	$t^h an^{52}$	$t^h an^{52}$	$t^h an^{52}$	$t^h an^{52}$	$t^h an^{52}$	$t^h an^{44}$
875	炭	$t^h an^{44}$	$t^h an^{44}$	$t^h an^{44}$	$t^h an^{44}$	$t^h an^{44}$	$t^h an^{44}$	$t^h an^{44}$	$t^h an^{44}$
876	弹（~琴）	$t^h an^{13}$	$t^h an^{13}$	$t^h an^{13}$	$t^h an^{13}$	$t^h an^{13}$	$t^h an^{13}$	$t^h an^{35}$	$t^h an^{13}$
877	但	tan^{44}	tan^{44}	tan^{44}	tan^{44}	tan^{44}	tan^{44}	tan^{44}	tan^{44}
878	蛋	$t^h an^{44}$	tan^{44}	tan^{44}	tan^{44}	tan^{44}	tan^{44}	tan^{44}	tan^{44}
879	达	ta^{13}	ta^{13}	ta^{13}	ta^{13}	ta^{13}	ta^{13}	ta^{35}	ta^{13}

续表

序号	例字	红寺堡	闽宁镇1	闽宁镇2	镇北堡1	镇北堡2	月牙湖	兴泾镇	大战场
880	难（~易）	nan^{13}	nan^{13}	nan^{13}	lan^{13}	nan^{13}	nan^{13}	nan^{44}	nan^{44}
881	兰	lan^{13}	lan^{13}	lan^{13}	lan^{13}	lan^{13}	lan^{13}	lan^{35}	lan^{13}
882	懒	lan^{52}	lan^{52}	lan^{52}	lan^{52}	lan^{52}	lan^{52}	lan^{52}	lan^{52}
883	烂	lan^{44}	lan^{44}	lan^{44}	lan^{44}	lan^{44}	lan^{44}	lan^{44}	lan^{44}
884	辣	la^{13}	la^{13}	la^{13}	la^{13}	la^{13}	la^{213}	la^{31}	la^{13}
885	赞	tsan^{44}	tsan^{44}	tsan^{44}	tsan^{44}	tsan^{44}	tsan^{44}	tsan^{44}	tsan^{44}
886	餐	tsʰan^{13}	tsʰan^{13}	tsʰan^{13}	tsʰan^{13}	tsʰan^{213}	tsʰan^{213}	tsʰan^{31}	tsʰan^{13}
887	灿	tsʰan^{44}	tsʰan^{44}	tsʰan^{44}	tsʰan^{44}	tsʰan^{52}	tsʰan^{52}	tsʰan^{52}	tsʰan^{52}
888	擦	tsʰa^{13}	tsʰa^{13}	tsʰa^{44}	tsʰa^{13}	tsʰa^{213}	tsʰa^{213}	tsʰa^{31}	tsʰa^{13}
889	残	tsʰan^{13}	tsʰan^{13}	tsʰan^{13}	tsʰan^{13}	tsʰan^{13}	tsʰan^{13}	tsʰan^{35}	tsʰan^{13}
890	伞	san^{52}	san^{52}	san^{52}	san^{52}	san^{52}	san^{52}	san^{52}	san^{52}
891	散	san^{44}	san^{44}	san^{44}	san^{44}	san^{44}	san^{44}	san^{52}	san^{44}
892	撒（~肥料）	sa^{52}	sa^{52}	sa^{52}	sa^{52}	sa^{52}	sa^{52}	sa^{52}	sa^{52}
893	肝	kan^{13}	kan^{13}	kan^{13}	kan^{13}	kan^{213}	kan^{213}	kan^{31}	kan^{13}
894	赶	kan^{52}	kan^{52}	kan^{52}	kan^{52}	kan^{52}	kan^{52}	kan^{52}	kan^{52}
895	干（~活）	kan^{44}	kan^{44}	kan^{44}	kan^{44}	kan^{44}	kan^{44}	kan^{44}	kan^{44}
896	割	kə^{13}	kuə^{13}	kuə^{13}	kə^{13}	kuə^{213}	kuə^{213}	kuə^{31}	kuə^{13}
897	看（~见）	kʰan^{44}	kʰan^{44}	kʰan^{44}	kʰan^{44}	kʰan^{44}	kʰan^{44}	kʰan^{44}	kʰan^{44}
898	渴	kʰə^{13}	kʰə^{13}	kʰə^{13}	kʰə^{13}	kʰə^{213}	kʰə^{213}	kʰə^{31}	kʰə^{13}
899	岸	ŋan^{44}	nan^{44}	nan^{44}	ŋan^{44}	nan^{44}	nan^{44}	ŋan^{44}	nan^{44}
900	鼾（打~）	xan^{13}	xan^{13}	xan^{13}	xan^{44}	xan^{213}	xan^{213}	xan^{44}	xan^{44}
901	罕	xan^{52}	xan^{52}	xan^{52}	xan^{52}	xan^{52}	xan^{52}	xan^{31}	xan^{52}
902	汉	xan^{44}	xan^{44}	xan^{44}	xan^{44}	xan^{44}	xan^{44}	xan^{44}	xan^{44}
903	寒	xan^{13}	xan^{13}	xan^{13}	xan^{13}	xan^{13}	xan^{13}	xan^{35}	xan^{13}
904	汗	xan^{44}	xan^{44}	xan^{44}	xan^{44}	xan^{44}	xan^{44}	xan^{44}	xan^{44}
905	安	ŋan^{13}	nan^{13}	nan^{13}	ŋan^{13}	nan^{213}	nan^{213}	nan^{31}	nan^{13}
906	按	ŋan^{44}	nan^{44}	nan^{44}	ŋan^{44}	nan^{44}	nan^{44}	ŋan^{52}	nan^{44}
907	扮	pʰan^{44}	pan^{44}	pan^{13}	pan^{44}	pan^{44}	pan^{44}	pan^{44}	pan^{13}
908	八	pa^{13}	pa^{13}	pa^{13}	pa^{13}	pa^{213}	pa^{213}	pa^{31}	pa^{13}
909	盼	pʰan^{44}	pʰan^{44}	pʰan^{44}	pʰan^{44}	pʰan^{44}	pʰan^{44}	pʰan^{44}	pʰan^{44}
910	办	pan^{44}	pan^{44}	pan^{44}	pan^{44}	pan^{44}	pan^{44}	pan^{44}	pan^{44}
911	拔	pʰa^{13}	pa^{13}	pa^{13}	pa^{13}	pa^{13}	pa^{13}	pa^{35}	pa^{13}
912	抹（~布）	ma^{13}	ma^{13}	ma^{13}	ma^{13}	ma^{213}	ma^{213}	ma^{31}	ma^{13}
913	绽（~开）	tsan^{44}	tsan^{13}	tsan^{13}	tsan^{13}	tsan^{213}	tsan^{213}	tsan^{52}	tsan^{13}
914	盏	tsan^{52}	tsan^{52}	tsan^{52}	tsan^{52}	tsan^{52}	tsan^{52}	tsan^{52}	tsan^{52}

序号	例字	红寺堡	闽宁镇1	闽宁镇2	镇北堡1	镇北堡2	月牙湖	兴泾镇	大战场
915	扎	tsa¹³	tsa¹³	tsa¹³	tsa¹³	tsa²¹³	tsa²¹³	tsa³¹	tsa¹³
916	铲	tsʰan⁵²	tsʰan⁵²	tsʰan⁵²	tsʰan⁵²	tsʰan⁵²	tsʰan⁵²	tsan⁵²	tsʰan⁵²
917	察	tsʰa¹³	tsʰa¹³	tsʰa¹³	tsʰa¹³	tsʰa¹³	tsʰa¹³	tsʰa³⁵	tsʰa¹³
918	山	san¹³	san¹³	san¹³	san¹³	san²¹³	san²¹³	san³¹	san¹³
919	产	tsʰan⁵²	tsʰan⁵²	tsʰan⁵²	tsʰan⁵²	tsʰan⁵²	tsʰan⁵²	tsʰan⁵²	tsʰan⁵²
920	杀	sa¹³	sa¹³	sa¹³	sa¹³	sa²¹³	sa²¹³	sa³¹	sa¹³
921	间（一~）	tɕian¹³	tɕian¹³	tɕian¹³	tɕian¹³	tɕian²¹³	tɕian²¹³	tɕian³¹	tɕian¹³
922	拣	tɕian⁵²	tɕian⁵²	tɕian⁵²	tɕian⁵²	tɕian⁵²	tɕian⁵²	tɕian⁵²	tɕian⁵²
923	眼	ȵian⁵²	ȵian⁵²	ȵian⁵²	ȵian⁵²	ȵian⁵²	ȵian⁵²	ȵian⁵²	ȵian⁵²
924	闲	ɕian¹³	ɕian¹³	ɕian¹³	ɕian¹³	ɕian¹³	ɕian¹³	ɕian³⁵	ɕian¹³
925	限	ɕian⁴⁴	ɕian⁴⁴	ɕian⁴⁴	ɕian⁴⁴	ɕian⁴⁴	ɕian⁴⁴	ɕian⁴⁴	ɕian⁴⁴
926	班	pan¹³	pan¹³	pan¹³	pan¹³	pan²¹³	pan²¹³	pan³¹	pan¹³
927	板	pan⁵²	pan⁵²	pan⁵²	pan⁵²	pan⁵²	pan⁵²	pan⁵²	pan⁵²
928	攀	pʰan¹³	pʰan¹³	pʰan¹³	pʰan¹³	pʰan²¹³	pʰan²¹³	pʰan³¹	pʰan¹³
929	蛮	man¹³	man¹³	man¹³	man¹³	man¹³	man¹³	man³⁵	man¹³
930	慢	man⁴⁴	man⁴⁴	man⁴⁴	man⁴⁴	man⁴⁴	man⁴⁴	man⁴⁴	man⁴⁴
931	铡（~刀）	tsʰa¹³	tsa¹³	tsa¹³	tsʰa¹³	tsa¹³	tsa¹³	tsa³⁵	tsa¹³
932	奸	tɕian¹³	tɕian¹³	tɕian¹³	tɕian¹³	tɕian²¹³	tɕian²¹³	tɕian³¹	tɕian¹³
933	颜	ian¹³	ian¹³	ian¹³	ian¹³	ian¹³	ian¹³	ian³⁵	ian¹³
934	雁	ian⁴⁴	ian⁴⁴	ian⁴⁴	ian⁴⁴	ian⁴⁴	ian⁴⁴	ian⁴⁴	ian⁴⁴
935	瞎	xa¹³	xa¹³	xa¹³	xa¹³	xa²¹³	xa²¹³	xa³¹	xa¹³
936	鞭	pian¹³	pian¹³	pian¹³	pian¹³	pian²¹³	pian²¹³	pian³¹	pian¹³
937	变	pian⁴⁴	pian⁴⁴	pian⁴⁴	pian⁴⁴	pian⁴⁴	pian⁴⁴	pian⁴⁴	pian⁴⁴
938	别（区~）	piə¹³	piə¹³	piə¹³	piə¹³	piə¹³	piə¹³	piə³⁵	piə¹³
939	偏	pʰian¹³	pʰian¹³	pʰian⁵²	pʰian¹³	pʰian²¹³	pʰian²¹³	pʰian⁵²	pʰian⁵²
940	骗（欺~）	pʰian⁴⁴	pʰian⁴⁴	pʰian⁴⁴	pʰian⁴⁴	pʰian⁴⁴	pʰian⁴⁴	pʰian⁴⁴	pʰian⁴⁴
941	便（~宜）	pʰian¹³	pʰian¹³	pʰian¹³	pʰian¹³	pʰian¹³	pʰian¹³	pʰian³⁵	pʰian¹³
942	辨	pʰian⁴⁴	pʰian⁴⁴	pian⁴⁴	pʰian⁴⁴	pian⁴⁴	pian⁴⁴	pian⁴⁴	pian⁴⁴
943	便（方~）	pian⁴⁴	pian⁴⁴	pian⁴⁴	pian⁴⁴	pian⁴⁴	pian⁴⁴	pian⁴⁴	pian⁴⁴
944	别（离~）	piə¹³	piə¹³	piə¹³	piə¹³	piə¹³	piə¹³	piə³⁵	piə¹³
945	棉	mian¹³	mian¹³	mian¹³	mian¹³	mian¹³	mian¹³	mian³⁵	mian¹³
946	免	mian⁵²	mian⁵²	mian⁵²	mian⁵²	mian⁵²	mian⁵²	mian⁵²	mian⁵²
947	面	mian⁴⁴	mian⁴⁴	mian⁴⁴	mian⁴⁴	mian⁴⁴	mian⁴⁴	mian⁴⁴	mian⁴⁴
948	灭	miə¹³	miə¹³	miə¹³	miə¹³	miə²¹³	miə²¹³	miə³¹	miə¹³
949	碾	ȵian⁵²	ȵian⁵²	ȵian⁵²	ȵian⁵²	ȵian⁵²	ȵian⁵²	ȵian⁴⁴	ȵian⁴⁴

续表

序号	例字	红寺堡	闽宁镇1	闽宁镇2	镇北堡1	镇北堡2	月牙湖	兴泾镇	大战场
950	连	lian¹³	lian¹³	lian¹³	lian¹³	lian¹³	lian¹³	lian³⁵	lian¹³
951	列	liə¹³	liə¹³	liə¹³	liə¹³	liə²¹³	liə²¹³	liə³¹	liə¹³
952	煎	tɕian⁵²	tɕian¹³	tɕian¹³	tɕian¹³	tɕian²¹³	tɕian²¹³	tɕian⁵²	tɕian¹³
953	剪	tɕian⁵²	tɕian⁵²	tɕian⁵²	tɕian⁵²	tɕian⁵²	tɕian⁵²	tɕian⁵²	tɕian⁵²
954	箭	tɕian⁴⁴	tɕian⁴⁴	tɕian⁴⁴	tɕian⁴⁴	tɕian⁴⁴	tɕian⁴⁴	tɕian⁴⁴	tɕian⁴⁴
955	迁	tɕʰian¹³	tɕʰian¹³	tɕʰian¹³	tɕʰian¹³	tɕʰian²¹³	tɕʰian²¹³	tɕʰian³¹	tɕʰian¹³
956	浅	tɕʰian⁵²	tɕʰian⁵²	tɕʰian⁵²	tɕʰian⁵²	tɕʰian⁵²	tɕʰian⁵²	tɕʰian⁵²	tɕʰian⁵²
957	钱	tɕʰian¹³	tɕʰian¹³	tɕʰian¹³	tɕʰian¹³	tɕʰian¹³	tɕʰian¹³	tɕʰian³⁵	tɕʰian¹³
958	贱	tɕian⁴⁴	tɕian⁴⁴	tɕian⁴⁴	tɕʰian⁴⁴	tɕian⁴⁴	tɕian⁴⁴	tɕian⁴⁴	tɕian⁴⁴
959	仙	ɕian¹³	ɕian¹³	ɕian¹³	ɕian¹³	ɕian²¹³	ɕian²¹³	ɕian³¹	ɕian¹³
960	鲜（新~）	ɕian¹³	ɕian¹³	ɕian⁵²	ɕian¹³	ɕian²¹³	ɕian²¹³	ɕian⁵²	ɕian⁵²
961	癣	ɕian⁵²	ɕyan⁵²	ɕyan⁵²	ɕyan⁵²	ɕyan⁵²	ɕian⁵²	ɕyan⁵²	ɕyan⁵²
962	线	ɕian⁴⁴	ɕian⁴⁴	ɕian⁴⁴	ɕian⁴⁴	ɕian⁴⁴	ɕian⁴⁴	ɕian⁴⁴	ɕian⁴⁴
963	薛	ɕiə¹³	ɕyə¹³	ɕyə¹³	ɕyə¹³	ɕyə²¹³	ɕiə²¹³	ɕye³¹	ɕyə¹³
964	泄（~漏）	iə¹³	ɕiə¹³	ɕiə⁴⁴	ɕiə⁴⁴	ɕiə⁴⁴	ɕiə⁴⁴	ɕiə⁴⁴	ɕiə⁴⁴
965	羡	ɕian⁴⁴	ɕian⁴⁴	ɕian⁴⁴	ɕian⁴⁴	ɕian⁵²	ɕian⁵²	ɕian⁵²	ɕian⁴⁴
966	展	tʂan⁵²	tʂan⁵²	tʂan⁵²	tʂan⁵²	tʂan⁵²	tʂan⁵²	tʂan⁵²	tʂan⁵²
967	撤	tʂʰə⁵²	tʂʰə¹³	tʂʰə⁵²	tʂʰə¹³	tʂʰə⁵²	tʂʰə⁵²	tʂʰə⁵²	tʂʰə¹³
968	缠	tʂʰan¹³	tʂʰan¹³	tʂʰan¹³	tʂʰan¹³	tʂʰan¹³	tʂʰan¹³	tʂʰan³⁵	tʂʰan¹³
969	毡	tʂan¹³	tʂan¹³	tʂan¹³	tʂan¹³	tʂan²¹³	tʂan²¹³	tʂan³¹	tʂan¹³
970	战	tʂan⁴⁴	tʂan⁴⁴	tʂan⁴⁴	tʂan⁴⁴	tʂan⁴⁴	tʂan⁴⁴	tʂan⁴⁴	tʂan⁴⁴
971	浙	tʂə¹³	tʂə¹³	tʂə¹³	tʂə¹³	tʂə²¹³	tʂə²¹³	tʂə³⁵	tʂə¹³
972	舌	ʂə¹³	ʂə¹³	ʂə¹³	ʂə¹³	ʂə¹³	ʂə¹³	ʂə³⁵	ʂə¹³
973	搧	ʂan¹³	ʂan¹³	ʂan¹³	ʂan¹³	ʂan²¹³	ʂan²¹³	ʂan³¹	ʂan¹³
974	扇	ʂan⁴⁴	ʂan⁴⁴	ʂan⁴⁴	ʂan⁴⁴	ʂan⁴⁴	ʂan⁴⁴	ʂan⁴⁴	ʂan⁴⁴
975	设	ʂə¹³	ʂə¹³	ʂə¹³	ʂə¹³	ʂə²¹³	ʂə²¹³	ʂə⁵²	ʂə¹³
976	蝉	ʂan¹³	ʂan¹³	tʂʰan¹³	ʂan¹³	tʂʰan¹³	ʂan¹³	—	tʂʰan¹³
977	善	ʂan⁴⁴	ʂan⁴⁴	ʂan⁴⁴	ʂan⁴⁴	ʂan⁴⁴	ʂan⁴⁴	ʂan⁴⁴	ʂan⁴⁴
978	折（弄~了）	ʂə¹³	ʂə¹³	ʂə¹³	ʂə¹³	ʂə¹³	ʂə¹³	ʂə³⁵	ʂə¹³
979	然	ʐan¹³	ʐan¹³	ʐan¹³	ʐan¹³	ʐan¹³	ʐan¹³	ʐan³⁵	ʐan¹³
980	热	ʐə¹³	ʐə¹³	ʐə¹³	ʐə¹³	ʐə²¹³	ʐə²¹³	ʐə³¹	ʐə¹³
981	遣	tɕʰian⁵²	tɕʰian⁵²	tɕʰian⁵²	tɕʰian⁵²	tɕʰian²¹³	tɕʰian²¹³	tɕʰian⁵²	tɕʰian⁵²
982	件	tɕʰian⁴⁴	tɕian⁴⁴	tɕian⁴⁴	tɕian⁴⁴	tɕian⁴⁴	tɕian⁴⁴	tɕian⁴⁴	tɕian⁴⁴
983	杰	tɕiə¹³	tɕiə¹³	tɕiə¹³	tɕiə¹³	tɕiə¹³	tɕiə¹³	tɕiə³⁵	tɕiə¹³
984	谚	ian⁴⁴	ian⁴⁴	ian⁴⁴	ian⁴⁴	ian⁴⁴	ian⁴⁴	ian⁴⁴	ian⁴⁴

序号	例字	红寺堡	闽宁镇1	闽宁镇2	镇北堡1	镇北堡2	月牙湖	兴泾镇	大战场
985	孽	ȵiə¹³	ȵiə¹³	ȵiə¹³	ȵiə¹³	ȵiə²¹³	ȵiə²¹³	ȵiə³¹	ȵiə¹³
986	延	ian¹³	ian¹³	ian¹³	ian¹³	ian¹³	ian¹³	ian³⁵	ian¹³
987	演	ian⁵²	ian⁵²	ian⁵²	ian⁵²	ian⁵²	ian⁵²	ian⁵²	ian⁵²
988	犍（~子）	tɕian¹³	tɕian¹³	tɕian⁴⁴	tɕian¹³	tɕian⁴⁴	tɕian⁴⁴	tɕian³¹	tɕian¹³
989	建	tɕian⁴⁴	tɕian⁴⁴	tɕian⁴⁴	tɕian⁴⁴	tɕian⁴⁴	tɕian⁴⁴	tɕian⁴⁴	tɕian⁴⁴
990	揭	tɕiə¹³	tɕiə¹³	tɕiə¹³	tɕiə¹³	tɕiə²¹³	tɕiə²¹³	tɕiə³¹	tɕiə¹³
991	健	tɕian⁴⁴	tɕian⁴⁴	tɕian⁴⁴	tɕian⁴⁴	tɕian⁴⁴	tɕian⁴⁴	tɕian⁴⁴	tɕian⁴⁴
992	言	ian¹³	ian¹³	ian¹³	ian¹³	ian¹³	ian¹³	ian³⁵	ian¹³
993	掀	ɕian¹³	ɕian¹³	ɕian¹³	ɕian¹³	ɕian²¹³	ɕian²¹³	ɕian³¹	ɕian¹³
994	献	ɕian⁴⁴	ɕian⁴⁴	ɕian⁴⁴	ɕian⁴⁴	ɕian⁴⁴	ɕian⁴⁴	ɕian⁴⁴	ɕian⁴⁴
995	歇	ɕiə¹³	ɕiə¹³	ɕiə¹³	ɕiə¹³	ɕiə²¹³	ɕiə²¹³	ɕiə³¹	ɕiə¹³
996	边	pian¹³	pian¹³	pian¹³	pian¹³	pian²¹³	pian²¹³	pian³¹	pian¹³
997	扁	pian⁵²	pian⁵²	pian⁵²	pian⁵²	pian⁵²	pian⁵²	pian⁵²	pian⁵²
998	遍（~地）	pian⁴⁴	pian⁴⁴	pian⁴⁴	pian⁴⁴	pian⁴⁴	pian⁴⁴	pian⁴⁴	pian⁴⁴
999	憋	piə¹³	piə¹³	piə¹³	piə¹³	piə²¹³	piə²¹³	piə³¹	piə¹³
1000	片	pʰian⁵²	pʰian⁵²	pʰian⁵²	pʰian⁵²	pʰian⁵²	pʰian⁵²	pʰian⁵²	pʰian⁵²
1001	撇（~掉）	pʰiə⁵²	pʰiə⁵²	pʰiə⁵²	pʰiə⁵²	pʰiə⁵²	pʰiə⁵²	pʰiə³¹	pʰiə⁵²
1002	辫	pʰian⁴⁴	pian⁴⁴	pian⁴⁴	pʰian⁴⁴	pian⁴⁴	pian⁴⁴	pian⁴⁴	
1003	眠	mian¹³	mian¹³	mian¹³	mian¹³	mian¹³	mian¹³	mian³⁵	mian¹³
1004	面	mian⁴⁴	mian⁴⁴	mian⁴⁴	mian⁴⁴	mian⁴⁴	mian⁴⁴	mian⁴⁴	mian⁴⁴
1005	颠	tian¹³	tian¹³	tian¹³	tɕian¹³	tian²¹³	tian²¹³	tian³¹	tian¹³
1006	典	tian⁵²	tian⁵²	tian⁵²	tɕian⁵²	tian⁵²	tian⁵²	tian⁵²	tian⁵²
1007	天	tʰian¹³	tʰian¹³	tʰian¹³	tɕʰian¹³	tʰian²¹³	tʰian²¹³	tʰian³¹	tʰian¹³
1008	铁	tʰiə¹³	tʰiə¹³	tʰiə¹³	tɕʰiə¹³	tʰiə²¹³	tʰiə²¹³	tʰiə³¹	tʰiə¹³
1009	田	tʰian¹³	tʰian¹³	tʰian¹³	tɕʰian¹³	tʰian¹³	tʰian¹³	tʰian³⁵	tʰian¹³
1010	垫（~钱）	tʰian⁴⁴	tian⁴⁴	tian⁴⁴	tɕian⁴⁴	tian⁴⁴	tian⁴⁴	tian⁴⁴	tian⁴⁴
1011	年	ȵian¹³	ȵian¹³	ȵian¹³	ȵian¹³	ȵian¹³	ȵian¹³	ȵian³⁵	ȵian¹³
1012	撵	ȵian⁵²	ȵian⁵²	ȵian⁵²	ȵian⁵²	ȵian⁵²	ȵian⁵²	ȵian⁵²	ȵian⁵²
1013	捏	ȵiə¹³	ȵiə¹³	ȵiə¹³	ȵiə¹³	ȵiə²¹³	ȵiə²¹³	ȵiə³¹	ȵiə¹³
1014	莲	lian¹³	lian¹³	lian¹³	lian¹³	lian¹³	lian¹³	lian³⁵	lian¹³
1015	练	lian⁴⁴	lian⁴⁴	lian⁴⁴	lian⁴⁴	lian⁴⁴	lian⁴⁴	lian⁴⁴	lian⁴⁴
1016	荐	tɕian⁴⁴	tɕian⁴⁴	tɕian⁴⁴	tɕian⁴⁴	tɕian⁴⁴	tɕian⁴⁴	tɕian⁴⁴	tɕian⁴⁴
1017	节	tɕiə¹³	tɕiə¹³	tɕiə¹³	tɕiə¹³	tɕiə²¹³	tɕiə²¹³	tɕiə³¹	tɕiə¹³
1018	千	tɕʰian¹³	tɕʰian¹³	tɕʰian¹³	tɕʰian¹³	tɕʰian²¹³	tɕʰian²¹³	tɕʰian³¹	tɕʰian¹³
1019	切（~开）	tɕʰiə¹³	tɕʰiə¹³	tɕʰiə¹³	tɕʰiə¹³	tɕʰiə²¹³	tɕʰiə²¹³	tɕʰiə³¹	tɕʰiə¹³

续表

序号	例字	红寺堡	闽宁镇1	闽宁镇2	镇北堡1	镇北堡2	月牙湖	兴泾镇	大战场
1020	前	tɕʰian¹³	tɕʰian¹³	tɕʰian¹³	tɕʰian¹³	tɕʰian¹³	tɕʰian¹³	tɕʰian³⁵	tɕʰian¹³
1021	截	tɕʰiə¹³	tɕʰiə¹³	tɕʰiə¹³	tɕiə¹³	tɕiə¹³	tɕiə¹³	tɕʰiə³¹	tɕʰiə¹³
1022	先	ɕian¹³	ɕian¹³	ɕian¹³	ɕian¹³	ɕian²¹³	ɕian²¹³	ɕian³¹	ɕian¹³
1023	楔（~子）	ɕiə¹³	ɕiə¹³	ɕiə¹³	ɕiə¹³	ɕiə²¹³	ɕiə²¹³	ɕiə³¹	ɕiə¹³
1024	肩	tɕian¹³	tɕian¹³	tɕian¹³	tɕian¹³	tɕian²¹³	tɕian²¹³	tɕian³¹	tɕian¹³
1025	茧	tɕian⁵²	tɕian⁵²	tɕian⁵²	tɕian⁵²	tɕian⁵²	tɕian⁵²	tɕian⁵²	tɕian⁵²
1026	见	tɕian⁴⁴	tɕian⁴⁴	tɕian⁴⁴	tɕian⁴⁴	tɕian⁴⁴	tɕian⁴⁴	tɕian⁴⁴	tɕian⁴⁴
1027	结	tɕiə¹³	tɕiə¹³	tɕiə¹³	tɕiə¹³	tɕiə¹³	tɕiə¹³	tɕiə³¹	tɕiə¹³
1028	牵	tɕʰian¹³	tɕʰian¹³	tɕʰian¹³	tɕʰian¹³	tɕʰian²¹³	tɕʰian²¹³	tɕʰian³¹	tɕʰian¹³
1029	显	ɕian⁵²	ɕian⁵²	ɕian⁵²	ɕian⁵²	ɕian⁵²	ɕian⁵²	ɕian⁵²	ɕian⁵²
1030	贤	ɕian¹³	ɕian¹³	ɕian¹³	ɕian¹³	ɕian¹³	ɕian¹³	ɕian³⁵	ɕian¹³
1031	现	ɕian⁴⁴	ɕian⁴⁴	ɕian⁴⁴	ɕian⁴⁴	ɕian⁴⁴	ɕian⁴⁴	ɕian⁴⁴	ɕian⁴⁴
1032	烟	ian¹³	ian¹³	ian¹³	ian¹³	ian²¹³	ian²¹³	ian³¹	ian¹³
1033	燕（~子）	ian⁴⁴	ian⁴⁴	ian⁴⁴	ian⁴⁴	ian⁴⁴	ian⁴⁴	ian⁴⁴	ian⁴⁴
1034	噎（~住了）	iə¹³	iə¹³	iə¹³	iə¹³	iə²¹³	iə²¹³	iə³¹	iə¹³
1035	搬	pan¹³	pan¹³	pan¹³	pan¹³	pan²¹³	pan²¹³	pan³¹	pan¹³
1036	半	pan⁴⁴	pan⁴⁴	pan⁴⁴	pan⁴⁴	pan⁴⁴	pan⁴⁴	pan⁴⁴	pan⁴⁴
1037	绊	pʰan⁴⁴	pan⁴⁴	pan⁴⁴	pʰan⁴⁴	pan⁴⁴	pan⁴⁴	pan⁴⁴	pan⁴⁴
1038	拨	puə¹³	puə¹³	puə¹³	puə¹³	puə²¹³	puə²¹³	puə³¹	puə¹³
1039	判	pʰan⁴⁴	pʰan⁴⁴	pʰan⁴⁴	pʰan⁴⁴	pʰan⁴⁴	pʰan⁴⁴	pʰan⁴⁴	pʰan⁴⁴
1040	泼	pʰuə¹³	pʰuə¹³	pʰuə¹³	pʰuə¹³	pʰuə²¹³	pʰuə²¹³	pʰuə³¹	pʰuə¹³
1041	盘	pʰan¹³	pʰan¹³	pʰan¹³	pʰan¹³	pʰan¹³	pʰan¹³	pʰan³⁵	pʰan¹³
1042	拌	pʰan⁴⁴	pan⁴⁴	pan⁴⁴	pʰan⁴⁴	pan⁴⁴	pan⁴⁴	pan⁴⁴	pan⁴⁴
1043	馒（~头）	man¹³	man¹³	man¹³	man¹³	man¹³	man¹³	man³⁵	man¹³
1044	满	man⁵²	man⁵²	man⁵²	man⁵²	man⁵²	man⁵²	man⁵²	man⁵²
1045	漫	man⁴⁴	man⁴⁴	man⁴⁴	man⁴⁴	man⁴⁴	man⁴⁴	man⁴⁴	man⁴⁴
1046	末	mə¹³	muə¹³	muə¹³	muə¹³	muə²¹³	muə²¹³	muə³¹	muə¹³
1047	抹	mə⁵²	muə⁵²	muə⁵²	muə⁵²	muə⁵²	muə⁵²	muə⁵²	muə⁵²
1048	端	tuan¹³	tuan¹³	tuan¹³	tuan¹³	tuan²¹³	tuan²¹³	tuan³¹	tuan¹³
1049	短	tuan⁵²	tuan⁵²	tuan⁵²	tuan⁵²	tuan⁵²	tuan⁵²	tuan⁵²	tuan⁵²
1050	断（决~）	tʰuan⁴⁴	tuan⁴⁴	tuan⁴⁴	tuan⁴⁴	tuan⁴⁴	tuan⁴⁴	tuan⁴⁴	tuan⁴⁴
1051	脱	tʰuə¹³	tʰuə¹³	tʰuə¹³	tʰuə¹³	tʰuə²¹³	tʰuə²¹³	tʰuə³¹	tʰuə¹³
1052	团	tʰuan¹³	tʰuan¹³	tʰuan¹³	tʰuan¹³	tʰuan¹³	tʰuan¹³	tʰuan³⁵	tʰuan¹³
1053	段	tuan⁴⁴	tuan⁴⁴	tuan⁴⁴	tuan⁴⁴	tuan⁴⁴	tuan⁴⁴	tuan⁴⁴	tuan⁴⁴
1054	夺	tʰuə¹³	tuə¹³	tuə¹³	tuə¹³	tuə¹³	tuə¹³	tuə³⁵	tuə¹³

序号	例字	红寺堡	闽宁镇1	闽宁镇2	镇北堡1	镇北堡2	月牙湖	兴泾镇	大战场
1055	暖	luan^{52}	luan^{52}	luan^{52}	luan^{52}	luan^{52}	luan^{52}	luan^{52}	luan^{52}
1056	鸾	luan^{13}	luan^{13}	luan^{13}	luan^{13}	luan^{13}	luan^{13}	luan^{35}	luan^{13}
1057	乱	luan^{44}	luan^{44}	luan^{44}	luan^{44}	luan^{44}	luan^{44}	luan^{44}	luan^{44}
1058	钻（动词）	tsuan^{13}	tsuan^{13}	tsuan^{13}	tsuan^{44}	tsuan^{213}	tsuan^{213}	tsuan^{44}	tsuan^{44}
1059	余（生～面）	tsʰuan^{13}	tsʰuan^{13}	tsʰuan^{13}	tsʰuan^{13}	tsʰuan^{213}	tsʰuan^{213}	tsʰuan^{31}	tsʰuan^{13}
1060	撮（一～米）	tsuə^{13}	tsuə^{13}	tsuə^{13}	tsuə^{13}	tsuə^{52}	tsuə^{52}	tsuə^{52}	tsuə^{52}
1061	酸	suan^{13}	suan^{13}	suan^{13}	suan^{13}	suan^{213}	suan^{213}	ɕyan^{31}	suan^{13}
1062	算	suan^{44}	suan^{44}	suan^{44}	suan^{44}	suan^{44}	suan^{44}	ɕyan^{44}	suan^{44}
1063	官	kuan^{13}	kuan^{13}	kuan^{13}	kuan^{13}	kuan^{213}	kuan^{213}	kuan^{31}	kuan^{13}
1064	管	kuan^{52}	kuan^{52}	kuan^{52}	kuan^{52}	kuan^{52}	kuan^{52}	kuan^{52}	kuan^{52}
1065	罐	kuan^{44}	kuan^{44}	kuan^{44}	kuan^{44}	kuan^{44}	kuan^{44}	kuan^{44}	kuan^{44}
1066	宽	kʰuan^{13}	kʰuan^{13}	kʰuan^{13}	kʰuan^{13}	kʰuan^{213}	kʰuan^{213}	kʰuan^{31}	kʰuan^{13}
1067	款	kʰuan^{52}	kʰuan^{52}	kʰuan^{52}	kʰuan^{52}	kʰuan^{52}	kʰuan^{52}	kʰuan^{52}	kʰuan^{52}
1068	阔	kʰuə^{13}	kʰuə^{13}	kʰuə^{13}	kʰuə^{13}	kʰuə^{213}	kʰuə^{213}	kʰuə^{31}	kʰuə^{13}
1069	玩	van^{13}	van^{13}	van^{13}	van^{13}	van^{13}	van^{13}	van^{35}	van^{13}
1070	欢	xuan^{13}	xuan^{13}	xuan^{13}	xuan^{13}	xuan^{213}	xuan^{213}	xuan^{31}	xuan^{13}
1071	唤	xuan^{44}	xuan^{44}	xuan^{44}	xuan^{44}	xuan^{44}	xuan^{44}	xuan^{44}	xuan^{44}
1072	豁（～口）	xuə^{13}	xuə^{13}	xuə^{13}	xuə^{13}	xuə^{213}	xuə^{213}	xuə^{31}	xuə^{13}
1073	完	van^{13}	van^{13}	van^{13}	van^{13}	van^{13}	van^{13}	van^{35}	van^{13}
1074	缓	xuan^{52}	xuan^{52}	xuan^{52}	xuan^{52}	xuan^{52}	xuan^{52}	xuan^{52}	xuan^{52}
1075	换	xuan^{44}	xuan^{44}	xuan^{44}	xuan^{44}	xuan^{44}	xuan^{44}	xuan^{44}	xuan^{44}
1076	活	xuə^{13}	xuə^{13}	xuə^{13}	xuə^{13}	xuə^{13}	xuə^{13}	xuə^{35}	xuə^{13}
1077	豌（～豆）	van^{13}	van^{13}	van^{13}	van^{13}	van^{213}	van^{213}	uan^{31}	van^{13}
1078	碗	van^{52}	van^{52}	van^{52}	van^{52}	van^{52}	van^{52}	uan^{52}	van^{52}
1079	腕	van^{44}	van^{44}	van^{52}	van^{44}	van^{44}	van^{44}	uan^{52}	van^{44}
1080	顽（～皮）	van^{13}	van^{13}	van^{13}	van^{13}	van^{13}	van^{13}	uan^{35}	van^{13}
1081	幻	xuan^{44}	xuan^{44}	xuan^{44}	xuan^{44}	xuan^{44}	xuan^{44}	xuan^{44}	xuan^{44}
1082	滑	xua^{13}	xua^{13}	xua^{13}	xua^{13}	xua^{13}	xua^{13}	xua^{35}	xua^{13}
1083	挖	va^{13}	va^{13}	ua^{13}	va^{13}	va^{213}	va^{213}	ua^{31}	ua^{13}
1084	拴	ʃuan^{13}	ʂuan^{13}	ʂuan^{13}	ʂuan^{13}	ʂuan^{213}	ʂuan^{213}	ʂuan^{31}	ʂuan^{13}
1085	涮（～口）	ʃuan^{44}	ʂuan^{44}	ʂuan^{44}	ʂuan^{44}	ʂuan^{44}	ʂuan^{44}	ʂuan^{44}	ʂuan^{44}
1086	刷	ʃua^{13}	ʂua^{13}	ʂua^{44}	ʂua^{13}	ʂua^{213}	ʂua^{213}	ʂua^{44}	ʂua^{44}
1087	关	kuan^{13}	kuan^{13}	kuan^{13}	kuan^{13}	kuan^{213}	kuan^{213}	kuan^{31}	kuan^{13}
1088	惯	kuan^{44}	kuan^{44}	kuan^{44}	kuan^{44}	kuan^{44}	kuan^{44}	kuan^{44}	kuan^{44}
1089	刮	kua^{13}	kua^{13}	kua^{13}	kua^{52}	kua^{213}	kua^{213}	kua^{31}	kua^{13}

续表

序号	例字	红寺堡	闽宁镇1	闽宁镇2	镇北堡1	镇北堡2	月牙湖	兴泾镇	大战场
1090	还（~原）	xuan^{13}	xuan^{13}	xuan^{13}	xuan^{13}	xuan^{13}	xuan^{13}	xuan^{35}	xuan^{13}
1091	还（~有）	xan^{13}	xan^{13}	xuan^{13}	xan^{13}	xan^{13}	xan^{13}	xuan^{35}	xuan^{13}
1092	患	xuan^{44}	xuan^{44}	xuan^{44}	xuan^{44}	xuan^{44}	xuan^{44}	xuan^{44}	xuan^{44}
1093	弯	van^{13}	van^{13}	van^{13}	van^{13}	van^{213}	van^{213}	uan^{31}	van^{13}
1094	恋	lyan^{13}	luan^{13}	luan^{44}	lian^{13}	luan^{44}	luan^{44}	lian^{44}	lian^{44}
1095	全	tɕʰyan^{13}	tɕʰyan^{13}	tɕʰyan^{13}	tɕʰyan^{13}	tɕʰyan^{13}	tɕʰyan^{13}	tɕʰuan^{31}	tɕʰyan^{13}
1096	绝	tɕyə^{13}	tɕyə^{13}	tɕʰyə^{13}	tɕʰyə^{13}	tɕʰyə^{13}	tɕʰyə^{13}	tɕʰyə^{35}	tɕʰyə^{13}
1097	宣	ɕyan^{13}	ɕyan^{13}	ɕyan^{13}	ɕyan^{13}	ɕyan^{213}	ɕyan^{213}	ɕyan^{31}	ɕyan^{13}
1098	选	ɕyan^{52}	ɕyan^{52}	ɕyan^{52}	ɕyan^{52}	ɕyan^{52}	ɕyan^{52}	ɕyan^{52}	ɕyan^{52}
1099	雪	ɕyə^{13}	ɕyə^{13}	ɕyə^{13}	ɕyə^{13}	ɕyə^{213}	ɕyə^{213}	ɕyə^{31}	ɕyə^{13}
1100	旋	ɕyan^{13}	ɕyan^{13}	ɕyan^{13}	ɕyan^{13}	ɕyan^{13}	ɕyan^{13}	ɕyan^{35}	ɕyan^{13}
1101	旋（~吃~做）	ɕyan^{44}	ɕyan^{44}	ɕyan^{44}	ɕyan^{44}	ɕyan^{44}	ɕyan^{44}	ɕyan^{44}	ɕyan^{44}
1102	转（~眼）	tʃuan^{52}	tʂuan^{52}	tʂuan^{52}	tʂuan^{44}	tʂuan^{52}	tʂuan^{52}	tʂuan^{52}	tʂuan^{52}
1103	传（~达）	tʃʰuan^{13}	tʂʰuan^{13}	tʂʰuan^{13}	tʂʰuan^{13}	tʂʰuan^{13}	tʂʰuan^{13}	tʂʰuan^{35}	tʂʰuan^{13}
1104	砖	tʃʰuan^{13}	tʂʰuan^{13}	tʂʰuan^{13}	tʂʰuan^{13}	tʂʰuan^{213}	tʂʰuan^{213}	tʂʰuan^{31}	tʂʰuan^{13}
1105	穿	tʃʰuan^{13}	tʂʰuan^{13}	tʂʰuan^{13}	tʂʰuan^{13}	tʂʰuan^{213}	tʂʰuan^{213}	tʂʰuan^{31}	tʂʰuan^{13}
1106	喘	tʃʰuan^{52}	tʂʰuan^{52}	tʂʰuan^{52}	tʂʰuan^{52}	tʂʰuan^{52}	tʂʰuan^{52}	tʂʰuan^{52}	tʂʰuan^{52}
1107	串	tʃʰuan^{44}	tʂʰuan^{44}	tʂʰuan^{44}	tʂʰuan^{44}	tʂʰuan^{44}	tʂʰuan^{44}	tʂʰuan^{44}	tʂʰuan^{44}
1108	船	ʃuan^{13}	ʂuan^{13}	ʂuan^{13}	ʂuan^{13}	ʂuan^{13}	ʂuan^{13}	ʂuan^{35}	ʂuan^{13}
1109	说（~话）	ʃuə^{13}	ʂuə^{13}	ʂuə^{13}	ʂuə^{13}	ʂuə^{213}	ʂuə^{213}	ʂuə^{31}	ʂuə^{13}
1110	软	ʐuan^{52}	ʐuan^{52}	ʐuan^{52}	ʐuan^{52}	ʐuan^{52}	ʐuan^{52}	ʐuan^{52}	ʐuan^{52}
1111	卷（~起）	tɕyan^{52}	tɕyan^{52}	tɕyan^{52}	tɕyan^{52}	tɕyan^{52}	tɕyan^{52}	tɕyan^{52}	tɕyan^{52}
1112	圈（圆~）	tɕʰyan^{13}	tɕʰyan^{13}	tɕʰyan^{13}	tɕʰyan^{13}	tɕʰyan^{213}	tɕʰyan^{213}	tɕʰyan^{31}	tɕʰyan^{13}
1113	拳	tɕʰyan^{13}	tɕʰyan^{13}	tɕʰyan^{13}	tɕʰyan^{13}	tɕʰyan^{13}	tɕʰyan^{13}	tɕʰyan^{35}	tɕʰyan^{13}
1114	圈（羊~）	tɕʰyan^{44}	tɕyan^{44}	tɕyan^{13}	tɕʰyan^{44}	tɕyan^{44}	tɕyan^{44}	tɕyan^{31}	tɕyan^{13}
1115	圆	yan^{13}	yan^{13}	yan^{13}	yan^{13}	yan^{13}	yan^{13}	yan^{35}	yan^{13}
1116	员	yan^{13}	yan^{13}	yan^{13}	yan^{13}	yan^{13}	yan^{13}	yan^{35}	yan^{13}
1117	院	yan^{44}	yan^{44}	yan^{44}	yan^{44}	yan^{44}	yan^{44}	yan^{44}	yan^{44}
1118	沿	ian^{13}	ian^{13}	ian^{13}	ian^{13}	ian^{13}	ian^{13}	ian^{35}	ian^{13}
1119	铅	tɕʰian^{13}	tɕʰian^{13}	tɕʰian^{13}	tɕʰian^{13}	tɕʰian^{213}	tɕʰian^{213}	tɕʰian^{31}	tɕʰian^{13}
1120	捐	tɕʰyan^{13}	tɕʰyan^{13}	tɕʰyan^{13}	tɕʰyan^{52}	tɕʰyan^{52}	tɕʰyan^{52}	tɕʰyan^{31}	tɕʰyan^{13}
1121	悦	yə^{13}	yə^{13}	yə^{13}	yə^{13}	yə^{213}	yə^{213}	yə^{31}	yə^{13}
1122	反	fan^{52}	fan^{52}	fan^{52}	fan^{52}	fan^{52}	fan^{52}	fan^{52}	fan^{52}
1123	贩	fan^{44}	fan^{44}	fan^{44}	fan^{44}	fan^{44}	fan^{44}	fan^{44}	fan^{44}
1124	发（头~）	fa^{13}	fa^{13}	fa^{13}	fa^{13}	fa^{213}	fa^{213}	fa^{31}	fa^{13}

序号	例字	红寺堡	闽宁镇1	闽宁镇2	镇北堡1	镇北堡2	月牙湖	兴泾镇	大战场
1125	翻	fan^{13}	fan^{13}	fan^{13}	fan^{13}	fan^{213}	fan^{213}	fan^{31}	fan^{13}
1126	烦	fan^{13}	fan^{13}	fan^{13}	fan^{13}	fan^{13}	fan^{13}	fan^{35}	fan^{13}
1127	饭	fan^{44}	fan^{44}	fan^{44}	fan^{44}	fan^{44}	fan^{44}	fan^{44}	fan^{44}
1128	罚	fa^{13}	fa^{13}	fa^{13}	fa^{13}	fa^{13}	fa^{13}	fa^{35}	fa^{13}
1129	晚	van^{52}	van^{52}	van^{52}	van^{52}	van^{52}	van^{52}	uan^{52}	van^{52}
1130	万	van^{44}	van^{44}	van^{44}	van^{44}	van^{44}	van^{44}	uan^{44}	van^{44}
1131	袜	va^{13}	va^{13}	va^{13}	va^{13}	va^{213}	va^{213}	va^{31}	va^{13}
1132	劝	tɕʰyan^{44}	tɕʰyan^{44}	tɕʰyan^{44}	tɕʰyan^{44}	tɕʰyan^{44}	tɕʰyan^{44}	tɕʰyan^{44}	tɕʰyan^{44}
1133	掘	tɕyə^{13}	tɕyə^{13}	tɕyə^{13}	tɕyə^{13}	tɕyə^{13}	tɕyə^{13}	tɕyə^{35}	tɕyə^{13}
1134	原	yan^{13}	yan^{13}	yan^{13}	yan^{13}	yan^{13}	yan^{13}	yan^{35}	yan^{13}
1135	愿	yan^{44}	yan^{44}	yan^{44}	yan^{44}	yan^{44}	yan^{44}	yan^{44}	yan^{44}
1136	月	yə^{13}	yə^{13}	yə^{13}	yə^{13}	yə^{213}	yə^{213}	yə^{31}	yə^{13}
1137	楦（鞋~）	ɕyan^{44}	ɕyan^{44}	ɕyan^{13}	ɕyan^{44}	ɕyan^{44}	ɕyan^{44}	ɕyan^{44}	ɕyan^{44}
1138	冤	yan^{13}	yan^{13}	yan^{13}	yan^{13}	yan^{213}	yan^{213}	yan^{31}	yan^{13}
1139	怨	yan^{44}	yan^{44}	yan^{44}	yan^{44}	yan^{44}	yan^{44}	yan^{44}	yan^{44}
1140	园	yan^{13}	yan^{13}	yan^{13}	yan^{13}	yan^{13}	yan^{13}	yan^{35}	yan^{13}
1141	远	yan^{52}	yan^{52}	yan^{52}	yan^{52}	yan^{52}	yan^{52}	yan^{52}	yan^{52}
1142	越	yə^{13}	yə^{13}	yə^{13}	yə^{13}	yə^{213}	yə^{213}	yə^{31}	yə^{13}
1143	决	tɕyə^{13}	tɕyə^{13}	tɕyə^{13}	tɕyə^{13}	tɕyə^{13}	tɕyə^{13}	tɕyə^{35}	tɕyə^{13}
1144	缺	tɕʰyə^{13}	tɕʰyə^{13}	tɕʰyə^{13}	tɕʰyə^{13}	tɕʰyə^{213}	tɕʰyə^{213}	tɕʰyə^{31}	tɕʰyə^{13}
1145	血	ɕiə^{13}	ɕiə^{13}	ɕiə^{13}	ɕiə^{13}	ɕiə^{13}	ɕiə^{13}	ɕiə^{31}	ɕiə^{13}
1146	悬	ɕyan^{13}	ɕyan^{13}	ɕyan^{13}	ɕyan^{13}	ɕyan^{13}	ɕyan^{13}	ɕyan^{35}	ɕyan^{13}
1147	县	ɕian^{44}	ɕian^{44}	ɕian^{44}	ɕian^{44}	ɕian^{44}	ɕian^{44}	ɕian^{44}	ɕian^{44}
1148	穴	ɕiə^{13}	ɕyə^{13}	ɕyə^{13}	ɕyə^{13}	ɕiə^{13}	ɕiə^{13}	ɕyə^{31}	ɕyə^{13}
1149	吞	tʰəŋ^{13}	tʰəŋ^{13}	tʰəŋ^{13}	tʰəŋ^{13}	tʰəŋ^{213}	tʰəŋ^{213}	tʰun^{31}	təŋ^{13}
1150	跟	kəŋ^{13}	kəŋ^{13}	kəŋ^{13}	kəŋ^{13}	kəŋ^{213}	kəŋ^{213}	kən^{31}	kəŋ^{13}
1151	根	kəŋ^{13}	kəŋ^{13}	kəŋ^{13}	kəŋ^{13}	kəŋ^{213}	kəŋ^{213}	kən^{31}	kəŋ^{13}
1152	垦	kʰəŋ^{52}	kʰəŋ^{52}	kʰəŋ^{52}	kʰəŋ^{52}	kʰəŋ^{52}	kʰəŋ^{52}	kʰən^{52}	kʰəŋ^{52}
1153	痕	xəŋ^{13}	xəŋ^{13}	xəŋ^{13}	xəŋ^{13}	xəŋ^{13}	xəŋ^{13}	xən^{31}	xən^{13}
1154	很	xəŋ^{52}	xəŋ^{52}	xəŋ^{52}	xəŋ^{52}	xəŋ^{52}	xəŋ^{52}	xən^{52}	xən^{52}
1155	恨	xəŋ^{44}	xəŋ^{44}	xəŋ^{44}	xəŋ^{44}	xəŋ^{44}	xəŋ^{44}	xən^{44}	xən^{44}
1156	恩	ŋəŋ^{13}	nəŋ^{13}	nəŋ^{13}	ŋəŋ^{13}	nəŋ^{213}	nəŋ^{213}	ŋən^{31}	nəŋ^{13}
1157	宾	piŋ^{13}	piŋ^{13}	piŋ^{13}	piŋ^{13}	piŋ^{213}	piŋ^{213}	piŋ^{31}	piŋ^{13}
1158	鬓	piŋ^{44}	piŋ^{44}	piŋ^{44}	piŋ^{44}	piŋ^{44}	piŋ^{44}	piŋ^{44}	piŋ^{44}
1159	笔	pi^{13}	pi^{13}	pi^{13}	pi^{13}	pi^{213}	pi^{213}	pi^{31}	pi^{13}

续表

序号	例字	红寺堡	闽宁镇1	闽宁镇2	镇北堡1	镇北堡2	月牙湖	兴泾镇	大战场
1160	匹（一~布）	p^hi^{52}	p^hi^{52}	p^hi^{52}	p^hi^{52}	p^hi^{213}	p^hi^{52}	p^hi^{52}	p^hi^{52}
1161	贫	$p^hiŋ^{13}$	$p^hiŋ^{13}$	$p^hiŋ^{13}$	$p^hiŋ^{13}$	$p^hiŋ^{13}$	$p^hiŋ^{13}$	$p^hiŋ^{35}$	$p^hiŋ^{13}$
1162	民	$miŋ^{13}$	$miŋ^{13}$	$miŋ^{13}$	$miŋ^{13}$	$miŋ^{13}$	$miŋ^{13}$	$miŋ^{35}$	$miŋ^{13}$
1163	敏	$miŋ^{52}$	$miŋ^{52}$	$miŋ^{52}$	$miŋ^{52}$	$miŋ^{52}$	$miŋ^{52}$	$miŋ^{52}$	$miŋ^{52}$
1164	蜜	mi^{13}	mi^{13}	mi^{13}	mi^{13}	mi^{213}	mi^{213}	mi^{31}	mi^{13}
1165	邻	$liŋ^{13}$	$liŋ^{13}$	$liŋ^{13}$	$liŋ^{13}$	$liŋ^{13}$	$liŋ^{13}$	$liŋ^{31}$	$liŋ^{13}$
1166	进	$tɕiŋ^{44}$	$tɕiŋ^{44}$	$tɕiŋ^{44}$	$tɕiŋ^{44}$	$tɕiŋ^{44}$	$tɕiŋ^{44}$	$tɕin^{44}$	$tɕiŋ^{44}$
1167	亲	$tɕ^hiŋ^{13}$	$tɕ^hiŋ^{13}$	$tɕ^hiŋ^{13}$	$tɕ^hiŋ^{13}$	$tɕ^hiŋ^{213}$	$tɕ^hiŋ^{213}$	$tɕ^hin^{31}$	$tɕ^hiŋ^{13}$
1168	七	$tɕ^hi^{13}$	$tɕ^hi^{13}$	$tɕ^hi^{13}$	$tɕ^hi^{13}$	$tɕ^hi^{213}$	$tɕ^hi^{213}$	$tɕ^hi^{31}$	$tɕ^hi^{13}$
1169	秦	$tɕ^hiŋ^{13}$	$tɕ^hiŋ^{13}$	$tɕ^hiŋ^{13}$	$tɕ^hiŋ^{13}$	$tɕ^hiŋ^{13}$	$tɕ^hiŋ^{13}$	$tɕ^hiŋ^{35}$	$tɕ^hiŋ^{13}$
1170	尽	$tɕiŋ^{44}$	$tɕiŋ^{44}$	$tɕiŋ^{44}$	$tɕiŋ^{44}$	$tɕiŋ^{44}$	$tɕiŋ^{44}$	$tɕiŋ^{52}$	$tɕiŋ^{44}$
1171	疾	$tɕi^{13}$	$tɕi^{13}$	$tɕi^{13}$	$tɕi^{13}$	$tɕi^{13}$	$tɕi^{13}$	$tɕi^{35}$	$tɕi^{13}$
1172	新	$ɕiŋ^{13}$	$ɕiŋ^{13}$	$ɕiŋ^{13}$	$ɕiŋ^{13}$	$ɕiŋ^{213}$	$ɕiŋ^{213}$	$ɕin^{31}$	$ɕiŋ^{13}$
1173	信	$ɕiŋ^{44}$	$ɕiŋ^{44}$	$ɕiŋ^{44}$	$ɕiŋ^{44}$	$ɕiŋ^{44}$	$ɕiŋ^{44}$	$ɕin^{44}$	$ɕiŋ^{44}$
1174	悉	$ɕi^{13}$	$ɕi^{13}$	$ɕi^{13}$	$ɕi^{13}$	$ɕi^{213}$	$ɕi^{213}$	$ɕi^{31}$	$ɕi^{13}$
1175	膝	$tɕ^hi^{13}$	$tɕ^hi^{13}$	$tɕ^hi^{13}$	$ɕi^{13}$	$tɕ^hi^{213}$	$tɕ^hi^{213}$	$tɕ^hi^{31}$	$tɕ^hi^{13}$
1176	珍	$tʂəŋ^{13}$	$tʂəŋ^{13}$	$tʂəŋ^{13}$	$tʂəŋ^{13}$	$tʂəŋ^{213}$	$tʂəŋ^{213}$	$tʂən^{31}$	$tʂəŋ^{13}$
1177	镇	$tʂəŋ^{44}$	$tʂəŋ^{44}$	$tʂəŋ^{44}$	$tʂəŋ^{44}$	$tʂəŋ^{44}$	$tʂəŋ^{44}$	$tʂən^{44}$	$tʂəŋ^{44}$
1178	趁	$tʂ^həŋ^{44}$	$tʂ^həŋ^{44}$	$tʂ^həŋ^{44}$	$tʂ^həŋ^{44}$	$tʂ^həŋ^{44}$	$tʂ^həŋ^{44}$	$tʂ^hən^{44}$	$tʂ^həŋ^{44}$
1179	陈	$tʂ^həŋ^{13}$	$tʂ^həŋ^{13}$	$tʂ^həŋ^{13}$	$tʂ^həŋ^{13}$	$tʂ^həŋ^{13}$	$tʂ^həŋ^{13}$	$tʂ^hən^{35}$	$tʂ^həŋ^{13}$
1180	阵	$tʂəŋ^{44}$	$tʂəŋ^{44}$	$tʂəŋ^{44}$	$tʂəŋ^{44}$	$tʂəŋ^{44}$	$tʂəŋ^{44}$	$tʂən^{44}$	$tʂəŋ^{44}$
1181	侄	$tʂ^hʅ^{13}$	$tʂʅ^{13}$	$tʂʅ^{13}$	$tʂʅ^{13}$	$tʂʅ^{213}$	$tʂʅ^{213}$	$tʂʅ^{35}$	$tʂʅ^{13}$
1182	衬	$ts^həŋ^{44}$	$ts^həŋ^{44}$	$ts^həŋ^{44}$	$ts^həŋ^{44}$	$ts^həŋ^{44}$	$ts^həŋ^{44}$	$ts^hən^{44}$	$ts^həŋ^{44}$
1183	虱	sei^{13}	sei^{13}	$sɛ^{13}$	sei^{13}	sei^{213}	sei^{213}	$sə^{31}$	$sə^{13}$
1184	真	$tʂəŋ^{13}$	$tʂəŋ^{13}$	$tʂəŋ^{13}$	$tʂəŋ^{52}$	$tʂəŋ^{213}$	$tʂəŋ^{213}$	$tʂən^{31}$	$tʂəŋ^{13}$
1185	震	$tʂəŋ^{44}$	$tʂəŋ^{44}$	$tʂəŋ^{44}$	$tʂəŋ^{44}$	$tʂəŋ^{44}$	$tʂəŋ^{44}$	$tʂən^{44}$	$tʂəŋ^{44}$
1186	质	$tʂʅ^{13}$	$tʂʅ^{13}$	$tʂʅ^{13}$	$tʂʅ^{13}$	$tʂʅ^{213}$	$tʂʅ^{13}$	$tʂʅ^{31}$	$tʂʅ^{13}$
1187	神	$ʂəŋ^{13}$	$ʂəŋ^{13}$	$ʂəŋ^{13}$	$ʂəŋ^{13}$	$ʂəŋ^{13}$	$ʂəŋ^{13}$	$ʂən^{35}$	$ʂəŋ^{13}$
1188	实	$ʂʅ^{13}$	$ʂʅ^{13}$	$ʂʅ^{13}$	$ʂʅ^{13}$	$ʂʅ^{13}$	$ʂʅ^{13}$	$ʂʅ^{35}$	$ʂʅ^{13}$
1189	身	$ʂəŋ^{13}$	$ʂəŋ^{13}$	$ʂəŋ^{13}$	$ʂəŋ^{13}$	$ʂəŋ^{213}$	$ʂəŋ^{213}$	$ʂən^{31}$	$ʂəŋ^{13}$
1190	失	$ʂʅ^{13}$	$ʂʅ^{13}$	$ʂʅ^{13}$	$ʂʅ^{13}$	$ʂʅ^{213}$	$ʂʅ^{213}$	$ʂʅ^{31}$	$ʂʅ^{13}$
1191	晨	$tʂ^həŋ^{13}$	$tʂ^həŋ^{13}$	$tʂ^həŋ^{13}$	$tʂ^həŋ^{13}$	$tʂ^həŋ^{13}$	$tʂ^həŋ^{13}$	$tʂ^hən^{35}$	$tʂ^həŋ^{13}$
1192	肾	$ʂəŋ^{44}$	$ʂəŋ^{44}$	$ʂəŋ^{44}$	$ʂəŋ^{44}$	$ʂəŋ^{44}$	$ʂəŋ^{44}$	$ʂən^{44}$	$ʂəŋ^{44}$
1193	人	$ʐəŋ^{13}$	$ʐəŋ^{13}$	$ʐəŋ^{13}$	$ʐəŋ^{13}$	$ʐəŋ^{13}$	$ʐəŋ^{13}$	$ʐən^{35}$	$ʐəŋ^{13}$
1194	忍	$ʐəŋ^{52}$	$ʐəŋ^{52}$	$ʐəŋ^{52}$	$ʐəŋ^{52}$	$ʐəŋ^{52}$	$ʐəŋ^{52}$	$ʐən^{52}$	$ʐəŋ^{52}$

序号	例字	红寺堡	闽宁镇1	闽宁镇2	镇北堡1	镇北堡2	月牙湖	兴泾镇	大战场
1195	认	ʐ̩əŋ⁴⁴	ʐ̩əŋ⁴⁴	ʐ̩əŋ⁴⁴	ʐ̩əŋ⁴⁴	ʐ̩əŋ⁴⁴	ʐ̩əŋ⁴⁴	ʐ̩ən⁴⁴	ʐ̩əŋ⁴⁴
1196	日	ʐ̩ɭ¹³	ʐ̩ɭ¹³	ʐ̩ɭ¹³	ʐ̩ɭ¹³	ʐ̩ɭ²¹³	ʐ̩ɭ²¹³	ʐ̩ɭ³¹	ʐ̩ɭ¹³
1197	巾	tɕiŋ¹³	tɕiŋ¹³	tɕiŋ¹³	tɕiŋ¹³	tɕiŋ²¹³	tɕiŋ²¹³	tɕin³¹	tɕiŋ¹³
1198	紧	tɕiŋ⁵²	tɕiŋ⁵²	tɕiŋ⁵²	tɕiŋ⁵²	tɕiŋ⁵²	tɕiŋ⁵²	tɕin⁵²	tɕiŋ⁵²
1199	吉	tɕi¹³	tɕi¹³	tɕi¹³	tɕi¹³	tɕi¹³	tɕi¹³	tɕi³⁵	tɕi¹³
1200	仅	tɕiŋ⁵²	tɕiŋ⁵²	tɕiŋ⁵²	tɕiŋ⁵²	tɕiŋ⁵²	tɕiŋ⁵²	tɕin⁵²	tɕiŋ⁵²
1201	银	iŋ¹³	iŋ¹³	iŋ¹³	iŋ¹³	iŋ¹³	iŋ¹³	in³¹	iŋ¹³
1202	因	iŋ¹³	iŋ¹³	iŋ¹³	iŋ¹³	iŋ²¹³	iŋ²¹³	in³¹	iŋ¹³
1203	印	iŋ⁴⁴	iŋ⁴⁴	iŋ⁴⁴	iŋ⁴⁴	iŋ⁴⁴	iŋ⁴⁴	in⁴⁴	iŋ⁴⁴
1204	一	i¹³	i¹³	i¹³	i¹³	i²¹³	i²¹³	i³¹	i¹³
1205	引	iŋ⁵²	iŋ⁵²	iŋ⁵²	iŋ⁵²	iŋ⁵²	iŋ⁵²	in⁵²	iŋ⁵²
1206	斤	tɕiŋ¹³	tɕiŋ¹³	tɕiŋ¹³	tɕiŋ¹³	tɕiŋ²¹³	tɕiŋ²¹³	tɕin³¹	tɕiŋ¹³
1207	劲（有~）	tɕiŋ⁴⁴	tɕiŋ⁴⁴	tɕiŋ⁴⁴	tɕiŋ⁴⁴	tɕiŋ⁴⁴	tɕiŋ⁴⁴	tɕin⁴⁴	tɕiŋ⁴⁴
1208	勤	tɕʰiŋ¹³	tɕʰiŋ¹³	tɕʰiŋ¹³	tɕʰiŋ¹³	tɕʰiŋ¹³	tɕʰiŋ¹³	tɕʰin³⁵	tɕʰiŋ¹³
1209	近	tɕʰiŋ⁴⁴	tɕiŋ⁴⁴	tɕiŋ⁴⁴	tɕiŋ⁴⁴	tɕiŋ⁴⁴	tɕiŋ⁴⁴	tɕin⁴⁴	tɕiŋ⁴⁴
1210	隐	iŋ⁵²	iŋ⁵²	ɕiŋ⁵²	iŋ⁵²	iŋ⁵²	iŋ⁵²	in⁵²	ɕiŋ⁵²
1211	奔	pəŋ¹³	pəŋ¹³	pəŋ¹³	pəŋ¹³	pəŋ²¹³	pəŋ²¹³	pən³¹	pəŋ¹³
1212	本	pəŋ⁵²	pəŋ⁵²	pəŋ⁵²	pəŋ⁵²	pəŋ⁵²	pəŋ⁵²	pən⁵²	pəŋ⁵²
1213	不	pu¹³	pu¹³	pu¹³	pu¹³	pu¹³	pu¹³	pu³¹	pu¹³
1214	喷（~水）	pʰəŋ¹³	pʰəŋ¹³	pʰəŋ¹³	pʰəŋ¹³	pʰəŋ²¹³	pʰəŋ²¹³	pʰən³¹	pʰəŋ¹³
1215	盆	pʰəŋ¹³	pʰəŋ¹³	pʰəŋ¹³	pʰəŋ¹³	pʰəŋ¹³	pʰəŋ¹³	pʰən³⁵	pʰəŋ¹³
1216	笨	pəŋ⁴⁴	pəŋ⁴⁴	pəŋ⁴⁴	pəŋ⁴⁴	pəŋ⁴⁴	pəŋ⁴⁴	pən⁴⁴	pəŋ⁴⁴
1217	勃	pə¹³	puə¹³	puə¹³	pʰuə¹³	puə¹³	puə¹³	puə³⁵	puə¹³
1218	门	məŋ¹³	məŋ¹³	məŋ¹³	məŋ¹³	məŋ¹³	məŋ¹³	mən³⁵	məŋ¹³
1219	闷	məŋ⁴⁴	məŋ⁴⁴	məŋ⁴⁴	məŋ⁴⁴	məŋ⁴⁴	məŋ⁴⁴	mən⁴⁴	məŋ⁴⁴
1220	没（~有）	muə¹³	muə¹³	muə¹³	muə¹³	muə¹³	muə¹³	muə³¹	muə¹³
1221	墩	tuŋ¹³	tuŋ¹³	tuŋ¹³	tuŋ¹³	tuŋ²¹³	tuŋ²¹³	tun³¹	tuŋ¹³
1222	顿	tuŋ⁴⁴	tuŋ⁴⁴	tuŋ⁴⁴	tuŋ⁴⁴	tuŋ⁴⁴	tuŋ⁴⁴	tun⁴⁴	tuŋ⁴⁴
1223	褪	tʰuei⁴⁴	tʰuei⁴⁴	tʰuei⁴⁴	tʰuei⁴⁴	tʰuei⁴⁴	tʰuei⁴⁴	tʰuei⁴⁴	tʰuei⁵²
1224	钝	tuŋ⁴⁴	tuŋ⁴⁴	tuŋ⁴⁴	tuŋ⁴⁴	tuŋ⁴⁴	tuŋ⁴⁴	tun⁴⁴	tuŋ⁴⁴
1225	突	tʰu¹³	tʰu¹³	tʰu¹³	tʰu¹³	tʰu²¹³	tʰu²¹³	tʰu³¹	tʰu¹³
1226	嫩	luŋ⁴⁴	nuŋ⁴⁴	luŋ⁴⁴	luŋ⁴⁴	lyŋ⁴⁴	lyŋ⁴⁴	lyn⁵²	nuŋ⁴⁴
1227	论（议~）	lyŋ⁴⁴	lyŋ⁴⁴	lyŋ⁴⁴	lyŋ⁴⁴	lyŋ⁴⁴	lyŋ⁴⁴	lyn⁴⁴	lyŋ⁴⁴
1228	尊	tsuŋ¹³	tsuŋ¹³	tsuŋ¹³	tsuŋ¹³	tsuŋ²¹³	tsuŋ²¹³	tsun³¹	tsuŋ¹³
1229	村	tsʰuŋ¹³	tsʰuŋ¹³	tsʰuŋ¹³	tsʰuŋ¹³	tsʰuŋ²¹³	tsʰuŋ²¹³	tsʰun³¹	tsʰuŋ¹³

序号	例字	红寺堡	闽宁镇1	闽宁镇2	镇北堡1	镇北堡2	月牙湖	兴泾镇	大战场
1230	寸	$tsʰuŋ^{44}$	$tsʰuŋ^{44}$	$tsʰuŋ^{44}$	$tsʰuŋ^{44}$	$tsʰuŋ^{44}$	$tsʰuŋ^{44}$	$tsʰun^{44}$	$tsʰuŋ^{44}$
1231	存	$tsʰuŋ^{13}$	$tsʰuŋ^{13}$	$tsʰuŋ^{13}$	$tsʰuŋ^{13}$	$tsʰuŋ^{13}$	$tsʰuŋ^{13}$	$tsʰun^{35}$	$tsʰuŋ^{13}$
1232	蹲	$tuŋ^{13}$	$tuŋ^{13}$	$tuŋ^{13}$	$tuŋ^{13}$	$tuŋ^{213}$	$tuŋ^{213}$	tun^{31}	$tuŋ^{13}$
1233	孙	$suŋ^{13}$	$suŋ^{13}$	$suŋ^{13}$	$suŋ^{13}$	$suŋ^{213}$	$suŋ^{213}$	$ɕyŋ^{31}$	$suŋ^{13}$
1234	损	$suŋ^{52}$	$suŋ^{52}$	$suŋ^{52}$	$suŋ^{52}$	$suŋ^{52}$	$suŋ^{52}$	sun^{52}	$suŋ^{52}$
1235	昆（~仑）	$kʰuŋ^{52}$	$kʰuŋ^{13}$	$kʰuŋ^{52}$	$kʰuŋ^{52}$	$kʰuŋ^{52}$	$kʰuŋ^{52}$	$kʰun^{31}$	$kʰuŋ^{52}$
1236	滚	$kuŋ^{52}$	$kuŋ^{52}$	$kuŋ^{52}$	$kuŋ^{52}$	$kuŋ^{52}$	$kuŋ^{52}$	kun^{52}	$kuŋ^{52}$
1237	棍	$kuŋ^{44}$	$kuŋ^{44}$	$kuŋ^{44}$	$kuŋ^{44}$	$kuŋ^{44}$	$kuŋ^{44}$	kun^{44}	$kuŋ^{44}$
1238	骨	ku^{13}	ku^{13}	ku^{13}	ku^{13}	ku^{213}	ku^{213}	ku^{52}	ku^{13}
1239	捆	$kʰuŋ^{52}$	$kʰuŋ^{52}$	$kʰuŋ^{52}$	$kʰuŋ^{52}$	$kʰuŋ^{52}$	$kʰuŋ^{52}$	$kʰuŋ^{52}$	$kʰuŋ^{52}$
1240	困	$kʰuŋ^{44}$	$kʰuŋ^{44}$	$kʰuŋ^{44}$	$kʰuŋ^{44}$	$kʰuŋ^{44}$	$kʰuŋ^{44}$	$kʰun^{44}$	$kʰuŋ^{44}$
1241	窟（~窿）	$kʰu^{13}$	$kʰu^{13}$	$kʰu^{13}$	$kʰu^{13}$	$kʰu^{213}$	$kʰu^{213}$	$kʰu^{31}$	$kʰu^{13}$
1242	婚	$xuŋ^{13}$	$xuŋ^{13}$	$xuŋ^{13}$	$xuŋ^{13}$	$xuŋ^{213}$	$xuŋ^{213}$	xun^{31}	$xuŋ^{13}$
1243	忽	xu^{13}	xu^{13}	xu^{13}	xu^{13}	xu^{213}	xu^{213}	xu^{31}	xu^{13}
1244	魂	$xuŋ^{13}$	$xuŋ^{13}$	$xuŋ^{13}$	$xuŋ^{13}$	$xuŋ^{13}$	$xuŋ^{13}$	xun^{35}	$xuŋ^{13}$
1245	混（~合）	$xuŋ^{44}$	$xuŋ^{44}$	$xuŋ^{44}$	$xuŋ^{44}$	$xuŋ^{44}$	$xuŋ^{44}$	xun^{44}	$xuŋ^{44}$
1246	核（桃~）	xu^{13}	xu^{13}	$xə^{13}$	xu^{13}	xu^{13}	xu^{13}	xu^{35}	xu^{13}
1247	温	$vəŋ^{13}$	$vəŋ^{13}$	$vəŋ^{13}$	$vəŋ^{13}$	$vəŋ^{213}$	$vəŋ^{213}$	$uŋ^{31}$	$vəŋ^{13}$
1248	稳	$vəŋ^{52}$	$vəŋ^{52}$	$vəŋ^{52}$	$vəŋ^{52}$	$vəŋ^{52}$	$vəŋ^{52}$	$uŋ^{52}$	$vəŋ^{52}$
1249	轮	$lyŋ^{13}$	$lyŋ^{13}$	ly^{13}	$lyŋ^{13}$	$lyŋ^{13}$	$lyŋ^{13}$	lun^{35}	$luŋ^{13}$
1250	律	ly^{13}	ly^{13}	ly^{52}	ly^{13}	ly^{13}	ly^{13}	ly^{31}	ly^{13}
1251	俊	$tɕyŋ^{44}$	$tɕyŋ^{44}$	$tɕyŋ^{44}$	$tɕyŋ^{44}$	$tɕyŋ^{44}$	$tɕyŋ^{44}$	$tɕyŋ^{44}$	$tɕyŋ^{44}$
1252	皴（脸~）	$tɕʰuŋ^{13}$	$tsʰuŋ^{13}$	$tsʰuŋ^{13}$	$tsʰuŋ^{13}$	$tsʰuŋ^{213}$	$tsʰuŋ^{213}$	$tsʰuŋ^{31}$	$tsʰuŋ^{13}$
1253	笋	$suŋ^{52}$	$suŋ^{52}$	$suŋ^{52}$	$suŋ^{52}$	$ɕyŋ^{52}$	$ɕyŋ^{52}$	$suŋ^{52}$	$suŋ^{52}$
1254	迅	$ɕiŋ^{44}$	$ɕyŋ^{44}$	$ɕyŋ^{44}$	$ɕyŋ^{52}$	$ɕyŋ^{44}$	$ɕyŋ^{44}$	$ɕyn^{35}$	$ɕyŋ^{44}$
1255	旬	$ɕyŋ^{13}$	$ɕyŋ^{13}$	$ɕyŋ^{13}$	$ɕyŋ^{13}$	$ɕyŋ^{13}$	$ɕyŋ^{13}$	$ɕyn^{35}$	$ɕyŋ^{13}$
1256	椿（香~）	$tʃʰuŋ^{13}$	$tʂʰuŋ^{13}$	$tʂʰuŋ^{13}$	$tʂʰuŋ^{13}$	$tʂʰuŋ^{213}$	$tʂʰuŋ^{213}$	$tʂʰun^{31}$	$tʂʰuŋ^{13}$
1257	率（~领）	$ʃuei^{44}$	$suε^{44}$	$suε^{44}$	$suε^{44}$	$ʂuε^{44}$	$suε^{44}$	$suε^{44}$	$suε^{44}$
1258	准	$tʃuŋ^{52}$	$tʂuŋ^{52}$	$tʂuŋ^{52}$	$tʂuŋ^{52}$	$tʂuŋ^{52}$	$tʂuŋ^{52}$	$tʂun^{52}$	$tʂuŋ^{52}$
1259	春	$tʃʰuŋ^{13}$	$tʂʰuŋ^{13}$	$tʂʰuŋ^{13}$	$tʂʰuŋ^{13}$	$tʂʰuŋ^{213}$	$tʂʰuŋ^{213}$	$tʂʰun^{31}$	$tʂʰuŋ^{13}$
1260	蠢	$tʃʰuŋ^{52}$	$tʂʰuŋ^{52}$	$tʂʰuŋ^{52}$	$tʂʰuŋ^{52}$	$tʂʰuŋ^{52}$	$tʂʰuŋ^{52}$	$tʂʰun^{52}$	$tʂʰuŋ^{52}$
1261	出	$tʃʰu^{13}$	$tʂʰu^{13}$	$tʂʰu^{13}$	$tʂʰu^{13}$	$tʂʰu^{213}$	$tʂʰu^{213}$	$tʂʰu^{31}$	$tʂʰu^{13}$
1262	唇	$ʃuŋ^{13}$	$ʂuŋ^{13}$	$tʂʰuŋ^{13}$	$ʂuŋ^{13}$	$ʂuŋ^{13}$	$ʂuŋ^{13}$	$ʂun^{31}$	$tʂʰuŋ^{13}$
1263	盾（矛~）	$tuŋ^{44}$	$tuŋ^{44}$	$tuŋ^{44}$	$tuŋ^{44}$	$tuŋ^{44}$	$tuŋ^{44}$	tun^{44}	$tuŋ^{44}$
1264	顺	$ʃuŋ^{44}$	$ʂuŋ^{44}$	$ʂuŋ^{44}$	$ʂuŋ^{44}$	$ʂuŋ^{44}$	$ʂuŋ^{44}$	$ʂun^{44}$	$ʂuŋ^{44}$

续表

序号	例字	红寺堡	闽宁镇1	闽宁镇2	镇北堡1	镇北堡2	月牙湖	兴泾镇	大战场
1265	纯	tʃʰuŋ^{13}	tʂʰuŋ^{13}	tʂʰuŋ^{13}	tʂʰuŋ^{13}	tʂʰuŋ^{13}	tʂʰuŋ^{13}	tʂʰun^{35}	tʂʰuŋ^{13}
1266	润	ʐuŋ^{44}	ʐuŋ^{44}	ʐuŋ^{44}	ʐuŋ^{44}	ʐuŋ^{44}	ʐuŋ^{44}	ʐun^{44}	ʐuŋ^{44}
1267	闰	ʐuŋ^{44}	ʐuŋ^{44}	ʐuŋ^{44}	ʐuŋ^{44}	ʐuŋ^{44}	ʐuŋ^{44}	ʐun^{44}	ʐuŋ^{44}
1268	均	tɕyŋ^{13}	tɕyŋ^{52}	tɕyŋ^{52}	tɕyŋ^{52}	tɕyŋ^{213}	tɕyŋ^{213}	tɕyŋ^{31}	tɕyŋ^{13}
1269	橘	tɕy^{13}	tɕy^{13}	tɕy^{13}	tɕy^{13}	tɕy^{13}	tɕy^{13}	tɕy^{31}	tɕy^{13}
1270	匀	yŋ^{13}	yŋ^{13}	yŋ^{13}	yŋ^{13}	yŋ^{13}	yŋ^{13}	yn^{31}	yŋ^{13}
1271	分（~开）	fəŋ^{13}	fəŋ^{13}	fəŋ^{13}	fəŋ^{13}	fəŋ^{213}	fəŋ^{213}	fən^{31}	fəŋ^{13}
1272	粉	fəŋ^{52}	fəŋ^{52}	fəŋ^{52}	fəŋ^{52}	fəŋ^{52}	fəŋ^{52}	fən^{52}	fəŋ^{52}
1273	粪	fəŋ^{44}	fəŋ^{44}	fəŋ^{44}	fəŋ^{44}	fəŋ^{44}	fəŋ^{44}	fən^{44}	fəŋ^{44}
1274	纷	fəŋ^{13}	fəŋ^{13}	fəŋ^{13}	fəŋ^{13}	fəŋ^{213}	fəŋ^{213}	fən^{31}	fəŋ^{13}
1275	坟	fəŋ^{13}	fəŋ^{13}	fəŋ^{13}	fəŋ^{13}	fəŋ^{13}	fəŋ^{13}	fən^{35}	fəŋ^{13}
1276	愤	fəŋ^{44}	fəŋ^{44}	fəŋ^{44}	fəŋ^{44}	fəŋ^{44}	fəŋ^{44}	fən^{44}	fəŋ^{44}
1277	份（一~）	fəŋ^{44}	fəŋ^{44}	fəŋ^{44}	fəŋ^{44}	fəŋ^{44}	fəŋ^{44}	fən^{52}	fəŋ^{44}
1278	佛	fuə^{13}	fuə^{13}	fuə^{13}	fuə^{13}	fuə^{13}	fuə^{13}	fuə^{35}	fuə^{13}
1279	文	vəŋ^{13}	vəŋ^{13}	vəŋ^{13}	vəŋ^{13}	vəŋ^{13}	vəŋ^{13}	vən^{35}	vəŋ^{13}
1280	问	vəŋ^{44}	vəŋ^{44}	vəŋ^{44}	vəŋ^{44}	vəŋ^{44}	vəŋ^{44}	vən^{44}	vəŋ^{44}
1281	物	vuə^{13}	vuə^{13}	vuə^{13}	vuə^{13}	vuə^{13}	vuə^{13}	vuə^{31}	vuə^{13}
1282	军	tɕyŋ^{13}	tɕyŋ^{13}	tɕyŋ^{44}	tɕyŋ^{13}	tɕyŋ^{213}	tɕyŋ^{213}	tɕyn^{44}	tɕyŋ^{44}
1283	屈	tɕʰy^{13}	tɕʰy^{13}	tɕʰy^{13}	tɕʰy^{13}	tɕʰy^{213}	tɕʰy^{213}	tɕʰy^{31}	tɕʰy^{13}
1284	群	tɕʰyŋ^{13}	tɕʰyŋ^{13}	tɕʰyŋ^{13}	tɕʰyŋ^{13}	tɕʰyŋ^{13}	tɕʰyŋ^{13}	tɕʰyŋ^{35}	tɕʰyŋ^{13}
1285	熏	ɕyŋ^{13}	ɕyŋ^{13}	ɕyŋ^{13}	ɕyŋ^{13}	ɕyŋ^{213}	ɕyŋ^{213}	ɕyn^{31}	ɕyŋ^{13}
1286	训	ɕyŋ^{44}	ɕyŋ^{44}	ɕyŋ^{44}	ɕyŋ^{44}	ɕyŋ^{44}	ɕyŋ^{44}	ɕyn^{44}	ɕyŋ^{44}
1287	云	yŋ^{13}	yŋ^{13}	yŋ^{13}	yŋ^{13}	yŋ^{13}	yŋ^{13}	yn^{35}	yŋ^{13}
1288	运	yŋ^{44}	yŋ^{44}	yŋ^{44}	yŋ^{44}	yŋ^{44}	yŋ^{44}	yn^{44}	yŋ^{44}
1289	帮	paŋ^{13}	paŋ^{13}	paŋ^{13}	paŋ^{13}	paŋ^{213}	paŋ^{213}	paŋ^{31}	paŋ^{13}
1290	榜	paŋ^{52}	paŋ^{52}	paŋ^{52}	paŋ^{52}	paŋ^{52}	paŋ^{52}	paŋ^{52}	paŋ^{52}
1291	博	pə^{13}	puə^{13}	puə^{13}	puə^{13}	puə^{13}	puə^{13}	puə^{31}	puə^{13}
1292	旁	pʰaŋ^{13}	pʰaŋ^{13}	pʰaŋ^{13}	pʰaŋ^{13}	pʰaŋ^{13}	pʰaŋ^{13}	pʰan^{31}	pʰaŋ^{13}
1293	薄	pʰə^{13}	puə^{13}	puə^{13}	pʰuə^{13}	puə^{13}	puə^{13}	pʰuə^{35}	puə^{13}
1294	忙	maŋ^{13}	maŋ^{13}	maŋ^{13}	maŋ^{13}	maŋ^{13}	maŋ^{13}	maŋ^{35}	maŋ^{13}
1295	摸	mə^{52}	muə^{13}	muə^{52}	muə^{52}	muə^{52}	muə^{52}	muə^{52}	muə^{52}
1296	当（~时）	taŋ^{13}	taŋ^{13}	taŋ^{13}	taŋ^{13}	taŋ^{213}	taŋ^{213}	taŋ^{31}	taŋ^{13}
1297	党	taŋ^{52}	taŋ^{52}	taŋ^{52}	taŋ^{52}	taŋ^{52}	taŋ^{52}	taŋ^{52}	taŋ^{52}
1298	汤	tʰaŋ^{13}	tʰaŋ^{13}	tʰaŋ^{13}	tʰaŋ^{13}	tʰaŋ^{213}	tʰaŋ^{213}	tʰaŋ^{31}	tʰaŋ^{13}
1299	躺	tʰaŋ^{52}	tʰaŋ^{52}	tʰaŋ^{52}	tʰaŋ^{52}	tʰaŋ^{52}	tʰaŋ^{52}	tʰaŋ^{52}	tʰaŋ^{52}

续表

序号	例字	红寺堡	闽宁镇1	闽宁镇2	镇北堡1	镇北堡2	月牙湖	兴泾镇	大战场
1300	烫	tʰaŋ⁴⁴	tʰaŋ⁴⁴	tʰaŋ⁴⁴	tʰaŋ⁴⁴	tʰaŋ⁴⁴	tʰaŋ⁴⁴	tʰaŋ⁴⁴	tʰaŋ⁴⁴
1301	托（手承物）	tʰuə⁵²	tʰuə⁵²	tʰuə⁵²	tʰuə¹³	tʰuə²¹³	tʰuə⁵²	tʰuə³¹	tʰuə¹³
1302	糖	tʰaŋ¹³	tʰaŋ¹³	tʰaŋ¹³	tʰaŋ¹³	tʰaŋ¹³	tʰaŋ¹³	tʰaŋ³¹	tʰaŋ¹³
1303	荡（放~）	taŋ⁴⁴	taŋ⁴⁴	taŋ⁴⁴	taŋ⁴⁴	taŋ⁴⁴	taŋ⁴⁴	taŋ⁴⁴	taŋ⁴⁴
1304	狼	laŋ¹³	laŋ¹³	laŋ¹³	laŋ¹³	laŋ¹³	laŋ¹³	laŋ³¹	laŋ¹³
1305	浪	laŋ⁴⁴	laŋ⁴⁴	laŋ⁴⁴	laŋ⁴⁴	laŋ⁴⁴	laŋ⁴⁴	laŋ⁴⁴	laŋ⁴⁴
1306	落	luə¹³	luə¹³	luə¹³	luə¹³	luə²¹³	luə²¹³	luə³¹	luə¹³
1307	脏（不干净）	tsaŋ¹³	tsaŋ¹³	tsaŋ¹³	tsaŋ¹³	tsaŋ²¹³	tsaŋ²¹³	tsaŋ³¹	tsaŋ¹³
1308	葬	tsaŋ⁴⁴	tsaŋ⁴⁴	tsaŋ⁴⁴	tsaŋ⁴⁴	tsaŋ⁴⁴	tsaŋ⁴⁴	tsaŋ⁴⁴	tsaŋ⁴⁴
1309	作（工~）	tsuə¹³	tsuə¹³	tsuə¹³	tsuə¹³	tsuə²¹³	tsuə²¹³	tsuə³¹	tsuə¹³
1310	苍	tsʰaŋ¹³	tsʰaŋ¹³	tsʰaŋ¹³	tsʰaŋ¹³	tsʰaŋ²¹³	tsʰaŋ²¹³	tsʰaŋ³¹	tsʰaŋ¹³
1311	藏（~起来）	tɕʰiaŋ¹³	tɕʰiaŋ¹³	tɕʰiaŋ¹³	tɕʰiaŋ¹³	tɕʰiaŋ¹³	tɕʰiaŋ¹³	tsʰaŋ³⁵	tɕʰiaŋ¹³
1312	昨	tsʰuə¹³	tsuə¹³	tsuə¹³	tsuə¹³	tsuə¹³	tsuə¹³	tsuə³⁵	tsuə¹³
1313	桑	saŋ¹³	saŋ¹³	saŋ¹³	saŋ¹³	saŋ²¹³	saŋ²¹³	saŋ³¹	saŋ¹³
1314	嗓	saŋ⁵²	saŋ⁵²	saŋ⁵²	saŋ⁵²	saŋ⁵²	saŋ⁵²	saŋ⁵²	saŋ⁵²
1315	丧（~失）	saŋ⁴⁴	saŋ⁴⁴	saŋ⁴⁴	saŋ⁴⁴	saŋ⁴⁴	saŋ⁴⁴	saŋ⁴⁴	saŋ⁴⁴
1316	索（绳~）	suə¹³	suə¹³	suə¹³	suə¹³	suə²¹³	suə²¹³	suə³¹	suə¹³
1317	刚	kaŋ¹³	kaŋ¹³	kaŋ¹³	kaŋ¹³	kaŋ²¹³	kaŋ²¹³	kaŋ³¹	kaŋ¹³
1318	杠	kaŋ⁴⁴	kaŋ⁴⁴	kaŋ⁴⁴	kaŋ⁴⁴	kaŋ⁴⁴	kaŋ⁴⁴	kʰaŋ⁵²	kaŋ⁴⁴
1319	各	kə¹³	kə¹³	kə¹³	kə¹³	kə²¹³	kə²¹³	kə³¹	kə¹³
1320	康	kʰaŋ¹³	kʰaŋ¹³	kʰaŋ¹³	kʰaŋ¹³	kʰaŋ²¹³	kʰaŋ²¹³	kʰaŋ³¹	kʰaŋ¹³
1321	抗	kʰaŋ⁴⁴	kʰaŋ⁴⁴	kʰaŋ⁴⁴	kʰaŋ⁴⁴	kʰaŋ⁴⁴	kʰaŋ⁴⁴	kʰaŋ⁴⁴	kʰaŋ⁴⁴
1322	炕	kʰaŋ⁴⁴	kʰaŋ⁴⁴	kʰaŋ⁴⁴	kʰaŋ⁴⁴	kʰaŋ⁴⁴	kʰaŋ⁴⁴	kʰaŋ⁴⁴	kʰaŋ⁴⁴
1323	昂	ŋaŋ¹³	aŋ⁵²	aŋ¹³	aŋ¹³	aŋ¹³	naŋ¹³	aŋ³⁵	aŋ¹³
1324	行（~列）	xaŋ¹³	xaŋ¹³	xaŋ¹³	xaŋ¹³	xaŋ¹³	xaŋ¹³	xaŋ³⁵	xaŋ¹³
1325	鹤	xə¹³	xə¹³	xə¹³	xə¹³	xuə²¹³	xuə²¹³	xə⁵²	xə⁵²
1326	肮（~脏）	ŋaŋ¹³	aŋ¹³	aŋ¹³	aŋ¹³	aŋ²¹³	aŋ²¹³	aŋ³¹	aŋ¹³
1327	恶（善~）	ŋə¹³	ə¹³	ŋuə¹³	nuə¹³	vuə²¹³	vuə²¹³	ŋə³¹	ə¹³
1328	娘	ȵia¹³	ȵiaŋ¹³	ȵiaŋ¹³	ȵiaŋ¹³	ȵiaŋ¹³	ȵiaŋ¹³	ȵiaŋ³⁵	ȵiaŋ¹³
1329	齉（~鼻子）	naŋ⁴⁴	naŋ⁴⁴	naŋ⁴⁴	naŋ⁴⁴	naŋ⁴⁴	naŋ⁴⁴	naŋ⁴⁴	naŋ⁴⁴
1330	酿（~酒）	ȵiaŋ⁴⁴	ȵiaŋ⁵²	liaŋ⁴⁴	liaŋ⁴⁴	liaŋ⁴⁴	ȵiaŋ⁵²	ȵiaŋ⁵²	liaŋ⁴⁴
1331	粮	liaŋ¹³	liaŋ¹³	liaŋ¹³	liaŋ¹³	liaŋ¹³	liaŋ¹³	liaŋ³⁵	liaŋ¹³
1332	两（~个）	liaŋ⁵²	liaŋ⁵²	liaŋ⁵²	liaŋ⁵²	liaŋ⁵²	liaŋ⁵²	liaŋ⁵²	liaŋ⁵²
1333	亮	liaŋ⁴⁴	liaŋ⁴⁴	liaŋ⁴⁴	liaŋ⁴⁴	liaŋ⁴⁴	liaŋ⁴⁴	liaŋ⁴⁴	liaŋ⁴⁴
1334	将（~来）	tɕiaŋ¹³	tɕiaŋ¹³	tɕiaŋ¹³	tɕiaŋ¹³	tɕiaŋ²¹³	tɕiaŋ²¹³	tɕiaŋ³¹	tɕiaŋ¹³

序号	例字	红寺堡	闽宁镇1	闽宁镇2	镇北堡1	镇北堡2	月牙湖	兴泾镇	大战场
1335	奖	tɕiaŋ⁵²	tɕiaŋ⁵²	tɕiaŋ⁵²	tɕiaŋ⁵²	tɕiaŋ⁵²	tɕiaŋ⁵²	tɕiaŋ⁵²	tɕiaŋ⁵²
1336	酱	tɕiaŋ⁴⁴	tɕiaŋ⁴⁴	tɕiaŋ⁴⁴	tɕiaŋ⁴⁴	tɕiaŋ⁴⁴	tɕiaŋ⁴⁴	tɕiaŋ⁴⁴	tɕiaŋ⁴⁴
1337	雀（麻~）	tɕʰiɔ⁵²	tɕʰiɔ¹³	tɕʰiɔ¹³	tɕʰyə¹³	tɕʰiɔ²¹³	tɕʰiɔ²¹³	tɕʰyə⁵²	tɕʰyə¹³
1338	枪	tɕʰiaŋ¹³	tɕʰiaŋ¹³	tɕʰiaŋ¹³	tɕʰiaŋ¹³	tɕʰiaŋ²¹³	tɕʰiaŋ²¹³	tɕʰiaŋ³¹	tɕʰiaŋ¹³
1339	抢	tɕʰiaŋ⁵²	tɕʰiaŋ⁵²	tɕʰiaŋ⁵²	tɕʰiaŋ⁵²	tɕʰiaŋ⁵²	tɕʰiaŋ⁵²	tɕʰiaŋ⁵²	tɕʰiaŋ⁵²
1340	鹊（喜~）	tɕʰiɔ⁵²	tɕʰiɔ¹³	tɕʰyə¹³	tɕʰyə¹³	tɕʰiɔ²¹³	tɕʰiɔ²¹³	tɕʰyə³¹	tɕʰyə¹³
1341	墙	tɕʰiaŋ¹³	tɕʰiaŋ¹³	tɕʰiaŋ¹³	tɕʰiaŋ¹³	tɕʰiaŋ¹³	tɕʰiaŋ¹³	tɕʰiaŋ³⁵	tɕʰiaŋ¹³
1342	匠	tɕʰiaŋ⁴⁴	tɕiaŋ⁴⁴	tɕiaŋ⁴⁴	tɕʰiaŋ⁴⁴	tɕiaŋ⁴⁴	tɕiaŋ⁴⁴	tɕiaŋ⁴⁴	tɕiaŋ⁴⁴
1343	嚼	tɕyə¹³	tɕyə¹³	tɕyə¹³	tɕyə¹³	tɕyə¹³	tɕyə¹³	tɕyə³⁵	tɕyə¹³
1344	相（互~）	ɕiaŋ¹³	ɕiaŋ¹³	ɕiaŋ¹³	ɕiaŋ¹³	ɕiaŋ²¹³	ɕiaŋ²¹³	ɕiaŋ³¹	ɕiaŋ¹³
1345	想	ɕiaŋ⁵²	ɕiaŋ⁵²	ɕiaŋ⁵²	ɕiaŋ⁵²	ɕiaŋ⁵²	ɕiaŋ⁵²	ɕiaŋ⁵²	ɕiaŋ⁵²
1346	削	ɕyə¹³	ɕyə¹³	ɕyə¹³	ɕyə¹³	ɕyə²¹³	ɕyə²¹³	ɕyə³¹	ɕyə¹³
1347	详	ɕiaŋ¹³	ɕiaŋ¹³	ɕiaŋ¹³	ɕiaŋ¹³	ɕiaŋ¹³	ɕiaŋ¹³	ɕiaŋ³⁵	ɕiaŋ¹³
1348	像	ɕiaŋ⁴⁴	ɕiaŋ⁴⁴	ɕiaŋ⁴⁴	ɕiaŋ⁴⁴	ɕiaŋ⁴⁴	ɕiaŋ⁴⁴	ɕiaŋ⁴⁴	ɕiaŋ⁴⁴
1349	张	tʂaŋ¹³	tʂaŋ¹³	tʂaŋ¹³	tʂaŋ¹³	tʂaŋ²¹³	tʂaŋ²¹³	tʂaŋ³¹	tʂaŋ¹³
1350	长（生~）	tʂaŋ⁵²	tʂaŋ⁵²	tʂaŋ⁵²	tʂaŋ⁵²	tʂaŋ⁵²	tʂaŋ⁵²	tʂaŋ⁵²	tʂaŋ⁵²
1351	账	tʂaŋ⁴⁴	tʂaŋ⁴⁴	tʂaŋ⁴⁴	tʂaŋ⁴⁴	tʂaŋ⁴⁴	tʂaŋ⁴⁴	tʂaŋ⁴⁴	tʂaŋ⁴⁴
1352	长（~短）	tʂʰaŋ¹³	tʂʰaŋ¹³	tʂʰaŋ¹³	tʂʰaŋ¹³	tʂʰaŋ¹³	tʂʰaŋ¹³	tʂʰaŋ³⁵	tʂʰaŋ¹³
1353	丈	tʂʰaŋ⁴⁴	tʂaŋ⁴⁴	tʂaŋ⁴⁴	tʂaŋ⁴⁴	tʂaŋ⁴⁴	tʂaŋ⁴⁴	tʂaŋ⁴⁴	tʂaŋ⁴⁴
1354	着（睡~）	tʃʰə¹³	tʂuə¹³	tʂuə¹³	tʂuə¹³	tʂuə¹³	tʂuə¹³	tʂuə³⁵	tʂuə¹³
1355	装	tʃuaŋ¹³	tʂuaŋ¹³	tʂuaŋ¹³	tʂuaŋ¹³	tʂuaŋ²¹³	tʂuaŋ²¹³	tʂuaŋ³¹	tʂuaŋ¹³
1356	壮	tʃuaŋ⁴⁴	tʂuaŋ⁴⁴	tʂuaŋ⁴⁴	tʂuaŋ⁴⁴	tʂuaŋ⁴⁴	tʂuaŋ⁴⁴	tʂuaŋ⁴⁴	tʂuaŋ⁴⁴
1357	疮	tʃʰuaŋ¹³	tʂʰuaŋ¹³	tʂʰuaŋ¹³	tʂʰuaŋ¹³	tʂʰuaŋ²¹³	tʂʰuaŋ²¹³	tʂʰuaŋ³¹	tʂʰuaŋ¹³
1358	闯	tʃʰuaŋ⁵²	tʂʰuaŋ⁵²	tʂʰuaŋ⁵²	tʂʰuaŋ⁵²	tʂʰuaŋ⁵²	tʂʰuaŋ⁵²	tʂʰuaŋ⁵²	tʂʰuaŋ⁵²
1359	床	tʃʰuaŋ¹³	tʂʰuaŋ¹³	tʂʰuaŋ¹³	tʂʰuaŋ¹³	tʂʰuaŋ¹³	tʂʰuaŋ¹³	tʂʰuaŋ³⁵	tʂʰuaŋ¹³
1360	状	tʃuaŋ⁴⁴	tʂuaŋ⁴⁴	tʂuaŋ⁴⁴	tʂuaŋ⁴⁴	tʂuaŋ⁴⁴	tʂuaŋ⁴⁴	tʂuaŋ⁴⁴	tʂuaŋ⁴⁴
1361	霜	ʃuaŋ¹³	ʂuaŋ¹³	ʂuaŋ¹³	ʂuaŋ¹³	ʂuaŋ²¹³	ʂuaŋ²¹³	ʂuaŋ³¹	ʂuaŋ¹³
1362	爽	ʃuaŋ⁵²	ʂuaŋ⁵²	ʂuaŋ⁵²	ʂuaŋ⁵²	ʂuaŋ⁵²	ʂuaŋ⁵²	ʂuaŋ⁵²	ʂuaŋ⁵²
1363	章	tʂaŋ¹³	tʂaŋ¹³	tʂaŋ¹³	tʂaŋ¹³	tʂaŋ²¹³	tʂaŋ²¹³	tʂaŋ³¹	tʂaŋ¹³
1364	掌	tʂaŋ⁵²	tʂaŋ⁵²	tʂaŋ⁵²	tʂaŋ⁵²	tʂaŋ⁵²	tʂaŋ⁵²	tʂaŋ⁵²	tʂaŋ⁵²
1365	厂	tʂʰaŋ⁵²	tʂʰaŋ⁵²	tʂʰaŋ⁵²	tʂʰaŋ⁵²	tʂʰaŋ⁵²	tʂʰaŋ⁵²	tʂʰaŋ⁵²	tʂʰaŋ⁵²
1366	唱	tʂʰaŋ⁴⁴	tʂʰaŋ⁴⁴	tʂʰaŋ⁴⁴	tʂʰaŋ⁴⁴	tʂʰaŋ⁴⁴	tʂʰaŋ⁴⁴	tʂʰaŋ⁵²	tʂʰaŋ⁴⁴
1367	伤	ʂaŋ¹³	ʂaŋ¹³	ʂaŋ¹³	ʂaŋ¹³	ʂaŋ²¹³	ʂaŋ²¹³	ʂaŋ³¹	ʂaŋ¹³
1368	响（~午）	ʂaŋ⁵²	ʂaŋ⁵²	ʂaŋ⁵²	ʂaŋ⁵²	ʂaŋ⁵²	ʂaŋ⁵²	ʂaŋ⁵²	ʂaŋ⁵²
1369	尝	ʂaŋ¹³	ʂaŋ¹³	ʂaŋ¹³	ʂaŋ¹³	ʂaŋ¹³	ʂaŋ¹³	tʂʰaŋ³⁵	ʂaŋ¹³

续表

序号	例字	红寺堡	闽宁镇1	闽宁镇2	镇北堡1	镇北堡2	月牙湖	兴泾镇	大战场
1370	上	ʂaŋ⁴⁴	ʂaŋ⁴⁴	ʂaŋ⁴⁴	ʂaŋ⁴⁴	ʂaŋ⁴⁴	ʂaŋ⁴⁴	ʂaŋ⁴⁴	ʂaŋ⁴⁴
1371	勺（~子)	ʃə¹³	ʂuə¹³	ʂuə¹³	ʂuə¹³	ʂuə¹³	ʂuə¹³	ʂuə³⁵	ʂuə¹³
1372	瓢（瓜~)	ʐaŋ¹³	ʐaŋ¹³	ʐaŋ¹³	ʐaŋ¹³	ʐaŋ¹³	ʐaŋ¹³	ʐaŋ³⁵	ʐaŋ¹³
1373	嚷	ʐaŋ⁵²	ʐaŋ⁵²	ʐaŋ⁵²	ʐaŋ⁵²	ʐaŋ⁵²	ʐaŋ⁵²	ʐaŋ⁵²	ʐaŋ⁵²
1374	让	ʐaŋ⁴⁴	ʐaŋ⁴⁴	ʐaŋ⁴⁴	ʐaŋ⁴⁴	ʐaŋ⁴⁴	ʐaŋ⁴⁴	ʐaŋ⁴⁴	ʐaŋ⁴⁴
1375	弱	ʐuə¹³	ʐuə¹³	ʐuə¹³	ʐuə¹³	ʐuə²¹³	ʐuə²¹³	ʐuə³¹	ʐuə¹³
1376	姜	tɕiaŋ¹³	tɕiaŋ¹³	tɕiaŋ¹³	tɕiaŋ¹³	tɕiaŋ²¹³	tɕiaŋ²¹³	tɕiaŋ³¹	tɕiaŋ¹³
1377	脚	tɕyə¹³	tɕyə¹³	tɕyə¹³	tɕyə¹³	tɕyə²¹³	tɕyə²¹³	tɕyə³¹	tɕyə¹³
1378	却	tɕʰyə¹³	tɕʰyə¹³	tɕʰyə¹³	tɕʰyə¹³	tɕʰyə²¹³	tɕʰyə²¹³	tɕʰyə⁵²	tɕʰyə¹³
1379	强	tɕʰiaŋ¹³	tɕʰiaŋ¹³	tɕʰiaŋ¹³	tɕʰiaŋ¹³	tɕʰiaŋ¹³	tɕʰiaŋ¹³	tɕʰiaŋ³⁵	tɕʰiaŋ¹³
1380	仰	ȵiaŋ⁵²	iaŋ⁵²	iaŋ⁵²	iaŋ⁵²	iaŋ⁵²	iaŋ⁵²	iaŋ⁵²	iaŋ⁵²
1381	虐	lyə¹³	ȵyə¹³	nyə¹³	ȵyə¹³	ȵyə¹³	ȵyə¹³	nyə³¹	lyə¹³
1382	香	ɕiaŋ¹³	ɕiaŋ¹³	ɕiaŋ¹³	ɕiaŋ¹³	ɕiaŋ²¹³	ɕiaŋ²¹³	ɕiaŋ³¹	ɕiaŋ¹³
1383	响	ɕiaŋ⁵²	ɕiaŋ⁵²	ɕiaŋ⁵²	ɕiaŋ⁵²	ɕiaŋ⁵²	ɕiaŋ⁵²	ɕiaŋ⁵²	ɕiaŋ⁵²
1384	向	ɕiaŋ⁴⁴	ɕiaŋ⁴⁴	ɕiaŋ⁴⁴	ɕiaŋ⁴⁴	ɕiaŋ⁴⁴	ɕiaŋ⁴⁴	ɕiaŋ⁴⁴	ɕiaŋ⁴⁴
1385	秧	iaŋ¹³	iaŋ¹³	iaŋ¹³	iaŋ¹³	iaŋ²¹³	iaŋ²¹³	iaŋ³¹	iaŋ¹³
1386	约	yə¹³	yə¹³	yə¹³	yə¹³	yə²¹³	yə²¹³	yə³¹	yə¹³
1387	羊	iaŋ¹³	iaŋ¹³	iaŋ¹³	iaŋ¹³	iaŋ¹³	iaŋ¹³	iaŋ³⁵	iaŋ¹³
1388	养	iaŋ⁵²	iaŋ⁵²	iaŋ⁵²	iaŋ⁵²	iaŋ⁵²	iaŋ⁵²	iaŋ⁵²	iaŋ⁵²
1389	痒	iaŋ⁵²	iaŋ⁵²	iaŋ⁵²	iaŋ⁵²	iaŋ⁵²	iaŋ⁵²	iaŋ⁵²	iaŋ⁵²
1390	□（痒)	ȵiɔ⁵²	ȵiɔ⁵²	ȵiɔ⁵²	ȵiɔ⁵²	ȵiɔ⁵²	ȵiɔ⁵²	ȵiɔ⁵²	ȵiɔ⁵²
1391	样	iaŋ⁴⁴	iaŋ⁴⁴	iaŋ⁴⁴	iaŋ⁴⁴	iaŋ⁴⁴	iaŋ⁴⁴	iaŋ³⁵	iaŋ⁵²
1392	药	yə¹³	yə¹³	yə¹³	yə¹³	yə²¹³	yə²¹³	yə³¹	yə¹³
1393	光	kuaŋ¹³	kuaŋ¹³	kuaŋ¹³	kuaŋ¹³	kuaŋ²¹³	kuaŋ²¹³	kuaŋ³¹	kuaŋ¹³
1394	广	kuaŋ⁵²	kuaŋ⁵²	kuaŋ⁵²	kuaŋ⁵²	kuaŋ⁵²	kuaŋ⁵²	kuaŋ⁵²	kuaŋ⁵²
1395	桄（一~线)	kuaŋ⁴⁴	kuaŋ⁴⁴	kuaŋ⁴⁴	kuaŋ⁵²	kuaŋ⁴⁴	kuaŋ⁴⁴	kuaŋ⁴⁴	kuaŋ⁴⁴
1396	郭	kuə¹³	kuə¹³	kuə¹³	kuə¹³	kuə²¹³	kuə²¹³	kuə³¹	kuə¹³
1397	旷	kʰuaŋ⁴⁴	kʰuaŋ⁴⁴	kʰuaŋ⁴⁴	kʰuaŋ⁴⁴	kʰuaŋ⁴⁴	kʰuaŋ⁴⁴	kʰuaŋ⁴⁴	kʰuaŋ⁴⁴
1398	扩（~充)	kʰuə¹³	kʰuə¹³	kʰuə¹³	kʰuə¹³	kʰuə²¹³	kʰuə²¹³	kʰuə³¹	kʰuə¹³
1399	慌	xuaŋ¹³	xuaŋ¹³	xuaŋ¹³	xuaŋ¹³	xuaŋ²¹³	xuaŋ²¹³	xuaŋ³¹	xuaŋ¹³
1400	谎	xuaŋ⁵²	xuaŋ⁵²	xuaŋ⁵²	xuaŋ⁵²	xuaŋ⁵²	xuaŋ⁵²	xuaŋ⁵²	xuaŋ⁵²
1401	霍	xuə¹³	xuə⁴⁴	xuə¹³	xuə⁴⁴	xuə²¹³	xuə²¹³	xuə³¹	xuə¹³
1402	黄	xuaŋ¹³	xuaŋ¹³	xuaŋ¹³	xuaŋ¹³	xuaŋ¹³	xuaŋ¹³	xuaŋ³¹	xuaŋ¹³
1403	方	faŋ¹³	faŋ¹³	faŋ¹³	faŋ¹³	faŋ²¹³	faŋ²¹³	faŋ³¹	faŋ¹³
1404	放	faŋ⁴⁴	faŋ⁴⁴	faŋ⁴⁴	faŋ⁴⁴	faŋ⁴⁴	faŋ⁴⁴	faŋ⁴⁴	faŋ⁴⁴

序号	例字	红寺堡	闽宁镇1	闽宁镇2	镇北堡1	镇北堡2	月牙湖	兴泾镇	大战场
1405	妨（~害）	faŋ^{13}	faŋ^{13}	faŋ^{13}	faŋ^{13}	faŋ^{13}	faŋ^{13}	faŋ^{31}	faŋ^{13}
1406	纺	faŋ^{52}	faŋ^{52}	faŋ^{52}	faŋ^{52}	faŋ^{52}	faŋ^{52}	faŋ^{52}	faŋ^{52}
1407	房	faŋ^{13}	faŋ^{13}	faŋ^{13}	faŋ^{13}	faŋ^{13}	faŋ^{13}	faŋ^{35}	faŋ^{13}
1408	亡	vaŋ^{13}	vaŋ^{13}	vaŋ^{13}	vaŋ^{13}	vaŋ^{13}	vaŋ^{13}	vaŋ^{35}	vaŋ^{13}
1409	网	vaŋ^{52}	vaŋ^{52}	vaŋ^{52}	vaŋ^{52}	vaŋ^{52}	vaŋ^{52}	vaŋ^{52}	vaŋ^{52}
1410	忘	vaŋ^{44}	vaŋ^{44}	vaŋ^{44}	vaŋ^{44}	vaŋ^{44}	vaŋ^{44}	vaŋ^{44}	vaŋ^{44}
1411	望	vaŋ^{44}	vaŋ^{44}	vaŋ^{44}	vaŋ^{44}	vaŋ^{44}	vaŋ^{44}	vaŋ^{44}	vaŋ^{44}
1412	逛	kuaŋ^{44}	kuaŋ^{44}	kuaŋ^{44}	kuaŋ^{44}	kuaŋ^{44}	kuaŋ^{44}	kuaŋ^{44}	kuaŋ^{44}
1413	筐	kʰuaŋ^{13}	kʰuaŋ^{13}	kʰuaŋ^{13}	kʰuaŋ^{13}	kʰuaŋ^{213}	kʰuaŋ^{213}	kʰuaŋ^{31}	kʰuaŋ^{13}
1414	狂	kʰuaŋ^{13}	kʰuaŋ^{13}	kʰuaŋ^{13}	kʰuaŋ^{13}	kʰuaŋ^{13}	kʰuaŋ^{13}	kʰuaŋ^{35}	kʰuaŋ^{13}
1415	况	kʰuaŋ^{44}	kʰuaŋ^{44}	kʰuaŋ^{44}	kʰuaŋ^{44}	kʰuaŋ^{44}	kʰuaŋ^{44}	kʰuaŋ^{44}	kʰuaŋ^{44}
1416	枉	vaŋ^{52}	vaŋ^{52}	vaŋ^{52}	vaŋ^{52}	vaŋ^{52}	vaŋ^{52}	uaŋ^{31}	vaŋ^{44}
1417	王	vaŋ^{13}	vaŋ^{13}	vaŋ^{13}	vaŋ^{13}	vaŋ^{13}	vaŋ^{13}	uaŋ^{35}	vaŋ^{13}
1418	往	vaŋ^{52}	vaŋ^{52}	vaŋ^{52}	vaŋ^{52}	vaŋ^{52}	vaŋ^{52}	uaŋ^{52}	vaŋ^{52}
1419	旺	vaŋ^{44}	vaŋ^{44}	vaŋ^{44}	vaŋ^{44}	vaŋ^{44}	vaŋ^{44}	uaŋ^{44}	vaŋ^{44}
1420	邦	paŋ^{13}	paŋ^{13}	paŋ^{13}	paŋ^{13}	paŋ^{213}	paŋ^{213}	paŋ^{31}	paŋ^{13}
1421	绑	paŋ^{52}	paŋ^{52}	paŋ^{52}	paŋ^{52}	paŋ^{52}	paŋ^{52}	paŋ^{52}	paŋ^{52}
1422	剥	pə^{13}	puə^{13}	puə^{13}	puə^{13}	puə^{213}	puə^{213}	puə^{31}	puə^{13}
1423	胖	pʰaŋ^{44}	pʰaŋ^{44}	pʰaŋ^{44}	pʰaŋ^{44}	pʰaŋ^{44}	pʰaŋ^{44}	pʰaŋ^{44}	pʰaŋ^{44}
1424	朴	pʰu^{52}	pʰu^{52}	pʰu^{52}	pʰu^{52}	pʰu^{52}	pʰu^{52}	pʰu^{52}	pʰu^{13}
1425	庞	pʰaŋ^{13}	pʰaŋ^{13}	pʰaŋ^{13}	pʰaŋ^{13}	pʰaŋ^{13}	pʰaŋ^{13}	pʰaŋ^{35}	pʰaŋ^{13}
1426	棒	paŋ^{44}	paŋ^{44}	paŋ^{44}	paŋ^{44}	paŋ^{44}	paŋ^{44}	paŋ^{44}	paŋ^{44}
1427	雹	pʰɔ^{44}	pʰɔ^{44}	pʰɔ^{44}	pʰɔ^{44}	pɔ^{13}	pʰɔ^{44}	pɔ^{44}	pɔ^{13}
1428	攘（捅）	naŋ^{52}	naŋ^{52}	naŋ^{52}	laŋ^{52}	naŋ^{52}	naŋ^{52}	ŋaŋ^{52}	naŋ^{52}
1429	桩	tʃuaŋ^{13}	tʂuaŋ^{13}	tʂuaŋ^{13}	tʂuaŋ^{13}	tʂuaŋ^{213}	tʂuaŋ^{213}	tʂuaŋ^{31}	tʂuaŋ^{13}
1430	桌	tʃuə^{13}	tʂuə^{13}	tʂuə^{13}	tʂuə^{13}	tʂuə^{213}	tʂuə^{213}	tʂuə^{35}	tʂuə^{13}
1431	啄	tʃuə^{13}	tʂuə^{13}	tʂuə^{13}	tʂuə^{13}	tʂuə^{13}	tʂuə^{13}	tʂuə^{31}	tʂuə^{13}
1432	戳	tʃʰuə^{13}	tʂʰuə^{13}	tʂʰuə^{13}	tʂʰuə^{13}	tʂʰuə^{213}	tʂʰuə^{213}	tʂʰuə^{31}	tʂʰuə^{13}
1433	撞	tʃʰuaŋ^{44}	tʂʰuaŋ^{44}	tʂʰuaŋ^{44}	tʂʰuaŋ^{44}	tʂʰuaŋ^{44}	tʂʰuaŋ^{44}	tʂuaŋ^{44}	tʂuaŋ^{44}
1434	捉	tʃuə^{13}	tʂuə^{13}	tʂuə^{13}	tʂuə^{13}	tʂuə^{213}	tʂuə^{13}	tʂuə^{31}	tʂuə^{13}
1435	窗	tʃʰuaŋ^{13}	tʂʰuaŋ^{13}	tʂʰuaŋ^{13}	tʂʰuaŋ^{13}	tʂʰuaŋ^{213}	tʂʰuaŋ^{213}	tʂʰuaŋ^{31}	tʂʰuaŋ^{13}
1436	镯（~子）	tʃuə^{13}	tʂʰuə^{13}	tʂʰuə^{13}	ʂuə^{13}	tʂʰuə^{13}	tʂuə^{13}	tʂʰuə^{35}	tʂʰuə^{13}
1437	双	ʃuaŋ^{13}	ʂuaŋ^{13}	ʂuaŋ^{13}	ʂuaŋ^{13}	ʂuaŋ^{213}	ʂuaŋ^{213}	ʂuaŋ^{31}	ʂuaŋ^{13}
1438	江	tɕiaŋ^{13}	tɕiaŋ^{13}	tɕiaŋ^{13}	tɕiaŋ^{13}	tɕiaŋ^{213}	tɕiaŋ^{213}	tɕiaŋ^{31}	tɕiaŋ^{13}
1439	扛	kʰaŋ^{13}	kʰaŋ^{13}	kʰaŋ^{13}	kʰaŋ^{13}	kʰaŋ^{13}	kʰaŋ^{13}	kʰaŋ^{31}	kʰaŋ^{13}

序号	例字	红寺堡	闽宁镇1	闽宁镇2	镇北堡1	镇北堡2	月牙湖	兴泾镇	大战场
1440	讲	tɕiaŋ⁵²	tɕiaŋ⁵²	tɕiaŋ⁵²	tɕiaŋ⁵²	tɕiaŋ⁵²	tɕiaŋ⁵²	tɕiaŋ⁵²	tɕiaŋ⁵²
1441	虹（彩虹）	tɕiaŋ⁴⁴	tɕiaŋ⁴⁴	tɕiaŋ⁴⁴	tɕiaŋ⁴⁴	tɕiaŋ⁴⁴	tɕiaŋ⁴⁴	tɕiaŋ⁴⁴	tɕiaŋ⁴⁴
1442	觉（知~）	tɕyə¹³	tɕyə¹³	tɕyə¹³	tɕyə¹³	tɕyə¹³	tɕyə¹³	tɕyə³¹	tɕyə¹³
1443	角	kə¹³	tɕyə¹³	tɕyə¹³	tɕyə¹³	tɕyə²¹³	tɕyə²¹³	tɕyə³¹	tɕyə¹³
1444	腔	kʰaŋ¹³	tɕʰiaŋ¹³	tɕʰiaŋ¹³	kʰaŋ¹³	kʰaŋ²¹³	kʰaŋ²¹³	tɕʰiaŋ³¹	tɕʰiaŋ¹³
1445	确	tɕʰyə¹³	tɕʰyə¹³	tɕʰyə¹³	tɕʰyə¹³	tɕʰyə²¹³	tɕʰyə²¹³	tɕʰyə³¹	tɕʰyə¹³
1446	壳（~子）	kʰə¹³	kʰə¹³	kʰə¹³	kʰə¹³	kʰə¹³	kʰə¹³	kʰə⁵²	kʰə¹³
1447	夯（打~）	xaŋ⁵²	xaŋ⁵²	xaŋ⁵²	xaŋ⁵²	xaŋ⁵²	xaŋ⁵²	xaŋ⁵²	xaŋ⁵²
1448	降（投~）	ɕiaŋ¹³	ɕiaŋ¹³	ɕiaŋ¹³	ɕiaŋ¹³	ɕiaŋ¹³	ɕiaŋ¹³	ɕiaŋ³⁵	ɕiaŋ¹³
1449	巷	xaŋ⁴⁴	xaŋ⁴⁴	xaŋ⁴⁴	xaŋ⁴⁴	xaŋ⁴⁴	xaŋ⁴⁴	xaŋ⁵²	xaŋ⁴⁴
1450	学	ɕyə¹³	ɕyə¹³	ɕyə¹³	ɕyə¹³	ɕyə¹³	ɕyə¹³	ɕyə³⁵	ɕyə¹³
1451	握	vuə¹³	vuə¹³	vuə¹³	vuə¹³	vuə²¹³	vuə²¹³	vuə¹³	vuə¹³
1452	崩	pəŋ¹³	pəŋ¹³	pəŋ¹³	pəŋ¹³	pəŋ²¹³	pəŋ²¹³	pəŋ³¹	pəŋ¹³
1453	北	pei¹³	pei¹³	pei¹³	pei¹³	pei²¹³	pei²¹³	pei³¹	pei¹³
1454	朋	pʰeŋ¹³	pʰeŋ¹³	pʰeŋ¹³	pʰeŋ¹³	pʰeŋ¹³	pʰeŋ¹³	pʰeŋ³⁵	pʰeŋ¹³
1455	墨	mei¹³	mei¹³	mei¹³	mei¹³	mei²¹³	mei²¹³	mei³⁵	mei¹³
1456	灯	təŋ¹³	təŋ¹³	təŋ¹³	təŋ¹³	təŋ²¹³	təŋ²¹³	təŋ³¹	təŋ¹³
1457	等	təŋ⁵²	təŋ⁵²	təŋ⁵²	təŋ⁵²	təŋ⁵²	təŋ⁵²	təŋ⁵²	təŋ⁵²
1458	凳	təŋ⁴⁴	təŋ⁴⁴	təŋ⁴⁴	təŋ⁴⁴	təŋ⁴⁴	təŋ⁴⁴	təŋ⁴⁴	təŋ⁴⁴
1459	德	tei¹³	tei¹³	tɛ¹³	tei¹³	tei²¹³	tei²¹³	tei³¹	tei¹³
1460	疼	tʰəŋ¹³	tʰəŋ¹³	tʰəŋ¹³	tʰəŋ¹³	tʰəŋ¹³	tʰəŋ¹³	tʰəŋ³¹	tʰəŋ¹³
1461	邓	təŋ⁴⁴	təŋ⁴⁴	təŋ⁴⁴	təŋ⁴⁴	təŋ⁴⁴	təŋ⁴⁴	təŋ⁴⁴	təŋ⁴⁴
1462	特	tʰei¹³	tʰei¹³	tʰɛ¹³	tʰei¹³	tʰɛ²¹³	tʰɛ²¹³	tʰɛ³¹	tʰei¹³
1463	能	nəŋ¹³	nəŋ¹³	nəŋ¹³	ləŋ¹³	nəŋ¹³	nəŋ¹³	nəŋ³⁵	nəŋ¹³
1464	增	tsəŋ¹³	tsəŋ¹³	tsəŋ¹³	tsəŋ¹³	tsəŋ²¹³	tsəŋ²¹³	tsəŋ³¹	tsəŋ¹³
1465	则	tsei¹³	tsʰei¹³	tsʰɛ¹³	tsei¹³	tsʰɛ¹³	tsʰɛ¹³	tsə³⁵	tsə¹³
1466	层	tsʰəŋ¹³	tsʰəŋ¹³	tsʰəŋ¹³	tsʰəŋ¹³	tsʰəŋ¹³	tsʰəŋ¹³	tsʰəŋ³⁵	tsʰəŋ¹³
1467	赠	tsəŋ⁴⁴	tsəŋ⁴⁴	tsəŋ¹³	tsəŋ⁴⁴	tsəŋ⁴⁴	tsəŋ⁴⁴	tsəŋ⁴⁴	tsəŋ⁴⁴
1468	贼	tsei¹³	tsei¹³	tsei¹³	tsʰei¹³	tsei¹³	tsei¹³	tsei³⁵	tsei¹³
1469	僧	səŋ¹³	səŋ¹³	səŋ¹³	səŋ¹³	səŋ²¹³	səŋ²¹³	səŋ³¹	səŋ¹³
1470	塞（~住）	sei¹³	tsei¹³	sɛ¹³	tsei¹³	sei²¹³	sei²¹³	sei³¹	sei¹³
1471	肯	kʰəŋ⁵²	kʰəŋ⁵²	kʰəŋ⁵²	kʰəŋ⁵²	kʰəŋ⁵²	kʰəŋ⁵²	kʰən⁵²	kʰəŋ⁵²
1472	刻（~章）	kʰei¹³	kʰə¹³	kʰɛ¹³	kʰei¹³	kʰə²¹³	kʰə²¹³	kʰei¹³	kʰə¹³
1473	黑	xei¹³	xei¹³	xei¹³	xei¹³	xei²¹³	xei²¹³	xei³¹	xei¹³
1474	恒	xəŋ¹³	xəŋ¹³	xəŋ¹³	xəŋ¹³	xəŋ¹³	xəŋ¹³	xəŋ³⁵	xəŋ¹³

续表

序号	例字	红寺堡	闽宁镇1	闽宁镇2	镇北堡1	镇北堡2	月牙湖	兴泾镇	大战场
1475	冰	piŋ¹³	piŋ¹³	piŋ¹³	piŋ¹³	piŋ²¹³	piŋ²¹³	piŋ³¹	piŋ¹³
1476	逼	pi¹³	pi¹³	pi¹³	pi¹³	pi²¹³	pi²¹³	pi³¹	pi¹³
1477	凭	pʰiŋ¹³	pʰiŋ¹³	pʰiŋ¹³	pʰiŋ¹³	pʰiŋ¹³	pʰiŋ¹³	pʰiŋ³⁵	pʰiŋ¹³
1478	凌	liŋ¹³	liŋ¹³	liŋ¹³	liŋ¹³	liŋ¹³	liŋ¹³	liŋ³⁵	liŋ¹³
1479	力	li¹³	li¹³	li¹³	li¹³	li²¹³	li²¹³	li³¹	li¹³
1480	即	tɕi¹³	tɕi¹³	tɕi¹³	tɕi¹³	tɕi²¹³	tɕi²¹³	tɕi³¹	tɕi¹³
1481	息	ɕi¹³	ɕi¹³	ɕi¹³	ɕi¹³	ɕi²¹³	ɕi²¹³	ɕi³¹	ɕi¹³
1482	征（~求）	tʂəŋ¹³	tʂəŋ¹³	tʂəŋ¹³	tʂəŋ¹³	tʂəŋ²¹³	tʂəŋ²¹³	tʂəŋ³¹	tʂəŋ¹³
1483	瞪（~眼）	təŋ⁴⁴	təŋ⁴⁴	təŋ⁴⁴	təŋ⁴⁴	təŋ⁴⁴	təŋ⁴⁴	təŋ⁴⁴	təŋ⁴⁴
1484	直	tʂʅ¹³	tʂʅ¹³	tʂʅ¹³	tʂʅ¹³	tʂʅ¹³	tʂʅ¹³	tʂʅ³¹	tʂʅ¹³
1485	侧	tsʰei¹³	tsʰɛ¹³	tsʰɛ¹³	tsʰei¹³	tsʰei²¹³	tsʰei²¹³	tsʰɛ³¹	tsʰɛ¹³
1486	色	sei¹³	sei¹³	sei¹³	sei¹³	sei²¹³	sei²¹³	sei³¹	sə¹³
1487	蒸	tʂəŋ¹³	tʂəŋ¹³	tʂəŋ¹³	tʂəŋ¹³	tʂəŋ²¹³	tʂəŋ²¹³	tʂəŋ³¹	tʂəŋ¹³
1488	证	tʂəŋ⁴⁴	tʂəŋ⁴⁴	tʂəŋ⁴⁴	tʂəŋ⁴⁴	tʂəŋ⁴⁴	tʂəŋ⁴⁴	tʂəŋ⁴⁴	tʂəŋ⁴⁴
1489	织	tʂʅ¹³	tʂʅ¹³	tʂʅ¹³	tʂʅ¹³	tʂʅ²¹³	tʂʅ²¹³	tʂʅ³¹	tʂʅ¹³
1490	秤（一杆~）	tʂʰəŋ⁴⁴	tʂʰəŋ⁴⁴	tʂʰəŋ⁴⁴	tʂʰəŋ⁴⁴	tʂʰəŋ⁴⁴	tʂʰəŋ⁴⁴	tʂʰəŋ⁴⁴	tʂʰəŋ⁴⁴
1491	绳	ʂəŋ¹³	ʂəŋ¹³	ʂəŋ¹³	ʂəŋ¹³	ʂəŋ¹³	ʂəŋ¹³	ʂəŋ³⁵	ʂəŋ¹³
1492	剩	ʂəŋ⁴⁴	ʂəŋ⁴⁴	ʂəŋ⁴⁴	ʂəŋ⁴⁴	ʂəŋ⁴⁴	ʂəŋ⁴⁴	ʂəŋ⁴⁴	ʂəŋ⁴⁴
1493	食	ʂʅ¹³	ʂʅ¹³	ʂʅ¹³	ʂʅ¹³	ʂʅ¹³	ʂʅ¹³	ʂʅ³⁵	ʂʅ¹³
1494	升	ʂəŋ¹³	ʂəŋ¹³	ʂəŋ¹³	ʂəŋ¹³	ʂəŋ²¹³	ʂəŋ²¹³	ʂəŋ³¹	ʂəŋ¹³
1495	胜（~败）	ʂəŋ⁴⁴	ʂəŋ⁴⁴	ʂəŋ⁴⁴	ʂəŋ⁴⁴	ʂəŋ⁴⁴	ʂəŋ⁴⁴	ʂəŋ⁴⁴	ʂəŋ⁴⁴
1496	识	ʂʅ¹³	ʂʅ¹³	ʂʅ¹³	ʂʅ¹³	ʂʅ²¹³	ʂʅ²¹³	ʂʅ³¹	ʂʅ¹³
1497	承	tʂʰəŋ¹³	tʂʰəŋ¹³	tʂʰəŋ¹³	tʂʰəŋ¹³	tʂʰəŋ¹³	tʂʰəŋ¹³	tʂʰəŋ³⁵	tʂʰəŋ¹³
1498	植	tʂʅ¹³	tʂʅ¹³	tʂʅ¹³	tʂʅ¹³	tʂʅ²¹³	tʂʅ²¹³	tʂʅ³⁵	tʂʅ¹³
1499	仍	zəŋ¹³	z̧əŋ¹³	z̧əŋ¹³	z̧əŋ¹³	z̧əŋ¹³	z̧əŋ¹³	z̧əŋ⁴⁴	z̧əŋ⁵²
1500	扔	zəŋ⁵²	z̧əŋ¹³	z̧əŋ⁵²	z̧əŋ¹³	z̧əŋ⁵²	z̧əŋ¹³	z̧əŋ⁵²	z̧əŋ⁵²
1501	极	tɕi¹³	tɕi¹³	tɕi¹³	tɕi¹³	tɕi¹³	tɕi¹³	tɕi³¹	tɕi¹³
1502	凝	ɲiŋ¹³	ɲiŋ¹³	ɲiŋ¹³	ɲiŋ¹³	ɲiŋ¹³	ɲiŋ¹³	ɲiŋ³⁵	ɲiŋ¹³
1503	兴（高~）	ɕiŋ⁴⁴	ɕiŋ⁴⁴	ɕiŋ⁴⁴	ɕiŋ⁴⁴	ɕiŋ⁴⁴	ɕiŋ⁴⁴	ɕiŋ³¹	ɕiŋ⁴⁴
1504	蝇	iŋ¹³	iŋ¹³	iŋ¹³	iŋ¹³	iŋ¹³	iŋ¹³	iŋ³¹	iŋ¹³
1505	孕	yŋ⁴⁴	yŋ⁴⁴	yŋ⁴⁴	yŋ⁴⁴	yŋ⁴⁴	yŋ⁴⁴	yn⁴⁴	yŋ⁴⁴
1506	国	kuei¹³	kuei¹³	kuə¹³	kuei¹³	kuei¹³	kuei¹³	kuei³¹	kuə¹³
1507	或	xuei¹³	xuə¹³	xuə¹³	xuɛ¹³	xuɛ²¹³	xuɛ²¹³	xuə³⁵	xuə¹³
1508	百	pei¹³	pei¹³	pɛ¹³	pei¹³	pei²¹³	pei²¹³	pei³¹	pei¹³
1509	拍	pʰei¹³	pʰei¹³	pʰei¹³	pʰei¹³	pʰei²¹³	pʰei²¹³	pʰɛ³¹	pʰɛ¹³

序号	例字	红寺堡	闽宁镇1	闽宁镇2	镇北堡1	镇北堡2	月牙湖	兴泾镇	大战场
1510	彭	pʰəŋ13	pʰəŋ13	pʰəŋ13	pʰəŋ13	pʰəŋ13	pʰəŋ13	pʰəŋ35	pʰəŋ13
1511	白	pei13	pei13	pɛ13	pʰei13	pei13	pei13	pei35	pɛ13
1512	猛	məŋ52	məŋ52	məŋ52	məŋ52	məŋ52	məŋ52	məŋ52	məŋ52
1513	打	ta52	ta52	ta52	ta52	ta52	ta52	ta52	ta52
1514	冷	ləŋ52	ləŋ52	ləŋ52	ləŋ52	ləŋ52	ləŋ52	ləŋ52	ləŋ52
1515	撑	tsʰəŋ13	tsʰəŋ13	tsʰəŋ13	tsʰəŋ13	tsʰəŋ213	tsʰəŋ213	tsʰəŋ31	tsʰəŋ13
1516	拆(~开)	tsʰei13	tsʰɛ13	tsʰɛ13	tsʰei13	tsʰei213	tsʰei213	tsʰei31	tsʰɛ13
1517	择(~菜)	tsei13	tsɛ13	tsɛ13	tsei13	tsei13	tsɛ13	tsʰei31	tsɛ13
1518	窄	tsei13	tsei13	tsɛ13	tsei13	tsei213	tsei213	tsei52	tsɛ13
1519	生	səŋ13	səŋ13	səŋ13	səŋ13	səŋ213	səŋ213	səŋ31	səŋ13
1520	省(~长)	səŋ52	səŋ52	səŋ52	səŋ52	səŋ52	səŋ52	səŋ52	səŋ52
1521	埂(田~)	kəŋ52	kəŋ52	kəŋ52	kəŋ52	kəŋ52	kəŋ52	kəŋ31	kəŋ52
1522	更(~加)	kəŋ44	kəŋ44	kəŋ44	kəŋ44	kəŋ44	kəŋ44	kəŋ44	kəŋ44
1523	格	kei13	kei13	kə13	kei13	kei13	kei13	kə31	kə13
1524	坑	kʰəŋ13	kʰəŋ13	kʰəŋ13	kʰəŋ13	kʰəŋ213	kʰəŋ213	kʰəŋ31	kʰəŋ13
1525	客	kʰei13	kʰə13	kʰɛ13	kʰei13	kʰə213	kʰə213	kʰə31	kʰə13
1526	硬	ȵiŋ44	ȵiŋ44	ŋiŋ44	ȵiŋ44	ȵiŋ44	ȵiŋ44	ȵiŋ44	ȵiŋ44
1527	额	ŋei13	nɛ13	nɛ13	ŋɛ13	nɛ13	nɛ13	ŋɛ31	nɛ13
1528	行(~为)	ɕiŋ13	ɕiŋ13	ɕiŋ13	ɕiŋ13	ɕiŋ13	ɕiŋ13	ɕiŋ35	ɕiŋ13
1529	衡	xəŋ13	xəŋ13	xəŋ13	xəŋ13	xəŋ13	xəŋ13	xəŋ35	xəŋ13
1530	杏	ɕiŋ44	xəŋ44	ɕiŋ44	xəŋ44	xəŋ44	ɕiŋ44	xəŋ44	xəŋ44
1531	棚	pʰəŋ13	pʰəŋ13	pʰəŋ13	pʰəŋ13	pʰəŋ13	pʰəŋ13	pʰəŋ35	pʰəŋ13
1532	萌	məŋ13	məŋ13	məŋ13	məŋ13	məŋ13	məŋ13	məŋ35	məŋ13
1533	麦	mei13	mei13	mei13	mei13	mei213	mei213	mei31	mɛ13
1534	摘	tsei13	tsei13	tsei13	tsei13	tsei213	tsei213	tsei31	tsɛ13
1535	橙(~子)	tʂʰəŋ13	tʂʰəŋ13	tʂʰəŋ13	tʂʰəŋ13	tʂʰəŋ13	tʂʰəŋ13	tʂʰəŋ35	tʂʰəŋ13
1536	争	tsəŋ13	tsəŋ13	tsəŋ13	tsəŋ13	tsəŋ213	tsəŋ213	tsəŋ31	tsəŋ13
1537	责	tsei13	tsei13	tsɛ13	tsei13	tsei13	tsɛ13	tsei35	tsɛ13
1538	策	tsʰei13	tsʰɛ13	tsɛ13	tsʰei13	tsʰei213	tsʰei213	tsʰei31	tsɛ13
1539	隔	kei13	kei13	kɛ13	kei13	kə13	kə13	kei35	kə13
1540	幸	ɕiŋ44	ɕiŋ44	ɕiŋ44	ɕiŋ44	ɕiŋ44	ɕiŋ44	ɕiŋ44	ɕiŋ44
1541	兵	piŋ13	piŋ13	piŋ13	piŋ13	piŋ213	piŋ213	piŋ31	piŋ13
1542	柄	piŋ52	piŋ52	piŋ52	piŋ52	piŋ52	piŋ52	piŋ52	piŋ52
1543	碧	pi13	pi52	pi13	pi13	pi213	pi213	pi44	pi13
1544	平	pʰiŋ13	pʰiŋ13	pʰiŋ13	pʰiŋ13	pʰiŋ13	pʰiŋ13	pʰiŋ35	pʰiŋ13

序号	例字	红寺堡	闽宁镇1	闽宁镇2	镇北堡1	镇北堡2	月牙湖	兴泾镇	大战场
1545	病	$p^h iŋ^{44}$	$piŋ^{44}$	$piŋ^{44}$	$p^h iŋ^{44}$	$piŋ^{44}$	$piŋ^{44}$	$piŋ^{44}$	$piŋ^{44}$
1546	明	$miŋ^{13}$	$miŋ^{13}$	$miŋ^{13}$	$miŋ^{13}$	$miŋ^{13}$	$miŋ^{13}$	$miŋ^{35}$	$miŋ^{13}$
1547	命	$miŋ^{44}$	$miŋ^{44}$	$miŋ^{44}$	$miŋ^{44}$	$miŋ^{44}$	$miŋ^{44}$	$miŋ^{44}$	$miŋ^{44}$
1548	京	$tɕiŋ^{13}$	$tɕiŋ^{13}$	$tɕiŋ^{13}$	$tɕiŋ^{13}$	$tɕiŋ^{213}$	$tɕiŋ^{213}$	$tɕiŋ^{31}$	$tɕiŋ^{13}$
1549	境	$tɕiŋ^{44}$	$tɕiŋ^{44}$	$tɕiŋ^{44}$	$tɕiŋ^{44}$	$tɕiŋ^{44}$	$tɕiŋ^{44}$	$tɕiŋ^{52}$	$tɕiŋ^{44}$
1550	景	$tɕiŋ^{52}$	$tɕiŋ^{52}$	$tɕiŋ^{52}$	$tɕiŋ^{52}$	$tɕiŋ^{52}$	$tɕiŋ^{52}$	$tɕiŋ^{52}$	$tɕiŋ^{52}$
1551	镜	$tɕiŋ^{44}$	$tɕiŋ^{44}$	$tɕiŋ^{44}$	$tɕiŋ^{44}$	$tɕiŋ^{44}$	$tɕiŋ^{44}$	$tɕiŋ^{44}$	$tɕiŋ^{44}$
1552	庆	$tɕ^h iŋ^{44}$	$tɕ^h iŋ^{44}$	$tɕ^h iŋ^{44}$	$tɕ^h iŋ^{44}$	$tɕ^h iŋ^{44}$	$tɕ^h iŋ^{44}$	$tɕ^h iŋ^{44}$	$tɕ^h iŋ^{44}$
1553	竞	$tɕiŋ^{44}$	$tɕiŋ^{44}$	$tɕiŋ^{44}$	$tɕiŋ^{44}$	$tɕiŋ^{44}$	$tɕiŋ^{44}$	$tɕiŋ^{31}$	$tɕiŋ^{44}$
1554	剧（戏~）	$tɕy^{44}$	$tɕy^{44}$	$tɕy^{44}$	$tɕy^{44}$	$tɕy^{44}$	$tɕy^{44}$	$tɕy^{44}$	$tɕy^{44}$
1555	迎	$iŋ^{13}$	$iŋ^{13}$	$iŋ^{13}$	$iŋ^{13}$	$iŋ^{13}$	$iŋ^{13}$	$iŋ^{35}$	$iŋ^{13}$
1556	逆（~风）	$ȵi^{13}$	$ȵi^{13}$	ni^{13}	$ȵi^{13}$	$ȵi^{213}$	$ȵi^{213}$	$ȵi^{31}$	ni^{13}
1557	英	$iŋ^{13}$	$iŋ^{13}$	$iŋ^{13}$	$iŋ^{13}$	$iŋ^{213}$	$iŋ^{213}$	$iŋ^{31}$	$iŋ^{13}$
1558	影	$iŋ^{52}$	$iŋ^{52}$	$iŋ^{52}$	$iŋ^{52}$	$iŋ^{52}$	$iŋ^{52}$	$iŋ^{52}$	$iŋ^{52}$
1559	映	$iŋ^{44}$	$iŋ^{44}$	$iŋ^{44}$	$iŋ^{44}$	$iŋ^{44}$	$iŋ^{44}$	$iŋ^{44}$	$iŋ^{44}$
1560	饼	$piŋ^{52}$	$piŋ^{52}$	$piŋ^{52}$	$piŋ^{52}$	$piŋ^{52}$	$piŋ^{52}$	$piŋ^{52}$	$piŋ^{52}$
1561	名	$miŋ^{13}$	$miŋ^{13}$	$miŋ^{13}$	$miŋ^{13}$	$miŋ^{13}$	$miŋ^{13}$	$miŋ^{35}$	$miŋ^{13}$
1562	领	$liŋ^{52}$	$liŋ^{52}$	$liŋ^{52}$	$liŋ^{52}$	$liŋ^{52}$	$liŋ^{52}$	$liŋ^{52}$	$liŋ^{52}$
1563	令	$liŋ^{44}$	$liŋ^{44}$	$liŋ^{52}$	$liŋ^{44}$	$liŋ^{44}$	$liŋ^{44}$	$liŋ^{44}$	$liŋ^{52}$
1564	睛（眼~）	$tɕiŋ^{13}$	$tɕiŋ^{13}$	$tɕiŋ^{13}$	$tɕiŋ^{13}$	$tɕiŋ^{213}$	$tɕiŋ^{213}$	$tɕiŋ^{31}$	$tɕiŋ^{13}$
1565	井	$tɕiŋ^{52}$	$tɕiŋ^{52}$	$tɕiŋ^{52}$	$tɕiŋ^{52}$	$tɕiŋ^{52}$	$tɕiŋ^{52}$	$tɕiŋ^{52}$	$tɕiŋ^{52}$
1566	积	$tɕi^{13}$	$tɕi^{13}$	$tɕi^{13}$	$tɕi^{13}$	$tɕi^{213}$	$tɕi^{213}$	$tɕi^{31}$	$tɕi^{13}$
1567	清	$tɕ^h iŋ^{13}$	$tɕ^h iŋ^{13}$	$tɕ^h iŋ^{13}$	$tɕ^h iŋ^{13}$	$tɕ^h iŋ^{213}$	$tɕ^h iŋ^{213}$	$tɕ^h iŋ^{31}$	$tɕ^h iŋ^{13}$
1568	请	$tɕ^h iŋ^{52}$	$tɕ^h iŋ^{52}$	$tɕ^h iŋ^{52}$	$tɕ^h iŋ^{52}$	$tɕ^h iŋ^{52}$	$tɕ^h iŋ^{52}$	$tɕ^h iŋ^{52}$	$tɕ^h iŋ^{52}$
1569	情	$tɕ^h iŋ^{13}$	$tɕ^h iŋ^{13}$	$tɕ^h iŋ^{13}$	$tɕ^h iŋ^{13}$	$tɕ^h iŋ^{13}$	$tɕ^h iŋ^{13}$	$tɕ^h iŋ^{35}$	$tɕ^h iŋ^{13}$
1570	静	$tɕ^h iŋ^{44}$	$tɕiŋ^{44}$	$tɕiŋ^{44}$	$tɕiŋ^{44}$	$tɕiŋ^{44}$	$tɕiŋ^{44}$	$tɕiŋ^{44}$	$tɕiŋ^{44}$
1571	姓	$ɕiŋ^{44}$	$ɕiŋ^{44}$	$ɕiŋ^{44}$	$ɕiŋ^{44}$	$ɕiŋ^{44}$	$ɕiŋ^{44}$	$ɕiŋ^{44}$	$ɕiŋ^{44}$
1572	惜	$ɕi^{13}$	$ɕi^{13}$	$ɕi^{13}$	$ɕi^{13}$	$ɕi^{213}$	$ɕi^{213}$	$ɕi^{31}$	$ɕi^{13}$
1573	席	$ɕi^{13}$	$ɕi^{13}$	$ɕi^{13}$	$ɕi^{13}$	$ɕi^{13}$	$ɕi^{13}$	$ɕi^{35}$	$ɕi^{13}$
1574	贞	$tʂəŋ^{13}$	$tʂəŋ^{13}$	$tʂəŋ^{13}$	$tʂəŋ^{13}$	$tʂəŋ^{213}$	$tʂəŋ^{213}$	$tʂən^{31}$	$tʂəŋ^{13}$
1575	程	$tʂ^h əŋ^{13}$	$tʂ^h əŋ^{13}$	$tʂ^h əŋ^{13}$	$tʂ^h əŋ^{13}$	$tʂ^h əŋ^{13}$	$tʂ^h əŋ^{13}$	$tʂ^h əŋ^{35}$	$tʂ^h əŋ^{13}$
1576	郑	$tʂəŋ^{44}$	$tʂəŋ^{44}$	$tʂəŋ^{44}$	$tʂəŋ^{44}$	$tʂəŋ^{44}$	$tʂəŋ^{44}$	$tʂəŋ^{44}$	$tʂəŋ^{44}$
1577	正（~月）	$tʂəŋ^{13}$	$tʂəŋ^{13}$	$tʂəŋ^{13}$	$tʂəŋ^{13}$	$tʂəŋ^{213}$	$tʂəŋ^{213}$	$tʂəŋ^{52}$	$tʂəŋ^{13}$
1578	整	$tʂəŋ^{52}$	$tʂəŋ^{52}$	$tʂəŋ^{52}$	$tʂəŋ^{52}$	$tʂəŋ^{52}$	$tʂəŋ^{52}$	$tʂəŋ^{52}$	$tʂəŋ^{52}$
1579	正	$tʂəŋ^{44}$	$tʂəŋ^{44}$	$tʂəŋ^{44}$	$tʂəŋ^{44}$	$tʂəŋ^{44}$	$tʂəŋ^{44}$	$tʂəŋ^{44}$	$tʂəŋ^{44}$

续表

序号	例字	红寺堡	闽宁镇1	闽宁镇2	镇北堡1	镇北堡2	月牙湖	兴泾镇	大战场
1580	只	$ʈʂʅ^{13}$	$ʈʂʅ^{13}$	$ʈʂʅ^{13}$	$ʈʂʅ^{13}$	$ʈʂʅ^{213}$	$ʈʂʅ^{213}$	$ʈʂʅ^{31}$	$ʈʂʅ^{13}$
1581	尺	$ʈʂʰʅ^{13}$	$ʈʂʰʅ^{13}$	$ʈʂʰʅ^{13}$	$ʈʂʰʅ^{13}$	$ʈʂʰʅ^{213}$	$ʈʂʰʅ^{213}$	$ʈʂʰʅ^{31}$	$ʈʂʰʅ^{13}$
1582	射	$ʂə^{44}$	$ʂə^{44}$	$ʂə^{44}$	$ʂə^{44}$	$ʂə^{44}$	$ʂə^{44}$	$ʂə^{52}$	$ʂə^{44}$
1583	声	$ʂəŋ^{13}$	$ʂəŋ^{13}$	$ʂəŋ^{13}$	$ʂəŋ^{13}$	$ʂəŋ^{213}$	$ʂəŋ^{213}$	$ʂəŋ^{31}$	$ʂəŋ^{13}$
1584	圣	$ʂəŋ^{44}$	$ʂəŋ^{44}$	$ʂəŋ^{44}$	$ʂəŋ^{44}$	$ʂəŋ^{44}$	$ʂəŋ^{44}$	$ʂəŋ^{44}$	$ʂəŋ^{44}$
1585	城	$ʈʂʰəŋ^{13}$	$ʈʂʰəŋ^{13}$	$ʈʂʰəŋ^{13}$	$ʈʂʰəŋ^{13}$	$ʈʂʰəŋ^{13}$	$ʈʂʰəŋ^{13}$	$ʈʂʰəŋ^{35}$	$ʈʂʰəŋ^{13}$
1586	盛（兴~）	$ʂəŋ^{44}$	$ʂəŋ^{44}$	$ʂəŋ^{44}$	$ʂəŋ^{44}$	$ʂəŋ^{44}$	$ʂəŋ^{44}$	$ʂəŋ^{44}$	$ʂəŋ^{44}$
1587	石	$ʂʅ^{13}$	$ʂʅ^{13}$	$ʂʅ^{13}$	$ʂʅ^{13}$	$ʂʅ^{13}$	$ʂʅ^{13}$	$ʂʅ^{35}$	$ʂʅ^{13}$
1588	轻（~重）	$tɕʰiŋ^{13}$	$tɕʰiŋ^{13}$	$tɕʰiŋ^{13}$	$tɕʰiŋ^{13}$	$tɕʰiŋ^{213}$	$tɕʰiŋ^{213}$	$tɕʰiŋ^{31}$	$tɕʰiŋ^{13}$
1589	益	i^{13}	i^{13}	i^{13}	i^{44}	i^{213}	i^{213}	i^{44}	i^{44}
1590	赢	$iŋ^{13}$	$iŋ^{13}$	$iŋ^{13}$	$iŋ^{13}$	$iŋ^{13}$	$iŋ^{13}$	$iŋ^{35}$	$iŋ^{13}$
1591	易（交~）	i^{44}	i^{44}	i^{44}	i^{44}	i^{44}	i^{44}	i^{44}	i^{44}
1592	壁	pi^{13}	pi^{13}	pi^{13}	pi^{13}	pi^{213}	pi^{213}	pi^{31}	pi^{13}
1593	劈	$pʰi^{52}$	$pʰi^{52}$	$pʰi^{52}$	$pʰi^{13}$	$pʰi^{52}$	$pʰi^{52}$	$pʰi^{52}$	$pʰi^{52}$
1594	瓶	$pʰiŋ^{13}$	$pʰiŋ^{13}$	$pʰiŋ^{13}$	$pʰiŋ^{13}$	$pʰiŋ^{13}$	$pʰiŋ^{13}$	$pʰiŋ^{35}$	$pʰiŋ^{13}$
1595	并	$piŋ^{44}$	$piŋ^{44}$	$piŋ^{44}$	$piŋ^{44}$	$piŋ^{44}$	$piŋ^{44}$	$piŋ^{44}$	$piŋ^{44}$
1596	铭	$miŋ^{13}$	$miŋ^{13}$	$miŋ^{13}$	$miŋ^{13}$	$miŋ^{13}$	$miŋ^{13}$	$miŋ^{35}$	$miŋ^{13}$
1597	丁	$tiŋ^{13}$	$tiŋ^{13}$	$tiŋ^{13}$	$tɕiŋ^{13}$	$tiŋ^{213}$	$tiŋ^{213}$	$tɕiŋ^{31}$	$tiŋ^{13}$
1598	顶	$tiŋ^{52}$	$tiŋ^{52}$	$tiŋ^{52}$	$tɕiŋ^{52}$	$tiŋ^{52}$	$tiŋ^{52}$	$tɕiŋ^{52}$	$tiŋ^{52}$
1599	滴	$tiə^{13}$	ti^{13}	ti^{13}	$tɕi^{13}$	ti^{213}	$tiə^{213}$	$tɕi^{31}$	ti^{13}
1600	听（~见）	$tʰiŋ^{13}$	$tʰiŋ^{13}$	$tʰiŋ^{13}$	$tɕʰiŋ^{13}$	$tʰiŋ^{213}$	$tʰiŋ^{213}$	$tɕʰiŋ^{31}$	$tʰiŋ^{13}$
1601	踢	$tʰi^{13}$	$tʰi^{13}$	$tʰi^{13}$	$tɕʰi^{13}$	$tsʰʅ^{213}$	$tsʰʅ^{213}$	$tɕʰi^{31}$	$tʰi^{13}$
1602	停	$tʰiŋ^{13}$	$tʰiŋ^{13}$	$tʰiŋ^{44}$	$tɕʰiŋ^{13}$	$tʰiŋ^{13}$	$tʰiŋ^{44}$	$tʰiŋ^{44}$	$tʰiŋ^{44}$
1603	挺	$tʰiŋ^{52}$	$tʰiŋ^{52}$	$tʰiŋ^{52}$	$tɕʰiŋ^{52}$	$tʰiŋ^{52}$	$tʰiŋ^{52}$	$tʰiŋ^{52}$	$tʰiŋ^{52}$
1604	定	$tiŋ^{44}$	$tiŋ^{44}$	$tiŋ^{44}$	$tɕiŋ^{44}$	$tiŋ^{44}$	$tiŋ^{44}$	$tiŋ^{44}$	$tiŋ^{44}$
1605	笛	$tʰi^{13}$	ti^{13}	ti^{13}	$tɕi^{13}$	ti^{13}	ti^{13}	ti^{35}	ti^{13}
1606	宁（安~）	$ȵiŋ^{13}$	$ȵiŋ^{13}$	$ȵiŋ^{13}$	$ȵiŋ^{13}$	$ȵiŋ^{13}$	$ȵiŋ^{13}$	$ȵiŋ^{35}$	$ȵiŋ^{13}$
1607	零	$liŋ^{13}$	$liŋ^{13}$	$liŋ^{13}$	$liŋ^{13}$	$liŋ^{13}$	$liŋ^{13}$	$liŋ^{35}$	$liŋ^{13}$
1608	另	$liŋ^{44}$	$liŋ^{44}$	$liŋ^{44}$	$liŋ^{44}$	$liŋ^{44}$	$liŋ^{44}$	$liŋ^{44}$	$liŋ^{44}$
1609	历	li^{13}	li^{13}	li^{13}	li^{13}	li^{213}	li^{213}	li^{35}	li^{13}
1610	绩	$tɕi^{13}$	$tɕi^{13}$	$tɕi^{13}$	$tɕi^{13}$	$tɕi^{213}$	$tɕi^{213}$	$tɕi^{31}$	$tɕi^{13}$
1611	青	$tɕʰiŋ^{13}$	$tɕʰiŋ^{13}$	$tɕʰiŋ^{13}$	$tɕʰiŋ^{13}$	$tɕʰiŋ^{213}$	$tɕʰiŋ^{213}$	$tɕʰiŋ^{31}$	$tɕʰiŋ^{13}$
1612	戚	$tɕʰi^{13}$	$tɕʰi^{13}$	$tɕʰi^{44}$	$tɕʰi^{44}$	$tɕʰi^{52}$	$tɕʰi^{52}$	$tɕʰi^{31}$	$tɕʰi^{52}$
1613	星	$ɕiŋ^{13}$	$ɕiŋ^{13}$	$ɕiŋ^{13}$	$ɕiŋ^{13}$	$ɕiŋ^{213}$	$ɕiŋ^{213}$	$ɕiŋ^{31}$	$ɕiŋ^{13}$
1614	醒	$ɕiŋ^{52}$	$ɕiŋ^{52}$	$ɕiŋ^{52}$	$ɕiŋ^{52}$	$ɕiŋ^{52}$	$ɕiŋ^{52}$	$ɕiŋ^{52}$	$ɕiŋ^{52}$

序号	例字	红寺堡	闽宁镇1	闽宁镇2	镇北堡1	镇北堡2	月牙湖	兴泾镇	大战场
1615	析	çi¹³	çi¹³	çi¹³	çi¹³	çi²¹³	çi²¹³	çi³¹	çi¹³
1616	经	tçiŋ¹³	tçiŋ¹³	tçiŋ¹³	tçiŋ¹³	tçiŋ²¹³	tçiŋ²¹³	tçiŋ³¹	tçiŋ¹³
1617	击	tçi¹³	tçi¹³	tçi¹³	tçi¹³	tçi²¹³	tçi²¹³	tçi³¹	tçi¹³
1618	吃	tʂʰʅ¹³	tʂʰʅ¹³	tʂʰʅ¹³	tʂʰʅ¹³	tʂʰʅ²¹³	tʂʰʅ²¹³	tʂʰʅ³¹	tʂʰʅ¹³
1619	形	çiŋ¹³	çiŋ¹³	çiŋ¹³	çiŋ¹³	çiŋ¹³	çiŋ¹³	çiŋ³⁵	çiŋ¹³
1620	矿	kʰuaŋ⁴⁴	kʰuaŋ⁴⁴	kʰuaŋ⁴⁴	kʰuaŋ⁴⁴	kʰuaŋ⁴⁴	kʰuaŋ⁴⁴	kʰuaŋ⁴⁴	kʰuaŋ⁴⁴
1621	横（~直）	xuŋ⁴⁴	xəŋ¹³	xəŋ¹³	xəŋ¹³	xuŋ⁴⁴	xuŋ⁴⁴	xəŋ⁴⁴	xəŋ⁴⁴
1622	宏	xuŋ¹³	xuŋ¹³	xuŋ¹³	xuŋ¹³	xuŋ¹³	xuŋ¹³	xuŋ³⁵	xuŋ¹³
1623	获	xuei¹³	xu⁴⁴	xuɛ¹³	xuɛ¹³	xu⁴⁴	xuɛ¹³	xuə⁵²	xuə¹³
1624	划	xua¹³	xua⁴⁴	xua⁴⁴	xua⁴⁴	xua⁴⁴	xua⁴⁴	xua⁴⁴	xua⁴⁴
1625	兄	çyŋ¹³	çyŋ¹³	çyŋ⁴⁴	çyŋ¹³	çyŋ²¹³	çyŋ²¹³	çyŋ³¹	çyŋ¹³
1626	荣	yŋ¹³	yŋ¹³	yŋ¹³	yŋ¹³	yŋ¹³	yŋ¹³	ʐuŋ³⁵	ʐuŋ¹³
1627	永	yŋ⁵²	yŋ⁵²	yŋ⁵²	yŋ⁵²	yŋ⁵²	yŋ⁵²	yŋ⁵²	iuŋ⁵²
1628	顷	tçʰiŋ⁵²	tçʰiŋ⁵²	tçʰiŋ⁵²	tçʰiŋ⁵²	tçʰiŋ⁵²	tçʰiŋ⁵²	tçʰiŋ⁵²	tçʰiŋ⁵²
1629	营	iŋ¹³	iŋ¹³	iŋ¹³	iŋ¹³	iŋ¹³	iŋ¹³	iŋ³⁵	iŋ¹³
1630	疫	i¹³	i⁴⁴	i¹³	i¹³	i²¹³	i²¹³	i⁴⁴	i¹³
1631	卜	pʰu¹³	pu¹³	pʰu⁵²	pʰu¹³	pu²¹³	pu²¹³	pʰu⁵²	pʰu⁵²
1632	扑	pʰu¹³	pʰu⁵²	pʰu¹³	pʰu¹³	pʰu⁵²	pʰu⁵²	pʰu³¹	pʰu⁴⁴
1633	蓬	pʰəŋ¹³	pʰəŋ¹³	pʰəŋ¹³	pʰəŋ¹³	pʰəŋ¹³	pʰəŋ¹³	pʰəŋ³⁵	pʰəŋ¹³
1634	仆	pʰu¹³	pʰu¹³	pʰu⁵²	pʰu¹³	pʰu¹³	pʰu¹³	pʰu³⁵	pʰu¹³
1635	蒙	məŋ¹³	məŋ¹³	məŋ¹³	məŋ¹³	məŋ¹³	məŋ¹³	məŋ³⁵	məŋ¹³
1636	木	mu¹³	mu¹³	mu¹³	mu¹³	mu²¹³	mu²¹³	mu³¹	mu¹³
1637	东	tuŋ¹³	tuŋ¹³	tuŋ¹³	tuŋ¹³	tuŋ²¹³	tuŋ²¹³	tuŋ³¹	tuŋ¹³
1638	懂	tuŋ⁵²	tuŋ⁵²	tuŋ⁵²	tuŋ⁵²	tuŋ⁵²	tuŋ⁵²	tuŋ⁵²	tuŋ⁵²
1639	冻	tuŋ⁴⁴	tuŋ⁴⁴	tuŋ⁴⁴	tuŋ⁴⁴	tuŋ⁴⁴	tuŋ⁴⁴	tuŋ⁴⁴	tuŋ⁴⁴
1640	通	tʰuŋ¹³	tʰuŋ¹³	tʰuŋ¹³	tʰuŋ¹³	tʰuŋ²¹³	tʰuŋ²¹³	tʰuŋ³¹	tʰuŋ¹³
1641	桶	tʰuŋ⁵²	tʰuŋ⁵²	tʰuŋ⁵²	tʰuŋ⁵²	tʰuŋ⁵²	tʰuŋ⁵²	tʰuŋ⁵²	tʰuŋ⁵²
1642	痛	tʰuŋ⁴⁴	tʰuŋ⁴⁴	tʰuŋ⁴⁴	tʰuŋ⁴⁴	tʰuŋ⁴⁴	tʰuŋ⁴⁴	tʰuŋ⁵²	tʰuŋ⁴⁴
1643	秃	tʰu¹³	tʰu¹³	tʰu¹³	tʰu¹³	tʰu²¹³	tʰu²¹³	tʰu³¹	tʰu¹³
1644	铜	tʰuŋ¹³	tuŋ¹³	tuŋ¹³	tuŋ¹³	tuŋ¹³	tuŋ¹³	tuŋ³⁵	tʰuŋ¹³
1645	动	tʰuŋ⁴⁴	tuŋ⁴⁴	tuŋ⁴⁴	tuŋ⁴⁴	tuŋ⁴⁴	tuŋ⁴⁴	tuŋ⁴⁴	tuŋ⁴⁴
1646	洞	tuŋ⁴⁴	tuŋ⁴⁴	tuŋ⁴⁴	tuŋ⁴⁴	tuŋ⁴⁴	tuŋ⁴⁴	tuŋ⁴⁴	tuŋ⁴⁴
1647	独	tʰu¹³	tu¹³	tu¹³	tu¹³	tu¹³	tu¹³	tu³⁵	tu¹³
1648	读	tu¹³	tu¹³	tu¹³	tu¹³	tu¹³	tu¹³	tu³⁵	tu¹³
1649	聋	luŋ¹³	luŋ¹³	luŋ¹³	luŋ¹³	luŋ¹³	luŋ¹³	luŋ³⁵	luŋ¹³

续表

序号	例字	红寺堡	闽宁镇1	闽宁镇2	镇北堡1	镇北堡2	月牙湖	兴泾镇	大战场
1650	拢	luŋ^{52}	luŋ^{52}	luŋ^{52}	luŋ^{52}	luŋ^{52}	luŋ^{52}	luŋ^{35}	luŋ^{52}
1651	弄	luŋ^{44}	luŋ^{44}	luŋ^{44}	luŋ^{44}	luŋ^{44}	luŋ^{44}	nuŋ^{44}	nuŋ^{44}
1652	鹿	lu^{13}	lu^{13}	lu^{13}	lu^{13}	lu^{213}	lu^{213}	ləu^{31}	lu^{13}
1653	总	tsuŋ^{52}	tsuŋ^{52}	tsuŋ^{52}	tsuŋ^{52}	tsuŋ^{52}	tsuŋ^{52}	tsuŋ^{52}	tsuŋ^{52}
1654	粽	tsuŋ^{44}	tsuŋ^{44}	tsuŋ^{44}	tsuŋ^{44}	tsuŋ^{44}	tsuŋ^{44}	tsuŋ^{44}	tsuŋ^{44}
1655	葱	tsʰuŋ^{13}	tsʰuŋ^{13}	tsʰuŋ^{13}	tsʰuŋ^{13}	tsʰuŋ^{213}	tsʰuŋ^{213}	tsʰuŋ^{31}	tsʰuŋ^{13}
1656	丛	tsʰuŋ^{13}	tsʰuŋ^{13}	tsʰuŋ^{13}	tsʰuŋ^{13}	tsʰuŋ^{13}	tsʰuŋ^{13}	tsʰuŋ^{35}	tsʰuŋ^{13}
1657	族	tsu^{13}	tsu^{13}	tsu^{13}	tsu^{13}	tsu^{13}	tɕy^{13}	tsu^{35}	tsu^{13}
1658	送	suŋ^{44}	suŋ^{44}	suŋ^{44}	suŋ^{44}	suŋ^{44}	suŋ^{44}	suŋ^{44}	suŋ^{44}
1659	速	su^{13}	su^{13}	su^{13}	su^{13}	su^{213}	ɕy^{213}	su^{31}	su^{13}
1660	公	kuŋ^{13}	kuŋ^{13}	kuŋ^{13}	kuŋ^{13}	kuŋ^{213}	kuŋ^{213}	kuŋ^{31}	kuŋ^{13}
1661	谷	ku^{13}	ku^{13}	ku^{13}	ku^{13}	ku^{213}	ku^{213}	ku^{31}	ku^{13}
1662	孔	kʰuŋ^{52}	kʰuŋ^{52}	kʰuŋ^{52}	kʰuŋ^{52}	kʰuŋ^{52}	kʰuŋ^{52}	kʰuŋ^{52}	kʰuŋ^{52}
1663	空（~缺）	kʰuŋ^{44}	kʰuŋ^{44}	kʰuŋ^{44}	kʰuŋ^{44}	kʰuŋ^{44}	kʰuŋ^{44}	kʰuŋ^{44}	kʰuŋ^{44}
1664	哭	kʰu^{13}	kʰu^{13}	kʰu^{13}	kʰu^{13}	kʰu^{213}	kʰu^{213}	kʰu^{13}	kʰu^{13}
1665	烘（~干）	xuŋ^{52}	xuŋ^{13}	xuŋ^{13}	xuŋ^{13}	xuŋ^{13}	xuŋ^{13}	xuŋ^{31}	xuŋ^{13}
1666	哄（~骗）	xuŋ^{52}	xuŋ^{52}	xuŋ^{52}	xuŋ^{52}	xuŋ^{52}	xuŋ^{52}	xuŋ^{52}	xuŋ^{52}
1667	红	xuŋ^{13}	xuŋ^{13}	xuŋ^{13}	xuŋ^{13}	xuŋ^{13}	xuŋ^{13}	xuŋ^{35}	xuŋ^{13}
1668	翁	vəŋ^{13}	vəŋ^{13}	vəŋ^{44}	vəŋ^{13}	vəŋ^{213}	vəŋ^{213}	uəŋ^{31}	vəŋ^{13}
1669	屋	vu^{13}	vu^{13}	vu^{13}	vu^{13}	vu^{213}	vu^{213}	u^{31}	u^{13}
1670	冬	tuŋ^{13}	tuŋ^{13}	tuŋ^{13}	tuŋ^{13}	tuŋ^{213}	tuŋ^{213}	tuŋ^{31}	tuŋ^{13}
1671	统	tʰuŋ^{52}	tʰuŋ^{52}	tʰuŋ^{52}	tʰuŋ^{52}	tʰuŋ^{52}	tʰuŋ^{52}	tʰuŋ^{52}	tʰuŋ^{52}
1672	毒	tʰu^{13}	tu^{13}	tu^{13}	tʰu^{13}	tu^{13}	tu^{13}	tu^{35}	tu^{13}
1673	农	luŋ^{13}	nuŋ^{13}	luŋ^{13}	luŋ^{13}	luŋ^{13}	luŋ^{13}	luŋ^{35}	luŋ^{13}
1674	宗	tsuŋ^{13}	tsuŋ^{13}	tsuŋ^{13}	tsuŋ^{13}	tsuŋ^{213}	tsuŋ^{213}	tsuŋ^{31}	tsuŋ^{13}
1675	松	suŋ^{13}	suŋ^{13}	suŋ^{13}	suŋ^{13}	suŋ^{213}	suŋ^{213}	suŋ^{31}	suŋ^{13}
1676	宋	suŋ^{44}	suŋ^{44}	suŋ^{44}	suŋ^{44}	suŋ^{44}	suŋ^{44}	suŋ^{44}	suŋ^{44}
1677	沃	vuə^{13}	vuə^{13}	vuə^{13}	vuə^{13}	vuə^{213}	vu^{213}	uə^{31}	vuə^{13}
1678	风	fəŋ^{13}	fəŋ^{13}	fəŋ^{13}	fəŋ^{13}	fəŋ^{213}	fəŋ^{213}	fəŋ^{31}	fəŋ^{13}
1679	福	fu^{13}	fu^{13}	fu^{13}	fu^{13}	fu^{213}	fu^{213}	fu^{31}	fu^{13}
1680	丰	fəŋ^{13}	fəŋ^{13}	fəŋ^{13}	fəŋ^{13}	fəŋ^{213}	fəŋ^{213}	fəŋ^{31}	fəŋ^{13}
1681	冯	fəŋ^{13}	fəŋ^{13}	fəŋ^{13}	fəŋ^{13}	fəŋ^{13}	fəŋ^{13}	fəŋ^{35}	fəŋ^{13}
1682	凤	fəŋ^{44}	fəŋ^{44}	fəŋ^{44}	fəŋ^{44}	fəŋ^{44}	fəŋ^{44}	fəŋ^{44}	fəŋ^{44}
1683	服	fu^{13}	fu^{13}	fu^{13}	fu^{13}	fu^{13}	fu^{13}	fu^{13}	fu^{13}
1684	梦	məŋ^{44}	məŋ^{44}	məŋ^{44}	məŋ^{44}	məŋ^{44}	məŋ^{44}	məŋ^{44}	məŋ^{44}

序号	例字	红寺堡	闽宁镇1	闽宁镇2	镇北堡1	镇北堡2	月牙湖	兴泾镇	大战场
1685	目	mu^{13}	mu^{13}	mu^{13}	mu^{13}	mu^{213}	mu^{213}	mu^{31}	mu^{13}
1686	隆	luŋ^{13}	luŋ^{13}	luŋ^{13}	luŋ^{13}	luŋ^{13}	luŋ^{13}	luŋ^{35}	luŋ^{13}
1687	六	liəu^{13}	liəu^{13}	liəu^{13}	liəu^{13}	liəu^{213}	liəu^{213}	liəu^{31}	liəu^{13}
1688	宿	ɕy^{13}	ɕy^{13}	ɕy^{13}	ɕy^{13}	ɕy^{213}	ɕy^{213}	ɕy^{31}	ɕy^{13}
1689	忠	tʃuŋ^{13}	tʂuŋ^{13}	tʂuŋ^{13}	tʂuŋ^{13}	tʂuŋ^{213}	tʂuŋ^{213}	tʂuŋ^{31}	tʂuŋ^{13}
1690	中（射~）	tʃuŋ^{44}	tʂuŋ^{44}	tʂuŋ^{44}	tʂuŋ^{44}	tʂuŋ^{44}	tʂuŋ^{44}	tʂuŋ^{44}	tʂuŋ^{44}
1691	竹	tʃu^{13}	tʂu^{13}	tʂu^{13}	tʂu^{13}	tʂu^{13}	tʂu^{13}	tʂu^{13}	tʂu^{13}
1692	畜（~牲）	tʃʰu^{13}	tʂʰu^{13}	tʂʰu^{13}	tʂʰu^{13}	tʂʰu^{213}	ɕy^{213}	tʂʰu^{31}	tʂʰu^{13}
1693	虫	tʃʰuŋ^{13}	tʂʰuŋ^{13}	tʂʰuŋ^{13}	tʂʰuŋ^{13}	tʂʰuŋ^{13}	tʂʰuŋ^{13}	tʂʰuŋ^{13}	tʂʰuŋ^{13}
1694	逐	tʃu^{13}	tʂu^{13}	tʂu^{13}	tʂu^{13}	tʂu^{13}	tʂu^{13}	tʂu^{13}	tʂu^{13}
1695	轴	tʃʰu^{13}	tʂu^{13}	tʂu^{13}	tʂʰu^{13}	tʂu^{13}	tʂu^{13}	tʂʰu^{13}	tʂʰu^{13}
1696	崇	tʃʰuŋ^{13}	tʂʰuŋ^{13}	tʂʰuŋ^{13}	tʂʰuŋ^{13}	tʂʰuŋ^{13}	tʂʰuŋ^{13}	tʂʰuŋ^{13}	tʂʰuŋ^{13}
1697	缩	suə^{13}	suə^{13}	suə^{13}	suə^{13}	suə^{213}	suə^{213}	suə^{31}	suə^{13}
1698	终	tʃuŋ^{13}	tʂuŋ^{13}	tʂuŋ^{13}	tʂuŋ^{13}	tʂuŋ^{213}	tʂuŋ^{213}	tʂuŋ^{31}	tʂuŋ^{13}
1699	众	tʃuŋ^{44}	tʂuŋ^{44}	tʂuŋ^{44}	tʂuŋ^{44}	tʂuŋ^{44}	tʂuŋ^{44}	tʂuŋ^{44}	tʂuŋ^{44}
1700	祝	tʃu^{13}	tʂu^{13}	tʂu^{13}	tʂu^{13}	tʂu^{213}	tʂu^{213}	tʂu^{31}	tʂu^{13}
1701	粥	tʂəu^{13}	tʂəu^{13}	tʂəu^{13}	tʂəu^{13}	tʂəu^{213}	tʂəu^{213}	tʂəu^{31}	tʂəu^{13}
1702	充	tʃʰuŋ^{13}	tʂʰuŋ^{13}	tʂʰuŋ^{13}	tʂʰuŋ^{13}	tʂʰuŋ^{213}	tʂʰuŋ^{213}	tʂʰuŋ^{31}	tʂʰuŋ^{13}
1703	叔	ʃu^{13}	ʂu^{13}	ʂu^{13}	ʂu^{13}	ʂu^{213}	ʂu^{213}	ʂu^{31}	ʂu^{13}
1704	熟（煮~）	ʃu^{13}	ʂu^{13}	ʂu^{13}	ʂu^{13}	ʂu^{13}	ʂu^{13}	ʂu^{35}	ʂu^{13}
1705	绒	z̩uŋ^{13}	z̩uŋ^{13}	z̩uŋ^{13}	z̩uŋ^{13}	z̩uŋ^{13}	z̩uŋ^{13}	z̩uŋ^{35}	z̩uŋ^{13}
1706	肉	ʒu^{13}	z̩əu^{44}	z̩əu^{44}	z̩əu^{44}	z̩əu^{44}	z̩əu^{44}	z̩əu^{44}	z̩əu^{44}
1707	宫	kuŋ^{13}	kuŋ^{13}	kuŋ^{13}	kuŋ^{13}	kuŋ^{213}	kuŋ^{213}	kuŋ^{31}	kuŋ^{13}
1708	菊	tɕy^{13}	tɕy^{13}	tɕy^{13}	tɕy^{13}	tɕy^{13}	tɕy^{13}	tɕy^{35}	tɕy^{13}
1709	曲	tɕʰy^{13}	tɕʰy^{13}	tɕʰy^{13}	tɕʰy^{13}	tɕʰy^{13}	tɕʰy^{13}	tɕʰy^{31}	tɕʰy^{13}
1710	穷	tɕʰyŋ^{13}	tɕʰyŋ^{13}	tɕʰyŋ^{13}	tɕʰyŋ^{13}	tɕʰyŋ^{13}	tɕʰyŋ^{13}	tɕʰyŋ^{35}	tɕʰyŋ^{13}
1711	畜	ɕy^{13}	ɕy^{13}	ɕy^{13}	ɕy^{13}	ɕy^{213}	ɕy^{213}	ɕy^{31}	ɕy^{13}
1712	雄	ɕyŋ^{13}	ɕyŋ^{13}	ɕyŋ^{13}	ɕyŋ^{13}	ɕyŋ^{13}	ɕyŋ^{13}	ɕyŋ^{35}	ɕyŋ^{13}
1713	融	yŋ^{13}	yŋ^{13}	yŋ^{13}	yŋ^{13}	yŋ^{13}	yŋ^{13}	yŋ^{35}	yŋ^{13}
1714	育	y^{44}	y^{44}	y^{44}	y^{44}	y^{44}	y^{44}	y^{44}	y^{44}
1715	封	fəŋ^{13}	fəŋ^{13}	fəŋ^{13}	fəŋ^{13}	fəŋ^{213}	fəŋ^{213}	fəŋ^{31}	fəŋ^{13}
1716	蜂	fəŋ^{13}	fəŋ^{13}	fəŋ^{13}	fəŋ^{13}	fəŋ^{213}	fəŋ^{213}	fəŋ^{31}	fəŋ^{13}
1717	捧	pʰəŋ^{52}	pʰəŋ^{52}	pʰəŋ^{52}	pʰəŋ^{52}	pʰəŋ^{52}	pʰəŋ^{52}	pʰəŋ^{52}	pʰəŋ^{52}
1718	逢	fəŋ^{13}	fəŋ^{13}	fəŋ^{13}	fəŋ^{13}	fəŋ^{13}	fəŋ^{13}	fəŋ^{35}	fəŋ^{13}
1719	缝（一条~）	fəŋ^{44}	fəŋ^{44}	fəŋ^{44}	fəŋ^{44}	fəŋ^{44}	fəŋ^{44}	fəŋ^{44}	fəŋ^{44}

续表

序号	例字	红寺堡	闽宁镇1	闽宁镇2	镇北堡1	镇北堡2	月牙湖	兴泾镇	大战场
1720	浓	luŋ¹³	luŋ¹³	luŋ¹³	luŋ¹³	luŋ¹³	luŋ¹³	nuŋ³⁵	luŋ¹³
1721	龙	luŋ¹³	luŋ¹³	luŋ¹³	luŋ¹³	luŋ¹³	luŋ¹³	luŋ³⁵	luŋ¹³
1722	陇	luŋ⁵²	luŋ⁵²	luŋ⁵²	luŋ⁵²	luŋ⁵²	luŋ⁵²	luŋ⁵²	luŋ⁵²
1723	绿	liəu¹³	liəu¹³	liəu¹³	lu¹³	liəu²¹³	liəu²¹³	lu³¹	lu¹³
1724	录	lu¹³	lu¹³	lu¹³	lu¹³	lu²¹³	lu²¹³	lu³¹	lu¹³
1725	足	tsu¹³	tsu¹³	tsu¹³	tsu¹³	tɕy¹³	tɕy¹³	tsu³⁵	tsu¹³
1726	从	tsʰuŋ¹³	tsʰuŋ¹³	tsʰuŋ¹³	tsʰuŋ¹³	tsʰuŋ¹³	tsʰuŋ¹³	tsʰuŋ³⁵	tsʰuŋ¹³
1727	松	suŋ¹³	suŋ¹³	suŋ¹³	suŋ¹³	suŋ²¹³	suŋ²¹³	suŋ³¹	suŋ¹³
1728	俗	ɕy¹³	ɕy¹³	ɕy¹³	ɕy¹³	ɕy²¹³	ɕy²¹³	ɕy³⁵	ɕy¹³
1729	重（~复）	tʃʰuŋ¹³	tʂʰuŋ¹³	tʂʰuŋ¹³	tʂʰuŋ¹³	tʂʰuŋ¹³	tʂʰuŋ¹³	tʂʰuŋ³⁵	tʂʰuŋ¹³
1730	重（轻~）	tʃuŋ⁴⁴	tʂuŋ⁴⁴	tʂuŋ⁴⁴	tʂʰuŋ⁴⁴	tʂuŋ⁴⁴	tʂuŋ⁴⁴	tʂʰuŋ⁴⁴	tʂʰuŋ⁴⁴
1731	钟	tʃuŋ¹³	tʂuŋ¹³	tʂuŋ¹³	tʂuŋ¹³	tʂuŋ²¹³	tʂuŋ²¹³	tʂuŋ³¹	tʂuŋ¹³
1732	肿	tʃuŋ⁵²	tʂuŋ⁵²	tʂuŋ⁵²	tʂuŋ⁵²	tʂuŋ⁵²	tʂuŋ⁵²	tʂuŋ⁵²	tʂuŋ⁵²
1733	种（~树）	tʃuŋ⁴⁴	tʂuŋ⁴⁴	tʂuŋ⁴⁴	tʂuŋ⁴⁴	tʂuŋ⁴⁴	tʂuŋ⁴⁴	tʂuŋ⁴⁴	tʂuŋ⁴⁴
1734	烛	tʃu¹³	tʂu¹³	tʂu¹³	tʂu¹³	tʂu²¹³	tʂu²¹³	tʂu³⁵	tʂu¹³
1735	冲	tʃʰuŋ¹³	tʂʰuŋ¹³	tʂʰuŋ¹³	tʂʰuŋ¹³	tʂʰuŋ²¹³	tʂʰuŋ²¹³	tʂʰuŋ³¹	tʂʰuŋ¹³
1736	触	tʃu¹³	tʂʰu¹³	tʂʰu¹³	tʂu¹³	tʂu²¹³	tʂu²¹³	tʂu³¹	tʂu¹³
1737	赎	ʃu¹³	ʂu¹³	ʂu¹³	ʂu¹³	ʂu¹³	ʂu¹³	ʂu³⁵	ʂu¹³
1738	属	ʃu¹³	ʂu¹³	ʂu¹³	ʂu¹³	ʂu²¹³	ʂu²¹³	ʂu³¹	ʂu¹³
1739	褥	ʐu¹³	ʐu¹³	ʐu¹³	ʐu¹³	ʐu²¹³	ʐu²¹³	ʐu³¹	ʐu¹³
1740	恭	kuŋ¹³	kuŋ¹³	kuŋ¹³	kuŋ¹³	kuŋ²¹³	kuŋ²¹³	kuŋ³¹	kuŋ¹³
1741	巩（~固）	kʰuŋ⁵²	kʰuŋ⁵²	kʰuŋ⁵²	kʰuŋ⁵²	kʰuŋ⁵²	kʰuŋ⁵²	kuŋ⁵²	kʰuŋ⁵²
1742	恐	kʰuŋ⁵²	kʰuŋ⁵²	kʰuŋ⁵²	kʰuŋ⁵²	kʰuŋ⁵²	kʰuŋ⁵²	kʰuŋ⁵²	kʰuŋ⁵²
1743	共	kuŋ⁴⁴	kuŋ⁴⁴	kuŋ⁴⁴	kuŋ⁴⁴	kuŋ⁴⁴	kuŋ⁴⁴	kuŋ⁴⁴	kuŋ⁴⁴
1744	局	tɕʰy¹³	tɕʰy¹³	tɕʰy¹³	tɕʰy¹³	tɕy¹³	tɕy¹³	tɕʰy³⁵	tɕʰy¹³
1745	胸	ɕyŋ¹³	ɕyŋ¹³	ɕyŋ¹³	ɕyŋ¹³	ɕyŋ²¹³	ɕyŋ²¹³	ɕyŋ³¹	ɕyŋ¹³
1746	凶	ɕyŋ¹³	ɕyŋ¹³	ɕyŋ¹³	ɕyŋ¹³	ɕyŋ²¹³	ɕyŋ²¹³	ɕyŋ³¹	ɕyŋ¹³
1747	拥	yŋ⁵²	yŋ¹³	yŋ¹³	yŋ⁵²	yŋ⁵²	yŋ⁵²	yŋ⁵²	yŋ⁵²
1748	容	yŋ¹³	yŋ¹³	yŋ¹³	yŋ¹³	yŋ¹³	yŋ¹³	yŋ¹³	yŋ¹³
1749	勇	yŋ⁵²	yŋ⁵²	yŋ⁵²	yŋ⁵²	yŋ⁵²	yŋ⁵²	yŋ⁵²	yŋ⁵²
1750	用	yŋ⁴⁴	yŋ⁴⁴	yŋ⁴⁴	yŋ⁴⁴	yŋ⁴⁴	yŋ¹³	yŋ³⁵	yŋ⁴⁴

第三章 词汇

第一节 银川市西夏区兴泾镇词汇表

兴泾镇原称芦草洼，1983 年迁宁夏泾源县部分农民在此安置，设芦草洼扶贫经济开发区管委会。2000 年置兴泾镇。截至 2021 年，兴泾镇辖 3 个社区、6 个行政村。兴泾镇隶属于宁夏银川市西夏区，辖区总面积 28.85 平方千米。截至 2019 年，户籍总人口为 24201 人。兴泾镇十里铺村是离主城区最近的移民安置点，该村大多年数轻人都在银川市区学习、工作，语言接触最为频繁。据调查，1980 年以后在兴泾镇长大的年轻人 99% 基本说银川话或普通话。本章以兴泾镇老派发音人为代表，记录第一代移民方言词汇。

说明：

1. 本节所列汉语词汇按照意义分为 28 类，按照意义相关排列。所收词条包括：中国社会科学院语言研究所《方言调查词汇手册》；丁声树、李荣《汉语方言调查简表》以及笔者增删的部分词条。

2. 同音字用音同字表示，有音无字用"□"表示，词条释义或限定用下标表示。

（一）天文

日头_{太阳} $\text{ər}^{52}\text{t}^{h}\text{əu}^{31}$

日头地儿_{太阳地} $\text{ər}^{52}\text{t}^{h}\text{əu}^{31}\text{tɕiər}^{52}$

月亮 $\text{yə}^{31}\text{liaŋ}^{31}$

月亮地儿 $\text{yə}^{31}\text{liaŋ}^{31}\text{tɕiər}^{44}$

星星 $\text{ɕiŋ}^{31}\text{ɕiŋ}^{21}$

贼星 $\text{ts}^{h}\text{ei}^{31}\text{ɕiŋ}^{31}$

明星_{启明星} $\text{miŋ}^{31}\text{ɕiŋ}^{31}$

云 yn^{35}

瓦渣云 $\text{va}^{31}\text{tsa}^{31}\text{yn}^{35}$

大风 $\text{ta}^{44}\text{fəŋ}^{31}$

小风 $\text{ɕiɔ}^{52}\text{fəŋ}^{31}$

旋风　çyæ̃³¹fəŋ³¹

迎风　iŋ³⁵fəŋ³¹

顺风　ʂuŋ⁴⁴fəŋ³¹

刮风　kua³⁵fəŋ³¹

风住了　fəŋ³¹tʂu⁴⁴liə²¹

响雷打雷　çiaŋ⁵²luei³⁵

雷打了　luei³⁵ta⁵²liə²¹

打闪　ta⁵²ʂæ̃⁵²

暴雨　pɔ⁴⁴y⁵²

毛毛儿雨　mɔ³⁵mɔr²¹y⁵²

连阴雨　liæ̃³⁵n̠iŋ⁴⁴y⁵²

雨点儿　y³¹tçiɐr²¹

下雨　çia⁴⁴y⁵²

滴点儿　tçi³¹tçiɐr⁵²

雨停了　y⁵²tçʰiŋ³⁵liə²¹

淋雨　lin³⁵y⁵²

雪花儿　çyə³¹xuɐr²¹

小雪糁糁儿　çiɔ⁵²çyə³⁵tsʰəŋ³¹
　　tsʰər²¹

下雪　çia⁴⁴çyə³¹

雪消咧　çyə³¹çiɔ³¹liə²¹

冰　piŋ³¹

冰溜　piŋ³¹liɐu³¹

冻冰　toŋ⁴⁴piŋ³¹

冰消了　piŋ³¹çiɔ³¹liə²¹

冷子冰雹　ləŋ⁵²tə²¹

露水　lu⁴⁴ʂuei⁵²

雾　vu⁴⁴

落雾　la³¹vu²¹

虹彩虹　tçiaŋ⁴⁴

天气　tçʰiæ̃³¹tçʰi²¹

晴天　tçʰiŋ³⁵tçʰiæ̃³¹

阴天　n̠iŋ⁴⁴tçʰiæ̃³¹

日食　ər³¹ʂ˞²¹

月食　yə³¹ʂ˞²¹

干旱　kæ̃³¹xæ̃⁴⁴

涝咧　lɔ³¹liə²¹

（二）地理

平地　pʰiŋ³⁵tçi⁴⁴

地　tçi⁴⁴

沙土地　sa³¹tʰu⁵²tçi⁴⁴

荒地　xuaŋ³¹tçi⁴⁴

高粱　kɔ³¹liaŋ³⁵

土堆　tʰu⁵²tuei³¹

闲地空地　çiæ̃³⁵tçi⁴⁴

山尖儿　sæ̃³¹tçiɐr²¹

半山　pæ̃⁴⁴sæ̃³¹

山坡　sæ̃³¹pʰuə³¹

山底　sæ̃³¹tçi⁵²

山沟　sæ̃³¹kəu³¹

河岸　xuə³⁵ŋæ̃⁴⁴

河边　xuə³⁵piæ̃³¹

水坝　ʂuei⁵²pa⁴⁴

河滩　xuə³⁵tʰæ̃³¹

涝坝水坑　lɔ⁴⁴pa²¹

泥坑　n̠i³⁵kʰəŋ³¹

大水　ta⁴⁴ʂuei⁵²

水浪　ʂuei⁵²laŋ⁴⁴

泉眼　tçʰyæ̃³⁵n̠iæ̃⁵²

干井　kæ̃³¹tçiŋ⁵²

井绳　tçiŋ⁵²ʂəŋ³⁵

窖水桶　tçiɔ⁴⁴ʂuei⁵²tʰuŋ⁵²

担水　tæ̃³¹ʂuei⁵²

辘轳　lu³¹lu²¹

轧井把　ia³⁵tɕiŋ²¹pa⁴⁴

石头　ʂʅ⁵²tʰəu²¹

石块　ʂʅ³⁵kʰuɛ⁴⁴

料礓石　liɔ⁴⁴tɕiaŋ³¹ʂʅ³⁵

鹅蛋石　ŋə³⁵tæ̃⁴⁴ʂʅ³⁵

沙子　sa³¹tə²¹

胡□土块/土坯　xu³¹tɕʰi⁵²

砖头　tʂuæ̃³¹tʰəu³¹

瓦片儿　ua⁵²pʰiɐr²¹

流水瓦　liəu³⁵ʂuei⁵²va²¹

土堆　tʰu⁵²tuei³¹

灰尘　xuei³¹tʂʰən³⁵

石灰　ʂʅ³⁵xuei³¹

水泥 | 洋灰　suei⁵²n̠i³⁵ | iaŋ³⁵xuei²¹

泥　n̠i³⁵

凉水　liaŋ³¹ʂuei⁵²

热水　z̠ə³¹ʂuei⁵²

滚水不是喝的　kuŋ⁵²ʂuei⁵²

开水喝的　kʰɛ⁴⁴ʂuei⁵²

温温水　vən⁵²və²¹ʂuei²¹

恶水泔水　ŋə³¹ʂuei⁵²

炭　tʰæ̃⁴⁴

末末煤　muə⁵²mə²¹mei³⁵

煤油　mei³⁵iəu³⁵

笼火生火　luŋ³⁵xuə⁵²

失火了　ʂʅ³¹xuə⁵²liə²¹

洋铁　iaŋ²¹tɕʰiə⁵²

锡　ɕi³¹

吸铁　ɕi³¹tɕʰiə³¹

玉石　y³¹ʂʅ³¹

硫黄　liəu³⁵xuaŋ³⁵

地方　tɕi⁴⁴faŋ³¹

城　tʂʰəŋ³⁵

城墙　tʂʰəŋ³⁵tɕʰiaŋ³⁵

城壕　tʂʰəŋ³⁵xɔ³⁵

庄子村子　tʂuaŋ³¹tə²¹

乡下　ɕiaŋ³¹ɕia⁴⁴

菜园子　tsʰɛ⁴⁴yæ̃³⁵tə²¹

苗圃　miɔ³⁵pʰu⁴⁴

跟集赶集　kən³¹tɕʰi³⁵

巷道儿　xaŋ³¹tɔr²¹

路　lu⁴⁴

走路　tsəu⁵²lu⁴⁴

大路　ta⁴⁴lu⁴⁴

小路　ɕiɔ⁵²lu⁴⁴

捷路　tɕʰiə³¹lu⁴⁴

关口　kuæ̃³¹kʰəu⁵²

坟地　fən³¹tɕʰi⁴⁴

坟院　fən³¹yæ̃⁴⁴

坟　fən³⁵

坟头儿　fən³⁵tʰər³⁵

（三）时令时间

今年　tɕin³¹n̠iæ̃³⁵

年时去年　n̠iæ̃³¹ʂʅ²¹

明年　min³¹n̠iæ̃³¹

前年　tɕʰiæ̃³¹n̠iæ̃³¹

往年　vaŋ⁵²n̠iæ̃³¹

年年　n̠iæ̃³⁵n̠iæ̃³¹

年头　n̠iæ̃³⁵tʰəu³⁵

年中　n̠iæ̃³⁵tʂuŋ³¹

年底　n̠iæ̃³⁵tɕi⁵²

前半年　tɕʰiæ̃³⁵pæ̃²¹n̠iæ̃³¹

后半年　xəu⁴⁴pæ̃²¹n̠iæ̃³¹

春上春天　tʂʰun³¹ʂaŋ²¹

夏天	ɕia⁴⁴tɕʰiæ³¹	二伏	ər⁴⁴fu³⁵
秋上秋天	tɕʰiəu³¹ʂaŋ²¹	三伏	sæ³¹fu³⁵
秋后	tɕʰiəu³¹xəu⁴⁴	打春	ta⁵²tʂʰun³¹
冬上冬天	tuŋ³¹ʂaŋ³¹	雨水	y⁵²ʂuei⁵²
麦天收割麦子的时期	mɛ³¹tɕʰiæ³¹	惊蛰	tɕiŋ³¹tʂə³¹
麦后	mɛ³¹xəu⁴⁴	春分	tʂʰun³¹fən³¹
月头	yə³¹tʰəu³⁵	清明	tɕʰiŋ³¹miŋ³¹
月中	yə³¹tʂuŋ³¹	谷雨	ku⁵²y²¹
月底	yə³¹tɕi⁵²	立夏	li³¹ɕia⁴⁴
这个月｜本月	tʂə⁴⁴kə²¹yə³¹｜pən⁵²yə³¹	小满	ɕiɔ²¹mæ⁵²
头个月｜上月	tʰəu³⁵kə³¹yə³¹｜ʂaŋ⁴⁴yə³¹	芒种	maŋ³⁵tʂuŋ⁴⁴
下个月	ɕia⁴⁴kə³¹yə³¹	夏至	ɕia³¹tsʅ²¹
前半月	tɕʰiæ³⁵pæ⁴⁴yə³¹	小暑	ɕiɔ³¹ʂu⁵²
后半月	xəu⁴⁴pæ⁴⁴yə³¹	大暑	ta⁴⁴ʂu⁵²
前十天	tɕʰiæ³⁵ʂʅ³¹tɕʰiæ³¹	立秋	li³⁵tɕʰiəu³¹
中十天	tʂuŋ³¹ʂʅ³¹tɕʰiæ³¹	处暑	tʂu⁴⁴ʂu⁵²
后十天	xəu⁴⁴ʂʅ³¹tɕhiæ³¹	白露	pei³¹lu⁴⁴
正月	tʂəŋ³¹yə³¹	秋分	tɕʰiəu³¹fən³¹
腊月	la³¹yə³¹	寒露	xæ³⁵lu⁴⁴
闰月	ẓuŋ⁴⁴yə³¹	霜降	ʂuaŋ³¹tɕiaŋ⁴⁴
五黄六月	vu⁴⁴xuaŋ³⁵liəu³¹yə³¹	立冬	li³⁵tuŋ³¹
十冬腊月	ʂʅ³¹tuŋ³¹la³¹yə³¹	小雪	ɕiɔ⁵²ɕyə³¹
大尽一个月三十一天	ta⁴⁴tɕʰin²¹	大雪	ta⁴⁴ɕyə³¹
小尽一个月三十天	ɕiɔ⁴⁴tɕʰin²¹	冬至	tuŋ³¹tsʅ²¹
礼拜一	li²¹pɛ³⁵i³¹	小寒	ɕiɔ⁵²xæ³⁵
礼拜二	li²¹pɛ³⁵ər³¹	大寒	ta⁴⁴xæ³⁵
礼拜五	li²¹pɛ³⁵u⁵²	三十晚上除夕	sæ³¹ʂʅ³⁵væ⁵²ʂaŋ²¹
礼拜天	li²¹pɛ³⁵tɕʰiæ³¹	元旦	yæ³⁵tæ⁴⁴
三伏	sæ³¹fu³⁵	拜年	pɛ⁴⁴ɳiæ³⁵
头伏	tʰəu³⁵fu³⁵	元宵节	yæ³⁵ɕiɔ³¹tɕiə³¹
		端午	tæ³¹vu²¹
		七月七	tɕʰi³¹yə³¹tɕʰi²¹

中秋节　tʂuŋ³¹tɕʰiəu³¹tɕiə³¹

重阳　tʂʰuŋ³⁵iaŋ³⁵

腊月初八｜腊月八　la³¹yə³¹tsʰəu³¹
　　pa³¹｜la³¹yə³¹pa³¹

历头_{历书}　li⁴⁴tʰəu²¹

时候　sๅ²¹xəu²¹

今儿个_{今天}　tɕiər²¹kə²¹

明儿个_{明天}　miər²¹kə²¹

后儿个_{后天}　xər²¹kə²¹

外后个_{大后天}　vɛ⁴⁴xəu⁴⁴kə²¹

夜里_{昨天}　iə⁴⁴li³¹

前儿个_{前天}　tɕʰiɐr³⁵kə²¹

大前天　ʂaŋ⁴⁴tɕʰiɐr³⁵kə²¹

前半天　tɕʰiæ³⁵pæ²¹tɕʰiæ³¹

后半天　xəu⁴⁴pæ²¹tɕʰiæ³¹

半天　pæ⁴⁴tɕʰiæ³¹

早晨　tsɔ⁵²tʂʰən²¹

一大早　i³¹ta⁴⁴tsɔ⁵²

晌午_{中午}　ʂaŋ⁵²xu²¹

白天　pei³¹tɕʰiæ³¹

黄昏　xuaŋ³⁵xun³¹

麻乎乎_{摸黑}　ma³¹xu⁵²xu²¹

黑里_{夜晚}　xei³¹liə²¹

半夜　pæ²¹iə⁴⁴

前半夜　tɕʰiæ³⁵pæ²¹iə⁴⁴

后半夜　xəu⁴⁴pæ²¹iə⁴⁴

半夜三更　pæ³¹iə³¹sæ³⁵kəŋ³¹

黑更半夜　xei³¹kəŋ³¹pæ³¹iə³¹

收成　ʂəu³¹tʂʰŋ²¹

庄稼 瞎 了_{年景不好}　tʂuaŋ³¹tɕia⁴⁴
　　xa³¹liə²¹

日子　ər³¹tə²¹

每天　mei⁵²tɕʰiæ³¹

隔一天　kei³¹i³⁵tɕʰiæ³¹

整天　tʂəŋ⁵²tɕʰiæ³¹

一年　i³¹n̪iæ³⁵

两年　liaŋ⁵²n̪iæ³⁵

一两年　i³¹liaŋ⁵²n̪iæ³⁵

十年来　ʂๅ³⁵n̪iæ³⁵lɛ³⁵

十几年　ʂๅ³¹tɕi⁵²n̪iæ³⁵

一个月　i³¹kə⁴⁴yə³¹

一两个月　i³¹liaŋ⁵²kə³⁵yə³¹

十个来月　ʂๅ³¹kə⁵²lɛ³⁵yə³¹

十多个月　ʂๅ³¹tuə³¹kə²¹yə³¹

好几个月　xɔ⁵²tɕi⁵²kə²¹yə³¹

几个月　tɕi⁵²kə²¹yə³¹

一两天　i³¹liaŋ⁵²tɕʰiæ³¹

十来天_{比十天多}　ʂๅ³¹lɛ¹tɕʰiæ³¹

十几天_{十多天}　ʂๅ³¹tɕi⁵²tɕʰiæ³¹

很多天　xən⁵²tuə³¹tɕʰiæ³¹

啥时候儿　sa⁴⁴sๅ³⁵xər²¹

（四）农事

场院　tʂʰaŋ⁵²yæ⁴⁴

柴堆　tsʰɛ³⁵tuei²¹

苫布　ʂæ⁴⁴pu⁴⁴

粪坑　fən⁴⁴kʰəŋ³¹

沤粪　ŋəu⁴⁴fən⁴⁴

拾粪　ʂๅ³¹fən⁴⁴

上粪　ʂaŋ⁴⁴fən⁴⁴

牛车　n̪iəu³⁵tʂʰə³¹

马车　ma⁵²tʂʰə³¹

单轮车　tæ³¹lun³⁵tʂʰə³¹

架子车　tɕia⁴⁴tə²¹tʂʰə³¹

自行车　tsๅ⁴⁴ɕiŋ³⁵tʂʰə³¹

三套车　sæ̃^{31}tʰɔ^{21}tʂʰə^{31}

四套车　sɿ^{44}tʰɔ^{21}tʂʰə^{31}

套车　tʰɔ^{44}tʂʰə^{31}

装车　tʂuaŋ^{31}tʂʰə^{31}

卸车　çiə^{44}tʂʰə^{31}

车厢　tʂʰə^{31}çiaŋ^{31}

车辕　tʂʰə^{31}yæ̃^{35}

车轱辘　tʂʰə^{31}ku^{31}lu^{21}

辐条　fu^{31}tɕʰiɔ^{21}

车轴　tʂʰə^{31}tʂʰu^{35}

车篷　tʂʰə^{31}pʰəŋ^{35}

车把　tʂʰə^{31}pa^{52}

车尾巴　tʂʰə^{31}i^{52}pa^{31}

车□子_{车铜}　tʂʰə^{31}tʰa^{35}tə^{21}

车□_{车辖}　tʂʰə^{31}çiaŋ^{31}

牛革头_{牛轭}　ȵiəu^{35}kei^{52}tʰəu^{21}

夹子_{夹脖}　tɕia^{52}tə^{21}

笼头　luŋ^{21}tʰəu^{52}

缰绳　tɕiaŋ^{31}ʂəŋ^{52}

拉套　la^{31}tʰɔ^{44}

套绳　tʰɔ^{21}ʂəŋ^{35}

兜_{嚼环}　təu^{31}

鞦绳　tɕʰiou^{31}ʂən^{35}

马掌　ma^{44}tʂaŋ^{52}

钉掌　tɕiŋ^{31}tʂaŋ^{52}

杈　tsʰa^{31}

牛笼嘴　ȵiəu^{35}luŋ^{21}tsuei^{52}

牛鼻圈儿　ȵiəu^{35}pi^{35}tɕyɐr^{21}

拖车　tʰuə^{31}tʂʰə^{31}

步犁　pʰu^{44}li^{35}

犁辕　li^{35}yæ̃^{35}

犁把　li^{35}pa^{44}

耙　pʰa^{44}

麦茬　mɛ^{31}tsʰa^{35}

豆茬　təu^{44}tsʰa^{35}

麦根儿　mɛ^{31}kər^{21}

保墒　pɔ^{52}ʂaŋ^{31}

抢墒　tɕʰiaŋ^{52}ʂaŋ^{31}

种麦　tʂuŋ^{44}mɛ^{31}

锄麦　tʂʰu^{35}mɛ^{31}

割麦　kə^{31}mɛ^{31}

打麦｜碾麦　ta^{52}mɛ^{31}｜ȵiæ̃^{52}mɛ^{31}

扬麦｜扬场　iaŋ^{35}mɛ^{31}｜iaŋ^{35}tʂʰaŋ^{35}

粮仓　liaŋ^{35}tsʰaŋ^{31}

碌锤　lu^{31}tʂʰuei^{31}

连枷　liæ̃^{31}tɕia^{31}

耙子　pʰa^{35}tə^{21}

镈头　tɕyə^{52}tʰəu^{21}

锄头　tʂʰu^{35}tʰəu^{21}

锄地　tʂʰu^{35}tɕi^{44}

锄豆子　tʂʰu^{35}tʰəu^{44}tə^{21}

拔草　pa^{35}tsʰɔ^{52}

铡子_{铡刀}　tsʰa^{35}tə^{21}

铡草　tsʰa^{35}tsʰɔ^{52}

镰　liæ̃^{35}

砍刀　kʰæ̃^{52}tɔ^{44}

铁锨　tɕʰiə^{31}çiæ̃^{31}

簸箕　puə^{52}tɕʰi^{44}

撮瓢_{撮箕}　tsʰuə^{31}pʰiɔ^{21}

苇箩　pʰu^{35}luə^{21}

小筐儿　çiɔ^{52}kʰuɐr^{44}

笼_{箩筐}　luŋ^{52}

扁担　piæ̃^{52}tæ̃^{31}

担担子挑担子　tæ³¹tæ⁴⁴tə²¹

扫帚　sɔ⁴⁴tʂʰu²¹

笤帚　tɕʰiɔ³¹tʂʰu²¹

鸡毛掸子　tɕi³¹mɔ³⁵tæ⁴⁴tə²¹

木桩　mu³¹tʂuaŋ³¹

栽个桩子　tsɛ³¹kə³⁵tʂuaŋ³¹tə²¹

橛橛子　tɕʰyə³⁵

钉子　tɕiŋ³¹tə²¹

合页　xuə³⁵iə³¹

钳子　tɕʰiæ³¹tə²¹

镊子　ȵiə³¹tə²¹

槌　tʂʰuei³⁵

绳　ʂəŋ³⁵

活扣儿　xuə³⁵kʰər²¹

死扣儿　sɿ⁴⁴kʰər²¹

（五）植物

庄稼　tʂuaŋ³¹tɕia³¹

粮食　liaŋ³¹ ʂɿ²¹

五谷　vu⁵²ku³¹

杂粮　tsa³⁵liaŋ³⁵

小麦　ɕiɔ⁵²mɛ³¹

大麦　ta⁴⁴mɛ³¹

青稞　tɕʰiŋ³¹kʰuə³¹

麦芒　mɛ³¹vaŋ³⁵

麦穗儿　mɛ³¹ɕyɐr²¹

荞麦　tɕʰiɔ³⁵mɛ³¹

荞麦皮　tɕʰiɔ³⁵mɛ³¹pʰi³⁵

莜麦　iəu³⁵mɛ³¹

燕麦　iæ⁴⁴mɛ³¹

稻子　tɔ⁴⁴tə²¹

大米　ta⁴⁴mi⁵²

小米　ɕiɔ⁵²mi²¹

玉麦　y⁴⁴mɛ³¹

秕谷　pi⁵²ku³¹

秕谷皮儿　pi⁵²ku³¹pʰiər³⁵

稗子　pɛ⁵²tə²¹

毛尾巴草　mɔ³⁵i³¹pa³¹tsʰɔ⁵²

江米　tɕiaŋ³¹mi⁵²

高粱　kɔ³¹liaŋ²¹

高粱秆儿　kɔ³¹liaŋ²¹kɐr⁵²

糜子　mi³⁵tə²¹

芝麻　tsɿ³¹ma³⁵

芝麻秆儿　tsɿ⁴⁴ma³⁵kɐr⁵²

黄豆　xuaŋ³⁵təu²¹

绿豆　liəu³¹təu²¹

黑豆　xei³¹təu²¹

红小豆儿　xuŋ³⁵ɕiɔ⁵²tər⁴⁴

豌豆　væ³¹təu²¹

豌豆苗儿　væ³¹təu²¹miɔr³⁵

豇豆　tɕiaŋ³¹təu²¹

扁豆　piæ⁵²təu²¹

大豆蚕豆　ta⁴⁴təu²¹

红薯　xuŋ³⁵ʂu⁵²

洋芋｜芋豆马铃薯　iaŋ³⁵y⁴⁴｜
　　y⁴⁴təu²¹

山芋｜山药　sæ³¹y³¹

藕　ŋ⁵²

莲子　liæ³¹tə²¹

茄子　tɕʰiə³¹tə²¹

黄瓜　xuaŋ³⁵kua³¹

菜瓜　tsʰɛ⁴⁴kua³¹

丝瓜　sɿ³¹kua³¹

绞瓜　tɕiɔ⁴⁴kua³¹

苦瓜　kʰu⁵²kua³¹

倭瓜　uə³¹kua²¹

番瓜南瓜　fæ̃³¹kua³¹

西葫芦　çi³¹xu³¹lu³¹

葫芦　xu³¹lu³¹

瓠子　xu⁴⁴tə²¹

葱　tsʰuŋ³¹

葱头　tsʰuŋ³¹tʰəu³⁵

葱白　tsʰuŋ³¹pʰei³⁵

洋葱头洋葱　iaŋ³⁵tsʰuŋ³¹tʰou³⁵

蒜　çyæ⁴⁴

蒜薹　çyæ⁴⁴tʰɛ²¹

蒜苗　çyæ⁴⁴miɔ³⁵

韭菜　tçiəu⁵²tsʰɛ⁴⁴

韭黄　tçiəu⁵²xuaŋ³⁵

韭花儿　tçiəu⁴⁴xuɐr²¹

西红柿　çi³¹xuŋ³⁵sʅ⁴⁴

生姜　səŋ³¹tçiaŋ³¹

洋山芋洋姜　iaŋ³⁵sæ̃³¹y⁴⁴

辣子　la⁵²tə²¹

菠菜　puə³¹tsʰɛ²¹

白菜　pʰei³¹tsʰɛ²¹

卷心白　tçyæ̃⁵²çin³¹pʰei³⁵

小白菜　çiɔ⁵²pʰei³⁵tsʰɛ²¹

笋　çyn⁵²

生菜　səŋ³¹tsʰɛ⁴⁴

芹菜　tçʰin³¹tsʰɛ²¹

芫荽　iæ̃³¹çy²¹

茼蒿　tʰuŋ³⁵xɔ³¹

萝卜　luə³¹pʰu²¹

萝卜糠了　luə³¹pʰu²¹kʰaŋ⁴⁴liə²¹

萝卜叶儿　luə³¹pʰu²¹iər²¹

萝卜干儿　luə³¹pʰu²¹kɐr²¹

红萝卜　xuŋ³⁵luə³¹pʰu²¹

油菜　iəu³⁵tsʰɛ²¹

灰条灰灰菜　xuei³¹tçʰiɔ²¹

扫帚菜　sɔ⁴⁴tʂʰu³¹tsʰɛ²¹

水蒿　ʂuei⁵²xɔ³¹

白蒿　pei³¹xɔ³¹

日儿葵　zʅ³¹ər²¹kʰuei³⁵

日儿葵籽儿　zʅ³¹ər³⁵kʰuei³⁵tər⁵²

棉花　miæ̃³⁵xua³¹

麻　ma³⁵

麻子　ma³⁵tə²¹

麻秆　ma³⁵kæ̃⁴⁴

巧麻　tçʰiɔ⁴⁴ma³⁵

麻绳　ma³⁵ʂəŋ³⁵

树林　ʂu⁴⁴lin³⁵

树苗　ʂu⁴⁴miɔ³⁵

树干　ʂu⁴⁴kæ̃³¹

树梢　ʂu⁴⁴ʂɔ⁴⁴

树根　ʂu⁴⁴kən³¹

树叶儿　ʂu⁴⁴iər³¹

树皮　ʂu⁴⁴pʰi³⁵

树骨树枝　ʂu⁴⁴ku⁵²

树杈　ʂu⁴⁴tsʰa⁴⁴

木头　mu³¹tʰəu²¹

栽树　tsɛ³¹ʂu⁴⁴

剁树砍树　tuə⁴⁴ʂu⁴⁴

折一朵花儿　tʂə³¹i³¹tuə⁵²xuɐr²¹

栽一棵花儿　tsɛ⁴⁴i³¹kʰə³¹xuɐr²¹

花骨朵儿　xua³¹ku³¹tuɐr²¹

花瓣儿　xua³¹pʰɐr²¹

花心　xua⁴⁴çin³¹

栽花儿　tsɛ³¹xuɐr²¹

浇花儿　tɕiɔ³¹xuɐr²¹

拔草　pʰa³⁵tsʰɔ⁵²

铲草　tsʰæ̃⁵²tsʰɔ²¹

果树　kuə⁵²ʂu⁴⁴

水果　ʂuei²¹kuə⁵²

干果　kæ̃³¹kuə⁵²

松树　suŋ³¹ʂu²¹

松白籽儿　suŋ³¹pei³⁵tər²¹

松塔拉松球　suŋ³¹tʰa³¹la²¹

松树叶儿　suŋ³¹ʂu⁴⁴iɐr²¹

马尾松　ma⁵²vei³⁵suŋ³¹

柏树　pei³¹ʂu²¹

椿树　tʂʰun³¹ʂu²¹

臭椿树　tʂʰəu⁴⁴tʂʰun³¹

香椿树　ɕiaŋ³¹tʂʰun³¹

榆树　y³⁵ʂu²¹

榆钱儿　y³⁵tɕʰiɐr²¹

枣树　tsɔ⁵²ʂu²¹

枣儿　tsɔr⁵²

枣核儿　tsɔ⁵²xur²¹

酸枣树　suæ̃³¹tsɔ²¹ʂu⁴⁴

酸枣儿　suæ̃³¹tsɔr²¹

桑树　saŋ³¹ʂu²¹

桑叶　saŋ³¹iə²¹

桑葚　saŋ³¹ʂɿ²¹

杨树　iaŋ³⁵ʂu²¹

白杨树　pei³⁵iaŋ³⁵ʂu²¹

杨柳　iaŋ³⁵liəu²¹

垂柳　tʂʰuei³⁵liəu²¹

柳树　liəu⁵²ʂu²¹

柳树骨儿柳枝　liəu⁵²ʂu²¹kur²¹

柳树叶儿　liəu⁵²ʂu²¹iɐr²¹

柳毛柳絮　liəu⁵²mɔ³⁵

柳条儿　liəu⁵²tɕʰiɔr²¹

槐树　xuɛ³⁵ʂu²¹

槐花儿　xuɛ³⁵xuɐr²¹

桃树　tʰɔ³⁵ʂu²¹

桃儿　tʰɔr³⁵

杏树　xəŋ⁴⁴ʂu²¹

杏　xəŋ⁴⁴

李子树　li⁴⁴tə²¹ʂu⁴⁴

李子　li⁵²tə²¹

梨树　li³⁵ʂu⁴⁴

梨　li³⁵

柿子树　ʂɿ⁴⁴tə²¹ʂu⁴⁴

柿子　ʂɿ⁴⁴tə²¹

柿饼　ʂɿ⁴⁴piŋ⁵²

石榴树　ʂɿ³¹liəu²¹ʂu²¹

石榴花儿　ʂɿ³¹liəu²¹xuɐr²¹

石榴　ʂɿ³¹liəu²¹

柯桃核桃　kʰə³¹tʰɔ²¹

西瓜　ɕi³¹kua³¹

肉瓤　 z̩əu⁴⁴z̩aŋ²¹

沙瓤　sa³¹z̩aŋ³⁵

瓜子儿　kua³¹tər²¹

嗑瓜子儿　kʰuə³¹kua³¹tər²¹

香瓜　ɕiaŋ³¹kua³¹

甘蔗　kæ̃³¹tʂə²¹

花生　xua³¹səŋ²¹

竹子　tʂu³¹tə²¹

竹笋　tʂu³¹ɕyn⁵²

牡丹　mu⁵²tæ̃³¹

芍药　ʂuə³⁵yə³¹

玫瑰　mei³⁵kuei⁴⁴

月季　yə²¹tɕi³¹

迎春儿　iŋ³⁵tʂʰun³¹xuɐr²¹

菊花儿　tɕy³⁵xuɐr²¹

梅花儿　mei³⁵xuɐr²¹

榆叶儿梅　y³⁵iər²¹mei³⁵

马兰　ma²¹læ³⁵

牛舌头　ȵiəu³⁵ʂə³¹tʰəu²¹

车前草　tʂʰə³¹tɕʰiæ³⁵tsʰɔ⁵²

芦苇　lu³⁵vei²¹

艾　ŋɛ³¹

香菇　ɕiaŋ³¹ku³¹

毛菇　mɔ²¹ku³¹

狗尿苔　kəu⁵²ȵiɔ⁴⁴tʰɛ²¹

绿毛青苔　liəu³¹mu³⁵

（六）动物

头牯牲口　tʰəu²¹ku³¹

儿马公马　ər²¹ma⁵²

骒马母马　kʰuə⁴⁴ma²¹

骟马　ʂæ⁴⁴ma²¹

马驹儿　ma⁵²tɕyər²¹

牨牛公牛　pʰɔ²¹ȵiəu³⁵

乳牛母牛　ʐu⁵²ȵiəu²¹

黄牛　xuaŋ³⁵ȵiəu²¹

牛犊儿　ȵiəu³⁵tʰur²¹

牛角　ȵiəu³⁵tɕyə³¹

驴　ly³⁵

叫驴公驴　tɕiɔ⁴⁴ly³⁵

骟驴母驴　tsʰɔ⁵²ly³⁵

驴驹儿　ly³⁵tɕyər²¹

儿骡公骡　ər³⁵luə³⁵

骒骡母骡　kʰuə⁴⁴luə³⁵

驴骡　ly³⁵luə³⁵

马骡　ma⁵²luə³⁵

骆驼　luə³¹tʰuə²¹

绵羊　miæ³⁵iaŋ²¹

居驴山羊　tɕy³¹ly³⁵

骚葫公羊　sɔ³¹xu²¹

母羊　mu³¹iaŋ³⁵

羊羔儿　iaŋ³⁵kɔr²¹

狗　kəu⁵²

牙狗公狗　ȵia³⁵kəu⁵²

母狗　mu²¹kəu⁵²

狗娃儿　kəu⁵²vɐr²¹

哈巴狗　xa³¹pa²¹kəu⁵²

疯狗　fəŋ³¹kəu⁵²

狗疯了　kəu⁵²fəŋ³¹liə²¹

猫　mɔ³⁵

郎猫公猫　laŋ³⁵mɔ²¹

女猫母猫　mi⁵²mɔ²¹

鸡　tɕi³¹

公鸡　kuŋ³¹tɕi³¹

母鸡　mu³¹tɕi³¹

鸡蛋　tɕi³¹tʰæ⁴⁴

下蛋　ɕia³¹tʰæ⁴⁴

菢鸡娃儿　pɔ⁴⁴tɕi³¹vɐr²¹

蓄窝鸡　ɕy⁴⁴vuə³¹tɕi³¹

鸡娃儿　tɕi³¹vɐr²¹

鸡冠子　tɕi³¹kuæ³¹tə²¹

鸡爪子　tɕi³¹tʂua⁵²tə²¹

鸭子　ȵia³¹tə²¹

鸭蛋　ȵia³¹tæ⁴⁴

公鸭子　kuŋ³¹ȵia³¹tə²¹

母鸭子　mu³¹ȵia³¹tə²¹

鸭娃儿　ȵia³¹vɐr²¹

鹅　ŋə³⁵

鹅娃儿　ŋə³⁵vɐr²¹

狮子　sʅ³¹tə²¹

老虎　lɔ⁵²xu²¹

狼　laŋ³⁵

猴　xəu³⁵

熊　ɕyŋ³⁵

豹子　pɔ⁴⁴tə²¹

金钱豹　tɕin³¹tɕʰiæ̃³⁵pɔ⁴⁴

土豹子　tʰu⁵²pɔ⁴⁴tə²¹

狐子狐狸　xu³¹tə²¹

黄鼠狼儿　xuaŋ³⁵ʂu⁵²lɐr²¹

兔儿　tʰur²¹

家兔儿　tɕia³¹tʰur²¹

老鼠　lɔ⁵²ʂu²¹

地老鼠　tɕi³¹lɔ⁵²ʂu²¹

刺猬　tsʰʅ⁴⁴vei²¹

长虫蛇　tʂʰaŋ²¹tʂʰuŋ⁵²

蟒蛇　maŋ⁵²ʂə³⁵

鸟儿　ȵiɔr⁵²

鸟儿毛　ȵiɔr⁵²mɔ³⁵

毛翎　mɔ³⁵liŋ³⁵

翅膀　tsʰʅ³¹paŋ²¹

爪子　tʂua⁵²tə²¹

腔子脯子　tɕʰiaŋ³¹tə²¹

嘴　tsuei⁵²

尾巴　i⁵²pə²¹

老哇乌鸦　lɔ⁵²va³¹

老哇窝乌鸦窝　lɔ⁵²va³¹uə²¹

野鹊喜鹊　iə³¹tɕʰiɔ³¹

麻雀　ma³⁵tɕʰiɔ³¹

燕子儿　iæ̃⁴⁴tɐr²¹

雁　ȵiæ̃⁴⁴

鹞子　iɔ⁵²tə²¹

鹁鸽儿鸽子　pʰu³¹kər²¹

鹌鹑　ŋæ̃³¹tʂʰun²¹

呱啦鸡鹧鸪　kua³¹la²¹tɕi³¹

鳥鳥报啄木鸟　tɕʰiæ̃³¹tɕʰiæ̃²¹pɔ⁴⁴

信胡猫头鹰　ɕin⁴⁴xu²¹

鹦哥儿鹦鹉　ȵin⁴⁴kər²¹

八哥儿　pa³¹kər²¹

鹰　ȵiŋ³¹

老鹰　lɔ⁵²ȵiŋ³¹

野鸡　iə⁵²tɕi³¹

孔雀　kʰuŋ⁵²tɕʰyə³¹

鱼鹰鸬鹚　y³⁵ȵiŋ³¹

夜蝙蝠儿蝙蝠　iə⁴⁴piæ̃³¹xur²¹

蚕儿　tsʰɐr²¹

蚕儿蛋　tsʰɐr²¹tæ̃⁴⁴

蚕儿□蚕蚁儿　tsʰɐr²¹zər²¹

蚕蛋　tsʰæ̃³⁵tæ̃⁴⁴

吐丝　tʰu⁵²sʅ³¹

蚕屎　tsʰæ̃³⁵sʅ⁵²

蛛蛛蜘蛛　tʂu³¹tʂu²¹

土蛛蛛蟏子　tʰu⁵²tʂu³¹tʂu²¹

蚍蜉蚂儿蚂蚁　pʰi³⁵fu²¹mɐr²¹

地蝼蝼　tɕi³¹ləu³¹ləu²¹

曲鳝蚯蚓　tɕʰy⁵²ʂæ̃³¹

蜗蜗牛蜗牛　kua³¹kua²¹ȵiəu³⁵

屎扒牛屎壳郎　sʅ⁵²pa³¹ȵiəu³⁵

蚰蜓　iəu³¹iæ̃⁵²

蝎子　ɕiə³¹tə²¹

蜇人　tʂə³¹zən³⁵

壁虎　pi³¹xu²¹

毛虫　mɔ³⁵tʂʰuŋ³⁵

黄虫　xuaŋ³⁵tʂʰuŋ²¹

腻虫_{蚜虫}　n̠i⁴⁴tʂʰuŋ²¹

蝇子_{苍蝇}　iŋ³⁵tə²¹

绿头苍蝇　liəu³¹tʰəu³⁵tsʰaŋ³¹iŋ²¹

蚊子　vən³⁵tə²¹

叮人　tɕiŋ³¹z̠ən³⁵

虱　sei³¹

虮　tɕi³¹

臭虱_{臭虫}　tʂʰəu⁴⁴sei³¹

屹蚤　kə³¹tsɔ²¹

鸡虱　tɕi³¹sei³¹

狗虱　kəu⁵²sei³¹

狗蝇　kəu⁵²in³⁵

虻□_{牛虻}　məŋ²¹tsæ⁵²

蚂蚱　ma⁵²tsa⁴⁴

知了　tsɿ³¹ləu²¹

知了壳　tsɿ³¹ləu²¹kə²¹

蜂　fəŋ³¹

马蜂　ma⁵²fəŋ³¹

咬人　n̠iɔ⁵²z̠ən³⁵

蜂窝　fəŋ³¹vuə²¹

蜂糖　fəŋ³¹tʰaŋ²¹

黄腊　xuaŋ³⁵la³¹

明火虫儿_{萤火虫}　miŋ³¹xuə⁵²tʂʰuɐr²¹

臭板板_{臭板虫}　tʂʰəu⁴⁴pæ⁵²pæ²¹

打灯蛾儿_{灯蛾}　ta⁵²təŋ³¹ŋər²¹

花花蛾儿_{蝴蝶}　xua³¹xua²¹ŋər²¹

蜻蜓　tɕʰiŋ³¹tɕʰiŋ²¹

花花儿牛_{瓢虫}　xua³¹xuɐr²¹n̠iəu³⁵

天牛　tɕʰiæ³¹n̠iəu³⁵

椿牛　tʂʰun³¹n̠iəu³⁵

鲤鱼　li²¹y³⁵

鲇鱼　n̠iæ̃³⁵y³⁵

鱼甲_{鱼鳞}　y³⁵tɕia³¹

鱼刺　y³⁵tsʰɿ⁴⁴

鱼鳃　y³⁵sɛ³¹

鱼子儿　y³⁵tər²¹

鱼苗儿　y³⁵miɔr³⁵

鱼秧子　y³⁵n̠iaŋ³¹tə²¹

钓鱼　tɕiɔ⁴⁴y³⁵

钓鱼竿儿　tɕiɔ⁴⁴y³⁵kɐr²¹

钓鱼钩儿　tɕiɔ⁴⁴y³⁵kər²¹

浮子　fu³⁵tə²¹

鱼篓儿　y³⁵lər²¹

鱼网　y³⁵vaŋ⁵²

虾　çia³¹

乌龟　u³¹kuei³¹

鳖　piə³¹

泥鳅　n̠i³⁵tɕʰiəu³¹

螃蟹　pʰaŋ³¹xɛ⁵²

蛤蟆_{青蛙}　xə³¹ma²¹

蛤蟆骨都_{蝌蚪}　xə³¹ma²¹ku³¹tu²¹

卷虫_{蟠蜒}　tɕy æ̃⁴⁴tʂʰuŋ²¹

（七）房舍

房子　faŋ³⁵tə²¹

三合头　sæ̃³¹xə²¹tʰəu³⁵

四合头　sɿ⁴⁴xə²¹tʰəu³⁵

院子　yæ⁴⁴tə²¹

两套院子　liaŋ⁵²tʰɔ⁴⁴yæ⁴⁴tə²¹

三套院子　sæ̃³¹tʰɔ⁴⁴yæ⁴⁴tə²¹

过道　kuə⁴⁴tɔ⁴⁴

照壁子_{影壁}　tʂɔ⁴⁴pi³¹tə²¹

院墙　yæ⁴⁴tɕʰiaŋ²¹

水道口　ʂuei⁵²tɔ⁴⁴kʰəu²¹

屋子　vu³¹tə²¹

进深　tɕin⁴⁴ʂən³¹

面宽_{房子宽度}　miæ⁴⁴kʰuæ³¹

外屋　vɛ⁴⁴vu³¹

里屋　li⁵²vu³¹

上房　ʂaŋ⁴⁴faŋ³⁵

偏房　pʰiæ³¹faŋ³⁵

东房　tuŋ³¹faŋ³⁵

西房　ɕi²¹faŋ³⁵

卧室　vuə⁴⁴ʂʅ²¹

客房　kʰə²¹faŋ³⁵

茅房_{厕所}　mɔ³⁵faŋ³⁵

磨坊　muə⁴⁴faŋ³⁵

磨盘　muə⁴⁴pʰæ³⁵

磨脐儿　muə⁴⁴tɕʰiər²¹

面柜　miæ⁴⁴kʰuei⁴⁴

箩　luə³⁵

牛圈　n̠iəu³⁵tɕʰyæ⁴⁴

牛槽　n̠iəu³⁵tsʰɔ³⁵

牛把式　n̠iəu³⁵pa²¹ʂʅ²¹

马圈　ma⁵²tɕʰyæ⁴⁴

马槽　ma⁵²tsʰɔ³⁵

放马的　faŋ⁴⁴ma⁵²tɕi²¹

羊圈　iaŋ³⁵tɕʰyæ⁴⁴

羊把式　iaŋ³⁵pa²¹ʂʅ²¹

狗窝　kəu⁵²vuə³¹

狗食槽　kəu⁵²ʂʅ²¹tsʰɔ³⁵

鸡笼　tɕi³¹luŋ³⁵

鸡窝　tɕi³¹vuə³¹

大门　ta⁴⁴mən³⁵

门外头　mən³⁵vɛ⁴⁴tʰəu²¹

小门儿　ɕiɔ⁵²mər²¹

后门儿　xəu⁴⁴mər²¹

门槛　mən²¹kʰæ⁵²

门后　mən³¹xəu⁴⁴

门闩　mən³⁵ʂuæ⁴⁴

锁　suə⁵²

钥匙　yə³¹sʅ³¹

房脊儿　faŋ³⁵tɕiər²¹

房坡　faŋ³⁵pʰuə²¹

房檐　faŋ³⁵iæ³⁵

山墙　sæ³¹tɕʰiaŋ³⁵

前墙　tɕʰiæ³⁵tɕʰiaŋ³⁵

后墙　xəu⁴⁴tɕʰiaŋ³⁵

梁　liaŋ³⁵

檩　liŋ⁵²

椽　tʂʰuæ³⁵

柱子　tʂu⁴⁴tə²¹

柱顶石　tʂu⁴⁴tɕiŋ²¹ʂʅ³¹

台子　tʰɛ³⁵tə²¹

顶棚_{天花板}　tɕiŋ⁵²pʰəŋ²¹

楼房　ləu³⁵faŋ³⁵

楼顶　ləu³⁵tɕiŋ⁵²

楼下　ləu³⁵ɕia⁴⁴

楼门　ləu³⁵mən³⁵

楼梯　ləu³⁵tɕʰi³¹

扶手　fu³⁵ʂəu⁵²

窗子　tʂʰuaŋ³¹tə²¹

窗帘　tʂʰuaŋ³⁵liæ³⁵

窗台　tʂʰuaŋ³¹tʰɛ³⁵

阳台　iaŋ³⁵tʰɛ³⁵

隔断　kə³¹tuæ⁴⁴

（八）器具用品

床铺　tʂʰuaŋ³⁵pʰu⁴⁴

床头　tʂʰuaŋ³⁵tʰəu³⁵

床底　tʂʰuaŋ³⁵tɕi⁵²

床边　tʂʰuaŋ³⁵piæ̃³¹

炕　kʰaŋ⁴⁴

热炕　ʐə³¹kʰaŋ⁴⁴

炕边儿　kʰaŋ⁴⁴piɐr²¹

铺床｜铺炕　pʰu³¹tʂʰuaŋ³⁵｜pʰu³¹kʰaŋ⁴⁴

上床｜上炕　ʂaŋ⁴⁴tʂʰuaŋ³⁵｜ʂaŋ⁴⁴kʰaŋ⁴⁴

蚊帐　vən³⁵tʂaŋ⁴⁴

帐钩子　tʂaŋ³⁵kəu³¹tə²¹

帐沿儿　tʂaŋ⁴⁴iɐr³⁵

毡　tʂæ̃³¹

被子　pi⁴⁴tə²¹

被窝　pi⁴⁴vuə³¹

被里　pi⁴⁴li²¹

被面儿　pi⁴⁴miɐr²¹

网套　vaŋ⁵²tʰɔ⁴⁴

被罩　pi⁴⁴tsɔ⁴⁴

床单　tʂʰuaŋ³⁵tæ̃³¹

褥子　ʐu⁵²tə²¹

凉席　liaŋ³⁵ɕi³⁵

枕头　tʂən⁴⁴tʰəu²¹

枕巾　tʂən⁵²tɕin³¹

枕套　tʂən⁵²tʰɔ⁴⁴

枕头芯儿　tʂən⁵²tʰəu³⁵ɕiɐr²¹

尿壶　n̠iɔ⁴⁴xu³⁵

尿罐　n̠iɔ⁴⁴kuæ̃⁴⁴

热水袋　ʐə³¹ʂuei⁵²tɛ⁴⁴

电壶暖水瓶　tɕiæ̃⁴⁴xu³⁵

茶壶儿　tsʰa³⁵xur²¹

脸盆儿　liæ̃⁵²pər²¹

洗脸水　ɕi³¹liæ̃⁵²ʂuei⁵²

胰子香皂　i⁴⁴tə²¹

洋碱肥皂　iaŋ²¹tɕiæ̃⁵²

手巾毛巾　ʂəu⁵²tɕin³¹

澡盆　tsɔ⁵²pʰən³⁵

洗脚盆　ɕi⁵²tɕyə³¹pʰən³⁵

擦脚手巾　tsʰa³¹tɕyə³¹ʂəu⁵²tɕin³¹

柜　kʰuei⁴⁴

衣柜　i³¹kʰuei⁴⁴

立柜　li³¹kʰuei⁴⁴

平柜　pʰiŋ³⁵kʰuei⁴⁴

箱子　ɕiaŋ³¹tə²¹

皮箱　pʰi³⁵ɕiaŋ³¹

提包　tɕʰi²¹pɔ³¹

衣架　i³¹tɕia⁴⁴

桌子　tʂuə³¹tə²¹

方桌　faŋ³¹tʂuə³¹

圆桌　yæ̃³⁵tʂuə³¹

桌布　tʂuə³¹pu⁴⁴

抽匣抽屉　tʂʰəu³¹xa³¹

条桌　tɕʰiɔ³⁵tʂuə³¹

茶几　tsʰa³⁵tɕi³¹

椅子　i⁵²tə²¹

靠背儿　kʰɔ⁴⁴pər²¹

板凳　pæ̃⁵²tʰəŋ²¹

凳子　təŋ⁴⁴tə²¹

蜡蜡烛　la³¹

油灯　iəu³⁵təŋ³¹

灯台　təŋ³¹tʰɛ³⁵

灯草　təŋ³¹tsʰɔ⁵²

拨灯棍儿　puə³¹təŋ³¹kur²¹

煤油灯　mei³⁵iəu³⁵təŋ³¹

灯捻　təŋ³¹ȵiæ̃⁵²

灯罩　təŋ³¹tsɔ⁴⁴

灯笼　təŋ³¹luŋ³⁵

火房 厨房　xuə⁵²faŋ²¹

锅头｜锅台 灶　kuə³¹tʰəu²¹｜kuə³¹
　tʰɛ³⁵

锅头底　kuə³¹tʰəu²¹tɕi⁵²

热水罐　z̩ə³¹ʂuei²¹kuæ̃⁴⁴

锅煤 锅烟子　kuə³¹mei³⁵

烟筒 烟囱　iæ̃³¹tʰuŋ²¹

饭锅　fæ̃⁴⁴kuə³¹

大锅　ta⁴⁴kuə²¹

锅盖　kuə³¹kɛ²¹

锅圈儿　kuə³¹tɕʰyɐr²¹

炉子　lu³⁵tə²¹

炉门儿　lu³⁵mər²¹

炉台　lu³⁵tʰɛ³⁵

炉齿儿　lu³⁵tsʰər²¹

盖火　kɛ⁴⁴xuə²¹

捅火棍儿　tʰuŋ⁴⁴xuə⁵²kuər⁴⁴

烧火棍儿　ʂɔ³¹xuə⁵²kuər²¹

火钳　xuə²¹tɕʰiæ̃³⁵

火筷子　xuə²¹kʰuɛ⁴⁴tə²¹

火铲　xuə²¹tsʰæ̃⁵²

风匣　fəŋ³¹ɕia³¹

拉风箱　la³¹fəŋ³¹ɕiaŋ⁴⁴

笊篱　tsɔ⁴⁴li²¹

筛子　sɛ³¹tə²¹

锅刷　kuə³¹ʂua³¹

锅铲　kuə³¹tsʰæ̃⁵²

瓢　pʰiɔ̃³⁵

饭碗　fæ̃⁴⁴væ̃⁵²

木碗儿　mu³¹vɐr²¹

茶碗儿　tsʰa³⁵vɐr²¹

老碗 大碗　lɔ³¹væ̃⁵²

小碗　ɕiɔ⁵²væ̃⁵²

茶缸子　tsʰa³⁵kaŋ³¹tə²¹

茶托儿　tsʰa³⁵tʰuər²¹

盖碗儿　kɛ⁴⁴vuɐr²¹

酒杯　tɕiəu⁵²pʰei²¹

盘子　pʰæ̃³⁵tə²¹

饭盘子　fæ̃⁴⁴pʰæ̃³⁵tə²¹

盆子　pʰən³⁵tə²¹

面盆　miæ̃⁴⁴pʰən³⁵

菜盆　tsʰɛ⁴⁴pʰən³⁵

木盆　mu³¹pʰən³⁵

瓶子　pʰiŋ³¹tə²¹

瓶塞　pʰiŋ³⁵sei³¹

玻璃瓶　puə³¹li²¹pʰiŋ³⁵

罐子　kuæ̃⁴⁴tə²¹

醋坛子　tsʰu⁴⁴tʰæ̃³¹tə²¹

酒壶　tɕiəu⁵²xu³⁵

碎盘子　suei⁴⁴pʰæ̃³¹tə²¹

勺子　ʂuə³¹tə²¹

木勺　mu³¹ʂuə²¹

饭勺　fæ̃⁴⁴ʂuə²¹

汤勺　tʰaŋ³¹ʂuə²¹

漏勺　ləu⁴⁴ʂuə²¹

调羹儿　tɕʰiɔ³⁵kər²¹

筷子 筷子　kʰuɛ⁴⁴tə²¹

箸笼 筷笼　tʂʰu⁴⁴luŋ²¹

碗柜　vɑ̃⁵²kʰuei⁴⁴

砧布　tʂɑ̃³¹pu²¹

拖布　tʰuə³¹pu²¹

擦子　tsʰa³¹tə²¹

菜刀　tsʰɛ⁴⁴tɔ³¹

蒜窝_{蒜白}　ɕyɑ̃⁴⁴vuə³¹

蒜窝槌儿　ɕyɑ̃⁴⁴vuə³¹tʂʰuər²¹

踏蒜_{捣蒜}　tʰa³¹ɕyɑ̃⁴⁴

案板　ŋɑ̃⁴⁴pɑ̃⁵²

水桶　ʂuei⁵²tʰuŋ⁵²

扁担　piɑ̃⁴⁴tɑ̃³¹

井绳　tɕiŋ⁵² ʂən³⁵

饭桶　fɑ̃⁴⁴tʰuŋ²¹

笼_{蒸笼}　luŋ³⁵

笼屉　luŋ³⁵tɕi⁴⁴

水缸｜水瓮　ʂuei²¹kaŋ³¹｜
　　ʂuei⁵²vəŋ²¹

恶水缸　ŋə³¹ ʂuei⁵²kaŋ³¹

柴　tsʰɛ³⁵

麦秆儿　mɛ³¹kɐr²¹

高粱秆儿　kɔ³¹liaŋ³⁵kɐr²¹

豆秆儿　təu⁴⁴kɐr²¹

稻秆儿　tɔ⁴⁴kər²¹

芝麻秆儿　tsɿ⁴⁴ma³⁵kɐr²¹

斫柴　tʂuə³¹tsʰɛ³⁵

木花儿　mu³¹xuɐr²¹

洋火　iaŋ³¹xuə⁵²

糨子　tɕiaŋ⁴⁴tə²¹

洒壶　sa⁵²xu³⁵

纺车　faŋ⁵²tʂʰə³¹

棉花弓　miɑ̃³⁵xua³¹kuŋ²¹

弹花槌　tʰɑ̃³⁵xua³¹tʂʰuei³⁵

弹棉花　tʰɑ̃³⁵miɑ̃³⁵xua³¹

苧筈　pʰu³⁵luə²¹

顶针儿　tɕiŋ⁵²tʂər²¹

线轱辘　ɕiɑ̃⁴⁴ku³¹lu²¹

绣花针　ɕiəu⁴⁴xua³¹tʂən³¹

缝衣针　fəŋ³⁵i³¹tʂən³¹

纳鞋底针　na³¹xɛ³⁵tɕʰi⁵³tʂən³¹

针尖儿　tʂən³¹tɕiɐr²¹

针沟子　tʂən³¹kəu³¹tə²¹

针脚　tʂən³¹tɕyə³¹

穿针　tʂʰuɑ̃³¹tʂən³¹

锥子　tʂuei³¹tə²¹

补丁　pu⁵²tɕiŋ³¹

搓衣板　tsʰuə³¹i³¹pɑ̃⁵²

棒槌　paŋ⁴⁴tʂʰuei²¹

搭衣服绳　ta³¹i³¹fu²¹ ʂən³⁵

伞　sɑ̃⁵²

章子　tʂaŋ³¹tə²¹

晒一晒　sɛ⁴⁴i³¹sɛ²¹

洗一水　ɕi³¹i³¹ ʂuei⁵²

缝衣服　fəŋ³⁵i³¹fu²¹

绞　tɕiɔ⁵²

剪子　tɕiɑ̃⁵²tə²¹

尺子　tʂʰʅ⁵²tə²¹

量身材　liaŋ³⁵ ʂən³¹tsʰɛ²¹

打粉线　ta²¹fən⁵²ɕiɛ⁴⁴

缭缝子　liɔ³⁵fəŋ⁴⁴tə²¹

收边儿　ʂəu³⁵piɐr²¹

搂绫子　tsɛ³¹liŋ⁵²tə²¹

纳鞋帮　na³¹xɛ³⁵paŋ³¹

垫鞋底　tɕiɑ̃⁴⁴xɛ³⁵tɕi²¹

纳鞋底　na³¹xɛ³⁵tɕi²¹

钉扣子　tɕiŋ³¹kʰəu⁴⁴tə²¹

绣花儿　ɕiəu⁴⁴xuɐr²¹

补补丁　pu⁵²pu²¹tɕiŋ²¹

做被子　tsəu⁴⁴pi⁴⁴tə²¹

装絮　tʂuaŋ³¹

东西　tuŋ³¹ɕi³¹

（九）称谓

男人　næ³⁵z̩ən⁵²

女人　n̠y³¹z̩ən⁵²

碎母娃儿小孩　suei⁴⁴mu³¹vɐr²¹

娃伙小孩　va³⁵xuə⁵³

娃子男孩　va³⁵tə²¹

女子女孩　n̠y⁵²tə²¹

老先生　lɔ⁵²ɕiæ̃³¹səŋ³¹

老汉老头　lɔ⁴⁴xæ̃²¹

同年　tʰuŋ³⁵n̠iæ̃³⁵

老家　lɔ⁵²tɕia³¹

你大你爸　n̠i⁵²ta⁴⁴

我大我爸　ŋə⁵²ta⁴⁴

你妈　n̠i⁵²ma³¹

我妈　ŋə⁵²ma³¹

你儿子　n̠i⁵²ər³⁵tə²¹

我儿子　ŋə³¹ər³⁵tə²¹

你女子　n̠iŋ³⁵n̠y⁵²tə²¹

我女子　ŋə³¹n̠y⁵²tə²¹

你哥　n̠i⁵²kə³⁵

我哥　ŋə⁵²kə³⁵

你兄弟令弟　n̠i⁵²ɕyŋ³¹tɕʰi⁴⁴

我兄弟舍弟　ŋə⁵²ɕyŋ³¹tɕʰi³¹

你姐　n̠i³¹tɕiə⁵²

我姐　ŋə³¹tɕiə⁵²

你妹子　n̠i³¹mei⁴⁴tə²¹

我妹子　ŋə³¹mei⁴⁴tə²¹

掌柜的｜老汉丈夫背称　tʂaŋ⁵²kʰuei⁴⁴tɕi²¹｜lɔ³¹xæ̃²¹

老婆｜媳妇妻子背称　lɔ⁵²pʰuə²¹｜ɕi³¹fu²¹

姑娘　ku⁴⁴n̠iaŋ³¹

城里人　tʂʰəŋ³¹li³¹z̩ən³⁵

乡里人　ɕiaŋ³¹li³¹z̩ən³⁵

土包子　tʰu⁵²pɔ⁴⁴tə²¹

自己人　tsʅ⁴⁴tɕi⁵²z̩ən³⁵

一家人　i³⁵tɕia³¹z̩ən³⁵

旁人别人　pʰaŋ²¹z̩ən⁵²

阴暗人外路人　in³¹ŋæ̃⁴⁴z̩ən²¹

内行　luei⁴⁴xaŋ²¹

外行｜利巴头　vɛ⁴⁴xaŋ²¹｜li⁴⁴pa³¹tʰəu³⁵

半吊子　pæ̃⁴⁴tɕiɔ⁴⁴tə²¹

外国人　vɛ⁴⁴kuə³¹z̩ən³⁵

对头｜仇人　tuei⁴⁴tʰəu²¹｜tʂʰəu³¹z̩ən²¹

工作　kuŋ³¹tsuə²¹

伙计　xuə⁵²tɕi⁴⁴

厨子　tʂʰu³¹tə²¹

工人　kuŋ³¹z̩ən²¹

长工　tʂʰaŋ³¹kuŋ³¹

短工　tuæ⁵²kuŋ³¹

庄稼汉　tʂuaŋ³¹tɕia²¹xæ̃²¹

匠工人　tɕiaŋ⁴⁴kuŋ³¹z̩ən²¹

生意人　səŋ³¹i⁴⁴z̩ən²¹

做买卖的　tsuə³¹mɛ³¹mɛ⁴⁴tɕi²¹

货郎子　xu⁴⁴laŋ³¹tə²¹

拨浪鼓儿　pu³¹laŋ³⁵kur²¹

媒人　mei³⁵z̩ən²¹

小工　ɕiɔ⁵²kuŋ³¹

军人　tɕyn³¹z̩ən²¹

警察　tɕiŋ⁵²tsʰa²¹

大夫｜先生医生　tɛ⁴⁴fu²¹｜ɕiæ³¹ səŋ³¹

老师　lɔ⁵²sɿ⁴⁴

同学　tʰuŋ³⁵ɕyə³⁵

暴发户儿　pɔ⁴⁴fa³¹xur²¹

啬吝人　sei³¹lin⁴⁴z̩ən³⁵

败家子儿　pɛ⁴⁴tɕia³¹tər²¹

要饭的　iɔ⁴⁴fæ⁴⁴tɕi²¹

介绍人　tɕiə⁴⁴ʂɔ²¹z̩ən³⁵

中间人　tʂuŋ³¹tɕiæ³¹z̩ən³⁵

接生婆　tɕiə³¹səŋ³¹pʰuə³⁵

光棍汉　kuaŋ³¹kun²¹xæ⁴⁴

老女子　lɔ²¹ȵy⁵²tə²¹

二婚　ər⁴⁴xuŋ³¹

犯人　fæ⁴⁴z̩ən²¹

卖膏药的　mɛ⁴⁴kɔ³¹yə³¹tɕi²¹

骗子　pʰiæ⁴⁴tə²¹

土匪　tʰu³¹fei⁵²

贼娃子　tsʰei³⁵va²¹tə²¹

人贩子　z̩ən³⁵fæ⁴⁴tə²¹

模样相貌　mu³⁵iaŋ⁴⁴

年纪｜岁数　ȵiæ³⁵tɕi²¹｜suei⁴⁴ʂu²¹

（十）亲属

大｜爸父亲面称　ta³⁵｜pa³⁵

妈　ma³⁵

老大伯父　lɔ⁵²ta³⁵

老妈伯母　lɔ⁵²ma³⁵

大大叔父　ta⁴⁴ta⁴⁴

姨叔母　i³⁵

爷祖父面称　iə³⁵

婆祖母面称　pʰuə⁴⁴

外爷　vei⁴⁴iə²¹

外婆　vei⁴⁴pʰuə²¹

外孙子　vei⁴⁴ɕyn⁴⁴tə²¹

外孙女　vei⁴⁴ɕyn³¹ȵy⁵²

娃子儿子　va³⁵tə²¹

儿媳妇　ər³⁵ɕi³¹fu²¹

女子女儿　ȵy⁵²tə²¹

□娃子大儿子　tʰuə⁴⁴va³¹tə²¹

二娃子二儿子　ər⁴⁴va³¹tə²¹

三娃子三儿子　sæ⁴⁴va³¹tə²¹

小娃子小儿子　ɕiɔ⁴⁴va³¹tə²¹

丈儿岳父　tʂʰer²¹

丈母岳母　tʂʰaŋ⁴⁴mu³¹

女婿　ȵy⁵²ɕi³¹

孙子　ɕyn³¹tə²¹

孙子媳妇　ɕyn³¹tə²¹ɕi³¹fu²¹

孙女　ɕyn⁴⁴ny²¹

重孙子　tʂʰuŋ³⁵ɕyn³¹tə²¹

重孙女　tʂʰuŋ³⁵ɕyn³¹ȵy⁵²

舅舅舅面称　tɕiəu⁴⁴

妗子舅母　tɕʰin³¹tə²¹

外甥　vɛ⁴⁴səŋ³¹

外甥女儿　vɛ⁴⁴səŋ³¹nyər²¹

姑姑姑面称　ku³⁵

姑娘　ku⁵²ȵiaŋ³¹

姨　i³⁵

弟兄兄弟　tɕi⁴⁴ɕyŋ³¹

哥　kə³⁵

兄弟_{弟弟}　ɕyŋ³¹tɕʰi³¹

姐　tɕiə⁵³

妹子　mei⁴⁴tə²¹

堂弟兄_{堂兄弟}　tʰaŋ³⁵tɕi²¹ɕyŋ³¹

堂兄　tʰaŋ³⁵ɕyŋ³¹

堂兄弟_{堂弟}　tʰaŋ³⁵ɕyŋ³¹tɕi²¹

堂姊妹　tʰaŋ³⁵tsʅ⁴⁴mei²¹

堂姐　tʰaŋ³⁵tɕiə⁵²

堂妹　tʰaŋ³⁵mei⁴⁴

表兄弟　piɔ⁵²ɕyŋ³¹tɕi⁴⁴

表哥　piɔ⁵²kə³⁵

表弟　piɔ⁵²tɕi²¹

表姊妹　piɔ⁵²tsʅ⁴⁴mei²¹

表姐　piɔ⁵²tɕiə²¹

表妹　piɔ⁵²mei⁴⁴

老姑　lɔ⁵²ku⁴⁴

老姨　lɔ⁵²i³⁵

大伯子　ta⁴⁴pei³¹tə²¹

小叔子　ɕiɔ⁵²ʂu³¹tə²¹

大姑子　ta⁴⁴ku³¹tə²¹

小姑子　ɕiɔ⁵²ku³¹tə²¹

大舅子　ta⁴⁴tɕiəu⁴⁴tə²¹

小舅子　ɕiɔ⁵²tɕiəu⁴⁴tə²¹

大姨子　ta⁴⁴i³¹tə²¹

小姨子　ɕiɔ⁵²i³¹tə²¹

侄子　tsʅ³¹tə²¹

侄女　tʂʅ³¹ɲy⁵²

挑担_{连襟}　tɕʰiɔ⁵²tæ³¹

辈分　pei⁴⁴fən³¹

长辈　tʂaŋ⁵²pei⁴⁴

晚辈　væ̃⁵²pei⁴⁴

平辈　pʰiŋ³⁵pei⁴⁴

排行　pʰɛ³⁵xaŋ³⁵

亲家　tɕʰin⁴⁴tɕia³¹

亲家母　tɕʰin⁴⁴tɕia³¹mu⁵²

亲亲_{亲戚}　tɕʰin³¹tɕʰin²¹

跟亲亲_{走亲戚}　laŋ⁴⁴tɕʰin³¹tɕʰin²¹

后妈　xəu⁴⁴ma³⁵

后大_{后爹}　xəu⁴⁴ta³⁵

童养媳　tʰuŋ³¹iaŋ⁵²ɕi³¹

（十一）身体部位

身体　ʂən³¹tɕʰi⁵²

头　tʰəu³⁵

额颅_{额头}　ŋɛ⁵²lu³¹

秃头　tʰu³¹tʰəu³⁵

歇顶头　ɕiə³¹tɕiŋ²¹tʰəu³⁵

头顶　tʰəu³⁵tɕiŋ²¹

脑勺子　nɔ⁵²ʂuə³¹tə²¹

脖项　pʰuə³¹xaŋ²¹

脖梗儿　pʰuə³⁵kər²¹

颈儿窝_{后脑窝}　tɕiər⁵³uə²¹

头发　tʰəu³¹fa²¹

少白头　ʂɔ⁴⁴pʰei³⁵tʰəu³⁵

脱头发　tʰuə³¹tʰəu³⁵fa²¹

头屑　tʰəu³¹ɕiə³¹

鬓尖　pin⁴⁴tɕiæ̃³¹

脸　liæ̃⁵²

脸蛋儿　liæ̃⁵²tɐr²¹

不要脸　pu³⁵iɔ⁴⁴liæ̃⁵²

颧骨　tɕʰyæ̃³⁵ku³¹

坑坑儿_{酒窝}　kʰəŋ³¹kʰər²¹

嗓帮子_{腮帮子}　saŋ⁵²paŋ³¹tə²¹

眼睛　ɲiæ̃⁵²tɕiŋ³¹

眼眶　ɲiæ̃⁵²kʰuaŋ³¹

眼睛仁	ȵiæ⁵²tɕiŋ³¹ʐən³⁵	智牙_{智齿} 智齿	

眼睛仁　ȵiæ⁵²tɕiŋ³¹ʐən³⁵

白眼珠　pei³⁵ȵiæ⁵²tʂu³¹

黑眼珠　xei³¹ȵiæ⁵²tʂu³¹

眼角儿　ȵiæ⁵²tɕyər²¹

眼泪　ȵiæ⁵²luei⁴⁴

眼角屎　ȵiæ⁵²tɕiɔ³¹sʅ²¹

眼皮　ȵiæ⁵²pʰi³⁵

单眼皮　tæ³¹ȵiæ⁵²pʰi³⁵

双眼皮　ʂuaŋ³¹ȵiæ⁵²pʰi³⁵

眼眨毛　ȵiæ⁵²tsa²¹mɔ³⁵

眼眉　ȵiæ⁵²mi³⁵

皱眉　tsəu⁴⁴mei³⁵

鼻子　pʰi³⁵tə²¹

鼻鼻涕　pʰi³⁵

鼻窟窿　pʰi³⁵kʰu³¹luŋ²¹

鼻毛　pʰi³⁵mɔ³⁵

鼻子尖儿　pʰi³⁵tə²¹tɕiɐr²¹

嘴　tsuei⁵²

嘴唇子　tsuei⁵²ʂun²¹tə⁵²

唾沫　tʰu⁴⁴mə³¹

唾沫星儿　tʰu⁴⁴mə²¹ɕiɐr²¹

颔水口水　xæ⁴⁴ʂuei²¹

舌头　ʂə³⁵tʰəu²¹

舌头尖儿　ʂə³⁵tʰəu²¹tɕiɐr²¹

舌苔　ʂə³⁵tʰɛ²¹

咽舌　iæ⁴⁴ʂə³¹

大舌头　ta⁴⁴ʂə³¹tʰəu²¹

咬舌子　ȵiɔ⁴⁴ʂə³¹tə²¹

牙　ȵia³⁵

门牙　men³⁵ȵia³⁵

槽牙　tsʰɔ³⁵ȵia³⁵

虎牙　xu⁵²ȵia³⁵

智牙智齿　tsʅ⁵²ȵia³⁵

牙花儿　ȵia³⁵xuɐr²¹

虫牙　tʂʰuŋ³⁵ȵia³⁵

耳朵　zʅ⁵²tuə²¹

耳朵眼儿　zʅ⁵²tuə²¹ȵiɐr²¹

耳朵轮　zʅ⁵²tuə²¹lyn³⁵

耳朵垂儿　zʅ⁵²tuə²¹tʂʰuɐr²¹

耳塞耳屎　zʅ⁵²sei³¹

耳巴子耳刮子　zʅ⁵²pa³¹tə²¹

耳朵聋　zʅ⁵²tuə²¹nəŋ³⁵

下巴儿　xa³¹pɐr²¹

胡卢嗓子　xu²¹lu²¹

哇呜疙瘩喉结　ua²¹u⁵²kə²¹ta⁵²

胡子　xu²¹tə⁵²

穿脸胡　tʂʰuæ³¹liæ⁵²xu³⁵

嘴叉胡儿　tsuei⁵²tʂʰa³⁵xur²¹

旋头发旋儿　ɕyæ³⁵

指纹　tsʅ²¹vən³⁵

指印　tsʅ²¹in⁴⁴

手纹　ʂəu⁵²vən³⁵

斗圆手纹　təu⁵²

簸箕椭圆手纹　puə⁵²tɕʰi³¹

寒毛　xæ³⁵mɔ²¹

寒毛眼儿　xæ³⁵mɔ²¹ȵiɐr²¹

肩膀　tɕiæ³¹paŋ²¹

溜肩　liəu³¹tɕiæ³¹

肩窝　tɕiæ³⁵vuə³¹

锁子骨　suə⁵²tə²¹ku³¹

脊梁　tɕi⁵²liaŋ²¹

脊梁骨　tɕi⁵²liaŋ²¹ku³¹

胳膊　kə³¹puə²¹

胳膊肘儿　kə³¹puə²¹tʂər²¹

胳涝洼儿_{胳肢窝} kə²¹｜ɔ²¹vɐr²⁴ 　窟膝盖_{膝盖} kʰu³¹tɕʰi²¹kɛ⁴⁴

逗惹_{挠痒痒} təu²¹ʐə³¹

手腕儿 ʂəu⁵²vɐr²¹

左手 tsuə⁵²ʂəu²¹

右手 iəu⁴⁴ʂəu²¹

手指头 ʂəu⁵²tsʅ²¹tʰəu³⁵

手骨节_{手指关节} ʂəu⁵²ku³¹tɕiə³⁵

大拇指头｜大拇尕 ta⁴⁴mu³¹tsʅ³¹ tʰəu²¹｜ta⁵²mei³¹ka³⁵

食指 ʂʅ³⁵tsʅ²¹

中指 tʂuŋ³¹tsʅ²¹

四拇指_{无名指} sʅ⁴⁴mu³¹tsʅ²¹

小指头｜小拇尕 ɕiɔ⁵²tsʅ³¹tʰəu²¹｜ɕiɔ⁵²mei⁵³ka³⁵

指甲 tsʅ⁵²tɕia³¹

指甲缝儿 tsʅ⁵²tɕia³¹fər²¹

指头蛋 tsʅ⁵²tʰəu²¹tæ⁴⁴

槌头_{拳头} tʂʰuei³¹tʰəu⁵²

手掌 ʂəu²¹tʂaŋ⁵²

打一手掌 ta⁵²i³¹ʂəu²¹tʂaŋ⁵²

手心 ʂəu⁵²ɕin³¹

心口 ɕin³¹kəu⁵²

腔子_{胸脯} tɕʰiaŋ³¹tə²¹

肋巴_{肋骨} lei⁵²pa²¹

奶头_{乳房} nɛ⁵²thou²¹

肚子 tu⁴⁴tə²¹

小肚子 ɕiɔ⁵²tu⁴⁴tə²¹

扑脐眼_{肚脐眼} pʰu³¹tɕʰi³⁵n̠iæ⁵²

腿 tʰuei⁵²

大腿 ta⁴⁴tʰuei⁵²

小腿 ɕiɔ³¹tʰuei⁵²

腿肚子 tʰuei⁵²tu⁴⁴tə²¹

胯骨 kʰua⁵²ku³¹

胯下 kʰua⁵²ɕia³¹

沟子_{屁股} kəu³¹tə²¹

尿_{睾丸} tɕʰiəu⁵²

牛把儿_{男孩睾丸} n̠iəu³⁵per²¹

屄_{女阴} pʰi³¹

日_{性交} ʐʅ³¹

脚腕子 tɕyə³¹væ⁴⁴tə²¹

脚拐骨_{脚踝} tɕyə³¹kuɛ⁵²ku³¹

脚 tɕyə³¹

精脚_{光脚} tɕiŋ³¹tɕyə³¹

脚背 tɕyə³¹pei⁴⁴

脚腰 tɕyə³¹iɔ³¹

脚掌 tɕyə³¹tʂaŋ⁵²

脚心 tɕyə³¹ɕin³¹

脚趾头 tɕyə³¹tsʅ²¹tʰəu²¹

脚趾甲 tɕyə³¹tsʅ²¹tɕia³¹

垢甲 kəu⁴⁴tɕia³¹

脚后跟 tɕyə³¹xəu⁴⁴kən³¹

脚印儿 tɕyə³⁵iər²¹

鸡眼 tɕi³¹n̠iæ⁵²

记痣 tɕi⁴⁴

骨都_{骨头} ku³¹tu²¹

筋 tɕin³¹

髦辫子_{辫子} mɔ³⁵pʰiæ⁴⁴tə²¹

卷卷_{鬈儿} tɕyæ⁵²tɕyæ²¹

缯头_{扎头发} tsəŋ⁴⁴tʰəu³⁵

毛绖_{头发} mɔ⁴⁴kə³¹

头发刷刷儿_{刘海} tʰəu³⁵fa³¹ʂua³¹ ʂuɐr²¹

（十二）疾病医疗

病咧　piŋ⁴⁴liə²¹

紧病　tɕin⁵²piŋ²¹

病劲大了病重了　piŋ⁴⁴tɕin⁴⁴ta⁴⁴liə²¹

拉肚子｜跑肚子　la³¹tu⁴⁴tə²¹｜
　pʰɔ⁵²tu⁴⁴tə²¹

发烧　fa³¹ʂɔ³¹

发冷　fa³¹ləŋ⁵²

冒风伤风　mɔ⁴⁴fəŋ³¹

咳嗽　kʰə³¹səu²¹

气喘　tɕʰi⁴⁴tʂʰuæ⁵²

中暑　tʂuŋ³¹ʂu²¹

上火　ʂaŋ⁴⁴xuə²¹

积住了积滞　tɕʰiə³¹tʂʰu⁴⁴liə²¹

肚子疼　tu⁴⁴tə²¹tʰəŋ³⁵

心口疼　ɕin³¹kʰəu⁵²tʰəŋ³⁵

头昏　tʰəu³⁵xun³¹

晕车　yn⁴⁴tʂʰə³¹

晕船　yn⁴⁴ʂuæ³⁵

头疼　tʰəu³⁵tʰəŋ³⁵

恶心　ŋə³⁵ɕin³¹

吐了　tʰu⁵²liə²¹

干吐　kæ³¹tʰu⁵²

瘆病　lɔ³⁵piŋ⁴⁴

疝气　sæ⁴⁴tɕʰi⁴⁴

绞肠痧　tɕiɔ⁵²tʂʰaŋ³⁵ʂa³¹

牙子发疟子　tɛ⁵²tɤ²¹

痧子　sa⁵²tə²¹

出花儿　tʂʰu³¹xuɐr²¹

种花儿　tʂuŋ³¹xuɐr²¹

瘟病　vən³¹piŋ⁴⁴

痄腮　tsa⁴⁴sɛ³¹

黄疸　xuaŋ²¹tæ⁵²

羊角儿风癫痫　iaŋ³⁵kər⁴⁴fəŋ³¹

惊风　tɕin³¹fəŋ³¹

抽风　tʂʰəu³¹fəŋ³¹

中风　tʂuŋ³¹fəŋ³¹

半身不遂　pæ⁴⁴ʂən³¹pu²¹suei³⁵

生疮　səŋ³¹tʂʰuaŋ³¹

溃脓　xuei⁴⁴nəŋ³⁵

开刀　kɛ³¹tɔ³¹

贴膏药　tɕʰiə³¹kɔ³¹yə³¹

结疤　tɕiə³⁵pa²¹

踤伤　pæ⁴⁴ʂaŋ³¹

碰伤　pʰəŋ⁴⁴ʂaŋ³¹

踤破皮儿　pæ⁴⁴pʰuə⁴⁴pʰiər²¹

割个口子　kə³¹kə²¹kʰəu⁵²tə²¹

扑岭驴唇　pʰu³¹liŋ⁵²

疤　pa³¹

痔疮　tsʅ⁴⁴tʂʰuaŋ³¹

癣　ɕiæ⁵²

干癣　kæ³¹ɕiæ⁵²

牛皮癣　ȵiəu³⁵pʰi³⁵ɕiæ⁵²

热痱子　zə³¹fei⁴⁴tə²¹

猴子　xəu³⁵tə²¹

黑蝇屎雀斑　xei³¹iŋ²¹sʅ⁵²

痘痘　təu⁴⁴təu²¹

臭胎狐臭　tʂʰəu⁴⁴tʰɛ²¹

口臭　kʰəu⁵²tʂʰəu⁴⁴

痈瓜瓜　yŋ³¹kua³¹kua²¹

六指儿　liəu³¹tsʰər²¹

左撇子　tsuə²¹pʰiə⁵²tə²¹

一只手　i³¹tʂʅ³¹ʂəu⁵²

一个腿一只腿　i³¹kə²¹tʰuei⁵²

跛子　puə⁵²tə²¹

背锅儿驼子　pei⁴⁴kuər²¹

秃子　tʰu³¹tə²¹

麻子　ma³¹tə²¹

瞎子　xa³¹tə²¹

聋子　nəŋ³⁵tə²¹

哑巴　n̠ia⁵²pa²¹

结嗑子结巴　tɕiə³¹kʰə³¹tə²¹

一个眼一只眼　i³¹kə²¹n̠iæ⁵²

近视眼　tɕin⁴⁴sʐ²¹n̠iæ⁵²

远视眼　yæ⁵²sʐ²¹n̠iæ⁵²

老花眼　lɔ⁵²xua³¹n̠iæ⁵²

豁豁豁唇　xuə³¹xuə²¹

豁牙子　xuə³¹n̠ia³⁵tə²¹

老白头　lɔ⁵²pʰei³⁵tʰəu³⁵

瓜子傻子　kua³¹tə²¹

请大夫　tɕʰiŋ⁵²tɛ⁴⁴fu²¹

治　tʂʐ⁴⁴

看病　kʰæ⁴⁴piŋ⁴⁴

松泛了病轻了　suŋ⁵³fæ²¹liə²¹

号脉　xɔ⁴⁴mɛ³¹

开药单　kʰɛ³¹yə³¹tæ³¹

一服药　i³¹fu²¹yə³¹

药引子　yə³¹in⁵²tə²¹

药罐子　yə³¹kuæ⁴⁴tə²¹

熬药　ŋɔ³⁵yə³¹

抓药　tʂua³¹yə³¹

买药　mɛ⁵²yə³¹

药铺　yə³¹pʰu³¹

药房　yə³¹faŋ³⁵

偏方儿　pʰiæ³¹fɐr³¹

出汗　tʂʰu³¹xæ⁴⁴

败火　pʰɛ⁴⁴xuə⁵²

除湿　tʂʰu³⁵sʐ³¹

败毒　pʰɛ⁴⁴tʰu³⁵

消食　ɕiɔ³¹sʐ³⁵

扎针　tsa³¹tʂən³¹

拔火罐儿　pa³¹xuə⁵²kuɐr²¹

上药　ʂaŋ⁴⁴yə³¹

膏药　kɔ³¹yə³¹

粘膏药　tʂæ³¹kɔ³¹yə³¹

药膏儿　yə³¹kɔr²¹

抹药膏儿　muə³¹yə³¹kɔr²¹

（十三）衣服穿戴

衣服　i³¹fu²¹

打扮　ta⁵²pæ²¹

首饰　ʂəu⁵²sʐ⁴⁴

棉衣　miæ³⁵i³¹

夹衣　tɕia²¹i³¹

单衣　tæ³¹i³¹

长衫儿　tʂʰaŋ³⁵sɐr²¹

布衫儿　pu⁴⁴sɐr³¹

马巾儿　ma⁵²tɕiər²¹

小褂儿　ɕiɔ⁵²kuɐr²¹

大夹袄　ta⁴⁴tɕia³¹ŋɔ²¹

小夹袄　ɕiɔ⁵²tɕia³¹ŋɔ²¹

旗袍　tɕʰi³⁵pʰɔ³⁵

棉袍儿　miæ³⁵pʰɔr³⁵

棉袄　miæ²¹ŋɔ⁵²

皮袄　pʰi³⁵ŋɔ⁵²

西服　ɕi³¹fu³⁵

大衣　ta⁴⁴i³¹

衬衣　tsʰən⁴⁴i³¹

衣服襟儿　i³¹fu³⁵tɕiər²¹

大襟　ta⁴⁴tɕin³¹

小襟　ɕiɔ⁴⁴tɕin³¹

对襟　tuei⁴⁴tɕin³¹

底摆　tɕi⁵²pɛ²¹

领子　liŋ⁵²tə²¹

领口儿　liŋ⁵²kʰəur²¹

袖子　ɕiəu⁴⁴tə²¹

袖口儿　ɕiəu⁴⁴kʰəur⁵²

贴边　tɕiə³¹piæ̃³¹

衩衩儿　tsʰa⁵²tsʰɐr²¹

裤子　kʰu⁴⁴tə²¹

单裤　tæ̃³¹kʰu²¹

夹裤　tɕia³¹kʰu²¹

棉裤　miæ̃³⁵kʰu²¹

套裤　tʰɔ⁴⁴kʰu²¹

罩裤　tsɔ⁴⁴kʰu²¹

短裤　tuæ̃⁴⁴kʰu²¹

脚蹬裤_{连脚裤}　tɕyə³¹təŋ³¹kʰu²¹

开裆裤　kʰɛ³¹taŋ³¹kʰu²¹

大裆裤　ta⁴⁴taŋ³¹kʰu²¹

裤裆　kʰu⁴⁴taŋ³¹

裤腰　kʰu⁴⁴iɔ³¹

裤带　kʰu⁴⁴tɛ⁴⁴

裤腿　kʰu⁴⁴tʰuei⁵²

罩袍儿　tsɔ⁴⁴pʰɔr²¹

斗篷儿　təu⁵²pʰər²¹

背心儿　pei⁴⁴ɕiər²¹

汗衫儿　xæ̃⁴⁴sɐr²¹

便皮帽　piæ̃⁴⁴pʰi³⁵mɔ⁴⁴

礼帽　li⁵²mɔ⁴⁴

草帽　tsʰɔ⁵²mɔ⁴⁴

毡帽　tʂæ̃³¹mɔ⁴⁴

飘带　pʰiɔ³¹tɛ⁴⁴

制服　tʂʅ⁴⁴fu³⁵

军帽　tɕyn³¹mɔ⁴⁴

帽子罩_{帽檐}　mɔ⁴⁴tə²¹tʂɔ⁴⁴

帽带　mɔ⁴⁴tɛ⁴⁴

领扣儿　liŋ⁵²kəur²¹

裹缠子_{裹腿}　kuə⁵²tʂʰæ̃³¹tə²¹

扣子　kʰəu⁴⁴tə²¹

扣门儿　kʰəu⁴⁴mər²¹

毡裙_{围裙}　tʂæ̃⁴⁴tɕyn³⁵

裙子　tɕʰyn³⁵tə²¹

腿带子　tʰuei⁵²tɛ⁴⁴tə²¹

马肚儿　ma⁵²tʰuər²¹

腰带　iɔ³¹tɛ²¹

颌水帘儿　xæ̃⁴⁴ʂuei⁵²liɐr²¹

褯子_{尿布}　tɕʰiə⁴⁴tə²¹

鞋　xɛ³⁵

拖鞋　tʰuə³¹xɛ³⁵

趿鞋　sa³¹xɛ³⁵

套鞋　tʰɔ⁴⁴xɛ³⁵

棉鞋｜棉窝窝　miæ̃³⁵xɛ³⁵｜miæ̃³⁵
　　　uə⁵²uə²¹

马靴　ma⁵²ɕyə³¹

皮鞋　pʰi³⁵xɛ³⁵

布鞋　pu⁴⁴xɛ³⁵

鞋底　xɛ³⁵tɕi⁵²

鞋帮　xɛ³⁵paŋ³¹

楦头　ɕyæ̃⁴⁴tʰəu²¹

鞋撇子　xɛ³⁵pʰiə³⁵tə²¹

鞋提根儿　xɛ³⁵tɕʰi³⁵kər²¹

鞋带儿　xɛ³⁵tɐr²¹

袜子　va³¹tə²¹

袜底儿　va³¹tɕiɚr²¹

裹脚布　kuə⁵²tɕyə³¹pu⁴⁴

手绢儿　ʂəu⁴⁴tɕyɚr²¹

汗巾儿　xæ̃⁴⁴tɕiɚr²¹

围脖儿围巾　vei³⁵pʰuər²¹

手套儿　ʂəu⁴⁴tʰɔr²¹

耳套儿　ər⁵²tʰɔr²¹

眼镜　ȵiæ̃⁵²tɕiŋ⁴⁴

风镜　fəŋ³¹tɕiŋ⁴⁴

望远镜　vaŋ⁴⁴yæ̃⁵²tɕiŋ²¹

捎麻褙裢　sɔ⁴⁴mə²¹

背巾儿　pei⁴⁴tɕiɚr²¹

钱包儿　tɕʰiæ̃³⁵pər²¹

扇子　ʂæ̃⁴⁴tə²¹

折扇　tʂə³¹ʂæ̃⁴⁴

蒲扇　pʰu³¹ʂæ̃⁴⁴

团扇　tʰuæ̃³⁵sæ̃⁴⁴

手表　ʂəu³¹piɔ⁵²

镯子　ʂuə³⁵tə²¹

手箍儿戒指　ʂəu³⁵kuər²¹

项圈儿　xaŋ⁴⁴tɕʰyæ̃r²¹

百家锁儿　pei³¹tɕia³¹suər²¹

弯耳子挖耳勺　væ̃³¹ər⁵²tə²¹

别针儿　pʰiə³⁵tʂər²¹

簪子　tsæ̃³¹tə²¹

耳垂儿耳环　ər⁵²tʂʰuər²¹

耳朵眼儿　zʐr⁵²tuə²¹ȵiɚr²¹

胭脂　iæ̃³¹tsʐ³¹

粉　fən⁵²

裹脚　kuə⁵²tɕyə³¹

伞　sæ̃⁵²

雨伞　y⁵²sæ̃⁵²

太阳伞　tʰɛ⁴⁴iaŋ³⁵sæ̃⁵²

草帽　tsʰɔ⁵²mɔ⁴⁴

蓑衣　suə³¹i³¹

雨衣　y⁵²i³¹

水鞋　ʂuei⁵²xɛ³⁵

木屐鞋　mu³¹tɕi³¹xɛ³⁵

拐棍儿拐杖　kɛ⁵²kuər²¹

烟袋　iæ̃³¹tɛ⁴⁴

旱烟袋　xæ̃⁴⁴iæ̃³¹tɛ⁴⁴

水烟袋　ʂuei⁵²iæ̃³¹tɛ⁴⁴

烟布袋儿　iæ̃³¹pu²¹tɛr²¹

烟袋杆儿　iæ̃³¹tɛ⁴⁴kər²¹

烟锅　iæ̃³¹kuə³¹

烟嘴儿　iæ̃³¹tsuər²¹

烟油　iæ̃³¹iəu³⁵

火镰　xuə⁵²liæ̃²¹

火石　xuə⁵²ʂʐ³¹

火纸　xuə⁵²tsʐ⁵²

纸捻儿　tsʐ⁵²ȵiɚr²¹

艾绳　ŋɛ⁴⁴ʂəŋ³⁵

草纸　tsʰɔ⁵²tsʐ⁵²

（十四）饮食起居

伙食　xuə⁵²ʂʐ²¹

便饭　piæ̃⁴⁴fæ̃⁴⁴

早饭　tsɔ⁵²fæ̃⁴⁴

早点　tsɔ⁵²tɕiæ̃⁵²

午饭　vu⁵²fæ̃⁴⁴

晚饭　væ̃⁵²fæ̃⁴⁴

打尖儿　ta⁵²tɕiɚr²¹

食品　ʂʐ²¹pʰin⁵²

零食　liŋ³⁵ʂʐ³⁵

夜食夜宵　iə³¹ʂʐ³⁵

小锅儿饭　ɕiɔ⁵²kuər²¹fæ⁴⁴

米饭　mi⁵²fæ⁴⁴

剩饭　ʂəŋ⁴⁴fæ⁴⁴

饭着了　fæ⁴⁴tʂʰuə³¹liə²¹

馊气了饭馊了　sʅ⁵²tɕʰi²¹liə²¹

锅巴　kuə⁴⁴pa³¹

面面粉　miæ⁴⁴

面条儿　miæ⁴⁴tɕʰiɔr³⁵

挂面　kua⁴⁴miæ⁴⁴

汤面　tʰaŋ³¹miæ⁴⁴

清汤面　tɕʰiŋ³¹tʰaŋ³¹miæ⁴⁴

糊汤面　xu³⁵tʰaŋ³¹miæ⁴⁴

臊子面　sɔ⁴⁴tə²¹miæ⁴⁴

臊子　sɔ⁴⁴tə²¹

饺子∣扁食　tɕiɔ⁵²tə²¹∣piæ⁵²ʂʅ²¹

馅儿饺子馅儿　ɕier²¹

麦仁儿　mɛ³¹ʐər²¹

饸饹　xuə³⁵luə³¹

面片儿　miæ⁴⁴pʰier²¹

沫糊儿面糊　muə³¹xuər²¹

拌汤面疙瘩　pʰæ⁴⁴tʰaŋ³¹

稀饭∣米汤　ɕi³¹fæ⁴⁴∣mi⁵²tʰaŋ²¹

馍　muə⁴⁴

花卷儿　xua³¹tɕyer²¹

包子　pɔ³¹tə²¹

锅盔　kuə³¹kʰuei³¹

烧饼　ʂɔ³¹piŋ²¹

烙饼　lɔ³¹piŋ⁵²

葱饼　tsʰuŋ³¹piŋ⁵²

菜　tsʰɛ⁴⁴

青菜　tɕʰiŋ³¹tsʰɛ²¹

肉菜　ʐəu⁴⁴tsʰɛ⁴⁴

咸菜　xæ³⁵tsʰɛ⁴⁴

小菜　ɕiɔ⁵²tsʰɛ²¹

剩菜　ʂəŋ⁴⁴tsʰɛ²¹

豆腐　təu⁴⁴fu²¹

豆腐皮儿　təu⁴⁴fu²¹pʰier²¹

豆腐干儿　təu⁴⁴fu²¹ker²¹

豆腐脑儿　təu⁴⁴fu²¹nɔr²¹

豆浆　təu⁴⁴tɕiaŋ³¹

粉皮儿　fən⁵²pʰier²¹

粉条儿　fən⁵²tɕʰiɔr²¹

凉粉　liaŋ³⁵fən⁵²

面筋儿　miæ⁴⁴tɕier²¹

点心　tɕiæ⁵²ɕin³¹

油条　iəu³⁵tɕʰiɔ³⁵

味道　vei⁴⁴tɔ²¹

颜色　ȵiæ³⁵sei²¹

芝麻油∣香油　tsʅ⁴⁴ma³⁵iəu³⁵∣
　　ɕiaŋ³¹iəu³⁵

盐　iæ³⁵

酱油　tɕiaŋ⁴⁴iəu³⁵

醋　tsʰəu⁴⁴

料酒　liɔ⁴⁴tɕiəu⁵²

黑糖红糖　xei³¹tʰaŋ³⁵

白糖　pʰei³⁵tʰaŋ³⁵

冰糖　piŋ³¹tʰaŋ²¹

糙糖麦芽糖　tsʰɔ⁴⁴tʰaŋ²¹

调料∣调合　tɕʰiɔ³⁵liɔ⁵²∣tɕʰiɔ³¹
　　xuə⁵²

五香　vu⁵²ɕiaŋ³¹

茴香　xuei³⁵ɕiaŋ³¹

小茴香　ɕiɔ⁵²xuei³⁵ɕiaŋ³¹

花椒　xua³¹tɕiɔ³¹

胡椒面儿　xu³⁵tɕiɔ³¹miɐr²¹

葱花儿　tsʰuŋ³¹xuɐr²¹

蒜　ɕyæ̃⁴⁴

木耳　mu³¹ər⁵²

银耳　ȵin³⁵ər⁵²

肉块儿　ʐ̩əu⁴⁴kʰsuɐr²¹

肉丁儿　ʐ̩əu⁴⁴tɕiɐr²¹

肉片儿　ʐ̩əu⁴⁴pʰiɐr²¹

肉丝儿　ʐ̩əu⁴⁴sɐr²¹

肉末儿　ʐ̩əu⁴⁴muɐr²¹

肉皮　ʐ̩əu⁴⁴pʰi³⁵

蹄子　tɕʰi³⁵tə²¹

里脊　li²¹tɕi²¹

牛腱子　ȵiəu³⁵tɕʰiæ̃⁴⁴tə²¹

牛舌头　ȵiəu³⁵ʂə³¹tʰəu²¹

杂碎　tsa³¹suei⁴⁴

肺　fei⁴⁴

肠子　tʂʰaŋ³⁵tə²¹

肚子｜百叶　tu⁴⁴tə²¹｜pei³¹iə³¹

肝子　kæ̃³¹tə²¹

腰子　iɔ³¹tə²¹

鸡杂割　tɕi³¹tsa³¹kə³¹

鸡胗儿　tɕi³¹tʂər²¹

鸡血　tɕi³¹ɕiə³¹

鸡蛋　tɕi³¹tʰæ̃⁴⁴

炒鸡蛋　tsʰɔ⁵²tɕi³¹tʰæ̃⁴⁴

荷包蛋　xə³⁵pɔ³¹tʰæ̃⁴⁴

煮鸡蛋　tʂu⁵²tɕi³¹tʰæ̃⁴⁴

肉汤　ʐ̩əu⁴⁴tʰaŋ³¹

茶　tsʰa³⁵

茶叶儿　tsʰa³⁵iɐr²¹

开水　kʰɛ³¹ʂuei⁵²

泡茶　pʰɔ⁴⁴tsʰa³⁵

做饭　tsəu⁴⁴fæ̃⁴⁴

做熟咧　tsəu⁴⁴səu³⁵liə²¹

烧火｜就火　ʂɔ³¹xuə⁵²｜tɕiəu⁴⁴
　　xuə²¹

淘菜　tʰɔ³⁵tsʰɛ²¹

择菜　tsʰei³⁵tsʰɛ⁴⁴

炒菜　tsʰɔ⁵²tsʰɛ²¹

熬汤　ŋɔ³⁵tʰaŋ³¹

淘米　tʰɔ³⁵mi²¹

和面　xuə⁴⁴miæ̃⁴⁴

撒面馉　sa⁵²miæ̃⁴⁴pʰuə³⁵

擀面条　kæ̃⁵²miæ̃⁴⁴tɕʰiɔ³⁵

拉面条　la³¹miæ̃⁴⁴tɕʰiɔ³⁵

切面条　tɕʰiə³¹miæ̃⁴⁴tɕʰiɔ³⁵

下饭<small>下面条</small>　ɕia⁴⁴fæ̃⁴⁴

捞面　lɔ³⁵miæ̃⁴⁴

蒸馍<small>蒸馒头</small>　tʂəŋ³¹muə³⁵

发面　fa³¹miæ̃⁴⁴

酵头　tɕiɔ⁴⁴tʰəu²¹

拌菜　pæ̃⁴⁴tsʰɛ⁴⁴

炒菜　tsʰɔ⁵²tsʰɛ⁴⁴

炒肉　tsʰɔ⁵²ʐ̩əu⁴⁴

玩丸子<small>氽丸子</small>　væ̃³⁵væ̃³⁵tə²¹

炸丸子　tsa³⁵væ̃³⁵tə²¹

包饺子　pɔ³¹tɕiɔ⁵²tə²¹

包包子　pɔ²¹pɔ³¹tə²¹

（十五）婚丧嫁娶

婚事　xun³¹sʐ̩⁴⁴

说媒　ʂuə³¹mei³⁵

媒人　mei³⁵ʐ̩ən⁵²

结婚　tɕiə³¹xun³¹

娶媳妇　tɕʰy⁵²ɕi³¹fu²¹

发落女子_{嫁女儿}　fa³¹luə³¹ȵy⁵²tə²¹

瞅媳妇儿｜瞅女婿　tsʰəu⁵²ɕi³¹
　fur²¹｜tsʰəu⁵²ȵy⁵²ɕi³¹

攒腰_{定婚}　tsæ̃³⁵iɔ³¹

好日子　xɔ⁵²ər⁵²tə²¹

喜礼　ɕi⁵²li⁵²

彩礼　tsʰɛ⁵²li²¹

吃席　tʂʅ³¹ɕi³⁵

陪客　pʰei³⁵kʰei³¹

送女的_{送亲}　suŋ⁴⁴ȵy⁵²tɕi²¹

接亲　tɕiə³¹tɕʰin³¹

接嫁妆　tɕiə³¹tɕia⁴⁴tʂuaŋ³¹

拔脸_{开脸}　pʰa³⁵liæ̃⁵²

新女婿　ɕin³¹ȵy⁵²ɕi²¹

新媳妇儿　ɕin³¹ɕi²¹fur²¹

新房　ɕin³¹faŋ³⁵

喜锅_{暖房}　ɕi⁵²kuə²¹

耍房_{闹新房}　ʂua⁵²faŋ³⁵

回门　xuei³⁵mən³⁵

二婚　ər⁴⁴xun³¹

怀娃咧　xuɛ³⁵va³⁵liə²¹

怀娃婆_{孕妇}　xuɛ³⁵va³⁵pʰuə²¹

小产咧　ɕiɔ⁵²tsʰæ̃⁵²liə²¹

临月儿　lin³⁵yər²¹

临产　lin³⁵tsʰæ̃⁵²

落草_{婴儿落地}　luə³¹tsʰɔ⁵²

接生　tɕiə³¹səŋ³¹

剪脐带儿　tɕiæ̃⁵²tɕʰi³⁵tɐr²¹

衣胞_{胎盘}　i³¹pɔ³¹

坐月子　tsuə⁴⁴yə³¹tə²¹

满月　mæ̃⁵²yə³¹

头首娃　tʰəu³⁵ʂəu⁵²va⁴⁴

双双儿_{双胞胎}　ʂuaŋ²¹ʂuɐŋ²¹

老生子　lɔ⁵²səŋ³¹tsʅ²¹

吃奶　tʂʅ³¹nɛ⁵²

尿炕　ȵiɔ⁴⁴kʰaŋ⁴⁴

诧生_{认生}　tsʰa⁴⁴səŋ³¹

不识闲儿　pu²¹ʂʅ³¹xɐr²¹

害羞　xɛ⁴⁴ɕiəu³¹

过生儿｜过岁岁_{过生日}　kuə⁴⁴sər²¹｜
　kuə⁴⁴suei⁴⁴suei²¹

塔棚_{棺材}　tʰa³¹pʰəŋ³⁵

送埋　suŋ⁴⁴mɛ³⁵

香炉　ɕiaŋ³¹lu²¹

点香　tɕiæ̃⁵²ɕiaŋ³¹

散也贴　sæ̃⁴⁴ȵiə⁵²tɕiə³¹

念经　ȵiæ̃⁴⁴tɕiŋ³¹

和尚　xuə³¹ʂaŋ⁵²

尼姑　ȵi³⁵ku³¹

老道　lɔ⁵²tɔ⁴⁴

龙王　luŋ³⁵vaŋ²¹

鬼门关　kuei⁵²mən²¹kuæ̃³¹

（十六）诉讼

打官司　ta⁵²kuæ̃³¹sʅ³¹

告状　kɔ⁴⁴tʂuaŋ⁴⁴

原告　yæ̃³⁵kɔ⁴⁴

被告　pi⁴⁴kɔ⁴⁴

状子　tʂuaŋ⁴⁴tə²¹

审案　ʂən⁵²ŋæ̃⁴⁴

开庭　kʰɛ³¹tɕʰiŋ²¹

证人　tʂəŋ⁴⁴zən²¹

对证　tuei⁴⁴tʂəŋ⁴⁴

刑事　ɕiŋ³⁵sʅ⁴⁴

民事　min³⁵sⁱ⁴⁴

家务事　tɕia³¹vu⁴⁴sⁱ²¹

债务　tsɛ⁴⁴vu⁴⁴

律师　ly⁴⁴sⁱ²¹

代笔人　tɛ⁴⁴pi³¹z̩ən³⁵

传票　tʂʰuæ̃³⁵pʰiɔ⁴⁴

服　fu³⁵

不服　pu²¹fu³⁵

上诉　ʂaŋ⁴⁴su⁴⁴

宣判　ɕyæ̃³¹pʰæ̃⁴⁴

认　z̩ən⁴⁴

口供　kʰəu⁵²kuŋ³¹

同伙儿　tʰuŋ³⁵xuər²¹

重犯　tʂʰuŋ³⁵fæ̃⁴⁴

误犯　vu⁴⁴fæ̃²¹

犯罪　fæ̃⁴⁴tsuei⁴⁴

赖　lɛ⁴⁴

释放　ʂⁱ²¹faŋ⁴⁴

押起来　n̠ia³¹tɕʰi⁵²lɛ²¹

提出来　tɕʰi³⁵tʂʰu³¹lɛ²¹

铁面无私　tɕʰiə³¹miæ̃⁴⁴vu³⁵sⁱ³¹

昏官　xun³¹kuæ̃²¹

贪污　tʰæ̃³¹vu²¹

行贿　ɕiŋ³⁵xuei⁴⁴

罚钱　fa³⁵tɕʰiæ̃³⁵

枪毙　tɕʰiaŋ³¹pi⁴⁴

上刑　ʂaŋ⁴⁴ɕiŋ³⁵

戴手铐　tɛ⁴⁴ʂəu⁵²kʰɔ⁴⁴

戴脚镣　tɛ⁴⁴tɕyə³¹liɔ³⁵

吊起来　tɕiɔ⁴⁴tɕʰi²¹lɛ²¹

背绑　pei³¹paŋ⁵²

圈起来　tɕʰyæ̃³¹tɕʰi²¹lɛ²¹

坐牢　tsuə⁴⁴lɔ³⁵

看监　kæ̃⁴⁴tɕiæ̃³¹

跳监　tɕʰiɔ⁴⁴tɕiæ̃³¹

写约　ɕiə³¹yə³¹

按指印　ŋæ̃⁴⁴tsⁱ²¹in⁴⁴

租金　tsu²¹tɕin³¹

承包合同　tʂʰəŋ³⁵pɔ²¹xuə³¹tʰuŋ⁵²

房产证　faŋ³⁵tsʰæ̃⁵²tʂəŋ⁴⁴

交税　tɕiɔ³¹ʂuei⁴⁴

牌照　pʰɛ³⁵tʂɔ⁴⁴

执照　tʂⁱ²¹tʂɔ⁴⁴

护照　xu⁴⁴tʂɔ⁴⁴

布告　pu⁴⁴kɔ⁴⁴

通知　tʰuŋ³¹tʂⁱ³¹

命令　miŋ⁴⁴liŋ⁴⁴

印　in⁴⁴

交代　tɕiɔ³¹tɛ²¹

上任　ʂaŋ⁴⁴z̩ən⁴⁴

卸任　ɕiə⁴⁴z̩ən⁴⁴

罢免　pa⁴⁴miæ̃⁵²

县长　ɕiæ̃⁴⁴tʂaŋ⁵²

（十七）日常生活

起床　tɕʰi⁵²tʂʰuaŋ³⁵

穿衣服　tʂʰuæ̃³¹i³¹fu²¹

洗脸　ɕi²¹liæ̃⁵²

涮口（漱口）　ʂuæ̃⁴⁴kʰəu⁵²

刷牙　ʂua³¹n̠iæ̃³⁵

梳头　ʂu³¹tʰəu³⁵

篦头发　pi⁴⁴tʰəu³⁵fa³¹

辫辫子　pʰiæ̃⁴⁴pʰiæ̃⁴⁴tə²¹

绾卷卷　væ̃⁴⁴tɕyæ̃⁵²tɕyæ̃²¹

铰指甲　tɕiɔ⁵²tsⁱ⁴⁴tɕia³¹

刮胡子　kua³¹xu²¹tə²¹

弯耳朵掏耳朵　væ̃³¹ʐʅ⁵²tuə²¹

上地｜做活　ʂaŋ⁴⁴tɕi³¹｜tsu⁴⁴xuə³⁵

上工　ʂaŋ⁴⁴kuŋ³¹

收工　ʂəu³¹kuŋ³¹

出门　tʂʰu³¹mən³⁵

回来了　xuei³⁵lɛ⁵²liə²¹

耍　ʂua⁵²

逛　kuaŋ⁴⁴

走一走　tsəu⁵²i³¹tsəu²¹

饿了　ŋə⁴⁴liə²¹

嘴没味儿　tsuei⁵²muə³⁵vər²¹

吃早饭　tʂʰʅ³¹tsɔ⁵²fæ̃⁴⁴

吃晌午饭吃午饭　tʂʰʅ³¹ʂaŋ⁵²xu²¹fæ̃⁴⁴

吃晚饭　tsʰʅ³¹væ̃⁵²fæ̃⁴⁴

吃零食　tʂʰʅ³¹liŋ³⁵ʂʅ³⁵

开饭　kʰɛ³¹fæ̃⁴⁴

舀饭　iɔ⁵²fæ̃⁴⁴

吃饭　tʂʰʅ³¹fæ̃⁴⁴

抄菜夹菜　tsʰɔ³¹tsʰɛ⁴⁴

舀汤　iɔ⁵²tʰaŋ³¹

用筷子　yŋ⁴⁴kʰuɛ⁴⁴tə²¹

肉不烂　zəu⁴⁴pu²¹læ̃⁴⁴

饭生　fæ̃⁴⁴səŋ³¹

咬不动　ɳiɔ⁵²pu²¹tuŋ⁴⁴

卡住了吃饭噎住了　tɕʰia⁴⁴tʂʰu³¹liə²¹

打饱嗝　ta⁵²pɔ⁵²kəu²¹

争着吃　tsəŋ³¹tʂə²¹tʂʅ³¹

嚼烂吃　tɕʰyə³⁵læ̃⁴⁴tʂʅ³¹

胀住咧　tʂaŋ⁵²tʂʰu⁴⁴liə²¹

喝茶　xuə³¹tsʰa³⁵

喝酒　xuə³¹tɕiəu⁵²

抽烟　tʂʰəu³¹iæ̃³¹

洗手　ɕi⁵²ʂəu⁵²

洗脚　ɕi⁵²tɕʏə³¹

洗澡　ɕi⁵²tsɔ⁵²

擦身　tsʰa³¹ʂən³¹

尿　ɳiɔ⁴⁴

屙屎　pa³¹sʅ⁵²

歇凉　ɕiə³¹liaŋ³⁵

晒暖暖晒太阳　sɛ⁴⁴lyæ̃⁴⁴lyæ̃²¹

歇火烤火　ɕiə³¹xuə⁵²

点灯　tɕiæ̃⁵²təŋ³¹

吹灯　tʂʰuei³¹təŋ³¹

缓一缓休息一下　xuæ̃⁵²i³¹xuæ̃⁵²

丢盹儿　tɕiəu³¹tuər²¹

乏了　fa³¹liə²¹

铺炕　pʰu³¹kʰaŋ⁴⁴

脱衣服　tʰuə³¹i³¹fu²¹

脱鞋　tʰuə³¹xɛ³⁵

睡下　ʂuei⁴⁴ɕia⁴⁴

睡着了　ʂuei⁴⁴tʂʰuə²¹liə²¹

拉酣睡打呼噜　la³¹xæ̃³¹ʂuei²¹

睡糊涂了　ʂuei⁴⁴xu²¹tʰu⁴⁴liə²¹

睡不着　ʂuei⁴⁴pu²¹tʂʰuə³⁵

睡午觉　ʂuei⁴⁴vu²¹tɕiɔ⁴⁴

仰巴睡　ɳiaŋ⁵²pa²¹ʂuei⁴⁴

侧楞睡　tsɛ³¹ləŋ²¹ʂuei⁴⁴

趴扑睡　pʰa³¹pʰu²¹ʂuei⁴⁴

搭桥睡支腿睡　ta³¹tɕʰiɔ³⁵ʂuei⁴⁴

蹶腿睡　tɕʰyæ̃⁵²tʰuei⁵²ʂuei⁴⁴

落枕了　luə³¹tʂən⁵²liə⁴⁴

腿抽筋儿　tʰuei⁵²tʂʰəu³¹tɕiər²¹

做梦　tsəu⁴⁴məŋ⁴⁴

说胡话　ʂuə³¹xu³⁵xua³¹

魇住了　iæ⁵²tʂʰu⁴⁴liə²¹

熬夜　ŋɔ³⁵iə⁴⁴

苦战　kʰu⁵²tʂæ⁴⁴

（十八）交际

支应招待　tsʅ³¹iŋ⁴⁴

来往　lɛ³⁵vaŋ⁵²

看人　kʰæ⁴⁴ʐən³⁵

拜望　pɛ⁴⁴vaŋ²¹

送礼　suŋ⁴⁴li⁵²

接客　tɕiə³¹kʰei³¹

你来咧　n̠i⁵²lɛ³⁵liə²¹

你好　n̠i⁵²xɔ⁵²

让客　ʐaŋ⁴⁴kʰei³¹

你请　n̠i⁵²tɕʰiŋ⁵²

请进　tɕʰiŋ⁵²tɕin⁴⁴

请坐　tɕiŋ⁵²tsʰuə⁴⁴

送客　suŋ⁴⁴kʰei³¹

罢送了　pɔ³¹suŋ⁴⁴liə²¹

待客　tɛ⁴⁴kʰei³¹

待不到　tɛ⁴⁴pu²¹tɔ⁴⁴

果盘儿　kuə⁵²pʰɚr²¹

馃子　kuə⁵²tə²¹

倒茶　tɔ⁴⁴tsʰa³⁵

旱烟　xæ⁴⁴iæ³¹

纸烟｜卷烟　tsʅ⁵²iæ³¹｜tɕyæ⁵²iæ³¹

抽烟　tʂʰəu³¹iæ³¹

摆席　pɛ⁵²ɕi³⁵

一桌席　i³¹tʂuə³¹ɕi³⁵

请帖　tɕʰiŋ⁵²tɕʰiə³¹

下请帖　ɕia⁴⁴tɕʰiŋ⁵²tɕʰiə³¹

催请　tsʰuei³¹tɕʰiŋ⁵²

主客　tʂu⁵²kʰei³¹

陪客　pʰei³⁵kʰei³¹

坐席　tsuə⁴⁴ɕi³¹

入席　ʐu³¹ɕi³¹

上菜　ʂaŋ⁴⁴tsʰɛ⁴⁴

让菜　ʐaŋ⁴⁴tsʰɛ⁴⁴

作假　tsuə³¹tɕia⁵²

捎个信　sɔ³¹kə²¹ɕin⁴⁴

装病　tʂuaŋ³¹piŋ⁴⁴

不对　pu²¹tuei⁴⁴

不言喘不说话　pu³¹ian³⁵tʂʰuæ³¹

对头冤家　tuei⁴⁴tʰəu²¹

亏咧　kʰuei³¹liə²¹

笑话　ɕiɔ⁴⁴xua²¹

笑话人　ɕiɕ⁴⁴xua²¹ʐən³⁵

让嗤嘲弄　ʐaŋ³¹tʂʅ⁵²

插嘴　tsʰa³¹tsuei⁵²

挑刺儿　tɕʰiɔ³¹tsʰər²¹

摆架子　pɛ⁵²tɕia⁴⁴tə²¹

耍排场　ʂua⁵²pʰɛ³⁵tʂʰaŋ⁵²

装瓜　tʂuaŋ³¹kua³¹

出洋相　tʂʰu³¹iaŋ³⁵ɕiaŋ⁴⁴

丢人　tɕiəu³¹ʐən³⁵

（十九）商业

店铺　tɕiæ⁴⁴pʰu⁴⁴

招牌　tʂɔ³¹pʰɛ³⁵

开铺子　kʰɛ³¹pʰu⁴⁴tə²¹

茶叶铺　tsʰa³⁵iə²¹pʰu⁴⁴

门面　mən³¹miæ⁴⁴

摆摊人　pɛ⁵²tʰæ³¹ʐən³⁵

摆摊子　pɛ⁵²tʰæ³¹tə²¹

单跑　tæ³¹pʰɔ⁵²

做买卖　tsuə⁴⁴mɛ⁵²mɛ²¹　　　　　零花钱　liŋ³⁵xua³¹tɕʰiæ³⁵

开张　kʰɛ³¹tʂaŋ²¹　　　　　发票　fa³¹pʰiɔ⁴⁴

关门　kuæ̃³¹mən³⁵　　　　　收条　ʂəu³¹tɕʰiɔ²¹

倒闭　tɔ⁵²pi⁴⁴　　　　　提货单　tɕʰi³⁵xuə⁴⁴tæ̃³¹

盘货　pʰæ̃³⁵xuə⁴⁴　　　　　算盘　suæ̃⁴⁴pʰæ̃³⁵

铺柜　pʰu⁴⁴kʰuei⁴⁴　　　　　秤　tʂʰəŋ⁴⁴

账房　tʂaŋ⁴⁴faŋ³⁵　　　　　戥子　təŋ⁵²tə²¹

掌柜的　tʂaŋ⁵²kʰuei⁴⁴tɕi²¹　　　　　盘子秤　pʰæ̃³⁵tə²¹tʂʰəŋ⁴⁴

经理　tɕiŋ³¹li²¹　　　　　簸箕秤　puə⁵²tɕʰi²¹tʂʰəŋ⁴⁴

女老板　ny⁵²lɔ³¹pæ̃⁵²　　　　　钩子秤　kəu³¹tə²¹tʂʰəŋ⁴⁴

店员　tɕiæ̃⁴⁴yæ̃³⁵　　　　　秤锤　tʂʰəŋ⁴⁴tʂʰuei³⁵

学徒　ɕyə³⁵tʰu³⁵　　　　　秤杆　tʂʰəŋ⁴⁴kæ̃⁴⁴

客人顾客　kʰei³¹zʑən³⁵　　　　　秤盘儿　tʂʰəŋ⁴⁴pʰɐr²¹

要价　iɔ⁴⁴tɕia⁴⁴　　　　　秤钩子　tʂʰəŋ⁴⁴kəu³¹tə²¹

还价　xuæ̃³⁵tɕia⁴⁴　　　　　秤星儿　tʂʰəŋ⁴⁴ɕiər²¹

不讲价　pu²¹tɕiaŋ⁵²tɕia⁴⁴　　　　　秤平斗满　tʂʰəŋ⁴⁴pʰiŋ³⁵təu⁵²mæ̃²¹

公道　kuŋ³¹tɔ²¹　　　　　称称　tʂʰəŋ⁴⁴tʂʰəŋ²¹

贵　kuei⁴⁴　　　　　斗板　təu⁵²pæ̃⁵²

包赔　pɔ³¹pʰei³⁵　　　　　开支　kʰɛ³¹tsɿ³¹

老账　lɔ⁵²tʂaŋ⁴⁴　　　　　工钱　kuŋ³¹tɕʰiæ²¹

流水账　liəu³⁵ʂuei⁵²tʂaŋ⁴⁴　　　　　路费　lu⁴⁴fei⁴⁴

往来账　vaŋ⁵²lɛ³⁵tʂaŋ⁴⁴　　　　　本钱　pən⁵²tɕʰiæ²¹

记账　tɕi⁴⁴tʂaŋ⁴⁴　　　　　利息　li⁴⁴ɕi³¹

收账　ʂəu³¹tʂaŋ⁴⁴　　　　　大利　ta⁴⁴li⁴⁴

出账　tʂʰu³¹tʂaŋ⁴⁴　　　　　小利　ɕiɔ⁵²li⁴⁴

欠账　tɕʰiæ⁴⁴tʂaŋ⁴⁴　　　　　驴打滚利上加利　ly³⁵ta²¹kun⁵²

要账　iɔ⁴⁴tʂaŋ⁴⁴　　　　　几成利　tɕi⁵²tʂʰəŋ³⁵li⁴⁴

烂账　læ̃⁴⁴tʂaŋ⁴⁴　　　　　走运　tsəu⁵²yn⁴⁴

款　kʰuæ̃⁵²　　　　　该欠钱　kɛ³¹

存款　tsʰun³⁵kʰuæ̃⁵²　　　　　短短钱　tuæ̃⁵²

存数　tsʰun³⁵ʂu⁴⁴　　　　　挣钱｜偿钱　tsəŋ⁴⁴ tɕʰi æ²¹ ｜

零钱　liŋ³⁵tɕʰiæ³⁵　　　　　　　　tʂʰaŋ³⁵tɕʰiæ³⁵

亏本儿　kʰuei³¹pər²¹

铜钱　tʰuŋ³⁵tɕʰiæ³⁵

字儿　tsʰər²¹

票子　pʰiɔ⁴⁴tə²¹

元宝　yæ̃³⁵pɔ⁵²

铜元　tʰuŋ³⁵yæ̃³⁵

银元　ȵin³⁵yæ̃³⁵

一块钱　i³¹kʰuei⁴⁴tɕʰiæ³⁵

一角钱　i³¹tɕyə³¹tɕʰiæ³⁵

一张票子　i³¹tʂaŋ³¹pʰiɔ⁴⁴tə²¹

一个铜板　i³¹kə²¹tʰuŋ³⁵pæ̃⁵²

一个钢元儿　i³¹kə²¹kaŋ³¹yæ̃r³⁵

租房子　tsu³¹faŋ³⁵tə²¹

押金　ȵia³¹tɕin³¹

典房子　tɕiæ̃⁵²faŋ³⁵tə²¹

布铺　pu⁴⁴pʰu⁴⁴

铁器铺　tɕʰiə³¹tɕʰi⁴⁴pʰu⁴⁴

铁铺　tɕʰiə³¹pʰu⁴⁴

铜铺　tʰuŋ³⁵pʰu⁴⁴

锡铁铺　ɕi³¹tɕʰiə³¹pʰu⁴⁴

油盐店　iəu³⁵iæ̃³⁵tɕiæ⁴⁴

粮食店　liaŋ³¹ʂʅ²¹tɕiæ⁴⁴

杂货铺　tsa³¹xuə²¹pʰu⁴⁴

卖面铺　mɛ⁴⁴miæ̃⁴⁴pʰu⁴⁴

文具店　vən³⁵tɕy⁴⁴tɕiæ⁴⁴

书店　ʂu³¹tɕiæ⁴⁴

煤厂　mei³⁵tʂʰaŋ⁵²

煤黑子　mei³⁵xei³¹tə²¹

烟煤　iæ̃³¹mei³⁵

干煤　kæ̃³¹mei³⁵

硬煤　ȵiŋ⁴⁴mei³⁵

混煤　xun⁴⁴mei³⁵

煤砟子　mei³⁵tsa⁴⁴tə²¹

煤末子　mei³⁵muə⁵²tə²¹

煤球　mei³⁵tɕʰiəu³⁵

当铺　taŋ⁴⁴pʰu⁴⁴

银行　ȵin³⁵xaŋ³⁵

银匠　ȵin²¹tɕiaŋ⁴⁴

金店　tɕin³¹tɕiæ⁴⁴

饭馆儿　fæ̃⁴⁴kuer²¹

小饭店儿　ɕiɔ⁵²fæ̃⁴⁴tɕier²¹

茶叶儿铺　tsʰa³⁵iər²¹pʰu⁴⁴

粮店　liaŋ³⁵tɕiæ⁴⁴

粮油店　liaŋ³⁵iəu³⁵tɕiæ⁴⁴

锢漏锅的　ku⁴⁴lu³⁵kuə³¹tɕi²¹

锢缸的　ku³¹kaŋ³¹tɕi²¹

焊壶的　xæ̃⁴⁴xu³⁵tɕi²¹

木匠　mu³¹tɕiaŋ⁴⁴

曲尺　tɕʰy³⁵tʂʰʅ²¹

墨斗　mei³⁵təu⁵²

墨斗线　mei³⁵təu⁵²ɕiæ̃⁴⁴

瓦匠　va⁵²tɕiaŋ²¹

瓦刀　va⁵²tɔ³¹

抹子　muə⁵²tə²¹

铁匠铺　tɕʰiə³¹tɕiaŋ⁴⁴pʰu⁴⁴

铁匠　tɕʰiə³¹tɕiaŋ⁴⁴

裁缝铺　tsʰɛ³⁵fəŋ³⁵pʰu⁴⁴

裁缝　tsʰɛ³⁵fəŋ⁵²

待张｜理发师　tɛ⁴⁴tʂaŋ³¹｜li²¹
　　fa³¹sʅ³¹

待张铺｜理发馆　tɛ⁴⁴tʂaŋ³¹pʰu⁴⁴｜
　　li²¹fa³¹kuæ̃⁵²

头发茬儿　tsʰəu³⁵fa³¹tsʰər²¹

剃头刀儿　tɕʰi³¹tʰəu³⁵tɔr²¹

推子　tʰuei³¹tə²¹

剃头　tɕʰi⁴⁴tʰəu³⁵

刮脸　kua³¹liæ⁵²

刮胡子　kua³¹xu³⁵tə²¹

剃光头　tɕʰi⁴⁴kuaŋ³¹tʰəu³⁵

推平头　tʰuei³¹pʰiŋ³⁵tʰəu³⁵

中分　tʂuŋ³¹fən³¹

偏分　pʰiæ³¹fən³¹

洗头　ɕi⁵²tʰəu³⁵

捶背　tʂʰuei³⁵pei⁴⁴

澡堂　tsɔ⁵²tʰaŋ³⁵

池子　tʂʰʅ³⁵tə²¹

盆子　pʰən³⁵tə²¹

搓背　tsʰuə³¹pei⁴⁴

宰羊　tsɛ⁵²iaŋ³⁵

宰牛　tsɛ⁵²ȵiəu³⁵

肉铺　ʐəu⁴⁴pʰu⁴⁴

羊肉案板　iaŋ³⁵ʐəu⁴⁴ŋæ⁴⁴pæ²¹

牛肉案板　ȵiəu³⁵ʐəu⁴⁴ŋæ⁴⁴pæ²¹

（二十）文化教育

念书的　ȵiæ⁴⁴ʂu⁴⁴tɕi²¹

识字的　ʂʅ²¹tsʰʅ⁴⁴tɕi²¹

睁眼瞎子 不识字的　təŋ³¹ȵi æ⁵²
　xa⁵²tə²¹

学校　ɕyə³¹ɕiɔ⁴⁴

上学校　ʂaŋ⁴⁴ɕyə³¹ɕiɔ⁴⁴

招生　tʂɔ³¹səŋ³¹

报名　pɔ⁴⁴miŋ³⁵

考场　kʰɔ⁵²tʂʰaŋ⁵²

入场　ʐu³¹tʂʰaŋ⁵²

卷子　tɕyæ⁵²tə²¹

交卷子　tɕiɔ³¹tɕyæ⁵²tə²¹

交头卷儿　tɕiɔ³¹tʰəu³⁵tɕyɐr²¹

交白卷儿　tɕiɔ³¹pʰei³⁵tɕyɐr²¹

改卷子　kɛ⁵²tɕyæ⁵²tə²¹

毕业　pi⁴⁴ȵiə³¹

文凭　vən³⁵pʰiŋ³⁵

上学　ʂaŋ⁴⁴ɕyə³⁵

放学　faŋ⁴⁴ɕyə³⁵

放假　faŋ⁴⁴tɕia⁴⁴

放暑假　faŋ⁴⁴ʂu⁵²tɕia⁴⁴

放寒假　faŋ⁴⁴xan³⁵tɕia⁴⁴

学费　ɕyə³¹fei⁴⁴

百家姓　pei³¹tɕia³¹ɕiŋ⁴⁴

念书　ȵiæ⁴⁴ʂu³¹

复习　fu²¹ɕi³¹

背书　pei⁴⁴ʂu³¹

作文　tsuə⁵²vən³⁵

稿子　kɔ⁵²tə²¹

写错字　ɕia⁵²tsʰuə⁴⁴tsʰʅ⁴⁴

擦咧　tsʰa³¹liə²¹

掉字　tɕiɔ⁴⁴tsʰʅ⁴⁴

满分　mæ⁵²fən³¹

零蛋　liŋ³⁵tæ⁴⁴

水笔　ʂuei⁵²pi³¹

水笔尖儿　ʂuei⁵²pi³¹tɕiɐr²¹

水笔杆儿　ʂuei⁵²pi³¹kɐr²¹

油笔　iəu³⁵pi³¹

毛笔　mɔ³⁵pi³¹

笔杆儿　pi³¹kɐr²¹

笔头儿　pi³¹tʰər²¹

笔尖儿　pi³¹tɕiɐr²¹

笔帽儿　pi³¹mɔr⁴⁴

笔筒　pi³¹tʰuŋ⁵²

墨汁　mei³⁵tʂʅ³¹

墨水　mei³⁵ʂuei⁵²

课堂　kʰuə⁴⁴tʰaŋ³⁵

讲台　tɕiaŋ⁵²tʰɛ³⁵

头排　tʰəu³⁵pʰɛ³⁵

最后一排　tsuei⁴⁴xəu⁴⁴i³¹pʰei³⁵

黑板　xei³¹pæ̃⁵²

粉笔　fən⁵²pi³¹

擦子板擦　tsʰa³¹tə²¹

黑板字板书　xei³¹pæ̃⁵²tsʰʅ⁴⁴

讲义　tɕiaŋ⁵²i⁴⁴

课本　kʰuə⁴⁴pən⁵²

笔记本　pi³¹tɕi⁴⁴pən⁵²

点名册　tɕiæ̃⁵²miŋ³⁵tsʰɛ³¹

点名　tɕiæ̃⁵²miŋ³⁵

起立　tɕʰi⁵²li³¹

上课　ʂaŋ⁴⁴kʰuə⁴⁴

下课　ɕia⁴⁴kʰuə⁴⁴

考试　kɔ⁵²ʂʅ⁴⁴

小考　ɕiɔ⁵²kɔ⁵²

月考　yə³¹kɔ⁵²

大考　ta⁴⁴kɔ⁵²

期考　tɕʰi³¹kɔ⁵²

板子　pæ̃⁵²tə²¹

打板子　ta²¹pæ̃⁵²tə²¹

罚站　fa³⁵tsæ⁴⁴

罚跪　fa³⁵kʰuei⁴⁴

逃学　tʰɔ³⁵ɕyə³⁵

请假　tɕʰiŋ⁵²tɕia⁴⁴

（二十一）文体活动

风筝儿　fəŋ³¹tsər²¹

缺猫乎儿捉迷藏　tɕʰyə³¹mɔ³¹xuər²¹

翻帽儿跟头翻跟头　fæ̃³¹mɔr²¹kən³¹
　　　tʰəu²¹

拔河　pʰa³⁵xuə³⁵

踢毽子　tɕʰi³¹tɕiæ̃⁴⁴tə²¹

跳皮筋儿　tɕʰiɔ⁴⁴pʰi³⁵tɕiər²¹

抓子儿　tʂua³¹tsər²¹

跳房子　tɕʰiɔ⁴⁴faŋ³⁵tə²¹

下棋　ɕia⁴⁴tɕʰi³⁵

象棋　ɕiaŋ⁴⁴tɕʰi³⁵

棋盘　tɕʰi³⁵pʰæ̃³⁵

棋子儿　tɕʰi³⁵tsər²¹

河　xuə³⁵

将　tɕiaŋ⁴⁴

帅　ʂuɛ⁴⁴

士　sʅ⁴⁴

相　ɕiaŋ⁴⁴

车　tɕy³¹

马　ma⁵²

炮　pɔ⁴⁴

卒　tsu³⁵

围棋　vei³⁵tɕʰi³⁵

放烟火　faŋ⁴⁴iæ̃³¹xuə⁵²

（二十二）动作

摇头　iɔ³⁵tʰəu³⁵

点头　tɕiæ̃⁵²tʰəu³⁵

抬头　tʰɛ³⁵tʰəu³⁵

低头　tɕi³¹tʰəu³⁵

转头　tʂuæ̃⁵²tʰəu³⁵

摇头摆耳　iɔ³⁵tʰəu³⁵pɛ⁵²ər⁵²

张口　tʂaŋ³¹kʰəu⁵²

闭嘴　pi⁴⁴tsuei⁵²

扭嘴　ȵiəu³⁵tsuei⁵²

嘬嘴　tɕyə^{31}tsuei^{52}
脸转过去　liæ̃^{52}tʂuæ̃^{44}kuə^{44}tɕʰi^{21}
脸红　liæ̃^{52}xuŋ^{35}
脸发白　liæ̃^{52}fa^{31}pei^{35}
睁眼　tsəŋ^{31}ȵiæ̃^{52}
瞪眼　təŋ^{31}ȵiæ̃^{52}
吹胡子瞪眼　tʂʰuei^{31} xu^{35} tə^{21} təŋ^{44} ȵiæ̃^{21}
闭住眼　pi^{44}tʂʰu^{21}ȵiæ̃^{52}
眨眼　tsa^{35}ȵiæ̃^{52}
转眼　tʂuæ̃^{52}ȵiæ̃^{52}
对眼　tuei^{52}ȵiæ̃^{52}
噙眼泪　tɕʰiŋ^{35}ȵiæ̃^{52}luei^{44}
淌眼泪　tʰaŋ^{52}ȵiæ̃^{52}luei^{44}
耷拉耳朵　ta^{31}la^{31}zʅ^{52}tuə^{21}
耳朵炸起来听　zʅ^{52}tuə^{21}tsa^{44}tɕʰi^{52} lɛ^{21}tɕʰiŋ^{31}
奓手伸手　tsa^{44} ʂəu^{52}
摇手　iɔ^{35} ʂəu^{52}
撒手　sa^{31} ʂəu^{52}
松手　suŋ^{31} ʂəu^{52}
展手　tʂæ̃^{52} ʂəu^{52}
动手　tuŋ^{44} ʂəu^{52}
拍手　pʰɛ^{31} ʂəu^{52}
背绑手　pei^{31}paŋ^{52} ʂəu^{52}
交叉手　tɕiɔ^{31}tsʰa^{31} ʂəu^{52}
扒开　pa^{31}kʰɛ^{31}
拨拉　pu^{31}la^{31}
捂住　vu^{52}tʂʰu^{21}
摩搓　muə^{35}tsʰuə^{31}
端屎把屎　tuæ̃^{31}sʅ^{52}
端尿把尿　tuæ̃^{31}ȵiɔ^{44}

搀着　tsʰæ̃^{31}tʂə^{21}
掐指头算　tɕʰia^{31}tsʅ^{52}tʰəu^{21}ɕyæ̃^{44}
弹指头　tʰæ̃^{35}tsʅ^{52}tʰəu^{21}
围槌头攥起拳头　vei^{35}tʂʰuei^{35}tʰəu^{21}
倕脚跺脚　tæ̃^{44}tɕyə^{31}
踮脚　tɕiæ̃^{44}tɕyə^{31}
跷腿　tɕʰiɔ^{44}tʰuei^{52}
蜷腿　tɕʰyæ̃^{35}tʰuei^{52}
抖腿　təu^{52}tʰuei^{52}
展腿踢腿　tʂæ̃^{52}tʰuei^{52}
叉腰　tsʰa^{44}iɔ^{31}
猫着腰弯着腰　mɔ^{31}tʂə^{21}iɔ^{31}
哈腰　xa^{44}iɔ^{31}
展腰伸腰　tʂæ̃^{52}iɔ^{31}
撑腰　tsʰəŋ^{31}iɔ^{31}
耸肩膀　suŋ^{52}tɕiæ̃^{31}paŋ^{21}
溜肩膀　liəu^{31}tɕiæ̃^{31}paŋ^{21}
腔子撑上挺胸　tɕʰiaŋ^{31}tə^{21}tɕʰiə^{31} ʂaŋ^{21}
捶脊背捶背　tʂʰuei^{35}tɕi^{52}pei^{31}
展胳膊伸胳膊　tʂæ̃^{52}kə^{31}puə^{21}
擤~鼻涕　ɕiŋ^{31}
打喷嚏　ta^{52}pʰən^{31}tɕʰi^{21}
打饱嗝　ta^{52}pɔ^{52}kəu^{21}
打嗝　ta^{52}kəu^{21}
蹴蹲　tɕiəu^{44}
盘盘腿坐　pʰæ̃^{35}pʰæ̃^{21}tʰuei^{52}tsuə^{44}
踒了　vuə^{31}liə^{21}
射起来惊起　ʂʅ^{31}tɕʰi^{52}lɛ^{21}
淖着站着　nɔ^{44}tʂə^{21}
仰跘子　ȵiaŋ^{52}pæ̃^{44}tə^{21}
拉话儿聊天　la^{31}xuɐr^{21}
应声　iŋ^{44} ʂəŋ^{31}

不言喘　pu²¹n̠iæ³⁵tʂʰuæ⁵²

不理　pu²¹li⁵²

嚷闹　z̠aŋ⁵²nɔ⁴⁴

哄　xuŋ⁵²

说　ʂuə³¹

给…说　kei⁴⁴…ʂuə³¹

说悄悄儿话　ʂuə³¹tɕiɔ⁴⁴tɕʰiɔr²¹
　　xua⁴⁴

寻事　ɕin³⁵sʅ⁴⁴

抬杠　tʰɛ³⁵kaŋ⁴⁴

顶嘴　tɕiŋ⁵²tsuei⁵²

骂仗　ma⁴⁴tʂaŋ⁴⁴

打捶　ta⁵²tʂʰuei³⁵

骂　ma⁴⁴

唠叨　lɔ³⁵tɔ³¹

挨骂　nɛ³⁵ma⁴⁴

嘱托　tʂu⁵²tʰuə²¹

叫　tɕiɔ⁴⁴

碰到　pʰəŋ⁴⁴tɔ⁴⁴

拜望　pɛ⁴⁴vaŋ⁴⁴

跟门子　laŋ⁴⁴mən³⁵tə²¹

拉近个　la³¹tɕʰin⁴⁴kə²¹

巴结　pa³¹tɕiə³¹

看得起　kʰæ⁴⁴tə³¹tɕʰi⁵²

搭帮帮忙　ta³¹paŋ²¹

惯　kuæ⁴⁴

纵容　tsuŋ⁴⁴yŋ³⁵

不答应　pu²¹ta³¹iŋ⁴⁴

撵出去　n̠iæ⁵²tʂʰu³¹tɕʰi²¹

扔　z̩³¹

搀　tsʰæ³¹

拾掇　sʅ³¹tuə³¹

拣挑选　tɕiæ⁵²

提起来　tɕʰi³⁵tɕʰi⁵²lɛ²¹

拾起来　sʅ³¹tɕʰi⁵²lɛ²¹

遗了丢了　i³⁵liə²¹

寻着了　ɕin²¹tʂʰuə⁵²liə²¹

摞起来　luə⁴⁴tɕʰi⁵²lɛ²¹

剩~下　ʂəŋ⁴⁴

知道　tʂʅ³¹tɔ²¹

懂了　tuŋ⁵²liə²¹

会了　xuei⁴⁴liə²¹

认得　z̠ən⁴⁴tei²¹

认不得　z̠ən⁴⁴pu²¹tei²¹

打算打算　ta⁵²ɕyæ⁴⁴ta⁵²ɕyæ⁴⁴

想一想　ɕiaŋ⁵²i³¹ɕiaŋ⁵²

估　ku³¹

想　ɕiaŋ⁵²

动脑子　tuŋ⁴⁴nɔ⁵²tə²¹

打主意　ta²¹tʂu⁵²i⁴⁴

肯定　kʰən⁵²tɕiŋ⁴⁴

主张　tʂu⁵²tʂaŋ³¹

信　ɕin⁴⁴

怀疑　xuɛ³⁵n̠i³⁵

没主意　muə³⁵tʂu⁵²i²¹

留神丨小心　liəu³⁵ʂən³⁵丨ɕiɔ⁵²
　　　　ɕin³¹

提心吊胆　tɕʰi³⁵ɕin³¹tɕiɔ⁴⁴tæ⁵²

害怕　xɛ⁴⁴pʰa⁴⁴

吃惊　tʂʰʅ³¹tɕiŋ³¹

着忙　tʂʰuə³¹maŋ³⁵

脚忙手乱　tɕyə³¹maŋ³⁵ʂəu⁵²lyæ⁴⁴

着急　tʂɔ³¹tɕi³⁵

操心　tsʰɔ⁴⁴ɕin³¹

挂念　kua⁴⁴n̠iæ⁴⁴　　　　　　后头　xə⁴⁴tʰəu²¹

放心　faŋ⁴⁴ɕin³¹　　　　　　偏巴旁边　pʰiæ³¹pa³¹

不放心　pu²¹faŋ⁴⁴ɕin³¹　　　近处　tɕin⁴⁴tʂʰu²¹

盼望　pæ⁴⁴vaŋ⁴⁴　　　　　　跟前　kən³¹tɕiæ³⁵

盼不得　pæ⁴⁴pu²¹tei²¹　　　啥地方　sa²¹tɕi⁴⁴faŋ³¹

记着　tɕi⁴⁴tʂə²¹　　　　　　地下　tɕi⁴⁴xa²¹

还记着　xæ³⁵tɕi⁴⁴tʂə²¹　　跌地上咧掉地上了　tɕiə³¹tɕi⁴⁴ʂaŋ²¹

记住了　tɕi⁴⁴tʂu²¹liə²¹　　　　　liə²¹

忘了　vaŋ⁴⁴liə²¹　　　　　　天上　tɕʰiæ³¹ʂaŋ²¹

记起咧　tɕi⁴⁴tɕʰi⁵²liə²¹　　山上　sæ³¹ʂaŋ²¹

眼红　n̠iæ⁵²xuŋ³⁵　　　　　路上　lu⁴⁴ʂaŋ²¹

日眼讨厌　zʅ³¹n̠iæ⁵²　　　　街上　tɕiə³¹ʂaŋ²¹

爱　ŋɛ⁴⁴　　　　　　　　　墙上　tɕʰiaŋ³⁵ʂaŋ²¹

怀恨　xuɛ³⁵xən⁴⁴　　　　　门上　mən³⁵ʂaŋ²¹

置气　tʂʅ⁴⁴tɕʰi⁴⁴　　　　　桌子上　tʂuə³¹tə²¹ʂaŋ²¹

憋气　piə³¹tɕʰi²¹　　　　　板凳上　pæ⁴⁴tʰəŋ²¹ʂaŋ²¹

生气　səŋ³¹tɕʰi²¹　　　　　手里　ʂəu⁵²li²¹

爱惜　ŋɛ⁴⁴ɕi³¹　　　　　　腰里　iə³¹li²¹

疼爱　tʰəŋ³⁵ŋɛ⁴⁴　　　　　怀里　xuɛ³⁵li²¹

喜欢　ɕi⁵²xuæ³¹　　　　　　嘴里　tsuei⁵²li²¹

高兴　kɔ³¹ɕiŋ³¹　　　　　　心里　ɕin³¹li²¹

感谢　kæ⁵²ɕiə⁴⁴　　　　　　家里　tɕia³¹li²¹

抱怨　pɔ⁴⁴yæ²¹　　　　　　屋里　vu³¹li²¹

（二十三）位置

　　　　　　　　　　　　　房里　faŋ³⁵li²¹

上头上边　ʂaŋ⁴⁴tʰəu²¹　　水里　ʂuei⁵²li²¹

下头下边　xa⁴⁴tʰəu²¹　　　河里　xuə³⁵li²¹

左岸左边　tsuə⁵²ŋæ²¹　　　井里　tɕiŋ⁵²li²¹

右首右边　iəu⁴⁴ʂəu²¹　　　沟里　kəu³¹li²¹

当间中间　taŋ³¹tɕiæ³¹　　　乡里　ɕiaŋ³¹li²¹

里首里面　li²¹ʂəu⁵²　　　　城里　tʂʰəŋ³⁵li²¹

外前外面　vɛ⁴⁴tɕʰiæ⁴⁴　　　镇上　tʂən⁴⁴ʂaŋ²¹

前头　tɕʰiæ³⁵tʰəu²¹　　　　市里　sʅ⁴⁴li²¹

外头　vɛ⁴⁴tʰəu²¹

大门外头　ta⁴⁴mən³⁵vɛ⁴⁴tʰəu²¹

门外头　mən³⁵vɛ⁴⁴tʰəu²¹

墙外头　tɕʰiaŋ³⁵vɛ⁴⁴tʰəu²¹

窗子外头　tʂʰuaŋ³¹tə²¹vɛ⁴⁴tʰəu²¹

东岸　tuŋ³¹ŋæ²¹

西岸　ɕi³¹ŋæ²¹

南岸　næ³⁵ŋæ²¹

北岸　pei³¹ŋæ²¹

东头　tuŋ³¹tʰəu³⁵

南头　næ³⁵tʰəu³⁵

朝里走　tʂʰɔ³⁵li²¹tsəu⁵²

朝外走　tʂʰɔ³⁵vɛ⁴⁴tsəu⁵²

朝东走　tʂʰɔ³⁵tuŋ³¹tsəu⁵²

朝回走　tʂʰɔ³⁵xuei³⁵tsəu⁵²

路东　lu⁴⁴tuŋ³¹

路西　lu⁴⁴ɕi³¹

路南　lu⁴⁴næ³⁵

路北　lu⁴⁴pei³¹

路边　lu⁴⁴piæ³¹

山前　sæ³¹tɕʰiæ³⁵

山后　sæ³¹xəu⁴⁴

山东头　sæ³¹tuŋ³¹tʰəu³⁵

山西头　sæ³¹ɕi³¹tʰəu³⁵

山南头　sæ³¹næ³⁵tʰəu³⁵

山北头　sæ³¹pei³¹tʰəu³⁵

城东岸城东　tʂʰəŋ³⁵tuŋ³¹ŋæ²¹

城西岸城西　tʂʰəŋ³⁵ɕi³¹ŋæ³⁵

城南岸城南　tʂʰəŋ³⁵næ³⁵ŋæ³⁵

城北岸城北　tʂʰəŋ³⁵pei³⁵ŋæ⁴⁴

城东南　tʂʰəŋ³⁵tuŋ³¹næ³⁵

城东北　tʂʰəŋ³⁵tuŋ³¹pei³¹

城西南　tʂʰəŋ³⁵ɕi³¹næ³⁵

城西北　tʂʰəŋ³⁵ɕi³¹pei³¹

车里首车上　tʂʰə³¹li²¹ʂəu²¹

车外首车外　tʂʰə³¹vɛ⁴⁴ʂəu²¹

车前头　tʂʰə³¹tɕʰiæ³⁵tʰəu²¹

车合头车后　tʂʰə³¹xæ⁴⁴tʰəu²¹

边边儿上　piæ³¹piɐr²¹ʂaŋ²¹

角角上　tɕyə³¹tɕy²¹ʂaŋ²¹

棱上　ləŋ³⁵ʂaŋ²¹

房后头房后　faŋ³⁵xæ⁴⁴tʰəu²¹

门后头门后　mən³⁵xæ⁴⁴tʰəu²¹

脊背后背后　tɕi⁵²pei³¹xəu⁴⁴

床底　tʂʰuaŋ³⁵tɕi²¹

楼底　ləu³⁵tɕi²¹

脚底　tɕyə³¹tɕi²¹

碗底　væ⁵²tɕi²¹

锅底　kuə³¹tɕi²¹

缸底　kaŋ³¹tɕi²¹

鞋底　xɛ³⁵tɕi²¹

心底　ɕin³¹tɕi²¹

以前　i⁵²tɕʰiæ³⁵

以后　i⁵²xəu⁴⁴

在先　tsɛ⁴⁴ɕiæ³¹

以往　i⁵²vaŋ⁵²

以上　i⁵²ʂaŋ⁴⁴

以下　i⁵²ɕia⁴⁴

后来　xəu⁴⁴lɛ²¹

以后　i⁵²xəu²¹

从今之后　tsʰuŋ³⁵tɕin³¹i⁵²xəu⁴⁴

朝东　tʂʰɔ³⁵tuŋ³¹

朝西　tʂʰɔ³⁵ɕi³¹

朝南　tʂʰɔ³⁵næ³⁵

朝北　tʂʰɔ³⁵pei³¹

…以内　i³¹luei⁴⁴

…以外　i³¹vɛ⁴⁴

…以来　i³¹lɛ³⁵

…之后　tsɿ³¹xəu⁴⁴

…之前　tsɿ³¹tɕʰiæ³⁵

…之外　tsɿ³¹vɛ⁴⁴

…之内　tsɿ³¹luei⁴⁴

…之间　tsɿ³¹tɕiæ³¹

…之上　tsɿ³¹ʂaŋ⁴⁴

…之下　tsɿ³¹ɕia⁴⁴

（二十四）代词

我　ŋə⁵²

你　n̠i⁵²

他　tʰa³¹

我们｜我几　ŋə⁵²mən²¹｜ŋə³¹tɕi³¹

咱们｜咱几　tsʰa³⁵mən²¹｜tsʰa³¹tɕi⁵²

你们｜你几　n̠i⁵²mən²¹｜n̠i⁵³tɕi³¹

他们｜他几　tʰa³¹mən²¹｜tʰa³¹tɕi³¹

大家　ta⁴⁴tɕia³¹

谁　sei³⁵

啥　sa⁴⁴

这么　tʂɿ³¹mə²¹

那么｜兀么　nɛ⁴⁴mə²¹｜u⁴⁴mə²¹

这个　tʂɿ⁴⁴kə³¹

那个｜兀个　nɛ⁴⁴kə³¹｜u⁴⁴kə²¹

啊个哪个　a⁵²kə³¹

这里　tʂɿ³¹li²¹

那里｜兀里　nɛ⁴⁴li²¹｜u⁴⁴li²¹

啊搭哪里　a⁵²ta³¹

他、人们　mən²¹

娘、婆、老王家　tɕia³¹

咱、娘儿俩　lia²¹

（二十五）形容词

坏　xuɛ⁴⁴

差　tsʰa⁴⁴

将就　tɕiaŋ³¹tɕiəu⁴⁴

漂亮｜排场　pʰiɔ⁴⁴liaŋ⁴⁴｜

　　pʰɛ³⁵tʂʰaŋ⁵²

难看　næ³⁵kʰæ⁴⁴

热闹　zə³¹nɔ⁴⁴

结实　tɕiə³¹ʂɿ²¹

干净　kæ³¹tɕʰiŋ²¹

孬肮脏　nɔ³⁵

咸　xæ³⁵

甜　tɕʰiæ³⁵

饭稀　ɕi³¹

饭稠　tʂʰəu³⁵

植物稀　ɕi³¹

植物密　mi³¹

肥　fei³⁵

胖　pʰaŋ⁴⁴

瘦　səu⁴⁴

舒坦　ʂu³¹tʰæ²¹

难过　næ³⁵kuə⁴⁴

麻烦烦乱　ma³⁵fæ³⁵

害羞　xɛ⁴⁴ɕiəu³¹

乖　kuɛ³¹

唠叨顽皮　lɔ³⁵tɔ³¹

真行　tʂən³¹ɕiŋ³⁵

不行　pu²¹ɕiŋ³⁵

缺德　tɕʰyə³¹tei³¹

精灵机灵　tɕiŋ³¹liŋ²¹

透灵　tʰəu⁴⁴liŋ²¹

糊涂　xu³⁵tʰu²¹

死心眼儿　sʅ⁵²ɕin³¹n̠iər²¹

窝囊　vuə³¹naŋ²¹

啬吝吝啬　sei³¹lin²¹

小气毛　ɕiɔ⁵²tɕʰi⁴⁴mɔ³⁵

小气　ɕiɔ⁵²tɕʰi⁴⁴

大方　ta⁴⁴faŋ³¹

凸　tʰu³¹

爽　ʂuaŋ⁵²

凉快　liaŋ³⁵kʰuɛ²¹

活络络　xuə³¹luə⁴⁴luə²¹

地道　tɕi⁴⁴tɔ²¹

整齐　tʂəŋ⁵²tɕʰi²¹

满意　mæ̃⁵²i⁴⁴

（二十六）副词

迟来~了　tsʰʅ³⁵

才　tsʰɛ³⁵

刚好　kaŋ³¹xɔ²¹

刚　kaŋ³¹

刚巧　kaŋ³¹tɕʰiɔ⁵²

有些儿　iəu⁴⁴ɕiər²¹

怕　pʰa⁴⁴

也许　iə⁵²ɕy⁵²

些乎儿差点儿　ɕiə³¹xuər²¹

非…才　fei³¹…tsʰɛ³⁵

马上　ma⁵²ʂaŋ⁴⁴

且早｜赶早　tɕʰiə⁴⁴tsɔ⁵²｜kæ⁵² tsɔ⁵²

啥乎儿早晚　sa⁴⁴xur²¹

眼看　n̠iæ̃⁵²kʰæ̃⁴⁴

亏得幸亏　kʰuei³¹tə²¹

当面　taŋ³¹miæ̃⁴⁴

一搭一块儿　i³¹ta³¹

一个人　i³¹kə²¹zˌən³⁵

随便儿　suei³⁵piər²¹

故意　ku⁴⁴i⁴⁴

到底　tɔ⁴⁴tɕi²¹

根本　kən³¹pən⁵²

实在　ʂʅ³¹tsɛ⁴⁴

一共　i³¹kuŋ⁴⁴

罢不要　pɔ³⁵

白~给　pei³⁵

偏　pʰiæ̃³¹

胡　xu³⁵

头里先　tʰəu³¹li²¹

先头　ɕiæ̃³¹tʰəu³⁵

单另另外　tæ̃³¹liŋ⁴⁴

叫被　tɕiɔ⁴⁴

把　ma³¹

跟　kən³¹

对着~马路　tuei⁴⁴tʂʰə²¹

朝~东走　tʂʰɔ³⁵

到~哪儿去　tɔ⁴⁴

在~哪儿　tsɛ⁴⁴

从~今天起　tsʰuŋ³⁵

照　tʂɔ⁴⁴

拿　na³⁵

顺着　ʂun⁴⁴tʂə²¹

替　tɕʰi⁴⁴

给　kei⁴⁴

给我　kei⁴⁴ŋə⁵²

跟和　kən³¹

跟向 kən³¹

把…叫 ma³¹…tɕiɔ⁴⁴

把…当 ma³¹…taŋ³¹

朝外 tʂʰɔ³⁵vɛ⁴⁴

（二十七）量词

一把~伞 i³¹pa⁵²

一本儿~书 i³¹pər²¹

一笔~账 i³¹pi⁵²

一匹~布 i³¹pʰi⁵²

一封~信 i³¹fəŋ³¹

一服~药 i³¹fu³⁵

一道~墙 i³¹tɔ⁴⁴

一顶~帽子 i³¹tɕiŋ⁴⁴

一档子~事 i³¹taŋ⁴⁴tə²¹

一朵~花 i³¹tuə⁵²

一顿打了~ i³¹tun⁴⁴

一条~路 i³¹tɕʰiɔ³⁵

一辆~车 i³¹liaŋ³¹

一子儿~筷子 i³¹tsər³¹

一枝~花 i³¹tsɿ³¹

一双~鞋 i³¹ʂuaŋ³¹

一盏~灯 i³¹tsæ⁵²

一张~席子 i³¹tʂaŋ³¹

一桌~饭菜 i³¹tʂuə³¹

一场~雨 i³¹tʂʰaŋ⁵²

一出~戏 i³¹tʂʰu³¹

一杆~枪 i³¹kæ³¹

一根~烟 i³¹kən³¹

一个~树 i³¹kə³¹

一颗~珠子 i³¹kʰuə³¹

一粒~豆子 i³¹kʰuə²¹

一块~豆腐 i³¹kuɛ²¹

一口~井 i³¹kʰəu⁵²

一架~飞机 i³¹tɕia⁴⁴

一间~房子 i³¹tɕiæ⁴⁴

一件儿~事 i³¹tɕier⁵²

一行~字 i³¹xaŋ⁴⁴

一篇~文章 i³¹pʰiæ³¹

一页~纸 i³¹iə³¹

一节~电池 i³¹tɕiə³¹

一段~文章 i³¹tuæ⁴⁴

一片儿~树叶 i³¹pʰier⁴⁴

一面~镜子 i³¹miæ⁴⁴

一层~楼 i³¹tsʰəŋ³⁵

一股~绳子 i³¹ku⁵²

一座~桥 i³¹tsʰuə⁴⁴

一盘~菜 i³¹pʰæ³⁵

一门~亲事 i³¹mən³⁵

一刀砍了~ i³¹tɔ³¹

一桩~事 i³¹tʂuaŋ³¹

一碗~饭 i³¹væ⁵²

一杯~茶 i³¹pʰei³¹

一缸~水 i³¹kaŋ³¹

一把~刀 i³¹pa⁵²

一把｜一捆~柴 i³¹pa⁵²｜i³¹kʰuər²¹

一包~烟 i³¹pɔ³¹

一卷~纸 i³¹tɕyæ⁵²

一担~水 i³¹tæ⁴⁴

一排坐了~ i³¹pʰɛ³⁵

一进~院子 i³¹tɕin⁴⁴

一对儿~耳朵 i³¹tuər²¹

一句~话 i³¹tɕy⁴⁴

一位~领导 i³¹vei⁴⁴

一副~眼镜 i³¹fu⁴⁴

一套~衣服　i³¹tʰɔ⁴⁴

一帮　i³¹paŋ³¹

一批　i³¹pʰi³¹

一窝　i³¹vuə³¹

一串　i³¹tʂʰuæ⁴⁴

一拃　i³¹tsa⁵²

一成儿　i³¹tʂʰər²¹

一脸　i³¹liæ⁵²

一身　i³¹ʂən³¹

一肚子　i³¹tu⁴⁴tə²¹

一回　i³¹xuei³⁵

一下　i³¹xa³¹

一眼　i³¹ȵiæ⁵²

一口　i³¹kʰəu⁵²

一会儿　i³¹xuər²¹

一阵儿　i³¹tʂər²¹

一面　i³¹miæ⁴⁴

（二十八）其他

哑了热~　tsa³¹liə²¹

得很好~　tɕi²¹xɛn⁵²

冷得~要命　iɔ⁴⁴miŋ⁴⁴

热得~不行了　pu²¹ɕiŋ³⁵liə²¹

舒服~死了｜坏了　sʅ²¹liə²¹｜xɛ⁴⁴liə²¹

忙得~不得了　pu²¹tei²¹ liə²¹

傻拉巴几　ʂa⁵²la³¹pa³¹tɕi²¹

傻不楞登　ʂa⁵²pu²¹ləŋ⁴⁴təŋ⁴⁴

黄不唧唧　xuaŋ³⁵pu²¹tɕi⁵²tɕi²¹

最…不过　tsuei⁴⁴…pu²¹kuə⁴⁴

光溜　kuaŋ³¹liəu⁴⁴

特别~新　tʰə³¹piə³¹

怪~好　kuɛ⁴⁴

把万儿~块　pa⁵²

今儿、前儿个　kə²¹

吃、苦头儿　tʰər²¹

好　xɔ⁵²

不错　pu²¹tsʰuə⁴⁴

差不多　tsʰa³¹pu²¹tuə³¹

不咋样　pu²¹tsa³⁵iaŋ⁴⁴

不顶事　pu²¹tɕiŋ⁵²sʅ⁴⁴

这种　tʂə⁴⁴tʂuŋ⁵²

老样儿　lɔ⁵²iɐr²¹

一个鼻孔出气　i³¹kə³¹pʰi³⁵kʰuŋ²¹
　　　　　　　tʂʰu³¹tɕʰi⁴⁴

第二节　宁夏移民方言词汇对照表

说明：

1. 本词表收录宁夏移民方言常用词汇，方言词汇与借入的普通话词汇并存时，优先选取方言词汇。

2. 词条右下角小字为释义或限定。

3. 词汇存在两种说法的单音节词以"／"隔开，双音节以上分列两行，例词用"~"代替原词。

表 3-1

宁夏移民方言词汇对照表

序号	词条	兴泾镇	大战场镇	闽宁镇1	闽宁镇2	镇北堡镇	红寺堡区	南梁台子
1	太阳	日头 ar^{52}tʰəu^{21}	日头 z̩^{31}tʰəu^{31}	日头 z̩^{31}tʰəu^{31}	热头 yə^{31}tʰəu^{13}	日头 z̩^{31}tʰəu^{13} 热头儿 zə^{31}tʰər^{13}	热头 zə^{31}tʰəu^{13}	热头 zə^{31}tʰəu^{13}
2	月亮	月亮 yə^{31}liaŋ^{44}	月亮 yə^{31}liaŋ^{44}	月亮 yə^{31}liaŋ^{44}	月亮 yə^{31}liaŋ^{44}	月亮 yə^{31}liaŋ^{44}	月亮 yə^{31}liaŋ^{44}	月亮 yə^{31}liaŋ^{13}
3	星星	星星 ɕiŋ^{31}ɕiŋ^{21}	宿宿 ɕiau^{31}ɕiau^{44}	宿宿 ɕiau^{31}ɕiau^{44}	星宿 ɕiŋ^{31}ɕiau^{44}	宿宿 ɕiau^{31}ɕiau^{44}	星星 ɕiŋ^{31}ɕiŋ^{44}	宿宿 ɕiau^{31}ɕiau^{13}
4	流星	贼星 tsʰei^{31}ɕiŋ^{31}	贼星 tsei^{13}ɕiŋ^{31}	扫星 sɔ^{44}ɕiŋ^{31}	贼星 tsei^{13}ɕiŋ^{31}	扫星 sɔ^{44}ɕiŋ^{31}	流星 liəu^{13}ɕiŋ^{31}	扫宿 sɔ^{44}ɕiau^{31}
5	启明星	明星 miŋ^{35}ɕiŋ^{31}	亮星 liaŋ^{44}ɕiŋ^{31}	亮明星 liaŋ^{44}miŋ^{35}ɕiŋ^{31}	亮星 liaŋ^{44}ɕiŋ^{31} 亮明星 liaŋ^{44}miŋ^{13}ɕiŋ^{31}	亮明星 liaŋ^{44}miŋ^{13}ɕiŋ^{31}	亮星 liaŋ^{44}ɕiŋ^{31}	亮宿 liaŋ^{44}ɕiau^{31}
6	刮风	刮风 kua^{35}faŋ^{31} 吹风 tʂʰuei^{35}faŋ^{31}	起风 tɕʰi^{52}faŋ^{31}	刮风 kua^{52}faŋ^{31}	刮风 kua^{52}faŋ^{31} 起风 tɕʰi^{52}faŋ^{31}	起风 tɕʰi^{52}faŋ^{31}	刮风 kua^{52}faŋ^{31}	刮风 kua^{52}faŋ^{31} 起风 tɕʰi^{52}faŋ^{31}
7	打雷	响雷 ɕiaŋ^{52}luei^{35}	吼雷 xau^{52}luei^{13}	响雷 ɕiaŋ^{52}luei^{13}	吼雷 xau^{52}luei^{13} 打雷 ta^{52}luei^{13}	吼雷 xau^{52}luei^{13}	吼雷 xau^{52}luei^{13}	吼雷 xau^{52}ɕiau^{31}
8	彩虹	虹 tɕiaŋ^{44}	虹 tɕiaŋ^{44}	虹 tɕiaŋ^{44}	虹 tɕiaŋ^{44}	虹 tɕiaŋ^{44}	虹 tɕiaŋ^{44}	虹 tɕiaŋ^{44}
9	下雪	下雪 ɕia^{44}ɕyə^{31}	下雪 ɕia^{44}ɕyə^{13}	下雪 ɕia^{44}ɕyə^{13}	下雪 ɕia^{44}ɕyə^{13}	下雪 ɕia^{44}ɕyə^{13}	下雪 ɕia^{44}ɕyə^{13}	下雪 ɕia^{44}ɕyə^{13}
10	雪化了	雪消咧 ɕyə^{31}ɕiɔ^{31}liə^{21}	雪消咧 ɕyə^{13}ɕiɔ^{31}liə^{21}	雪消咧 ɕyə^{13}ɕiɔ^{31}liə^{21}	雪消咧 ɕyə^{13}ɕiɔ^{31}liə^{13}	雪消咧 ɕyə^{13}ɕiɔ^{31}liə^{13}	雪消咧 ɕyə^{13}ɕiɔ^{31}liə^{31}	雪消咧 ɕyə^{13}ɕiɔ^{31}liə^{31}
11	结冰	冻冰 tuŋ^{44}piŋ^{31}	冻冰 tuŋ^{44}piŋ^{13}	冻冰 tuŋ^{44}piŋ^{13}	冻冰 tuŋ^{44}piŋ^{31}	冻冰 tuŋ^{44}piŋ^{31}	冻冰 tuŋ^{44}piŋ^{31}	冻冰 tuŋ^{44}piŋ^{31}
12	冰锥	冰溜 piŋ^{31}liu^{31}	冰梭子 piŋ^{31}liŋ^{13}tsʅ^{21}	冰棒子 piŋ^{31}paŋ^{44}ar^{21}	冰溜子 piŋ^{31}liau^{44}tsʅ^{21}	冰棒 piŋ^{31}paŋ^{44}	冰溜子 piŋ^{31}liəu^{44}tsʅ^{31}	冰溜子 piŋ^{31}liau^{44}tsʅ^{31}
13	冰雹	冷子 laŋ^{52}tʂə^{21}	冷子 laŋ^{52}tsʅ^{21}	冷子 laŋ^{52}tsʅ^{21}	冷子 laŋ^{52}tsʅ^{31}	冷子 laŋ^{52}tsʅ^{21}	冷子 laŋ^{52}tsʅ^{31}	冷子 laŋ^{52}tsʅ^{31}

续表

序号	词条	兴泾镇	大战场镇	闽宁镇1	闽宁镇2	镇北堡镇	红寺堡区	南梁台子
14	出震	烧洌 ʂɔ⁴⁴liɔ³¹	烧洌 ʂɔ⁴⁴liɔ²¹	烧洌 ʂɔ⁴⁴liɔ²¹	烧洌 ʂɔ⁴⁴liɔ³¹	烧丁 ʂɔ⁴⁴liɔ²¹	烧洌 ʂɔ⁴⁴liɔ³¹	烧洌 ʂɔ⁴⁴liɔ³¹
15	洪水	混水 xun⁴⁴ ʂuei⁵²	山水 sæ³¹ ʃuei⁵²	山水 sæ³¹ ʃuei⁵²	山水 sæ³¹ ʃuei⁵² 混水 xuŋ⁴⁴ ʂuei³¹	混水 xuŋ⁴⁴ ʂuei⁵²	混水 xuŋ⁴⁴ ʂuei⁵²	混水 xuɯ⁴⁴ ʂuei³¹
16	溪	泉 tɕʰyæ³⁵	小河 ɕiɔ⁵²xuɑ¹³	小河 ɕiɔ⁵²xɔ¹³	泉 tɕʰyæ¹³	泉 tɕʰyæ¹³ 小河 ɕiɔ⁵²xɑ¹³	泉 tɕʰyæ¹³	小河 ɕiɔ⁵²xuɑ¹³
17	水塘	涝坝 lɔ⁴⁴pa³¹	涝池 lɔ⁴⁴tʂʅ²¹	涝坝 lɔ⁴⁴pa³¹	涝坝 lɔ⁴⁴pa³¹	涝坝大 lɔ⁴⁴pa⁴⁴ 涝池小 lɔ⁴⁴tʂʅ	涝坝 lɔ⁴⁴pa³¹	涝坝 lɔ⁴⁴pa³¹
18	湖面积小	海子 xɛ⁵²tʂʅ²¹	海子 xɛ⁵²tʂʅ²¹	大涝坝 ta⁴⁴lɔ⁴⁴pa³¹	海子 xɛ⁵²tʂʅ²¹	海子 xɛ⁵²tʂʅ²¹	海子 xɛ⁵²tʂʅ³¹	海子 xɛ⁵²tʂʅ³¹
19	滑坡	山累了 sæ³¹luei⁴⁴liɑ²¹ 滑坡 xuɑ³⁵pʰuɑ³¹	山走了 sæ³¹tsɔu⁵²liɑ²¹	山溜了 sæ³¹liɔu⁴⁴liɑ²¹ 山累了 sæ³¹luei⁴⁴liɑ²¹	山走了 sæ³¹tsɔu⁵²liɑ²¹	山走了 sæ³¹tsɔu⁵²liɑ²¹	山走了 sæ³¹tsɔu⁵²liɑ²¹	山走了 sæ³¹tsɔu⁵²liɔ³¹
20	地震	地摇 tɕi⁴⁴iɔ³⁵	地摇 ti⁴⁴iɔ¹³	地摇 tɕʰi⁴⁴iɔ¹³	地摇 ti⁴⁴iɔ¹³	地摇 tɕi⁴⁴iɔ¹³	地震 ti⁴⁴tʂəŋ⁴⁴	地摇 ti⁴⁴iɔ¹³
21	立春	打春 ta⁵²tʂʰuŋ³¹ 立春 li¹³tʂʰuŋ³¹	打春 ta⁵²tʂʰuŋ¹³ 立春 li¹³tʂʰuŋ³¹	打春 ta⁵²tʃʰuŋ³¹ 立春 li¹³tʃʰuŋ³¹	打春 ta⁵²tʂʰuŋ¹³ 立春 li¹³tʂʰuŋ³¹	打春 ta⁵²tʂʰuŋ³¹ 立春 li¹³tʂʰuŋ³¹	立春 li⁴⁴tʂʰuŋ³¹ 打春 ta⁵²tʂʰuŋ³¹	立春 li⁴⁴tʂʰuŋ³¹ 打春 ta⁵²tʂʰuŋ³¹
22	春天	春上 tʂʰuŋ³¹ʂɑŋ²¹	春上 tʂʰuŋ³¹ʂɑŋ³¹ 春天 tʂʰuŋ¹³tʰiæ¹³	春上 ʧʰuŋ³¹ʂɑŋ¹³	春天 tʂʰuŋ¹³tʰiæ³¹ 春上 tʂʰuŋ³¹ʂɑŋ³¹	春天 tʂʰuŋ¹³tɕʰiæ³¹	春天 tʂʰuŋ¹³tʰiæ³¹ 春上 tʂʰuŋ³¹ʂɑŋ⁴⁴	春天 tʂʰuŋ¹³tʰiæ³¹ 春上 tʂʰuŋ³¹ʂɑŋ⁴⁴
23	夏天	夏天 ɕia⁴⁴tɕʰiæ³¹	夏天 ɕia¹³tʰiæ¹³	夏天 ɕia⁴⁴tʰiæ³¹ 夏里 ɕia⁴⁴li³¹	夏天 ɕia¹³tʰiæ³¹ 夏里 ɕia⁴⁴li³¹	夏天 ɕia¹³tɕʰiæ³¹	夏天 ɕia⁴⁴tʰiæ³¹ 夏里 ɕia⁴⁴ȵi³¹	夏天 ɕia⁴⁴tʰiæ³¹ 夏里 ɕia⁴⁴ȵi³¹
24	秋天	秋上 tɕʰiɔu³¹ʂɑŋ²¹	秋里 tɕʰiɔu³¹li¹³ 秋天 tɕʰiɔu¹³tʰiæ³¹	秋里 tɕʰiɔu³¹li¹³	秋天 tɕʰiɔu¹³tʰiæ³¹ 秋里 tɕʰiɔu¹³	秋天 tɕʰiɔu¹³tɕʰiæ³¹ 秋后 tɕʰiɔu³¹xau⁴⁴	秋天 tɕʰiɔu¹³tʰiæ³¹ 秋里 tɕʰiɔu³¹ȵi⁴⁴	秋天 tɕʰiɔu¹³tʰiæ³¹ 秋里 tɕʰiɔu³¹ȵi¹³

续表

序号	词条	兴泾镇	大战场镇	闽宁镇1	闽宁镇2	镇北堡镇	红寺堡区	南梁台子
25	冬天	冬上 tuŋ³¹ʂaŋ³¹	冬天 tuŋ¹³tʰiæ³¹ 冬上 tuŋ³¹ʂaŋ¹³	冬里 tuŋ³¹li¹³	冬上 tuŋ³¹ʂaŋ¹³ 冬里 tuŋ³¹li¹³	冬天 tuŋ⁴⁴tɕʰiæ³¹ 冬上 tuŋ³¹ʂaŋ⁴⁴ 冬夜天 tuŋ³¹iə⁵²tɕʰiæ³¹	冬天 tuŋ¹³tɕʰiæ³¹ 冬里 tuŋ³¹li⁴⁴	冬天 tuŋ¹³tʰiæ³¹ 冬里 tuŋ³¹li¹³
26	历书	历头 li⁴⁴tʰəu²¹	历头 li³¹tʰəu¹³	历头 li³¹tʰəu¹³	历头 li³¹tʰəu¹³	历头 li³¹tʰəu¹³ 日历 zʅ³¹li⁴⁴	历头 li³¹tʰəu¹³	历头 li³¹tʰəu¹³
27	大尽一个月三十一天	大尽 ta⁴⁴tɕʰin²¹	大季 ta⁴⁴tɕi³¹	大尽 ta⁴⁴tɕʰiŋ³¹	大尽 ta⁴⁴tɕʰiŋ³¹	大尽 ta⁴⁴tɕʰiŋ³¹	月大 ya³¹ta⁴⁴	大尽 ta⁴⁴tɕʰiŋ³¹
28	小尽一个月三十天	小尽 ɕiɔ⁴⁴tɕʰin³⁵	小季 ɕiɔ⁵²tɕi³¹	小尽 ɕiɔ⁵²tɕʰiŋ³¹	小尽 ɕiɔ⁵²tɕʰiŋ³¹	小尽 ɕiɔ⁵²tɕʰiŋ³¹	月小 ya³¹ɕiɔ⁵²	小尽 ɕiɔ⁵²tɕʰiŋ³¹
29	灰尘户外	灰尘 xuei³¹tʂʰən³⁵	土尘 tʰu⁵²tʂʰəŋ³¹ 灰尘 xuei³¹tʂʰəŋ¹³	土 tʰu⁵²	灰 xuei¹³	土尘 tʰu⁵²tʂʰəŋ¹³	灰尘 xuei³¹tʂʰəŋ¹³	灰尘 xuei³¹tʂʰəŋ¹³
30	灰尘室内	灰尘 xuei³¹tʂʰən³⁵	灰尘 xuei³¹tʂʰən¹³	土 tʰu⁵²	尘灰 tʂʰəŋ¹³xuei³¹	尘土 tʂʰəŋ¹³tʰu⁵²	尘土 tʂʰəŋ¹³tʰu⁵²	尘土 tʂʰəŋ¹³tʰu⁵²
31	灰草木灰	灰 xuei³¹	灰 xuei¹³	灰 xuei¹³	小灰子 ɕiɔ⁵²xuei³¹tsʅ²¹	小灰子 ɕiɔ⁵²xuei³¹tsʅ²¹	灰 xuei¹³	小灰 ɕiɔ⁵²xuei¹³
32	石灰	石灰 ʂʅ³¹xuei³¹	白灰 pɛ¹³xuei³¹	白灰 pei¹³xuei³¹	白灰 pɛ¹³xuei³¹	白灰 pei¹³xuei³¹	白灰 pei¹³xuei³¹	白灰 pei¹³xuei¹³ 石灰 ʂʅ¹³xuei³¹
33	水泥	洋灰 iaŋ³⁵xuei³¹	洋灰 iaŋ¹³xuei³¹	水泥 ʃuei⁵²ȵi³¹	洋灰 iaŋ¹³xuei³¹	蓝灰 lɛ¹³xuei³¹	水泥 suei⁵²ȵi¹³	洋灰 iaŋ¹³xuei³¹ 水泥 suei⁵²ȵi¹³
34	土块	胡起 xu³¹tɕʰi⁵²	胡基 xu¹³tɕi³¹	胡基 xu¹³tɕi³¹	胡基 xu¹³tɕi³¹	胡基 xu¹³tɕi³¹	胡基 xu¹³tɕi³¹	胡基 xu¹³tɕi³¹
35	煤炭	炭 tʰæ⁴⁴	炭 tʰæ⁴⁴	炭 tʰæ⁴⁴	炭 tʰæ⁴⁴	炭 tʰæ⁴⁴	炭 tʰæ⁴⁴	炭 tʰæ⁴⁴
36	煤油	煤油 mei³⁵iau³⁵	煤油 mei¹³iau¹³	煤油 mei¹³iau¹³	煤油 mei¹³iau¹³	煤油 mei¹³iau¹³	煤油 mei¹³iau¹³	煤油 mei¹³iau³¹

续表

序号	词条	兴泾镇	大战场镇	闽宁镇1	闽宁镇2	镇北堡镇	红寺堡区	南梁台子
37	磁铁	吸铁 ɕi^{31}tɕʰə^{31}	吸铁石 ɕi^{31}tɕʰə^{31}ʂʅ^{13}	吸铁 ɕi^{13}tʰʅ^{31}	吸铁石 ɕi^{13}tʰʅ^{31}ʂʅ^{13}	吸铁石 ɕi^{13}tɕʰə^{31}ʂʅ^{13}	吸铁 ɕi^{13}tʰʅ^{31}	吸铁石 ɕi^{13}tʰʅ^{31}ʂʅ^{13}
38	凉水	凉水 liaŋ^{31}ʂuei^{52}	凉水 liaŋ^{13}ʂuei^{52}	凉水 liaŋ^{31}ʃuei^{31}	凉水 liaŋ^{13}ʂuei^{52}	凉水 liaŋ^{13}ʂuei^{31}	凉水 liaŋ^{13}ʂuei^{52} 冰水 piŋ^{31}ʂuei^{52}	凉水 liaŋ^{13}ʂuei^{31}
39	热水	热水 zə^{35}ʂuei^{52}	热水 zə^{31}ʂuei^{52}	热水 zə^{31}ʃuei^{52}	热水 zə^{31}ʂuei^{52}	热水 zə^{31}ʂuei^{52}	热水 zə^{31}ʂuei^{52}	热水 zə^{31}ʂuei^{52}
40	开水	滚水 kuŋ^{52}ʂuei^{52}	滚水 kuŋ^{31}ʂuei^{31}	醋水 ŋ̩ɐ̃^{31}ʃuei^{13}	滚水 kuŋ^{31}ʂuei^{52}	滚水 kuŋ^{52}ʂuei^{31} 开水 kʰɛ^{31}ʂuei^{52}	滚水 kuŋ^{52}ʂuei^{31}	滚水 kuŋ^{31}ʂuei^{52} 开水 kʰɛ^{31}ʂuei^{52}
41	温水	温温水 vən^{52}·və^{31}ʂuei^{52}	温驾子水 vəŋ^{13}tu^{13}tsʅ^{13} ʂuei^{52}	温水 vəŋ^{31}ʃuei^{52}	温温水 vəŋ^{31}·vəŋ^{31}ʂuei^{52}	温驾子水 vəŋ^{31}tu^{44}tsʅ^{31} ʂuei^{52}	热炙水 zə^{31}tʰu^{31}tsʅ^{31}ʂuei^{52}	温驾子水 vəŋ^{13}tu^{13}tsʅ^{31} ʂuei^{52}
42	泔水	恶水 ŋɔ^{31}ʂuei^{52}	恶水 ŋɔ^{31}ʂuei^{52}	恶水 ŋɔ^{31}ʃuei^{52}	恶水 ŋuɔ^{13}ʂuei^{31}	恶水 ŋɔ^{31}ʂuei^{52}	恶水 ŋuɔ^{13}ʂuei^{31}	恶水 ŋuɔ^{13}ʂuei^{52}
43	村子	庄子 tʂuaŋ^{35}tʂʅ^{21}	庄子 tʂuaŋ^{13}tsʅ^{13}	村子 tsʰuŋ^{31}tsʅ^{13}	庄子 tʂuaŋ^{31}tsʅ^{13}	庄子 tʂuaŋ^{31}tsʅ^{13}	庄子 tʂuaŋ^{31}tsʅ^{13}	庄子 tʂuaŋ^{31}tsʅ^{13}
44	胡同	巷道儿 xaŋ^{31}tɔɚ^{21}	巷子 xaŋ^{44}tsʅ^{21}	巷子 xaŋ^{31}tsʅ^{13}	巷子 xaŋ^{44}tsʅ^{21}	巷子 xaŋ^{31}tsʅ^{21}	巷道 xaŋ^{31}tɔ^{44}	巷子 xaŋ^{44}tsʅ^{31}
45	房子	房子 faŋ^{35}tsʅ^{21}	房子 faŋ^{13}tsʅ^{13}	房 faŋ^{13}	房子 faŋ^{13}tsʅ^{21}	房子 faŋ^{13}tsʅ^{21}	房子 faŋ^{13}tsʅ^{31}	房子 faŋ^{13}tsʅ^{31}
46	屋子	房子 faŋ^{35}	房子 faŋ^{13}tsʅ^{13}	房 faŋ^{13}	房子 faŋ^{13}tsʅ^{21}	房子 faŋ^{13}tsʅ^{21}	房子 faŋ^{13}tsʅ^{31}	房子 faŋ^{13}tsʅ^{31}
47	宅院	院子 yɐ̃^{44}tʂʅ^{31}	宅院 tsɛ^{13}yɐ̃^{44}	院 yɐ̃^{44}	宅院 tsɛ^{31}yɐ̃^{44}	院子 yɐ̃^{44}tsʅ^{31}	院子 yɐ̃^{44}tsʅ^{31}	院子 yɐ̃^{44}tsʅ^{31}
48	正房	上房 ʂaŋ^{44}faŋ^{31}	上房 ʂaŋ^{44}faŋ^{31}	上房 ʂaŋ^{44}faŋ^{13}	上房 ʂaŋ^{44}faŋ^{13}	上房 ʂaŋ^{44}faŋ^{13}	正房 tʂəŋ^{44}faŋ^{31}	上房 ʂaŋ^{44}faŋ^{31}
49	厢房	偏房 pʰiɐ̃^{31}faŋ^{35}	厢房 ɕiaŋ^{31}faŋ^{13}	下房 xa^{44}faŋ^{13}	偏房 pʰiɐ̃^{31}faŋ^{13}	东房 tuŋ^{31}faŋ^{13} 西房 ɕi^{31}faŋ^{13}	偏房 pʰiɐ̃^{31}faŋ^{13}	东房 tuŋ^{31}faŋ^{13} 西房 ɕi^{31}faŋ^{13}
50	窗子	窗子 tʂʰuaŋ^{31}tɔ^{21}	窗子 tʂʰuaŋ^{31}tsʅ^{13}	窗子 tʂʰuaŋ^{31}tsʅ^{13}	窗子 ɡʰuaŋ^{31}tsʅ^{13}	窗子 tʂʰuaŋ^{31}tsʅ^{13}	窗子 tʂʰuaŋ^{31}tsʅ^{44}	窗子 tʂʰuaŋ^{31}tsʅ^{13}
51	门槛	门槛 məŋ^{35}kʰɛ̃^{52}	门槛 məŋ^{13}kʰɛ̃^{52}	门槛 məŋ^{13}kʰaŋ^{52}	门槛 məŋ^{13}kʰɛ̃^{52}	门槛 məŋ^{13}kʰɛ̃^{52}	门槛 məŋ^{13}kʰɛ̃^{52}	门槛 məŋ^{13}kʰɛ̃^{52}

续表

序号	词条	兴泾镇	大战场镇	闽宁镇1	闽宁镇2	镇北堡镇	红寺堡区	南梁台子
52	天花板	顶棚 tiŋ⁴⁴pʰəŋ³¹	顶棚 tiŋ⁵²pʰəŋ³¹	顶棚 tiŋ⁵²pʰəŋ³¹	顶棚 tiŋ⁵²pʰəŋ³¹	仰床 iaŋ⁵²tʂʰuaŋ¹³	顶棚 tiŋ⁵²pʰəŋ³¹	仰床 iaŋ⁵²tʂʰuaŋ³¹
53	厨房	火房 xuə⁵²faŋ²¹	火房 xuə⁵²faŋ³¹ 灶房 tsɔ⁴⁴faŋ³¹	火房 xuə⁵²faŋ³¹	火房 xuə⁵²faŋ³¹	火房 xuə⁵²faŋ³¹ 灶房 tsɔ⁴⁴faŋ³¹	灶房 tsɔ⁴⁴faŋ³¹	火房 xuə⁵²faŋ³¹
54	灶	锅头 kuə³¹tʰəu²¹	锅头 kuə³¹tʰəu¹³	锅头 kuə³¹tʰəu¹³	锅头 kuə³¹tʰəu¹³	锅头 kuə³¹tʰəu¹³	锅头 kuə³¹tʰəu⁴⁴	锅头 kuə³¹tʰəu¹³
55	柴火	柴 tsʰɛ³⁵	柴火 tsʰɛ¹³xuə¹³	柴 tsʰei¹³	柴 tsʰɛ¹³	柴 tsʰɛ¹³	柴 tsʰɛ¹³	柴火 tsʰɛ¹³xuə⁵²
56	火柴	洋火 iaŋ³¹xuə⁵²	洋火 iaŋ¹³xuə⁵²	洋火 iaŋ¹³xuə⁵²	洋火 iaŋ¹³xuə⁵²	洋火 iaŋ¹³xuə⁵²	洋火 iaŋ¹³xuə⁵²	洋火 iaŋ¹³xuə⁵²
57	风箱	风匣 faŋ³¹xa³¹	风匣 faŋ¹³çia¹³	风匣 faŋ³¹çia¹³	风匣 faŋ³¹çia¹³	风匣 faŋ³¹çia¹³	风匣 faŋ³¹çia¹³	风匣 faŋ³¹çia¹³
58	烟囱	烟筒 iæ³¹tʰuŋ³¹	烟筒 iæ³¹tʰuŋ⁵²	烟筒 iæ³¹tʰuŋ¹³	烟洞 iæ³¹tʰuŋ⁴⁴	烟筒 iæ³¹tʰuŋ⁵²	烟洞 iæ³¹tʰuŋ⁴⁴	烟洞 iæ³¹tʰuŋ⁴⁴
59	抽屉	抽屉 tʂʰəu³¹xa³¹	抽屉 tʂʰəu³¹çia¹³	抽屉 tʂʰəu³¹tʰɿ⁴⁴	抽屉 tʂʰəu³¹tʰɿ⁴⁴	抽屉 tʂʰəu³¹çia¹³ 抽屉 tʂʰəu³¹tɕʰɿ⁴⁴	抽屉 tʂʰəu³¹tʰɿ⁴⁴	抽屉 tʂʰəu³¹tʰɿ⁴⁴
60	蒸笼	笼 luŋ³⁵	笼 luŋ¹³	笼床 luŋ¹³tʂʰuaŋ³¹	笼床 luŋ¹³tʂʰuaŋ³¹	笼 luŋ¹³	笼 luŋ¹³	笼 luŋ¹³ 节口 tɕia¹³kʰəu⁵²
61	菜刀	菜刀 tsʰɛ⁴⁴tɔ³¹	菜刀 tsʰɛ⁴⁴tɔ³¹	切刀 tɕʰia¹³tɔ¹³	铡刀 tsa⁵²tɔ¹³	切刀 tɕʰia¹³tɔ¹³ 菜刀 tsʰɛ⁴⁴tɔ³¹	铡刀 tsa⁵²tɔ³¹	铡刀 tsa⁵²tɔ³¹
62	瓢	瓢 pʰiɔ³⁵ 马勺 ma⁵²ʂuə³¹	马勺 ma⁵²ʂuə³¹	马升 ma⁵²ʂəŋ³¹	马勺 ma⁵²ʂuə³¹	马勺 ma⁵²ʂuə³¹	马勺 ma⁵²ʂuə³¹	马勺 ma⁵²ʂuə³¹
63	大碗	老碗 lɔ³¹væ³¹	大碗 ta⁴⁴væ³¹	大碗 ta⁴⁴væ³¹	老碗 lɔ³¹væ⁵²	大老碗 ta⁴⁴lɔ³¹væ⁵²	大碗 ta⁴⁴væ⁵²	大老碗 ta⁴⁴lɔ³¹væ⁵²
64	筷子笼	箸笼 tʂʰu⁴⁴luŋ³¹	筷子 kʰue⁴⁴luŋ³¹tsɿ²¹	筷子罐罐 kʰuei⁴⁴tsɿ²¹kuæ⁴⁴kuæ²¹	筷笼子 kʰue⁴⁴luŋ³¹tsɿ²¹	筷子笼 kʰue⁴⁴luŋ³¹tsɿ²¹luŋ¹³	筷笼 luŋ⁵²luŋ³¹tsɿ²¹	筷笼子 kʰue⁴⁴luŋ³¹tsɿ²¹
65	扫把	扫帚 sɔ⁴⁴tʂʰu³¹	扫帚 sɔ⁵²tʂʰu³¹	扫帚 sɔ⁴⁴fʰu¹³	扫帚 sɔ⁴⁴tʂʰu¹³	扫帚 sɔ⁴⁴tʂʰu³¹	扫帚 sɔ⁴⁴tʂʰu³¹	扫帚 sɔ⁴⁴tʂʰu³¹

续表

序号	词条	兴泾镇	大战场镇	闽宁镇1	闽宁镇2	镇北堡镇	红寺堡区	南梁台子
66	笤帚	笤帚 tɕʰiɔ³¹tʂʰu²¹	笤帚 tʰiɔ¹³tʂʰu³¹	笤帚 tʰiɔ³⁵tʂʰu³¹	笤帚 tʰiɔ¹³tʂʰu³¹	笤帚 tɕʰiɔ¹³tʂʰu³¹	笤帚 tʰiɔ¹³tʂʰu³¹	笤帚 tʰiɔ¹³tʂʰu³¹
67	汤匙	调羹儿 tɕʰiɔ³⁵kɚr²¹	调羹子 tʰiɔ¹³kaŋ³¹tsʅ²¹	调羹儿 tʰiɔ¹³kɚr³¹	调羹子 tʰiɔ¹³kaŋ³¹tsʅ²¹	调羹子 tɕʰiɔ¹³kɚ³¹	调羹子 tʰiɔ¹³kaŋ³¹tsʅ³¹	调羹子 tʰiɔ¹³kaŋ³¹tsʅ²¹
68	烧炕	烧炕 sɔ⁴⁴kʰaŋ⁴⁴ 填炕 tɕʰiɛ³⁵kʰaŋ⁴⁴	煨炕 vei⁴⁴kʰaŋ⁴⁴	填炕 tʰiɛ¹³kʰaŋ⁴⁴	填炕 tʰiɛ¹³kʰaŋ⁴⁴	填炕 tɕʰiɛ¹³kʰaŋ³¹	填炕 tʰiɛ¹³kʰaŋ⁴⁴	煨炕 vei⁴⁴kʰaŋ³¹
69	厕所	茅房 mɔ³⁵faŋ³⁵	茅房 mɔ¹³faŋ¹³	厕所 tsʰei³¹ʃua⁵²	后院 xəu⁴⁴yɛ⁴⁴	茅房 mɔ¹³faŋ³¹ 茅坑 mɔ¹³kʰaŋ³¹	后圈 xəu⁴⁴tɕʰyɛ⁴⁴	灰圈 xuei³¹tɕʰyɛ⁴⁴tsʅ³¹
70	角落	角落 kɔ³¹lɔ³¹	角落子 kɔ³¹lɔ¹³tsʅ²¹	角角儿 kɔ³¹kɚr¹³ 角落儿 kɔ³¹lɔr¹³	角落 kɔ³¹lɔ¹³	角落儿 kɔ³¹lɔr¹³	角落子 kɔ³¹lɔ³¹tsʅ²¹	角落子 kɔ³¹lɔ³¹tsʅ²¹
71	窟窿	窟窿 kʰu³¹luŋ³⁵ 眼眼 ȵiɛ⁵²ȵiɛ³¹	窟窿 kʰu³¹luŋ¹³	眼眼 ȵiɛ⁵²ȵiɛ²¹	窟窿 kʰu³¹luŋ¹³ 眼眼 ȵiɛ⁵²ȵiɛ²¹	眼眼 ȵiɛ⁵²ȵiɛ²¹	眼眼 ȵiɛ⁵²ȵiɛ³¹	眼眼 ȵiɛ⁵²ȵiɛ³¹tsʅ²¹
72	缝	缝子 faŋ⁴⁴tsʅ²¹	缝缝儿 faŋ⁴⁴fɚr²¹	缝子 faŋ⁴⁴tsʅ²¹	缝子 faŋ⁴⁴tsʅ²¹	缝缝儿 faŋ⁴⁴fɚr²¹	缝子 faŋ⁴⁴tsʅ³¹	缝缝子 faŋ⁴⁴faŋ³¹tsʅ²¹
73	轮子	钻辘 ku³¹lu²¹	钻轮子 ku³¹lyŋ¹³tsʅ²¹	车滚子 tʂʰə³¹kuŋ⁵²tsʅ²¹	轮子 lyŋ¹³tsʅ²¹	钻轮儿 ku³¹luar¹³	钻辘 ku³¹lu⁴⁴	轮子 lyŋ¹³tsʅ²¹
74	簸箕	簸箕 puə⁵²tɕʰi⁴⁴	簸箕 puə⁵²tɕi³¹	簸箕 puə⁵²tɕi³¹	簸箕 puə⁴⁴tɕʰi³¹	簸箕 pə⁵²tɕi³¹	簸箕 puə⁵²tɕʰi³¹	簸箕 puə⁴⁴tɕʰi³¹
75	石磨	磨子 muə⁴⁴tsʅ²¹ 碾子 vei⁴⁴tsʅ²¹	磨子 muə⁴⁴tsʅ²¹	磨子 muə⁴⁴tsʅ²¹	磨子 muə⁴⁴tsʅ²¹	磨子 muə⁴⁴tsʅ²¹	磨 muə⁴⁴	磨子 muə⁴⁴tsʅ²¹
76	碾子	碾子 ȵiɛ⁴⁴tsʅ²¹	碾子 ȵiɛ⁴⁴tsʅ²¹	碾子 ȵiɛ⁴⁴tsʅ²¹	碾子 ȵiɛ⁴⁴tsʅ²¹	碾子 ȵiɛ⁴⁴tsʅ²¹	碾子 ȵiɛ⁴⁴tsʅ³¹	碾子 ȵiɛ⁴⁴tsʅ³¹

续表

序号	词条	兴泾镇	大战场镇	闽宁镇1	闽宁镇2	镇北堡镇	红寺堡区	南梁台子
77	石碌子	碌子 kuŋ^{52}tʂ^{21} / 碌捶 lu^{52}tʂʰuei^{31}	碌碡 lu^{31}tʂu^{13}	碌碡 lu^{31}tʃʰu^{21}	碌子 kuŋ^{52}tʂ^{44} / 碌碡 lu^{31}tʂu^{44}	碌碡 lu^{31}tʂu^{13}	碌子 ȵiæ^{44}tʂ^{31}	碌碡 lu^{31}tʂu^{13} / 石磙子 ʂ^{13}kuŋ^{52}tʂ^{21}
78	筛子	筛子 sɛ^{31}tʂ^{21}	筛子 sɛ^{52}tʂ^{21}	筛子 sei^{52}tʂ^{21}	筛子 sɛ^{52}tʂ^{21}	筛子 sɛ^{52}tʂ^{21}	筛子 sɛ^{52}tʂ^{31}	筛子 sɛ^{52}tʂ^{21}
79	螺丝刀	解锥 kɛ^{52}tʂuei^{31}	解锥 kɛ^{52}tʂuei^{31}	解锥 kei^{52}tʃuei^{31}	解锥 kɛ^{52}tʂuei^{31}	解锥 kɛ^{52}tʂuei^{31}	解锥 kɛ^{52}tʂuei^{31}	解锥 kɛ^{52}tʂuei^{31}
80	锤子	锤 tʂʰuei^{35}	钉斧子 tiŋ^{31}fu^{52}tʂ^{21}	钉锤儿 tiŋ31fʰuər13	锤子 tʂʰuei^{13}tʂ^{21} / 钉斧子 tiŋ^{31}fu^{52}tʂ^{21}	锤子 tʂʰuei^{13}tʂ^{21} / 钉斧子 tɕiŋ^{31}fu^{52}tʂ^{21}	榔头 laŋ^{13}tʰəu^{31} / 钉斧子 tiŋ^{31}fu^{13}tʂ^{21}	大锤 tʂʰuei^{13} / 小斧子 tiŋ^{31}fu^{52}tʂ^{21}
81	钉子	钉子 tɕiŋ^{31}tʂ^{21}	钉子 tiŋ^{31}tʂ^{13}	钉子 tiŋ^{31}tʂ^{13}	钉子 tɕiŋ^{31}tʂ^{13}	钉子 tiŋ^{31}tʂ^{13}	钉子 tiŋ^{31}tʂ^{13}	钉子 tiŋ^{31}tʂ^{13}
82	褡裢	捎麻 sɔ^{44}ma^{21}	褡裢 ta^{31}liæ^{13}	捎麻儿 sɔ^{44}mar^{21}	褡裢 ta^{31}liæ^{13}	捎裢 sɔ^{31}liæ^{13} / 褡裢 ta^{31}liæ^{13}	捎裢 sɔ^{31}liæ^{31}	捎裢 sɔ^{31}liæ^{13}
83	围巾	毡裙 tʂæ^{44}tɕyn^{35}	围裙子 vei^{13}tɕʰyŋ^{13}tʂ^{31}	护裙儿 xu^{44}tɕʰyər^{31}	围裙 vei^{13}tɕʰyŋ^{31}	护裙 xu^{44}tɕʰyŋ^{31}	围裙子 vei^{13}tɕʰyŋ^{13}tʂ^{31} / 护裙子 xu^{44}tɕʰyŋ^{13}tʂ^{31}	护裙子 xu^{44}tɕʰyŋ^{31}tʂ^{31}
84	被褥	铺盖 pʰu^{52}kɛ^{31}	被褥 pi^{44}ʐu^{31}	铺盖 pʰu^{31}kɛ^{44}	铺盖 pʰu^{31}kɛ^{44}	铺盖 pʰu^{31}kɛ^{44}	铺盖 pʰu^{31}kɛ^{44} / 被褥 pi^{44}ʐu^{31}	铺盖 pʰu^{31}kɛ^{44}
85	被子	被子 pi^{44}tʂ^{21}	被子 pi^{44}tʂ^{21}	被儿 pi^{44}ar^{21}	被子 pi^{44}tʂ^{21}	被子 pi^{44}tʂ^{21}	被儿 piar^{52}	被儿 pi^{44}ar^{31}
86	裤子	裤子 ʐu^{52}tʂ^{21}	裤子 ʐu^{31}tʂ^{13}	裤子 ʐu^{31}tʂ^{13}	裤子 ʐu^{31}tʂ^{44}	裤子 ʐu^{31}tʂ^{44}	裤子 ʐu^{31}tʂ^{44}	裤子 ʐu^{31}tʂ^{13}

续表

序号	词条	兴泾镇	大战场镇	闽宁镇 1	闽宁镇 2	镇北堡镇	红寺堡区	南梁台子
87	衣服	衣裳 i^{31}ʂaŋ^{21}	衣裳 i^{31}ʂaŋ^{13}	衣裳 i^{31}ʂaŋ^{13}	衣裳 i^{31}ʂaŋ^{13}	衣裳 i^{31}ʂaŋ^{13}	衣裳 i^{31}ʂaŋ^{44}	衣裳 i^{31}ʂaŋ^{13}
88	纽扣	扣子 kʰəu^{44}tɿ^{21}	纽子 ȵiəu^{52}tsɿ^{21}	纽子 ȵiəu^{52}tsɿ^{21}	纽子 ȵiəu^{52}tsɿ^{21}	纽子 ȵiəu^{52}tsɿ^{21}	纽子 ȵiəu^{52}tsɿ^{31}	纽子 ȵiəu^{52}tsɿ^{21}
89	围巾	围巾 vei^{35}tɕin^{31} / 围脖儿 vei^{35}pʰuər^{35}	围脖子 vei^{31}puə^{13}tsɿ^{21}	围脖子 vei^{13}pʰuə^{31}tsɿ^{21}	围巾 vei^{13}tɕiŋ^{31} / 围脖子 vei^{31}puə^{13}tsɿ^{21}	围巾 vei^{13}tɕiŋ^{31}	围脖子 vei^{31}puə^{13}tsɿ^{21}	围脖子 vei^{31}puə^{13}tsɿ^{21}
90	棉鞋	棉鞋 miæ^{35}xɛ^{35}	棉鞋 miæ^{13}xɛ^{13}	暖鞋 luæ^{52}xei^{13}	暖鞋 næ^{52}xɛ^{13}	暖鞋 luæ^{52}xɛ^{13}	棉鞋 miæ^{13}xɛ^{13}	棉鞋 miæ^{13}xɛ^{13}
91	棉袄	棉袄 miæ^{31}ŋɔ^{52}	裹肚子 kuæ^{52}tu^{13}tsɿ^{21}	裹肚儿 kuæ^{52}tuɚ^{21}	裹肚子 kuæ^{52}tu^{31}tsɿ^{21}	棉裹肚 miæ^{13}kuæ^{52}tuɚ^{21}	裹肚子 kuæ^{52}tu^{13}tsɿ^{31}	裹肚子 kuæ^{52}tu^{13}tsɿ^{31}
92	坎肩	甲甲儿 tɕia^{44}tɕiɚ^{21}	甲甲子 tɕia^{44}tɕia^{31}tsɿ^{21}	甲甲 tɕia^{44}tɕia	甲甲子 tɕia^{44}tɕia^{31}tsɿ^{31}	甲甲 tɕia^{44}tɕia^{31}	甲甲子 tɕia^{44}tɕia^{31}tsɿ^{21}	甲甲子 tɕia^{44}tɕia^{31}tsɿ^{31}
93	兜肚	马肚儿 ma^{52}tuɚ^{21}	兜兜子 təu^{31}təu^{13}tsɿ^{21}	肚肚儿 tu^{31}tuɚ^{44}	兜肚子 təu^{44}tu^{31}tsɿ^{21}	肚肚儿 tu^{31}tuɚ^{13}	缠腰带带子 tʂʰa^{44}n^{13}ɔ^{31}tɕ^{44}tɕ^{31}tsɿ^{21}	兜兜子 təu^{31}təu^{13}tsɿ^{21}
94	围嘴	领水裕儿 xæ^{44}ʂuei^{52}liɚ^{21}	裕裕子 liæ^{13}liæ^{31}tsɿ^{21}	裕裕儿 liæ^{13}liɚ^{21}	领水裕 xæ^{44}ʂuei^{31}liæ^{13}liæ^{21}	领水裕 xæ^{31}ʂuei^{52}liæ^{13}	领水裕子 xæ^{44}ʂuei^{31}liæ^{13}liæ^{21}	领水裕子 xæ^{44}ʂuei^{31}liæ^{13}liæ^{21}
95	尿布	褯子 tɕʰiə^{44}tɕiɚ^{21}	褯褯子 tɕʰiə^{44}tɕʰiə^{13}tsɿ^{21}	尿褯褯儿 ȵiɔ^{44}tɕʰiə^{44}tɕʰiɚ^{21}	尿褯子 ȵiɔ^{44}tɕʰiə^{31}tsɿ^{21}	尿褯 ȵiɔ^{44}tɕʰiə^{31}tsɿ^{21}	褯褯子 tɕʰiə^{44}tɕʰiə^{31}tsɿ^{21}	尿褯子 ȵiɔ^{44}tɕʰia^{31}tsɿ^{31}
96	口袋	袯袯儿 tsʰa^{52}tsʰa^{13}tsʰəɚ^{21}	袯袯子 tsʰa^{31}tsʰa^{13}tsɿ^{21}	袯袯儿 tsʰa^{31}tsʰa^{13}tsʰɚ^{13}	袯袯子 tsʰa^{31}tsʰa^{44}tsɿ^{21}	袯袯子 tsʰa^{31}tsʰa^{13}tsʰɚ^{21}	袯袯子 tʂʰa^{31}tʂʰa^{44}tsɿ^{31}	袯袯子 tsʰa^{31}tsʰa^{13}tsɿ^{21}
97	毛巾	手巾 ʂəu^{52}tɕiŋ^{31}	毛巾 mɔ^{13}tɕiŋ^{31}	手巾儿 ʂəu^{52}tɕiɚr^{21}	手巾 ʂəu^{52}tɕiŋ^{31}	手巾 ʂəu^{52}tɕiŋ^{31}	手巾 ʂəu^{52}tɕiŋ^{31}	手巾 ʂəu^{52}tɕiŋ^{31} / 毛巾 mɔ^{31}tɕiŋ^{31}
98	手帕	手绢儿 ʂəu^{35}tɕyɚr^{52}	手绢儿 ʂəu^{31}tɕyɚr^{52}	手绢儿 ʂəu^{31}tɕyɚr^{52}	手绢儿 ʂəu^{31}tɕyɚr^{52}	手绢儿 ʂəu^{31}tɕyɚr^{52}	手绢儿 ʂəu^{31}tɕyɚr^{52}	手绢儿 ʂəu^{31}tɕyɚr^{52}

续表

序号	词条	兴泾镇	大战场镇	闽宁镇 1	闽宁镇 2	镇北堡镇	红寺堡区	南梁台子
99	肥皂	洋碱 iaŋ^{21}tɕiæ̃^{52}	洋碱 iaŋ^{13}tɕiæ̃^{52}	洋碱 iaŋ^{13}tɕiæ̃^{52}	洋碱 iaŋ^{13}tɕiæ̃^{52}	洋碱 iaŋ^{13}tɕiæ̃^{52}	洋碱 iaŋ^{13}tɕiæ̃^{52}	洋碱 iaŋ^{13}tɕiæ̃^{52}
100	香皂	胰子 i^{44}tʂ̩^{21}	胰子 i^{44}tʂ̩^{21}	胰子 i^{44}tʂ̩^{21}	胰子 i^{44}tʂ̩^{21}	胰子 i^{44}tʂ̩^{21}	胰子 i^{44}tʂ̩^{31}	胰子 i^{44}tʂ̩^{31}
101	梳子	木梳 mu^{44}su^{31}	梳子 ʂu^{31}tʂ̩^{13}	梳子 ʃu^{31}tʂ̩^{13}	梳子 ʂu^{31}tʂ̩^{13}	梳子 ʂu^{31}tʂ̩^{13}	梳子 ʂu^{31}tʂ̩^{13}	木梳子 mu^{13}ʂu^{31}tʂ̩^{21}
102	戒指	手镯儿 ʂəu^{35}kuaɹ^{21}	手镯子 ʂəu^{52}ku^{31}tʂ̩^{21}	手镯儿 ʂəu^{52}kuaɹ^{21}	手镯子 ʂəu^{52}ku^{31}tʂ̩^{21}	戒指 tɕiə^{31}tʂ̩^{21}	手镯子 ʂəu^{52}ku^{31}tʂ̩^{31}	手镯子 ʂəu^{52}ku^{31}tʂ̩^{21}
103	手镯	镯子 ʂuə^{31}tə^{21}	镯子 tʂuə^{13}tʂ̩^{21}	镯子 tʃuə^{13}tʂ̩^{21}	镯子 tʂuə^{13}tʂ̩^{21}	镯子 tʂuə^{13}tʂ̩^{21}	手镯 ʂəu^{52}tʂ̩uə^{31}	镯子 tʂuə^{13}tʂ̩^{21}
104	硬币	钢元儿 kaŋ^{31}yɚ^{21}	钢元儿 kaŋ^{31}yɚ^{21}	钢元儿 kaŋ^{31}yɚ^{13}	钢元 kaŋ^{31}yæ̃^{13}	钢元儿 kaŋ^{31}yɚ^{13}	钢元 kaŋ^{31}yæ̃^{13}tʂ̩^{21}	钢元 kaŋ^{31}yæ̃^{13}tʂ̩^{21}
105	路费	路费 lu^{44}fei^{44} 盘缠 pʰæ̃^{31}tʂʰæ̃^{52}	盘缠 pʰæ̃^{31}tʂʰæ̃^{31}	路费 lu^{44}fei^{44}	盘缠 pʰæ̃^{31}tʂʰæ̃^{31}	盘缠 pʰæ̃^{31}tʂʰæ̃^{31}	路费 lu^{44}fei^{44} 盘缠 pʰæ̃^{31}tʂʰæ̃^{31}	盘缠 pʰæ̃^{31}tʂʰæ̃^{31}
106	亏本	折本 ʂə^{35}pan^{52}	折本 ʂə^{13}pəŋ^{52}	折本 ʂə^{13}pəŋ^{52}	折本 ʂə^{13}pəŋ^{52}	折本 ʂə^{13}pəŋ^{52}	亏本 kʰuei^{31}pəŋ^{52} 折本 ʂə^{13}pəŋ^{52}	贴本 tʰiə^{31}pəŋ^{52}
107	男人	男人 næ̃^{31}ʐəŋ^{52}	男人 næ̃^{13}ʐəŋ^{31}	男人 næ̃^{13}ʐəŋ^{31}	男人 næ̃^{13}ʐəŋ^{31}	男人 næ̃^{13}ʐəŋ^{31}	男人 næ̃^{13}ʐəŋ^{31}	男人 næ̃^{13}ʐəŋ^{31}
108	女人	女人 ny^{31}ʐəŋ^{52} 妇人 fu^{44}ʐəŋ^{31}	妇人 fu^{44}ʐəŋ^{31}	女人 ny^{52}ʐəŋ^{31}	妇人 fu^{44}ʐəŋ^{31}	妇人 fu^{44}ʐəŋ^{31}	妇人 fu^{44}ʐəŋ^{31}	妇人 fu^{44}ʐəŋ^{21}
109	小孩	碎娃娃 suei^{44}va^{44}va^{44} 娃伙 va^{35}xuə^{53}	小娃娃 ɕiɔ^{52}va^{13}va^{21}	碎娃娃 suei^{44}va^{13}va^{21}	娃娃 va^{13}va^{21}	碎娃娃 suei^{44}va^{13}va^{21}	娃娃 va^{13}va^{21}	小娃娃 ɕiɔ^{52}va^{13}va^{21}
110	婴儿	碎母娃儿 suei^{44}mu^{31}vɚ^{21} 母娃儿 mu^{31}vɚ^{21}	月娃子 ya^{31}va^{31}va^{13}tʂ̩^{21}	月溜娃儿 ya^{31}liəu^{44}vɚ^{13}		月娃子 ya^{31}va^{31}va^{13}tʂ̩^{21}	月娃娃 yɔ^{31}va^{13}va^{21}	月娃娃 yɔ^{31}va^{31}va^{21}
111	男孩	娃子 va^{35}tə^{21}	儿子娃 ar^{13}tʂ̩^{31}va^{13}	儿子 ar^{13}tʂ̩^{31}	男娃 næ̃^{13}va^{13}	儿子 ar^{13}tʂ̩^{21}	儿子 ar^{13}tʂ̩^{31}	儿子娃 ar^{13}tʂ̩^{31}va^{13}

续表

序号	词条	兴泾镇	大战场镇	闽宁镇1	闽宁镇2	镇北堡镇	红寺堡区	南梁台子
112	女孩	女子 ȵy⁵²tɕə²¹	女子 ȵy⁵²tsɿ²¹	女子 ȵy⁵²tsɿ²¹	女娃 ȵy⁵²va¹³	女子 ȵy⁵²tsɿ²¹	女子 ȵy⁵²tsɿ³¹	女子娃 ȵy⁵²tsɿ³¹ va¹³
113	单身汉	光棍汉 kuaŋ³¹kun²¹xæ⁴⁴	光棍 kuaŋ³¹kuŋ⁴⁴	光棍 kuaŋ³¹kuŋ⁴⁴	光棍 kuaŋ³¹kuŋ⁴⁴	光棍汉 kuaŋ³¹kuŋ⁴⁴xæ⁴⁴	光棍 kuaŋ³¹kuŋ⁴⁴	光棍汉 kuaŋ³¹kuŋ¹³xæ⁴⁴
114	老姑娘	老女子 lɔ²¹ȵy⁵²tɕə²¹	老女子 lɔ³¹ȵy⁵²tsɿ²¹	老女子 lɔ³¹ȵy⁵²tsɿ²¹	老姑娘 lɔ⁵²ku³¹ȵiaŋ¹³	老女子 lɔ²¹ȵy⁵²tsɿ²¹	老女子 lɔ⁵²ȵy⁵²tsɿ³¹	老女子 lɔ⁵²ȵy⁵²tsɿ²¹
115	老头	老头 lɔ⁴⁴xæ²¹	老汉 lɔ⁵²xæ³¹	老汉 lɔ⁵²xæ³¹	老汉 lɔ⁵²xæ³¹	老汉 lɔ⁵²xæ³¹	老汉 lɔ⁵²xæ³¹	老汉 lɔ⁵²xæ³¹
116	亲戚	亲亲 tɕʰin³¹tɕʰin²¹	亲戚 tɕʰiŋ³¹tɕʰiʔ⁴⁴	亲戚 tɕʰiŋ³¹tɕʰiʔ⁴⁴	亲戚 tɕʰiŋ³¹tɕʰiʔ¹³	亲戚 tɕʰiŋ³¹tɕʰiʔ⁵²	亲来 tɕʰiŋ³¹tɕʰiŋ⁴⁴	亲戚 tɕʰiŋ³¹tɕʰiʔ⁵²
117	客人	客 kʰei³¹	客人 kʰə³¹zəŋ¹³	客人 kʰei³¹zəŋ¹³	客人 kʰei³¹zəŋ¹³	客人 kʰei³¹zəŋ¹³	客人 kʰə³¹zəŋ⁴⁴	客人 kʰə³¹zəŋ¹³
118	邻居	邻家 lin³¹tɕia³¹	邻居 liŋ¹³tɕy³¹	邻居 liŋ¹³tɕy³¹	邻居 liŋ¹³tɕy³¹	邻居 liŋ¹³tɕy³¹	邻居 liŋ¹³tɕy³¹	邻居 liŋ¹³tɕy³¹
119	泥水匠	瓦工 va⁵²kuŋ³¹	瓦工 va⁴⁴kuŋ³¹	瓦工 va⁴⁴kuŋ³¹	瓦工 va⁴⁴kuŋ³¹	大工 ta⁴⁴kuŋ³¹ 泥水匠 ni¹³ ʂuei⁵²tɕiaŋ³¹	匠人 tɕiaŋ⁴⁴zəŋ³¹	瓦工 va⁴⁴kuŋ³¹
120	木匠	木匠 mu³¹tɕiaŋ³¹	木工 mu³¹kuŋ³¹	木匠 mu³¹tɕʰiaŋ⁴⁴	木匠 mu³¹tɕiaŋ⁴⁴	木匠 mu³¹tɕiaŋ⁴⁴	木匠 mu³¹tɕiaŋ⁴⁴	木匠 mu³¹tɕiaŋ⁴⁴
121	理发师	推头的 tʰuei³¹tʰəu³⁵tɕi³¹ 待张 tɕ⁴⁴ʂaŋ³¹	待张 tɕ⁴⁴ʂaŋ³¹	推头的 tʰuei³¹tʰəu¹³ti²¹	待张 tɕ⁴⁴ʂaŋ³¹	理头的 li⁵²tʰəu¹³tɕi	推头的 tʰuei³¹tʰəu¹³ti³¹	待张 tɕ⁴⁴ʂaŋ³¹
122	厨师	厨子 tʂʰu³¹tʂə³	厨子 tʂʰu¹³tsɿ²¹	厨子 gʷʰu¹³tsɿ	厨子 tʂʰu¹³tsɿ²¹	厨子 tʂʰu¹³tsɿ²¹	厨子 tʂʰu¹³tsɿ²¹	厨子 tʂʰu¹³tsɿ²¹
123	农民	庄稼汉 tʂuaŋ³¹tɕia²¹xæ²¹	农民 luŋ¹³miŋ¹³ 庄稼汉 tʂuaŋ³¹tɕia⁴⁴xæ⁴⁴	庄农佬儿 tʂuaŋ³¹luŋ¹³lɔr⁵²	庄稼汉 tʂuaŋ³¹tɕia⁴⁴xæ⁴⁴	庄稼汉 tʂuaŋ³¹tɕia⁴⁴xæ⁴⁴	农民 luŋ¹³miŋ¹³	庄稼汉 tʂuaŋ³¹tɕia⁴⁴xæ³¹
124	手艺人	匠人 tɕiaŋ⁴⁴kuŋ³¹zəŋ²¹	匠人 tɕiaŋ⁴⁴zəŋ³¹	手艺人 ʂəu⁵²³¹zəŋ¹³	匠人 tɕiaŋ⁴⁴zəŋ³¹	手艺的 ʂəu⁵²⁴⁴zəŋ³¹	匠人 tɕiaŋ⁴⁴zəŋ³¹	匠人 tɕiaŋ⁴⁴zəŋ³¹

续表

序号	词条	兴泾镇	大战场镇	闽宁镇1	闽宁镇2	镇北堡镇	红寺堡区	南梁台子
125	乞丐	要饭的 iɔ⁴⁴fæ⁴⁴tɕi²¹	要儿吃的 iɔ⁴⁴ɚr²¹tʂʰʅ³¹ti²¹	要吃的 iɔ⁴⁴tʂɔ³¹tʂʰʅ³¹ti²¹	要个吃 iɔ⁴⁴kɔ³¹tʂʰʅ³¹	要个吃 iɔ⁴⁴tɕi²¹tʂʰʅ³¹	要着吃的 iɔ⁴⁴tʂɔ³¹tʂ̩ʰʅ³¹ti³¹	要着吃的 iɔ⁴⁴tʂɔ³¹tʂ̩ʰʅ³¹ti³¹
126	皴	皴娃子 tsʰei³¹va⁴⁴tsʅ²¹	皴娃子 tsei¹³va³¹tsʅ²¹	皴娃子 tsei¹³va³¹tsʅ²¹	皴娃子 tsei¹³va³¹tsʅ²¹	皴娃子 tsei¹³va³¹tsʅ²¹	皴娃子 tsei¹³va³¹tsʅ²¹	皴娃子 tsei¹³va³¹tsʅ²¹
127	瘸子	跛子 pua⁵²tʂ̩ə²¹	瘸子 tɕʰyə¹³tsʅ²¹	跛子 pua⁵²tsʅ²¹	跛子 pua⁵²tsʅ²¹	瘸子 tɕʰyə¹³tsʅ²¹ 跛子 pua⁵²tsʅ²¹	瘸子 tɕʰyə¹³tsʅ²¹ 跛子 pua⁵²tsʅ²¹	瘸子 tɕʰyə¹³tsʅ²¹
128	聋子	聋子 nɔŋ³⁵tʂ̩ə²¹	聋子 nuŋ¹³tsʅ²¹	聋子 luŋ¹³tsʅ³¹	聋子 nuŋ¹³tsʅ²¹	聋子 luŋ¹³tsʅ³¹	聋子 luŋ¹³tsʅ³¹	聋子 nuŋ¹³tsʅ²¹
129	秃子	秃子 tʰu³¹tʂ̩ə²¹	秃子 tʰu³¹tsʅ¹³	秃子 tʰu³¹tsʅ⁴⁴	秃子 tʰu³¹tsʅ¹³	秃子 tʰu³¹tsʅ¹³	秃子 tʰu³¹tsʅ⁴⁴	秃子 tʰu³¹tsʅ¹³
130	驼子	背锅儿 pei⁴⁴kuɚr²¹	背个子 pei³¹kɔ⁵²tsʅ²¹	背锅儿蛋 pei⁴⁴kuɚr¹³tæ⁴⁴ 躬背儿 kuŋ³¹par⁴⁴	背个子 pei³¹kɔ⁴⁴tsʅ²¹	背个子 pei⁴⁴kɔ³¹tsʅ²¹	躬背子 kuŋ³¹pei⁴⁴tsʅ²¹	背疙瘩 pei⁴⁴kə³¹ta³¹
131	结巴	结个子 tɕiɔ³¹kɔ³¹tʂ̩ə²¹ 咬古子 piɔ⁴⁴ʂɔ³¹tʂ̩ə²¹	结子 tɕiɔ³¹tsʅ¹³	结结儿 tɕiɔ³¹tɕiɑr¹³	结子 tɕiɔ³¹tsʅ¹³	结个子 tɕiɔ³¹tsʅ¹³ 结杠子 tɕiɔ³¹kaŋ⁴⁴	结子 tɕiɔ³¹tsʅ⁴⁴	结子 tɕiɔ³¹tsʅ¹³
132	哑巴	哑巴 iɑ⁵²pa²¹	哑巴 ia⁵²pa²¹	哑哑 iɑ⁵²iɑ³¹	哑子 ia⁵²tsʅ²¹	哑巴 ia⁵²pa²¹ 哑子 ia⁵²tsʅ²¹	哑子 ia⁵²tsʅ³¹	哑巴 ia⁵²pa²¹
133	瞎子	瞎子 xa³¹tʂ̩ə²¹	瞎子 xa³¹tsʅ²¹	瞎子 xa³¹tsʅ¹³	瞎子 xa³¹tsʅ²¹	瞎子 xa³¹tsʅ¹³	瞎子 xa³¹tsʅ⁴⁴	瞎子 xa³¹tsʅ¹³
134	傻子	瓜子 kua³¹tʂ̩ə²¹	瓜子 kua³¹tsʅ¹³	瓜子 kua³¹tsʅ¹³ 超人 tʂʰɔ³¹ʐ̩ə²¹	瓜子 kua³¹tsʅ¹³	瓜子 kua³¹tsʅ¹³	瓜子 kua³¹tsʅ⁴⁴	瓜子 kua³¹tsʅ¹³ 超人 tʂʰɔ³¹ʐ̩əŋ¹³
135	朋友	连手 liæ³¹ʂəu⁵² 朋友 pʰəŋ³¹iəu⁵²	朋友 pʰəŋ¹³iəu³¹	连手 liæ¹³ʂəu³¹	连手 liæ¹³ʂəu³¹	连手 liæ¹³ʂəu³¹ 铁子 tɕiɔ³¹tsʅ¹³	连手 liæ¹³ʂəu³¹	连手 liæ¹³ʂəu³¹
136	仇人	仇人 ʂəu³⁵ʐ̩əŋ³¹ 对头 tuei⁴⁴tʰəu³¹	仇人 ʂəu¹³ʐ̩əŋ³¹	仇人 ʂəu¹³ʐ̩əŋ³¹	对头 tuei⁴⁴tʰəu³¹	对头 tuei⁴⁴tʰəu³¹	仇人 ʂəu¹³ʐ̩əŋ³¹	仇人 ʂəu¹³ʐ̩əŋ³¹ 对头 tuei⁴⁴tʰəu³¹

续表

序号	词条	兴泾镇	大战场镇	闽宁镇 1	闽宁镇 2	镇北堡镇	红寺堡区	南梁台子
137	行家	行家 xaŋ^{31}tɕia^{52} 把式 pa^{52}ʂ̩^{21}	把式 pa^{52}ʂ̩^{31}	把式 pa^{52}ʂ̩^{31}	把式 pa^{52}ʂ̩^{31}	把式 pa^{52}ʂ̩^{31}	把式 pa^{52}ʂ̩^{31}	把式 pa^{52}ʂ̩^{31}
138	外行	利巴 li^{44}pa^{31}	利巴 li^{44}pa^{31}	外行 vei^{44}xaŋ^{31}	外行 vɛ^{44}xaŋ^{31}	利巴 li^{44}pa^{31}	外行 vɛ^{44}xaŋ^{31}	利巴 li^{44}pa^{31} 外行 vɛ^{44}xaŋ^{31}
139	祖父面称	爷 ia^{35}	爷 ia^{13}	爷爷 ia^{13}ia^{21}	爷爷 ia^{13}ia^{21}	爷爷 ia^{13}ia^{21}	爷爷 ia^{13}ia^{21}	爷 ia^{13}
140	祖母面称	婆 pʰuə^{44}	奶奶 ne^{52}ne^{31}	奶奶 nei^{52}nei^{21}	奶奶 ne^{52}ne^{21}	奶奶 ne^{52}ne^{31}	奶奶 ne^{52}ne^{31}	奶奶 ne^{52}ne^{21}
141	外祖父面称	外爷 vei^{44}iə^{21}	外爷 vei^{44}iə^{31}	舅爷 tɕiəu^{44}iə^{31}	外爷 vei^{44}iə^{31}	外爷 vei^{44}iə^{31}	外爷 vei^{44}iə^{31}	外爷 vei^{44}iə^{31}
142	外祖母面称	外婆 vei^{44}pʰuə^{21}	外奶奶 vei^{44}ne^{52}ne^{21}	舅奶 tɕiəu^{44}nei^{52}	外奶奶 vei^{44}ne^{52}ne^{21}	外奶 vei^{44}ne^{31}	外奶奶 vei^{44}ne^{52}ne^{21}	外奶 vei^{44}ne^{52}
143	父母	妈大 ma^{35}ta^{35} 父母 fu^{44}mu^{31}	父母 fu^{44}mu^{52}	你大你妈 ȵi^{52}ta^{13}ȵi^{52}ma^{13}	父母 fu^{44}mu^{31}	父母 fu^{44}mu^{31}	你大你妈 ȵi^{52}ta^{13}ȵi^{52}ma^{13} 父母 fu^{44}mu^{31}	你大你妈 ȵi^{52}ta^{13}ȵi^{52}ma^{13}
144	父亲面称	大 ta^{35}	大 ta^{13}	大 ta^{13}	大 ta^{13}	大 ta^{13}	大 ta^{13}	大 ta^{13}
145	母亲面称	妈 ma^{35}	妈 ma^{13}	妈 ma^{13}	妈 ma^{13}	娘 ȵia^{13} / 妈 ma^{52}	妈 ma^{13}	妈 ma^{13}
146	继父背称	后大 xəu^{44}ta^{35}	后大 xəu^{44}ta^{13}	后大 xəu^{44}ta^{13}	后大 xəu^{44}ta^{13}	后大 xəu^{44}ta^{13}	后大 xəu^{44}ta^{13} 晚父 i^{13}fu^{31}	后大 xəu^{44}ta^{13}
147	继母背称	后妈 xəu^{44}ma^{35}	后妈 xəu^{44}ma^{13}	后妈 xəu^{44}ma^{13}	后妈 xəu^{44}ma^{13}	后妈 xəu^{44}ma^{13}	后妈 xəu^{44}ma^{13} 晚娘 i^{13}ȵiaŋ^{31}	后妈 xəu^{44}ma^{13}

续表

序号	词条	兴泾镇	大成场镇	闽宁镇1	闽宁镇2	镇北堡镇	红寺堡区	南梁台子
148	岳父背称	丈儿 tʂʰɐr²¹	外父 vɛ⁴⁴fu³¹	丈人 tʂʰaŋ⁴⁴zəŋ³¹	外父 vɛ⁴⁴fu³¹	丈人 tʂʰaŋ⁴⁴zəŋ³¹	外父 vɛ⁴⁴fu³¹	外父 vɛ⁴⁴fu³¹
149	岳母背称	丈母 tʂʰaŋ⁴⁴mu³¹	外母 vɛ⁴⁴mu³¹	丈母娘 tʂʰaŋ⁴⁴mu³¹ȵiaŋ¹³	外母 vɛ⁴⁴mu³¹	丈母娘 tʂaŋ⁴⁴mu³¹ȵiaŋ¹³	外母 vɛ⁴⁴mu⁵²	外母 vɛ⁴⁴mu⁵²
150	公公背称	公公 kuŋ³¹kuŋ²¹	公公 kuŋ³¹kuŋ¹³	老公公 lɔ⁵²kuŋ³¹kuŋ¹³	公公 kuŋ³¹kuŋ¹³ 老公公 lɔ⁵²kuŋ³¹kuŋ¹³	公公 kuŋ³¹kuŋ¹³	公公 kuŋ³¹kuŋ¹³	老公公 lɔ⁵²kuŋ³¹kuŋ¹³
151	婆婆背称	婆婆 pʰuɑ³¹pʰuɑ⁵²	婆婆 pʰuɑ¹³pʰuɑ²¹	老婆 lɔ⁵²pʰuɑ¹³pʰuɑ²¹	婆婆 pʰuɑ¹³pʰuɑ²¹ 老婆婆 lɔ⁵²pʰuɑ¹³pʰuɑ²¹	婆婆 pʰuɑ¹³pʰuɑ²¹	婆婆 pʰuɑ³⁵pʰuɑ²¹	老婆婆 lɔ⁵²pʰuɑ¹³pʰuɑ²¹
152	伯父面称	老大 lɔ³¹ta³⁵	伯伯 pei¹³pei²¹	老大 lɔ⁵²ta¹³	阿伯 a³¹pei¹³	老大 lɔ³¹ta¹³	阿伯 a³¹pei⁴⁴	伯伯 pei²¹pei²¹
153	伯母面称	老妈 lɔ³¹ma³⁵	娘娘 ȵia¹³ȵia²¹	老妈 lɔ³¹ma¹³	大娘 ta⁴⁴ȵiaŋ³¹	老娘 lɔ⁵²ȵia¹³	大妈 ta⁴⁴ma³¹	娘娘 ȵia¹³ȵia²¹
154	叔父统称	大大 ta⁴⁴ta⁴⁴	爸爸 pa¹³pa²¹	爸爸 pa¹³pa²¹	爸爸 pa¹³pa²¹	叔老子 ʂu³¹lɔ⁵²tʂʅ¹³	爸爸 pa¹³pa²¹	爸爸 pa¹³pa²¹
155	叔母统称	姨 i³⁵	新妈 ɕiŋ¹³ma³¹	按排行，如二妈 ar⁴⁴ma¹³	新妈 ɕiŋ¹³ma³¹	婶娘 ʂəŋ⁵²ȵiaŋ¹³	新妈 ɕiŋ¹³ma³¹	新妈 ɕiŋ¹³ma³¹
156	叔叔排行最小的	按排行，如四大 sʅ⁴⁴ta⁴⁴	碎爸爸 suei⁴⁴pa¹³pa²¹	碎爸爸 suei⁴⁴pa¹³pa²¹	碎爸爸 suei⁴⁴pa¹³pa²¹	小爸 ɕiɔ⁵²pa¹³ 爸爸 pa¹³pa²¹	按排行，如三爸 sæ³¹pa¹³	碎爸爸 suei⁴⁴pa¹³pa²¹
157	叔母排行最小的	按排行，如五妈，五姨 u⁴⁴ma³⁵，u⁴⁴i⁴⁴	碎新妈 suei⁴⁴ɕiŋ¹³ma³¹		碎新妈 suei⁴⁴ɕiŋ¹³ma³¹	阿姨 a³¹i¹³	按排行，如四新妈 sʅ⁴⁴ɕiŋ¹³ma³¹	碎新妈 suei⁴⁴ɕiŋ¹³ma³¹
158	姨父面称	姨父 i³⁵fu³¹	姨父 i¹³fu³¹	姨父 i¹³fu³¹	姨父 i¹³fu³¹	姨父 i¹³fu³¹	姨父 i¹³fu³¹	姨父 i¹³fu³¹

续表

序号	词条	兴泾镇	大战场镇	闽宁镇1	闽宁镇2	镇北堡镇	红寺堡区	南梁台子
159	姨母面称	姨 i³⁵	姨娘 i¹³ȵiaŋ³¹	姨娘 i¹³ȵiaŋ³¹	姨娘 i¹³ȵiaŋ³¹	姨娘 i¹³ȵiaŋ³¹	姨娘 i¹³ȵiaŋ³¹	姨娘 i¹³ȵiaŋ³¹
160	舅舅面称	舅 tɕiau⁴⁴	舅舅 tɕiau⁴⁴tɕiau²¹	舅舅 tɕiau⁴⁴tɕiau²¹	舅舅 tɕiau⁴⁴tɕiau²¹	舅舅 tɕiau⁴⁴tɕiau²¹	舅舅 tɕiau⁴⁴tɕiau²¹	舅舅 tɕiau⁴⁴tɕiau²¹
161	舅妈面称	妗子 tɕʰin³¹tə²¹	舅母 tɕiau⁴⁴mu³¹	舅母 tɕiau⁴⁴mu⁵²	舅母 tɕiau⁴⁴mu³¹	妗子 tɕʰiŋ⁴⁴tsʅ²¹	舅母 tɕiau⁴⁴mu³¹	舅母 tɕiau⁴⁴mu³¹
162	姑父面称	姑父 ku⁵²fu³¹	姑父 ku³¹fu²¹	姑父 ku³¹fu¹³	姑父 ku³¹fu¹³	姑父 ku³¹fu¹³	姑父 ku³¹fu⁴⁴	姑父 ku³¹fu²¹
163	姑母面称	姑 ku³⁵	娘娘 ȵiaŋ¹³ȵiaŋ²¹	姑姑 ku¹³ku¹³ 姑娘 ku³¹ȵiaŋ³¹	娘娘 ȵiaŋ³¹ȵiaŋ⁴⁴	姑姑 ku³¹ku³¹	娘娘 ȵiaŋ³¹ȵiaŋ⁴⁴	娘娘 ȵiaŋ¹³ȵiaŋ²¹
164	兄弟背称	弟兄 tɕi⁴⁴ɕyŋ³¹	弟兄 ti⁴⁴ɕyŋ³¹	弟兄 tɕʰi⁴⁴ɕyŋ³¹	弟兄 ti⁴⁴ɕyŋ³¹	弟兄 tɕi⁴⁴ɕyŋ³¹	弟兄 ti⁴⁴ɕyŋ³¹	弟兄 ti⁴⁴ɕyŋ³¹
165	哥哥背称	哥 kə³⁵	哥哥 kə¹³kə²¹	哥哥 kə¹³kə³¹	哥 kə¹³	哥哥 kə¹³kə²¹	哥哥 kə¹³kə⁴⁴	哥哥 kə¹³kə²¹
166	弟弟背称	兄弟 ɕyŋ³¹tɕʰi³¹	兄弟 ɕyŋ³¹ti²¹	兄弟 ɕyŋ³¹tɕʰi⁴⁴	兄弟 ɕyŋ³¹ti⁴⁴	兄弟 ɕyŋ³¹ti⁴⁴	兄弟 ɕyŋ³¹ti⁴⁴	兄弟 ɕyŋ³¹ti¹³
167	姐妹包括男女	姊妹 tsʅ⁴⁴mei³¹	姊妹 tsʅ⁴⁴mei³¹	姊妹 tsʅ⁴⁴mei³¹	姊妹 tsʅ⁴⁴mei³¹	姊妹 tsʅ⁴⁴mei³¹	姊妹 tsʅ⁴⁴mei³¹	姊妹 tsʅ⁴⁴mei³¹
168	姐姐面称	姐 tɕia⁵²	姐姐 tɕia⁵²tɕia²¹	姐姐 tɕia⁵²tɕia²¹	姐姐 tɕia⁵²tɕia²¹	姐姐 tɕia⁵²tɕia²¹	姐姐 tɕia⁵²tɕia²¹	姐姐 tɕia⁵²tɕia²¹
169	姐夫背称	姐夫 tɕia⁵²fu²¹	姐夫 tɕia⁵²fu²¹	姐夫 tɕia⁵²fu²¹	姐夫 tɕia⁵²fu²¹	姐夫 tɕia⁵²fu²¹	姐夫 tɕia⁵²fu²¹	姐夫 tɕia⁵²fu²¹
170	妹妹背称	妹子 mei⁴⁴tə³¹	妹妹 mei⁴⁴mei²¹	妹子 mei⁴⁴tsʅ	妹妹 mei⁴⁴mei²¹	妹妹 mei⁴⁴mei²¹	妹妹 mei⁴⁴mei²¹	妹妹 mei⁴⁴mei²¹
171	妹夫背称	妹夫 mei⁴⁴fu³¹	妹夫 mei⁴⁴fu³¹	妹夫 mei⁴⁴fu³¹	妹夫 mei⁴⁴fu³¹	妹夫 mei⁴⁴fu³¹	妹夫 mei⁴⁴fu³¹	妹夫 mei⁴⁴fu³¹
172	嫂嫂面称	嫂子 sɔ⁵²tə²¹	嫂子 sɔ⁵²tsʅ²¹	嫂子 sɔ⁵²tsʅ²¹	嫂子 sɔ⁵²tsʅ	嫂子 sɔ⁵²tsʅ³¹ 细姐 ɕi³¹tɕia⁵²	嫂子 sɔ⁵²tsʅ³¹ 新姐 ɕiŋ³¹tɕia²	嫂子 sɔ⁵²tsʅ

续表

序号	词条	兴泾镇	大战场镇	闽宁镇1	闽宁镇2	镇北堡镇	红寺堡区	南梁台子
173	儿子	娃子 va³⁵tʂə²¹	儿子 arʔ¹³tʂʅ²¹	儿子 arʔ¹³tʂʅ²¹	儿子 arʔ¹³tʂʅ³¹	儿子 arʔ¹³tʂʅ³¹	儿子 arʔ¹³tʂʅ³¹	儿子 arʔ¹³tʂʅ³¹
174	儿媳妇	儿媳妇 arʔ³⁵ɕi³¹fu²¹	儿媳妇 arʔ¹³ɕi³¹faɚ²¹	媳妇儿 ɕi³¹fuɚ¹³	儿媳妇 arʔ¹³ɕi³¹faɚ²¹	儿媳妇 arʔ¹³ɕi³¹fu⁴⁴	儿媳妇 arʔ¹³ɕi³¹fuɚ²¹	儿媳妇 arʔ¹³ɕi³¹fuɚ²¹
175	女儿	女子 ŋy⁵²tʂə²¹	女子 ŋy⁵²tʂʅ²¹	女孩儿 ŋy⁵²xaɚ²¹	女子 ŋy⁵²tʂʅ²¹	女子 ŋy⁵²tʂʅ²¹	女子 ŋy⁵²tʂʅ²¹	女子 ŋy⁵²tʂʅ²¹
176	女婿	女婿 ŋy⁵²ɕi³¹	女婿 ŋy⁵²ɕy²¹	女婿 ŋy⁵²ɕi³¹	女婿 ŋy⁵²ɕy²¹	女婿 ŋy⁵²ɕy²¹	女婿 ŋy⁵²ɕy²¹	女婿 ŋy⁵²ɕy²¹
177	外甥	外甥 ve⁴⁴saŋ³¹	外甥 ve⁴⁴saŋ³¹	外甥 vei⁴⁴saŋ³¹	外甥 ve⁴⁴saŋ³¹	外甥 ve⁴⁴saŋ³¹	外甥 ve⁴⁴saŋ³¹	外甥 ve⁴⁴saŋ³¹
178	孙子	孙子 ɕyn³¹tʂə²¹	孙子 suŋ³¹tʂʅ¹³	孙子 suŋ³¹tʂʅ¹³	孙子 suŋ³¹tʂʅ¹³	孙子 suŋ³¹tʂʅ¹³	孙子 suŋ³¹tʂʅ⁴⁴	孙子 suŋ³¹tʂʅ¹³
179	外孙	外孙子 vei⁴⁴ɕyn⁴⁴tʂə²¹	外孙子 ve⁴⁴suŋ³¹tʂʅ²¹	外孙子 vei⁴⁴suŋ³¹tʂʅ¹³	外孙子 ve⁴⁴suŋ³¹tʂʅ²¹	外孙子 ve⁴⁴suŋ³¹tʂʅ²¹	外孙子 vei⁴⁴suŋ³¹tʂʅ²¹	外孙子 ve⁴⁴suŋ³¹tʂʅ²¹
180	侄子	侄儿子 tʂʅ³⁵aɚ⁵²tʂə²¹	侄儿子 tʂʅ¹³aɚ³¹tʂʅ²¹	侄儿 tʂaɚ¹³	侄儿子 tʂʅ¹³aɚ³¹tʂʅ²¹	侄儿子 tʂʅ¹³aɚ³¹tʂʅ²¹	侄儿 tʂaɚ¹³	侄儿子 tʂʅ¹³aɚ³¹tʂʅ²¹
181	丈夫背称	掌柜的 tʂaŋ⁵²kʰuei⁴⁴tɕi²¹ 老汉 lɔ³¹xæ²¹	掌柜的 tʂaŋ⁵²kuei⁴⁴ti²¹	老汉 lɔ⁵²xæ³¹	掌柜的 tʂaŋ⁵²kuei⁴⁴ti²¹	掌柜的 tʂaŋ⁵²kuei⁴⁴tɕi²¹	掌柜的 tʂaŋ⁵²kuei⁴⁴ti²¹	掌柜的 tʂaŋ⁵²kuei⁴⁴ti²¹
182	妻子背称	老婆 lɔ⁵²pʰua³¹	媳妇子 ɕi³¹fu³¹tʂʅ²¹	女人 ŋy⁵²ʐəŋ³¹ 老婆子 lɔ⁵²pʰa³¹tʂʅ²¹	媳妇子 ɕi³¹fu³¹tʂʅ²¹ 老婆子 lɔ⁵²pʰua³¹tʂʅ²¹	媳妇儿 ɕi³¹fuɚ¹³ 老婆子 lɔ⁵²pʰa³¹tʂʅ²¹	女人 ŋy⁵²ʐəŋ³¹	媳妇子 ɕi³¹fu³¹tʂʅ²¹
183	连襟	挑担 tɕʰiɔ⁵²tæ³¹	挑担 tʰiɔ³¹tæ³¹	挑担 tɕʰiɔ⁵²tæ³¹	挑担 tʰiɔ⁵²tæ³¹	挑担 tɕʰiɔ⁵²tæ³¹	挑担 tʰiɔ³¹tæ³¹	挑担 tʰiɔ³¹tæ⁴⁴
184	妯娌	先后 ɕyæ⁴⁴xɔu³¹	先后 ɕiæ⁴⁴xɔu³¹	先后 ɕiæ⁴⁴xɔu³¹	先后 ɕiæ⁴⁴xɔu³¹	先后 ɕiæ⁴⁴xɔu³¹	先后 ɕiæ⁴⁴xɔu³¹	先后 ɕiæ⁴⁴xɔu³¹

续表

序号	词条	兴泾镇	大战场镇	闽宁镇1	闽宁镇2	镇北堡镇	红寺堡区	南梁台子
185	大伯子背称	大伯子 ta⁴⁴pei³¹tɕɤ²¹	阿伯子 a³¹pei¹³tʂʅ²¹	阿伯子 a³¹pei¹³tʂʅ²¹	阿伯子 a³¹pei¹³tʂʅ²¹	阿伯子 a³¹pei¹³tʂʅ²¹	阿伯子 a³¹pei⁴⁴tʂʅ²¹	阿伯子 a³¹pei¹³tʂʅ²¹
186	内兄背称	妻哥 tɕʰi³¹kɤ³¹	坐兄哥 ʂʅ³¹ɕyŋ³¹kɤ³¹	妻哥 tɕʰi¹³kɤ³¹	坐兄哥 ʂʅ³¹ɕyŋ³¹kɤ³¹	妻哥 tɕʰi³¹kɤ³¹	坐兄哥 ʂʅ³¹ɕyŋ³¹kɤ³¹	坐兄哥 ʂʅ¹³ɕyŋ³¹kɤ³¹
187	姑表	姑舅 ku³¹tɕiɑu⁴⁴	姑舅 ku³¹tɕiɑu¹³	姑舅 ku³¹tɕiɑu⁴⁴	姑舅 ku³¹tɕiɑu¹³	姑舅 ku³¹tɕiɑu¹³	姑舅 ku³¹tɕiɑu⁴⁴	姑舅 ku³¹tɕiɑu¹³
188	姨表	两姨 liaŋ⁵²ȵi³¹	两姨 liaŋ⁵²ȵi³¹	无统称, 如姨兄姨弟 i¹³ɕyŋ³¹i¹³tɕi⁴⁴	两姨 liaŋ⁵²ȵi³¹	两姨 liaŋ⁵²ȵi³¹	两姨 liaŋ⁵²ȵi³¹	姑舅 ku³¹tɕiɑu¹³
189	相亲	瞅媳妇儿 tsʰəu⁵²ɕi³¹fur³¹	瞅媳妇 tsʰəu⁵²ɕi³¹fu⁴⁴	瞅媳妇儿 tsʰəu⁵²ɕi³¹fur⁴⁴	瞅媳妇 tsʰəu⁵²ɕi³¹fu⁴⁴	瞅媳妇 tsʰəu⁵²ɕi³¹fur²¹	瞅媳妇儿 tsʰəu⁵²ɕi³¹fur⁵²	瞅媳妇儿 tsʰəu⁵²ɕi³¹fu⁴⁴tʂʅ²¹
190	定亲	攒腰 tsæ³⁵ȵi³¹	定亲 tiŋ⁴⁴tɕʰiŋ³¹	订婚 tiŋ⁴⁴xuŋ³¹	订婚 tiŋ⁴⁴xuŋ³¹	定亲 tɕiŋ⁴⁴tɕʰiŋ³¹	定亲 tɕiŋ⁴⁴tɕʰiŋ³¹	订婚 tiŋ⁴⁴xuŋ¹³
191	嫁女儿	发落女子 fa³¹luɤ³¹ny⁵²tɤ²¹	出嫁女子 tʂʰu³¹tɕia¹³ny⁵²tʂʅ²¹	发落女子 fa¹³luɤ³¹ny⁵²tʂʅ²¹	赏发女子 tɕi¹³fa³¹ny⁵²tʂʅ²¹	出嫁女子 tʂʰu³¹tɕia¹³ny⁵²tʂʅ²¹	赏发女子 tɕi¹³fa³¹ny⁵²tʂʅ²¹	赏发女子 tɕi¹³fa³¹ny⁵²tʂʅ²¹
192	娶媳妇	娶媳妇儿 tɕʰy⁵²ɕi³¹fur²¹	娶媳妇儿 tɕʰy⁵²ɕi³¹fur³¹	引媳妇儿 iŋ⁵²ɕi³¹fu⁴⁴tʂʅ²¹	娶媳妇 tɕʰy⁵²ɕi³¹fur²¹	娶媳妇 tɕʰy⁵²ɕi³¹fur²¹	娶媳妇儿 tɕʰy⁵²ɕi³¹fur⁵²	娶媳妇儿 tɕʰy⁵²ɕi³¹fu⁴⁴tʂʅ²¹
193	新郎	新女婿 ɕim³¹ny⁵²ɕy³¹	新女婿 ɕiŋ³¹ny⁵²ɕy³¹	新女婿 ɕiŋ³¹ny⁵²ɕi³¹	新女婿 ɕiŋ³¹ny⁵²ɕy³¹	新女婿 ɕiŋ³¹ny⁵²ɕy³¹	新女婿 ɕiŋ³¹ny⁵²ɕy³¹	新女婿 ɕiŋ³¹ny⁵²ɕy³¹
194	新娘	新媳妇儿 ɕiŋ³¹ɕi⁵²fur²¹	新媳妇儿 ɕiŋ³¹ɕi³¹fur¹³	新媳妇儿 ɕiŋ¹³ɕi³¹fur²¹	新媳妇 ɕiŋ³¹ɕi³¹fur²¹	新媳妇儿 ɕiŋ¹³ɕi³¹fur²¹	新媳妇儿 ɕiŋ³⁵ɕi³¹fur⁵²	新媳妇 ɕiŋ³¹ɕi³¹far¹³
195	新房	新房 ɕin³¹faŋ³⁵	洞房 tuŋ⁴⁴faŋ³¹	新房 ɕiŋ³¹faŋ¹³	新人房 ɕiŋ³¹ʐən¹³faŋ¹³	新房 ɕiŋ³¹faŋ¹³	新房 ɕiŋ³¹faŋ¹³	新房 ɕiŋ³¹faŋ¹³

续表

序号	词条	兴泾镇	大战场镇	闽宁镇1	闽宁镇2	镇北堡镇	红寺堡区	南梁台子
196	孕妇	怀娃婆 xue³⁵'va³⁵p'uə²¹	怀娃娃妇人 xue¹³ua¹³ua³¹fu⁴⁴ʐ̩əŋ³¹	怀娃娃女人 xue¹³va¹³'va²¹ny⁵²ʐ̩əŋ³¹	大肚子妇人 ta⁴⁴tu⁴⁴tsʅ²¹va²¹fu⁴⁴ʐ̩əŋ³¹	怀娃娃妇人 xue¹³va¹³'va²¹fu⁴⁴ʐ̩əŋ³¹	大肚子妇人 ta⁴⁴tu⁴⁴tsʅ²¹va²¹fu⁴⁴ʐ̩əŋ³¹	怀娃娃人 xue³⁵va¹³'va²¹fu⁴⁴ʐ̩əŋ³¹
197	头胎	头首娃 t'əu³⁵ʂəu⁵²va⁴⁴	头身子 t'əu¹³ʂəŋ³¹tsʅ²¹	头身子 t'əu¹³ʂəŋ³¹tsʅ¹³	头首子 t'əu¹³ʂəu⁵²tsʅ²¹	头身子 t'əu¹³ʂəŋ³¹tsʅ²¹	头首子 t'əu¹³ʂəu³¹tsʅ²¹	头身子 t'əu¹³ʂəŋ³¹tsʅ¹³
198	双胞胎	双双儿 ʂuaŋ³¹ʂuar²¹	双儿 ʂuaŋ³¹ar²¹	一对儿 i³¹tur⁴⁴	对羔 tuei⁴⁴kɔ³	双胞胎 suaŋ³¹pɔ³¹t'ɕ³¹	对羔子 tuei⁴⁴kɔ³¹tsʅ¹³	对羔子 tuei⁴⁴kɔ³¹tsʅ¹³
199	私生子	私娃 sʅ³¹'va³¹	私娃子 sʅ³¹'va¹³tsʅ²¹	私娃子 sʅ³¹'va¹³tsʅ²¹	私娃子 sʅ³¹'va¹³tsʅ²¹	私娃子 sʅ³¹'va¹³tsʅ²¹	私娃子 sʅ³¹'va¹³tsʅ²¹	私娃子 sʅ³¹'va¹³tsʅ²¹
200	老小	老小 lɔ⁴⁴ɕiɔ⁵² 老巴子 lɔ⁵²pa⁴⁴tə³¹	老疙瘩 lɔ⁵²kɔ³¹ta³¹	老孙胎 lɔ⁵²suŋ³¹t'ər¹³	老羔子 lɔ⁵²kɔ³¹tsʅ²¹	老孙胎 lɔ⁵²suŋ³¹t'ɕ¹³	老疙瘩 lɔ⁵²kɔ³¹ta³¹	老疙瘩 lɔ⁵²kɔ³¹ta³¹
201	今年	今年 tɕin³¹ȵiɛ̃³⁵	今年 tɕiŋ³¹ȵiɛ̃¹³	今年 tɕiŋ³¹ȵiɛ̃¹³	今年 tɕiŋ³¹ȵiɛ̃¹³	今年 tɕiŋ³¹ȵiɛ̃¹³	今年 tɕiŋ³¹ȵiɛ̃¹³	今年 tɕiŋ³¹ȵiɛ̃¹³
202	明年	明年 miŋ³¹ȵiɛ̃³¹	明年 miŋ¹³ȵiɛ̃³¹	过年 kuə⁴⁴ȵiɛ̃³¹	明年 miŋ¹³ȵiɛ̃³¹	明年 miŋ¹³ȵiɛ̃³¹	明年 miŋ¹³ȵiɛ̃¹³	明年 miŋ¹³ȵiɛ̃³¹
203	后年	后年 xəu⁴⁴ȵiɛ̃³¹	后年 xəu⁴⁴ȵiɛ̃³¹	后年 xəu⁴⁴ȵiɛ̃³¹	后年 xəu⁴⁴ȵiɛ̃³¹	后年 xəu⁴⁴ȵiɛ̃³¹	后年 xəu⁴⁴ȵiɛ̃³¹	后年 xəu⁴⁴ȵiɛ̃³¹
204	去年	年时 ȵiɛ̃³¹sʅ²¹	年时个 ȵiɛ̃¹³sʅ³¹kə²¹	年时 ȵiɛ̃¹³sʅ³¹	年时 ȵiɛ̃¹³sʅ³¹	年时 ȵiɛ̃¹³sʅ³¹	年时 ȵiɛ̃¹³sʅ³¹	年时 ȵiɛ̃¹³sʅ²¹
205	前年	前年 tɕʰiɛ̃³¹ȵiɛ̃³¹	前年 tɕʰiɛ̃¹³ȵiɛ̃³¹	前年 tɕʰiɛ̃¹³ȵiɛ̃³¹	前年 tɕʰiɛ̃¹³ȵiɛ̃³¹	前年 tɕʰiɛ̃¹³ȵiɛ̃³¹	前年 tɕʰiɛ̃¹³ȵiɛ̃³¹	前年 tɕʰiɛ̃¹³ȵiɛ̃³¹
206	住年	住年 vaŋ⁵²ȵiɛ̃³¹	住年 vaŋ⁵²ȵiɛ̃³¹	住年 vaŋ⁵²ȵiɛ̃³¹	住年 vaŋ⁵²ȵiɛ̃³¹	住年 vaŋ⁵²ȵiɛ̃³¹	住年 vaŋ⁵²ȵiɛ̃³¹	住年 vaŋ⁵²ȵiɛ̃³¹
207	今天	今儿个 tɕiar²¹kə²¹	今儿个 tɕiar¹³kə²¹	今儿个 tɕiar²¹kə³¹ 今儿 tɕiar¹³	今儿 tɕiar¹³kə³¹	今儿 tɕiŋ³¹ar²¹	今儿 tɕiar¹³	今儿 tɕiar¹³
208	明天	明儿个 miar²¹kə²¹	明儿个 miar¹³kə²¹	明儿 miar¹³ 明儿个 miar¹³kə²¹	明儿个 miar¹³kə²¹	明儿 miŋ¹³ar²¹	明儿 miar¹³	明儿 miar¹³

序号	词条	兴泾镇	大战场镇	闽宁镇1	闽宁镇2	镇北堡镇	红寺堡区	南梁台子
209	后天	后儿个 xər²¹kə²¹	后儿个 xar⁴⁴kə²¹	后儿 xər⁴⁴ 后儿个 xar⁴⁴kə²¹	后儿个 xar⁴⁴kə²¹	后儿 xau⁴⁴ar²¹	后儿 xar⁴⁴	后儿 xau⁴⁴ar²¹
210	大后天	外后儿个 vɛ⁴⁴xar⁴⁴kə²¹	外后儿 vɛ⁴⁴xar⁴⁴	外后儿 vei⁴⁴xar³¹	外后天 vɛ⁴⁴xau⁴⁴tʰiæ¹³	外后儿 vɛ⁴⁴xau⁴⁴ar²¹	外后儿 vɛ⁴⁴xar³¹	外后儿 vɛ⁴⁴xau⁴⁴ar²¹
211	昨天	夜里 ia⁴⁴tɕi³¹	夜里个 ia⁴⁴ji³¹kə²¹	昨儿 tsʰuar¹³	夜里个 ia⁴⁴ji³¹kə²¹	夜里 ia⁴⁴ji³¹	昨儿 tsuar¹³	夜来 ia⁴⁴lɛ³¹
212	前天	前儿个 tɕʰier³⁵kə²¹	前儿个 tɕʰier¹³kə²¹	前儿个 tɕʰier¹³kə²¹ 前儿 tɕʰier¹³	前儿个 tɕʰier¹³kə²¹	前儿 tɕʰier¹³	前儿 tɕʰier¹³	前儿 tɕʰier¹³
213	大前天	上前儿个 ʂaŋ⁴⁴tɕʰier³⁵kə²¹	上前儿个 ʂaŋ⁴⁴tɕʰier¹³kə²¹	上前儿个 ʂaŋ⁴⁴tɕʰier¹³kə²¹	上前儿 ʂaŋ⁴⁴tɕʰier¹³kə²¹	上前儿 ʂaŋ⁴⁴tɕʰier¹³	上前儿 ʂaŋ⁴⁴tɕʰier¹³	上前儿 ʂaŋ⁴⁴tɕʰier¹³
214	白天	白天 pei³¹tɕʰiæ³¹	白天 pei¹³tʰiæ³¹	一天 i³¹tʰiæ³¹	一天 i³¹tʰiæ³¹	一天 i⁴⁴tɕʰiæ³¹	一天 i³¹tʰiæ³¹	一天 i³¹tʰiæ³¹ 白天 pei¹³tʰiæ³¹
215	清晨	早晨 tsɔ⁵²tʂʰən³¹	早上 tsɔ⁵²ʂaŋ³¹	麻乎亮 ma¹³xu³¹liaŋ⁴⁴	早上 tsɔ⁵²ʂaŋ³¹	早上 tsɔ⁵²ʂaŋ³¹	早上 tsɔ⁵²ʂaŋ³¹ 一麻亮儿 i³¹ma⁴⁴lier⁴⁴	早上 tsɔ⁵²ʂaŋ³¹
216	上午	上午 ʂaŋ⁴⁴u⁵²	上午 ʂaŋ⁴⁴vu⁵²	早起儿 tsɔ⁵²tɕʰiar⁵²	上午 ʂaŋ⁴⁴vu³¹	上午 ʂaŋ⁴⁴vu³¹	赶羊时间 kæ⁵²iaŋ¹³ʂ̩¹³tɕiæ³¹	上午 ʂaŋ⁴⁴vu⁵²
217	中午	晌乎 ʂaŋ⁵²xu²¹	中午 tʂuŋ³¹vu⁵² 晌午 ʂaŋ³¹vu⁵²	饭罢儿 fæ⁴⁴pʰa³¹	晌午 ʂaŋ⁵²vu⁵²	饭罢 fæ⁴⁴pʰa³¹	晌午 ʂaŋ⁵²vu³¹	晌午 ʂaŋ⁵²vu⁵²
218	下午	下午 ɕia⁴⁴vu⁵²	下午 ɕia⁴⁴vu⁵² 后晌 xau⁴⁴ʂaŋ³¹	夜儿价 ia⁴⁴ar²¹tɕia¹³ 后晌 xau⁴⁴ʂaŋ³¹	下午 ɕia⁴⁴vu⁵²	下午 ɕia⁴⁴vu³¹	后晌 xau⁴⁴ʂaŋ¹³	后晌 xau⁴⁴ʂaŋ³¹

续表

序号	词条	兴泾镇	大战场镇	闽宁镇1	闽宁镇2	镇北堡镇	红寺堡区	南梁台子
219	傍晚	麻平平 ma³¹xu⁵²lia²¹	黑丁 xei³¹li⁰¹³	天麻丁 tʰiæ³¹ma¹³liɔ²¹	傍晚 paŋ⁴⁴væ⁵²	快咧 kʰuɛ⁴⁴xei³¹liɔ¹³	黑里 xei³¹li¹³	黑麻丁 xei³¹ma¹³liɔ²¹
220	晚上	黑咧 xei³¹liɔ³¹	晚夕 væ⁵²ɕi³¹	黑咧 xei³¹liɔ¹³	晚夕 væ⁵²ɕi³¹	黑咧 xei³¹liɔ¹³ 黑夜 xei⁴⁴liɔ¹³	晚夕 væ⁵²ɕi³¹	晚夕 væ⁵²ɕi³¹
221	什么时候	啥时候儿 sa⁴⁴sɿ³⁵xər²¹ 几时 tɕi⁵²sɿ³¹	啥时候 sa⁴⁴sɿ³¹xau²¹ 几时 tɕi⁵²sɿ³¹	几时 tɕi⁵²sɿ³¹	啥时候 sa⁴⁴sɿ³¹xau²¹ 几时 tɕi⁵²sɿ³¹	啥时候 sa⁴⁴sɿ³¹xau²¹ 几时 tɕi⁵²sɿ³¹	几时 tɕi⁵²sɿ³¹ 啥时候 sa⁴⁴sɿ¹³xau²¹	几时 tɕi⁵²sɿ³¹
222	经常	一老 i³¹lɔ⁵²	一老 i³¹lɔ⁵²	一老 i³¹lɔ⁵²	一老 i³¹lɔ⁵²	一老 i³¹lɔ⁵²	一老 i³¹lɔ⁵²	一老 i³¹lɔ⁵²
223	上面	上头 ʂaŋ⁴⁴tʰəu²¹	上头 ʂaŋ⁴⁴tʰəu²¹	上头 ʂaŋ⁴⁴tʰəu²¹	上头 ʂaŋ⁴⁴tʰəu²¹	上头 ʂaŋ⁴⁴tʰəu²¹	上头 ʂaŋ⁴⁴tʰəu²¹	上头 ʂaŋ⁴⁴tʰəu²¹
224	下面	下头 xa⁴⁴tʰəu²¹	下头 xa⁴⁴tʰəu²¹	下头 xa⁴⁴tʰəu²¹	下头 xa⁴⁴tʰəu²¹	下头 xa⁴⁴tʰəu²¹	下头 xa⁴⁴tʰəu²¹	下头 xa⁴⁴tʰəu²¹
225	里面	里首 li²¹ʂəu⁵²	里头 li⁵²tʰəu²¹	里头 li⁵²tʰəu²¹	里头 li⁵²tʰəu²¹	里头 li⁵²tʰəu²¹	里头 li⁵²tʰəu²¹	里头 li⁵²tʰəu²¹
226	外面	外前 væ⁴⁴tɕʰiɛ²¹	外头 væ⁴⁴tʰəu²¹	外头 væ⁴⁴tʰəu²¹	外头 væ⁴⁴tʰəu²¹	外头 væ⁴⁴tʰəu²¹	外头 væ⁴⁴tʰəu²¹	外头 væ⁴⁴tʰəu²¹
227	前面	前头 tɕʰiæ¹³tʰəu²¹	前头 tɕʰiæ¹³tʰəu²¹	前头 tɕʰiæ¹³tʰəu²¹	前头 tɕʰiæ¹³tʰəu²¹	前头 tɕʰiæ¹³tʰəu²¹	前头 tɕʰiæ¹³tʰəu²¹	前头 tɕʰiæ¹³tʰəu²¹
228	后面	后头 xɔ⁴⁴tʰəu²¹	后头 xəu⁴⁴tʰəu²¹	后头 xəu⁴⁴tʰəu²¹	后头 xəu⁴⁴tʰəu²¹	后头 xəu⁴⁴tʰəu²¹	后头 xəu⁴⁴tʰəu²¹	后头 xəu⁴⁴tʰəu²¹
229	左边	左岸 tsuɔ⁵²ŋæ²¹	左帮个 tsuɔ⁵²paŋ³¹kə²¹	左面儿 tsuɔ⁵²mier⁴⁴ 左半个 tsuɔ⁵²pæ⁴⁴kə²¹	左帮个 tsuɔ⁵²paŋ³¹kə²¹	左半个 tsuɔ⁵²pæ⁴⁴kə²¹	左慢个 tsuɔ⁵²mæ⁴⁴kə³¹ 左面儿 tsuɔ⁵²mier⁴⁴	左帮个 tsuɔ⁵²paŋ³¹kə³¹
230	右边	右岸 iəu⁴⁴ŋəu²¹	右帮个 iəu⁴⁴paŋ³¹kə²¹	右面儿 iəu⁴⁴mier⁴⁴ 右半个 iəu⁴⁴pæ⁴⁴kə²¹	右帮个 iəu⁴⁴paŋ³¹kə²¹	右半个 iəu⁴⁴pæ⁴⁴kə²¹	右慢个 iəu⁴⁴mæ⁴⁴kə³¹ 右面儿 iəu⁴⁴mier⁴⁴	右帮个 iəu⁴⁴paŋ³¹kə²¹

续表

序号	词条	兴泾镇	大战场镇	闽宁镇 1	闽宁镇 2	镇北堡镇	红寺堡区	南梁台子
231	东边	东岸 tuŋ^{31}ŋæ^{21} 东头 tuŋ^{31}tʰəu^{35}	东头 tuŋ^{31}tʰəu^{21} 东帮个 tuŋ^{31}pæ^{31}kə^{31}	东头儿 tuŋ^{31}tʰər^{13} 东面儿 tuŋ^{31}mier^{44}	东头儿 tuŋ^{31}tʰər^{13}	东头子 tuŋ^{31}tʰəu^{13}tsʅ^{21}	东头子 tuŋ^{31}tʰəu^{13}tsʅ^{21} 东慢个 tuŋ^{31}mæ^{44}kə^{31} 东面儿 tuŋ^{31}mier^{44}	东头子 tuŋ^{31}tʰəu^{13}tsʅ^{21}
232	西边	西岸 ɕi^{31}ŋæ^{21} 西头 ɕi^{31}tʰəu^{35}	西头 ɕi^{31}tʰəu^{21} 西帮个 ɕi^{31}pæ^{31}kə^{31}	西头儿 ɕi^{31}tʰər^{13} 西面儿 ɕi^{31}mier^{44}	西头儿 ɕi^{31}tʰər^{13}	西头子 ɕi^{31}tʰəu^{13}tsʅ^{21}	西头子 ɕi^{31}tʰəu^{13}tsʅ^{21} 西慢个 ɕi^{31}mæ^{44}kə^{31} 西面儿 ɕi^{31}mier^{44}	西头子 ɕi^{31}tʰəu^{13}tsʅ^{21}
233	南边	南岸 næ^{35}ŋæ^{21} 南头 næ^{35}tʰəu^{35}	南头 næ^{13}tʰəu^{21} 南帮个 næ^{13}paŋ^{31}kə^{21}	南头儿 næ^{35}tʰər^{13} 南面儿 næ^{13}mier^{44}	南头儿 næ^{13}tʰər^{13}	南头子 læ^{13}tʰəu^{13}tsʅ^{21}	南头子 næ^{13}tʰəu^{13}tsʅ^{21} 南慢个 næ^{13}mæ^{44}kə^{31} 南面儿 næ^{13}mier^{44}	南头子 læ^{35}tʰəu^{13}tsʅ^{21}
234	北边	北岸 pei^{31}ŋæ^{21} 北头 pei^{31}tʰəu^{35}	北头 pei^{31}tʰəu^{21} 北帮个 pei^{31}paŋ^{31}kə^{21}	北头儿 pei^{31}tʰər^{13} 北面儿 pei^{31}mier^{44}	北头儿 pei^{31}tʰər^{13}	北头子 pei^{31}tʰəu^{13}tsʅ^{21}	北头子 pei^{31}tʰəu^{13}tsʅ^{21} 北慢个 pei^{31}mæ^{44}kə^{31} 北面儿 pei^{31}mier^{44}	北头子 pei^{31}tʰəu^{13}tsʅ^{21}
235	旁边	偏巴 pʰi^{35}pa^{31}	偏傍个 pʰi^{31}paŋ^{31}kə^{21}	偏半个 pʰi^{31}pæ^{44}kə^{21}	偏傍个 pʰi^{31}paŋ^{31}kə^{21}	偏半个 pʰi^{31}pæ^{44}kə^{21}	旁边儿 pʰaŋ^{13}pier^{21}	偏傍个 pʰi^{31}pæ^{31}kə^{21}
236	面前	跟前 kan^{21}tɕʰiæ^{31}	跟前 kaŋ^{31}tɕʰiæ^{13}	跟前 kaŋ^{31}tɕʰiæ^{13}	跟前 kaŋ^{31}tɕʰiæ^{13}	跟前 kaŋ^{31}tɕʰiæ^{13}	跟前 kaŋ^{31}tɕʰiæ^{44}	跟前 kaŋ^{31}tɕʰiæ^{13}
237	（桌）边	边边儿 piæ^{31}pier^{21}	边子 piæ^{31}tsʅ^{13}	边边儿 piæ^{31}piæ^{13}ər^{21}	边子 piæ^{31}tsʅ^{13}	边边儿 piæ^{31}piæ^{13}ər^{21}	边边儿 piæ^{31}piæ^{44}ər^{21}	边边子 piæ^{31}piæ^{13}tsʅ^{21}

续表

序号	词条	兴泾镇	大战场镇	闽宁镇1	闽宁镇2	镇北堡镇	红寺堡区	南梁台子
238	（某）角	角角儿 tɕyɔ^{31}tɕyɔr^{21}	拐角儿 kuɛ^{52}tɕyɔr^{21}	角角儿 kɔ^{31}kɔ^{13}ar^{21}	拐角儿 kuɛ^{52}tɕyɔr^{13}	角角儿 kɔ^{31}kɔ^{13}ar^{21}	角角儿 kɔ^{31}kɔr^{52}　角角子 tɕyɔ^{31}tɕyɔ^{44}tsʅ^{21}	角角子 kɔ^{31}kɔ^{13}tsʅ^{21}
239	什么地方	啥地方 sa^{21}tɕi^{44}faŋ^{31}	啥地方 sa^{44}ti^{44}faŋ^{31}	啥地方 sa^{44}ti^{44}faŋ^{31}	啥地方 sa^{44}ti^{44}faŋ^{31}	啥地方 sa^{44}tɕi^{44}faŋ^{31}	啥地方 sa^{44}ti^{44}faŋ^{31}	啥地方 sa^{44}ti^{44}faŋ^{31}
240	头	头 tʰəu^{35}	头 tʰəu^{13}	头 tʰəu^{13}	头 tʰəu^{13}	头 tʰəu^{13}	头 tʰəu^{13}	头 tʰəu^{13}
241	头发	头发 tʰəu^{31}fa^{21}	头发 tʰəu^{13}fa^{31}	头发 tʰəu^{13}fa^{31}	头发 tʰəu^{13}fa^{31}	头发 tʰəu^{13}fa^{31}	鬏绞子 mɔ^{44}kɔ^{31}tsʅ^{21}	头发 tʰəu^{13}fa^{31}
242	头发旋	旋 çyɛ^{35}	旋 çyɛ^{44}	旋儿 çyɛ^{44}ər^{21}	旋 çyɛ^{44}	旋儿 çyɛ^{44}ər^{21}	旋 çyɛ^{44}	旋 çyɛ^{44}
243	后脑窝	颈儿窝 tɕiar^{52}uɔ^{31}　争嘴窝儿 tsəŋ^{31}tsuei^{21}vuar^{21}	争嘴窝窝子 tsəŋ^{31}tsuei^{52}vuɔ^{31}vuɔ^{44}tsʅ^{21}	死家窝窝子 sʅ^{52}tɕia^{31}vuɔ^{31}vuɔ^{21}tsʅ^{21}	争嘴窝 tsəŋ^{31}tsuei^{52}vuɔ^{44}	死家窝 sʅ^{52}tɕia^{31}vuɔ^{21}	咽舌窝窝子 iɛ^{44}ʂə^{31}vuɔ^{31}vuɔ^{44}tsʅ^{21}	项三窝 xaŋ^{45}sɛ^{31}vuɔ^{31}
244	额头	额颅 ŋɛ^{52}lu^{21}	额颅盖 nɛ^{31}lu^{13}kɛ^{44}	额颅 ŋɛ^{31}lu^{13}	额颅 nɛ^{31}nu^{13}　额头 nɛ^{31}tʰəu^{31}	额颅 nɛ^{31}lu^{13}	头拌子 tʰəu^{13}pəŋ^{31}tsʅ^{44}	额颅子 nɛ^{31}lu^{13}kɛ^{44}tsʅ^{31}
245	辫子	鬏辫子 mɔ^{35}pʰiɛ^{44}tə^{21}	鬏绞子 mɔ^{44}kɔ^{31}tsʅ^{21}	鬏绞子 mɔ^{44}kɔ^{31}tsʅ^{21}	鬏绞子 mɔ^{44}kɔ^{31}tsʅ^{21}	鬏绞子 mɔ^{44}kɔ^{31}tsʅ^{21}　鬏辫子 mɔ^{31}pʰiɛ^{44}tsʅ^{21}	鬏绞辫子 mɔ^{44}kɔ^{31}piɛ^{44}tsʅ^{21}	鬏绞子 mɔ^{44}kɔ^{31}tsʅ^{21}
246	扎头发	绺头 tsəu^{44}tʰəu^{35}	扎头 tsa^{31}tʰəu^{13}	扎头发 tsa^{31}tʰəu^{13}fa^{31}	绑头发 paŋ^{52}tʰəu^{13}fa^{31}	扎头发 tsa^{31}tʰəu^{13}fa^{31}	扎头发 tsa^{31}tʰəu^{35}fa^{31}	扎头 tsa^{31}tʰəu^{13}
247	眼睛	眼睛 niɛ^{52}tɕiŋ^{31}	眼睛 niɛ^{52}tɕiŋ^{31}	眼睛 niɛ^{52}tɕiŋ^{31}	眼睛 niɛ^{52}tɕiŋ^{31}	眼睛 niɛ^{52}tɕiŋ^{31}	眼睛 iɛ^{52}tɕiŋ^{31}	眼睛 niɛ^{52}tɕiŋ^{31}

续表

序号	词条	兴泾镇	大战场镇	闽宁镇 1	闽宁镇 2	镇北堡镇	红寺堡区	南梁台子
248	眼珠子	眼睛仁 ȵiæ^{52}tɕiŋ^{31}ʐ̩ən^{35}	眼仁子 ȵiæ^{52}ʐ̩əŋ^{13}tsʅ^{21}	眼仁儿 ȵiæ^{52}ʐ̩ər^{13}	眼仁子 ȵiæ^{52}ʐ̩əŋ^{13}tsʅ^{21}	眼仁子 ȵiæ^{52}ʐ̩əŋ^{13}tsʅ^{21}	眼儿子 iæ^{52}ər^{1}tsʅ^{21}	眼仁子 ȵiæ^{52}ʐ̩əŋ^{13}tsʅ^{21}
249	眼泪	眼泪 ȵiæ^{52}luei^{44}	眼泪 ȵiæ^{52}luei^{31}	眼泪 ȵiæ^{52}luei^{31}	眼泪 ȵiæ^{52}luei^{31}	眼泪 ȵiæ^{52}luei^{31}	眼泪 ȵiæ^{52}luei^{31}	眼泪 ȵiæ^{52}luei^{31}
250	眉毛	眼眉 ȵiæ^{52}mi^{31}	眉毛 mi^{13}mɔ^{31}	眼眉毛 ȵiæ^{52}mi^{13}mɔ^{31}	眉毛 mi^{13}mɔ^{31}	眉毛 mi^{13}mɔ^{31}	眉毛 mi^{13}mɔ^{31}	眉毛 mi^{13}mɔ^{31}
251	鼻子	鼻子 pʰi^{35}tɕə^{21}	鼻子 pi^{13}tsʅ^{21}	鼻子 pʰi^{13}tsʅ^{21}	鼻子 pi^{13}tsʅ^{21}	鼻子 pʰi^{13}tsʅ^{21}	鼻子 pi^{13}tsʅ^{21}	鼻子 pi^{13}tsʅ^{21}
252	鼻涕	鼻 pʰi^{35}	鼻 pi^{13}	鼻 pʰi^{13}	鼻 pi^{13}	鼻 pʰi^{13}	鼻 pi^{13}	鼻 pi^{13}
253	耳朵	耳朵 ʐ̩^{52}tuə^{21}	耳朵 ar^{52}tuə^{21}	耳朵 ar^{52}tuə^{21}	耳朵 ar^{52}tuə^{21}	耳朵 ar^{52}tuə^{21}	耳朵 ar^{52}tuə^{21}	耳瓜子 ar^{52}kua^{13}tsʅ^{21}
254	嘴	嘴 tsuei^{52}	嘴 tsuei^{52}	嘴 tsuei^{52}	嘴 tsuei^{52}	嘴 tsuei^{52}	嘴 tsuei^{52}	嘴 tsuei^{52}
255	嘴唇	嘴唇儿 tsuei^{52}ʂuər^{21}	嘴皮 tsuei^{52}pʰi^{13}	嘴皮 tsuei^{52}pʰi^{13}	嘴唇子 tsuei^{52}ʂuŋ^{13}tsʅ^{21}	嘴皮 tsuei^{52}pʰi^{13}	嘴唇子 tsuei^{52}ʂuŋ^{13}tsʅ^{21}	嘴皮 tsuei^{52}pʰi^{13}
256	口水	颌水 xæ^{44}ʂuei^{52}	颌水 xæ^{31}ʂuei^{52}	颌水 xæ^{31}ʃuei^{52}	颌水 xæ^{31}ʂuei^{52}	颌水 xæ^{31}ʂuei^{52}	颌水 xæ^{31}ʂuei^{52}	颌水 xæ^{31}ʂuei^{52}
257	胡子	胡子 xu^{21}tɕə^{21}	胡子 xu^{13}tsʅ^{21}	胡子 xu^{13}tsʅ^{21}	胡子 xu^{13}tsʅ^{21}	胡子 xu^{13}tsʅ^{21}	胡子 xu^{13}tsʅ^{21}	胡子 xu^{13}tsʅ^{21}
258	脖子	脖项 pʰuə^{31}xaŋ^{21}	脖子 puə^{13}tsʅ^{21}	脖子 pʰuə^{13}tsʅ^{21}	脖子 puə^{13}tsʅ^{21}	脖子 pʰuə^{13}tsʅ^{21}	脖子 puə^{13}tsʅ^{21}	脖子 puə^{13}tsʅ^{21}
259	喉咙	胡卢 xu^{21}lu^{21}	嗓子 saŋ^{52}tsʅ^{21}	嗓子 saŋ^{52}tsʅ^{21}	嗓子 saŋ^{52}tsʅ^{21}	嗓子 saŋ^{52}tsʅ^{21}	嗓子 saŋ^{52}tsʅ^{21}	嗓子 saŋ^{52}tsʅ^{21}
260	喉结	哇鸣 va^{35}vu^{31}	哇鸣 va^{44}vu^{31}	咽水核儿 iæ^{44}ʃuei^{13}xu^{13}ər^{21}	哇鸣 va^{44}vu^{31}	颌儿核 xer^{44}xu^{13}	哇鸣 va^{44}vu^{31}	哇鸣蛋蛋 va^{44}vu^{31}tæ^{44}tæ^{21}

续表

序号	词条	兴泾镇	大战场镇	闽宁镇1	闽宁镇2	镇北堡镇	红寺堡区	南梁台子
261	肩膀	肩膀 tɕiæ³¹paŋ²¹	肩膀 tɕiæ³¹paŋ²¹	胛骨 tɕia³¹ku⁵²	肩膀 tɕiæ³¹paŋ⁵²	胛骨 tɕia¹³ku⁵²	胛骨 tɕia¹³ku⁴⁴	胛子 tɕia³¹tʂ̩¹³
262	胸脯	腔子 tɕʰə³¹tʂ̩²¹	腔板子 kʰaŋ³¹pæ⁵²tʂ̩²¹	腔子 kʰaŋ³¹tʂ̩¹³	腔板子 kʰaŋ³¹pæ⁵²tʂ̩²¹ / 腔子 kʰaŋ³¹tʂ̩¹³	腔子 kʰaŋ³¹tʂ̩¹³	腔板子 kʰaŋ³¹pæ⁵²tʂ̩²¹	腔子 kʰaŋ³¹tʂ̩¹³
263	胳膊肘	胳膊肘儿 kə³¹pua²¹tʂour²¹	胳肘子 kə³¹tsou¹³tʂ̩²¹	磕磕子 kʰə³¹tʂʰuei¹³tʂ̩²¹	胳肘子 kə³¹tsou¹³tʂ̩²¹	胳肘子 kə³¹tsou¹³tʂ̩²¹	胳肘子 kə³¹tsou⁴⁴tʂ̩²¹	胳肘拐子 kə³¹tsou¹³kuɛ⁵²tʂ̩²¹
264	腋窝	胳肢窝儿 kə³¹tʂ̩¹vuar³¹	胳肘窝 kə³¹tsou¹³vua³¹	胳子洼 kə³¹lɔ¹³va⁴⁴	胳肘窝 kə³¹tsou¹³vua⁴⁴	胳肘洼 kə³¹lɔ¹³va⁴⁴	胳膊洼子 kə³¹lɔ¹³va⁴⁴tʂ̩²¹	胳肘窝 kə³¹tsou¹³vua³¹
265	左手	左手 tsua⁵²ʂou⁵²	左手 tsua⁵²ʂou⁵²	左手 tsua⁴⁴ʂou⁵²	左手 tsua⁵²ʂou⁵²	左手 tsua⁵²ʂou⁵²	左手 tsua⁵²ʂou⁵²	左手 tsua⁵²ʂou⁵²
266	右手	右手 iou⁴⁴ʂou⁵²	右手 iou⁴⁴ʂou³¹	右手 iou⁴⁴ʂou⁵²	右手 iou⁴⁴ʂou³¹	右手 iou⁴⁴ʂou³¹	右手 iou⁴⁴ʂou³¹	右手 iou⁴⁴ʂou⁵²
267	拳头	槌头 tʂʰuei³¹tʰou²¹	拳头 tɕʰyæ¹³tʰou²¹	槌头 tʂʰuei¹³tʰou³¹	槌头 tʂʰuei³¹tʰou²¹	槌头 tʂʰuei³¹tʰou²¹	槌头子 tʂʰuei³¹tʰou³¹tʂ̩²¹	槌头 tʂʰuei³¹tʰou²¹
268	老茧	金甲 tɕim³¹tɕia³¹	金甲 tɕim¹³tɕia³¹	丁甲 tiŋ³¹tɕia³¹	茧 tɕiæ⁵²	茧甲 tɕiæ⁵²tʂ̩²¹ / 金甲 tɕiŋ¹³tɕia³¹	茧 tɕiæ⁵²	金甲 tɕiŋ¹³tɕia³¹
269	手指头	手指头 ʂou⁵²tʂ̩³¹tʰou²¹	手指头 ʂou⁵²tʂ̩³¹tʰou¹³	手指头儿 ʂou⁵²tʂ̩³¹tʰər¹³	手指头 ʂou⁵²tʂ̩³¹tʰou¹³	手指头 ʂou⁵²tʂ̩³¹tʰou¹³	手指头 ʂou⁵²tʂ̩³¹tʰou¹³	手指头 ʂou⁵²tʂ̩³¹tʰou¹³
270	指甲	指甲 tʂ̩²¹tɕia³¹	指甲 tʂ̩³¹tɕia³¹	指甲 tʂ̩³¹tɕia¹³	指甲 tʂ̩³¹tɕia¹³	指甲 tʂ̩³¹tɕia¹³	指甲 tʂ̩³¹tɕia⁴⁴	指甲 tʂ̩³¹tɕia¹³
271	指纹圆	斗 tou⁵²	箩箩 pu¹³læ³¹	箩箩 pu⁴⁴læ³¹	箩箩 pu¹³læ³¹	箩箩 pʰu⁴⁴læ³¹	箩箩大 pu¹³læ³¹ / 洞子小 tuɳ⁴⁴tʂ̩³¹	箩箩 pu¹³læ³¹

续表

序号	词条	兴泾镇	大战场镇	闽宁镇1	闽宁镇2	镇北堡镇	红寺堡区	南梁台子
272	指纹篇	簸箕 pua^{52}tɕʰʅ^{31}	簸箕 pua^{52}tɕi^{31}	簸箕 pua^{52}tɕi^{31}	簸箕 pua^{44}tɕi^{31}	簸箕 pɔ^{52}tɕi^{31}	簸箕 pua^{52}tɕʅhʅ^{31}	簸箕 pua^{52}tɕʅ^{31}
273	肚子	肚子 tu^{44}tɕʅ^{21}	肚子 tu^{44}ts^{21}	肚子 tʰu^{44}tsʅ^{21}	肚子 tu^{44}tsʅ^{21}	肚子 tʰu^{44}tsʅ^{21}	肚子 tʰu^{44}tsʅ^{21}	肚子 tu^{44}tsʅ^{21}
274	肚脐	扑脐眼 pʰu^{31}tɕʰʅ^{35}ȵiæ^{52}	扑脐眼儿 pʰu^{44}tɕʰʅ^{13}ȵiɚr^{52}	肚脐眼儿 tʰu^{44}tɕʰʅ^{13}ȵiɚr^{52}	扑脐眼儿 pʰu^{44}tɕʰʅ^{13}ȵiɚr^{52}	肚脐眼 tʰu^{44}tɕʰʅ^{13}ȵiæ^{52}	肚目脐子 tu^{44}mu^{31}tɕʰʅɔ^{13}tsʅ^{21}	扑脐眼 pʰu^{44}tɕʰʅ^{13}ȵiæ^{52}
275	胎盘	衣 i^{31}	衣 i^{13}	衣 i^{13}	衣 i^{13}	衣 ȵi^{13}	衣 i^{13}	衣 i^{13}
276	腰	腿 tʰuei^{52}	腿 tʰuei^{52}	腿 tʰuei^{52}	腿 tʰuei^{52}	腿 tʰuei^{52}	腿 tʰuei^{52}	腿 tʰuei^{52}
277	膝盖	簄膝盖 kʰu^{31}tɕʰʅ^{21}kɛ^{44}	磕膝盖子 kʰɔ^{31}tɕiɔ^{13}kɛ^{44}tsʅ^{21}	磕膝盖 kʰɔ^{31}tɕiɔ^{13}kɛ^{44}	磕膝盖子 kʰɔ^{31}tɕi^{13}kɛ^{44}tsʅ^{21}	磕膝盖 kʰɔ^{31}tɕʰʅ^{31}kɛ^{44}	磕膝盖子 kʰɔ^{31}tɕiæ^{44}kɛ^{44}tsʅ^{21}	磕膝盖子 kʰɔ^{31}tɕiɔ^{13}kɛ^{44}tsʅ^{21}
278	踝骨	拐骨 kuɛ^{52}ku^{31} 桃核 tʰɔ^{35}xu^{35}	脚踝骨 tɕyɔ^{31}xuɛ^{31}ku^{31}	拐核儿 kuei^{52}xur^{13}	踝骨头 xuɛ^{13}ku^{31}tʰɔu^{21}	踝颊蛋子 xua^{13}tiɔ^{31}tiæ^{44}tsʅ^{21}	踝拉拐子 xua^{13}la^{31}kuɛ^{52}tsʅ^{21}	踝颊拐子 xua^{13}lu^{31}kuɛ^{52}tsʅ^{21}
279	背	脊背 tɕi^{52}pei^{21}	背子 pei^{44}tsʅ^{21}	脊背 tɕi^{31}pei^{13}	背子 pei^{44}tsʅ^{21}	脊背 tɕi^{31}pei^{44}	背子 pei^{44}tsʅ^{21}	背子 pei^{44}tsʅ^{21}
280	屁股	沟子 kəu^{31}tsʅ^{21}	沟子 kəu^{31}tsʅ^{21}	沟子 kəu^{31}tsʅ^{21}	沟子 kəu^{31}tsʅ^{21}	沟子 kəu^{31}tsʅ^{21}	沟子 kəu^{31}tsʅ^{13}	沟子 kəu^{31}tsʅ^{13}
281	肛门	沟门子 kəu^{31}mæn^{13}tɔ^{21}	沟门子 kəu^{31}məŋ^{13}tsʅ^{21}	沟门子 kəu^{31}məŋ^{13}tsʅ^{21}	沟门子 kəu^{31}məŋ^{13}tsʅ^{21}	沟门子 kəu^{31}məŋ^{13}tsʅ^{21}	沟门子 kəu^{31}məŋ^{13}tsʅ^{21}	沟门子 kəu^{31}məŋ^{13}tsʅ^{21}
282	乳房	奶头 nɛ^{52}tʰəu^{31}	奶头 nɛ^{52}tʰəu^{31}	奶头 nɛ^{52}tʰəu^{31}	奶头 nɛ^{52}tʰəu^{31}	奶头 nɛ^{52}tʰəu^{31}	奶头 nɛ^{52}tʰəu^{31}	奶头 nɛ^{52}tʰəu^{31}
283	阴茎	尿 tɕʰiəu^{35}	尿 tɕʰiəu^{13}	尿 tɕʰiəu^{13}	尿 tɕʰiəu^{13}	尿 tɕʰiəu^{13}	尿 tɕʰiəu^{13}	尿 tɕʰiəu^{13}
284	女明	尿 pʰʅ^{44}	尿 pi^{44}	尿 pʰʅ^{44}	尿 pi^{44}	尿 pʰʅ^{44}	尿 pi^{44}	尿 pi^{44}

续表

序号	词条	兴泾镇	大战场镇	闽宁镇1	闽宁镇2	镇北堡镇	红寺堡区	南梁台子
285	性交	日 zʅ³⁵	日 zʅ¹³	日 zʅ¹³	日 zʅ¹³	日 zʅ¹³	日 zʅ¹³	日 zʅ¹³
286	精液	尿 suŋ³⁵	尿 suŋ¹³	尿 suŋ¹³	尿 suŋ¹³	尿 suŋ¹³	尿 suŋ¹³	尿 suŋ¹³
287	拉屎	屙屎 pa³¹sʅ⁵²	屙屎 pa³¹sʅ⁵²	屙屎 pa⁵²sʅ⁵²	屙屎 pa³¹sʅ⁵²	屙屎 pa³¹sʅ⁵²	屙屎 pa⁵²sʅ³¹	屙屎 pa³¹sʅ⁵²
288	撒尿	尿尿 ɲio⁴⁴ɲio⁴⁴	尿尿 ɲio⁴⁴ɲio⁴⁴	尿尿 ɲio⁴⁴ɲio⁴⁴	尿尿 ɲio⁴⁴ɲio⁴⁴	尿尿 ɲio⁴⁴ɲio⁴⁴	尿尿 ɲio⁴⁴ɲio⁴⁴	尿尿 ɲio⁴⁴ɲio⁴⁴
289	放屁	放屁 faŋ⁴⁴pʰi⁴⁴	放屁 faŋ⁴⁴pʰi⁴⁴	放屁 faŋ⁴⁴pʰi⁴⁴	放屁 faŋ⁴⁴pʰi⁴⁴	放屁 faŋ⁴⁴pʰi⁴⁴	放屁 faŋ⁴⁴pʰi⁴⁴	放屁 faŋ⁴⁴pʰi⁴⁴
290	生病	害病 xɛ⁴⁴piŋ⁴⁴	生病 saŋ³¹piŋ¹³	害病 xɛ⁴⁴pʰiŋ⁴⁴	害病 xɛ⁴⁴piŋ⁴⁴	害病 xɛ⁴⁴piŋ⁴⁴	害病 xɛ⁴⁴piŋ⁴⁴	害病 xɛ⁴⁴piŋ⁴⁴
291	长疮	生疮 saŋ³¹tʂʰuaŋ³¹	害疮 xɛ⁴⁴tʂʰuaŋ³¹	害疮 xɛ⁴⁴tʃʰuaŋ¹³	害疮 xɛ⁴⁴tʂʰuaŋ¹³	害疮 xɛ⁴⁴tʂʰuaŋ³¹	害疮 xɛ⁴⁴tʂʰuaŋ³¹	害疮 xɛ⁴⁴tʂʰuaŋ³¹
292	溃脓	溃脓 xuei⁴⁴nuŋ³⁵	化脓 xua⁴⁴nuŋ¹³	熟脓 ʃu¹³luŋ¹³	溃脓 xuei⁴⁴luŋ¹³	化脓 xua⁴⁴luŋ¹³	熟脓 su¹³nuŋ¹³	熟脓 su¹³nuŋ¹³
293	拉肚子	跑肚 pʰɔ⁵²tu⁴⁴ / 拉肚子 la³¹tu⁴⁴tʂə²¹	跑肚 pʰɔ⁵²tu⁴⁴	跑肚 pʰɔ⁵²tu⁴⁴	跑肚 pʰɔ⁵²tu⁴⁴	跑肚子 pʰɔ⁵²tʰu⁴⁴tʂʅ²¹	跑肚 pʰɔ⁵²tu⁴⁴	跑肚 pʰɔ⁵²tu⁴⁴
294	发疟疾	殆子 tɛ⁵²tʂə²¹	摆子病 pɛ⁵²tʂʅ²¹piŋ⁴⁴	颤木死 tʂæ⁴⁴puʅ³¹sʅ⁵²	摆子病 pɛ⁵²tʂʅ²¹piŋ⁴⁴	(无)	颤颤病 tʂæ⁴⁴tʂæ³¹piŋ⁴⁴	颤颤病 tʂæ⁴⁴tʂæ³¹piŋ⁴⁴
295	出痘	出花儿 tʂʰu⁴⁴xuer²¹	出花儿 tʂʰu⁴⁴xuer¹³	出花儿 tʃʰu⁴⁴xuer¹³	出花儿 tʂʰu³¹xuer¹³	出花儿 tʂʰu³¹xuer¹³	出花儿 tʂʰu³¹xuer¹³	出花儿 tʂʰu³¹xuer¹³
296	痱子	热痱子 zə³¹fei⁴⁴tʂə²¹	痧子 ʂəŋ³¹tʂʅ¹³	热颗子 zə³¹kʰuə⁵²tʂʅ²¹	痱子 fei⁴⁴tʂʅ²¹	热颗子 zə³¹kʰuə³¹tʂʅ¹³	痧子 tʂəŋ³¹tʂʅ⁴⁴	热痧子 zə¹³tʂəŋ³¹tʂʅ¹³
297	癣	癣 ɕiɛ⁵²	癣 ɕyɛ⁵²	癣 ɕiɛ⁵²	癣 ɕyɛ⁵²	癣 ɕiɛ⁵²	癣 ɕyɛ⁵²	癣 ɕyɛ⁵²

续表

序号	词条	兴泾镇	大战场镇	闽宁镇1	闽宁镇2	镇北堡镇	红寺堡区	南梁台子
298	狐臭	臭气 tʂʰəu⁴⁴tɕʰʅ²¹	臭脂子 tʂʰəu⁴⁴tʰɕ̩³¹tʂ̩²¹	骚气 sɔ⁴⁴tɕʰʅ⁴⁴	臭脂子 tʂʰəu⁴⁴kɔ³¹tʂ̩²¹	骚气 sɔ³¹tɕʰʅ³¹	臭眼子 tʂʰəu⁴⁴tʰɕ̩³¹tʂ̩²¹	臭眼 tʂʰəu⁴⁴ȵiæ̃⁵²
299	痣	眼子 iæ⁴⁴tə²¹	眼子 iæ⁵²tʂ̩²¹	眼子 iæ⁵²tʂ̩²¹	眼子 iæ⁵²tʂ̩²¹	眼子 iæ⁵²tʂ̩²¹	眼子 iæ⁵²tʂ̩²¹	眼子 iæ⁵²tʂ̩²¹
300	猴子	猴子 xəu³⁵tə²¹	猴子 xəu¹³tʂ̩²¹	猴子 xəu¹³tʂ̩²¹	猴子 xəu¹³tʂ̩²¹	猴子 xəu¹³tʂ̩²¹	猴子 xəu¹³tʂ̩²¹	猴子 xəu¹³tʂ̩²¹
301	死统称	殁 mua³¹	死 sʅ⁵²	死 sʅ⁵²	死 sʅ⁵²	死 sʅ⁵²	死 sʅ⁵²	死 sʅ⁵²
302	死嫩称	完咧 uæ̃³¹liə²¹	完咧 væ̃¹³liə²¹	完咧 væ̃¹³liə²¹	完咧 væ̃¹³liə²¹	无常咧 vu¹³tʂ̩ʰaŋ³¹liə²¹	无常咧 vu¹³tʂ̩ʰaŋ³¹liə²¹	完咧 væ̃¹³liə²¹
303	坟墓	坟 fan³⁵	坟 faŋ¹³	坟 faŋ¹³	坟 faŋ¹³	坟 faŋ¹³	坟 faŋ¹³	坟 faŋ¹³
304	吃早饭	吃早饭 tʂʰʅ³¹tsɔ⁵²fæ̃⁴⁴	吃早饭 tʂʰʅ³¹tsɔ⁵²fæ̃³¹	吃干粮 tʂʰʅ¹³kæ̃³¹liaŋ¹³	吃早饭 tʂʰʅ³¹tsɔ⁵²fæ̃⁴⁴	吃干饭 tʂʰʅ³¹tsɔ⁵²fæ̃⁴⁴	吃早上饭 tʂʰʅ³¹tsɔ⁵²saŋ³¹fæ̃⁴⁴	吃干粮 tʂʰʅ¹³kæ̃³¹liaŋ¹³
305	吃午饭	吃午饭 tʂʰʅ³¹vu⁵²fæ̃⁴⁴	吃午饭 tʂʰʅ³¹vu⁵²fæ̃³¹	吃饭罢饭 tʂʰʅ³¹fæ̃⁴⁴pʰa³¹fæ̃⁴⁴	吃午饭 tʂʰʅ³¹u⁵²fæ̃⁴⁴	吃午饭 tʂʰʅ³¹u⁵²fæ̃⁴⁴	吃晌午饭 tʂʰʅ³¹saŋ⁵²vu⁵²fæ̃⁴⁴	吃中午饭 tʂʰʅ³¹tʂuŋ³¹vu⁵²fæ̃⁴⁴
306	吃晚饭	吃晚饭 tʂʰʅ³¹væ̃⁵²fæ̃⁴⁴	吃晚饭 tʂʰʅ³¹væ̃⁵²fæ̃³¹	吃黑饭 tʂʰʅ¹³xei³¹fæ̃⁴⁴	吃晚饭 tʂʰʅ³¹væ̃⁵²fæ̃⁴⁴	吃晚饭 tʂʰʅ³¹væ̃⁵²fæ̃⁴⁴	吃晚饭 tʂʰʅ³¹væ̃⁵²fæ̃⁴⁴	吃晚饭 tʂʰʅ³¹væ̃⁵²fæ̃⁴⁴
307	打尖	打尖儿 ta⁵²tɕiɚ¹³	打尖儿 ta⁵²tɕiɚ¹³	打个尖儿 ta⁵²kə³¹tɕiɚ¹³	打尖 ta⁵²tɕiæ̃¹³	打尖儿 ta⁵²tɕiɚ¹³	打尖儿 ta⁵²tɕiɚ¹³	压个馍气 ȵia³¹kə³¹nuə³¹tɕʰʅ³¹
308	馒头	馍 mua⁴⁴／蒸馍 tʂəŋ³¹mua²¹	馒头 mæ̃¹³'əu³¹	蒸馍 tʂəŋ³¹mua¹³	馍馍 mua¹³'mua²¹	馍馍 mua¹³'mua²¹	馍馍 mua¹³'mua²¹／馒头子 mæ̃'əu³¹tʂ̩²¹	馍馍 mua¹³'mua²¹

续表

序号	词条	兴泾镇	大战场镇	闽宁镇 1	闽宁镇 2	镇北堡镇	红寺堡区	南梁台子
309	稀饭	米汤 mi⁵²tʰaŋ³¹	稀饭 ɕi³¹fæ⁴⁴	米汤 mi⁵²tʰaŋ³¹	稀饭 ɕi³¹fæ⁴⁴	米汤 mi⁵²tʰaŋ³¹	米汤 mi⁵²tʰaŋ³¹	米汤 mi⁵²tʰaŋ³¹
310	花卷	花卷儿 xua³¹tɕyer²¹ 卷子 tɕæ⁵²tɕɔ²¹	花卷儿 xua³¹tɕyer³¹	花卷儿 xua³¹tɕyer⁵²	花卷儿 xua³¹tɕyer⁵²	花卷儿 xua³¹tɕyer⁵²	花卷儿 xua³¹tɕyer⁵²	花卷子 xua³¹tɕyæ⁵²tsɿ²¹
311	花馍	花馍 xua³¹muə³⁵	花馍馍 xua³¹muə¹³muə²¹	花馍馍 xua³¹muə¹³muə²¹	花馍馍 xua³¹muə¹³muə²¹	花馍馍 xua³¹muə¹³muə²¹	花馍馍 xua³¹muə¹³muə²¹	花馍馍 xua³¹muə¹³muə²¹
312	饺子	饺子 tɕiɔ⁵²tsɿ²¹ 扁食 piæ⁵²ʂɿ³¹	饺子 tɕiɔ⁵²tsɿ²¹ 煮饺子 tʂu⁵²tɕyɔ³¹tsɿ²¹	饺子 tɕiɔ⁵²tsɿ²¹ 煮饺子 tʃu⁵²tɕyɔ³¹tʃɿ¹³	饺子 tɕiɔ⁵²tsɿ²¹ 煮饺子 tʂu⁵²tɕyɔ³¹tsɿ²¹	饺子 tɕiɔ⁵²tsɿ²¹ 煮饺子 tʂu⁵²tɕyɔ³¹tsɿ²¹	饺子 tɕiɔ⁵²tsɿ²¹ 煮饺子 tʂu⁵²tɕyɔ³¹tsɿ²¹	饺子 tɕiɔ⁵²tsɿ²¹ 煮饺子 tʂu⁵²tɕyɔ³¹tsɿ²¹
313	面条	面条儿 miæ⁴⁴tɕʰɔ¹³ɔr²¹	面条儿 miæ⁴⁴tʰɔ¹³ər²¹	面条儿 miæ⁴⁴tʰɔr¹³	面条 miæ⁴⁴tʰɔ¹³	面条儿 miæ⁴⁴tʰɔ¹³ər²¹	面条子 miæ⁴⁴tʰɔ¹³tsɿ²¹	面条子 miæ⁴⁴tʰɔ¹³tsɿ²¹
314	饸饹	饸饹 xuə¹³luə²¹	饸饹 xuə¹³luə³¹	饸饹面 xuə¹³luə³¹miæ⁴⁴	饸饹面 xuə¹³luə³¹miæ⁴⁴	饸饹 xuə¹³luə³¹	饸饹面 xuə¹³luə³¹miæ⁴⁴	饸饹面 xuə¹³luə³¹miæ⁴⁴
315	猫耳朵	麻食儿 ma³⁵ʂər⁵²	麻食子 ma¹³ʂɿ³¹tsɿ²¹	麻食子 ma¹³ʂɿ³¹tsɿ²¹	麻食子 ma¹³ʂɿ³¹tsɿ²¹	跎饭 tsʰʅ⁴⁴fæ³¹	麻食子 ma¹³ʂɿ³¹tsɿ²¹	麻食子 ma¹³ʂɿ³¹tsɿ²¹
316	油饼	油香 iəu³⁵ɕiaŋ⁵²	油香 iəu¹³ɕiaŋ³¹	油香 iəu¹³ɕiaŋ³¹	油香 iəu¹³ɕiaŋ³¹	油香 iəu¹³ɕiaŋ³¹	油香 iəu¹³ɕiaŋ³¹	油香 iəu¹³ɕiaŋ³¹
317	瘦肉	瘦肉 səu⁴⁴ʐəu³¹	瘦肉 səu⁴⁴ʐəu³¹	紫肉 tsɿ⁵²ʐəu⁴⁴	瘦肉 səu⁴⁴ʐəu³¹	瘦肉 səu⁴⁴ʐəu³¹	瘦肉 səu⁴⁴ʐəu³¹	瘦肉 səu⁴⁴ʐəu³¹
318	杂碎	杂碎 tsa³¹suei⁴⁴	杂碎 tsa¹³suei⁴⁴	杂碎 tsa¹³suei³¹	杂碎 tsa¹³suei⁴⁴	杂碎 tsa¹³suei³¹	杂碎 tsa¹³suei³¹	杂碎 tsa¹³suei³¹
319	盐	盐 iæ³⁵	盐 iæ¹³	盐 iæ¹³	盐 iæ¹³	盐 iæ¹³	盐 iæ¹³	咸盐 ɕiæ¹³iæ¹³
320	味道没~	味道 vei⁴⁴tɔ²¹	味儿 vei⁴⁴ər²¹	味道 vei⁴⁴tɔ³¹	味道 vei⁴⁴tɔ³¹	味道 vei⁴⁴tɔ³¹	味道 vei⁴⁴tɔ³¹	味道 vei⁴⁴tɔ³¹

续表

序号	词条	兴泾镇	大战场镇	闽宁镇1	闽宁镇2	镇北堡镇	红寺堡区	南梁台子
321	气味	气味 tɕʰi⁴⁴uei⁴⁴	气味儿 tɕʰi⁴⁴uar⁴⁴	味气 vei⁴⁴tɕʰi⁴⁴	气味儿 tɕʰi⁴⁴vei⁴⁴var²¹	气味儿 tɕʰi⁴⁴vei⁴⁴ar²¹	气味儿 tɕʰi⁴⁴var³¹	味气 vei⁴⁴tɕʰi⁴⁴
322	麦子	麦 mɛ³¹ 麦子 mɛ³¹tʂ²¹	麦子 mɛ³¹tʂ¹³	麦子 mei³¹tʂ¹³	麦子 mɛ³¹tʂ¹³	麦子 mei³¹tʂ¹³	麦子 mei³¹tʂ¹³	麦子 mei³¹tʂ¹³
323	麦秆	麦秆儿 mɛ³¹kər²¹	麦秆子 mɛ³¹kɛ⁵²tʂ²¹	麦秆 mei³¹kɛ⁵²	麦秆子 mɛ³¹kɛ⁵²tʂ²¹	麦秆 mei³¹kɛ⁵²	麦秸 mei³¹tɕiɑ⁵²	麦秆子 mei³¹kɛ⁵²tʂ²¹
324	面粉	麦面 mei³¹miɛ⁴⁴	白面 pei¹³miɛ⁴⁴	白面 pei¹³miɛ⁴⁴	白面 pei¹³miɛ⁴⁴	白面 pʰei¹³miɛ³¹	白面 pei¹³miɛ⁴⁴	白面 pei¹³miɛ⁴⁴
325	高粱	稻黍 tʰɔ³¹ʂı³¹	高粱 kɔ³¹liɑŋ¹³	秫秫 ʂʰu⁵²ʂʰu²¹	高粱 kɔ³¹liɑŋ¹³	高粱 kɔ³¹liɑŋ¹³	秫秫 tʂʰu⁵²tʂʰu²¹	高粱 kɔ³¹liɑŋ¹³
326	玉米	玉麦 y³⁵mɛ³¹	玉麦 y⁴⁴mɛ³¹	玉麦 y⁴⁴mei³¹	玉米 y⁴⁴mi³¹	玉米 y⁴⁴mei³¹	玉米 y⁴⁴mi³¹	玉麦 y⁴⁴mei³¹
327	蚕豆	大豆 ta⁴⁴tɔu²¹	大豆 ta⁴⁴tɔu³¹	大豆 ta⁴⁴tɔu³¹	蚕豆 tsʰɛ¹³tɔu⁴⁴	大豌豆 ta⁴⁴vɛ³¹tɔu⁴⁴	大豆 ta⁴⁴tɔu³¹	蚕豆 tsʰɛ¹³tɔu⁴⁴
328	豌豆	豌豆 vɛ³¹tɔu²¹	豌豆 vɛ³¹tɔu³¹	白豌豆 pei¹³vɛ³¹tɔu⁴⁴ 麻豌豆 ma¹³vɛ³¹tɔu⁴⁴	豌豆 vɛ³¹tɔu⁴⁴	豌豆 vɛ³¹tɔu⁴⁴	豆子 tɔu⁴⁴tʂ²¹	白豆子 pei¹³tɔu⁴⁴tʂ²¹
329	绿豆	绿豆 liɔu³¹tɔu⁴⁴	绿豆 lu³¹tɔu⁴⁴	绿豆 liou³¹tɔu⁴⁴	绿豆 ly³¹tɔu⁴⁴	绿豆 liɔu³¹tɔu⁴⁴	绿豆 liɔu³¹tɔu⁴⁴	绿豆 liɔu³¹tɔu⁴⁴
330	芝麻	芝麻 tʂ³¹ma³⁵	芝麻 tʂ³¹ma¹³	芝麻 tʂ³¹ma¹³	芝麻 tʂ³¹ma¹³	芝麻 tʂ³¹ma¹³	芝麻 tʂ³¹ma¹³	芝麻 tʂ³¹ma¹³
331	向日葵	日儿葵 ʐı³¹ər³⁵kʰuei³⁵	葵花 kʰuei¹³xua³¹	向日葵 ɕiɑŋ⁴⁴ʐı³¹kʰuei¹³ 葵花 kʰuei¹³xua³¹	向日葵 ɕiɑŋ⁵²ʐı³¹kʰuei¹³	葵花 kʰuei¹³xua³¹	向日葵 ɕiɑŋ⁴⁴ʐı³¹kʰuei¹³ 葵花 kʰuei¹³xua³¹	向日葵 ɕiɑŋ⁴⁴ʐı³¹kʰuei¹³

续表

序号	词条	兴泾镇	大成场镇	闽宁镇1	闽宁镇2	镇北堡镇	红寺堡区	南梁台子
332	白萝卜	萝卜 luə³¹pʰu²¹	白萝卜 pei¹³luə¹³pu²¹	白萝卜 pei¹³luə¹³pʰu³¹	白萝卜 pei¹³luə¹³pu³¹	白萝卜 pei¹³luə¹³pu³¹	白萝卜 pei¹³luə¹³pu³¹	白萝卜 pei¹³luə¹³pu²¹
333	胡萝卜	红萝卜 xuŋ³⁵luə³¹pʰu²¹	红萝卜 xuŋ¹³luə¹³pu²¹	黄萝卜 xuaŋ¹³luə¹³pʰu³¹	黄萝卜 xuaŋ¹³luə¹³pu³¹	黄萝卜 xuaŋ¹³luə¹³pu³¹	黄萝卜 xuaŋ¹³luə¹³pu³¹	黄萝卜 xuaŋ¹³luə¹³pu³¹
334	瓜子	瓜子儿 kua³¹tsar²¹	瓜子儿 kua³¹tsar³¹	瓜子儿 kua³¹tsar⁵²	瓜子儿 kua³¹tsar⁵²	瓜子儿 kua³¹tsar⁵²	瓜子儿 kua³¹tsar⁵²	瓜子儿 kua³¹tsar⁵²
335	洋葱	洋葱头 iaŋ³⁵tsʰuŋ³¹tʰəu³⁵	葱头 tsʰuŋ³¹tʰəu¹³	洋蒜 iæ¹³suæ⁴⁴	葱头 tsʰuŋ³¹tʰəu¹³	洋蒜 iæ¹³suæ⁴⁴	葱头 tsʰuŋ³¹tʰəu¹³	葱头 tsʰuŋ³¹tʰəu¹³
336	洋姜	洋山芋 iaŋ³⁵sæ³¹y⁵²	洋姜 iaŋ¹³tɕiaŋ¹³	洋姜 iaŋ¹³tɕiaŋ³¹	洋姜 iaŋ¹³tɕiaŋ¹³	洋姜 iaŋ¹³tɕiaŋ³¹	洋姜 iaŋ¹³tɕiaŋ³¹	洋姜 iaŋ¹³tɕiaŋ¹³
337	辣椒	辣子 la⁵²tʂ²¹	辣子 la³¹tʂ¹³	辣子 la³¹tʂ¹³	辣子 la³¹tʂ¹³	辣子 la³¹tʂ¹³	辣子 la³¹tʂ¹³	辣子 la³¹tʂ¹³
338	香菜	芫荽 iæ¹³suei³¹	芫荽 iæ¹³suei³¹	芫荽 iæ¹³suei³¹	芫荽 iæ¹³suei³¹	芫荽 iæ¹³suei³¹	香菜种植 ɕiaŋ³¹tsʰɛ⁴⁴ 芫荽野生 iæ¹³suei³¹	芫荽 iæ¹³suei³¹
339	马铃薯	洋芋 iaŋ³⁵y⁴⁴ 芋豆 y⁴⁴təu²¹	洋芋 iaŋ¹³y⁴⁴	洋芋 iaŋ¹³y⁴⁴ 山芋 sæ³¹y⁴⁴	洋芋 iaŋ¹³y⁴⁴	洋芋 iaŋ¹³y⁴⁴	洋芋 iaŋ¹³y⁴⁴ 山芋 sæ³¹y⁴⁴	洋芋 iaŋ¹³y⁴⁴
340	山药	山药 sæ³¹yə³¹ 山芋 sæ³¹y³¹	山药 sæ³¹yə³¹	山药 sæ³¹yə³¹	山药 sæ³¹yə³¹	山芋 sæ³¹yə³¹	山药 sæ³¹yə³¹	山药 sæ³¹yə³¹
341	卷心菜	卷心白 tɕyæ⁵²ɕin³¹pei¹³ 包包菜 po³¹po¹³tsʰɛ⁴⁴	卷心白 tɕyæ⁵²ɕiŋ³¹pei¹³ 包包菜 po³¹po¹³tsʰɛ⁴⁴	卷心白 tɕyæ⁵²ɕiŋ³¹pei¹³ 包包菜 po³¹po¹³tsʰɛ⁴⁴	卷心白 tɕyæ⁵²ɕiŋ³¹pei¹³ 包包菜 po³¹po¹³tsʰɛ⁴⁴	卷心白 tɕyæ⁵²ɕiŋ³¹pei¹³ 包包菜 po³¹po¹³tsʰɛ⁴⁴	卷心白 tɕyæ⁵²ɕiŋ³¹pei¹³ 包包菜 po³¹po¹³tsʰɛ⁴⁴	卷心白 tɕyæ⁵²ɕiŋ³¹pei¹³ 包包菜 po³¹po¹³tsʰɛ⁴⁴
342	南瓜	番瓜 fæ³¹kua³¹	番瓜 fæ³¹kua³¹	跳瓜 tʰiɔ⁴⁴kua³¹	南瓜 næ¹³kua³¹	番瓜 fæ¹³kua³¹	葫芦 xu¹³lu³¹	倭胡 vuə³¹xu¹³
343	莴苣	笋 ɕyn⁵²	笋子 suŋ⁵²tʂ²¹	笋子 suŋ⁵²tʂ²¹	笋子 suŋ⁵²tʂ²¹	笋子 suŋ⁵²tʂ²¹	笋子 suŋ⁵²tʂ²¹	笋子 suŋ⁵²tʂ²¹

续表

序号	词条	兴泾镇	大战场镇	闵宁镇1	闵宁镇2	镇北堡镇	红寺堡区	南梁台子
344	木头	木头 muᵘ³¹tʰəu²¹	木头 mu³¹tʰəu¹³	木头 mu³¹tʰəu¹³	木头 mu³¹tʰəu¹³	木头 mu³¹tʰəu¹³	木头 mu³¹tʰəu¹³	木头 mu³¹tʰəu¹³
345	树杈	树骨 ʂu⁵²ku⁵²	树杈 ʂu⁴⁴tsʰa⁵²	树骨子 ʂu⁴⁴ku⁵²tsʅ²¹	树骨子 ʂu⁵²ku⁵²tsʅ²¹	树骨 ʂu⁴⁴ku⁵²	树骨都 ʂu⁴⁴ku³¹tu⁴⁴	树骨 ʂu⁴⁴ku⁵²
346	花	花 xuər⁵²	花儿 xua³¹ar²¹	花儿 xuer¹³	花 xua¹³	花儿 xua³¹ar¹³	花儿 xuer¹³	花儿 xua³¹ar¹³
347	青苔	绿毛 liəu³¹muᵘ³⁵	雀儿烟 tɕʰiɔr⁵²⁵¹iæ¹³ 绿毛毛 liəu⁵²mɔ¹³mɔ²¹	绿毛毛 liəu³¹mɔ¹³mɔ²¹	绿毛毛 liəu⁵²mɔ¹³mɔ²¹	绿毛 liəu³¹mɔ²¹	雀儿烟 tɕʰiɔr⁵²iæ¹³	雀儿烟 tɕʰiɔ⁵²ar³¹iæ¹³
348	桑葚	桑葚 saŋ³¹ʂʅ²¹	桑杏子 saŋ³¹ɕiŋ⁴⁴tsʅ²¹	桑杏儿 saŋ³¹ɕiar⁴⁴	桑杏子 saŋ³¹ɕiŋ⁴⁴tsʅ²¹	桑杏儿 saŋ³¹ɕiar⁴⁴	桑儿 saŋ³¹ar⁵²	桑杏子 saŋ³¹ɕiŋ⁴⁴tsʅ²¹
349	杏子	杏 xaŋ⁴⁴	杏子 xaŋ⁴⁴tsʅ²¹	杏子 xaŋ⁴⁴ar²¹	杏子 xaŋ⁴⁴tsʅ²¹	杏儿 xaŋ⁴⁴ar²¹	杏儿 xaŋ⁴⁴ar²¹	杏子 xaŋ⁴⁴tsʅ²¹
350	核桃	柯桃 kʰɤ³¹tʰɔ³¹	核头 xə¹³tʰə³¹	核头 xə¹³tʰəu³¹	核桃 xə¹³tʰɔ³¹	核头 xə¹³tʰə³¹	核桃 xə¹³tʰə³¹	核头 xə¹³tʰəu³¹
351	栗子	栗子 li³¹tʂ²¹	毛栗子 mɔ¹³li⁵²tsʅ²¹	栗子 li⁵²tsʅ²¹	毛栗子 mɔ¹³li⁴⁴tsʅ²¹	毛栗子 mɔ¹³li⁴⁴tsʅ²¹	毛栗子 mɔ³⁵li⁴⁴tsʅ²¹	毛栗子 mɔ¹³li⁵²tsʅ²¹
352	枣	枣儿 tsɔr⁵²	枣儿 tsɔ⁵²ar²¹	枣儿 tsɔ⁵²tsʅ²¹	枣儿 tsɔ⁵²ar²¹	枣儿 tsɔ⁵²ar²¹	枣儿 tsɔ⁵²ar²¹	枣儿 tsɔ⁵²ar²¹
353	牲畜	头牯 tʰəu³¹ku³¹	牲口 saŋ³¹kʰəu⁵²	头狗 tʰəu¹³kau¹³	头口 tʰəu¹³kʰəu⁵²	头口 tʰəu¹³kʰəu³¹	牲口 saŋ¹³kʰəu³¹	头狗 tʰəu¹³kʰau³¹
354	公牛未骟	犒牛 pʰɔ²¹ȵiəu³⁵	犒牛 pʰɔ³¹ȵiəu¹³	犒牛 pʰɔ³¹ȵiəu¹³	犒牛 pʰɔ³¹ȵiəu¹³	犒牛 pʰɔ³¹ȵiəu¹³	犒牛 pʰɔ³¹ȵiəu¹³	犒牛 pʰɔ³¹ȵiəu¹³
355	公牛已骟	犍牛 tɕiæ³¹ȵiəu³⁵	犍牛 tɕiæ³¹ȵiəu¹³	犍牛 tɕiæ³¹ȵiəu¹³	犍牛 tɕiæ³¹ȵiəu¹³	犍牛 tɕiæ³¹ȵiəu¹³	犍牛 tɕiæ³¹ȵiəu¹³	犍牛 tɕiæ³¹ȵiəu¹³
356	母牛	乳牛 ʐu⁵²ȵiəu³¹	乳牛 ʐu⁵²ȵiəu³¹	乳牛 ʒu⁵²ȵiəu³¹	乳牛 ʐu⁵²ȵiəu³¹	乳牛 ʐu⁵²ȵiəu³¹	乳牛 ʐu⁵²ȵiəu³¹	乳牛 ʐu⁵²ȵiəu³¹
357	牛犊	牛犊儿 ȵiəu¹³tʰuər²¹	牛娃子 ȵiəu¹³va³¹tsʅ²¹	牛娃子 ȵiəu¹³va³¹tsʅ²¹	牛犊子 ȵiəu¹³tu³¹tsʅ²¹	牛娃子 ȵiəu¹³va³¹tsʅ²¹	牛儿子 ȵiəu¹³ar¹³tsʅ²¹	牛犊子 ȵiəu¹³tu³¹tsʅ²¹
358	牛圈	牛圈 ȵiəu¹³tɕʰyæ⁴⁴	牛圈 ȵiəu¹³tɕyæ⁴⁴	牛圈 ȵiəu¹³tɕʰyæ⁴⁴	牛圈 ȵiəu¹³tɕyæ⁴⁴	牛圈 ȵiəu¹³tɕʰyæ⁴⁴	牛圈 ȵiəu¹³tɕʰyæ⁴⁴	牛圈 ȵiəu¹³tɕyæ⁴⁴

序号	词条	兴泾镇	大战场镇	闽宁镇1	闽宁镇2	镇北堡镇	红寺堡区	南梁台子
359	山羊	居驴 tɕy⁵²ly³¹	骚趓子 sɔ³¹kæ⁵²tʂʅ²¹	骚羊 sɔ³¹iaŋ¹³ 骚趓 sɔ³¹kæ⁵²	骚趓 sɔ³¹kæ⁵²	骚趓 sɔ³¹kæ⁵²	居驴 tɕy³¹ly¹³	骚趓子 sɔ³¹kæ⁵²tʂʅ²¹ 山羊 sæ³¹iaŋ¹³
360	公山羊羊羯	骚胡 sɔ³¹xu²¹	骚胡 sɔ³¹xu¹³	骚胡 sɔ³¹xu¹³		骚胡 sɔ³¹xu¹³	骚胡 sɔ³¹xu⁴⁴	骚胡 sɔ³¹xu¹³
361	公山羊已羯	骟羊 ʂæ⁴⁴iaŋ³¹ 羯羊 tɕiɔ³¹iaŋ³⁵	羯羊 tɕiɔ³¹iaŋ¹³	骟羯子 ʂæ⁴⁴tɕiɔ³¹tʂʅ²¹	骟羯子 ʂæ⁴⁴tɕiɔ³¹tʂʅ²¹	骟羯子 ʂæ⁴⁴tɕiɔ³¹tʂʅ²¹	羯羊 tɕiɔ³¹iaŋ¹³	羯羊 tɕiɔ³¹iaŋ¹³
362	绵羊	绵羊 miæ³⁵iaŋ³⁵	绵羊 miæ¹³iaŋ³¹	绵羊 miæ¹³iaŋ³¹	绵羊 miæ¹³iaŋ³¹	绵羊 miæ¹³iaŋ³¹	绵羊 miæ¹³iaŋ³¹	绵羊 miæ¹³iaŋ³¹
363	公绵羊未羯	羝羊 tɕi⁴⁴iaŋ³¹	羝羊 ti³¹iaŋ¹³	羝羊 ti³¹iaŋ¹³	羝羊 ti³¹iaŋ¹³	羝羊 tɕi³¹iaŋ¹³	羝羊 tɕi³¹iaŋ¹³	羝羊 tɕi³¹iaŋ¹³ 独羊 tu³¹iaŋ¹³
364	公绵羊已羯	骟羊 ʂæ⁴⁴iaŋ³¹	绵羊 miæ¹³ 骟羊 ʂæ⁴⁴iaŋ³¹	骟羊 ʂæ⁴⁴iaŋ³¹	骟羊 ʂæ⁴⁴iaŋ¹³	羯羊 tɕiɔ³¹iaŋ¹³	羯羊 tɕiɔ³¹iaŋ¹³	骟羊 ʂæ⁴⁴iaŋ³¹
365	母羊	母羊 mu³¹iaŋ³⁵	母羊 mu⁵²iaŋ³¹	母羊 mu⁵²iaŋ³¹	母羊 mu⁵²iaŋ³¹	母羊 mu⁵²iaŋ³¹	母羊 mu⁵²iaŋ³¹	母羊 mu⁵²iaŋ³¹
366	羊羔	羊羔儿 iaŋ³⁵kɔr²¹	羊羔子 iaŋ¹³kɔ³¹tʂʅ²¹	羊羔儿 iaŋ³⁵kɔr³¹	羊羔儿 iaŋ¹³kɔr³¹	羊羔 iaŋ¹³kɔ³¹	羊羔子 iaŋ¹³kɔ³¹tʂʅ²¹	羊羔子 iaŋ¹³kɔ³¹tʂʅ²¹
367	公马	儿马 ar²¹ma⁵²	儿马 ar¹³ma⁵²	儿马 ar¹³ma⁵²	儿马 ar¹³ma⁵²	儿马 ar¹³ma⁵²	儿马 ar¹³ma⁵²	儿马 ar¹³ma⁵²
368	母马	骒马 kʰuə⁴⁴ma²¹	骒马 kʰuə⁴⁴ma³¹	骒马 kʰuə⁴⁴ma³¹	骒马 kʰuə⁴⁴ma³¹	骒马 kʰuə⁴⁴ma³¹	骒马 kʰuə⁴⁴ma⁵²	骒马 kʰuə⁴⁴ma⁵²
369	马驹	马驹儿 ma⁵²tɕyər²¹	马驹子 ma⁵²tɕy¹³tʂʅ²¹	马驹儿 ma⁵²tɕyər¹³	马驹儿 ma⁵²tɕyər¹³	马驹儿 ma⁵²tɕy³¹ər²¹	马驹子 ma⁵²tɕy¹³tʂʅ²¹	马驹子 ma⁵²tɕy¹³tʂʅ²¹
370	公驴	叫驴 tɕiɔ⁴⁴ly³⁵	叫驴 tɕiɔ⁴⁴ly¹³	叫驴 tɕiɔ⁴⁴ly¹³	叫驴 tɕiɔ⁴⁴ly¹³	叫驴 tɕiɔ⁴⁴ly¹³	叫驴 tɕiɔ⁴⁴ly¹³	叫驴 tɕiɔ⁴⁴ly¹³
371	母驴	骒驴 tsʰɔ⁵²ly³⁵	骒驴 tsʰɔ⁵²ly¹³	骒驴 tsʰɔ⁵²ly¹³	骒驴 tsʰɔ⁵²ly¹³	骒驴 tsʰɔ⁵²ly¹³	骒驴 tsʰɔ⁵²ly¹³	骒驴 tsʰɔ⁵²ly¹³

续表

序号	词条	兴泾镇	大战场镇	闽宁镇 1	闽宁镇 2	镇北堡镇	红寺堡区	南梁台子
372	驴驹	驴驹儿 ly^{35}tɕyɚr^{31}	驴驹子 ly^{13}tɕy^{31}tsʅ^{21}	驴娃子 ly^{13}va^{31}tsʅ^{21}	驴驹 ly^{13}tɕy^{31}	驴娃子 ly^{13}va^{31}tsʅ^{21}	驴驹子 ly^{13}tɕy^{31}tsʅ^{21}	驴驹子 ly^{13}tɕy^{31}tsʅ^{21}
373	公骡子	儿骡子 ar^{35}luə^{35}tə^{21}	儿骡子 ar^{13}luə^{13}tsʅ^{21}	儿骡子 ar^{13}luə^{13}tsʅ^{21}	儿骡子 ar^{13}luə^{13}tsʅ^{21}	儿骡子 ar^{13}luə^{13}tsʅ^{21}	儿骡子 ar^{13}luə^{13}tsʅ^{21}	儿骡子 ar^{13}luə^{13}tsʅ^{21}
374	母骡子	骒骡子 kʰuə^{44}luə^{35}tə^{21}	骒骡子 kʰuə^{44}luə^{13}tsʅ^{21}	骒骡子 kʰuə^{44}luə^{13}tsʅ^{21}	骒骡子 kʰuə^{44}luə^{13}tsʅ^{21}	骒骡子 kʰuə^{44}luə^{13}tsʅ^{21}	骒骡子 kʰuə^{44}luə^{13}tsʅ^{21}	骒骡子 kʰuə^{44}luə^{13}tsʅ^{21}
375	驴骡子	驴骡子 ly^{35}luə^{35}tə^{21}	驴骡子 ly^{13}luə^{13}tsʅ^{21}	驴骡子 ly^{13}luə^{13}tsʅ^{21}	驴骡子 ly^{13}luə^{13}tsʅ^{21}	驴骡子 ly^{13}luə^{13}tsʅ^{21}	驴骡子 ly^{13}luə^{13}tsʅ^{21}	驴骡子 ly^{13}luə^{13}tsʅ^{21}
376	马骡子	马骡子 ma^{52}luə^{35}tə^{21}	马骡子 ma^{52}luə^{13}tsʅ^{21}	马骡子 ma^{52}luə^{13}tsʅ^{21}	马骡子 ma^{52}luə^{13}tsʅ^{21}	马骡子 ma^{52}luə^{13}tsʅ^{21}	马骡子 ma^{52}luə^{13}tsʅ^{21}	马骡子 ma^{52}luə^{13}tsʅ^{21}
377	公狗	牙狗 ɲia^{35}kəu^{52}	牙狗 ia^{13}kəu^{52}	牙狗 ia^{13}kəu^{52}	牙狗 ia^{13}kəu^{52}	牙狗 ia^{13}kəu^{52}	牙狗 ia^{13}kəu^{52}	牙狗 ia^{13}kəu^{52}
378	母狗	母狗 mu^{31}kəu^{52}	骒狗 tsʰɔ^{31}kəu^{52}	母狗 mu^{31}kəu^{52} 骒狗 tsʰɔ^{31}kəu^{52}	骒狗 tsʰɔ^{31}kəu^{52}	骒狗 tsʰɔ^{31}kəu^{52}	骒狗 tsʰɔ^{31}kəu^{52}	骒狗 tsʰɔ^{31}kəu^{52}tsʅ^{21}
379	小狗	狗娃儿 kəu^{52}vɚr^{21}	狗娃子 kəu^{52}va^{13}tsʅ^{21}	狗儿 kəu^{52}ər^{21}	狗娃子 kəu^{52}va^{13}tsʅ^{21}	狗娃子 kəu^{52}va^{13}tsʅ^{21}	狗儿子 kəu^{52}ar^{13}tsʅ^{21}	狗娃子 kəu^{52}va^{13}tsʅ^{21}
380	猫	猫 mɔ^{35}	猫儿 mɔ^{13}ar^{52}	猫儿 mɔ^{13}ar^{21}	猫儿 mɔ^{13}ar^{52}	猫儿 mɔ^{13}ar^{31}	猫儿 mɔ^{13}ar^{21}	猫儿 mɔ^{13}ar^{21}
381	公猫	郎猫 laŋ^{35}mɔ^{21}	狸猫儿 li^{13}mər^{13}	公猫儿 kuŋ^{31}mər^{13}	郎猫儿 laŋ^{13}mor^{13}	郎猫儿 laŋ^{13}mɔ^{21}	郎猫儿 laŋ^{13}mor^{13}	郎猫儿 laŋ^{13}mor^{13}
382	母猫	咪猫 mi^{52}mɔ^{21}	咪猫儿 mi^{31}mar^{21}	咪猫儿 mi^{52}mor^{13}	咪猫儿 mi^{52}mor^{13}	咪猫儿 mi^{52}mɔ^{21}ar^{21}	咪猫儿 mi^{52}mor^{13}	咪猫儿 mi^{52}mor^{13}
383	公鸡	公鸡 kuŋ^{31}tɕi^{31}	公鸡 kuŋ^{13}tɕi^{31}	公鸡 kuŋ^{13}tɕi^{31}	公鸡 kuŋ^{13}tɕi^{31}	公鸡 kuŋ^{13}tɕi^{31}	公鸡 kuŋ^{13}tɕi^{31}	公鸡 kuŋ^{13}tɕi^{31}
384	母鸡	母鸡 mu^{31}tɕi^{31}	母鸡 mu^{52}tɕi^{31}	母鸡 mu^{52}tɕi^{31}	母鸡 mu^{52}tɕi^{31}	母鸡 mu^{52}tɕi^{31}	母鸡 mu^{52}tɕi^{31}	母鸡 mu^{52}tɕi^{31}

续表

序号	词条	兴泾镇	大战场镇	闽宁镇 1	闽宁镇 2	镇北堡镇	红寺堡区	南梁台子
385	抱窝鸡	蓄窝鸡 cyⁿ⁴⁴vuə³¹tɕi³¹	造窝鸡 tsɔ⁴⁴vuə¹³tɕi³¹	造窝鸡 tsɔ⁴⁴vuə¹³tɕi³¹	造窝鸡 tsɔ⁴⁴vuə¹³tɕi³¹	抱窝鸡 pɔ⁴⁴vuə³¹tɕi³¹	造窝鸡 tsɔ⁴⁴vuə¹³tɕi³¹	造窝鸡 tsɔ⁴⁴vuə¹³tɕi³¹
386	小鸡	鸡娃儿 tɕi³¹tɕi³¹var²¹	鸡娃子 tɕi³¹va¹³tʂʅ²¹	鸡娃儿 tɕi³¹va¹³ar²¹	鸡娃儿 tɕi³¹va¹³ar²¹	鸡娃子 tɕi³¹va¹³tʂʅ²¹	鸡娃子 tɕi³¹va¹³tʂʅ²¹	鸡娃子 tɕi³¹va¹³tʂʅ²¹
387	鹅	鹅 ŋɔ³⁵	鹅儿 nuə¹³ar²¹	鹅儿 ŋə¹³ar²¹	鹅儿 nuə¹³ar²¹	鹅儿 ŋə¹³ar²¹	鹅 nuə¹³	鹅儿 nuə¹³ar²¹
388	鸟儿统称	鸟儿 ȵiɔr⁵²	鸟儿 ȵiɔ⁵²ar²¹	鸟儿 ȵiɔ⁵²ar²¹	鸟儿 ȵiɔ⁵²ar²¹	鸟儿 ȵiɔ⁵²ar²¹	鸟儿大 ȵiɔ⁵²va²¹ 雀儿小 tɕʰiɔ⁵²ar²¹	鸟儿 ȵiɔ⁵²ar²¹
389	麻雀	麻雀 ma³⁵tɕʰiɔ³¹	雀儿 tɕʰiɔ⁵²ar²¹	麻雀 ma¹³tɕʰiɔ⁵²	雀儿 tɕʰiɔ⁴⁴ar²¹	麻雀 ma¹³tɕʰiɔ³¹	麻雀 ma¹³tɕʰiɔ³¹	麻雀 ma¹³tɕʰiɔ³¹
390	喜鹊	野鹊 ia³¹tɕʰiɔ³¹	喜鹊 ɕi⁵²tɕʰyɔ³¹	喜鹊 ia³¹tɕʰiɔ⁵²	喜鹊 ɕi⁵²tɕʰiɔ³¹	喜鹊 ɕi⁵²tɕʰiɔ³¹	喜鹊 ɕi⁵²tɕʰiɔ³¹	喜鹊 ɕi⁵²tɕʰiɔ³¹
391	乌鸦	老哇 lɔ⁵²ua³¹	老哇 lɔ⁵²va³¹	老哇 lɔ⁵²va³¹	老哇 lɔ⁵²va³¹	老哇 lɔ⁵²va³¹	老哇特别黑 lɔ⁵²va³¹ 乌鸦不太黑 vu¹³ia³¹	老哇大 lɔ⁵²va³¹ 黑乌鸦小 xei³¹vu¹³ia³¹
392	燕子	燕子儿 iæ⁴⁴tsər²¹	马燕儿 ma³¹iæ⁴⁴ar²¹	燕儿 iər⁴⁴	马燕儿 ma⁵²iæ⁴⁴ar²¹	马燕儿 ma⁵²iæ⁴⁴ar²¹	马燕儿 ma⁵²iər⁴⁴	马燕儿 ma⁵²iæ⁴⁴ar²¹
393	鸽子	鹁鸽儿 pʰu³¹kər²¹	鹁鸽 pu¹³kɔ³¹	鸽子家茶 kɔ³¹tʂʅ¹³ 鹁鸽野外 pu¹³kɔ³¹	鹁鸽 pu¹³kɔ³¹	鹁鸽 pʰu¹³kɔ³¹	鹁鸽儿 pu¹³kər¹³	鹁鸽 pu¹³kɔ³¹
394	猫头鹰	信胡 ɕin⁴⁴xu²¹	哼唧 xəŋ⁴⁴xɔu³¹	哼唧 xəŋ⁴⁴xɔu³¹	哼唧 xəŋ⁴⁴xɔu³¹	哼唧 xəŋ⁴⁴xɔu³¹	哼唧 xəŋ⁴⁴xɔu³¹	哼唧 xəŋ⁴⁴xɔu³¹
395	布谷鸟	旋黄旋收 çyæ⁴⁴xuaŋ³⁵çyæ⁴⁴ʂou³¹	报谷 pɔ⁵²kɔu³¹	报谷 pɔ⁵²kɔu³¹	报谷 pɔ⁵²kɔu³¹	报谷 pɔ⁵²kɔu³¹	咕咕 ku¹³ku¹³ȵiɔ⁵²	报谷 pɔ⁵²kɔu³¹
396	啄木鸟	鹐鹐报 tɕʰiæ³¹tɕʰiæ²¹pɔ³¹	啄木鸟 tʂuə¹³mu³¹ȵiɔ⁵²	穿树母子 tʂʰæ³¹ʃu⁴⁴mu⁵²tʂʅ²¹	啄木鸟 tʂuə¹³mu³¹ȵiɔ⁵²	啄木鸟 tʂuə¹³mu³¹ȵiɔ⁵²	报报吃 pɔ⁴⁴pɔ²¹tʂʰʅ³¹	啄木鸟 tʂuə¹³mu³¹ȵiɔ⁵²
397	鸬鹚	鱼鹰 y³⁵ȵiŋ³¹	捞鱼罐 lɔ⁴⁴y¹³kuæ⁴⁴	鸬鹚 lu¹³tʂʅ²	鱼鹰 y¹³iŋ¹³	鸬鹚 lu¹³tʂʅ²¹	鱼鹰 y¹³iŋ³¹	鱼鹰 y¹³iŋ³¹
398	翅膀统称	翎膀 liŋ³⁵paŋ⁵²	膀子 paŋ⁵²tʂʅ²¹	膀子 paŋ⁵²tʂʅ²¹	膀子 paŋ⁵²tʂʅ²¹	膀子 paŋ⁵²tʂʅ²¹	膀子 paŋ⁵²tʂʅ²¹	膀子 paŋ⁵²tʂʅ²¹

续表

序号	词条	兴泾镇	大战场镇	闽宁镇1	闽宁镇2	镇北堡镇	红寺堡区	南梁台子
399	爪子	爪子 tʂua^{52}tʂ̩^{21}	爪子 tʂua^{52}tʂ̩^{21}	爪子 tʂʻua^{52}tʂ̩^{21}	爪子 tʂua^{52}tʂ̩^{21}	爪子 tʂua^{52}tʂ̩^{21}	爪子 tʂua^{52}tʂ̩^{21}	爪子 tʂua^{52}tʂ̩^{21}
400	尾巴	尾巴 i^{52}pə^{21}	尾巴 vei^{52}pa^{21}	尾干 i^{52}kæ^{31} 尾巴 i^{52}pa^{21}	尾巴 i^{52}pa^{21}	尾巴 i^{52}pa^{21}	尾巴 i^{52}pa^{21}	尾巴 i^{52}pa^{21}
401	蝉	知了 tʂ̩^{31}ʮau^{21}	知了 tʂ̩^{44}ʮau^{13}	蚂蚱 ma^{31}tsa^{13}	蝉 sæ^{13}	蝉儿 ʂaŋ^{13}ʔar^{21}	秋蝉儿 tɕʰau^{13}ʂæ^{44}ʔar^{21}	贴叫驴蚱 tʰiɔ^{13}tɕiɔ^{44}ma^{31}tsa^{13}
402	蝴蝶	花花蝶儿 xua^{31}xua^{31}ʮar^{21}	蛾蛾子 nuə^{13}nuə^{31}tʂ̩^{21}	蝴蝶儿 xu^{13}tiər^{13}	蛾蛾 nuə^{13}nuə^{21}	蛾蛾儿 ʮə^{13}ʔər1	蛾蛾子 nuə^{13}nuə^{31}tʂ̩^{21}	蛾蛾子 nuə^{13}nuə^{31}tʂ̩^{21}
403	蜻蜓	蜻蜓 tɕʰiŋ^{31}tɕʰiŋ^{21}	蜻蜓 tɕʰiŋ^{31}tɕʰiŋ^{31}	蜻蜓 tɕʰiŋ^{13}tɕʰiŋ^{31}	蜓蜓 tʰiŋ^{13}tʰiŋ^{21}	蜻蜓 tɕʰiŋ^{13}tɕʰiŋ^{31}	蜻蜓 tɕʰiŋ^{13}tɕʰiŋ^{21}	蜻蜓 tɕʰiŋ^{13}tɕʰiŋ^{21}
404	蜜蜂	蜂 faŋ^{31}	蜜蜂 mi^{13}faŋ^{31}	蜜蜂儿 mi^{13}⁴⁴far^{31}	蜜蜂 mi^{13}faŋ^{31}	蜜蜂 mi^{44}faŋ^{31}	蜂儿 faŋ^{31}ʔar^{13}	蜜蜂 mi^{13}faŋ^{31}
405	蜂蜜	蜂糖 faŋ^{31}tʰaŋ^{35}	蜂蜜 faŋ^{13}mi^{31}	蜜 mi^{13}	蜂蜜 faŋ^{13}mi^{31} 蜜 mi^{13}	蜂蜜 faŋ^{13}mi^{31}	蜜 mi^{13}	蜂蜜 faŋ^{13}mi^{31}
406	蝙蝠	夜蝙蝠儿 ia^{44}piæ^{31}xur^{21}	夜蝙蝠 ia^{31}piæ^{31}fu^{31}	夜蝙蝠儿 ia^{44}piæ^{44}xur^{13}	夜蝙蝠 ia^{31}piæ^{31}xu^{31}	夜蝙蝠 ia^{31}piæ^{31}xu^{13}	夜蝙蝠儿 ia^{44}piæ^{31}xur^{13}	夜蝙蝠儿 ia^{44}piæ^{31}xur^{13}
407	青蛙	蛤蟆 xə^{31}ma^{52}	蛤蟆 xə^{13}ma^{31}	蛤蟆 xə^{13}ma^{31}	蛤蟆 xə^{13}ma^{31}	蛤蟆 xə^{13}ma^{31}	癞呱子 lɛ^{44}kua^{13}tʂ̩^{21}	蛤蟆 xə^{13}ma^{31}
408	蝌蚪	蛤蟆骨都 xə^{31}ma^{21}ku^{31}tu^{21}	蛤蟆蛋子 xə^{31}ka^{31}tæ^{31}tʂ̩^{21}	蛤蟆蛋儿 xə^{13}m a^{31}kə^{31}tsɔ^{13}ar^{21}	蛤蟆蚪子 xə^{13}m a^{31}kə^{31}tɔu^{44}tʂ̩^{21}	蛤蟆蛋儿 xə^{13}m a^{31}kə^{31}tsɔ^{31}ar^{21}	蛤蟆蚪子 xə^{13}m a^{31}kə^{31}tɔu^{44}tʂ̩^{21}	蛤蟆蚪子 xə^{13}m a^{31}kə^{31}tɔu^{44}tsa^{21}
409	癞蛤蟆	癞蛤蟆 lɛ^{44}xə^{31}ma^{21}	癞蛤蟆 lɛ^{44}xə^{13}ma^{31}	癞蛤蟆小 lɛ^{44}xə^{13}ma^{31} 丁子蛤蟆大 tiŋ^{31}tʂ̩^{44}xə^{13}ma^{31}	癞呱子 lɛ^{44}kua^{13}tʂ̩^{21}	癞蛤蟆 lɛ^{44}xə^{31}ma^{31}	癞呱子 lɛ^{44}kua^{13}tʂ̩^{21}	癞蛤蟆 lɛ^{44}xə^{31}ma^{31}

续表

序号	词条	兴泾镇	大战场镇	闽宁镇1	闽宁镇2	镇北堡镇	红寺堡区	南梁台子
410	鱼鳞	鱼甲 y³⁵tɕia³¹	鱼甲 y¹³tɕia¹³	鱼甲 y¹³tɕia¹³	鱼甲 y¹³tɕia¹³	鱼甲 y¹³tɕia¹³	鱼甲 y¹³tɕia¹³	鱼甲 y¹³tɕia¹³
411	蚯蚓	蛐蟮 tɕʰy⁵²ʂæ̃¹³	蛐蟮 tɕʰy³¹ʂæ̃¹³	蛐蟮 tɕʰy⁴⁴ʂæ̃¹³	蛐蟮 tɕʰy³¹ʂæ̃¹³	蛐蟮 tɕʰy³¹ʂæ̃¹³	蚯蚓 tɕʰiau³¹iŋ⁵²	蛐蟮 tɕʰy³¹ʂæ̃¹³
412	蚕	蚕儿 tsʰɚr³⁵	蚕儿 tsʰæ̃¹³ɚr²¹	蚕儿 tsʰæ̃¹³ɚr²¹	蚕儿 tsʰæ̃¹³ɚr²¹	蚕儿 tsʰæ̃¹³ɚr²¹	蚕 tsʰæ̃¹³	蚕儿 tsʰæ̃¹³ɚr²¹
413	蚂蚁	蚍蜉蚂儿 pʰi³⁵fu²¹mɚr⁵²	蚍蜉蚂 pʰi³¹fu²¹ma⁵²	蚍蜉蚂儿 pʰi¹³fu³¹ma⁵²ɚr²¹	蚍蜉蚂 pʰi³¹fu²¹ma⁵²	蚍蜉蚂儿 pʰi³¹fu²¹ma⁵²ɚr²¹	麻眼虫子 ma¹³ȵia n̩²¹tʂʰuŋ²¹tʂ¹³	蚍蜉蚂 pʰi³¹fu³¹ma⁵²
414	蜘蛛	蛛蛛 tʂu³¹tʂu²¹	蛛蛛 tʂu³¹tʂu¹³	蛛蛛 tsou³¹tsou¹³	蜘蛛 tʂʅ³¹tʂu¹³	蛛蛛 tsou³¹tsou¹³	蟏虫 ɕi⁵²ȵi¹³tʂʰuŋ²¹	蛛蛛 tʂu³¹tʂu¹³
415	蟑螂	灰婆虫 xuei³¹pʰua³¹tʂʰuŋ³⁵	蟑螂 tʂaŋ³¹laŋ¹³	虫子 tʂʰuŋ¹³tʂ²¹	蟑螂 tʂaŋ³¹laŋ¹³	蟑螂 tʂaŋ³¹laŋ¹³	蟑螂 tʂaŋ³¹laŋ¹³	虫子 tʂʰuŋ¹³tʂ²¹
416	蜗牛	蜗蜗牛 kua³¹kua²¹ȵiau¹³	蜗蜗牛 kua⁴⁴kua⁴⁴ȵiau¹³	蜗蜗牛 kua⁵²kua²¹ȵiau¹³	蜗蜗牛 kua⁴⁴kua⁴⁴ȵiau¹³	蜗蜗牛 kua⁵²kua²¹ȵiau¹³	蜗蜗牛儿 kua⁴⁴kua⁴⁴ȵiau¹³ɚr²¹	蜗蜗牛儿 kua⁴⁴kua⁴⁴ȵiau¹³ɚr²¹
417	屎壳郎	屎扒牛 ʂʅ⁵²pa³¹ȵiau³⁵	屎扒牛 ʂʅ⁵²pa³¹ȵiau¹³	屎扒牛 ʂʅ⁵²pa³¹ȵiau¹³	屎盘牛 ʂʅ⁵²pʰa³¹æ̃³¹ȵiau¹³	屎扒牛 ʂʅ⁵²pʰa³¹ȵiau¹³	屎扒牛儿 ʂʅ⁵²pa³¹ȵiau¹³ɚr²¹	屎壳郎 ʂʅ⁵²pa³¹ȵiau¹³
418	蚊子	蚊子 van³⁵tʂ²¹	蚊子 vaŋ³¹tʂ¹³	蚊子 vaŋ¹³tʂ³¹	蚊子 vaŋ¹³tʂ³¹	蚊子 vaŋ¹³tʂ³¹	蚊子 vaŋ¹³tʂ³¹	蚊子 vaŋ¹³tʂ³¹
419	跳蚤	虼蚤 kə³¹tsɔ²¹	虼蚤 kə³¹tsɔ¹³	虼蚤 kə³¹tsɔ¹³	虼蚤 kə³¹tsɔ¹³	虼蚤 kə³¹tsɔ¹³	虼蚤 kə³¹tsɔ⁴⁴	虼蚤 kə³¹tsɔ¹³
420	虱子	虱 sei³¹	虱子 sei³¹tʂ¹³	虱 sei¹³	虱子 sei³¹tʂ¹³	虱子 sei³¹tʂ¹³	虱子 sei³¹tʂ⁴⁴	虱子 sei³¹tʂ¹³
421	苍蝇	蝇子 iŋ³⁵tʂ²¹	苍蝇 tsʰaŋ³¹iŋ¹³	苍蝇 tsʰaŋ³¹iŋ¹³	苍蝇 tsʰaŋ³¹iŋ¹³	苍蝇 tsʰaŋ³¹iŋ¹³	苍蝇 tsʰaŋ³¹iŋ¹³	苍蝇 tsʰaŋ³¹iŋ¹³
422	小虫有翅膀	虫虫 tʂʰuŋ³⁵tʂʰuŋ²¹	牛牛 ȵiau¹³ȵiau²¹	牛牛儿 ȵiau¹³ȵiau³¹ɚr²¹	牛牛 ȵiau¹³ȵiau²¹	牛牛儿 ȵiau¹³ȵiau²¹	甲甲虫 tɕia³¹tɕia⁴⁴tʂʰuŋ¹³	牛牛 ȵiau¹³ȵiau²¹

序号	词条	兴泾镇	大战场镇	闽宁镇1	闽宁镇2	镇北堡镇	红寺堡区	南梁台子
423	小虫无翅膀	虫虫 tʂʰuŋ³⁵tʂʰuŋ²¹	虫子 tʂʰuŋ¹³tʂ̩²¹	牛牛儿 ȵiəu¹³ȵiəu³¹ər²¹	虫子 tʂʰuŋ¹³tʂ̩²¹	蛆 tɕʰy¹³ 虫 huŋ¹³	虫 huŋ¹³	虫子 tʂʰuŋ¹³tʂ̩²¹
424	老鼠	老鼠 lɔ³¹su²¹	老鼠 lɔ³¹tʂʰuŋ⁵²	老鼠 lɔ³¹tʃʰu⁵²	老鼠 lɔ³¹tʂʰuŋ⁵²	老鼠 lɔ³¹tʂʰuŋ⁵²	老鼠 lɔ³¹tʂʰuŋ³¹	老鼠 lɔ³¹tʂʰuŋ⁵²
425	蛇	长虫 tʂʰaŋ³¹tʂʰuŋ⁵²	长虫 tʂʰaŋ¹³tʂʰuŋ³¹	长虫 tʂʰaŋ¹³tʂʰuŋ³¹	长虫 tʂʰaŋ¹³tʂʰuŋ³¹	长虫 tʂʰaŋ¹³tʂʰuŋ³¹	长虫 tʂʰaŋ¹³tʂʰuŋ³¹	长虫 tʂʰaŋ¹³tʂʰuŋ³¹
426	蜈蚣	土蜈蚣 tʰu⁵²iəu³¹iæ̃⁵²	蜈蚣 u¹³kuŋ³¹	蜈蚣 vu¹³kuŋ³¹	蜈蚣 u¹³kuŋ³¹	蜈蚣 vu¹³kuŋ³¹	蜈蚣 vu¹³kuŋ³¹	蜈蚣 vu¹³kuŋ³¹
427	蜘蛛	蜘蛛 iəu³¹iæ̃⁵²	蜘蛛 iəu¹³iæ̃³¹	蜘蛛 iəu¹³iæ̃³¹	蜘蛛 iəu¹³iæ̃³¹	蜘蛛 iəu¹³iæ̃³¹	蜘蛛 iəu¹³iæ̃³¹	蜘蛛 iəu¹³iæ̃³¹
428	你	你 ȵi⁵²	你 ȵi⁵²	你 ȵi⁵²	你 ȵi⁵²	你 ȵi⁵²	你 ȵi⁵²	你 ȵi⁵²
429	我	我 ŋə⁵²	我 uə⁵²	我 ŋə⁵²	我 uə⁵²	我 ŋə⁵²	我 vuə⁵²	我 vuə⁵²
430	他	他 tʰa³¹	他 tʰa⁵²	他 tʰa⁵²	他 tʰa¹³	他 tʰa¹³	他 tʰa¹³	他 tʰa¹³
431	你们	你们 ȵi⁵²man²¹ 你几 ȵi³¹tɕi³¹	你们 ȵi⁵²məŋ³¹	你们 ȵi⁵²məŋ³¹ 你几个 ȵi⁵²tɕi⁵²kə³¹	你们 ȵi⁵²mu²¹	你们 ȵi⁵²məŋ³¹	你们 ȵi⁵²məŋ³¹	你们 ȵi⁵²məŋ³¹
432	我们	我们 ŋə⁵²man²¹ 我几 ŋə³¹tɕi³¹	我们 uə⁵²məŋ³¹	我们 ŋə⁵²məŋ³¹ 我几个 ŋə⁵²tɕi⁵²kə³¹ 曹儿个 tsʰɔ¹³tɕi⁵²kə³¹	我们 və⁵²mu²¹	我们 ŋə⁵²məŋ³¹ 曹儿 tsʰɔ¹³tɕi³¹	我们 vuə⁵²məŋ³¹	我们 vuə⁵²məŋ³¹
433	咱们	咱们 tsʰa³⁵man²¹ 咱 tsʰa³⁵	咱们 tsa¹³məŋ³¹	曹都 tsʰɔ¹³tɔu³¹ 曹 tsʰɔ¹³	咱们 tsa¹³məŋ³¹	我 ŋɔ⁵²	咱们 tsa¹³məŋ³¹	咱们 tsa¹³məŋ³¹
434	他们	他们 tʰa³¹man²¹ 他几 tʰa³⁵tɕi³¹	他们 tʰa⁵²məŋ³¹	伟几个 vei⁵²tɕi⁵²kə³¹ 他几个 tʰa⁵²tɕi⁵²kə³¹	他们 tʰa³¹məŋ¹³	他们 tʰa³¹məŋ¹³	他们 tʰa³¹məŋ⁴⁴	他们 tʰa⁵²məŋ³¹

续表

序号	词条	兴泾镇	大战场镇	闽宁镇1	闽宁镇2	镇北堡镇	红寺堡区	南梁台子
435	大家	大家 ta⁴⁴tɕia³¹	大家 ta⁴⁴tɕia³¹	大家 ta⁴⁴tɕia³¹	大家 ta⁴⁴tɕia³¹	大家 ta⁴⁴tɕia³¹	大家 ta⁴⁴tɕia³¹	大家 ta⁴⁴tɕia³¹
436	自己	自家 tsʅ⁴⁴tɕia³¹ 自己 tsʅ⁴⁴tɕi³¹	自己 tsʅ⁴⁴tɕi³¹	个家 kə¹³tɕia⁴⁴	自家 tsʅ⁴⁴tɕia³¹ 自己 tsʅ⁴⁴tɕi³¹	自己 tsʅ⁴⁴tɕi³¹	自己 tsʅ⁴⁴tɕi³¹ 个家 kə³¹tɕia³¹	自己 tsʅ⁴⁴tɕi³¹
437	别人	旁人 pʰaŋ³¹zʅ,əŋ⁵²	人家 zʅ,əŋ¹³tɕia³¹	旁人 pʰaŋ¹³zʅ,əŋ³¹	旁人 pʰaŋ¹³zʅ,əŋ³¹	人家 zʅ,əŋ¹³tɕia³¹	别人 pie¹³zʅ,əŋ³¹ 旁人 pʰaŋ¹³zʅ,əŋ³¹	人家 zʅ,əŋ¹³tɕia³¹ 旁人 pʰaŋ¹³zʅ,əŋ³¹
438	谁	谁 sei³⁵	谁 sei¹³	谁 sei¹³	谁 sei¹³	谁 sei¹³	谁 sei¹³	谁 sei¹³
439	这个	这么 tsʅ⁴⁴kə³¹	这个 tsə⁴⁴kə³¹	这个 tsə⁵²kə²¹	这个 tsʅ⁴⁴kə³¹	这个 tsʅ⁴⁴kə³¹	这个 tsə⁵²kə²¹	真个 tsʅ,əŋ⁴⁴kə³¹
440	那个	那个 nɛ⁴⁴kə³¹	那个 nɛ⁴⁴kə³¹	沃个 vuə¹³kə³¹	那个 nei⁴⁴kə³¹	那个 nɛ⁴⁴kə³¹	那个 nei⁴⁴kə³¹	那个 nɛ⁴⁴kə²¹
441	哪个	啊搭 a⁵²kə³¹	啊一个 a¹³¹kə²¹	啊个 a³¹kə³¹	啊一个 a¹³¹kə²¹	欧个 əu⁴⁴kə³¹ 兀个 vu⁴⁴kə³¹	哪一个 na¹³¹kə²¹	啊一个 a¹³¹kə³¹
442	这里	这里 tsʅ³¹li²¹	这端 tsʅ³¹tɛ³¹	这里 tsə⁵²li²¹	这里 tsʅ⁴⁴li³¹	这儿 tsər⁵²	这搭 tsʅ⁴⁴ta³¹	这端 tsʅ⁴⁴tɛ³¹
443	那里	那里 nɛ⁴⁴li²¹	那端 nɛ⁴⁴tɛ³¹	兀里 vu⁴⁴li³¹	那里 nei⁴⁴li³¹	那里 nɛ⁴⁴li²¹ 欧达儿 əu⁴⁴ta¹³ər³¹	那搭 nei⁴⁴ta³¹	那端 nɛ⁴⁴tɛ³¹
444	哪里	啊搭 a³¹ta³¹	啊搭 a³¹ta¹³	啊搭 a³¹ta¹³	啊搭 a³¹ta¹³	啊搭 a³¹ta¹³	哪里 na³¹ɲi⁴⁴	啊搭 a³¹ta¹³
445	这么	这么 tsʅ³¹ma²¹	这么 tsʅ⁴⁴ma²¹	这么 tsʅ⁴⁴ma²¹	这么 tsʅ⁴⁴ma²¹	这么 tsʅ⁴⁴ma²¹	这么 tsʅ⁴⁴ma²¹	这么 tsʅ⁴⁴ma²¹
446	那么	那么 nɛ⁴⁴ma²¹	那么 nɛ⁴⁴ma²¹	兀么 vu⁴⁴ma²¹	那么 nei⁴⁴ma²¹	那么 nɛ⁴⁴ma²¹	那么 nə⁴⁴ma²¹	那么 nɛ⁴⁴ma²¹
447	什么	啥 sa⁴⁴	啥 sa⁴⁴	啥 sa⁴⁴	啥 sa⁴⁴	啥 sa⁴⁴	啥 sa⁴⁴	啥 sa⁴⁴
448	为什么	为啥 vei⁴⁴sa⁴⁴	为啥 vei⁴⁴sa³¹	为啥 vei⁴⁴sa³¹	为啥 vei⁴⁴sa⁴⁴	为啥 vei⁴⁴sa⁴⁴	为啥 vei⁴⁴sa³¹	为啥 vei⁴⁴sa³¹
449	怎么	咋 tsa³⁵	咋 tsa¹³	咋 tsa¹³	咋 tsa¹³	咋 tsa¹³	咋么 tsa¹³ma²¹	咋啊言bi tsua¹³

续表

序号	词条	兴泾镇	大战场镇	闽宁镇1	闽宁镇2	镇北堡镇	红寺堡区	南梁台子
450	多少	多少 tuə³¹ʂɔ⁵²	多少 tuə³¹ʂɔ⁵²	多少 tuə³¹ʂɔ⁵²	多少 tuə³¹ʂɔ⁵²	多少 tuə³¹ʂɔ⁵²	多少 tuə³¹ʂɔ⁵²	多少 tuə³¹ʂɔ⁵²
451	一个~人	一个 i³¹kə⁴⁴	一个 i³¹kə⁴⁴	一个 i³¹kə¹³	一个 i³¹kə¹³	一个 i³¹kə⁴⁴	一个 i³¹kə⁴⁴	一个 i³¹kə⁴⁴
452	一匹~马	一匹 i³¹pʰi⁵² / 一个 i³¹kə⁴⁴	一匹 i³¹pʰi⁵²	一匹 i³¹pʰi⁵²	一匹 i³¹pʰi⁵²	一匹 i³¹pʰi⁵²	一个 i³¹kə⁴⁴	一个 i³¹kə⁴⁴
453	一头~牛	一头 i³¹tʰəu³⁵ / 一个 i³¹kə⁴⁴	一头 i³¹tʰəu¹³	一个 i³¹kə¹³	一个 i³¹kə¹³	一个 i³¹kə¹³	一个 i³¹kə⁴⁴	一个 i³¹kə⁴⁴ / 一头 i³¹tʰəu¹³
454	一只~羊	一只 i³¹tʂʅ²¹	一只 i³¹tʂʅ³¹	一个 i³¹kə¹³	一个 i³¹kə¹³	一个 i³¹kə¹³ / 一只 i³¹tʂʅ³¹	一个 i³¹kə⁴⁴	一个 i³¹kə⁴⁴ / 一只 i³¹tʂʅ³¹
455	一条~蛇	一个 i³¹kə⁴⁴	一条 i³¹tʰiɔ¹³	一个 i³¹kə¹³	一个 i³¹kə¹³	一个 i³¹kə¹³	一个 i³¹kə⁴⁴	一个 i³¹kə⁴⁴
456	一条~鱼	一条 i³¹tɕʰiɔ³⁵	一个 i³¹kə⁴⁴	一个 i³¹kə¹³	一个 i³¹kə¹³	一个 i³¹kə¹³	一个 i³¹kə⁴⁴	一个 i³¹kə⁴⁴
457	一只~蚊子	一个 i³¹kə⁴⁴	一只 i³¹tʂʅ³¹	一个 i³¹kə¹³	一个 i³¹kə¹³	一个 i³¹kə¹³	一个 i³¹kə⁴⁴	一个 i³¹kə⁴⁴
458	一条~虫子	一条 i³¹tɕʰiɔ³⁵	一条 i³¹tʰiɔ¹³	一个 i³¹kə¹³	一个 i³¹kə¹³	一个 i³¹kə¹³	一个 i³¹kə⁴⁴	一个 i³¹kə⁴⁴
459	一张~席子	一张 i³⁵tʂaŋ³¹	一个 i³¹kə⁴⁴	一个 i³¹kə¹³	一个 i³¹kə¹³	一个 i³¹kə¹³	一张 i¹³tʂaŋ³¹	一个 i³¹kə⁴⁴
460	一床~被子	一个 i³¹kə⁴⁴	一个 i³¹kə⁴⁴	一个 i³¹kə¹³ / 一棵 i⁴⁴kʰuə¹³	一个 i³¹kə¹³	一个 i³¹kə¹³	一个 i³¹kə⁴⁴	一个 i³¹kə⁴⁴
461	一棵~树	一个 i³¹kə⁴⁴ / 一棵 i³¹kʰuə⁵²	一棵 i³¹kʰuə⁴⁴	一棵 i⁴⁴kʰuə¹³	一个 i³¹kə¹³	一个 i³¹kə¹³	一个 i³¹kə⁴⁴	一个 i³¹kə⁴⁴
462	一颗~珠子	一棵 i³¹kʰuə⁵² / 一个 i³¹kə⁴⁴	一颗 i³¹kʰuə⁴⁴	一颗 i:kʰi¹³ / ənkʰuə¹³	一个 i³¹kə¹³	一个 i³¹kə¹³	一个 i³¹kə⁴⁴	一个 i³¹kə⁴⁴
463	一粒~豆子	一颗 i³¹kʰuə⁵²	一颗 i³¹kʰuə⁴⁴	一颗 ənkʰuə¹³	一个 i³¹kə¹³	一个 i³¹kə¹³	一颗 i³¹ke⁴⁴ / ənkʰuə⁴⁴	一颗 i³¹kʰəu⁵²

续表

序号	词条	兴泾镇	大战场镇	闽宁镇1	闽宁镇2	镇北堡镇	红寺堡区	南梁台子
464	一辆~车	一辆 i^{31}liaŋ^{52}	一辆 i^{31}liaŋ^{52}	一个 i^{31}kə^{13}	一个 i^{31}kə^{13}	一个 i^{31}kə^{13}	一个 i^{31}kə^{44} / 一辆 i^{31}liaŋ^{52}	一个 i^{31}kə^{44}
465	一座~房子	一座 i^{31}tsuə^{44}	一栋 i^{31}tuŋ^{44}	一个 i^{31}kə^{13}	一个 i^{31}kə^{13}	一个 i^{31}kə^{13}	一个 i^{31}kə^{44}	一个 i^{31}kə^{44}
466	一双~鞋	一双 i^{35}ʂuaŋ^{31}	一双 i^{31}ʂuaŋ^{13}	一双 i^{44}ʃuaŋ^{31}	一双 i^{44}ʂuaŋ^{31}	一双 i^{31}ʂuaŋ^{31}	一双 i^{44}ʂuaŋ^{31}	一双 i^{13}ʂuaŋ^{31}
467	一把~刀	一把 i^{31}pa^{52}	一把 i^{31}pa^{52}	一个 i^{31}kə^{13}	一个 i^{31}kə^{13}	一支 i^{31}tʂʅ^{44}	一把 i^{31}pa^{52}	一个 i^{31}kə^{44}
468	一支~笔	一个 i^{31}kə^{44} / 一支 i^{35}tʂʅ^{31}	一支 i^{31}tʂʅ^{31}	一个 i^{31}kə^{13}	一个 i^{31}kə^{13}	一个 i^{31}kə^{13}	一个 i^{31}kə^{44}	一个 i^{31}kə^{44}
469	一面~镜子	一个 i^{31}kə^{44}	一面 i^{31}miɛ̃^{44}	一个 i^{31}kə^{13}	一个 i^{31}kə^{13}	一个 i^{31}kə^{13}	一个 i^{31}kə^{44}	一个 i^{31}kə^{44}
470	一块~肥皂	一块儿 i^{31}kʰuar^{52}	一块 i^{31}kʰuɛ^{44}	一个 i^{31}kə^{13}	一个 i^{31}kə^{13}	一个 i^{31}kə^{13} / 一块 i^{31}kʰuɛ^{44}	一块儿 i^{31}kʰuar^{44}	一个 i^{31}kə^{44}
471	一条~路	一条 i^{31}tɕʰiɔ^{35}	一条 i^{31}tʰiɔ^{13}	一条 i^{31}tʰiɔ^{13}	一条 i^{31}tʰiɔ^{13}	一条 i^{31}tɕʰiɔ^{13}	一条 i^{31}tʰiɔ^{13}	一条 i^{31}tʰiɔ^{13}
472	一座~桥	一座 i^{31}tsuə^{44}	一座 i^{31}tsuə^{44}	一个 i^{31}kə^{13}	一个 i^{31}kə^{13}	一个 i^{31}kə^{44} / 一座 i^{31}tsue^{44}	一个 i^{31}kə^{44}	一个 i^{31}kə^{44}
473	一朵~花	一朵 i^{31}tuə^{52}	一朵 i^{31}tuə^{52}	一个 i^{31}kə^{13}	一朵 i^{31}tuə^{52}	一朵 i^{31}tuə^{52}	一朵 i^{31}tuə^{52}	一朵 i^{31}tuə^{52}
474	一顿~饭	一顿 i^{31}tuŋ^{44}	一顿 i^{31}tuŋ^{44}	一顿 i^{31}tuŋ^{44}	一顿 i^{31}tuŋ^{44}	一顿 i^{31}tuŋ^{44}	一顿 i^{31}tuŋ^{44}	一顿 i^{31}tuŋ^{44}
475	一剂~药	一副 i^{31}fu^{44}	一副 i^{31}fu^{44}	一副 i^{31}fu^{44}	一副 i^{31}fu^{44}	一副 i^{31}fu^{44}	一副 i^{31}fu^{44}	一副 i^{31}fu^{44}

续表

序号	词条	兴泾镇	大战场镇	闽宁镇 1	闽宁镇 2	镇北堡镇	红寺堡区	南梁台子
476	一点点	一点点 i^{31}tɕiæ^{35}tɕiæ^{52}	一点点儿 i^{31}tiæ^{52}tiɐr^{21}	一点点儿 i^{31}tiæ^{52}tiɐr^{13}	一点点 i^{31}tiæ^{13}tiæ^{21}	一点点 i^{52}tɕiæ^{52}tɕiæ^{21} 一滴滴 i^{31}tɕi^{13}tɕiæ^{21} 一丁点 i^{31}tɕiŋ^{13}tɕiæ^{31}	一点点儿 i^{31}tiæ^{52}tiɐr^{13}	一点子 i^{31}tiæ^{52}tsʅ^{21}
477	一会坐~	一阵子 i^{31}tʂən^{44}tə^{21}	一阵子 i^{31}tʂən^{44}tsʅ^{21}	一阵儿 i^{31}tʂər^{52}	一阵 i^{31}tʂən^{44}	一阵 i^{31}tʂən^{44}tsʅ^{21}	一会儿 i^{31}xuei^{44}ər^{21}	一阵儿 i^{31}tʂən^{44}ər^{21}
478	一阵~雨	一阵儿 i^{31}tʂər^{52}	一阵子 i^{31}tʂən^{44}tsʅ^{21}	一阵儿 i^{31}tʂər^{52}	一阵子 i^{31}tʂən^{44}tsʅ^{21}	一阵子 i^{31}tʂən^{44}tsʅ^{21}	一阵儿 i^{31}tʂər^{44}	一阵子 i^{31}tʂən^{44}tsʅ^{21}
479	一趟去	一回 i^{31}xuei^{35}	一趟 i^{31}tʰaŋ^{44}	一回 i^{31}xuei^{13}	一趟 i^{31}tʰaŋ^{44}	一回 i^{31}xuei^{13}	一回 i^{31}xuei^{13}	一回 i^{31}xuei^{13}
480	一拍~	一下 i^{31}xa^{44}	一下 i^{31}xa^{31}	一下 i^{31}xa^{44}	一下 i^{31}tɕia^{44}	一下 i^{31}xa^{44}	一下 i^{31}xa^{13}	一下 i^{31}xa^{13}
481	一顿打~	一顿 i^{31}tuŋ^{44}	一顿 i^{31}tuŋ^{44}	一顿 i^{31}tuŋ^{44}	一顿 i^{31}tuŋ^{44}	一顿 i^{31}tuŋ^{44}	一顿 i^{31}tuŋ^{44}	一顿 i^{31}tuŋ^{44}
482	多东西~	多 tua^{31}	多 tua^{13}	多 tua^{13}	多 tua^{13}	多 tua^{13}^{13}	多 tua^{13}	多 tua^{13}
483	少东西~	少 ʂɔ^{52}	少 ʂɔ^{52}	少 ʂɔ^{52}	少 ʂɔ^{52}	少 ʂɔ^{52}	少 ʂɔ^{52}	少 ʂɔ^{52}
484	大苹果~	托 tʰua^{31}/大 ta^{44}	大 ta^{44}	大 ta^{44}	大 ta^{44}	大 ta^{44}	大 ta^{44}	大 ta^{44}
485	小苹果~	碎 suei^{44}	碎 suei^{44}/小 ɕiɔ^{52}	碎 suei^{44}	碎 suei^{44}/小 ɕiɔ^{52}	碎 suei^{44}	碎 suei^{44}/小 ɕiɔ^{52}	碎 suei^{44}/小 ɕiɔ^{52}
486	轻担子~	轻 tɕʰiŋ^{31}	轻 tɕʰiŋ^{13}	轻 tɕʰiŋ^{13}	轻 tɕʰiŋ^{13}	轻 tɕʰiŋ^{13}	轻 tɕʰiŋ^{13}	轻 tɕʰiŋ^{13}
487	重担子~	重 tʂuŋ^{44}	重 tʂuŋ^{44}	重 tʂʰuŋ^{44}	重 tʂuŋ^{44}	重 tʂuŋ^{44}	重 tʂuŋ^{44}	重 tʂuŋ^{44}

续表

序号	词条	兴泾镇	大战场镇	闽宁镇1	闽宁镇2	镇北堡镇	红寺堡区	南梁台子
488	正~盘	端 tuæ̃³¹	端 tuæ̃¹³	端 tuæ̃¹³	端 tuæ̃¹³	端 tuæ̃¹³	端 tuæ̃¹³	端 tuæ̃¹³
489	歪~盘	偏 pʰiæ̃³¹	歪 ve¹³	偏 pʰiæ̃¹³	斜 ɕiɔ¹³	斜 ɕiɔ¹³	斜 ɕiɔ¹³	斜 ɕiɔ¹³
490	快速度~	快 kʰuɛ⁴⁴	快 kʰuɛ⁴⁴	快 kʰuɛ⁴⁴	快 kʰuɛ⁴⁴	快 kʰuɛ⁴⁴	快 kʰuɛ⁴⁴	快 kʰuɛ⁴⁴
491	慢速度~	慢 mæ̃⁴⁴	慢 mæ̃⁴⁴	慢 mæ̃⁴⁴	慢 mæ̃⁴⁴	慢 mæ̃⁴⁴	慢 mæ̃⁴⁴	慢 mæ̃⁴⁴
492	直路~	端 tuæ̃³¹	端 tuæ̃¹³	端 tuæ̃¹³	端 tuæ̃¹³	端 tuæ̃¹³	端 tuæ̃¹³	端 tuæ̃¹³
493	弯路~	弯 uæ̃³¹	弯 uæ̃¹³	歪 vei¹³	弯 væ̃¹³	弯 væ̃¹³	弯 væ̃¹³	弯 væ̃¹³
494	薄木板~	薄 pʰuə³⁵/朽 ɕiɔ¹³	薄 puə¹³/朽 ɕiɔ¹³	薄 pʰuə¹³	薄 puə¹³/朽 ɕiɔ¹³	薄 puə¹³/朽 ɕiɔ¹³	薄 puə¹³	薄 puə¹³/朽 ɕiɔ¹³
495	厚木板~	厚 xəu⁴⁴	厚 xəu⁴⁴	厚 xəu⁴⁴	厚 xɑu⁴⁴	厚 xɐu⁴⁴	厚 xəu⁴⁴	厚 xɑu⁴⁴
496	密菜种~	稠 tʂʰəu³⁵	稠 tʂʰəu¹³	稠 tʂʰəu¹³	稠 tʂʰəu¹³	稠 tʂʰəu¹³	稠 tʂʰəu¹³	稠 tʂʰəu¹³
497	稀菜种~	稀 ɕi³¹	朗 lɑŋ⁴⁴/稀 ɕi¹³	稀 ɕi¹³	朗 lɑŋ⁵²	稀 ɕi¹³	朗 lɑŋ⁵²	朗 lɑŋ⁴⁴/稀 ɕi¹³
498	高比我~	高 kɔ³¹	高 kɔ¹³	长 tʂʰɑŋ¹³	高 kɔ¹³	高 kɔ¹³	高 kɔ¹³/大 ta⁴⁴	高 kɔ¹³/大 ta⁴⁴
499	矮比我~	低 tɕi³¹	低 ti¹³	短 tuæ̃⁵²	低 ti¹³	低 tɕi¹³/矬 tsʰuə¹³	低 ti¹³/小 ɕiɔ⁵²	低 ti¹³/小 ɕiɔ⁵²
500	粗绳子~	壮 tʂuɑŋ⁴⁴	粗 tʂʰu⁴⁴	壮 tʃuɑŋ⁴⁴	壮 tʂuɑŋ⁴⁴	壮 tʂuɑŋ⁴⁴/粗 tsʰu¹³	壮 tʂuɑŋ⁴⁴	壮 tʂuɑŋ⁴⁴/粗 tsʰu¹³
501	细绳子~	细 ɕi⁴⁴	细 ɕi⁴⁴	细 ɕi⁴⁴	细 ɕi⁴⁴	细 ɕi⁴⁴	细 ɕi⁴⁴	细 ɕi⁴⁴
502	长线~	长 tʂʰɑŋ³⁵	长 tʂʰɑŋ¹³	弯 tɕʰy¹³/长 tʂʰɑŋ¹³	长 tʂʰɑŋ¹³	长 tʂʰɑŋ¹³	长 tʂʰɑŋ¹³	长 tʂʰɑŋ¹³
503	短线~	短 tuæ̃⁵²	短 tuæ̃⁵²	屈 tɕʰy¹³/短 tuæ̃⁵²	短 tuæ̃⁵²	短 tuæ̃⁵²	短 tuæ̃⁵²	短 tuæ̃⁵²

334

续表

序号	词条	兴泾镇	大战场镇	闽宁镇 1	闽宁镇 2	镇北堡镇	红寺堡区	南梁台子
504	坡陡~	陡 tou⁵²/立 li³¹	立 li¹³	立 li¹³	陡 tou⁵²	陡 tou⁵²	陡 tou⁵²	陡 tou⁵²/立 li¹³
505	坡缓~	慢 mæ̃⁴⁴	慢 mæ̃⁴⁴	慢 mæ̃⁴⁴	慢 mæ̃⁴⁴	慢 mæ̃⁴⁴	慢 mæ̃⁴⁴	慢 mæ̃⁴⁴
506	亮光线~	明 miŋ³⁵	亮 liaŋ⁴⁴	亮 liaŋ⁴⁴	亮 liaŋ⁴⁴	亮 liaŋ⁴⁴	亮 liaŋ⁴⁴/明 miŋ¹³	亮 liaŋ⁴⁴
507	暗光线~	黑 xei³¹	暗 ŋæ̃⁴⁴	黑 xei¹³	暗 næ̃⁴⁴	暗 ŋæ̃⁴⁴	黑 xei¹³	暗 næ̃⁴⁴
508	甜菜~	甜 tɕʰiæ̃¹³	甜 tʰiæ̃¹³	甜 tʰiæ̃¹³	甜 tʰiæ̃¹³	甜 tɕʰiæ̃¹³	甜 tʰiæ̃¹³	甜 tʰiæ̃¹³
509	咸菜~	咸 xæ̃³⁵	咸 xæ̃¹³	咸 xæ̃¹³	咸 xæ̃¹³	咸 xæ̃¹³	咸 xæ̃¹³	咸 xæ̃¹³
510	暖和天~	暖和 luæ̃⁴xuə²¹	暖和 nuæ̃⁵²xuə²¹	暖和 luæ̃⁵²xuə²¹	暖和 næ̃⁵²xuə²¹	暖和 luæ̃⁵²xuə²¹	暖和 nuæ̃⁵²xuə²¹	暖和 nuæ̃⁵²xuə²¹
511	凉快天~	凉快 liaŋ³¹kʰue⁴⁴	凉 liaŋ¹³	冷 laŋ⁵²	凉快 liaŋ¹³kʰue³¹	凉 liaŋ¹³	凉 liaŋ¹³	凉快 liaŋ¹³kʰue³¹
512	热天气~	热 zə³⁵	热 zə¹³	烧 ʂɔ¹³/热 zə¹³	热 zə¹³	热 zə¹³	热 zə¹³	热 zə¹³
513	冷天气~	冷 laŋ⁵²/冻 tuŋ⁴⁴	冷 laŋ⁵²/冻 tuŋ⁴⁴	冷 laŋ⁵²/冻 tuŋ⁴⁴	冷 laŋ⁵²/冻 tuŋ⁴⁴	冷 laŋ⁵²/冻 tuŋ⁴⁴	冷 laŋ⁵²/冻 tuŋ⁴⁴	冷 laŋ⁵²/冻 tuŋ⁴⁴
514	热水~	烫 tʰaŋ⁴⁴	热 zə¹³/烧 ʂɔ¹³	烧 ʂɔ¹³	烫 tʰaŋ⁴⁴	烧 ʂɔ¹³	热 zə¹³/烧 ʂɔ¹³	烧 ʂɔ¹³
515	凉水~	凉 liaŋ³⁵	凉 liaŋ¹³	冰 piŋ¹³	凉 liaŋ¹³	凉 liaŋ¹³	凉 liaŋ¹³	凉快 liaŋ¹³/冰 piŋ¹³
516	干燥	干燥 kæ̃³¹tsʰɔ⁴⁴	干燥 kæ̃³¹tsʰɔ⁴⁴	干 kæ̃¹³	干燥 kæ̃³¹tsʰɔ⁴⁴	干燥 kæ̃³¹tsʰɔ⁴⁴	干燥 kæ̃³¹tsʰɔ⁴⁴	干燥 kæ̃³¹tsʰɔ⁴⁴
517	潮湿	潮 tʂʰɔ³⁵	潮 tʂʰɔ¹³	湿 ʂɿ¹³	潮 tʂʰɔ¹³	潮 tʂʰɔ¹³	潮 tʂʰɔ¹³	潮 tʂʰɔ¹³
518	快刀~	快 kʰue⁴⁴	快 kʰue⁴⁴	快 kʰue⁴⁴	快 kʰue⁴⁴	快 kʰue⁴⁴	快 kʰue⁴⁴	快 kʰue⁴⁴
519	钝刀~	老 lɔ⁵²	老 lɔ⁵²	老 lɔ⁵²	老 lɔ⁵²	老 lɔ⁵²	老 lɔ⁵²	老 lɔ⁵²

续表

序号	词条	兴泾镇	大战场镇	闽宁镇1	闽宁镇2	镇北堡镇	红寺堡区	南梁台子
520	早来得~	早 tsɔ⁵²	早 tsɔ⁵²	早 tsɔ⁵²	早 tsɔ⁵²	早 tsɔ⁵²	早 tsɔ⁵²	早 tsɔ⁵²
521	晚来得~	迟 tsʰɿ³⁵	迟 tsʰɿ¹³	迟 tsʰɿ¹³	迟 tsʰɿ¹³	迟 tsʰɿ¹³	迟 tsʰɿ¹³	迟 tsʰɿ¹³
522	干净	干净 kæ³¹tɕʰin²¹	干净 kæ³¹tɕiŋ⁴⁴	干净 kæ³¹tɕʰiŋ⁴⁴	干净 kæ³¹tɕiŋ⁴⁴	干净 kæ³¹tɕiŋ⁴⁴	干净 kæ³¹tɕiŋ⁴⁴	干净 kæ³¹tɕiŋ⁴⁴
523	脏衣服~	孬 nɔ³⁵	脏 tsaŋ¹³	脏 tsaŋ¹³	脏 tsaŋ⁵²	脏 tsaŋ¹³	脏 tsaŋ¹³	脏 tsaŋ¹³
524	紧捆得~	紧 tɕin⁵²	紧 tɕiŋ⁵²	紧 tɕiŋ⁵²	紧 tɕiŋ⁵²	紧 tɕiŋ⁵²	紧 tɕiŋ⁵²	紧 tɕiŋ⁵²
525	松捆得~	松 suŋ³¹	松 suŋ¹³	松 suŋ¹³	松 suŋ¹³	松 suŋ¹³	松 suŋ¹³	松 suŋ¹³
526	新衣服~	新 ɕin³¹	新 ɕiŋ¹³	新 ɕiŋ¹³	新 ɕiŋ¹³	新 ɕiŋ¹³	新 ɕiŋ¹³	新 ɕiŋ¹³
527	旧衣服~	旧 tɕʰiɔu⁴⁴	旧 tɕiɔu⁴⁴	旧 tɕʰiɔu⁴⁴	旧 tɕiɔu⁴⁴	旧 tɕʰiɔu⁴⁴	旧 tɕiɔu⁴⁴ / 尥 tsʰɔ¹³	旧 tɕiɔu⁴⁴
528	硬糖~	硬 ɲiŋ⁴⁴	硬 ɲiŋ⁴⁴	硬 ɲiŋ⁴⁴	硬 ɲiŋ⁴⁴	硬 ɲiŋ⁴⁴	硬 ɲiŋ⁴⁴	硬 ɲiŋ⁴⁴
529	软糖~	软 ʐuæ⁵²	软 ʐuæ⁵²	软 ʐuæ⁵²	软 ʐuæ⁵²	软 ʐuæ⁵²	软 ʐuæ⁵²	软 ʐuæ⁵²
530	横	横 læ⁵²	横 læ⁵²	横 læ⁵²	横 læ⁵²	横 læ⁵²	横 læ⁵²	横 læ⁵²
531	勤快	勤苦 tɕʰin³¹kʰu⁵²	勤快 tɕʰiŋ¹³kʰuɛ³¹	勤古 tɕʰiŋ¹³ku³¹	勤苦 tɕʰiŋ³¹kʰu³¹	勤古 tɕʰiŋ³¹ku³¹	勤苦 tɕʰiŋ³¹kʰu³¹	勤苦 tɕʰiŋ³¹kʰu³¹
532	胖指人	胖 pʰaŋ⁴⁴	胖 pʰaŋ⁴⁴	肥 fei¹³	胖 pʰaŋ⁴⁴	肥 fei¹³	肥 fei¹³	肥 fei¹³
533	好指人	窝也 vuɔ³¹iɔ⁵² 好 xɔ⁵²	窝也 vuɔ¹³iɔ³¹ 好 xɔ⁵²	窝也 vuɔ¹³iɔ³¹ 好 xɔ⁵²	窝也 vuɔ¹³iɔ³¹ 好 xɔ⁵²	窝也 vuɔ¹³iɔ³¹ 好 xɔ⁵²	孈 liɔ⁴⁴	窝也 vuɔ¹³iɔ³¹ 好 xɔ⁵²
534	坏指人	坏 xuɛ⁴⁴	赖 le⁴⁴	坏 xuɛ⁴⁴ / 歹 te⁵²	坏 xuɛ⁴⁴	坏 xuɛ⁴⁴	坏 xuɛ⁴⁴	坏 xuɛ⁴⁴ / 歹 te⁵²

续表

序号	词条	兴泾镇	大战场镇	闽宁镇1	闽宁镇2	镇北堡镇	红寺堡区	南梁台子
535	老实	老实 lɔ⁵²ʂʅ³¹	实诚 ʂʅ¹³tʂʰəŋ³¹	老实 lɔ⁵²ʂʅ³¹	老实 lɔ⁵²ʂʅ³¹	老实 lɔ⁵²ʂʅ³¹	老实 lɔ⁵²ʂʅ¹³	老实 lɔ⁵²ʂʅ³¹
536	蠢 蠢脾气~	蠢 tɕʰiaŋ⁴⁴	倔 tɕyɣ⁵²	蠢 tɕʰiaŋ⁴⁴	蠢 tɕʰiaŋ⁴⁴	蠢 tɕʰiaŋ⁴⁴	倔 tɕyɣ⁵²	蠢 tɕiaŋ⁴⁴
537	笨指人	阿 man⁴⁴	阿 məŋ⁴⁴	阿 məŋ⁴⁴	阿 məŋ⁴⁴	阿 məŋ⁴⁴	阿 məŋ⁴⁴	阿 məŋ⁴⁴
538	傻指人	瓜 kua³¹/超 tʂʰɔ³⁵	瓜 kua¹³/超 tʂʰɔ¹³	瓜 kua¹³/超 tʂʰɔ¹³	瓜 kua¹³/超 tʂʰɔ¹³	瓜 kua¹³/超 tʂʰɔ¹³	瓜 kua¹³/超 tʂʰɔ¹³	瓜 kua¹³/超 tʂʰɔ¹³
539	漂亮指人	排场 pʰɛ³⁵tʂʰæ⁵²	心疼 ɕiŋ³¹tʰəŋ¹³	心疼 ɕiŋ³¹tʰəŋ¹³	俊 tɕyɣ⁴⁴	心疼 ɕiŋ³¹tʰəŋ¹³	心疼 ɕiŋ³¹tʰəŋ¹³	心疼 ɕiŋ³¹tʰəŋ¹³/排场 pʰɛ¹³tʂʰæ³¹
540	丑指人	难看 næ³⁵kʰæ⁵²	难看 næ¹³kʰæ⁴⁴	丑 tʂʰəu⁵²	丑 tʂʰəu⁵²	难看 næ¹³kʰæ⁴⁴/丑 tʂʰəu⁵²	兜 təu¹³	难看 næ¹³kʰæ⁴⁴/丑 tʂʰəu⁵²
541	肥 肥-肉	肥 fei³⁵	壮 tʂuaŋ⁴⁴	肥 fei¹³	肥 fei¹³	肥 fei¹³	壮 tʂuaŋ⁴⁴	壮 tʂuaŋ⁴⁴/肥 fei¹³
542	瘦 瘦-肉	瘦 səu⁴⁴	瘦 səu⁴⁴	瘦 səu⁴⁴	瘦 səu⁴⁴	瘦 səu⁴⁴	瘦 səu⁴⁴	瘦 səu⁴⁴
543	撑吃~	胀 tʂaŋ⁴⁴	胀 tʂaŋ⁴⁴	胀 tʂaŋ⁴⁴	胀 tʂaŋ⁴⁴	胀 tʂaŋ⁴⁴	胀 tʂaŋ⁴⁴	胀 tʂaŋ⁴⁴
544	累	乏 fa³⁵	乏 fa¹³	乏 fa¹³	乏 fa¹³	乏 fa¹³	乏 fa¹³	乏 fa¹³
545	犟	犟 ɲiɔ⁵²	犟 ɲiɔ⁵²	犟 ɲiɔ⁵²	犟 ɲiɔ⁵²	犟 ɲiɔ⁵²	犟 ɲiɔ⁵²	犟 ɲiɔ⁵²
546	疼疼~丁	疼 tʰəŋ³⁵	疼 tʰəŋ¹³	疼 tʰəŋ¹³	疼 tʰəŋ¹³	疼 tʰəŋ¹³	疼 tʰəŋ¹³	疼 tʰəŋ¹³
547	烂肉~	烂 læ⁴⁴	烂 læ⁴⁴	绵 miæ¹³/烂 læ⁴⁴	烂 læ⁴⁴	烂 læ⁴⁴	烂 læ⁴⁴	烂 læ⁴⁴
548	糊饭~丁	着 tʂʰuɣ³¹	焦 tɕiɔ¹³/着 tʂuaŋ¹³	焦 tɕiɔ¹³/着 tʂʰuɣ¹³	焦 tɕiɔ¹³	焦 tɕiɔ¹³/肥 tʂʰua¹³	焦 tɕiɔ¹³	焦 tɕiɔ¹³

续表

序号	词条	兴泾镇	大战场镇	闽宁镇 1	闽宁镇 2	镇北堡镇	红寺堡区	南梁台子
549	傻饭～丁	燃气 ʂʅ^{52}tɕʰʅ^{21}liə^{21}	燃气 ʂʅ^{31}tɕʰʅ^{44}	燃气 ʂʅ^{31}tɕʰʅ^{44}	酸 suæ^{13} 燃气 ʂʅ^{31}tɕʰʅ^{44}	燃气 ʂʅ^{31}tɕʰʅ^{44}	酸 suæ^{13} 燃气 ʂʅ^{31}tɕʰʅ^{44}	燃气 ʂʅ^{31}tɕʰʅ^{44}
550	热闹	热闹 ʐə^{31}nɔ^{44} 红火 xuŋ^{35}xuə^{52}	红火 xuŋ^{13}xuə^{31}	欢 xuæ^{13}	红火 xuŋ^{13}xuə^{31}	红火 xuŋ^{13}xuə^{31} 热闹 ʐə^{31}nɔ^{44}	红火 xuŋ^{13}xuə^{52}	红火 xuŋ^{13}xuə^{52}
551	舒服心理～	舒坦 ʂu^{31}tʰæ^{21}	舒服 ʂu^{52}fu^{21}	舒服 ʃu^{52}fu^{31}	舒服 ʂu^{52}fu^{31}	舒服 ʂu^{52}fu^{31}	舒坦 ʂu^{52}tʰæ^{31}	舒服 ʂu^{52}fu^{31} 舒坦 ʂu^{52}tʰæ^{31}
552	烦乱心理～	波烦 pʰuə^{52}fæ^{13}	波烦 pʰuə^{31}fæ^{13}	乌苏 vu^{13}su^{31} 波烦 pʰuə^{31}fæ^{13}	波烦 pʰuə^{31}fæ^{13}	波烦 pʰuə^{31}fæ^{13}	波烦 pʰuə^{31}fæ^{13} 乌苏 vu^{13}su^{31}	波烦 pʰuə^{31}fæ^{13}
553	机灵	精灵 tɕiŋ^{52}liŋ^{31}	机眼 tɕi^{31}ɲiæ^{13}	机灵 tɕi^{31}liŋ^{13} 机眼 tɕi^{31}ɲiæ^{13}	机眼 tɕi^{31}ɲiæ^{13}	机眼 tɕi^{31}ɲiæ^{13}	机眼 tɕi^{31}ɲiæ^{13}	机眼 tɕi^{31}ɲiæ^{13}
554	迟缓行动～	木曛 mu^{35}naŋ^{31}	木曛 mu^{44}naŋ^{31}	木曛 mu^{44}naŋ^{31} 郎当 laŋ^{13}taŋ^{31}	木曛 mu^{44}naŋ^{31}	木曛 mu^{44}naŋ^{31} 磨叽 muə^{13}tɕi^{31}	木曛 mu^{44}naŋ^{31}	木曛 mu^{44}naŋ^{31} 啰嗦 luə^{31}suə^{31}
555	害羞	害羞 xɛ^{4}ɕiəu^{31}	害羞 xɛ^{4}ɕiəu^{13}	羞 ɕiəu^{13}	羞 ɕiəu^{13}	羞 ɕiəu^{13}	羞 ɕiəu^{13}	害羞 xɛ^{44}ɕiəu^{13} 羞 ɕiəu^{13}
556	厉害骂人	歪 uɛ^{31}	歪 vɛ^{44}	凶 ɕyŋ^{13}	歪 vɛ^{13}	凶 ɕyŋ^{13}	乖 kuɛ^{52}	歪 vɛ^{13}
557	可怜	可怜 kʰə^{52}liæ^{31} 乌巴力 u^{31}pa^{13}li^{52}	乌巴力 u^{31}pa^{13}li^{31}	可怜 kʰə^{52}liæ^{13} 乌巴力 vu^{31}pa^{13}li^{31}	可怜 kʰə^{52}liæ^{13} 乌巴力 vu^{31}pa^{52}li^{31}	可怜 kʰə^{52}liæ^{31} 乌巴力 vu^{31}pa^{13}li^{52}	可怜 kʰə^{52}liæ^{13} 乌巴力 vu^{31}pa^{13}ɲi^{31}	可怜 kʰuə^{52}liæ^{13}
558	盖盖	盖各 sei^{31}lim^{21}	盖 sei^{13}	死家 ʂʅ^{52}tɕia^{31}	盖 sei^{13} 小气 ɕiɔ^{52}tɕʰʅ^{44}	死家 ʂʅ^{52}tɕia^{31}	屈 tɕʰy^{13}	盖 sei^{13}

序号	词条	兴泾镇	大战场镇	闽宁镇1	闽宁镇2	镇北堡镇	红寺堡区	南梁台子
559	结实 布~	瓷实 tsʰʅ³¹ʂʅ³¹／皮实 pʰʅ³¹ʂʅ³¹	牢实 lɔ¹³ʂʅ³¹	结实 tɕiɔ³¹ʂʅ¹³	结实 tɕiɔ³¹ʂʅ¹³	结实 tɕiɔ³¹ʂʅ¹³	牢实 lɔ¹³ʂʅ³¹	结实 tɕiɔ³¹ʂʅ¹³
560	生气	着气 tʂʰuɔ³⁵tɕʰi⁴⁴	着气 tʂuɔ¹³tɕʰi⁴⁴	着气 tʂʰuɔ³¹tɕʰi⁴⁴／胀气 tʂaŋ⁴⁴tɕʰi⁴⁴	着气 tʂuɔ¹³tɕʰi⁴⁴	着气 tʂuɔ¹³tɕʰi⁴⁴／胀气 tʂaŋ⁴⁴tɕʰi⁴⁴	着气 tʂuɔ¹³tɕʰi⁴⁴	着气 tʂuɔ¹³tɕʰi⁴⁴
561	丢人	丢人 tɕiəu³¹zən³⁵／臊毛 sɔ⁵²mɔ³⁵	丢人 tiəu³¹zən¹³	操眼 saŋ³¹ɲiæ⁵²	丢人 tiəu³¹zən¹³	丢人 tɕiəu³¹zən¹³／撇人 pʰiə⁵²zən¹³	臊人 sɔ⁵²zən¹³	丢人 tiəu³¹zən¹³／臊毛 sɔ⁵²mɔ¹³
562	满足	知感 tʂʅ³¹kæ⁵²	知感 tʂʅ³¹kæ⁵²	满意 mæ⁵²i⁴⁴	知感 tʂʅ³¹kæ⁵²	知感 tʂʅ³¹kæ⁵²	知感 tʂʅ¹³kæ³¹	知感 tʂʅ³¹kæ⁵²
563	看~电视	看 kʰæ⁴⁴	看 kʰæ⁴⁴	看 kʰæ⁴⁴	看 kʰæ⁴⁴	看 kʰæ⁴⁴	看 kʰæ⁴⁴	看 kʰæ⁴⁴
564	远看	看 kʰæ⁴⁴	望 vaŋ⁴⁴／照 tʂɔ⁴⁴	照 tʂɔ⁴⁴	瞭 liɔ⁴⁴／照 tʂɔ⁴⁴	看 kʰæ⁴⁴／照 tʂɔ⁴⁴	照 tʂɔ⁴⁴	照 tʂɔ⁴⁴
565	近看	瞭 tsʰəu⁵²	瞭 tsʰəu⁵²	瞭 tsʰəu⁵²	瞭 tsʰəu⁵²	瞭 tsʰəu⁵²	瞭 tsʰəu⁵²	照 tʂɔ⁴⁴／看 kʰæ⁴⁴
566	吸~果汁	哑 tsa³⁵	吸 çi¹³	吸 çi¹³	吸 çi¹³／哑 tsa¹³	吸 çi¹³／哑 tsa¹³	吸 çi¹³	吸 çi¹³／哑 tsa⁴⁴
567	吐~核	吐 tʰu⁵²	吐 tʰu⁵²	吐 tʰu⁵²	吐 tʰu⁵²	吐 tʰu⁵²	吐 tʰu⁵²	吐 tʰu⁵²
568	含~糖	噙 tɕʰin³⁵	含 xæ¹³	噙 tɕʰiŋ¹³	噙 tɕʰiŋ¹³	噙 tɕʰiŋ¹³	噙 tɕʰiŋ¹³	噙 tɕʰiŋ¹³
569	听	听 tɕʰiŋ³¹	听 tʰiŋ¹³	听 tʰiŋ¹³	听 tʰiŋ¹³	听 tʰiŋ¹³	听 tʰiŋ¹³	听 tʰiŋ¹³
570	闻	闻 vaŋ³⁵	闻 vaŋ¹³	闻 vaŋ¹³	闻 vaŋ¹³	闻 vaŋ¹³	闻 vaŋ¹³	闻 vaŋ¹³
571	擤~鼻涕	擤 çiŋ⁵²	擤 çiŋ⁵²	擤 çiŋ⁵²	擤 çiŋ⁵²	擤 çiŋ⁵²	擤 çiŋ⁵²	擤 çiŋ⁵²

续表

序号	词条	兴泾镇	大战场镇	闽宁镇 1	闽宁镇 2	镇北堡镇	红寺堡区	南梁台子
572	咬~狗	咬 ɳiɔ^{52}	咬 ɳiɔ^{52}	咬 ɳiɔ^{52}	咬 ɳiɔ^{52}	咬 ɳiɔ^{52}	咬 ɳiɔ^{52}	咬 ɳiɔ^{52}
573	叫~狗~	咬 ɳiɔ^{52}/叫 tɕiɔ^{44}	咬 ɳiɔ^{52}	咬 ɳiɔ^{52}	咬 ɳiɔ^{52}	咬 ɳiɔ^{52}/叫 tɕiɔ^{44}	嘇 xɔ^{13}/叫 tɕiɔ^{44}	咬 ɳiɔ^{52}
574	拿~东西	拿 na^{35}	拿 na^{13}	撼 xæ^{52}	拿 na^{13}	撼 xæ^{52}/拿 na^{13}	拿 na^{13}	拿 na^{13}
575	拧~螺丝	拧 ɳiŋ^{35}	拧 ɳiŋ^{13}	上 ʂaŋ^{44}	拧 ɳiŋ^{13}	拧 ɳiŋ^{13}	上 ʂaŋ^{44}	拧 ɳiŋ^{13}/上 ʂaŋ^{44}
576	掐	掐 tɕʰia^{13}	掐 tɕʰia^{13}	掐 tɕʰia^{13}	掐 tɕʰia^{13}	掐 tɕʰia^{13}	掐 tɕʰia^{13}	掐 tɕʰia^{13}
577	捻	捻 ɳiæ^{52}	捻 ɳiæ^{52}	捻 ɳiæ^{13}/搓 tsʰua^{13}	捻 ɳiæ^{13}	捻 ɳiæ^{52}	捻 ɳiæ^{13}	捻 ɳiæ^{13}
578	掰~馒头	掰 pei^{31}	掰 pɛ^{13}	掰 pei^{13}	掰 pɛ^{13}	掰 pɛ^{13}	掰 pei^{13}	掰 pei^{13}
579	撕~纸	扯 tsʰɔ^{52}	扯 tsʰɔ^{52}	扯 tsʰɔ^{52}	扯 tsʰɔ^{52}	扯 tsʰɔ^{52}	扯 tsʰɔ^{52}	扯 tsʰɔ^{52}
580	折~树枝	折 tʂɔ^{52}	折 tʂɔ^{52}	折 tʂɔ^{52}	折 tʂɔ^{52}	折 tʂɔ^{52}	折 tʂɔ^{52}	折 tʂɔ^{52}
581	拔~萝卜	拔 pʰa^{35}	拔 pa^{13}	拔 pʰa^{13}	拔 pa^{13}	拔 pʰa^{13}	拔 pa^{13}	拔 pa^{13}
582	摘~苹果	摘 tsei^{31}	摘 tsei^{13}	摘 tsei^{13}	摘 tsei^{13}	摘 tsei^{13}	摘 tsei^{13}	摘 tsei^{13}
583	牵~手	拉 la^{31}	拉 la^{13}	拉 la^{13}	拉 la^{13}	拉 la^{13}	拉 la^{13}	拉 la^{13}
584	牵~牛	拉 la^{31}	拉 la^{13}	拉 la^{13}	拉 la^{13}	拉 la^{13}	拉 la^{13}	拉 la^{13}
585	蘸~醋	蘸 tsæ^{44}	蘸 tsæ^{44}	蘸 tsæ^{44}	蘸 tsæ^{44}	蘸 tsæ^{44}	蘸 tsæ^{44}	蘸 tsæ^{44}
586	兑~水	掺 tsʰæ^{31}	掺 tsʰæ^{13}	掺 tsʰæ^{13}	掺 tsʰæ^{13}	掺 tsʰæ^{13}	掺 tsʰæ^{13}	掺 tsʰæ^{13}
587	站	佡 nɔ^{52}	站 tsæ^{44}	站 tsæ^{44}	站 tsæ^{44}	站 tsæ^{44}	站 tsæ^{44}	站 tsæ^{44}

续表

序号	词条	兴泾镇	大战场镇	闽宁镇 1	闽宁镇 2	镇北堡镇	红寺堡区	南梁台子
588	倚靠	靠 kʰɔ⁴⁴	靠 kʰɔ⁴⁴	建 tɕiɤ⁴⁴/靠 kʰɔ⁴⁴	靠 kʰɔ⁴⁴	靠 kʰɔ⁴⁴	靠 kʰɔ⁴⁴	靠 kʰɔ⁴⁴
589	走	走 tsəu⁵²	走 tsəu⁵²	走 tsəu⁵²	走 tsəu⁵²	走 tsəu⁵²	走 tsəu⁵²	走 tsəu⁵²
590	蹚	蹚 tɕiau⁴⁴	蹚下 tɕiau⁴⁴xa³¹	蹚 tuŋ¹³	蹚 tuŋ¹³	蹚 tuŋ¹³	蹚 tuŋ¹³	蹚 tuŋ¹³
591	坐	坐 tsʰua⁴⁴	坐 tsua⁴⁴	蹲 tɕiau⁴⁴	坐 tsua⁴⁴	蹲 tɕiau⁴⁴	坐 tsua⁴⁴	蹲 tɕiau⁴⁴
592	跳	蹩 pia⁴⁴	跳 tʰiɔ⁴⁴	惊 tɕiŋ¹³	跳 tʰiɔ⁴⁴	跳 tɕʰiɔ¹³	跳 tʰiɔ⁴⁴	跳 tʰiɔ⁴⁴
593	迈~门槛	跨 tɕʰiɔ³¹	蹑 tɕʰia⁵²	跨 tɕʰiɔ¹³	蹑 tɕʰia⁵²	跨 tɕʰiɔ¹³	蹑 tɕʰia⁵²	蹑 tɕʰia⁵²
594	踩~牛粪	踏 tʰa³⁵	踏 tʰa¹³	踏 tʰa¹³	踏 tʰa¹³	踏 tʰa¹³	踏 tʰa¹³	踏 tʰa¹³
595	爬	爬 pʰa³⁵	爬 pʰa¹³	爬 pʰa¹³	爬 pʰa¹³	爬 pʰa¹³	爬 pʰa¹³	爬 pʰa¹³
596	哭	哭 kʰu³¹	嚎 xɔ¹³	哭 kʰu¹³ 叫唤 tɕiɔ⁴⁴xuɤ⁴⁴	嚎 xɔ¹³	哭 kʰu¹³	嚎 xɔ¹³	嚎 xɔ¹³
597	抱	抱 pɔ⁴⁴	抱 pɔ⁴⁴	抱 pɔ⁴⁴	抱 pɔ⁴⁴	抱 pɔ⁴⁴	抱 pɔ⁴⁴	抱 pɔ⁴⁴
598	摔	摔 ɲiɤ⁵²/跌 tɕia³¹	绊 pɤ⁴⁴	跌 tia¹³	绊 pɤ⁴⁴	跌 tɕia¹³	跌 tia¹³	绊 pɤ⁴⁴
599	趴	趴 pʰa³⁵	趴 pʰa¹³	趴 pʰa¹³	趴 pʰa¹³	趴 pʰa¹³	趴 pʰa¹³	趴 pʰa¹³
600	跑	跑 pʰɔ⁵²	跑 pʰɔ⁵²/跶 va⁵²	跑 pʰɔ⁵²	跑 pʰɔ⁵²	跑 pʰɔ⁵²/跶 va⁵²	跑 pʰɔ⁵²	跑 pʰɔ⁵²/跶 pia⁴⁴/跶 va⁵²
601	追~小偷	撵 ɲiɤ⁵²	追 tʂuei¹³	撵 ɲiɤ⁵²	追 tʂuei¹³	追 tʂuei¹³	追 tʂuei¹³	追 tʂuei¹³
602	抓~小偷	逮 tɛ⁵²	抓 tʂua¹³	抓 tʂua¹³/拉 la¹³	抓 tʂua¹³	抓 tʂua¹³/拉 la¹³	抓 tʂua¹³	抓 tʂua¹³
603	推~车子	推 tʰuei³¹/跶 ɕiɤ³¹	跶 ɕiɤ¹³	跶 ɕiɤ¹³/搡 saŋ⁵²	推 tʰuei¹³/搡 saŋ⁵²	跶 ɕiɤ¹³/搡 saŋ⁵²	推 tʰuei¹³/搡 saŋ⁵²	推 tʰuei¹³/搡 saŋ⁵²
604	躲	躲 tua⁵²	躲 tua⁵²	藏 tɕʰiaŋ¹³	躲 tua⁵²	躲 tua⁵²	躲 tua⁵²	藏 tɕʰiaŋ¹³

续表

序号	词条	兴泾镇	大战场镇	闽宁镇 1	闽宁镇 2	镇北堡镇	红寺堡区	南梁台子
605	藏	塞 sei^{31}/藏 tsʰaŋ^{35}	藏 tɕʰiaŋ^{13}	藏 tɕʰiaŋ^{13}	藏 tɕʰiaŋ^{13}	藏 tɕʰiaŋ^{13}	藏 tɕʰiaŋ^{13}	藏 tɕʰiaŋ^{13}
606	放	搁 kɔ^{31}/放 faŋ^{44}	放 faŋ^{44}	放 faŋ^{44}	放 faŋ^{44}	放 faŋ^{44}	放 faŋ^{44}	放 faŋ^{44}
607	抢~东西	抢 tɕʰiaŋ^{52}/夺 tʰuə^{35}	抢 tɕʰiaŋ^{52}	抢 tɕʰiaŋ^{52}	夺 tʰuə^{13}	抢 tɕʰiaŋ^{52}	夺 tʰuə^{13}	夺 tʰuə^{13}
608	摞~砖	摞 lua^{44}	摞 lua^{44}	摞 lua^{44}	摞 lua^{44}	摞 lua^{44}	摞 lua^{44}/阁 ma^{52}	摞 lua^{44}
609	压~住	压 ȵia^{31}	压 ȵia^{44}	压 ȵia^{44}	压 ia^{44}	压 ȵia^{44}	压 ȵia^{44}	压 ȵia^{44}
610	捅~鸟窝	捣 tɔ^{52}/戳 tʂʰuə^{31}	捅 tʰuŋ^{52}	捅 tʰuŋ^{52}	捣 tɔ^{52}/捅 tʰuŋ^{52}	捣 tɔ^{52}/捅 tʰuŋ^{52}	捅 tʰuŋ^{52}	捅 tʰuŋ^{52}
611	啄鸡~米	鸽 tɕʰiɛ̃^{31}	叨 tɔ^{13}	叨 tɔ^{13}	叨 tɔ^{13}	叨 tɔ^{13}	鸽 tɕʰiɛ̃^{13}	叨 tɔ^{13}
612	孵~小鸡	孵 pu^{44}/抱 pɔ^{44}	抱 pɔ^{13}	抱 pɔ^{44}	抱 pɔ^{44}	抱 pɔ^{44}	抱 pɔ^{44}	抱 pɔ^{44}
613	骗~羊	骗 ʂɛ̃^{44}	骗 ʂɛ̃^{44}	骗 ʂɛ̃^{44}	骗 ʂɛ̃^{44}	骗 ʂɛ̃^{44}	骗 ʂɛ̃^{44}	骗 ʂɛ̃^{44}
614	阉~鸡	（无）	阉 iɛ̃^{44}	（无）	阉 iɛ̃^{44}	（无）	（无）	阉 iɛ̃^{13}
615	杀~鸡	宰 tsɛ^{52}	宰 tsɛ^{52}	宰 tsɛ^{52}	宰 tsɛ^{52}	宰 tsɛ^{52}	宰 tsɛ^{52}	宰 tsɛ^{52}
616	戳~洞	戳 tʂʰuə^{31}	戳 tʂʰuə^{13}	戳 tʂʰuə^{13}/捣 tɔ^{52}	戳 tʂʰuə^{13}	戳 tʂʰuə^{13}	戳 tʂʰuə^{13}	戳 tʂʰuə^{13}
617	砍~树	刹 tua^{44}	刹 tua^{44}	刹 tua^{44}	刹 tua^{44}	刹 tua^{44}	砍 kʰiɛ̃^{52}	刹 tua^{44}
618	剁~肉	刹 tua^{44}	刹 tua^{44}	铡 tsa^{52}	刹 tua^{44}	铡 tsa^{52}	刹 tua^{44}	刹 tua^{44}/铡 tsa^{52}
619	裂木板~	绽 tsɛ̃^{31}	裂 lia^{13}	绽 tsɛ̃^{13}	裂 lia^{13}	绽 tsɛ̃^{13}	绽 tsɛ̃^{13}	绽 tsɛ̃^{13}
620	搓~手	搓 tsʰa^{31}	搓 tsʰa^{13}	搓 tsʰa^{13}	搓 tsʰa^{13}	揩 kʰa^{13}	搓 tsʰa^{13}	搓 tsʰa^{13}
621	摁用手~	按 ŋɛ̃^{44}	按 nɛ̃^{44}	按 ŋɛ̃^{44}	按 nɛ̃^{44}	按 kʰɛ̃^{44}	按 nɛ̃^{44}	按 nɛ̃^{44}

续表

序号	词条	兴泾镇	大战场镇	闽宁镇 1	闽宁镇 2	镇北堡镇	红寺堡区	南梁台子
622	倒~茶	倒 tɔ⁴⁴	倒 tɔ⁴⁴	倒 tɔ⁴⁴	倒 tɔ⁴⁴	倒 tɔ⁴⁴	倒 tɔ⁴⁴	倒 tɔ⁴⁴
623	夹~菜	摸 tɕʰiəu³¹/抄 tsʰɔ³¹	夹 tɕia¹³	撵 tɕiæ¹³	撵 tɕiæ¹³	夹 tɕia¹³	撵 tɕiæ¹³/捋 tɔ¹³	撵 tɕiæ¹³
624	扔~掉	撇 pʰia⁵²	撇 pʰia⁵²	搁 ər⁵²	撇 pʰia¹³	撇 pʰiɔ⁵²	撇 pʰiɔ⁵²/搁 ər⁵²	撇 pʰiɔ⁵²
625	掉辛果~	跃 tɕia³¹	跃 tia¹³	跃 tia¹³	跃 tia¹³	跃 tɕia¹³	跃 tia¹³	跃 tia¹³
626	丢镜~了	搁 ər⁵²	丢 tiəu¹³	搁 ər⁵²	搁 ər⁵²	搁 ər⁵²	搁 ər⁵²	搁 ər⁵²
627	找~钥匙	寻 ɕin³⁵	找 tsɔ⁵²	寻 ɕin¹³	找 tsɔ⁵²	寻 ɕin¹³	找 tsɔ⁵²	找 tsɔ⁵²
628	捡~钱	拾 ʂʅ³⁵	拾 ʂʅ¹³	拾 ʂʅ¹³	拾 ʂʅ¹³	拾 ʂʅ¹³	拾 ʂʅ¹³	拾 ʂʅ¹³
629	挑~担	担 t̺æ³¹	挑 tʰiɔ⁵²	担 t̺æ¹³	挑 tʰiɔ⁵²	担 t̺æ¹³	担 t̺æ¹³	担 t̺æ¹³
630	扛~东西	肩 tɕiæ³¹	扛 kʰaŋ¹³	扛 tɕʰia¹³	扛 tɕʰia¹³	扛 tɕʰia¹³	扛 tɕʰia¹³	扛 tɕʰia¹³
631	抬~轿	抬 tʰe³⁵	抬 tʰe¹³	抬 tʰe¹³	抬 tʰe¹³	抬 tʰe¹³	抬 tʰe¹³	抬 tʰe¹³
632	挑选	拣 tɕiæ⁵²	选 ɕyæ⁵²	挑 tʰiɔ¹³	拣 tɕiæ⁵²	挑 tʰiɔ¹³	拣 tɕiæ⁵²	挑 tʰiɔ¹³
633	撑~伞	撑 tsʰaŋ³¹	抓 tsəu⁵²	搭 ta¹³	搭 ta¹³	撑 tsʰaŋ¹³/抓 tsəu⁵²	打 ta⁵²	抓 tsəu⁵²/搭 ta¹³
634	解~绳子	解 tɕia⁵²	解 kɛ⁵²	解 kɛ⁵²	解 kɛ⁵²	解 kɛ⁵²	解 kɛ⁵²	解 kɛ⁵²
635	挽~袖子	挽 væ⁵²/搁 pia⁵²	搁 pia⁵²	搁 pia⁵²	搁 pia⁵²	搁 pia⁵²	搁 pia⁵²	搁 pia⁵²
636	拆~房子	拆 tsʰei³¹	拆 tsʰei¹³	拆 tsʰei¹³	拆 tsʰei¹³	拆 tsʰei¹³	拆 tsʰei¹³	拆 tsʰei¹³
637	打~他	打 ta⁵²	搂 tsəu⁴⁴	打 ta⁵²	打 ta⁵²	打 ta⁵²	打 ta⁵²	打 ta⁵²
638	玩出去~	要 ɡua⁵²/浪 laŋ⁴⁴	浪 laŋ⁴⁴	浪 laŋ⁴⁴/要 ʃua⁵²	要 ɡua⁵²/浪 laŋ⁴⁴	要 ɡua⁵²/浪 laŋ⁴⁴	浪 laŋ⁴⁴	要 ɡua⁵²/浪 laŋ⁴⁴

续表

序号	词条	兴泾镇	大战场镇	闽宁镇1	闽宁镇2	镇北堡镇	红寺堡区	南梁台子
639	系~裤子	衿 tɕin^{31}	系 tɕi^{44}	绑 paŋ^{52}	系 tɕi^{44}	系 tɕi^{44}	系 tɕi^{44}	系 tɕi^{44}
640	扎~头发	缯 tsaŋ^{44}	扎 tsa^{13}	扎 tsa^{13}	扎 tsa^{13}	扎 tsa^{13}	扎 tsa^{13}	扎 tsa^{13}
641	哄~小孩	哄 xuŋ^{52}	哄 xuŋ^{52}	哄 xuŋ^{52}	哄 xuŋ^{52}	哄 xuŋ^{52}	哄 xuŋ^{52}	摘 kɔ^{52}
642	骗	骗 pʰiæ^{44}	骗 pʰiæ^{44}	骗 pʰiæ^{44}	骗 pʰiæ^{44}	骗 pʰiæ^{44}	骗 pʰiæ^{44}	骗 pʰiæ^{44}/哄 xuŋ^{52}
643	住~哪儿	住 tʂu^{44}	蹶 tɕiəu^{44}	蹶 tɕiəu^{44}	蹶 tɕiəu^{44}	蹶 tɕiəu^{44}	住 tʂu^{44}	蹶 tɕiəu^{44}
644	称~肉	称 tʂʰəŋ^{31}	称 tʂʰəŋ^{13}	称 tʂʰəŋ^{13}	称 tʂʰəŋ^{13}	称 tʂʰəŋ^{13}	称 tʂʰəŋ^{13}	称 tʂʰəŋ^{13}
645	赚~钱	挣 tsaŋ^{44}	挣 tsaŋ^{44}	挣 tsaŋ^{44}	挣 tsaŋ^{44}	挣 tsaŋ^{44}	挣 tsaŋ^{44}	挣 tsaŋ^{44}
646	欠~钱	该 kɛ^{31}	该指未还钱 kɛ^{13}/欠指未还清钱 tɕʰiæ^{44}	该 kɛ^{13}/欠 tɕʰiæ^{44}	该 kɛ^{13}	该 kɛ^{13}	该 kɛ^{13}	该 kɛ^{13}
647	贴~膏药	□pia^{31}	贴 tʰia^{13}	贴 tʰia^{13}	贴 tʰia^{13}	贴 tɕʰia^{13}	贴 tʰia^{13}	贴 tʰiæ^{13}/□pia^{13}
648	叫~他一声	叫 tɕiɔ^{44}	喊 xæ^{52}	叫 tɕiɔ^{44}	喊 xæ^{52}	喊 xæ^{52}/叫 tɕiɔ^{44}	喊 xæ^{52}	喊 xæ^{52}/叫 tɕiɔ^{44}
649	骂~人	骂 ma^{44}	日㞎 ʐl̩^{31}tɕye^{13}	骂 ma^{44}/日㞎 ʐl̩^{31}tɕye^{13}	骂 ma^{44}	骂 ma^{44}/日㞎 ʐl̩^{31}tɕye^{13}	骂 ma^{44}	骂 ma^{44}/日㞎 ʐl̩^{31}tɕye^{13}
650	打~呼噜	拉酣睡 la^{31}xæ^{31}suei^{21}	拉呼 la^{13}xu^{13}	拉酣睡 la^{31}xæ^{31}suei^{31}	扯呼 tʂʰə^{52}xu^{13}	拉 la^{31}xu^{13}	扯呼 tʂʰə^{52}xu^{13}	拉呼 la^{13}xu^{31}/扯呼 tʂʰə^{52}xu^{31}
651	打架	打捶 ta^{52}tʂʰuei^{35}	打捶 ta^{52}tʂʰuei^{13}	打捶 ta^{52}tʂʰuei^{13}	打捶 ta^{52}tʂʰuei^{13}	打捶 ta^{52}tʂʰuei^{13}	打捶 ta^{52}tʂʰuei^{13}	打捶 ta^{52}tʂʰuei^{13}
652	吵架	骂仗 ma^{44}tʂaŋ^{44}	骂仗 ma^{44}tʂaŋ^{44}	骂仗 ma^{44}tʂaŋ^{44}	骂仗 ma^{44}tʂaŋ^{44}	骂仗 ma^{44}tʂaŋ^{44}	骂仗 ma^{44}tʂaŋ^{44}	骂仗 ma^{44}tʂaŋ^{44}
653	嫌弃	嫌弹 ɕiæ^{31}tʰæ^{52}	嫌弹 ɕiæ^{13}tʰæ^{31}	嫌弹 ɕiæ^{13}tɕʰæ^{31}	嫌修 ɕiæ^{13}tʂʰæ^{31}	嫌弃 ɕiæ^{13}tɕʰi^{31}	嫌 ɕiæ^{13}	嫌弃 ɕiæ^{13}tɕʰi^{31}

续表

序号	词条	兴泾镇	大战场镇	闽宁镇1	闽宁镇2	镇北堡镇	红寺堡区	南梁台子
654	讨厌	见不得 tɕiɛ^{44}pu^{31}tei^{21}	见不得 tɕiɛ^{44}pu^{31}tei^{21}	见不得 tɕiɛ^{44}pu^{31}tei^{13}	见不得 tɕiɛ^{44}pu^{31}tei^{21}	见不得 tɕiɛ^{44}pu^{31}tei^{21}	见不得 tɕiɛ^{44}pʰu^{31}tei^{21}	见不得 tɕiɛ^{44}pu^{31}tei^{21}
655	请求	央计 ȵiaŋ^{31}tɕi^{31}	央计 iaŋ^{31}tɕi^{13}	央计 iaŋ^{31}tɕi^{44}	央计 iaŋ^{31}tɕi^{13}	央望 iaŋ^{31}vaŋ^{52}	央计 iaŋ^{31}tɕʰi^{13}	央计 iaŋ^{31}tɕʰi^{13}
656	理睬	理识 li^{52}ʂ̩^{31}	理识 li^{52}ʂ̩^{31}	理 li^{52}	理识 li^{52}ʂ̩^{31}	理识 li^{52}ʂ̩^{31}	理 li^{52}	理识 li^{52}ʂ̩^{31}
657	说话不~	言嘴 ȵiɛ^{35}tʂʰuɛ^{52}	言嘴 iɛ^{13}tʂʰuɛ^{31}	言嘴 iɛ^{13}tʂʰuɛ^{31}	言嘴 iɛ^{13}tʂʰuɛ^{31}	言嘴 iɛ^{13}tʂʰuɛ^{31}	言嘴 iɛ^{13}tʂʰuɛ^{31}	言嘴 iɛ^{13}tʂʰuɛ^{31}
658	聊天	拉话 la^{44}xua^{44}	扯谟 tʂʰə^{52}muə^{52}	逛闲 kuaŋ^{44}ɕiɛ^{13}	扯谟 tʂʰə^{52}muə^{52}	扯谟 tʂʰə^{52}muə^{52} / 拉谟 la^{44}muə^{52}	扯谟 tʂʰə^{52}muə^{52}	扯谟 tʂʰə^{52}muə^{52} / 拉谟 la^{44}muə^{52} / 扯闲 tʂʰə^{52}ɕiɛ^{13}
659	打盹	丢盹儿 tiəu^{31}tuər^{21}	打瞌睡 ta^{31}kʰə^{44}ɕuei^{31}	打个盹 ta^{52}kə^{31}tuŋ^{52}	丢盹 tiəu^{31}tuŋ^{52}	丢盹 tɕiəu^{31}tuŋ^{52}	丢盹 tiəu^{31}tuŋ^{52}	丢盹 tiəu^{31}tuŋ^{52}
660	休息一下	缓个儿 xuɛ^{52}kər^{21}xa^{21} / 缓下 xuɛ^{52}xa^{21}	缓一下 xuɛ^{52}ji^{31}xa^{21} / 缓卡 xuɛ^{52}kʰa^{31}	缓卡 xuɛ^{52}kʰa^{31} / 缓给下 xuɛ^{52}kei^{31}xa^{21}	缓卡 xuɛ^{52}kʰa^{31}	缓卡 xuɛ^{52}kʰa^{31} / 缓一下 xuɛ^{52}ji^{31}xa^{21}	缓卡 xuɛ^{52}kʰa^{31}	缓卡 xuɛ^{52}kʰa^{31}
661	猜谜语	盹谜 mɔ^{31}mi^{44}	猜谜 tsʰɛ^{44}mi^{44}	盹谜 mɔ^{31}mi^{13}	猜谜 tsʰɛ^{52}mi^{13}	盹谜 mɔ^{31}mi^{52}	猜谜谜 tsʰɛ^{52}mi^{13}y^{4}	猜谜 tsʰɛ^{52}mi^{44}
662	讲故事	说古今 ʂuə^{31}ku^{52}tɕin^{31}	讲古今 tɕiaŋ^{52}ku^{52}tɕiŋ^{31}	讲古今 tɕiaŋ^{52}ku^{52}tɕiŋ^{31}	说古今 ʂuə^{31}ku^{52}tɕiŋ^{31}	讲古今 tɕiaŋ^{52}ku^{52}tɕiŋ^{31}	讲古今 tɕiaŋ^{52}ku^{52}tɕiŋ^{31}	说古今 ʂuə^{31}ku^{52}tɕiŋ^{31}
663	抓子儿	抓子儿 tʂua^{31}tsər^{21}	抓五子儿 tʂua^{13}vu^{31}tsər^{21}	抓五子儿 tʃua^{13}vu^{31}tsər^{21}	抓五子儿 tʂua^{13}vu^{31}tsər^{52}	抓五子儿 tʂua^{13}vu^{31}tsər^{52}	抓子儿 tʂua^{13}tsər^{52}	抓五子 tʂua^{13}tsər^{52}
664	翻跟头	翻帽儿跟头 fɛ^{31}mɔr^{21}kən^{31}tʰəu^{21}	翻头 fɛ^{13}kaŋ^{31}tʰəu^{13}	翻坚儿 fɛ^{31}ʃur^{52}	翻帽儿跟头 fɛ^{31}mɔr^{13}kaŋ^{31}tʰəu^{21}	翻帽儿跟头 fɛ^{31}mɔr^{13}kaŋ^{31}tʰəu^{21}	翻帽儿跟头 fɛ^{31}mɔ^{13}ər^{31}kaŋ^{31}tʰəu^{21}	翻帽儿勾头 fɛ^{31}mɔr^{35}kəu^{31}tʰəu^{21}
665	捉迷藏	缺猫平乎儿 tɕʰyə^{31}mɔ^{31}xuar^{21}	藏马马乎儿 tɕʰiaŋ^{13}ma^{31}ma^{52}xur^{13}	藏马马乎儿 tɕʰiaŋ^{13}ma^{31}ma^{44}xur^{13}	藏马马乎儿 tɕʰiaŋ^{13}ma^{31}ma^{21}xur^{13}	藏马马乎儿 tɕʰiaŋ^{13}ma^{31}ma^{21}xur^{13}	藏马马乎儿 tɕʰiaŋ^{13}ma^{31}ma^{21}xur^{13}	藏马马乎儿 tɕʰiaŋ^{13}ma^{31}ma^{44}xur^{13}

续表

序号	词条	兴泾镇	大战场镇	闽宁镇 1	闽宁镇 2	镇北堡镇	红寺堡区	南梁台子
666	认生	诧生 tsʰaʔ^{44}soŋ^{31}	诧人 tsʰaʔ^{44}zoŋ^{13}	诧人 tsʰaʔ^{44}zoŋ^{13}	诧生 tsʰaʔ^{44}soŋ^{31}	诧人 tsʰaʔ^{44}zoŋ^{13}	诧人 tsʰaʔ^{44}zoŋ^{13}	诧人 tsʰaʔ^{44}zoŋ^{13}
667	拍马屁	舔沟子 tɕʰiɛ^{52}kou^{31}tʂʅ^{21}	舔沟子 tʰiɛ^{52}kou^{31}tʂʅ^{21}	舔沟子 tʰiɛ^{52}kou^{31}tʂʅ^{13}	舔沟子 tʰiɛ^{52}kou^{31}tʂʅ^{21}	舔沟子 tɕʰiɛ^{52}kou^{31}tʂʅ^{21}	舔沟子 tʰiɛ^{52}kou^{31}tʂʅ^{44}	舔沟子 tʰiɛ^{52}kou^{31}tʂʅ^{13}
668	举办典礼	过事 kuə^{44}sʅ^{44}	过事 kuə^{44}sʅ^{44}	过事 kuə^{44}sʅ^{44}	过事 kuə^{44}sʅ^{44}	过事 kuə^{44}sʅ^{44}	过事 kuə^{44}sʅ^{44}	过事 kuə^{44}sʅ^{44}
669	过生日	过生儿 kuə^{44}sɚ^{21}	过岁 kuə^{44}tsuei^{44}	过岁 kuə^{44}tsuei^{44}	过岁 kuə^{44}tsuei^{44}	过岁儿 kuə^{44}tsuei^{44}ɚ^{21}	过岁 kuə^{44}tsuei^{44}	过岁 kuə^{44}tsuei^{44}
670	随礼	行礼 ɕiŋ^{35}li^{52} 搭礼 ta^{31}li^{52}	搭礼 ta^{31}li^{52}	走人情 tsou^{52}zoŋ^{13}tɕʰiŋ^{13}	行礼 ɕiŋ^{13}li^{52} 搭礼 ta^{31}li^{52}	搭个情 ta^{31}kə^{21}tɕʰiŋ^{13}	随礼 suei^{13}li^{52}	行礼 ɕiŋ^{13}li^{52} 搭情 ta^{31}tɕʰiŋ^{13} 行情 ɕiŋ^{13}tɕʰiŋ^{13}
671	赶集	跟集 kən^{31}tɕʰi^{35}	跟集 kəŋ^{31}tɕi^{13}	跟集 kəŋ^{31}tɕi^{13}	跟集 kəŋ^{31}tɕi^{13}	跟集 kəŋ^{31}tɕi^{13}	跟集 kəŋ^{31}tɕi^{13}	跟集 kəŋ^{31}tɕi^{13}
672	晒太阳	晒暖暖 sɛ^{44}lyɛ^{44}lyɛ^{21}	晒暖暖 sɛ^{44}nuɛ^{52}nuɛ^{21}	晒暖暖 sɛ^{44}luɛ^{52}luɛ^{21}	晒暖暖 sɛ^{44}nuɛ^{52}nuɛ^{21}	晒暖暖 sɛ^{44}luɛ^{52}luɛ^{21}	晒热头 sɛ^{44}zɔ^{31}tʰou^{13}	晒暖暖 sɛ^{44}nuɛ^{52}nuɛ^{21}
673	走亲戚	浪亲亲 laŋ^{44}tɕʰim^{31}tɕʰim^{21}	浪亲戚 laŋ^{44}tɕʰi^{31}tɕʰi^{21}	浪亲亲 laŋ^{44}tɕʰi^{31}tɕʰi^{44}	浪亲戚 laŋ^{44}tɕʰi^{31}tɕʰi^{21}	浪亲戚 laŋ^{44}tɕʰi^{31}tɕʰi^{21}	浪亲戚 laŋ^{44}tɕʰi^{31}tɕʰi^{21}	浪亲戚 laŋ^{44}tɕʰi^{31}tɕʰi^{21}
674	串门	浪门子 laŋ^{44}man^{35}tsʅ^{21}	串门子 tʂʰuɛ^{44}məŋ^{13}tsʅ^{21}	浪门子 laŋ^{44}məŋ^{13}tsʅ^{21}	串门子 tʂʰuɛ^{44}məŋ^{13}tsʅ^{21}	串门子 tʂʰuɛ^{44}məŋ^{13}tsʅ^{21} 浪门子 laŋ^{44}məŋ^{13}tsʅ^{21}	浪门子 laŋ^{44}məŋ^{13}tsʅ^{21}	串门子 tʂʰuɛ^{44}məŋ^{13}tsʅ^{21}
675	帮忙	帮忙 paŋ^{31}maŋ^{35}	帮忙 paŋ^{31}maŋ^{13}	帮忙 paŋ^{31}maŋ^{13}	帮忙 paŋ^{31}maŋ^{13}	帮忙 paŋ^{31}maŋ^{13}	搭个帮 ta^{31}kə^{31}paŋ^{13}	帮忙 paŋ^{31}maŋ^{13}
676	认识	认得 zən^{44}tei^{31}	认得 zən^{44}tei^{31}	认得 zən^{44}tei^{31}	认得 zən^{44}tei^{31}	认得 zən^{44}tei^{31}	认得 zən^{44}tei^{31}	认得 zən^{44}tei^{31}
677	知道	知道 tʂʅ^{44}tɔ^{31}	晓得 ɕiɔ^{52}tei^{31}	晓得 ɕiɔ^{52}tei^{31}	知道 tʂʅ^{44}tɔ^{13}	晓得 ɕiɔ^{52}tei^{31}	知道 tʂʅ^{31}tɔ^{13}	知道 tʂʅ^{44}tɔ^{13}

续表

序号	词条	兴泾镇	大战场镇	闽宁镇1	闽宁镇2	镇北堡镇	红寺堡区	南梁台子
678	不知道	不知道 pu³¹tʂʅ³¹tɔ⁴⁴	不晓得 pu³¹ɕiɔ⁵²tei³¹	晓不得 ɕiɔ⁵²pu³¹tei¹³	不知道 pu³¹tʂʅ³¹tɔ¹³	晓不得 ɕiɔ⁵²pu³¹tei¹³	不知道 pu³¹tʂʅ³¹tɔ¹³	知不道 tʂʅ³¹pu³¹tɔ¹³ / 不知道 pu³¹tʂʅ³¹tɔ¹³
679	是他~老师	是 sʅ⁴⁴	是 sʅ⁴⁴	是 sʅ⁴⁴	是 sʅ⁴⁴	是 sʅ⁴⁴	是 sʅ⁴⁴	是 sʅ⁴⁴
680	不是~他	不是 pu³¹sʅ⁴⁴	不是 pu³¹sʅ⁴⁴	不是 pu³¹sʅ⁴⁴	不是 pu³¹sʅ⁴⁴	不是 pu³¹sʅ⁴⁴	不是 pu³¹sʅ⁴⁴	不是 pu³¹sʅ⁴⁴
681	有	有 iəu⁵²	有 iəu⁵²	有 iəu⁵²	有 iəu⁵²	有 iəu⁵²	有 iəu⁵²	有 iəu⁵²
682	没有	没有 muə³¹iəu⁵²	没有 muə³¹iəu⁵²	没有 muə³¹iəu⁵²	没有 muə³¹iəu⁵²	没有 muə³¹iəu⁵²	没有 muə³¹iəu⁵²	没有 muə³¹iəu⁵²
683	在	在 tsɛ⁴⁴	在 tsɛ⁴⁴	在 tsɛ⁴⁴	在 tsɛ⁴⁴	在 tsʰɛ⁴⁴	在 tsɛ⁴⁴	在 tsɛ⁴⁴
684	不在	不在 pu³¹tsɛ⁴⁴	不在 pu³¹tsɛ⁴⁴	不在 pu³¹tsʰɛ⁴⁴	不在 pu³¹tsɛ⁴⁴	不在 pu³¹tsʰɛ⁴⁴	不在 pu³¹tsɛ⁴⁴	不在 pu³¹tsɛ⁴⁴
685	要	要 iɔ⁴⁴	要 iɔ⁴⁴	要 iɔ⁴⁴	要 iɔ⁴⁴	要 iɔ⁴⁴	要 iɔ⁴⁴	要 iɔ⁴⁴
686	甭 ~客气	罢 pɔ³⁵	不咧 pu¹³liə²¹	不了 pu¹³lia¹³	不咧 pu¹³lia¹³	不要 pu¹³iɔ⁴⁴	不要 pu³¹iɔ⁴⁴	不咧 pu³¹lia¹³
687	表肯定的应答	能成 naŋ³⁵tʂʰəŋ³⁵ / 行 ɕiŋ³⁵	能行 naŋ¹³ɕiŋ³¹	能成 naŋ¹³tʂʰəŋ³¹	能成 naŋ¹³tʂʰəŋ³¹ / 行 ɕiŋ³¹	能行 naŋ¹³ɕiŋ³¹ / 能成 naŋ¹³tʂʰəŋ³¹	能行 naŋ¹³ɕiŋ³¹	能成 naŋ¹³tʂʰəŋ³¹
688	没关系	没事 muə³¹sʅ⁴⁴	没事 muə³¹sʅ⁴⁴	没事 muə³¹sʅ⁴⁴	没事 muə³¹sʅ⁴⁴ / 没麻达 muə³¹ma¹³ta³¹	没事 muə³¹sʅ⁴⁴ / 没麻达 muə³¹ma¹³ta³¹	没事 muə³¹sɑr⁴⁴	没事 muə³¹sʅ⁴⁴ / 没麻达 muə³¹ma¹³ta³¹
689	谜语	谜 mi⁴⁴	谜 mi¹³	谜 mi⁴⁴	谜 mi¹³	谜 mi⁴⁴	谜语 mi¹³y⁵²	谜 mi¹³
690	下数	下数 xa⁴⁴su³¹	下数 xa⁴⁴su³¹	下数 xa⁴⁴fu³¹	下数 xa⁴⁴su³¹	下数 xa⁴⁴su³¹	下数 xa⁴⁴su³¹	下数 xa⁴⁴su³¹
691	回声山里	崖娃娃 ŋɛ³¹ua⁵²ua²¹	崖娃娃 ŋɛ¹³va³¹va²¹	崖娃娃 ŋɛ¹³va³¹va²¹	崖娃娃 ŋɛ¹³va³¹va²¹	崖娃娃 ŋɛ¹³va³¹va²¹	崖娃娃 ŋɛ¹³va³¹va²¹	崖娃娃 ŋɛ¹³va³¹va²¹
692	和我~他都姓张	跟 kəŋ³¹	和 xə¹³ / 跟 kəŋ¹³	连 liɛ¹³ / 和 xə¹³ / 跟 kəŋ¹³	和 xuə¹³	和 xə¹³ / 跟 kəŋ¹³	和 xuə¹³	和 xuə¹³

续表

序号	词条	兴泾镇	大战场镇	闽宁镇1	闽宁镇2	镇北堡镇	红寺堡区	南梁台子
693	和我~他去城里了	跟 kən³¹	和 xə¹³	连 liæ̃¹³/和 xə¹³/跟 kaŋ¹³	跟 kaŋ¹³	和 xa¹³/跟 kaŋ¹³	和 xuə¹³	和 xuə¹³/跟 kaŋ¹³
694	被~他打	叫 tɕiɔ⁵²	叫 tɕiɔ⁴⁴	叫 tɕiɔ⁴⁴	叫 tɕiɔ⁴⁴	叫 tɕiɔ⁴⁴	被 pi⁴⁴	被 pi⁵²叫 tɕiɔ⁴⁴
695	把~他打	□ma³¹	把 pa¹³	把 pa⁵²	把 pa¹³	把 pa⁵²	拔 puə¹³	把 pa⁴⁴
696	按~要求	按 ŋæ̃⁵²	按 næ̃⁴⁴	按 ŋæ̃⁴⁴	按 næ̃⁴⁴	按 næ̃⁴⁴	按 næ̃⁴⁴	按 næ̃⁴⁴
697	任~东东走	朝 tʂʰɔ¹³	任 uaŋ⁴⁴	朝 tʂʰɔ¹³	朝 tʂʰɔ¹³	朝 tʂʰɔ¹³	朝 tʂʰɔ¹³	朝 tʂʰɔ¹³
698	从~今起	从 tsʰuŋ³⁵/打 ta⁵²	从 tsʰuŋ¹³	打 ta⁵²	从 tsʰuŋ¹³/打 ta⁵²	从 tsʰuŋ¹³/打 ta⁵²	从 tsʰuŋ¹³	从 tsʰuŋ¹³
699	拿~笔写	拿 na³⁵	拿 na¹³	攞 xæ̃⁵²	拿 na¹³	拿 na¹³	拿 na¹³	拿 na¹³
700	故意	故意 ku⁴⁴i⁴⁴	专门 tʂuæ̃³¹məŋ¹³	故意 ku⁴⁴i⁴⁴	故意 ku⁴⁴i⁴⁴	故意 ku⁴⁴i⁴⁴	故意 ku⁴⁴i⁴⁴	故意 ku⁴⁴i⁴⁴
701	刚刚~来	才 tsʰɛ³⁵	刚 kaŋ⁴⁴/tɕiaŋ¹³	刚 tɕiaŋ¹³	才 tsʰɛ¹³	刚 tɕiaŋ¹³	刚 kaŋ¹³/tɕiaŋ¹³	刚 kaŋ¹³/tɕiaŋ¹³
702	刚~合适	刚 kaŋ³¹	刚 kaŋ⁴⁴	刚 tɕiaŋ¹³	刚 kaŋ¹³	刚 kaŋ¹³	刚 kaŋ¹³	刚 kaŋ¹³
703	幸亏	亏得 kʰuei³¹tə²¹	幸亏 ɕiŋ⁴⁴kʰuei³¹	幸亏 ɕiŋ⁴⁴kʰuei³¹	亏得 kʰuei¹³tei³¹	幸亏 ɕiŋ⁴⁴kʰuei³¹	幸亏 ɕiŋ⁴⁴kʰuei³¹	幸亏 ɕiŋ⁴⁴kʰuei³¹
704	光~吃肉	光 kuaŋ³⁵	纯 tʂʰun¹³/净 tɕiŋ⁴⁴	光 kuaŋ¹³	光 kuaŋ¹³	净 tɕiŋ⁴⁴	光 kuaŋ¹³	光 kuaŋ¹³
705	差点儿	险乎儿 ɕiæ̃³¹xuər⁵²	险乎儿 ɕiæ̃⁵²xuər²¹	一乎儿 i³¹xur⁵²	险乎儿 ɕiæ̃⁵²xuər²¹	险乎儿 ɕiæ̃⁵²xuər⁵²	险乎儿 ɕiæ̃³¹xuər⁵²	险乎儿 ɕiæ̃³¹xuar⁵²
706	一起~走	一搭 i³¹ta³¹	一块 i³¹kʰue⁵²	一搭 i³¹ta¹³	一搭 i³¹ta¹³	一搭 i³¹ta¹³	一搭里 i³¹ta¹³ȵi³¹	一搭里 i³¹ta¹³ȵi³¹
707	只~有	只 tsʅ³⁵	只 tsʅ¹³	只 tsʅ¹³	只 tsʅ¹³	只 tsʅ¹³	只 tsʅ¹³	只 tsʅ¹³
708	还~有	还 xæ̃³⁵	还 xæ̃¹³	还 xæ̃¹³	还 xæ̃¹³	还 xæ̃¹³	还 xæ̃¹³	还 xæ̃¹³
709	又~来了	可 kʰə³¹	又 iau⁴⁴/可 kʰə⁵²	可 kʰə¹³	可 kʰə¹³	可 kʰə⁵²	可 kʰə¹³	可 kʰə¹³

序号	词条	兴泾镇	大战场镇	闽宁镇 1	闽宁镇 2	镇北堡镇	红寺堡区	南梁台子
710	都～来了	都 tou^{35}	都 tu^{13}	都 tu^{13}	都 tu^{13}	都 tu^{13}	都 tou^{13}	都 tou^{13}
711	也我～去	也 ia^{52}	也 ia^{52}	也 ia^{52}	也 ia^{52}	也 ia^{52}	也 ia^{52}	也 ia^{52}
712	再～来	再 $tsɛ^{44}$	再 $tsɛ^{44}$	再 $tsɛ^{44}$	再 $tsɛ^{44}$	再 $tsɛ^{44}$	再 $tsɛ^{44}$	再 $tsɛ^{44}$
713	就～好了	就 $tɕiɑu^{44}$	就 $tɕiɑu^{44}$	就 $tɕiɑu^{44}$	就 $tɕiɑu^{44}$	就 $tɕiɑu^{44}$	就 $tɕiɑu^{44}$	就 $tɕiɑu^{44}$
714	才～来	才 $ts^{h}ɛ^{35}$	才 $ts^{h}ɛ^{13}$	才 $ts^{h}ɛ^{13}$	才 $ts^{h}ɛ^{13}$	才 $ts^{h}ɛ^{13}$	才 $ts^{h}ɛ^{13}$	才 $ts^{h}ɛ^{13}$
715	宁可	宁 $ɲiŋ^{44}$	宁可 $ɲiŋ^{13}k^{h}ə^{52}$	宁 $ɲiŋ^{44}$	宁可 $ɲiŋ^{44}k^{h}ə^{31}$	宁可 $ɲiŋ^{13}k^{h}ə^{31}$	宁可 $ɲiŋ^{44}k^{h}ə^{52}$	宁 $ɲiŋ^{44}$
716	反正～来得及	反正 $fæ^{31}tʂəŋ^{44}$	反正 $fæ^{31}tʂəŋ^{44}$	反正 $fæ^{31}tʂəŋ^{44}$	反正 $fæ^{31}tʂəŋ^{44}$	反正 $fæ^{31}tʂəŋ^{44}$	反正 $fæ^{31}tʂəŋ^{44}$	反正 $fæ^{31}tʂəŋ^{44}$
717	如果	如果 $ʐu^{31}kuə^{52}$	如果 $ʐu^{31}kuə^{52}$	如果 $ʒu^{31}kuə^{52}$	如果 $ʐu^{31}kuə^{52}$	如果 $ʐu^{31}kuə^{52}$	如果 $ʐu^{13}kuə^{31}$	如果 $ʐu^{31}kuə^{52}$
718	边～走～说	旋 $ɕyæ^{44}$/边 $piæ^{31}$	旋 $ɕyæ^{44}$/边 $piæ^{13}$	旋 $ɕyæ^{44}$/边 $piæ^{13}$	旋 $ɕyæ^{44}$/边 $piæ^{13}$	旋 $ɕyæ^{44}$/边 $piæ^{13}$	旋 $ɕyæ^{44}$/边 $piæ^{13}$	旋 $ɕyæ^{44}$/边 $piæ^{13}$
719	无论如何	瞎好 $xa^{31}xɔ^{52}$ 如里如何 $ʐu^{31}li^{52}ʐu^{35}xə^{35}$	无论如何 $u^{13}luŋ^{44}ʐu^{13}xuə^{13}$	瞎好 $xa^{31}xɔ^{52}$	瞎好 $xa^{31}xɔ^{52}$	瞎好 $xa^{31}xɔ^{52}$	如论如何 $ʐu^{13}lyŋ^{44}ʐu^{13}xuə^{13}$	如里如何 $ʐu^{31}li^{52}ʐu^{13}xuə^{13}$
720	格外今天～热	价外 $tɕia^{44}uɛ^{44}$ 格外 $kə^{31}vɛ^{44}$	另外 $liŋ^{44}vɛ^{44}$	另外 $liŋ^{44}vei^{44}$	胡都 $xu^{13}tu^{13}$	另外 $liŋ^{44}vɛ^{44}$	把外 $pa^{52}vɛ^{44}$	另外 $liŋ^{44}vɛ^{44}$
721	随便	随便儿 $suei^{35}piɛr^{52}$	随便儿 $suei^{13}piɛr^{44}$	随便儿 $suei^{13}pier^{52}$	随便 $suei^{13}piɛr^{44}$	随便 $suei^{13}piɛr^{44}$	随便儿 $suei^{13}pier^{52}$	随便儿 $suei^{13}pier^{52}$

4. 移民方言词汇对照表代表点信息如下：

兴泾镇代表方言——原泾源方言；

大战场镇代表方言——原固原方言；

闽宁镇1代表方言——原隆德方言；

闽宁镇2代表方言——原西吉火石寨方言；

镇北堡镇代表方言——原西吉硝河方言；

红寺堡区代表方言——原海原方言；

南梁台子代表方言——原彭阳方言。

第四章　语法

第一节　语法特点

壹　词法特点

（一）词缀

宁夏移民方言词缀主要有前缀、后缀。前缀如"老""第""初""阿"等，与官话方言用法基本一致，如：老虎｜老鼠｜老乡｜老师｜老三｜老王｜老张｜第一｜第二｜初一｜初二｜阿姨｜阿伯子。后缀以"儿"尾、"子"尾为主，如：花儿｜鸟儿｜树叶儿｜匣匣儿｜桌子｜凳子｜帽子，还有小部分"头"尾，如：利巴头_{外行}｜高头_{上面}｜下头_{下面}｜前头_{前面}。后缀中，子尾用法最为广泛，儿尾根据移民来源县区不同，用法略有差异。有些移民方言儿尾词占优势，如泾源移民方言；有些吊庄子尾词占优势，如彭阳移民方言。下文简要介绍。

1."儿"尾

宁夏移民方言儿尾词比较丰富，有些儿尾自成音节，有些儿尾已经并入词尾为儿化韵。兴泾镇方言儿化最为丰富，音系中基本每一个韵母都有卷舌色彩的儿化，如表4-1。

表4-1　　　　　　　　　　　兴泾镇儿尾词表

韵母	儿尾例词
i	月亮地儿｜粉皮儿
ʅ	挑刺儿｜燕子儿｜瓜子儿｜松白籽儿
ʮ	日儿葵｜树枝儿

韵母	儿尾例词
u	树骨儿｜牛犊儿｜手篓儿｜沫糊儿_{面糊}｜打灯糊儿_{猜灯谜}
y	马驹儿｜金鱼儿
a	下巴儿｜牛把儿｜衩衩儿_兜｜狗娃儿｜碎母娃儿
ia	甲甲儿｜匣匣儿
ua	雪花儿｜韭花儿｜拉话儿_{聊天}｜头发刷刷儿_{刘海}
ɛ	烟布袋儿｜脐带儿
ə	花花蛾儿_{蝴蝶}｜鹦哥儿｜秧歌儿
eі	萝卜叶儿｜树叶儿
uə	花骨朵儿｜鹅儿｜胳肢窝儿｜背锅儿_{驼子}｜同伙儿｜围脖儿｜百家锁儿｜昨儿
yə	眼角儿｜角角儿
ɔ	羊羔儿｜枣儿｜桃儿｜枕套儿｜毛毛儿雨｜醪糟儿｜罩袍儿｜剃头刀儿｜外号儿
cі	粉条儿｜面条儿｜鸟儿
uə	啥时候儿｜后儿｜活扣儿｜领口儿｜胳膊肘儿｜扁豆儿
iəu	煤球儿｜蜗蜗牛儿
ei	靠背儿｜晚辈儿
uei	蒜窝槌儿｜耳朵垂儿｜耳坠儿｜烟嘴儿｜一对儿｜一会儿
æ	麦秆儿｜茶碗儿｜手腕儿｜蚕儿｜长衫儿｜脸蛋儿
iæ	耳环眼儿｜雨点儿｜瓦片儿｜炕边儿｜纸捻儿｜跟前儿｜随便儿｜一件儿
uæ	火罐儿｜饭馆儿
yæ	牛鼻圈儿｜钢元儿｜花卷儿
ən	麦根儿｜后门儿｜脸盆儿｜鸡胗儿｜亏本儿｜一阵儿｜眼睛仁儿
in	马巾儿_{马裙}｜衣服襟儿｜面筋儿｜今儿
un	拐棍儿｜丢盹儿｜一捆儿
aŋ	黄鼠狼儿｜丈儿_{岳父}｜巷巷儿｜跳房儿_{儿童游戏}
iaŋ	老样儿｜模样儿
uaŋ	双双儿｜筐筐儿
əŋ	调羹儿｜脖梗儿｜斗篷儿｜过生儿｜风筝儿｜一成儿｜板凳儿
iŋ	吐沫星儿｜明儿
uŋ	明火虫儿｜烧火棍儿

从上表可得儿尾词主要有 A 儿、AB 儿、AA 儿、AAB 儿的形式，儿化

大多包含小称、昵称、爱称之义，尤其是 AA 儿式。宁夏移民中，来自泾源、同心县的移民方言儿缀比较丰富，海原县次之，其他地点的移民方言儿缀较少。现结合不同移民点儿缀的情况，简要把儿尾列举如下。

（1）A 儿

兴泾镇：枣儿｜桃儿｜蚕儿｜蛾儿｜鸟儿｜今儿｜明儿｜后儿｜活儿｜丈儿_{岳父}

大战场镇：双儿_{双胞胎}｜猫儿｜鸟儿｜鹅儿｜雀儿｜花儿｜今儿｜明儿｜后儿

闽宁镇：蚕儿｜枣儿｜鸟儿｜鹅儿｜雀儿｜猫儿｜兔儿｜梨儿｜桃儿

镇北堡镇：枣儿｜被儿_{被子}｜旋儿_{头发旋儿}｜杏儿｜花儿｜猫儿｜鹅儿｜蝉儿｜蚕儿

（2）AB 儿

兴泾镇：驴驹儿｜羊羔儿｜狗娃儿｜燕子儿｜布鸽儿｜调羹儿｜巷道儿｜马肚儿_{兜肚}｜钢元儿｜手绢儿｜手箍儿｜背锅儿_{驼子}｜麦秆儿｜面条儿｜瓜子儿｜木花儿｜烟嘴儿｜长衫儿｜斗篷儿｜背心儿｜罩袍儿｜领口儿｜项圈儿｜手箍儿｜耳坠儿｜扣门儿_{扣子}

大战场镇：马甲儿_{坎肩}｜手绢儿｜抓子儿_{儿童游戏}｜牛娃儿_{小牛}｜牛犊儿_{小牛}｜种谷虫儿_{布谷鸟}｜秋蝉儿_{蜻蜓}｜面条儿｜花卷儿｜打尖儿｜背锅儿_{驼子}｜指甲盖儿｜麻眼虫儿_{蚂蚁}｜气味儿｜一会儿｜一阵儿｜一块儿｜肚脐眼儿

闽宁镇：羊羔儿｜马燕儿_{燕子}｜狸猫儿_{公猫}｜咪猫儿_{母猫}｜瓜子儿｜气味儿｜媳妇儿｜拐角儿｜东头儿｜西头儿｜手绢儿｜险乎儿｜肚脐眼儿

镇北堡镇：热头儿_{太阳}｜裹肚儿_{棉袄}｜钢元儿_{硬币}｜手绢儿｜媳妇儿｜花卷儿｜打尖儿｜面条儿｜气味儿｜桑杏儿_{桑葚}｜瓜子儿｜狸猫儿_{公猫}｜咪猫儿_{母猫}｜蚂燕儿_{燕子}

（3）AA 儿

红寺堡区：虫虫儿｜雀雀儿｜盅盅儿｜角角儿｜颗颗儿

兴泾镇：坑坑儿_{酒窝}｜衩衩儿_{口袋}｜双双儿_{双胞胎}｜泡泡儿｜角角儿｜边边儿｜沿沿儿｜甲甲儿_{坎肩}｜缝缝儿_{缝隙}｜匣匣儿｜帽帽儿｜帘帘儿

大战场镇：蛾蛾儿｜边边儿｜洞洞儿｜眼眼儿_{窟窿}｜缝缝儿_{缝隙}｜肚肚儿_{器皿突出来的部分}

闽宁镇：豆豆儿｜珠珠儿｜汤汤儿｜水水儿｜帽帽儿｜瓶瓶儿｜棍棍儿｜面面儿｜坠坠儿｜毛毛儿｜盖盖儿｜碟碟儿

镇北堡镇：肚肚儿_{兜肚} ｜ 边边儿 ｜ 蛾蛾儿_{蝴蝶} ｜ 牛牛儿_{小虫}

（4）AAB 儿

大战场镇：蜗蜗牛儿

红寺堡区：芨芨草儿、辣辣缨儿

从上述可知，AAB 儿的形式最少。儿尾大都可以用子尾替代，反之不可行。

2.“子”尾

宁夏吊庄移民方言子尾用途非常广，主要有 A 子、AB 子、AA 子、ABB 子的形式，其中名词重叠加子尾具有表小称的意思，形容词重叠可作副词修饰动词。结合各移民点方言把儿尾词简要列举如下。

（1）A 子

兴泾镇：冷子_{冰雹} ｜ 海子_湖 ｜ 辣子_{辣椒} ｜ 瓜子_{傻子} ｜ 超子_{傻子} ｜ 结子_{结巴} ｜ 瞎子 ｜ 秃子 ｜ 沟子_{屁股} ｜ 缝子_{缝隙} ｜ 磨子_{石磨} ｜ 筛子 ｜ 碾子 ｜ 庄子_{村子} ｜ 巷子 ｜ 房子 ｜ 被子 ｜ 褥子 ｜ 镯子

大战场镇：冷子_{冰雹} ｜ 海子_湖 ｜ 辣子_{辣椒} ｜ 瓜子_{傻子} ｜ 超子_{傻子} ｜ 结子_{结巴} ｜ 瞎子 ｜ 秃子 ｜ 沟子_{屁股} ｜ 磨子_{石磨} ｜ 筛子 ｜ 碾子 ｜ 背子_{脊背} ｜ 庄子_{村子} ｜ 巷子 ｜ 房子 ｜ 被子 ｜ 褥子 ｜ 镯子

闽宁镇：冷子_{冰雹} ｜ 海子_湖 ｜ 辣子_{辣椒} ｜ 磨子_{石磨} ｜ 缝子_{缝隙} ｜ 沟子_{屁股} ｜ 纽子_{纽扣} ｜ 筛子 ｜ 碾子 ｜ 哑子 ｜ 瓜子_{傻子} ｜ 瞎子 ｜ 背子_{脊背} ｜ 膀子_{翅膀} ｜ 庄子_{村子} ｜ 巷子 ｜ 房子 ｜ 被子 ｜ 褥子 ｜ 镯子

镇北堡镇：冷子_{冰雹} ｜ 海子_湖 ｜ 庄子_{村子} ｜ 巷子 ｜ 房子 ｜ 筛子 ｜ 碾子 ｜ 磨子_{石磨} ｜ 褥子 ｜ 镯子 ｜ 瞎子 ｜ 秃子 ｜ 瓜子_{傻子} ｜ 茧子_{老茧} ｜ 辣子_{辣椒} ｜ 笋子_{莴苣} ｜ 杏子 ｜ 膀子_{翅膀}

（2）AB 子

兴泾镇：贼娃子 ｜ 货郎子 ｜ 嗓帮子 ｜ 脚腕子 ｜ 钉斧子_{锤子} ｜ 热痱子 ｜ 结个子_{结巴} ｜ 咬舌子_{结巴} ｜ 鸡娃子 ｜ 照壁子_{影壁} ｜ 嗓帮子_{腮帮子} ｜ 弯耳子_{耳勺子} ｜ 裹缠子_{裹腿} ｜ 仰绊子 ｜ 脑勺子 ｜ 尿褛子

大战场镇：裹肚子_{棉袄} ｜ 房顶子_{天花板} ｜ 角落子 ｜ 石窝子_{蒜臼} ｜ 倒衩子_{口袋} ｜ 骚赶子_{山羊} ｜ 麻雀子 ｜ 手箍子_{戒指} ｜ 钢元子_{硬币} ｜ 贼娃子_贼 ｜ 胳肘子_{胳膊肘} ｜ 调羹子_{汤匙} ｜ 钉斧子_{锤子} ｜ 头生子_{头胎}

闽宁镇：兜肚子_{兜肚} ｜ 调羹子_{汤匙} ｜ 尿褛子_{尿布} ｜ 钉斧子_{锤子} ｜ 围脖子_{围巾} ｜ 贼娃子_贼 ｜ 头首子_{头胎} ｜ 对羔子_{双胞胎} ｜ 老羔子_{最小的孩子} ｜ 脐带子 ｜ 嘴唇子 ｜ 沟

门子（肛门）｜麦杆子｜麻食子（猫耳朵）

　　镇北堡镇：月娃子（婴儿）｜背个子（驼子）｜贼娃子（贼）｜叔老子（叔父）｜私娃子（私生子）｜髦絃子（辫子）｜眼仁子｜胳肘子（胳膊肘）｜沟门子（肛门）｜热颗子（痱子）｜毛栗子（板栗）｜牛娃子｜骟羯子（已骟的公山羊）

　　（3）AA 子

　　①名词性语素重叠+子

　　红寺堡区：刀刀子｜凳凳子｜角角子｜勺勺子｜蛾蛾子（蝴蝶）｜炊炊子（瓢）｜裤裤子（尿布）｜瓶瓶子｜末末子｜颗颗子

　　兴泾镇：爪爪子（爪子）｜巷巷子（巷子）｜棚棚子（茅屋）｜双双子（双胞胎）

　　大战场镇：面面子（粉状物）｜颗颗子（粒状物）｜房房子｜缸缸子｜衩衩子｜叶叶子｜甲甲子（坎肩）｜兜兜子（兜肚）｜帘帘子（围嘴）｜蛾蛾子（蝴蝶）

　　闽宁镇：甲甲子（坎肩）｜颗颗子

　　②形容词性语素重叠+子

　　红寺堡区：斜斜子｜顺顺子｜弯弯子｜端端子

　　兴泾镇：斜斜子｜顺顺子｜弯弯子｜正正子｜反反子

　　大战场镇：斜斜子｜顺顺子｜弯弯子｜端端子

　　闽宁镇：斜斜子｜顺顺子｜弯弯子｜端端子

　　（4）ABB 子

　　大战场镇：粉面面子｜碎盆盆子｜树杈杈子｜绿袄袄子

　　闽宁镇：粉面面子｜碎盆盆子｜树杈杈子｜绿袄袄子

　　从以上可知，子尾的用途极广泛，大多数器具类的名词都可以加子尾，体现了宁夏吊庄移民方言子尾的构词能力较强。

　　3.“头”尾

　　宁夏吊庄移民方言头尾用法与大多数官话基本接近，用法如下。

　　（1）名词+头

　　名词加上“头”尾依旧为名词，如兴泾镇移民方言：石头｜砖头｜年头｜镘头（镘）｜楦头（鞋楦子）｜锅头（灶）｜日头（太阳）｜历头（历书）｜槌头（拳头）｜指头｜笼头｜革头（牛轭）。头尾在方位名词后用法最普遍，如大战场镇移民方言：上头｜下头｜里头｜外头｜东头｜西头｜南头｜北头｜前头｜后头，该用法基本可覆盖整个移民方言。有些地方还存在“A 头子”，如西吉移民方言：东头子｜西头子｜南头子｜北头子，与不加“子”的用法一致。部分头尾词随着普通话的推广进入到移民方言中，如“木头”在原兴泾镇方言中为“树骨都”，西吉方言中为“树骨子”，后改用“木头”；“斧头”在迁出地方言一般为“斧子”，后“斧头”的用法逐渐替换了“斧子”。

（2）形容词+头

形容词加“头”尾也是较常见的后缀形式，如闽宁镇移民方言：甜头 | 苦头 | 热头$_{\text{太阳}}$ | 高头$_{\text{上面}}$ | 霉头 | 对头$_{\text{仇人}}$ | 利巴头$_{\text{外行}}$。

（3）动词+头

动词加“头”尾后构成名词，如兴泾镇移民方言：奔头 | 吃头 | 看头 | 活头 | 跟头。头尾构词比较有限，且形式比较固定。

（二）重叠

宁夏移民方言部分重叠一般不具有小称性质，属于音节上的重叠，如馍馍、星星、蛛蛛等，但部分重叠具有区别意义，如：大——大大，“大”是父亲的面称，“大大”是叔父的面称。重叠式主要有名词重叠、动词重叠、形容词重叠，简述如下。

1. 名词重叠

名词重叠比较常见，特别是在表小称时用途最广泛，主要有 AA 式、ABB 式、AAB 式、ABB 子式等。简要列举如下：

（1）AA 式

红寺堡区：哑哑$_{\text{哑巴}}$ | 馍馍 | 秫秫$_{\text{高粱}}$ | 甲甲$_{\text{坎肩}}$

兴泾镇：亲亲$_{\text{亲戚}}$ | 馍馍 | 豁豁$_{\text{豁唇}}$ | 蜻蜻$_{\text{蜻蜓}}$ | 蛛蛛$_{\text{蜘蛛}}$ | 星星 | 大大$_{\text{叔父}}$ | 嫲嫲$_{\text{伯母}}$

大战场镇：瓶瓶 | 勺勺 | 衩衩$_{\text{口袋}}$ | 馍馍 | 蛋蛋$_{\text{乳房}}$ | 娘娘［ȵiaŋ^{13} ȵiaŋ^{31}］$_{\text{姑姑}}$ | 娘娘［ȵia^{13}ȵia^{31}］$_{\text{伯母}}$ | 牛牛$_{\text{小虫}}$ | 蛛蛛$_{\text{蜘蛛}}$ | 甲甲$_{\text{坎肩}}$ | 蜻蜻$_{\text{蜻蜓}}$ | 星星 | 爸爸$_{\text{叔父}}$

闽宁镇：蜓蜓$_{\text{蜻蜓}}$ | 蛾蛾$_{\text{蝴蝶}}$ | 牛牛$_{\text{小虫}}$ | 娃娃 | 馍馍 | 星星 | 姑姑

镇北堡镇：宿宿$_{\text{星星}}$ | 蛛蛛$_{\text{蜘蛛}}$ | 蜻蜻$_{\text{蜻蜓}}$ | 爸爸$_{\text{排行最小的叔叔}}$

（2）ABB 式

兴泾镇：麻乎乎$_{\text{天刚亮}}$ | 痈瓜瓜$_{\text{大脖子}}$ | 沙子子$_{\text{沙子}}$ | 地蝼蝼$_{\text{蝼蛄}}$ | 土蛛蛛$_{\text{蟢子}}$ | 崖哇哇$_{\text{回音}}$ | 活络络$_{\text{活络}}$

大战场镇：棉窝窝$_{\text{棉鞋}}$ | 尿褯褯$_{\text{尿布}}$ | 绿毛毛$_{\text{青苔}}$

闽宁镇：绿毛毛$_{\text{青苔}}$ | 崖哇哇$_{\text{回音}}$

（3）AAB 式

兴泾镇：温温水 | 末末煤 | 毛毛儿雨 | 蜗蜗牛$_{\text{蜗牛}}$ | 花花蛾儿$_{\text{蝴蝶}}$ | 鸽

鸹报_{啄木鸟}｜苦苦菜｜独独蒜

　　大战场镇：咕咕等_{布谷鸟}｜蜗蜗牛儿_{蜗牛}｜包包菜_{卷心菜}｜苦苦菜｜独独蒜

　　闽宁镇：蜗蜗牛儿_{蜗牛}｜苦苦菜｜独独蒜

　　镇北堡镇：蜗蜗牛_{蜗牛}｜苦苦菜｜独独蒜

　　（4）ABB 子式

　　兴泾镇：水渠渠子｜树叶叶子

　　大战场镇：粉面面子｜碎盆盆子｜树杈杈子｜绿袄袄子

　　2. 动词重叠

　　宁夏移民方言动词重叠式比较常见，一类构词方式与其他官话方言相同，如：跑跑、跳跳、走走、夸夸、洗洗、说说等；另一类动词重叠表示短时貌，如：问问_{问一下}｜试试_{试一下}｜看看_{看一下}，这类短时尝试貌词在口语中大多可以用"［kʰa²¹］／［ka²¹］"来替换，如：问咔｜试咔｜看咔等。

　　经过三十多年的居住和接触，移民方言依旧保持原有的形式，受宁夏北部方言的影响也较小。大多数北部方言如中卫沙坡头区、中宁县等地可以用动词重叠加子尾表短时貌，如：睡睡子_{睡一会儿}｜看看子_{看一会儿}｜坐坐子_{坐一会儿}，但即使是搬迁到中宁的大战场移民方言也基本未发现这种用法，可见移民的语言适应并不是很好。

　　3. 形容词重叠

　　宁夏移民方言中形容词重叠也比较多，一类构词与官话方言相同，如：默默｜乖乖｜狠狠｜重重｜轻轻｜美美｜慢慢｜漂漂亮亮｜多多少少｜红红火火｜安安静静｜满满当当｜热热闹闹。另一类是形容词重叠后加子尾直接作状语，如：顺顺子（走）、斜斜子（戴）、端端子（走）、反反子（穿）、偏偏子（长）、立立子（放）、横横子（放）、歪歪子（戴）、背背子（靠），这种用法基本用在表示正、斜等意义的形容词中，其中"子"可以用"地"进行替换。

　　（三）小称

　　宁夏移民方言一般用儿尾、子尾、重叠式表小称，如：刀刀子｜棍棍子｜叶叶子｜炊炊子_瓢｜蛋蛋子｜盅盅子｜拍拍子｜蛾蛾子｜虫虫儿｜雀雀儿｜颗颗儿｜角角儿｜盅盅儿，此外还可用"碎"加名词表小称。

　　1. 碎+名词

　　这种用法是宁夏移民方言中表小称最为常见的。如彭阳移民方言：碎女子｜碎孙子｜碎子儿｜碎凳子｜碎石子｜碎路子。

2. 碎+重叠式名词

这类用"碎"加重叠式表小的意味更浓，如海原移民方言：碎娃娃｜碎碗碗｜碎碟碟｜碎勺勺；彭阳移民方言：碎娃娃｜碎虫虫｜碎刀刀｜碎棍棍｜碎勺勺。

3. 碎+重叠式名词+子/儿

该类小称是在重叠的前面用"碎"来补充说明，加强表小义。如海原移民方言：碎凳凳子｜碎虫虫子｜碎瓶瓶子；固原移民方言：碎盆盆儿｜碎刀刀儿｜碎凳凳儿｜碎棍棍儿｜碎碗碗儿。

随着普通话的推广普及，"小"逐渐取代"碎"表小称，尤其是移民二代方言大多在名词前加"小"来表示小称，而不再使用"碎"。

（四）词类

宁夏移民方言按照语法功能分为实词和虚词两大类，用法基本与官话方言一致。由于词汇部分已经有列出，本文选取几类较有特色的词类进行简要介绍。

1. 代词

（1）人称代词

表 4-2 宁夏移民方言人称代词对照表

例词	兴泾镇十里铺村	大战场镇清河村	闽宁镇福宁村	闽宁镇原隆村	镇北堡镇华西村
你	你 $\eta_i i^{52}$	你 $\eta_i i^{52}$	你 $\eta_i i^{52}$	你 $\eta_i i^{52}$	你 $\eta_i i^{52}$
我	我 $\eta\vartheta^{52}$	我 $vu\vartheta^{52}$	我 $vu\vartheta^{52}$	我 $\eta\vartheta^{52}$/ 曹 $ts^h \mathfrak{o}^{13}$	我 $\eta\vartheta^{52}$
他	他 $t^h a^{31}$	他 $t^h a^{52}$	他 $t^h a^{35}$	他 $t^h a^{35}$/涅 $\eta_i i\vartheta^{13}$/ 伟 vei^{52}	他 $t^h a^{35}$
你们	你们 $\eta_i i^{52} m\vartheta n^{21}$/ 你几 $\eta_i i^{52} t\mathrm{c}i^{31}$	你们 $\eta_i i^{52} m\vartheta\eta^{31}$	你们 $\eta_i i^{52} mu^{21}$	你都 $\eta_i i^{52} t\vartheta u^{31}$	你们 $\eta_i i^{52} m\vartheta\eta^{31}$
我们	我们 $\eta\vartheta^{52} m\vartheta n^{21}$/ 我几 $\eta\vartheta^{31} t\mathrm{c}i^{31}$	我们 $vu\vartheta^{52} m\vartheta\eta^{31}$	我们 $vu\vartheta^{52} mu^{21}$	曹们 $ts^h \mathfrak{o}^{13} m\vartheta\eta^{31}$/ 我都 $\eta\vartheta^{52} t\vartheta u^{31}$	曹几 $ts^h \mathfrak{o}^{35} t\mathrm{c}i^{31}$
咱们	咱们 $ts^h a^{35} m\vartheta n^{21}$/ 咱 $ts^h a^{35}$	咱们 $tsa^{13} m\vartheta\eta^{31}$	咱们 $tsa^{35} m\vartheta\eta^{31}$	曹们 $ts^h \mathfrak{o}^{13} m\vartheta\eta^{31}$/ 曹都 $ts^h \mathfrak{o}^{13} t\vartheta u^{31}$	我 $\eta\vartheta^{52}$

他们	他们 tʰa³¹mən²¹/ 他几 tʰa³⁵tɕi³¹	他们 tʰa⁵²məŋ³¹	他们 tʰa³¹məŋ³⁵	他都 tʰa¹³təu³¹/ 涅都 ȵia¹³təu³¹/ 伟都 vei⁵²təu³¹	他们 tʰa³¹məŋ³⁵
大家	大家 ta⁴⁴tɕia³¹	大家 ta⁴⁴tɕia³¹	大家 ta⁴⁴tɕia³¹	涅都 ȵia¹³təu³¹	大家 ta⁴⁴tɕia³¹
自己	自家 tsʅ⁴⁴tɕia³¹/ 自己 tsʅ⁴⁴tɕi³¹	自己 tsʅ⁴⁴tɕi³¹	自家 tsʅ⁴⁴tɕia³¹/ 自己 tsʅ⁴⁴tɕi³¹	各人家 kə³¹ʐəŋ¹³tɕia³¹/ 各家 kə¹³tɕia³¹	自己 tsʅ⁴⁴tɕi³¹
别人	旁人 pʰaŋ³¹ʐəŋ⁵²	人家 ʐəŋ¹³tɕia³¹	旁人 pʰaŋ³⁵ʐəŋ³¹	旁人 pʰaŋ¹³ʐəŋ31	人家 ʐəŋ³⁵tɕia³¹

从上表可知，宁夏吊庄移民方言人称代词与其他官话方言区别不大，单数一般用你、我、他，复数一般用你们、我们、他们、咱们来表示。其中镇北堡镇来自西吉硝河、隆德的移民方言稍有差异，如上表所列。闽宁镇来自隆德的移民方言人称代词中，用"曹"比"我"更委婉、谦逊，"伟"不能用于尊称且只用于他指。邢向东、蔡文婷（2010）认为"涅"与关中方言词"伢"同源，是"人家"的合音；"伟"为关中方言人称代词"咻"同源。

（2）指示代词

表 4-3　　　　　　　　**宁夏移民方言指示代词对照表**

例词	兴泾镇	大战场镇	闽宁镇	镇北堡镇	红寺堡区
这个	这个 tʂʅ⁴⁴kə³¹	这个 tʂə⁴⁴kə²¹	这个 tʂʅ⁴⁴kə³¹	这个 tʂʅ⁴⁴kə³¹	这个 tʂə⁵²kə²¹
那个	那个 nɛ⁴⁴kə³¹	那个 nɛ⁴⁴kə²¹	那个 nei⁴⁴kə³¹	那个 nɛ⁴⁴kə³¹ 欧个 əu⁴⁴kə³¹/ 兀个 vu⁴⁴kə³¹	那个 nei⁴⁴kə³¹
这里	这里 tʂʅ³¹li²¹	这端 tʂʅ³¹tan³¹	这里 tʂʅ⁴⁴li³¹	这儿 tʂər⁵²	这搭 tʂʅ⁴⁴ta³¹
那里	那里 nɛ⁴⁴li²¹	那端 nɛ⁴⁴taŋ³¹	那里 nei⁴⁴li³¹/ 兀搭 vu⁴⁴ta³¹	那里 nɛ⁴⁴li²¹ 欧搭儿 əu⁴⁴ta¹³ər³¹	那搭 nei⁴⁴ta³¹
这么	这么 tʂʅ³¹mə²¹	这么 tʂʅ⁴⁴mə²¹	这么 tʂʅ⁴⁴mə²¹	这么 tʂʅ⁴⁴mə²¹	这么 tʂʅ⁴⁴mə²¹
那么	那么 nɛ⁴⁴mə²¹	那么 nɛ⁴⁴mə²¹	那么 nei⁴⁴mə²¹	那么 nɛ⁴⁴mə²¹	那么 nə⁴⁴mə²¹

从上表可得，宁夏吊庄移民方言指示代词与其他官话方言差异不大，其中比"那里"更远的远指主要通过拉长"那"字的音来区别。镇北堡镇

来自西吉硝河、隆德的移民方言远指代词读音稍有差异，如：西吉硝河移民方言用"欧搭儿 əu⁴⁴ta¹³ər³¹"，隆德移民方言用"兀搭 vu⁴⁴ta³¹"。

（3）疑问代词

表 4-4　　　　　　　　　　　**宁夏移民方言疑问代词对照表**

例词	兴泾镇	大战场镇	闽宁镇	镇北堡镇	红寺堡区
哪里	啊搭 a⁵²ta³¹	啊搭 a³¹ta¹³	啊搭 a³¹ta³⁵	啊搭 a³¹ta¹³	哪里 na³¹n̠i⁴⁴
哪个	啊个 a⁵²kə³¹	啊一个 a¹³i³¹kə²¹	啊一个 a¹³i³¹kə²¹	啊个 a³¹kə¹³	哪一个 na¹³i³¹kə²¹
什么	啥 sa⁴⁴	啥 sa⁴⁴	啥 sa⁴⁴	啥 sa⁴⁴	啥 sa⁴⁴
为啥	为啥 vei⁴⁴sa⁴⁴	为啥 vei⁴⁴sa⁴⁴	为啥 vei⁴⁴sa⁴⁴	为啥 vei⁴⁴sa⁴⁴	为啥 vei⁴⁴sa³¹
谁	谁 sei³⁵	谁 sei¹³	谁 sei³⁵	谁 sei³⁵	谁 sei¹³
怎么	咋 tsa³⁵	咋 tsa¹³	咋 tsa¹³	咋 tsa¹³	咋么 tsa¹³muə²¹

从上表可得，宁夏吊庄移民方言疑问代词内部比较一致。镇北堡镇来自西吉、隆德的移民方言稍有差异，如西吉硝河移民方言"哪里"分别有"欧个 əu⁴⁴kə³¹"和"兀个 vu⁴⁴kə³¹"两种读音；隆德方言表示"什么"有"呀个、呀些、呀么些"的用法，表示"什么地方"存在"呀达"的用法。

2. 副词

（1）程度副词

a. 很

宁夏吊庄移民方言程度副词"很"用途较广泛，如：热得很｜美得很｜攒劲得很。否定副词一般用在程度副词"很"后，如：很不说｜很不好｜很不热，形容词一般放在程度副词"很"后，如：很好｜很熟｜很大。隆德、西吉西部移民方言形容词可以放在程度副词"很"前，一般可以省略助词"得"，如：愿意很、热头红很、热很，连读时"很"音变为 [tʰəŋ⁵²]，如：冷腾、热腾。

b. 格外、另外、胡都、把外

程度副词在宁夏移民方言中一般用"格外"，如：今儿格外热。隆德移民方言用"恁加""把外"表示"特别、格外"的意思，如：雨天恁加小心、今天把外呢热。固原原州区、西吉移民方言可用"另外"表"特别"，如：今天另外热。西吉火石寨移民方言还可用"胡都"表"格外"，如：今天胡都热。

　　c. 唖

　　宁夏吊庄移民方言中程度副词"唖"的用途较为普遍，来自西吉、隆德、固原、彭阳的移民方言都有此类用法，如：热唖了｜美唖了｜跑唖了｜累唖了｜冻唖了，但是来自海原的移民方言一般较少使用。

　　d. 劲大

　　宁夏吊庄移民方言程度副词"劲大"一般用于形容词、动词后，表示程度比"很"更甚，中间用"得"连接，如：今天累得劲大｜这车快得劲大｜今天热得劲大。

　　此外，"最""极""死""疯""太""相当"等表程度的副词，用法与普通话相近，不一一赘述。

　　（2）否定副词

　　宁夏吊庄移民方言一般用"不要""别""罢""不咧"表否定。泾源移民方言用"罢"较多，读为［pɔ³⁵］，如：你罢去｜罢着急｜罢慌。固原、西吉、彭阳、隆德等移民方言用"不咧"较多，如：你不咧客气｜你不咧生气｜你不咧挂电话。

　　有些否定副词放在程度副词后，如彭阳移民方言：这些话太不说咧、这个字我们很不用。

　　（3）其他副词

　　a. 咭［tɕʰia³¹］

　　未然貌，表示"将要""就要""马上"的意思，放在句末，宁夏吊庄移民方言大都使用，如：我明天就走咭｜我明年就毕业咭｜天亮咭。

　　b. 得了

　　与"咭"用法比较接近，也表示"将要""就要"的意思，但稍有区别，"得了"是可以预知的短时间内将要发生，"咭"表将要发生的时间稍微长些，如："我明年就毕业了"，可以说"我明年就毕业咭"，不能说"我明年就毕业得了"。但是如果事件将要发生的时间可以确定且时长较短，则可以用"得了"，如"我明年六月就毕业得了"。该用法在宁夏移民方言中基本通用，如：我明天就走咭｜我明年就毕业咭｜我走得了｜天亮得了。

　　c. 刚［tɕiaŋ¹³］

　　宁夏移民方言时间副词"刚"有四种常见用法：刚、刚刚、刚才、才刚，可单用、重叠、逆序，意思不变，如：车刚走过｜你来得刚刚好｜他才刚来｜刚才你走啊搭了，使用比较灵活。

d. 一老

表示"经常"，宁夏移民方言普遍使用，如：我一老去我舅舅家吃饭。偶尔略带有厌恶、不耐烦等的感情色彩，如：他一老嗇得很｜天一老冷着呢｜你一老这么说。此外，"肯""只管""广"也可表"经常"义，如：他肯去银川｜他广去银川｜他只管去银川。

e. 可

表示"又"，宁夏移民方言普遍使用，如：他可来了｜他可喝酒了。

f. 险乎/嚎乎

表示"差点儿"，宁夏移民方言普遍使用，一般带儿化，如泾源移民方言：我险乎儿绊倒｜险乎儿着火了。

3. 语气词

（1）咋 $[sa^{21}]$

句末语气词"咋"在宁夏方言普遍使用，宁夏北部方言读 $[\text{ʂa}^{21}]$ 或 $[\text{ʂan}^{21}]$ 或 $[\text{ʂaŋ}^{21}]$，移民方言读 $[sa^{21}]$，$[sa^{21}]$、$[\text{ʂa}^{21}]$、$[\text{ʂan}^{21}]$ 应是同一个词的不同音变形式。句末使用"咋"一般带有祈使语气，表催促或不耐烦的意味，如：吃咋｜快走咋｜你来咋｜快把票买一下咋。也可以用在疑问句末，如：他明天来呢嘛咋｜你买下的菜嘞咋？

（2）咧

"咧"用于句末表示疑问语气。宁夏各地移民方言读音不同，来自固原原州区、彭阳的移民读 $[lei^{13}]$，海原、泾源移民读 $[liə^{13}]$，西吉读 $[liɔ^{13}]$，如：你买的菜咧？

（3）着

第一，表祈使语气。一是用在分句句末，表示祈使语气，如：你忙着，我走咧｜你放着，我来拿。二是用在祈使句句末，表示祈使语气，意在规劝他人"小心点"，如固原、泾源、隆德移民方言：你慢慢走，小心绊倒了着｜不咧叫狗咬了着｜你小心你着。

第二，用在疑问句后，加强疑问语句。如固原、泾源、隆德移民方言：这是谁着｜你走啊搭着？

第三，用在陈述句中，表示句中停顿，可省略，如：你说他着干啥呢。

第四，放在陈述句末，表商讨语气，带有"再说"的意思，如：不咧急，等雨停了着 | 麦子现在不割，等黄好了着。

（4）一个

第一，放在疑问句末，加强疑问语气。如固原、泾源、隆德移民方言：谁一个 | 这是啥东西一个？

第二，放在判断句末，加强判断语气。如固原、泾源、隆德移民方言：他是瓜子一个 | 这是他的钱一个。

（5）些

用于假设句中，表示"如果……的话"，如泾源移民方言：我给她说了些，说不定她就寻着了 | 你把那家具买了些，家里头都摆上了 | 早一阵儿把水接上些，饭都做好了 | 晌午那些衣服晾上些，这一阵儿都干了能穿了。

其他语气词如"吗、吧、呢、啊、呀、嘛、啦"等与普通话用法一致，不再赘述。

贰 句法特点

（一）体貌

邢向东《陕北晋语语法比较研究》（2006）将陕北晋语的体貌范畴"首先分为'体''貌'两大类，'体'反映动作、事件在一定时间进程中的状态，着重在对事件的构成方式的客观观察；'貌'在对事件的构成方式进行观察的同时，还包含着事件主体或说话人的主观意愿和情绪"。本文依据该体貌范畴进行简要介绍。

1. 将然体

（1）V 得了

句末加"得了"表将然的形式在宁夏移民方言较为常见，如固原移民方言：我走得了 | 我明天就走银川得了 | 天亮得了。使用"得了"表将然貌时，一般表示时间短、结果可预见且基本既成事实。

（2）V 咭 [tɕʰia³¹]

用"咭"表将来时在宁夏移民方言较为常见，如海原移民方言：我明年就毕业咭 | 我明天就走咭。该用法比"得了"时效性更长些。

（3）发 V

"发"应是"快"字的底层读音。该用法在宁夏移民方言中使用频率逐渐减少，在隆德移民方言中较常使用，表"将、将要"义，如：学校发放假了｜车发到了｜他发回来了。

（4）VV

该用法与其他官话方言一致，表示未然或者将然貌，如：我们谈谈｜咱们说说｜一起走走｜你研究研究｜你试当试当_{你试试}。

2. 尝试体

（1）VV

除海原、固原部分移民方言外，其他县区移民方言都存在"VV"的用法，如：你去问问｜你去看看｜你去试试｜你去缓缓。

（2）V一下

除部分海原移民方言外，其他县区移民方言都存在"V一下"的用法，如：你去问一下｜你去看一下｜你去试一下｜你去缓一下。

（3）V一V

宁夏移民方言普遍存在"V一V"的用法，表尝试貌，如：你去问一问｜你去看一看｜你去试一试｜你去缓一缓。

（4）V给下

"V给下"也是宁夏移民方言普遍存在的用法，如：你去问给下｜你去看给下｜你去试给下｜你去缓给下。

（5）V给一下

"V给一下"是"V给下"的变体，宁夏移民方言普遍存在该用法，如：你去问给一下｜你去看给一下｜你去试给一下｜你去缓给一下。

（6）V咔

"V咔"部分移民方言也可用"V嘎"，用法和意义相同。宁夏移民方言普遍存在该用法，如：你去问咔｜你去看咔｜你去试咔｜你去缓咔，也可直接使用，表祈使，如：看咔｜试咔｜缓咔。

（7）V给咔

宁夏移民方言普遍存在"V给咔"或"V给嘎"的用法，如：你去问给咔｜你去看给咔｜你去试给咔｜你去缓给咔，表祈使意味。

（8）V咔子

"V咔子"的用法在宁夏移民方言中也同样普遍，如：你去问咔子｜你去看咔子｜你去试咔子｜你去缓咔子，与前几种用法一致表祈使语气。

（9）VV看

该用法与官话方言大体一致，表尝试，如：你尝尝看｜你说说看｜你

问问看 | 让他试试看。

3. 起始体

（1）V 开咧

宁夏移民方言普遍使用，如固原移民方言：雨下开咧 | 他一进门就吃开咧 | 一进门他俩就说开话咧。

（2）V 脱咧

宁夏移民方言使用广泛，如固原移民方言：这雨下脱咧 | 我刚说了两句她就哭脱咧 | 这娃娃一进门就吃脱咧。"V 脱"基本可以用"V 开"替换，但"V 开"不能用"V 脱"替换，如"他们说开话了"不能说成"他们说脱话了"。此外，"V 脱"还表程度深的意味，如"雨下脱了"可表示"雨越下越大"。

（3）V 起来咧/V 着起来咧

宁夏移民方言大都使用，如：天冷起来咧 | 他俩说着说着就打起来咧。隆德移民方言需加"着"且动词不带宾语，如：天冷着起来咧 | 他都说着说着就嚷着起来咧。

4. 进行体

（1）V 着/V 着呢

宁夏移民方言一般在动词后加"着"或"着呢"表示动作或者状态持续进行中，如：路上停着一辆车 | 她看着看着就哭开了 | 他们在开会着呢 | 我吃饭着呢 | 门开着呢 | 天还冷着呢。"V 着"是单音节动词直接后附"着"，"V 着呢"的动词可以是及物动词，也可以是不及物动词。

（2）V 呢 V 呢

与普通话"V 着 V 着"用法基本一致，如隆德移民方言：这娃娃玩呢玩呢就不见了 | 走呢走呢就掉沟里了 | 跑着呢跑着呢还是来迟了。

5. 完成体

宁夏移民方言完成体一般在句末加"了、过"等助词表示句中所述动作已经完成，有些移民方言还可以用"着"表示动作完成。

（1）V 了/V 下了/V 上了

句末加"了"表示动作已经完成，如：我吃了 | 我做饭了 | 我忙了半天了 | 他缓了一下又上班去了。或者在动词后加补语"上""下"再加"了"。

第一，下。用在动词后再加上"了"或其他成分，表示动作已完成，如隆德移民方言：我把房子买下了 | 我把饭做下了 | 我买房还短下些钱 |

鸡下下个蛋。或用在比较句中，表比较的结果，如泾源、隆德移民方言：我比他大下五岁｜他钱比我多下十几倍。

第二，上。与"下"用法基本一致，如固原移民方言：我把饭做上了｜给上他几块钱｜给我给上一支笔。

有些"V下了"或"V上了"用法基本已经固定，不可随意替换，如"母鸡下下了个蛋"不可以说成"母鸡下上了个蛋"，"他俩好上了"不能说成"他俩好下了"，也就是说"V上"和"V下"存在句法语义的区别。

（2）V了一V

"一V"是对前一个动词的补充说明，如：我想了一想，还是不去打工了｜他缓了一缓，又上班去了。这种用法在移民方言中也较常见。

（3）V过

用"过"表完成体是官话方言比较常见的用法，宁夏移民方言也不例外，如：我吃过｜我看过｜我爷爷读过书｜她嫁过人。

（4）V着

"着"除了表示进行体外，可与"了"替换，表示动作已完成，如隆德移民方言：鸟儿飞着树上去了｜把书拿着来了。

6. 先行体

宁夏移民方言一般用"了着"表示先行貌，相当于普通话的"再说"。"了"在各地读音不同，该句式一般用于回答他人提问。

（1）V了着

一般用于回答他人提问，其中，动词一般是双音节动词。如：

甲：你女子啥时候出嫁？乙：等她工作了着。

（2）V+补语+了着

一般用于回答他人提问，"V"是谓词性词语，可以是形容词，也可是动词，如：

甲：麦子咋还不割？乙：等黄好了着。

甲：一口气干活算了。乙：缓咔了着。

甲：你咋还不走？乙：吃过饭了着。

（3）N了着

一般用于回答他人提问，"N"只能是表将来的时间名词，如：

甲：咱今天去吗？乙：明儿了着

甲：你啥时候走？乙：后儿了着。

（4）V了+宾语+了着

甲：你咋还不走？乙：吃了饭了着。

祈使句中也可用"了着"，但不具备先行貌，如：小心绊倒了着｜小心被狗咬了着｜你小心你着，详见前文"语气词"部分。

（二）句式

1. 处置句

宁夏吊庄移民方言处置句以"把"字句为主，主要有以下几种用法。

（1）S+把+O+V（补）

用于一般处置句，与普通话用法一样，如固原移民方言：他把碗打了｜赶紧把门关上｜这事把他惹毛躁了。

（2）S+把+O+给+V（补）

在"把"字句的基础上加上"给"强调处置意味，如彭阳移民方言：他把碗给打了｜他把碗给打烂了｜我把房子给买下了。

（3）S+把+O+V

该用法含有祈使语义，如隆德移民方言：你把你的饭吃｜你把你的觉睡。

（4）S+把+O+否定词+V

与否定词并用时，否定词可以放在"把"后，动词前，如固原移民方言：他把钱没还我｜我把这字没认得｜把钱不咧给。

（5）把+O+A/N

"把"字句单独成句，一般用于骂人时的俚语，如固原移民方言：把他是个啥东西｜把他个混蛋｜把他个愣俶｜把他日能的。

（6）把+N+V（补）

"把"字句单独成句，如隆德移民方言：路上把一个人死了｜把鸟儿飞着走了。

2. 被动句

宁夏移民方言被动句用法比较一致。主要有以下几种类型。

（1）着

"着"是宁夏移民方言比较重要的构成被动句的标记，各地读音略有差异，一般单字读〔tʂə¹³〕，个别地方读〔tʂuə¹³〕，在句中读轻声。一般南部搬迁来的移民都使用，如：衣服着雨打湿了｜苹果着我吃了去｜他着人打了。

　　"着"还有一类用法不表示被动，而是作为使役动词，如：老师着他写作业｜这事着人高兴了半天。

　　（2）叫

　　宁夏移民方言被动句以"叫"作为标记也较常见，动词前可以加"给"，如：碗叫他打了｜碗叫他给打了，意思不变。

　　（3）被

　　随着普通话的普及，"被"字句的用法也逐渐增加，如：碗被打烂了｜碗被他给打了｜被他训了一顿。

　　（4）无被动标记

　　该句式与主谓句句型一致，无被动标记，但表被动，不出现施事，如：碗打烂了｜碗打了。

　　（5）与处置式合用

　　除海原移民方言外，其他点移民方言一般都可以使用，如：叫他把碗打烂了｜叫他把碗给打烂了｜叫他把我训给了一顿｜叫他把我给骂给了一顿。但一般言语交际中，本着经济省力原则，较少把处置式和被动式套用。

　　3. 双宾句

　　宁夏移民方言双宾句用法基本一致。主要有以下几种类型。

　　（1）$V+O_1+O_2$

　　该类用法最常见，如：给我一支笔｜送我一本书｜让他三分。

　　（2）$V+O_1+V+O_2$

　　一般用于给予义的双宾句，如：给我给一支笔｜给他给个剪子，第一个"给"为介词，第二个"给"为动词。除了"给"字句，其他动词一般较少使用该类型。

　　（3）$V+上+O_1+O_2$

　　该用法与（1）用法相似，增加"上"表强调，增加韵律感，有祈使意味减弱，如：给上我一支笔｜借上我两块钱。

　　（4）$给+O_1+给+上+O_2$

　　一般用于给予义的双宾句，如：给我给上一支笔，与前几种用法一致，但稍带商请的语气。

　　（5）$O_1+V+O_2+V+给$

　　一般用于给予义的双宾句，如：这支笔给他给给，第一个"给"为介词，第二个"给"为动词，第三个"给"为助词，祈使意味减弱，带有商请语气。

（6）S+V₁+O₁+V₂了+O₂

一般用于给予义的双宾句，如：他给我给了一支笔，用法与前几类同。

宁夏方言"给"字句用法较多，张安生（2006）等学者结合西北方言进行了深入探讨。"给"在宁夏移民方言有三种用法。一是作普通的动词，构成双宾句，如：给他一本书；二是介入动作给予的对象，如：给给一本书；三是类似动补结构的性质，与"借给、送给、递给"用法一致，如：给娃娃吃给。以上三类分别命名为"给1""给2""给3"。宁夏移民主要来自宁夏南部中原官话区，移民至宁夏北部兰银官话区后，由于兰银官话也存在"给"的三种用法，但略有差异故移民基本保留原用法，如：把这支笔给给他｜给娃娃买给｜给我给上一支笔｜这支笔给他给给。但是随着普通话的推广和新媒体的影响，新派移民方言已较少使用"给给"的形式，大多与普通话用法接近。

4. 反复问句

宁夏移民方言反复问句用法与普通话基本一致。主要有以下几种类型，简要列举如下。

（1）V+没+V+O

如：还有没有饭｜去没去银川？

（2）V+O+没+V

如：还有饭没有｜去学校没去？

（3）V+没/不+V

如：你去没去｜你去不去？

（4）V+了吗没+V

如：你去了吗没去｜你吃了吗没吃？

（5）V+吗+不V

如：你去吗不去｜你吃吗不吃？

用"吗"连接正反问句在宁夏移民方言较常见。

（6）V+O+不+V+O

如：你抽烟不抽烟｜你读书不读书？

（7）V+没/不+V+O

如：你抽不抽烟｜你走没走银川？

5. 选择问句

（1）X 吗 Y

宁夏移民方言选择问句最常使用该句式，正反问句也常用该句式，如：你走银川吗走吴忠 | 你走吗不走？张安生（2006）认为该句式是两个是非问的合并与紧缩。X 后保留了是非问的疑问标记"吗"，Y 后的"吗"处于隐含状态。

（2）X 还是 Y 呢

该句式与普通话选择句式一致，宁夏移民方言较多使用，如：你坐火车还是坐飞机呢 | 你去北京还是去上海呢？

（3）X 呢吗 Y 呢

用"呢吗"连接选择问句用法较常见，如：你去呢吗我去呢 | 你考试及格呢吗不及格呢？在日常口语中使用较多。

（4）X 呢是 Y 呢

该句式用法较少，主要用于短句中，表选择问，如：你上寺呢是上街呢 | 你干活呢是耍着呢？该句式主要出现在兰银官话与原官话过渡区域。

（5）X 呢还是 Y 呢

该用法为"X 还是 Y 呢"的变化用法，主要是在"X"后加"呢"，语气较轻缓，如：你在家呢还是在街上呢 | 你放假呢还是不放假呢？

（6）是 X 呢还是 Y 呢

该用法与（2）（5）用法类似，主要是在主语后加"是"，构成"是……还是……"的选择，如：你是走银川呢还是走吴忠呢 | 她是医生呢还是护士呢？

6. 比较句

宁夏移民方言比较句式主要有以下三类。

（1）A 比 B…

这类用法较普遍，与其他官话方言相似，如：我比他大 | 我比他大三岁。

（2）A 赶 B…

与（1）用法类似，用"赶"作介词，如：我赶他大 | 我赶他大三岁。

（3）"A 大 B…"

该类比较句无介词连接，但表比较义，如：我大他三岁。

否定句式用"没"或"没有"，如：我没他大 | 我没有他大。

第二节　例句对照

【说明】

1. 本节收录语法例句 70 个，以对照排列的形式按照调查先后顺序排列。所收例句包括：《西北地区汉语方言地图集调查手册》部分语法例句、《中国语言资源保护工程调查手册·汉语方言》部分语法例句、《同心方言研究》部分语法例句。

2. 本节选点依据：以宁夏南部移民六县（固原、彭阳、西吉、海原、隆德、泾源）为主，从各生态移民点中选取占主体的移民方言，其中西吉县口音差异较大，故分别从闽宁镇、镇北堡镇各选取一个点。

3. 一个例句在某种方言如果两种说法并存，分列两行，最常用排在最前，依次排列。音标标注在句子后面，存在异读的字，选用口语最常用的说法。有音无字的用"□"替代，同音字在右上角以"⁼"标注。

4. 例句连读调与两字组连读调存在一定的差异，以句子实际语流音变为准。

例句对照

1. 您姓啥？我姓×。

【兴泾镇】你姓啥？我姓笪。$ȵi^{52}ɕiŋ^{31}sa^{44}$？$ŋə^{52}ɕiŋ^{31}ta^{35}$。

【闽宁镇（西吉）】你姓啥？我姓穆。$ȵi^{44}ɕiŋ^{44}sa^{44}$？$vuə^{52}ɕiŋ^{31}mu^{44}$。

【镇北堡】你姓啥？我姓张。$ȵi^{44}ɕiŋ^{44}sa^{44}$？$ŋə^{52}ɕiŋ^{31}tʂaŋ^{13}$。

【红寺堡】你姓啥？我姓罗。$ȵi^{31}ɕiŋ^{44}sa^{31}$？$vuə^{31}ɕiŋ^{44}luə^{13}$。

【南梁台子】你姓啥？我姓马。$ȵi^{52}ɕiŋ^{44}sa^{44}$？$vuə^{52}ɕiŋ^{44}ma^{52}$。

【大战场】你姓啥？我姓赛。$ȵi^{52}ɕiŋ^{44}sa^{44}$？$vuə^{52}ɕiŋ^{31}sɛ^{44}$。

【闽宁镇（隆德）】你姓啥？我姓马。$ȵi^{52}ɕiŋ^{44}sa^{31}$？$ŋə^{52}ɕiŋ^{44}ma^{52}$。

2. 谁啊？我是老×。

【兴泾镇】谁？我是老笪。sei^{35}？$ŋə^{52}sʅ^{44}lɔ^{52}ta^{35}$。

【闽宁镇（西吉）】谁啊？我是老穆。$sei^{13}a^{31}$？$vuə^{52}sʅ^{31}lɔ^{52}mu^{44}$。

【镇北堡】谁啊？我是老张。$sei^{13}a^{31}$？$ŋə^{52}sʅ^{31}lɔ^{52}tʂaŋ^{13}$。

【红寺堡】谁啊？我是老罗。$sei^{13}a^{31}$？$vuə^{31}sʅ^{44}lɔ^{52}luə^{13}$。

【南梁台子】谁？我是老马。sei¹³？vuə⁵²sʅ⁴⁴lɔ³¹ma⁵²。

【大战场】谁？我老赛。sei¹³？vuə⁵²lɔ⁵²sɛ⁴⁴。

【闽宁镇（隆德）】谁？我是老马。sei¹³？ŋə⁵²sʅ³¹lɔ³¹ma⁵²。

3. 老张呢？在家呢。

【兴泾镇】老张呢？在家嘞。lɔ⁵²tʂaŋ³¹liə³¹？tsɛ⁴⁴tɕia³¹liə²¹。

【闽宁镇（西吉）】老张呢？在家呢。lɔ⁵²tʂaŋ³¹n̠iə¹³？tsɛ⁴⁴tɕia³¹n̠iə²¹。

【镇北堡】老张呢？在家呢。lɔ⁵²tʂaŋ³¹n̠iə¹³？tsɛ⁴⁴tɕia³¹n̠iə²¹。

【红寺堡】老张呢？在家呢。lɔ⁵²tʂaŋ³¹n̠iə¹³？tsɛ⁴⁴tɕia³¹n̠iə²¹。

【南梁台子】老张呢？在家呢。lɔ⁵²tʂaŋ³¹n̠iə¹³？tsɛ⁴⁴tɕia³¹n̠iə²¹。

【大战场】老张呢？在家呢。lɔ⁵²tʂaŋ³¹lɛ¹³？tsɛ⁴⁴tɕia³¹n̠i²¹。

【闽宁镇（隆德）】老张呢？在屋里。lɔ⁵²tʂaŋ³¹n̠iə¹³？tsɛ⁴⁴vu³¹li¹³。

4. 你干啥呢？我吃饭着呢。

【兴泾镇】你做啥呢？我吃饭着呢。n̠i⁵²tsu⁴⁴sa⁴⁴n̠iə³¹？ŋə⁵²tʂʰʅ³¹fæ⁴⁴tʂə³¹n̠iə²¹。

【闽宁镇（西吉）】你干啥呢？我吃饭呢。n̠i⁴⁴kæ⁴⁴sa¹³n̠iə³¹？vuə⁵²tʂʰʅ³¹fæ⁴⁴n̠iə²¹。

【镇北堡】你干啥呢？我吃饭着呢。n̠i⁵²kæ⁴⁴sa⁴⁴n̠iə¹³？ŋə⁵²tʂʰʅ³¹fæ⁴⁴tʂə³¹n̠iə²¹。

【红寺堡】你干啥着呢？我吃饭着呢。n̠i³¹kæ⁴⁴sa⁴⁴tʂə³¹n̠iə³¹？vuə⁵²tʂʰʅ³¹fæ⁴⁴tʂə³¹n̠iə²¹。

【南梁台子】你做啥着呢？我吃饭着呢。n̠i⁵²tsu⁴⁴sa³¹tʂə³¹n̠iə³¹？vuə⁵²tʂʰʅ³¹fæ⁴⁴tʂə³¹n̠iə²¹。

【大战场】你干啥呢？我吃饭着呢。n̠i³¹kæ⁴⁴sa⁴⁴n̠i¹³？vuə⁵²tʂʰʅ³¹fæ⁴⁴tʂə³¹n̠i²¹。

【闽宁镇（隆德）】你做啥呢？我吃饭着呢。n̠i⁵²tsu⁴⁴sa¹³n̠iə³¹？ŋə⁵²tʂʰʅ³¹fæ⁴⁴tʂə³¹n̠iə²¹。

5. 他在做啥呢？他正在和老张聊天呢。

【兴泾镇】他做啥呢？他跟老张拉话咧。tʰa³¹tsu⁴⁴sa⁴⁴n̠iə³¹？tʰa³¹kəŋ³¹lɔ⁵²tʂaŋ³¹la⁴⁴xua⁴⁴liə²¹。

【闽宁镇（西吉）】他在做啥呢？他在和老张扯谟呢。tʰa³¹tsɛ⁴⁴tsuə³¹sa⁴⁴n̠iə²¹？tʰa³¹tsɛ⁴⁴xuə³¹lɔ⁵²tʂaŋ¹³tʂʰə⁵²muə⁵²n̠iə²¹。

【镇北堡】他在做啥呢？他正在和老张扯谟呢。tʰa³¹tsɛ⁴⁴tsu⁴⁴sa⁴⁴n̠iə²¹？

tʰa³¹tʂəŋ⁴⁴tsɛ⁴⁴xə¹³lɔ⁵²tʂaŋ³¹tʂʰə⁵²muə⁵²n̠iə²¹。

【红寺堡】他在干啥着呢？他在和老张扯谟着呢。tʰa³¹tsɛ⁴⁴kæ̃⁴⁴sa⁴⁴ tʂə³¹n̠iə²¹? tʰa³¹tsɛ⁴⁴xuə³¹lɔ⁵²tʂaŋ¹³tʂʰə⁵²muə⁵²tʂə³¹n̠iə²¹。

【南梁台子】他做啥着呢？他和老张扯谟着呢。tʰa³¹tsu⁴⁴sa³¹tʂə³¹ n̠iə²¹? tʰa³¹xuə¹³lɔ⁵²tʂaŋ¹³tʂʰə⁵²muə⁵²tʂə³¹n̠iə²¹。

【大战场】他做啥着呢？他和老张逛闲着呢。tʰa³¹tsu⁴⁴sa⁴⁴tʂə³¹n̠i²¹? tʰa³¹xuə¹³lɔ⁵²tʂaŋ¹³kuaŋ⁴⁴ɕiæ̃¹³tʂə³¹n̠i²¹。

【闽宁镇（隆德）】他做啥呢？他和老张逛闲呢。tʰa³¹tsu⁴⁴sa¹³n̠iə³¹? tʰa³¹xə¹³lɔ⁵²tʂaŋ¹³kuaŋ⁴⁴ɕiæ̃¹³n̠iə²¹。

6. 你去哪里？我去银川。

【兴泾镇】你走啊搭？我走银川。n̠i⁵²tsəu⁵²a³¹ta¹³? ŋə⁵²tsəu⁵²n̠iŋ³⁵ tʂʰuæ̃³¹。

【闽宁镇（西吉）】你走啊搭呢？我走银川。n̠i⁵²tsəu⁵²a³¹ta¹³n̠iə³¹? vuə⁵²tsəu⁵²iŋ¹³tʂʰuæ̃³¹。

【镇北堡】你走啊搭？我走银川。n̠i⁵²tsəu⁵²a³¹ta¹³? ŋə⁵²tsəu⁵²iŋ¹³tʂʰu æ̃³¹。

【红寺堡】你去哪里？我走银川呢。n̠i³¹tɕʰi⁴⁴na³¹n̠i¹³, vuə³¹tsəu⁵²iŋ¹³ tʂʰuæ̃³¹n̠iə³¹

【南梁台子】你走啊搭？我走银川。n̠i⁵²tsəu⁵²a³¹ta¹³? vuə⁵²tsəu⁵²iŋ¹³ tʂʰuæ̃³¹。

【大战场】你走啊搭去？我走银川去呢。n̠i⁵²tsəu⁵²a³¹ta¹³tɕʰi³¹? vuə⁵² tsəu⁵²iŋ¹³tʂʰuæ̃³¹tɕʰi⁴⁴n̠i³¹。

【闽宁镇（隆德）】你走啊搭？我走银川。n̠i⁵²tsəu⁵²a³¹ta¹³? ŋə⁵² tsəu⁵²iŋ¹³tʂʰuæ̃³¹。

7. 这个能吃吗？这个能吃。

【兴泾镇】这个能吃吗？这个能吃。tʂə³¹kə³¹nəŋ³⁵tʂʰʅ³¹ma²¹? tʂə³¹kə³¹ nəŋ³⁵tʂʰʅ³¹。

【闽宁镇】这个能吃吗？这个能吃。tʂə⁵²kə³¹nəŋ¹³tʂʰʅ³¹ma³¹? tʂə⁵²kə³¹ nəŋ¹³tʂʰʅ³¹。

【镇北堡】这个能吃吗？这个能吃。tʂə⁵²kə³¹nəŋ¹³tʂʰʅ³¹ma³¹? tʂə⁵²kə³¹ nəŋ¹³tʂʰʅ³¹。

【红寺堡】这个能吃吗？这个能吃。tʂə⁵²kə⁴⁴nəŋ¹³tʂʰʅ³¹ma³¹? tʂə⁵²kə⁴⁴

nəŋ¹³tʂʰʅ³¹。

【南梁台子】这个能吃吗？这个能吃。tʂə⁵²kə³¹nəŋ¹³tʂʰʅ³¹ma¹³？tʂə⁵²kə⁴⁴nəŋ¹³tʂʰʅ³¹。

【大战场】这能吃吗？这个能吃。tʂə⁵²nəŋ¹³tʂʰʅ³¹ma¹³？tʂʅ⁴⁴kə³¹nəŋ¹³tʂʰʅ³¹。

【闽宁镇（隆德）】这能吃吗？这能吃。tʂə⁵²nəŋ¹³tʂʰʅ³¹ma¹³？tʂə⁵²nəŋ¹³tʂʰʅ³¹。

8. 你能打过他吗？能打过（打得过）。

【兴泾镇】你能打过他吗？能打过。ȵi⁵²nəŋ³⁵ta³¹kuə³¹tʰa³¹ma²¹？nəŋ³⁵ta³¹kuə³¹。

【闽宁镇】你能打过他吗？能打过。ȵi⁵²nəŋ¹³ta⁵²kuə³¹tʰa³¹ma¹³？nəŋ¹³ta⁵²kuə⁴⁴。

【镇北堡】你打过他吗？能打过。ȵi⁵²ta⁵²kuə⁴⁴tʰa³¹ma⁴⁴？nəŋ¹³ta³¹kuə³¹。

【红寺堡】你能打过他吗？能打过。ȵi³¹nəŋ¹³ta⁵²kuə⁴⁴tʰa³¹ma³¹？nəŋ¹³ta³¹kuə³¹。

【南梁台子】你能打过他吗？能打过。ȵi⁵²nəŋ¹³ta⁵²kuə³¹tʰa³¹ma³¹？nəŋ¹³ta⁵²kuə³¹。

【大战场】你能打过他吗？能打过呢。ȵi⁵²nəŋ¹³ta⁵²kuə³¹tʰa³¹ma¹³？nəŋ¹³ta⁵²kuə³¹ȵi²¹。

【闽宁镇（隆德）】你能打过他吗？能打过。ȵi⁵²nəŋ¹³ta⁵²kuə³¹tʰa³¹ma¹³？nəŋ¹³ta⁵²kuə³¹。

9. 你能打过他吗？我打不过他。

【兴泾镇】你能打过他吗？我打不过他。ȵi⁵²nəŋ³⁵ta³¹kuə³¹tʰa³¹ma²¹？ŋə⁵²ta⁵²pu³¹kuə⁴⁴tʰa³¹。

【闽宁镇】你能打过他吗？我打不过他。ȵi⁵²nəŋ¹³ta⁵²kuə³¹tʰa³¹ma¹³？vuə⁵²ta⁵²pu³¹kuə⁴⁴tʰa³¹。

【镇北堡】你能打过他吗？我打不过他。ȵi⁵²nəŋ¹³ta⁵²kuə³¹tʰa³¹ma³¹？ŋə⁵²ta⁵²pu³¹kuə⁴⁴tʰa³¹。

【红寺堡】你能打过他吗？我打不过他。ȵi³¹nəŋ¹³ta⁵²kuə⁴⁴tʰa³¹ma¹³？vuə⁵²ta⁵²pu³¹kuə⁴⁴tʰa³¹。

【南梁台子】你能打过他吗？我打不过他。ȵi⁵²nəŋ¹³ta⁵²kuə³¹tʰa³¹

ma¹³? vuə⁵²ta⁵²pu³¹kuə⁴⁴tʰa³¹。

　　【大战场】你能打过他吗? 我打不过。n̠i⁵² nəŋ¹³ ta⁵² kuə³¹ tʰa³¹ ma¹³? vuə⁴⁴ta⁵²pu³¹kuə⁴⁴。

　　【闽宁镇（隆德）】你能打过他吗? 我打不过他。n̠i⁵² nəŋ¹³ ta⁵² kuə³¹ tʰa³¹ma¹³? ŋə⁵²ta⁵²pu³¹kuə⁴⁴tʰa³¹。

　　10. 还有没有饭?

　　【兴泾镇】还有饭没有? xa³⁵iəu³¹fæ⁴⁴muə³¹iəu³¹?

　　【闽宁镇（西吉）】还有饭没有? xa¹³iəu³¹fæ⁴⁴muə³¹iəu¹³?

　　【镇北堡】还有没有饭? xa¹³iəu⁵²muə³¹iəu³¹fæ⁴⁴?

　　【红寺堡】还有饭没有饭? xa³¹iəu⁴⁴fæ⁴⁴muə³¹iəu³¹fæ⁴⁴?

　　【南梁台子】还有饭吗? xa¹³iəu⁵²fæ⁴⁴ma³¹?

　　【大战场】还有饭吗? xa¹³iəu³¹fæ⁴⁴ma³¹?

　　【闽宁镇（隆德）】有饭吗没饭? iəu⁵²fæ⁴⁴ma¹³muə³¹fæ⁴⁴?

　　11. 你去了吗? 没去。

　　【兴泾镇】你去了没有? 没去。n̠i³¹tɕʰi⁴⁴lə³¹muə³¹iəu³¹? muə³¹tɕʰi⁴⁴。

　　【闽宁镇（西吉）】你去了吗? 没去。n̠i³¹tɕʰi⁴⁴liə³¹ma¹³? muə³¹tɕʰi⁴⁴。

　　【镇北堡】你去了吗? 没去。n̠i³¹tɕʰi⁴⁴liə³¹ma³¹? muə³¹tɕʰi⁴⁴。

　　【红寺堡】你去了吗? 没去。n̠i³¹tɕʰi⁴⁴liə³¹ma³¹? muə³¹tɕʰi⁴⁴。

　　【南梁台子】你去了吗? 没去。n̠i⁵²tɕʰi⁴⁴lə³¹ma¹³? muə³¹tɕʰi⁴⁴。

　　【大战场】你去了吗? 我没去。n̠i⁵²tɕʰi⁴⁴lə³¹ma³¹? vuə⁵²muə³¹tɕʰi⁴⁴。

　　【闽宁镇（隆德）】你去着吗? 我没去。n̠i⁵²tɕʰi⁴⁴tʂə³¹ma³¹? ŋə⁵²muə³¹tɕʰi⁴⁴。

　　12. 你去不去? 我去呢。

　　【兴泾镇】你去不去? 我去咧。n̠i³¹tɕʰi⁴⁴pu³¹tɕʰi³¹? ŋə⁵²tɕʰi⁴⁴liə³¹。

　　【闽宁镇（西吉）】你去吗不去? 我去呢。n̠i³¹ tɕʰi⁴⁴ ma³¹ pu³¹ tɕʰi⁴⁴? vuə³¹tɕʰi⁴⁴niə²¹。

　　【镇北堡】你去不去? 我去呢。n̠i⁵²tɕʰi⁴⁴pu³¹tɕʰi⁴⁴, ŋə⁴⁴tɕʰi⁴⁴n̠iə²¹。

　　【红寺堡】你去不去? 我去呢。n̠i³¹tɕʰi⁴⁴pu³¹tɕʰi⁴⁴? vuə³¹tɕʰi⁴⁴n̠iə²¹。

　　【南梁台子】你去不去? 我去呢。n̠i⁵²tɕʰi⁴⁴pu³¹tɕʰi⁴⁴? vuə⁵²tɕʰi⁴⁴n̠iə²¹。

　　【大战场】你去吗不去? 我去呢。n̠i⁵²tɕʰi⁴⁴ma³¹pu³¹tɕʰi⁴⁴? vuə⁵²tɕʰi⁴⁴n̠i²¹。

　　【闽宁镇（隆德）】你去不去? 我去呢。n̠i⁵²tɕʰi⁴⁴pu³¹tɕʰi⁴⁴, ŋə⁴⁴tɕʰi⁴⁴n̠iə²¹。

　　13. 明天你去吗? 我不去。

　　【兴泾镇】明天你去不? 我不去。miŋ³¹tʰiæ⁴⁴n̠i³¹tɕʰi⁴⁴pu²¹? ŋə⁵²pu³¹tɕʰi⁴⁴。

【闽宁镇（西吉）】明天你去吗？我不去。miŋ¹³tʰiæ⁴⁴ȵi³¹tɕʰi⁴⁴ma³¹? vuə³¹pu³¹tɕʰi⁴⁴。

【镇北堡】明儿你去吗？我不去。miŋ¹³ ər³¹ ȵi⁵² tɕʰi⁴⁴ ma³¹? ŋə⁵²pu³¹tɕʰi⁴⁴。

【红寺堡】明天你去吗？我不去。miŋ¹³ tʰiæ⁴⁴ ȵi³¹ tɕʰi⁴⁴ ma³¹? vuə³¹pu³¹tɕʰi⁴⁴。

【南梁台子】明儿你去吗？我不去。miŋ¹³ ər³¹ ȵi⁵² tɕʰi⁴⁴ ma³¹? vuə⁵²pu³¹tɕʰi⁴⁴。

【大战场】明儿个你去吗？我不去。miŋ¹³ər³¹kə³¹ȵi⁵²tɕʰi⁴⁴ma³¹? vuə⁵²pu³¹tɕʰi⁴⁴。

【闽宁镇（隆德）】明儿你去吗？我不去。miər¹³ȵi⁵²tɕʰi⁴⁴ma³¹? ŋə⁵²pu³¹tɕʰi⁴⁴。

14. 你吃饭了没有？还没有，快吃了。

【兴泾镇】你吃饭了没有？还没有，快吃了。ȵi⁵²tʂʰ⁴⁴fæ⁴⁴lə³¹muə³¹iəu³¹? xɛ³⁵muə³¹iəu³¹, kʰuɛ⁴⁴tʂʰʅ³¹liə²¹。

【闽宁镇（西吉）】你吃饭了没有？还没有，快吃了。ȵi¹³tʂʰʅ³¹fæ⁴⁴liə³¹muə³¹iəu⁵²? xɛ¹³muə³¹iəu⁵², kʰuɛ⁴⁴tʂʰʅ³¹liə²¹。

【镇北堡】你饭吃了没有？还没有，马上吃去。ȵi⁵²fæ⁴⁴tʂʰʅ³¹liə³¹muə³¹iəu⁵²? xæ¹³muə³¹iəu⁵², ma⁵²ʂaŋ⁴⁴tʂʰʅ³¹tɕʰi⁴⁴。

【红寺堡】你吃了没有？还没有，快要吃了。ȵi³¹tʂʰʅ³¹liə³¹muə³¹iəu⁵²? xɛ¹³muə³¹iəu⁵², kʰuɛ⁴⁴iɔ⁴⁴tʂʰʅ³¹liə²¹。

【南梁台子】你饭吃了吗？我还没吃，快吃了。ȵi⁵²fæ⁴⁴tʂʰʅ³¹lə³¹ma³¹? vuə⁵²xɛ³¹muə¹³tʂʰʅ³¹, kʰuɛ⁴⁴tʂʰʅ³¹liə²¹。

【大战场】你吃了吗没有？还没有呢，快吃切。ȵi⁵²tʂʰʅ³¹liə³¹ma³¹muə³¹iəu⁵²? xa¹³muə³¹iəu⁵²ȵi³¹, kʰuɛ⁴⁴tʂʰʅ³¹tɕʰiə²¹。

【闽宁镇（隆德）】你吃了吗没吃？还没吃，发吃了。ȵi⁵²tʂʰʅ³¹liə²¹ma³¹muə¹³tʂʰʅ³¹? xæ¹³muə¹³tʂʰʅ³¹, fa¹³tʂʰʅ³¹liə²¹。

15. 你抽烟不抽烟？

【兴泾镇】你抽烟不抽烟？ȵi⁵²tʂʰəu¹³iæ³¹pu³¹tʂʰəu¹³iæ³¹?

【闽宁镇（西吉）】你抽烟不抽烟？ȵi³¹tʂʰəu¹³iæ¹³pu³¹tʂʰəu¹³iæ¹³?

【镇北堡】你抽烟着吗没有？ȵi⁵²tʂʰəu¹³iæ³¹tʂə³¹ma³¹muə³¹iəu⁵²?

【红寺堡】你抽烟不抽烟？ȵi³¹tʂʰəu¹³iæ¹³pu³¹tʂʰəu¹³iæ¹³?

【南梁台子】你抽烟不抽烟？ n̠i⁵²tʂʰəu¹³iæ̃¹³pu³¹tʂʰəu¹³iæ̃¹³/你抽不抽烟？ n̠i⁵²tʂʰəu¹³pu⁴⁴tʂʰəu¹³iæ̃¹³？

【大战场】你抽不抽烟？ n̠i⁵²tʂʰəu¹³pu³¹tʂʰəu¹³iæ̃³¹？

【闽宁镇（隆德）】你抽烟着吗没抽？ n̠i⁵²tʂʰəu¹³iæ̃³¹tʂə¹³ma³¹muə³¹tʂʰəu³¹？

16. 你抽烟不？

【兴泾镇】你抽烟不？ n̠i⁵²tʂʰəu¹³iæ̃³¹pu³¹？

【闽宁镇（西吉）】你抽烟吗？ n̠i⁵²tʂʰəu¹³iæ̃³¹ma¹³？

【镇北堡】你抽烟吗？ n̠i⁵²tʂʰəu¹³iæ̃³¹ma¹³？

【红寺堡】你抽烟不？ n̠i³¹tʂʰəu¹³iæ̃¹³pu³¹？

【南梁台子】你抽烟吗？ n̠i⁵²tʂʰəu¹³iæ̃³¹ma¹³？

【大战场】你抽烟吗？ n̠i⁵²tʂʰəu¹³iæ̃³¹ma¹³？

【闽宁镇（隆德）】你抽烟吗？ n̠i⁵²tʂʰəu¹³iæ̃³¹ma¹³？

17. 你坐火车还是坐飞机？

【兴泾镇】你坐火车吗还是坐飞机呢？ n̠i⁵²tsʰuə⁴⁴xuə⁵²tʂʰə³¹ma³¹xæ̃³⁵sʅ³¹tsʰuə⁴⁴fei¹³tɕi³¹n̠iə³¹？

【闽宁镇（西吉）】你坐火车呢吗坐飞机呢？ n̠i³¹tsuə⁵²xuə⁵²tʂʰə³¹n̠i³¹ma¹³tsuə⁴⁴fei¹³tɕi³¹n̠iə¹³？

【镇北堡】你坐火车还是坐飞机？ n̠i⁵²tsuə⁴⁴xuə⁵²tʂʰə³¹xɛ¹³sʅ³¹tsuə⁴⁴fei¹³tɕi³¹？

【红寺堡】你坐火车呢吗还是坐飞机呢？ n̠i³¹tsuə⁴⁴xuə⁵²tʂʰə³¹n̠i³¹ma³¹xɛ¹³sʅ³¹tsuə⁴⁴fei¹³tɕi³¹n̠iə³¹？

【南梁台子】你坐火车呢吗坐飞机呢？ n̠i⁵²tsuə⁴⁴xuə⁵²tʂʰə³¹n̠i³¹ma¹³tsuə⁴⁴fei¹³tɕi³¹n̠iə¹³？

【大战场】你坐火车呢吗坐飞机呢？ n̠i⁵²tsuə⁴⁴xuə⁵²tʂʰə³¹n̠i³¹ma³¹tsuə⁴⁴fei¹³tɕi³¹n̠i¹³？

【闽宁镇（隆德）】你坐火车着吗坐飞机？ n̠i⁵²tsʰuə⁴⁴xuə⁵²tʂʰə³¹tʂə³¹ma¹³tsʰuə⁴⁴fei¹³tɕi³¹？

18. 他今年多大岁数了？也就是个六十多岁。

【兴泾镇】他今年多大了？也就是个六十多岁。 tʰa³¹tɕiŋ⁴⁴n̠iæ̃³⁵tuə⁴⁴ta⁴⁴lə³¹？ iə³¹tɕiəu⁴⁴sʅ³¹liəu⁴⁴sʅ³⁵tuə⁴⁴suei⁴⁴。

【闽宁镇（西吉）】他今年多大岁数了？也就是六十多岁。 tʰa³¹tɕiŋ³¹n̠iæ̃¹³tuə¹³ta⁴⁴suei⁴⁴ʂu³¹liə¹³， iə³¹tɕiəu⁴⁴sʅ³¹liəu³¹sʅ¹³tuə³¹suei⁴⁴。

【镇北堡】他今年多大岁数了？也就是六十来岁。tʰa¹³tɕiŋ³¹n̠iæ̃¹³tuə¹³ta⁴⁴suei⁴⁴ʂu³¹liə¹³，iə³¹tɕiəu⁴⁴sʅ³¹liəu³¹ʂʅ¹³lɛ¹³suei³¹。

【红寺堡】他今年多少高龄了？也就是六十多岁了。tʰa³¹tɕiŋ³¹n̠iæ̃¹³tuə¹³ʂɔ³¹kɔ³¹liŋ¹³liə³¹？iə³¹tɕiəu³¹sʅ³¹liəu³¹ʂʅ¹³tuə³¹suei⁴⁴liə³¹。

【南梁台子】他今年多大年龄了？大概是六十多岁。tʰa³¹tɕiŋ³¹n̠iæ̃¹³tuə³¹ta⁴⁴n̠iæ̃¹³liŋ¹³liə³¹，ta⁴⁴kɛ⁴⁴sʅ³¹liəu³¹ʂʅ¹³tuə³¹suei⁴⁴。

【大战场】他今年多大年纪了？也就是六十来岁。tʰa³¹tɕiŋ³¹n̠iæ̃¹³tuə¹³ta⁴⁴n̠iæ̃¹³tɕi³¹liə³¹？iə³¹tɕiəu⁴⁴sʅ⁴⁴liəu³¹ʂʅ¹³lɛ¹³suei⁴⁴。

【闽宁镇（隆德）】他今年多大岁数了？大概六十几岁。tʰa³¹tɕiŋ³¹n̠iæ̃¹³tuə¹³ta⁴⁴suei⁴⁴ʂu³¹liə¹³，ta⁴⁴kɛ⁴⁴liəu³¹ʂʅ¹³tɕi³¹suei⁴⁴。

19. 这丫头大概十七八岁吧。

【兴泾镇】这女子大概就是十七八岁。tʂə⁵²n̠y⁵²tə³¹ta⁴⁴kɛ⁴⁴tɕiəu³¹sʅ³¹ʂʅ³⁵tɕʰi⁴⁴pa³¹suei⁴⁴。

【闽宁镇（西吉）】这丫头大概十七八岁吧。tʂə⁴⁴ia³¹tʰəu¹³ta⁴⁴kɛ⁴⁴ʂʅ³¹tɕʰi¹³pa³¹suei⁴⁴pa²¹。

【镇北堡】这个女子大概十七八。tʂə⁴⁴kə³¹n̠y⁵²tsʅ³¹ta⁴⁴kɛ⁴⁴ʂʅ¹³tɕʰi³¹pa¹³。

【红寺堡】这丫头大概十七八岁。tʂə⁴⁴ia³¹tʰəu¹³ta⁴⁴kɛ⁴⁴ʂʅ³¹tɕʰi³¹pa³¹suei⁴⁴

【南梁台子】这个女子大概是十七八岁。tʂə⁵²kə³¹n̠y⁵²tsʅ³¹ta⁴⁴kɛ⁴⁴sʅ³¹ʂʅ³¹tɕʰi³¹pa¹³suei⁴⁴。

【大战场】这女子大概十七八岁。tʂə⁴⁴n̠y⁵²tsʅ³¹ta⁴⁴kɛ⁴⁴ʂʅ¹³tɕʰi³¹pa³¹suei⁴⁴。

【闽宁镇（隆德）】这个女子大概十七八岁。tʂə⁵²kə³¹n̠y⁵²tsʅ³¹ta⁴⁴kɛ⁴⁴ʂʅ¹³tɕʰi³¹pa³¹suei⁴⁴。

20. 这个笔比那个笔好。

【兴泾镇】这个笔比那个笔好。tʂə⁴⁴kə³¹pi³¹pi³¹na⁴⁴kə³¹pi³¹xɔ⁵²。

【闽宁镇（西吉）】这个笔赶那个笔好。tʂə⁴⁴kə³¹pi¹³kæ³¹nɛ⁴⁴kə³¹xɔ⁵²。

【镇北堡】这个笔比那个笔好。tʂə⁵²kə³¹pi¹³pi³¹nɛ⁴⁴kə³¹pi¹³xɔ⁵²。

【红寺堡】这个笔比那个笔好。tʂə⁵²kə³¹pi¹³pi³¹nɛ⁴⁴kə³¹pi¹³xɔ⁵²。

【南梁台子】这个笔比那个笔好些。tʂə⁵²kə³¹pi³¹pi³¹nɤ⁴⁴kə³¹pi³¹xɔ⁵²ɕiə³¹。

【大战场】这个笔比那个笔好。tʂə⁵²kə³¹pi¹³pi⁵²nɛ⁴⁴kə³¹pi³¹xɔ⁵²。

【闽宁镇（隆德）】这个笔砚赶兀个笔砚好。tʂə⁵² kə³¹ pi³¹ iæ⁴⁴ kæ⁵²
vuə⁴⁴kə³¹ pi³¹ iæ⁴⁴ xɔ⁵²。

21. 这家饭馆没有那家饭馆便宜。

【兴泾镇】这家饭店不胜那家便宜。tʂə⁴⁴ tɕia³¹ fæ⁴⁴ tɕiæ⁴⁴ pu³¹ ʂən⁴⁴ nɛ⁴⁴
tɕia³¹ pʰiæ³⁵i³¹。

【闽宁镇（西吉）】这家饭馆不如那家饭馆便宜。tʂə⁵² tɕia³¹ fæ⁴⁴ kuæ⁵²
pu³¹ ʐu¹³ nɛ⁴⁴tɕia³¹ fæ⁴⁴ kuæ⁵² pʰiæ¹³i³¹。

【镇北堡】这家饭馆不如那家饭馆便宜。tʂə⁵² tɕia³¹ fæ⁴⁴ kuæ⁵² pu³¹ ʐu¹³
nɛ⁴⁴tɕia³¹ fæ⁴⁴ kuæ⁵² pʰiæ¹³i³¹。

【红寺堡】这家饭馆没有那家饭馆便宜。tʂə⁵² tɕia³¹ fæ⁴⁴ kuæ⁵² mei¹³ iəu³¹
nɛ⁴⁴tɕia³¹ fæ⁴⁴ kuæ⁵² pʰiæ¹³i³¹。

【南梁台子】这个饭馆没有那个饭馆便宜。tʂə⁵² kə³¹ fæ⁴⁴ kuæ⁵² mei¹³
iəu³¹nɛ⁴⁴ kə³¹ fæ⁴⁴kuæ⁵² pʰiæ¹³i³¹。

【大战场】这家子饭馆没有那家子饭馆便宜。tʂʅ⁴⁴ tɕia³¹ tsʅ²¹ fæ⁴⁴ kuæ⁵²
muə³¹ iəu⁵² nɛ⁴⁴tɕia³¹ tsʅ²¹ fæ⁴⁴ kuæ⁵² pʰiæ¹³i³¹。

【闽宁镇（隆德）】这个饭馆没兀个饭馆便宜。tʂə⁵² kə³¹ fæ⁴⁴ kuæ⁵²
mei¹³ vuə⁴⁴kə³¹ fæ⁴⁴kuæ⁵² pʰiæ¹³i³¹。

22. 他把碗打烂了。

【兴泾镇】他把碗打烂了。tʰa¹³ ma³¹ uæ⁵²ta⁴⁴læ⁴⁴liə²¹。

【闽宁镇（西吉）】他把碗打了。tʰa⁴⁴ pa³¹ væ⁵²ta⁵²liə²¹。

【镇北堡】他把碗打了。tʰa⁴⁴ pa³¹ væ⁵²ta⁵²liə²¹。

【红寺堡】他把碗打烂了。tʰa¹³ pa³¹ væ⁵²ta⁵²læ⁴⁴liə²¹。

【南梁台子】他把碗打烂了。tʰa⁴⁴ pa³¹ væ⁵²ta⁵²læ⁴⁴liə²¹。

【大战场】他把碗打烂了。tʰa³¹ pa³¹ væ⁵²ta⁵²læ⁴⁴liə²¹。

【闽宁镇（隆德）】他把碗绊烂了。tʰa⁴⁴ pa³¹ væ⁵²pæ⁴⁴læ⁴⁴liə²¹。

23. 赶紧关门。

【兴泾镇】赶紧关门。kæ³¹tɕin⁵²kuæ³¹mən³⁵。

【闽宁镇（西吉）】赶紧关门儿。kæ³¹tɕiŋ⁵²kuæ³¹mər¹³。

【镇北堡】赶紧关门。kæ³¹tɕiŋ³¹kuæ³¹mən¹³。

【红寺堡】赶紧关门。kæ³¹tɕiŋ⁵²kuæ³¹mən¹³。

【南梁台子】赶紧把门关了。kæ³¹tɕiŋ⁵²pa³¹mən¹³kuæ³¹ləu¹³。

【大战场】把门赶紧关上。pa³¹mən¹³kæ³¹tɕiŋ⁵²kuæ³¹ʂaŋ⁴⁴。

【闽宁镇（隆德）】赶紧把门关住。kæ̃³¹tɕiŋ⁵²pa³¹məŋ¹³kuæ̃³¹tʂʰu⁴⁴。

24. 你去把他叫一声。

【兴泾镇】你去把他叫一声。ŋi⁵²tɕʰi⁴⁴ma³¹tʰa³¹tɕiɔ⁴⁴i³¹ʂəŋ³¹。

【闽宁镇（西吉）】你去叫他一声。ŋi¹³tɕʰi⁴⁴tɕiɔ⁴⁴tʰa³¹i¹³ʂəŋ³¹。

【镇北堡】你去把他叫一声。ŋi³¹tɕʰi⁴⁴pa³¹tʰa³¹tɕiɔ⁴⁴i³¹ʂəŋ³¹。

【红寺堡】你去叫他一声。ŋi³¹tɕʰi⁴⁴tɕiɔ⁴⁴tʰa³¹i³¹ʂəŋ³¹。

【南梁台子】你去把他喊一声。ŋi⁵²tɕʰi⁴⁴pa³¹tʰa¹³xæ̃⁵²i³¹ʂəŋ³¹。

【大战场】你去把他喊一下。ŋi³¹tɕʰi⁴⁴pa³¹tʰa⁵²xæ̃⁵²i³¹xa³¹。

【闽宁镇（隆德）】你把他叫一声。ŋi⁵²pa³¹tʰa³¹tɕiɔ⁴⁴i³¹ʂəŋ³¹。

25. 来把票买一下。

【兴泾镇】来把票买一下。lɛ³⁵pa³¹pʰiɔ⁴⁴mɛ⁴⁴i³¹ɕia³¹。

【闽宁镇（西吉）】来把票买一下。lɛ¹³pa³¹pʰiɔ⁴⁴mɛ⁵²i³¹ɕia³¹。

【镇北堡】来把票买一下。lɛ¹³pa³¹pʰiɔ⁴⁴mɛ⁵²i³¹xa³¹。

【红寺堡】来把票买一下。lɛ¹³pa³¹pʰiɔ⁴⁴mɛ⁵²i³¹ɕia³¹。

【南梁台子】来把票买上。lɛ¹³pa³¹pʰiɔ⁴⁴mɛ⁵²ʂaŋ³¹。

【大战场】来把票买一下。lɛ¹³pa³¹pʰiɔ⁴⁴mɛ⁵²i³¹xa³¹。

【闽宁镇（隆德）】来把票买了。lɛ¹³pa³¹pʰiɔ⁴⁴mɛ⁵²liə³¹。

26. 碗被打烂了。

【兴泾镇】碗打烂了。uæ̃⁵²ta⁵²læ̃⁴⁴liə²¹。

【闽宁镇（西吉）】碗打烂了。væ̃⁵²ta⁵²læ̃⁴⁴liə²¹。

【镇北堡】碗打烂了。væ̃⁵²ta⁵²læ̃⁴⁴liə²¹。

【红寺堡】碗打烂了。væ̃⁵²ta⁵²læ̃⁴⁴liɔ²¹。

【南梁台子】碗打烂了。væ̃⁵²ta⁵²læ̃⁴⁴liə²¹。

【大战场】碗打了。væ̃⁵²ta⁵²liə²¹。

【闽宁镇（隆德）】碗叫绊了。væ̃⁵²tɕiɔ⁴⁴pæ̃⁴⁴liə²¹。

27. 碗被他打烂了。

【兴泾镇】碗叫他打烂了。uæ̃⁵²tɕiɔ³¹tʰa³¹ta⁵²læ̃⁴⁴liə³¹。

【闽宁镇（西吉）】碗叫他打了。væ̃⁵²tɕiɔ⁴⁴tʰa³¹ta⁵²liə³¹。

【镇北堡】碗叫他打了。væ̃⁵²tɕiɔ⁴⁴tʰa¹³ta⁵²liə³¹。

【红寺堡】碗被他打烂了。væ̃⁵²pei⁵²tʰa³¹ta⁵²læ̃⁴⁴liɔ³¹。

【南梁台子】碗被他打烂了。væ̃⁵²pi⁵²tʰa³¹ta⁵²læ̃⁴⁴liə³¹。

【大战场】碗叫他打烂了。væ̃⁵²tɕiɔ⁴⁴tʰa³¹ta⁵²læ̃⁴⁴liə³¹。

【闽宁镇（隆德）】碗着他绊烂了。væ̃⁵²tʂuə³¹tʰa³¹pæ̃⁴⁴læ̃⁴⁴liə³¹。

28. 叫他把碗打烂了。

【兴泾镇】叫他把碗打烂了。tɕiɔ³¹tʰa³¹ma³¹uæ̃⁵²ta⁴⁴læ̃⁴⁴liə³¹。

【闽宁镇（西吉）】被他把碗打了。pi⁵²tʰa⁴⁴pa³¹væ̃⁵²ta⁵²liə³¹。

【镇北堡】叫他把碗打了。tɕiɔ⁴⁴tʰa¹³pa³¹væ̃⁵²ta⁵²liə³¹。

【红寺堡】他把碗给打烂了。tʰa³¹pa³¹væ̃⁵²kei³¹ta⁵²læ̃⁴⁴liɔ³¹。

【南梁台子】他把碗打烂了。tʰa¹³pa³¹væ̃⁵²ta⁵²læ̃⁴⁴liə³¹。

【大战场】叫他把碗打烂了。tɕiɔ⁴⁴tʰa¹³pa³¹væ̃⁵²ta⁵²læ̃⁴⁴liə³¹。

【闽宁镇（隆德）】叫他把碗打了。tɕiɔ³¹tʰa³¹pa³¹væ̃⁵²ta⁵²liə³¹。

29. 叫他把我训了一顿。

【兴泾镇】叫他把我骂了一顿。tɕiɔ³¹tʰa⁵²ma³¹ŋə⁵²ma⁴⁴lə³¹i³¹tuŋ⁴⁴。

【闽宁镇（西吉）】被他把我训了一顿。pi⁵²tʰa⁴⁴pa³¹vuə⁵²ɕyŋ⁴⁴lə³¹i³¹tuŋ⁴⁴。

【镇北堡】叫他把我训给了一顿。tɕiɔ⁴⁴tʰa⁴⁴pa³¹ŋə⁵²ɕyŋ⁴⁴kei³¹lə³¹i³¹tuŋ⁴⁴。

【红寺堡】他把我训给了一顿。tʰa¹³pa³¹vuə⁵²ɕyŋ⁴⁴kei³¹lə³¹i³¹tuŋ³¹。

【南梁台子】他把我训给了一顿。tʰa¹³ma³¹vuə⁵²ɕyŋ⁴⁴kei³¹lə³¹i³¹tuŋ³¹。

【大战场】叫他把我骂了一顿。tɕiɔ⁴⁴tʰa³¹pa³¹vuə⁵²ma⁴⁴lə³¹i³¹tuŋ⁴⁴。

【闽宁镇（隆德）】叫他把我骂给了一顿。tɕiɔ⁴⁴tʰa³¹pa³¹ŋə⁵²ma⁴⁴kei³¹lə³¹i³¹tuŋ⁴⁴。

30. 他给我给了一支笔。

【兴泾镇】他给我一支笔。tʰa³¹kei⁵²ŋə⁵²i³¹tsʅ¹³pi³¹。

【闽宁镇（西吉）】他给了我一支笔。tʰa³¹kei⁵²liə³¹vuə³¹i³¹tsʅ³¹pi¹³。

【镇北堡】他给我给了一支笔。tʰa³¹kei⁵²ŋə⁵²kei⁵²lə³¹i³¹tsʅ⁴⁴pi¹³。

【红寺堡】他给我给了一支笔。tʰa¹³kei⁵¹vuə⁵²kei⁵²lə³¹i³¹tsʅ³¹pi¹³。
他给给我一支笔。tʰa³¹kei⁵²kei³¹vuə⁵²i³¹tsʅ³¹pi¹³。

【南梁台子】他给我给了一支笔。tʰa³¹kei⁵²vuə⁵²kei⁵²liɔ⁵²i³¹tsʅ⁴⁴pi¹³。

【大战场】他给我给了个笔。tʰa³¹kei⁴⁴vuə⁵²kei⁴⁴liə³¹kə⁴⁴pi¹³。

【闽宁镇（隆德）】他给我给了个笔。tʰa³¹kei⁵²ŋə⁵²kei⁵²lə³¹kə⁴⁴pi³¹。

31. 给我给上一支笔。

【兴泾镇】给我一支笔。kei⁵²ŋə⁵²i³¹tsʅ¹³pi³¹。

【闽宁镇（西吉）】给我给上一支笔。kei⁴⁴vuə⁵²kei⁵²ʂaŋ³¹i³¹tsʅ³¹pi¹³。

【镇北堡】给我给一支笔。kei⁵²ŋə⁵²kei⁵²i³¹tsʅ⁴⁴pi¹³。

【红寺堡】给我给上一支笔。kei³¹vuə⁵²kei⁵²ʂaŋ³¹i³¹tsʅ³¹pi¹³。

【南梁台子】给我给个笔。kei⁵²vuə⁵²kei⁵²kə³¹pi¹³。

【大战场】给我给个笔。kei³¹vuə⁵²kei⁵²kə³¹pi¹³。

【闽宁镇（隆德）】给我给个笔。kei⁴⁴ŋə³¹kei⁴⁴kə³¹pi³¹。

32. 你给他把这事说了没有？

【兴泾镇】你给他把这事说了没？ȵi⁵²kei³¹tʰa³¹ma³¹tʂə⁴⁴sʅ⁴⁴ʂuə³¹lə²¹muə¹³？

【闽宁镇（西吉）】你给他把这事说了没有？ȵi⁵²kei⁵²tʰa³¹pa³¹tʂə⁴⁴sʅ⁴⁴ʂuə³¹liə⁴⁴muə³¹iəu³¹？

【镇北堡】你把这事给他说了没有？ȵi⁵²pa³¹tʂə⁵²sʅ⁴⁴kei³¹tʰa¹³ʂuə³¹lə²¹muə³¹iəu³¹？

【红寺堡】你给他把这个事说了没有？ȵi¹³kei³¹tʰa¹³pa³¹tʂə⁴⁴kə³¹sʅ⁴⁴ʂuə³¹liə²¹muə¹³iəu³¹？

【南梁台子】你把这个事给他说了吗没有？ȵi⁵²ma³¹tʂə⁵²kə⁴⁴sʅ⁴⁴kei⁵²tʰa³¹ʂuə³¹lə¹³ma³¹muə³¹iəu¹³？

【大战场】你把这事给他说了吗？ȵi³¹pa³¹tʂə⁴⁴sʅ⁴⁴kei⁴⁴tʰa⁵²ʂuə³¹liə²¹ma³¹？

【闽宁镇（隆德）】你给他把这话说了吗没有？ȵi³¹kei³¹tʰa⁴⁴pa³¹tʂə⁴⁴xua⁴⁴ʂuə³¹liə²¹ma³¹muə³¹iəu⁵²？

33. 我比他大三岁。

【兴泾镇】我赶他大三岁。ŋə⁵²kæ̃⁵²tʰa³¹ta⁴⁴sæ̃³¹suei³¹。

【闽宁镇（西吉）】我赶他大三岁。vuə⁵²kæ̃⁵²tʰa³¹ta⁴⁴sæ̃³¹suei⁴⁴。

【镇北堡】我比他大三岁。ŋə⁵²pi⁵²tʰa³¹ta⁴⁴sæ̃³¹suei⁴⁴。

【红寺堡】我赶他大三岁。vuə³¹kæ̃⁵²tʰa³¹ta⁴⁴sæ̃³¹suei⁴⁴。

【南梁台子】我比他大三岁。vuə³¹pi⁵²tʰa³¹ta⁴⁴sæ̃³¹suei⁴⁴。

【大战场】我比他大三岁。vuə³¹pi⁵²tʰa³¹ta⁴⁴sæ̃³¹suei⁴⁴。

【闽宁镇（隆德）】我赶他大三岁。ŋə⁵²kæ̃⁵²tʰa³¹ta⁴⁴sæ̃³¹suei⁴⁴。

34. 我没有他大。

【兴泾镇】我没有他大。ŋə⁵²muə³¹iəu⁵²tʰa³¹ta³¹。

【闽宁镇（西吉）】我没有他大。vuə⁵²muə³¹iəu⁵²tʰa³¹ta⁴⁴。

【镇北堡】我没有他大。ŋə⁵²muə³¹iəu¹³tʰa³¹ta⁴⁴。

【红寺堡】我没有他大。vuə³¹muə³¹iəu⁵²tʰa³¹ta⁴⁴。

【南梁台子】我没有他大。vuə⁵²muə³¹iəu⁵²tʰa³¹ta⁴⁴。

【大战场】我没有他大。vuə⁵²muə³¹iəu⁵²tʰa³¹ta⁴⁴。

【闽宁镇（隆德）】我没有他大。ŋə⁵²muə³¹iəu⁵²tʰa³¹ta⁴⁴。

35. 你比我大，他比你还大。

【兴泾镇】你比我大，他比你还大。ȵi⁵²pi³¹ŋə⁵²ta⁴⁴，tʰa³¹pi⁵²ȵi⁵²xa³⁵ta¹³。

【闽宁镇（西吉）】你比我大，他比你还大。ȵi⁵²pi⁵²vuə⁵²ta⁴⁴，tʰa³¹pi⁵²ȵi⁵²xa¹³ta⁴⁴。

【镇北堡】你比我大，他比你还大。ȵi⁵²pi⁵²ŋə⁵²ta⁴⁴，tʰa³¹pi⁵²ȵi⁵²xa¹³ta³¹。

【红寺堡】你比我大，他比你还大。ȵi⁵²pi⁵²vuə⁵²ta⁴⁴，tʰa³¹pi⁵²ȵi⁵²xa¹³ta⁴⁴。

【南梁台子】你比我大，他比你还大。ȵi⁵²pi⁵²vuə⁵²ta⁴⁴，tʰa³¹pi⁵²ȵi⁵²xa¹³ta⁴⁴。

【大战场】你比我大，他比你还大。ȵi⁵²pi⁵²vuə⁵²ta⁴⁴，tʰa³¹pi⁵²ȵi⁵²xa¹³ta⁴⁴。

【闽宁镇（隆德）】你赶我大，他赶你还大。ȵi⁵²kæ̃⁵²ŋə⁵²ta，tʰa³¹kæ̃⁵²ȵi⁵²xa¹³ta⁴⁴。

36. 老王和老张一样高。

【兴泾镇】老王赶老张一样高。lɔ⁵²vaŋ³⁵kæ̃³¹lɔ⁵²tʂaŋ³¹i³¹iaŋ⁴⁴kɔ³¹。

【闽宁镇（西吉）】老王连老张一样高。lɔ⁵²vaŋ¹³liæ̃¹³lɔ⁵²tʂaŋ³¹i³¹iaŋ⁴⁴kɔ³¹。

【镇北堡】老王和老张一样高。lɔ⁵²vaŋ¹³xə³¹lɔ⁵²tʂaŋ³¹i³¹iaŋ⁴⁴kɔ³¹。

【红寺堡】老王和老张一样高。lɔ⁵²vaŋ¹³xuə³¹lɔ⁵²tʂaŋ¹³i³¹iaŋ⁴⁴kɔ³¹。

【南梁台子】老王和老张一样高。lɔ⁵²vaŋ¹³xə³¹lɔ⁵²tʂaŋ¹³i³¹iaŋ⁴⁴kɔ³¹。

【大战场】老王和老张一样高。lɔ⁵²vaŋ¹³xə³¹lɔ⁵²tʂaŋ³¹i³¹iaŋ⁴⁴kɔ³¹。

【闽宁镇（隆德）】老王连老张一样高。lɔ⁵²vaŋ¹³liæ̃³¹lɔ⁵²tʂaŋ³¹i³¹iaŋ⁴⁴kɔ³¹。

37. 我跟我妈去城里了。

【兴泾镇】我跟我妈走城里了。ŋə⁵²kən³¹ŋə³¹ma³⁵tsəu⁵²tʂʰəŋ³¹li⁴⁴lə²¹。

【闽宁镇（西吉）】我跟我妈去城里了。vuə⁵²kəŋ¹³vuə³¹ma¹³tɕʰi⁴⁴tʂʰəŋ¹³li³¹liə³¹。

【镇北堡】我跟我妈去城里了。ŋə⁵²kəŋ¹³ŋə⁵²ma¹³tɕʰi⁴⁴tʂʰəŋ¹³li³¹liə³¹。

【红寺堡】我跟我妈去城里了。vuə⁵² kəŋ¹³ vuə³¹ ma¹³ tɕʰi⁴⁴ tʂʰəŋ¹³ li³¹liə³¹。

【南梁台子】我跟我妈去城里了。vuə⁵² kəŋ¹³ vuə⁵² ma¹³ tɕʰi⁴⁴ tʂʰəŋ¹³ li³¹liə³¹。

【大战场】我和我妈走城里了。vuə⁵² xə¹³ vuə⁵² ma³¹ tsəu⁵² tʂʰəŋ¹³ li³¹liə³¹。

【闽宁镇（隆德）】我连我妈走城里了。ŋə⁵²liæ³¹ŋə⁵²ma¹³tsəu⁵²tʂʰəŋ¹³ li³¹liə³¹。

38. 他去过北京，我没有去过。

【兴泾镇】他去过北京，我没去过。tʰa⁵² tɕʰi⁴⁴ kuə³¹ pei³⁵ tɕiŋ³¹, ŋə⁵² muə³¹tɕʰi⁴⁴kuə³¹。

【闽宁镇（西吉）】他去过北京，我没去过。tʰa³¹ tɕʰi⁴⁴ kuə⁴⁴ pei¹³ tɕiŋ³¹, vuə⁵²muə³¹tɕʰi⁴⁴kuə⁴⁴。

【镇北堡】他去过北京，我没去过。tʰa³¹ tɕʰi⁴⁴ kuə³¹ pei¹³ tɕiŋ³¹, ŋə⁵² muə³¹tɕʰi⁴⁴kuə⁴⁴。

【红寺堡】他去过北京，我没去过。tʰa³¹ tɕʰi⁴⁴ kuə⁴⁴ pei¹³ tɕiŋ³¹, vuə⁵² muə³¹tɕʰi⁴⁴kuə⁴⁴。

【南梁台子】他去过北京，我没有去过。tʰa³¹ tɕʰi⁴⁴ kuə⁴⁴ pei¹³ tɕiŋ³¹, vuə⁵²muə¹³iəu³¹tɕʰi⁴⁴kuə³¹。

【大战场】他去过北京，我没去过。tʰa³¹ tɕʰi⁴⁴ kuə³¹ pei¹³ tɕiŋ³¹, vuə⁵² muə³¹tɕʰi⁴⁴kuə⁴⁴。

【闽宁镇（隆德）】他走过北京，我没走过。tʰa³¹ tsəu⁵² kuə³¹ pei¹³ tɕiŋ³¹, ŋə⁵²muə³¹tsəu⁵²kuə⁴⁴。

39. 慢慢走，别跑。

【兴泾镇】慢慢儿走，罢跑。mæ̃⁴⁴mɚ³¹tsəu⁵², pɔ³¹pʰɔ³⁵。

【闽宁镇（西吉）】慢慢走，不咧跑。m æ̃⁴⁴ m æ̃⁴⁴ tsəu⁵², pu³¹liə³¹pʰɔ⁵²。

【镇北堡】慢慢走，不要跑。mæ̃⁴⁴mæ̃⁴⁴tsəu⁵², pu³¹iɔ⁴⁴pʰɔ⁵²。

【红寺堡】慢慢走，不要跑。mæ̃⁴⁴mæ̃⁴⁴tsəu⁵², pu³¹iɔ⁴⁴pʰɔ⁵²。

【南梁台子】慢慢走，不咧跑。mæ̃⁴⁴mæ̃⁴⁴tsəu⁵², pu³¹liə¹³pʰɔ⁵²。

【大战场】慢慢走，不要跑。mæ̃⁴⁴mæ̃⁴⁴tsəu⁵², pu³¹iɔ⁴⁴pʰɔ⁵²。

【闽宁镇（隆德）】慢慢儿走，不了跑。mæ̃⁴⁴mɐr⁴⁴tsəu⁵², pu³¹liɔ¹³pʰɔ⁵²。

40. 路上停着一辆车。

【兴泾镇】路上停了一辆车。lu⁴⁴ ʂaŋ³¹tʰiŋ³⁵liə³¹i³¹liaŋ⁵²tʂʰə³¹。

【闽宁镇（西吉）】路上停着一辆车。lu⁴⁴ ʂaŋ³¹tʰiŋ¹³tʂə³¹i³¹liaŋ⁵²tʂʰə¹³。

【镇北堡】路上停着一辆车。lu⁴⁴ ʂaŋ³¹tʰiŋ⁴⁴tʂə³¹i³¹liaŋ³¹tʂʰə¹³。

【红寺堡】路上停着一辆车。lu⁴⁴ ʂaŋ³¹tʰiŋ⁴⁴tʂə³¹i³¹liaŋ⁵²tʂʰə¹³。

【南梁台子】路上停着一个车。lu⁴⁴ ʂaŋ³¹tʰiŋ⁴⁴tʂə³¹i³¹kə¹³tʂʰə¹³。

【大战场】路上停下一个车。lu⁴⁴ ʂaŋ³¹tʰiŋ⁴⁴xa³¹i³¹kə¹³tʂʰə³¹。

【闽宁镇（隆德）】路上站下一个车。lu⁴⁴ ʂaŋ³¹tsæ⁴⁴xa³¹i³¹kə¹³tʂʰə³¹。

41. 他今天开着一辆新车。

【兴泾镇】他今天开了一辆新车。tʰa⁵²tɕiŋ¹³tɕʰiæ³¹kʰɛ³¹lə³¹i³¹liaŋ⁵²ɕin¹³tʂʰə³¹。

【闽宁镇（西吉）】他今儿开了一辆新车。tʰa³¹tɕiər¹³kʰɛ¹³liə³¹i³¹liaŋ⁵²ɕiŋ¹³tʂʰə¹³。

【镇北堡】他今儿开着一辆新车。tʰa³¹tɕiŋ³¹ər³¹kʰɛ¹³tʂə³¹i³¹liaŋ⁴⁴ɕiŋ¹³tʂʰə³¹。

【红寺堡】他今儿开了一辆新车。tʰa¹³tɕiər¹³kʰɛ¹³liə³¹i³¹liaŋ⁵²ɕiŋ¹³tʂʰə³¹。

【南梁台子】他今儿开了一辆新车。tʰa¹³tɕiŋ³¹ər³¹kʰɛ¹³liɔ³¹i³¹liaŋ⁵²ɕiŋ¹³tʂʰə³¹。

【大战场】他今儿个开着一辆新车。tʰa³¹tɕiŋ³¹ər²¹kə³¹kʰɛ³¹tʂə³¹i³¹liaŋ⁵²ɕiŋ¹³tʂʰə³¹。

【闽宁镇（隆德）】他今儿开下一个新车。tʰa³¹tɕiər¹³kʰɛ¹³xa⁴⁴i³¹kə⁴⁴ɕiŋ¹³tʂʰə³¹。

42. 你忙着，我走了。

【兴泾镇】你忙着，我走家咶。n̠i⁵²maŋ³¹tʂə⁵², ŋə⁵²tsəu¹³tɕia³¹。

【闽宁镇（西吉）】你忙着，我走了。n̠i⁵²maŋ¹³tʂə³¹, vuə⁵²tsəu⁵²liə³¹。

【镇北堡】你忙着，我走了。n̠i⁵²maŋ³¹tʂə³¹, ŋə⁵²tsəu⁵²liə³¹。

【红寺堡】你忙着，我走了。n̠i⁵²maŋ¹³tʂuə³¹, vuə⁵²tsəu⁵²liə³¹。

【南梁台子】你忙着去，我走了。n̠i³¹maŋ¹³tʂə³¹tɕʰi⁴⁴, vuə⁵²tsəu⁵²lə³¹。

【大战场】你忙着，我走切。n̠i⁵²maŋ¹³tʂə³¹, vuə⁵²tsəu⁵²tɕʰiə³¹。

【闽宁镇（隆德）】你忙着，我走恰。n̠i⁵²maŋ¹³tʂə³¹, ŋə⁵²tsəu⁵²tɕʰia³¹。

43. 他看电视看着看着就睡着了。

【兴泾镇】他看电视，看一看睡着了。tʰa⁵²kʰæ⁴⁴tɕiæ⁴⁴ʂʅ⁴⁴，kʰæ⁴⁴i³¹kʰæ⁴⁴ʂuei⁴⁴tʂʰuə³⁵liə³¹。

【闽宁镇（西吉）】他看电视，看一看睡着了。tʰa³¹kʰæ⁴⁴tiæ⁴⁴sʅ⁴⁴，kʰæ⁴⁴i³¹kʰæ⁴⁴ʂuei⁴⁴tʂuə¹³liə³¹。

【镇北堡】他看电视，看一看就睡着了。tʰa³¹kʰæ⁴⁴tiæ⁴⁴sʅ⁴⁴，kʰæ⁴⁴i³¹kʰæ⁴⁴tɕʰiəu⁴⁴ʂuei⁴⁴tʂuə¹³liə³¹。

【红寺堡】他看电视，看着看着就睡着了。tʰa³¹kʰæ⁴⁴tiæ⁴⁴sʅ⁴⁴，kʰæ⁴⁴tʂə³¹kʰæ⁴⁴tʂə³¹ʂuei⁴⁴tʂuə¹³liə³¹。

【南梁台子】他看电视，看一看睡着了。tʰa³¹kʰæ⁴⁴tiæ⁴⁴sʅ⁴⁴，kʰæ⁴⁴i³¹kʰæ⁴⁴ʂuei⁴⁴tʂuə¹³liə³¹。

【大战场】他看电视，看一看睡着了。tʰa³¹kʰæ⁴⁴tiæ⁴⁴sʅ⁴⁴，kʰæ⁴⁴i³¹kʰæ⁴⁴ʂuei⁴⁴tʂuə¹³liə³¹。

【闽宁镇（隆德）】他看电视，看了看了睡着了。tʰa³¹kʰæ⁴⁴tiæ⁴⁴sʅ⁴⁴，kʰæ⁴⁴liə³¹kʰæ⁴⁴liə³¹ʂuei⁴⁴tʂʰuə¹³liə³¹。

44. 他是我们的老师。

【兴泾镇】他是我们的老师。tʰa⁴⁴sʅ⁴⁴ŋə⁵²mən³¹tɕi³¹lɔ⁵²sʅ³¹。

【闽宁镇（西吉）】他是我们的老师。tʰa³¹sʅ⁴⁴vuə⁵²məŋ³¹ti³¹lɔ⁵²sʅ³¹。

【镇北堡】他是我们老师。tʰa³¹sʅ⁴⁴ŋə⁵²mən³¹lɔ⁵²sʅ³¹。

【红寺堡】他是我们的老师。tʰa³¹sʅ⁴⁴vuə⁵²məŋ³¹ti³¹lɔ⁵²sʅ³¹。

【南梁台子】他是我们的老师。tʰa³¹sʅ⁴⁴vuə⁵²məŋ³¹ti³¹lɔ⁵²sʅ³¹。

【大战场】他是我们的老师。tʰa³¹sʅ⁴⁴vuə⁵²məŋ³¹ti³¹lɔ⁵²sʅ³¹。

【闽宁镇（隆德）】他是我们的老师。tʰa³¹sʅ⁴⁴ŋə⁵²məŋ³¹ti³¹lɔ⁵²sʅ³¹。

45. 我是老师，他也是老师。

【兴泾镇】我是老师，他也是老师。ŋə⁵²sʅ³¹lɔ⁵²sʅ³¹，tʰa⁵²iə³¹sʅ³¹lɔ⁵²sʅ³¹。

【闽宁镇（西吉）】我是老师，他也是老师。vuə⁵²sʅ⁴⁴lɔ⁵²sʅ³¹，tʰa³¹iə⁵²sʅ⁴⁴lɔ⁵²sʅ³¹。

【镇北堡】我是老师，他也是老师。ŋə⁵²sʅ³¹lɔ⁵²sʅ³¹，tʰa³¹iə⁵²sʅ⁴⁴lɔ⁵²sʅ³¹。

【红寺堡】我是老师，他也是老师。vuə⁵²sʅ³¹lɔ⁵²sʅ³¹，tʰa³¹iə⁵²sʅ³¹lɔ⁵²sʅ³¹。

【南梁台子】我是老师，他也是老师。vuə⁵²sʅ³¹lɔ⁵²sʅ³¹，tʰa³¹iə⁵²sʅ³¹

lɔ⁵²sʅ³¹。

【大战场】我是老师，他也是老师。vuə⁵² sʅ³¹ lɔ⁵² sʅ³¹，tʰa³¹ iə⁵² sʅ³¹ lɔ⁵²sʅ³¹。

【闽宁镇（隆德）】我是老师，他也是老师。ŋə⁵² sʅ³¹ lɔ⁵² sʅ³¹，tʰa⁵² ia⁵²sʅ⁴⁴lɔ⁵²sʅ³¹。

46. 这是他的房子，那个是他兄弟的房子。

【兴泾镇】这个是他的房子，那个是他兄弟的房子。tʂə⁴⁴kə⁴⁴sʅ⁴⁴tʰa⁵² tɕi³¹faŋ³⁵tsʅ³¹，nɛ⁴⁴kə⁴⁴sʅ⁴⁴tʰa³¹ɕyŋ⁵²tʰi³¹tɕi³¹faŋ³⁵tsʅ³¹。

【闽宁镇（西吉）】这是他的房子，那个是他兄弟的房子。tʂə⁵²sʅ³¹ tʰa³¹ti³¹faŋ¹³tsʅ³¹，nɛ⁴⁴kə³¹sʅ⁴⁴tʰa³¹ɕyŋ³¹ti⁴⁴ti³¹faŋ¹³tsʅ³¹。

【镇北堡】这是他的房子，那个是他兄弟的房子。tʂə⁵²sʅ³¹tʰa³¹ti³¹faŋ¹³ tsʅ³¹，nɛ⁴⁴kə³¹sʅ⁴⁴tʰa³¹ɕyŋ³¹tʰi⁴⁴ti³¹faŋ¹³tsʅ³¹。

【红寺堡】这是他的房子，那个是他兄弟的房子。tʂə⁵²sʅ³¹tʰa³¹ti³¹faŋ¹³ tsʅ³¹，nɛ⁴⁴kə³¹sʅ⁴⁴tʰa³¹ɕyŋ³¹ti⁴⁴ti³¹faŋ¹³tsʅ³¹。

【南梁台子】这是他的房子，那个是他兄弟的房子。tʂə⁵²sʅ³¹tʰa³¹ti³¹ faŋ¹³tsʅ³¹，nɛ⁴⁴kə³¹sʅ³¹tʰa³¹ɕyŋ³¹ti⁴⁴ti³¹faŋ¹³tsʅ³¹。

【大战场】这是他的房子，那个是他兄弟的房子。tʂə⁵²sʅ³¹tʰa³¹ti³¹faŋ¹³ tsʅ³¹，nɛ⁴⁴kə³¹sʅ³¹tʰa³¹ɕyŋ³¹ti⁴⁴ti³¹faŋ¹³tsʅ³¹。

【闽宁镇（隆德）】这是他的房子，兀个是他兄弟的房子。tʂə⁵²sʅ³¹ tʰa³¹ti⁴⁴faŋ¹³tsʅ³¹，vuə⁵²kə³¹sʅ⁴⁴tʰa³¹ɕyŋ³¹tɕʰi⁴⁴ti³¹faŋ¹³tsʅ³¹。

47. 这个吃得，那个吃不得。

【兴泾镇】这个吃得，那个吃不得。tʂə⁴⁴kə³¹tʂʰʅ³¹tei³¹，na⁴⁴kə⁴⁴tʂʰʅ³¹ pu³¹tei³¹。

【闽宁镇（西吉）】这个吃得，那个吃不得。tʂə⁴⁴kə³¹tʂʰʅ³¹tei⁴⁴，nɛ⁴⁴ kə³¹tʂʰʅ³¹pu³¹tei³¹。

【镇北堡】这个能吃，那个不能吃。tʂə⁵²kə³¹nəŋ¹³tʂʰʅ³¹，nɛ⁵²kə⁴⁴pu³¹ nəŋ¹³tʂʰʅ³¹。

【红寺堡】这个吃得，那个吃不得。tʂə⁴⁴kə³¹tʂʰʅ³¹tei¹³，nɛ⁴⁴kə³¹tʂʰʅ³¹ pu³¹tei³¹。

【南梁台子】这个能吃得，那个吃不得。tʂə⁵²kə³¹nəŋ¹³tʂʰʅ³¹tei³¹，nɛ⁵² kə³¹tʂʰʅ³¹pu⁴⁴tei³¹。

【大战场】这个能吃，那个吃不成。tʂə⁵²kə³¹nəŋ¹³tʂʰʅ³¹，nɛ⁴⁴ kə³¹

tʂʰʅ³¹pu⁴⁴tʂʰəŋ³¹。

【闽宁镇（隆德）】这个能吃，兀个不能吃。tʂə⁵²kə³¹nəŋ¹³tʂʰʅ³¹，vuə⁵²kə³¹pu³¹nəŋ¹³tʂʰʅ³¹。

48. 咱们一起耍走。

【兴泾镇】咱们一搭耍走。tsæ̃³⁵mən³¹i³¹ta¹³ʂua⁵²tsəu³¹。

【闽宁镇（西吉）】咱们一搭耍走。tsæ̃¹³məŋ³¹i³¹ta¹³ʂua⁵²tsəu³¹。

【镇北堡】曹一搭耍走。tsʰɔ¹³i³¹ta¹³ʂua⁵²tsəu³¹。

【红寺堡】咱们一搭里耍走。tsæ̃¹³məŋ³¹i³¹ta¹³n̠i³¹ʂua⁵²tsəu³¹。

【南梁台子】咱们一搭耍走。tsæ̃¹³məŋ³¹i³¹ta¹³ʂua⁵²tsəu³¹。

【大战场】咱们一搭耍走。tsæ̃¹³məŋ³¹i³¹ta¹³ʂua⁵²tsəu³¹。

【闽宁镇（隆德）】曹都一搭耍。tsʰɔ¹³təu³¹i³¹ta¹³ʂua⁵²。

49. 饭好了，赶紧来吃！

【兴泾镇】饭好了，赶紧来吃。fæ⁴⁴xɔ⁵²liə³¹，kæ̃³¹tɕin⁵²lɛ³⁵tʂʰʅ³¹。

【闽宁镇（西吉）】饭好了，赶紧来吃。fæ̃⁴⁴xɔ⁵²liə³¹，kæ̃³¹tɕiŋ⁵²lɛ¹³tʂʰʅ¹³。

【镇北堡】饭好了，赶紧来吃。fæ̃⁴⁴xɔ⁵²lə³¹，kæ̃³¹tɕin⁵²lɛ¹³tʂʰʅ¹³。

【红寺堡】饭好了，赶紧来吃。fæ̃⁴⁴xɔ⁵²ciə³¹，kæ̃³¹tɕiŋ⁵²lɛ¹³tʂʰʅ¹³。

【南梁台子】饭好了，快来吃来。fæ̃⁴⁴xɔ⁵²liə³¹，kʰuɛ⁴⁴lɛ¹³tʂʰʅ³¹lɛ¹³。

【大战场】饭熟了，赶紧吃来。fæ̃⁴⁴ʂu¹³liə³¹，kæ̃³¹tɕin⁵²tʂʰʅ³¹lɛ¹³。

【闽宁镇（隆德）】饭熟了，赶紧来吃。fæ̃⁴⁴ʂu¹³liə³¹，kæ̃³¹tɕin⁵²lɛ¹³tʂʰʅ³¹。

50. 你咋不走了？歇一会再说。

【兴泾镇】你咋不走了，缓一缓再说。n̠i⁵²tsa³¹pu³¹tsəu⁵²liə³¹，xuæ̃⁵²i³¹xuæ̃⁵²tsɛ¹³ʂuə³¹。

【闽宁镇（西吉）】你咋不走了？缓卡再说。n̠i⁵²tsa¹³pu³¹tsəu⁵²liə³¹，xuæ̃⁵²kʰa³¹tsɛ⁴⁴ʂuə¹³。

【镇北堡】你咋不走了？缓一阵再说。n̠i³¹tsa¹³pu³¹tsəu⁵²lə³¹？xuæ̃⁵²i³¹tʂən⁴⁴tsɛ⁴⁴ʂuə¹³。

【红寺堡】你咋不走了？缓再说。n̠i³¹tsa¹³pu³¹tsəu⁵²liə³¹，xuæ̃⁵²kʰa³¹tsɛ⁴⁴ʂuə¹³。

【南梁台子】你咋不走了？缓卡再说。n̠i⁵²tsa¹³pu³¹tsəu⁵²liə³¹，xuæ̃⁵²kʰa³¹tsɛ⁴⁴ʂuə¹³。

【大战场】你咋不走了？缓卡再说。ȵi³¹ tsa¹³ pu³¹ tsəu⁵² liə³¹，xuæ⁵² kʰa³¹ tsɛ⁴⁴ ʂuə¹³。

【闽宁镇（隆德）】你咋可不走了？缓卡了再说。ȵi⁵² tsa¹³ kʰə³¹ pu³¹ tsəu⁵² liə³¹？xuæ⁵² kʰa³¹ liə³¹ tsɛ⁴⁴ ʂuə³¹。

51. 现在还早呢，等一会儿再去吧。

【兴泾镇】现在还早着呢，等一下再说。ɕiæ⁴⁴ tsɛ⁴⁴ xɛ³¹ tsɔ⁵² tʂə³¹ ȵiə³¹，təŋ⁵²i³¹ xa³¹ tsɛ⁴⁴ ʂuə³¹。

【闽宁镇（西吉）】现在还早着呢，等一会再走。ɕiæ⁴⁴ tsɛ³¹ xɛ¹³ tsɔ⁵² tʂə³¹ ȵiə³¹，təŋ⁵²i³¹ xuei³¹ tsɛ⁴⁴ tsəu⁵²。

【镇北堡】现在还早着呢，等一下再去。ɕiæ⁴⁴ tsɛ⁴⁴ xɛ¹³ tsɔ⁵² tʂə³¹ ȵiə³¹，təŋ⁵²i³¹ xa³¹ tsɛ⁴⁴ tɕʰi⁴⁴。

【红寺堡】现在还早着呢，等下再去。ɕiæ⁴⁴ tsɛ⁴⁴ xa¹³ tsɔ⁵² tʂə³¹ ȵiə³¹，təŋ⁵² xa³¹ tsɛ⁴⁴ tɕʰi⁴⁴。

【南梁台子】现在还早着呢，等卡再去。ɕiæ⁴⁴ tsɛ⁴⁴ xa¹³ tsɔ⁵² tʂə³¹ ȵiə³¹，təŋ⁵² kʰa³¹ tsɛ⁴⁴ tɕʰi⁴⁴。

【大战场】现在还早着呢，等卡再去。ɕiæ⁴⁴ tsɛ⁴⁴ xa¹³ tsɔ⁵² tʂə³¹ ȵi³¹，təŋ⁵² kʰa³¹ tsɛ⁴⁴ tɕʰi⁴⁴。

【闽宁镇（隆德）】现还早着呢，等卡了再去。ɕiæ⁴⁴ xæ¹³ tsɔ⁵² tʂə³¹ iə³¹，təŋ⁵² kʰa³¹ liə³¹ tsɛ⁴⁴ tɕʰi⁴⁴。

52. 别急，喝口水再说。

【兴泾镇】罢急，喝一口水再说。pɔ³¹ tɕi³⁵，xuə³¹i³¹ kʰəu³¹ ʂuei⁵² tsɛ⁴⁴ ʂuə³¹。

【闽宁镇（西吉）】不咧急，喝口水再说。pu³¹ liə³¹ tɕi¹³，xə³¹ kʰəu⁵² ʂuei⁵² tsɛ⁴⁴ ʂuə¹³。

【镇北堡】不要急，喝口水再说。pu³¹ iɔ⁴⁴ tɕi¹³，xə³¹ kʰəu⁵² ʂuei⁵² tsɛ⁴⁴ ʂuə¹³。

【红寺堡】别急，喝口水再说。piə¹³ tɕi¹³，xuə³¹ kʰəu⁵² ʂuei⁵² tsɛ⁴⁴ ʂuə¹³。

【南梁台子】不咧急，喝点水再说。pu³¹ liə³¹ tɕi¹³，xuə³¹ tiæ̃⁵² ʂuei⁵² tsɛ⁴⁴ ʂuə³¹。

【大战场】不咧急，喝口水再说。pu³¹ liə³¹ tɕi¹³，xuə³¹ kʰəu⁵² ʂuei⁵² tsɛ⁴⁴ ʂuə³¹。

【闽宁镇（隆德）】不了急，喝个水再说。pu³¹liɔ⁴⁴tɕi¹³，xə³¹kə⁴⁴ ʂuei⁵²tsɛ⁴⁴ʂuə³¹。

53. 咱们今天去吗？明天再说。

【兴泾镇】咱今天去不？明天再说。tsæ̃³¹tɕiŋ³¹tʰiæ̃³¹tɕʰi⁴⁴pu³¹，miŋ³¹tʰiæ̃⁵²tsɛ⁴⁴ʂuə³¹。

【闽宁镇（西吉）】咱们今儿去吗？明天再说。tsæ̃¹³məŋ³¹tɕiər¹³tɕʰy⁵²ma¹³，miŋ¹³tʰiæ̃³¹tsɛ⁴⁴ʂuə¹³。

【镇北堡】曹今儿去吗？明儿再说。tsʰɔ¹³tɕiŋ⁴⁴ər⁴⁴tɕʰi⁴⁴ma³¹？miŋ¹³ər³¹tsɛ⁴⁴ʂuə¹³。

【红寺堡】咱们今儿去吗？明儿再说。tsæ̃¹³məŋ³¹tɕiər¹³tɕʰi⁴⁴ma¹³，miŋ¹³ər²¹tsɛ⁴⁴ʂuə¹³。

【南梁台子】咱们今儿去吗？明儿再说。tsæ̃¹³məŋ³¹tɕiər¹³tɕʰi⁴⁴ma³¹，miŋ¹³ər²¹tsɛ⁴⁴ʂuə³¹。

【大战场】咱们今儿去吗？明儿了着。tsæ̃¹³məŋ³¹tɕiər¹³tɕʰi⁴⁴ma³¹，miŋ¹³ər²¹lə²¹tʂə³¹。

【闽宁镇（隆德）】曹今儿去吗？明儿了再说。tsʰɔ¹³tɕiər¹³tɕʰi⁴⁴ma³¹？miər¹³liə²¹tsɛ⁴⁴ʂuə³¹。

54. 快走撒。别急，这会子还早着呢。

【兴泾镇】快走！罢急，还早着呢。kʰuɛ⁴⁴tsəu⁵²！pɔ³¹tɕi³⁵，xa³¹tsɔ⁵²tʂə³¹ȵiə²¹。

【闽宁镇（西吉）】快走！不咧急，这会还早着呢。kʰuɛ⁴⁴tsəu⁵²！pu³¹liə³¹tɕi¹³，tʂə⁵²xuei³¹xa¹³tsɔ⁵²tʂə³¹ȵiə³¹。

【镇北堡】快走撒！不要急，还早着呢。kʰuɛ⁴⁴tsəu⁵²sa³¹！pu³¹iɔ⁴⁴tɕi¹³，xa³¹tsɔ⁵²tʂə³¹ȵiə²¹。

【红寺堡】快走撒！别急，这会儿还早着呢。kʰuɛ⁴⁴tsəu⁵²sa³¹！piə¹³tɕi¹³，tʂə⁵²xuər³¹xuæ̃¹³tsɔ⁵²tʂə³¹ȵiə²¹。

【南梁台子】快走！不咧急，还早着呢。kʰuɛ⁴⁴tsəu⁵²！pu³¹liə³¹tɕi¹³，xɛ¹³tsɔ⁵²tʂə³¹ȵi²¹。

【大战场】快走撒！不咧急，还早着呢。kʰuɛ⁴⁴tsəu⁵²sa²¹！pu³¹liə³¹tɕi¹³，xa¹³tsɔ⁵²tʂə³¹ȵi²¹。

【闽宁镇（隆德）】赶紧走撒！不了急，现还早着呢。kæ̃³¹tɕiŋ⁵²tsəu⁵²sa³¹！pu³¹liɔ⁴⁴tɕi¹³，ɕiæ̃⁴⁴xæ̃¹³tsɔ⁵²tʂə³¹ȵiə²¹。

55. 慢慢吃，不要着急。

【兴泾镇】慢慢儿吃，不着急。mæ⁴⁴mɚ³¹tʂʰɻ³¹，pu⁴⁴tʂɔ³¹tɕi³⁵。

【闽宁镇（西吉）】慢慢吃，不咧急。mæ̃⁴⁴mæ̃³¹tʂʰɻ¹³，pu³¹liə³¹tɕi¹³。

【镇北堡】慢慢吃，不要着急。mæ̃⁴⁴mæ̃³¹tʂʰɻ³¹，pu³¹iɔ⁴⁴tʂʰə³¹tɕi¹³。

【红寺堡】慢慢吃，不要着急。mæ̃⁴⁴mæ̃³¹tʂʰɻ¹³，pu³¹iɔ⁴⁴tʂuə¹³tɕi¹³。

【南梁台子】慢慢吃，不咧急。mæ̃⁴⁴mæ̃³¹tʂʰɻ³¹，pu³¹liə³¹tɕi¹³。

【大战场】慢慢吃，不咧急。mæ̃⁴⁴mæ̃⁴⁴tʂʰɻ³¹，pu³¹liə³¹tɕi¹³。

【闽宁镇（隆德）】慢慢儿吃，不了急了。mæ̃⁴⁴mɚ⁴⁴tʂʰɻ³¹，pu³¹liə⁴⁴tɕi¹³liə³¹。

56. 他是个好人。

【兴泾镇】他是个好人。tʰa⁴⁴sɻ³¹kə³¹xɔ⁵²ʐəŋ³¹。

【闽宁镇（西吉）】他可是个好人。tʰa⁴⁴kʰə³¹sɻ⁴⁴kə³¹xɔ⁵²ʐəŋ³¹。

【镇北堡】他可是个好人。tʰa³¹kʰə⁵²sɻ³¹kə³¹xɔ⁵²ʐəŋ³¹。

【红寺堡】他可是个好人。tʰa¹³kʰə³¹sɻ⁴⁴kə⁴⁴xɔ⁵²ʐəŋ¹³。

【南梁台子】他可是个好人。tʰa⁴⁴kʰə³¹sɻ⁴⁴kə⁴⁴xɔ⁵²ʐəŋ³¹。

【大战场】他可是个好人。tʰa³¹kʰə³¹sɻ⁴⁴kə³¹xɔ⁵²ʐəŋ³¹。

【闽宁镇（隆德）】兀个人可是个好人。vuə⁵²kə³¹ʐəŋ¹³kʰə⁴⁴sɻ³¹kə³¹xɔ⁵²ʐəŋ³¹。

57. 这事你问他，他啥都懂。

【兴泾镇】这事你问他，他啥都懂。tʂə⁴⁴sɻ³¹n̠i⁴⁴vən³¹tʰa³¹，tʰa⁴⁴sa⁴⁴təu³¹tuŋ⁵²。

【闽宁镇（西吉）】这事儿你问他，他啥事儿都懂。tʂə⁴⁴sɚ⁵²n̠i⁴⁴vəŋ³¹tʰa¹³，tʰa¹³sa⁴⁴sɚ³¹təu³¹tuŋ⁵²。

【镇北堡】这事儿你问他，他啥都知道。tʂə⁴⁴sɚ⁴⁴n̠i⁴⁴vəŋ⁴⁴tʰa¹³，tʰa⁴⁴sa⁴⁴təu³¹tʂɻ³¹tɔ⁴⁴。

【红寺堡】这事你问他，他啥都懂。tʂə⁴⁴sɻ⁴⁴n̠i⁴⁴vəŋ⁴⁴tʰa¹³，tʰa¹³sa⁴⁴təu³¹tuŋ⁵²。

【南梁台子】这事你问他，他啥都懂着呢。tʂə⁴⁴sɻ⁴⁴n̠i⁴⁴vəŋ⁴⁴tʰa³¹，tʰa³¹sa⁴⁴təu³¹tuŋ⁵²tʂə⁴⁴n̠iə³¹。

【大战场】这个事你问他，他啥都知道。tʂə⁵²kə³¹sɻ⁴⁴n̠i⁵²vəŋ⁴⁴tʰa³¹，tʰa³¹sa⁴⁴təu³¹tʂɻ³¹tɔ⁴⁴。

【闽宁镇（隆德）】这个事你问他，他啥都知道。tʂə⁵²kə³¹sɻ⁴⁴n̠i⁵²

vəŋ⁴⁴tʰa³¹，tʰa⁵²sa⁴⁴təu³¹tʂʅ³¹tɔ⁴⁴。

58. 他们非要让我去。

【兴泾镇】他们非要让我去。tʰa³¹mən³¹fei¹³iɔ⁴⁴ʐaŋ⁴⁴ŋə⁵²tɕʰi⁴⁴。

【闽宁镇（西吉）】他们非让我去。tʰa⁵²mən³¹fei¹³ʐaŋ⁴⁴vuə⁵²tɕy⁵²。

【镇北堡】他们一定要让我去。tʰa³¹ŋən¹³i³¹tiŋ⁴⁴iɔ⁴⁴ʐaŋ⁴⁴ŋə⁵²tɕʰi⁴⁴。

【红寺堡】他们非要让我去。tʰa³¹mən¹³fei¹³iɔ⁴⁴ʐaŋ⁴⁴vuə⁵²tɕʰi⁴⁴。

【南梁台子】他们一定要我去。tʰa³¹ŋən¹³i³¹tiŋ⁴⁴iɔ⁴⁴vuə³¹tɕʰi⁴⁴。

【大战场】他们非让我去。tʰa⁵²mən³¹fei³¹ʐaŋ⁴⁴vuə³¹tɕʰi⁴⁴。

【闽宁镇（隆德）】他都硬着我去。tʰa⁵²təu³¹ȵiŋ⁴⁴tʂə³¹ŋə³¹tɕʰi⁴⁴。

59. 不管你去不去，反正我得去。

【兴泾镇】不管你去不去，我非得去。pu³¹kuæ⁵²ȵi⁵²tɕʰi⁴⁴pu³¹tɕʰi⁴⁴，ŋə⁵²fei¹³tei³¹tɕʰi⁴⁴。

【闽宁镇（西吉）】不管你去不去，反正我得去。pu³¹kuæ⁵²ȵi³¹tɕʰi⁴⁴pu³¹tɕʰi⁴⁴，fæ³¹tʂəŋ⁵²vuə¹³tei³¹tɕʰi⁴⁴。

【镇北堡】不管你去不去，反正我得去。pu³¹kuæ⁵²ȵi⁵²tɕʰi⁴⁴pu³¹tɕʰi⁴⁴，fæ³¹tʂəŋ⁵²ŋə⁵²tei³¹tɕʰi⁴⁴。

【红寺堡】不管你去不去，反正我得去。pu³¹kuæ⁵²ȵi³¹tɕʰi⁴⁴pu³¹tɕʰi⁴⁴，fæ³¹tʂəŋ⁴⁴vuə⁵²tei³¹tɕʰi⁴⁴。

【南梁台子】不管你去不去，反正我得要去。pu³¹kuæ⁵²ȵi³¹tɕʰi⁴⁴pu³¹tɕʰi⁴⁴，fæ³¹tʂəŋ⁴⁴vuə⁵²tei³¹iɔ⁴⁴tɕʰi⁴⁴。

【大战场】不管你去不去，斜顺我得去。pu³¹kuæ⁵²ȵi⁵²tɕʰi⁴⁴pu³¹tɕʰi⁴⁴，ɕyə¹³ʂuŋ⁴⁴vuə⁵²tei³¹tɕʰi⁴⁴。

【闽宁镇（隆德）】不管你去不去，我反正得去。pu³¹kuæ⁵²ȵi⁵²tɕʰi⁴⁴pu³¹tɕʰi⁴⁴，ŋə⁵²fæ³¹tʂəŋ⁵²tei³¹tɕʰi⁴⁴。

60. 不管你去不去，反正我是要去的。

【兴泾镇】不管你去不去，斜顺我要去。pu³¹kuæ⁴⁴ȵi⁵²tɕʰi⁴⁴pu³¹tɕʰi⁴⁴，ɕyə³⁵ʂuŋ⁴⁴ŋə⁵²iɔ⁵²tɕʰi⁴⁴。

【闽宁镇（西吉）】不管你去不去，反正我是要去。pu³¹kuæ⁵²ȵi³¹tɕʰi⁴⁴pu³¹tɕʰi⁴⁴，fæ³¹tʂəŋ⁵²vuə⁵²sʅ³¹iɔ⁴⁴tɕʰi⁴⁴。

【镇北堡】不管你去不去，反正我要去。pu³¹kuæ⁵²ȵi⁵²tɕʰi⁴⁴pu³¹tɕʰi⁴⁴，fæ³¹tʂəŋ⁴⁴ŋə⁵²iɔ⁴⁴tɕʰi⁴⁴。

【红寺堡】不管你去不去，反正我要去。pu³¹kuæ⁵²ȵi³¹tɕʰi⁴⁴pu³¹tɕʰi⁴⁴，

fæ̃³¹tʂəŋ⁴⁴vuə⁵²iɔ³¹tɕʰi⁴⁴。

【南梁台子】不管你去不去，反正我是要去的。pu³¹kuæ̃⁵²n̠i³¹tɕʰi⁴⁴pu³¹tɕʰi⁴⁴，fæ̃³¹tʂəŋ⁴⁴vuə⁵²sɿ³¹iɔ⁴⁴tɕʰi⁴⁴ti³¹。

【大战场】不管你去不去，反正我得去。pu³¹kuæ̃⁵²n̠i⁵²tɕʰi⁴⁴pu³¹tɕʰi⁴⁴，fæ̃³¹tʂəŋ⁴⁴vuə⁵²tei³¹tɕʰi⁴⁴。

【闽宁镇（隆德）】管你去不去，斜顺我要去呢。kuæ̃⁵²n̠i⁵²tɕʰi⁴⁴pu³¹tɕʰi⁴⁴，ɕyə¹³ʂuŋ⁴⁴ŋə⁵²iɔ³¹tɕʰi⁴⁴n̠iə³¹。

61. 我走了，你们多坐一会儿。

【兴泾镇】我走家，你们多坐一阵儿。ŋə⁵²tsəu⁴⁴tɕia²¹，n̠i⁵²mən³¹tuə³¹tsuə⁴⁴i⁴⁴tʂər³¹。

【闽宁镇（西吉）】我走了，你们多坐一阵。vuə⁵²tsəu⁵²liə³¹，n̠i⁵²məŋ³¹tuə³¹tsuə⁴⁴i³¹tʂəŋ⁴⁴。

【镇北堡】我走了，你们多坐一阵子。ŋə⁵²tsəu⁵²liə²¹，n̠i⁵²məŋ³¹tuə³¹tsuə⁴⁴i³¹tʂəŋ³¹tsɿ⁴⁴。

【红寺堡】我走了，你们多坐一会儿。vuə⁵²tsəu⁵²liə²¹，n̠i⁵²məŋ³¹tuə³¹tsuə⁴⁴i³¹xuər³¹。

【南梁台子】我走了，你们多坐一阵子。vuə⁵²tsəu⁵²liə²¹，n̠i⁵²məŋ³¹tuə³¹tsuə⁴⁴i³¹tʂəŋ³¹tsɿ³¹。

【大战场】我走切，你们多坐一阵。vuə⁵²tsəu⁵²tɕʰiə²¹，n̠i⁵²məŋ³¹tuə³¹tsuə⁴⁴i³¹tʂəŋ⁴⁴。

【闽宁镇（隆德）】我走恰，你都多坐一会。ŋə⁵²tsəu⁵²tɕʰia³¹，n̠i⁵²təu³¹tuə³¹tsʰuə⁴⁴i³¹xuei⁴⁴。

62. 咱们一边走一边说。

【兴泾镇】咱们旋走旋说。tsæ̃³⁵mən³¹ɕyæ̃⁴⁴tsəu⁵²ɕyæ̃⁴⁴ʂuə³¹。

【闽宁镇（西吉）】咱们旋走旋说。tsæ̃¹³məŋ³¹ɕyæ̃⁴⁴tsəu⁵²ɕyæ̃⁴⁴ʂuə¹³。

【镇北堡】曹旋走旋说。tsʰɔ¹³ɕyæ̃⁴⁴tsəu⁵²ɕyæ̃⁴⁴ʂuə¹³。

【红寺堡】咱们旋走旋说。tsæ̃¹³məŋ³¹ɕyæ̃⁴⁴tsəu⁵²ɕyæ̃⁴⁴ʂuə¹³。

【南梁台子】咱们旋走旋说。tsæ̃¹³məŋ³¹ɕyæ̃⁴⁴tsəu⁵²ɕyæ̃⁴⁴ʂuə³¹。

【大战场】咱们旋走旋说。tsæ̃¹³məŋ³¹ɕyæ̃⁴⁴tsəu⁵²ɕyæ̃⁴⁴ʂuə³¹。

【闽宁镇（隆德）】曹旋走旋说。tsʰɔ¹³ɕyæ̃⁴⁴tsəu⁵²ɕyæ̃⁴⁴ʂuə¹³。

63. 现在的日子越来越好了。

【兴泾镇】如今咱们的生活越来越好了。z̩u³⁵tɕin³¹tsa³⁵mən³¹ti³¹səŋ³¹

xuə³⁵yə³¹lɛ⁴⁴yə³¹xɔ²¹。

【闽宁镇（西吉）】现在的日子越来越好了。çiæ̃⁴⁴tsɛ⁴⁴ti³¹zʅ³¹tsʅ⁵²yə³¹lɛ³¹yə³¹xɔ⁵²liə³¹。

【镇北堡】现在的日子越来越好了。çiæ̃⁴⁴tsɛ⁴⁴ti³¹zʅ³¹tsʅ¹³yə⁴⁴lɛ³¹yə⁴⁴xɔ⁴⁴liə³¹。

【红寺堡】尔格的生活越来越好了。ər¹³kə⁴⁴ti³¹səŋ³¹xuə¹³yə³¹lɛ⁵²yə³¹xɔ⁵²liə³¹。

【南梁台子】现在的日子越来越好过。çiæ̃⁴⁴tsɛ⁴⁴ti³¹zʅ³¹tsʅ⁵²yə³¹lɛ³¹yə³¹xɔ⁵²kuə⁴⁴。

【大战场】尔格的日子越来越好了。ər¹³kə⁴⁴ti³¹zʅ³¹tsʅ⁵²yə³¹lɛ⁵²yə³¹xɔ⁵²liə³¹。

【闽宁镇（隆德）】咱的日子越来越好。tsaŋ⁵²ti³¹zʅ³¹tsʅ⁴⁴yə³¹lɛ³¹yə³¹xɔ⁵²。

64. 今天热得很。

【兴泾镇】今天热得很。tçin¹³tçʰiæ̃³¹zʐə⁵²ti³¹xən⁵²。

【闽宁镇（西吉）】今天热得很。tçiŋ¹³tʰiæ̃³¹zʐə³¹ti³¹xəŋ⁵²。

【镇北堡】今儿热得很。tçiŋ¹³ər²¹zʐə³¹ti¹³xəŋ⁵²。

【红寺堡】今儿热得很。tçiŋ¹³ər²¹zʐə³¹ti¹³xəŋ⁵²。

【南梁台子】今儿热得很。tçiŋ¹³ər²¹zʐə³¹ti³¹xəŋ⁵²。

【大战场】今儿个热得很。tçiŋ¹³ər²¹kə³¹zʐə³¹ti³¹xəŋ⁵²。

【闽宁镇（隆德）】今儿个热得很。tçiər¹³kə³¹zʐə³¹ti¹³xəŋ⁵²。

65. 今天特别热。

【兴泾镇】今天价外热。tçiŋ¹³tçʰiæ̃³¹tçia⁴⁴vɛ⁴⁴zʐə³¹。

【闽宁镇（西吉）】今天胡都热。tçiŋ¹³tʰiæ̃³¹xu¹³tu³¹zʐə³¹。

【镇北堡】今儿另外个热。tçiŋ¹³ər³¹liŋ⁴⁴vɛ⁴⁴kə³¹zʐə¹³。

【红寺堡】今儿把外地个热。tçiŋ¹³ər³¹pa⁵²vɛ⁴⁴ti³¹kə³¹zʐə¹³。

【南梁台子】今儿另外地个热。tçiŋ¹³ər³¹liŋ⁴⁴vɛ⁴⁴ti³¹kə³¹zʐə³¹。

【大战场】今儿个另外地个热。tçiŋ¹³ər³¹kə³¹liŋ⁴⁴vɛ⁴⁴ti³¹kə³¹zʐə³¹。

【闽宁镇（隆德）】今儿另外热。tçiər¹³liŋ⁴⁴vɛ⁴⁴zʐə¹³。

66. 天冷起来了。

【兴泾镇】天冷开了。tçʰiæ̃³¹ləŋ⁵²kʰɛ³¹liə²¹。

【闽宁镇（西吉）】天冷开了。tʰiæ̃³¹ləŋ⁵²kʰɛ³¹liə²¹。

【镇北堡】天冷开了。tɕʰiæ³¹ləŋ⁵²kʰɛ³¹liə²¹。

【红寺堡】天冷开了。tʰiæ¹³ləŋ⁵²kʰɛ³¹liɔ²¹。

【南梁台子】天气冷开了。tʰiæ³¹tɕʰi⁴⁴ləŋ⁵²kʰɛ³¹liə²¹。

【大战场】天气冷开了。tʰiæ³¹tɕʰi⁴⁴ləŋ⁵²kʰɛ³¹liə²¹。

【闽宁镇（隆德）】天气藏冷开了。tʰiæ³¹tɕʰi⁴⁴tsaŋ⁴⁴ləŋ⁵²kʰɛ³¹liə²¹。

67. 我买了三斤肉。

【兴泾镇】我买了三斤肉。ŋə⁵²mɛ⁴⁴lə²¹sæ̃¹³tɕin³¹z̩əu⁴⁴。

【闽宁镇（西吉）】我买了三斤肉。vuə⁵²mɛ⁵²liə²¹sæ̃¹³tɕiŋ³¹z̩əu⁴⁴。

【镇北堡】我称了三斤肉。ŋə⁵²tʂʰəŋ³¹lə¹³sæ̃¹³tɕiŋ³¹z̩əu⁴⁴。

【红寺堡】我买了三斤肉。vuə³¹mɛ⁵²liə²¹sæ̃¹³tɕiŋ³¹z̩əu⁴⁴。

【南梁台子】我买了三斤肉。vuə⁵²mɛ⁵²lə²¹sæ̃¹³tɕiŋ³¹z̩əu⁴⁴。

【大战场】我称了三斤肉。vuə⁵²tʂʰəŋ¹³liə²¹sæ̃¹³tɕiŋ³¹z̩əu⁴⁴。

【闽宁镇（隆德）】我称了三斤肉。ŋə⁵²tʂʰəŋ¹³liə²¹sæ̃¹³tɕiŋ³¹z̩əu⁴⁴。

68. 天快亮了。

【兴泾镇】天快亮了 tɕʰi æ³¹kʰuɛ⁴⁴liaŋ⁴⁴liə²¹/天发亮了 tʰi æ¹³fa³¹liaŋ⁴⁴liə²¹。

【闽宁镇（西吉）】天亮得了。tʰiæ³¹liaŋ⁴⁴tei³¹liə²¹。

【镇北堡】天快亮了。tɕʰiæ³¹kʰuɛ⁴⁴liaŋ⁴⁴lə²¹。

　　　　　天亮得了。tɕʰiæ³¹liaŋ⁴⁴tei³¹liɔ²¹。

【红寺堡】天快亮了。tʰiæ³¹kʰuɛ⁴⁴liaŋ⁴⁴liɔ²¹。

　　　　　天亮得了。tʰiæ³¹liaŋ⁴⁴tei³¹liɔ²¹。

【南梁台子】天亮得了。tʰiæ³¹liaŋ⁴⁴tei³¹liə²¹。

【大战场】天快亮了。tʰiæ³¹kʰuɛ⁴⁴liaŋ⁴⁴liə²¹。

【闽宁镇（隆德）】天发亮了。tʰiæ³¹fa³¹liaŋ⁴⁴liə²¹。

69. 你再吃一碗饭。

【兴泾镇】你再吃一碗。n̠i³¹tsɛ⁴⁴tʂʰʅ³¹i³¹væ̃³¹。

【闽宁镇（西吉）】你再吃一碗。n̠i³¹tsɛ⁴⁴tʂʰʅ⁴⁴i³¹væ̃³¹。

【镇北堡】你再吃一碗。n̠i⁵²tsɛ⁴⁴tʂʰʅ¹³i³¹væ̃⁵²。

【红寺堡】你再吃上一碗饭。n̠i³¹tsɛ⁴⁴tʂʰʅ³¹ʂaŋ⁴⁴i³¹væ̃³¹fæ̃⁴⁴。

【南梁台子】你再吃一碗。n̠i⁵²tsɛ⁴⁴tʂʰʅ¹³i⁴⁴væ̃³¹。

【大战场】你再吃一碗。n̠i⁵²tsɛ⁴⁴tʂʰʅ³¹i³¹væ̃⁵²。

【闽宁镇（隆德）】你再吃上一碗饭。n̠i³¹tsɛ⁴⁴tʂʰʅ³¹ʂaŋ⁴⁴i³¹væ̃³¹fæ̃⁴⁴。

70. 我吃了两碗面了还没吃饱。

【兴泾镇】我吃两碗面还没吃饱。ŋə³¹ tʂʰʅ³¹ liaŋ³¹ væ̃⁵² miæ̃⁴⁴ xɛ³⁵ muə³¹ tʂʰʅ³¹ pɔ⁵²。

【闽宁镇】我吃了两碗面还没吃饱。vuə⁵² tʂʰʅ³¹ liə³¹ liaŋ³¹ væ̃⁵² miæ̃⁴⁴ xɛ¹³ muə³¹ tʂʰʅ³¹ pɔ⁵²。

【镇北堡】我吃了两碗饭还没有吃饱。ŋə⁵² tʂʰʅ³¹ liə²¹ liaŋ³¹ væ̃⁵² fæ̃⁴⁴ xɛ¹³ muə³¹ iəu⁵² tʂʰʅ³¹ pɔ⁵²。

【红寺堡】我吃了两碗面了还没吃饱。vuə³¹ tʂʰʅ³¹ liə²¹ liaŋ⁵² væ̃⁵² miæ̃⁴⁴ liɔ³¹ xa¹³ muə³¹ tʂʰʅ³¹ pɔ⁵²。

【南梁台子】我吃了两碗饭还没有吃饱。vuə³¹ tʂʰʅ³¹ liə²¹ liaŋ³¹ væ̃⁵² fæ̃⁴⁴ xa¹³ muə³¹ iəu⁵² tʂʰʅ³¹ pɔ⁵²。

【大战场】我吃了两碗饭还没吃饱。vuə⁵² tʂʰʅ³¹ liə²¹ liaŋ³¹ væ̃⁵² fæ̃⁴⁴ xa¹³ muə³¹ tʂʰʅ³¹ pɔ⁵²。

【闽宁镇（隆德）】我吃了两碗了还没饱。ŋə⁵² tʂʰʅ³¹ liə²¹ liaŋ³¹ væ̃⁵² liə³¹ xæ̃¹³ muə³¹ pɔ⁵²。

第五章　宁夏移民方言演变及保护开发对策探讨

第一节　宁夏移民方言现状

壹　方言使用概况

自国家"三西"扶贫开发以来，宁夏移民已达四十年。通过政府移民搬迁工程，建成了全国最大的易地生态移民扬黄扶贫集中安置区——红寺堡区，共搬迁安置移民23.5万人，宁夏贫困地区百姓得以逐渐脱贫。2019年11月16日，宁夏宣布所有贫困县退出贫困序列。移民搬迁后，其语言使用、接触及变化逐渐受到学术界关注，马伟华（2009）从文化学和人类学角度探讨了宁夏吊庄移民的语言变迁问题，喜清娟（2012）以闽宁镇为研究对象进行了相关语言现象调查并运用语言接触、语言变异理论探究了移民语言变化的原因，张秋红（2017）以宁夏红寺堡开元村关中方言为例，探讨了移民方言接触与回族方言语音变迁，周永军（2018）从社会语言学角度对宁夏红寺堡区移民方言作了相关研究，发表了系列论文，李生信（2018）探讨了宁夏生态移民居住方式对方言变化的影响，等等。总体而言，宁夏移民方言使用及发展演变备受学术界关注。

宁夏移民分为县内移民及县外移民安置两类，县内移民如吴忠市同心县田老庄乡的整乡搬迁，中卫市沙坡头区蒿川乡的搬迁，县外移民如政府主导的国家"八七"、宁夏"双百"扶贫攻坚计划、扶贫扬黄灌溉移民工程（"1236"工程）等。虽然从20世纪80年代开始了移民工程，总体而言，移民历史较短，方言内部差异较小，故从整体来看，移民点方言基本遵循移民一代使用原方言，移民二代使用原方言、普通话，小部分移民二代会说一些迁入地方言，移民三代以后大多以普通话为主。从方言使用看，宁夏移民主要以搬迁南部山区百姓为主，故移民方言基本说中原官话，根据迁出地不同，又分为秦陇片、陇中片、关中片方言。政府组织移民搬迁时尽量按照原乡镇、村、组进行集中安置，如：银川市金凤区良田镇、西夏区兴泾镇以说中原官话关中片方言的泾源移民为主；银川市西夏区镇北堡镇（原华西村）以说中原官话陇中片方言的固原市西吉县移民及说中原官话秦陇片方言的吴忠市同心县南部移民为主；银川市兴庆区月牙湖乡以说中原官话陇中片方言的中卫市海原县移民及说中原官话秦陇片方言的固原市彭阳县移民为主；银川市永宁县闽宁镇以说中原官话陇中片方言的固原市西吉县、隆德县移民为主；中卫市中宁县大战场镇以说中原官话秦陇片方言的固原市彭阳县、原州区移民为主，等等。此外，也有不同方言片区的移民聚居的情况，如红寺堡移民区聚集了来自中卫市海原县、固原市泾源县、原州区、隆德县、吴忠市同心县等地移民，故方言较为多样。此外还有很多自主搬迁移民，呈插花式分布在各移民点。总体来看，约98%的移民点方言处于兰银官话区大包围中，但内部依然使用中原官话，故方言存在不同程度的接触及演变，主要表现为国家通用语言（普通话）的强势覆盖和周边兰银官话银吴片方言的影响。

贰　方言变迁概况

移民搬迁和异地安置中，面临着移民的社会适应和社会融合问题，语言接触变化和语言使用态度最能体现移民的融入度及认可度。以我国最大的易地生态移民扬黄扶贫集中安置区宁夏吴忠市红寺堡为例，红寺堡原隶属吴忠市同心县，老百姓多说同心话，1998 年红寺堡开发建设，2009 年设立市辖区，随着移民搬迁工程的展开，行政区划相应地进行了变更，现为吴忠市红寺堡区，宁夏各地移民搬迁到红寺堡后，方言主要有兰银官话、中原官话两大类。但从口音差异看，各县移民的方言各具特色，故红寺堡方言在近四十年来呈大杂烩的特点，不同方言间的沟通交流稍微存在一点障碍，移民搬迁到新环境后，首先面临的是语言接触所带来的言语交际问题，特别是从宁南较为落后的山区到北部相对发展较好的川区，说宁夏南部方言让他们在对外交流时显得不太自信，但普通话不标准，兰银官话又不会说，故语言使用心理的调试与语言融合是移民搬迁中的一个隐形问题。不管是中原官话还是兰银官话，都属于官话方言系统，方言词汇等大体相同但内部存在一些差异，为了更好地促进沟通交流，各片区移民在交际时把具有特色的语音、词汇等在口语表达中逐渐隐藏，这就使得迁出地方言与原方言出现了一些差异，特别是迁出地方言在融合中发生了一些细微的变化，如方言底层的白读音呈逐渐消亡的趋势，这些移民方言原有的白读层将在不断的语言接触中出现竞争、演变，或合并，或消亡。但不可否认的是，随着语言接触的深入和语言变异的逐步发生，红寺堡境内的中原官话和兰银官话势必会出现强势方言对弱势方言的影响、替换，虽有些移民对兰银官话认可度不高，但由于语言使用心理的作用，人们更乐于接受普通话和兰银官话。随着时间的推移，移民区的中原官话将渐渐出现变化，词汇演变表现得最快，一些方言特色词汇出现萎缩、消亡，如：摸黑锅锅子（天黑）、早起（上午）、灶房（厨房）、庄子（村子）、灰圈（厕所）、牛牛（小虫子）等词汇逐渐淡出日常生活，取而代之的是相对应的普通话词汇，移民搬迁工程中出现的新词汇也将不断出现并融入生活中，如总干渠、扬黄工程、引黄工程、放水等。

此外，随着移民安置的逐渐稳定，移民一代、二代、三代、四代、五代等定居下来，因此代际方言的差异逐渐显现，很多迁出地原方言词汇依然保留在老年人的口语中，年轻人却已经不常说了，如：曹（第一人称复数）、涅（第三人称单数）、兀搭（远指代词）、蹶哈（蹲、坐义）、大大（父亲）、洋芋（土豆）、葱头（洋葱）等，经过近四十年的交流融合，移民方言变迁总体表现为以下几点：一是语音变迁，如调类的合并、白读音的消失等，语音不断向普通话靠近，独有的方言语音特色消失；二是词汇转用，为了使其他方言区的人能听懂自己的方言及更好地融入当地社会，各方言区百姓会把一些生涩、不易理解的词汇用其他通俗易懂的词汇代替，如固原原州区搬迁来的移民将"龙儿子"（茏葱种子）改用"茏种子"，"火盖子"改说"雪里红"，"蚍蜉蚂儿"改说为"蚂蚁"，"长虫"改说为"蛇"，"对羔子"改说为"双胞胎"，"哼吼"改说为"猫头鹰"等；三是语言使用心理的变化，同一方言区的人在平时交流时还是会使用原方言，但在和其他方言区的人交流时，有意把晦涩难懂的词汇改说普通话词汇或者直接使用地方普通话进行交流，这些言语交际都体现了移民对迁入地的融合。总体来看，方言朝着普通话过渡是宁夏移民方言演变的主要趋势。

语言是文化的载体，方言作为语言的地域变体，更直观地体现了民族文化、心理等变迁。周永军（2018）针对宁夏红寺堡移民的语言使用情况进行调查显示，移民搬迁近三十年，但并没有很好地融入当地生活，原老家话和普通话成为移民日常使用最多的交际语言，从社会学角度来看，社会适应性不是很好。说中原官话的宁夏南部群众移民到北部兰银官话区，方言接触及移民语言使用心理势必导致语言的变迁。"只要任何一方发现维持和建立民族界线于己有利，哪怕轻微的口音甚至细小的举止都有可能被用作族群标志。"（马启成、白振声，1995）宁夏南部山区吊庄移民作为弱势的一方，即使户口改为迁入地户籍，但南部方言口音使得移民群众与迁入地居民之间的族群认同形成了一个不可小觑的障碍。"随着使用不同语言的群体之间的相互接触与交流，他们各自的观念与文化也必然通过这些交流而对彼此发生影响。一个社会对于其他社会、其他群体语言文字的吸收情况，可以帮助我们了解不同族群、不同文化之间的交流态势与融合程度，这是族群关系研究中的一个重要方面。"（马戎，2003）要了解移民的族群融入、文化心理认同，语言是一个最佳切入口，因为"语言作为文化象征符号的关键部分，它表达和影响着族群的思维，同时它也和图腾禁忌、咒语、神话、姓名等融为一体，形成族群文化中最富可塑性的底层。"（纳日碧力戈，2000）以宁夏红寺堡关中方言为例，自清末从陕西搬迁到宁夏泾源县，再经移民工程由宁夏南部的泾源搬迁至宁夏北部，方言历经一个多世纪的变迁，语言总体面貌与原陕西关中方言相近，语言传承度较高，但在长期的语言接触与语言角逐中还是出现了一些变化，词汇方面摒弃了一些关中方言特有的词汇，如酽水（开水）、缯（扎）、东岸（东边）等，语音方面如知庄章组声母的分化、唇齿音声母的双唇化演变、声调合并趋势初见端倪等，语法除词法外目前无明显变化。作为宁夏最大的移民聚居地，红寺堡方言在今后的发展中必将完成强势语言特别是国家通用语言对弱势方言的替代或同化，而关中方言在红寺堡的零散分布和多语言接触终将影响它自成体系的发展，或被兰银官话同化，或被普通话替代，或与中原官话其他片区融合出一种新的"红寺堡话"，当前移民方言发展的主流趋势是普通话化。不论哪一种发展，移民方言在红寺堡乃至整个宁夏吊庄移民点的分布及发展演变将在语言学上具有重要的研究价值。

第二节　宁夏移民方言使用状况调查分析

宁夏回族自治区国民经济和社会发展统计公报显示，2022 年，年末全区

常住人口 728 万人。据《宁夏 "十三五" 易地扶贫搬迁规划》显示，2018
年，宁夏已完成 82060 人易地扶贫搬迁，扶贫移民使宁夏四十万人口脱贫。
周永军（2018）依托国家社科基金项目 "宁夏移民安置区回族语言交际问题
研究"，以宁夏红寺堡区移民方言为研究对象，进行了移民语言使用状况及
其影响因素的相关调查研究，发表了系列论文，取得了一定的研究成果，他
认为移民的家乡方言在家庭和社会交往场合中的使用占绝对优势，迁入地吴
忠话的使用相对很低，移民普通话水平较低，主要集中在 30 岁以下的年龄
段和文化程度为小学及以上的人群中使用，该结论基本代表了宁夏移民方言
的使用现状。下文简要探讨移民语言使用情况及语言态度现状。

壹　移民语言使用及态度现状

根据移民迁入集中的地区如宁夏吴忠市红寺堡区、扁担沟镇，银川市
闽宁镇、兴泾镇、良田镇、镇北堡镇、月牙湖乡、狼皮子梁乡，中卫市大
战场镇、长山头村以及其他乡镇，开展了移民语言使用状况的相关调查，
归纳结果如下。

根据表 5-1 可得，从样本性别来看，总的男女比例为 57∶53，男女比
例均衡。从年龄构成来看，青少年（10—30 岁）56.37%（620），中年
（31—50 岁）32.73%（360），老年（51 岁及以上）10.9%（120），青少
年占比较大，老年占比较小。从移民安置方式来看，集中安置 24.55%
（270），插花安置 2.73%（30），自主移民搬迁 72.73%（800），自主移民
搬迁占比较大，移民更倾向于集中安置。从目前使用的方言情况来看，普
通话 12.73%（140），老家话 29.09%（320），银川话 2.73%（30），吴忠
话 0.91%（10），普通话和老家话都说 53.64%（590），其他 0.91%
（100），由此可见，移民能够较好地在不同场合实现合理的语码转换，就
目前方言使用的情况来看，普通话和老家话两者通用的比例占大部分。

表 5-1　　　　　　　　　　宁夏移民样本构成（N=1100）

样本构成要素	比例	人数	百分比
性别	男	570	51.82%
	女	530	48.18%

续表

样本构成要素	比例	人数	百分比
年龄	10—20 岁	150	13.64%
	21—30 岁	470	42.73%
	31—40 岁	230	20.91%
	41—50 岁	130	11.82%
	51—60 岁	60	5.45%
	61 岁及以上	60	5.45%
目前使用方言	普通话	140	12.73%
	老家话	320	29.09%
	银川话	30	2.73%
	吴忠话	10	0.91%
	普通话和老家话	590	53.64%
	其他	10	0.91%
移民安置方式	集中安置	270	24.55%
	插花安置	30	2.73%
	自主移民搬迁	800	72.73%

当前，语言的使用情况比较复杂，不同年龄、不同交际对象都会影响语言的使用。家庭语言使用方面，主要考察移民与其父母、子女、孙辈交流时语言使用情况，社会交际语言使用方面，主要考察移民与老乡、外人（除老乡之外的人）交流时语言使用情况，具体情况如表5-2所示。

表5-2 **宁夏移民的家庭语言使用状况**（N=3300）

样本要素	家庭语言状况	家庭语言使用状况（百分数/人数）					
		普通话	老家话	银川话	吴忠话	老家话和普通话	其他
性别	男	12.12%/400	16.67%/550	0.3%/10	0	16.67%/550	6.06%/200
	女	11.21%/370	15.76%/520	2.42%/80	0	11.21%/370	7.58%/250
	小计	23.33%/770	32.42%/1070	2.72%/90	0	27.88%/920	13.64%/450

样本要素 / 家庭语言状况		家庭语言使用状况（百分数/人数）					
		普通话	老家话	银川话	吴忠话	老家话和普通话	其他
年龄	10—20 岁	1.52%/50	4.24%/140	1.21%/40	0	4.85%/160	1.81%/60
	21—30 岁	9.09%/300	14.85%/490	0.3%/10	0	10.91%/360	7.58%/250
	31—40 岁	3.94%/130	5.76%/190	1.21%/40	0	6.36%/210	3.64%/120
	41—50 岁	5.45%/180	3.33%/110	0	0	2.42%/80	0.61%/20
	51—60 岁	1.81%/60	1.81%/60	0	0	1.81%/60	0
	61 岁及以上	1.52%/50	2.42%/80	0	0	1.52%/50	0
	小计	23.33%/770	32.42%/1070	2.72%/90	0	27.88%/920	13.64%/450
安置方式	集中安置	5.15%/170	9.7%/320	0	0	5.45%/180	4.24%/140
	插花安置	0.6%/20	1.81%/60	0	0	0	0.3%/10
	自主搬迁	17.58%/580	20.91%/690	2.72%/90	0	22.42%/740	9.09%/300
	小计	23.33%/770	32.42%/1070	2.72%/90	0	27.88%/920	13.64%/450

注："家庭语言使用"包括与父亲交流方言、与儿子交流方言、与孙子交流方言，样本总数为3300。

据表 5-2 显示，宁夏移民家庭语言基本以老家话为主，迁入地如银川话、吴忠话使用人数非常少，随着移民时间的增长及教育水平的提升，普通话也逐渐进入家庭语言使用中。对老中青不同年龄阶段的家庭语言使用情况的调查中，方言、普通话以及方言和普通话并用的三种语言选择呈现出比较均衡的状态。值得注意的是 10—20 岁，21—30 岁的人群仍以方言为主，且方言（4.24%/140；14.85%/490）和普通话（1.52%/50；9.09%/300）的语码选择占比略有差异。41—50 岁的中年群体中，普通话（5.45%/180），方言（3.33%/110），方言和普通话并用（2.42%/80），这一年龄阶段中之所以会出现普通话的使用率高于方言，主要是因为宁夏移民最早从 20 世纪 80 年代就开始进行，例如"吊庄移民""1236 工程移民"等，同时随着推普工作的深入，首批进入移民队列的人民为了安家立业、家庭教育等，需要使用普通话来获取身份认同，消除语言隔阂和心理差距，作为一种内部交际语言，普通话在潜移默化中成为他们进行家庭言语交际的语码。现阶段没有出现明显的方言转用现象，大部分人并没有放弃家乡方言。但是，在对外交往时，会根据沟通对象差异及自身语言掌握情况进行语码转换，具体如表5-3。

表 5-3　　　　　宁夏移民的社会交际语言使用状况（N = 2200）

样本要素 ＼ 社会交际语言状况	社会交际语言使用状况（百分数/人数）				
	普通话	老家话	银川话	吴忠话	其他
性别　男	20.91%/460	26.36%/580	1.82%/40	0	2.72%/60
女	15%/330	25%/550	2.72%/60	2.72%/60	2.72%/60
小计	35.91%/790	51.36%/1130	4.54%/100	2.72%/60	5.45%/120
年龄　10—20 岁	5.45%/120	5%/110	0.91%/20	1.81%/40	0.45%/10
21—30 岁	20%/440	19.09%/420	1.36%/30	0.91%/20	1.36%/30
31—40 岁	4.55%/100	12.27%/270	2.27%/50	0	1.82%/40
41—50 岁	3.64%/80	6.82%/150	0	0	1.36%/30
51—60 岁	1.36%/30	3.63%/80	0	0	0.45%/10
61 岁及以上	0.91%/20	4.55%/100	0	0	0
小计	35.91%/790	51.36%/1130	4.54%/100	2.72%/60	5.45%/120
移民安置方式　集中安置	9.55%/210	12.27%/270	0.91%/20	0.45%/10	1.36%/30
插花安置	0.91%/20	1.36%/30	0.45%/10	0	0
自主搬迁	25.45%/560	37.73%/830	3.18%/70	2.27%/50	4.09%/90
小计	35.91%/790	51.36%/1130	4.54%/100	2.72%/60	5.45%/120

注："社会交际语言使用"包括与老乡交流方言、与外人（除老乡以外的人）交流方言，样本总数为2200。

根据表5-3显示，宁夏移民社会交际语言的使用呈现出较为复杂的局面，除了普通话（35.91%/790）、移民言语社区中原官话（51.36%/1130）以外，还有银川话（4.54%/100）、吴忠话（2.72%/60）等兰银官话区方言，符合移民社区语言使用的基本特点。根据调查结果显示，无论是性别（51.36%/1130）、年龄（51.36%/1130）还是移民安置方式（51.36%/1130），方言在宁夏移民言语社区中始终是言语交际者重要的语码选择。在老中青群体中，青年人在社会言语交际中使用方言和普通话的使用频率基本一致，随着年龄的增长，中年人和老年人更趋向于将方言作为社会言语交际中的主要语码，说明年龄较大的群体对于方言的情感归属较强。由此可见，移民社区并没有出现对普通话和家乡话厚此薄彼的现象。

　　语言使用状况与语言态度密切相关，语言态度是指言语共同体成员对特定的语言变体所持的态度，包括看法、情感和行为意向等。语言态度不仅体现了说话人对某种语言的内在认同，还体现出该语言的社会价值。调查语言态度，既可以调查语言的认同，还可以调查语言的价值和发展路径。语言态度并不是影响语言使用状况的唯一因素，年龄、性别、语言环境在一定程度上也会影响语言使用状况。不同年龄段对老家话的传承态度是不同的，具体情况如表5-4所示。

表5-4　　　　宁夏移民对待学习老家话的态度统计（N=1100）

样本要素	学习老家话态度	移民后代学习老家话的必要性（百分数/人数）					
		有必要			没必要		没想过
		家乡标志	懂点即可	文化继承	方便性	受歧视	没想过
性别	男	19.09%/210	20.91%/230	6.36%/70	4.55%/50	0	0.91%/10
	女	18.18%/200	15.46%/170	8.18%/90	0.91%/10	0	5.46%/60
	小计	88.18%/970			5.46%/60		6.36%/70
年龄	10—20岁	6.36%/70	4.55%/50	0.91%/10	0	0	1.82%/20
	21—30岁	20%/220	14.55%/160	6.36%/70	0.91%/10	0	0.91%/10
	31—40岁	4.55%/50	9.09%/100	4.55%/50	0.91%/10	0	1.82%/20
	41—50	2.73%/30	4.55%/50	1.82%/20	1.82%/20	0	0.91%/10
	51—60岁	1.82%/20	0.91%/10	0	1.82%/20	0	0.91%/10
	61岁及以上	1.82%/20	2.73%/30	0.91%/10	0	0	0
	小计	88.18%/970			5.46%/60		6.36%/70
安置方式	集中安置	10.91%/120	7.27%/80	4.55%/50	1.82%/20	0	0
	插花安置	1.82%/20	0.91%/10	0	0	0	0
	自主搬迁	24.55%/270	28.18%/310	10%/110	3.64%/40	0	6.36%/70
	小计	88.18%/970			5.46%/60		6.36%/70

　　据表5-4显示，宁夏移民对于老家方言的态度是比较客观和理智的。

在所有样本中有 88.18%/970 的人对移民后代学习方言表现出正面评价，仅有 5.46%/60 的人群认为移民后代学习方言呈负面评价。在对方言呈积极评价的选项里，无论是性别、年龄、安置方式，约有 37% 的移民认为方言代表了一种身份认同，是家乡的标志；约有 36% 的移民认为移民后代对于家乡方言懂点即可；约有 15% 的移民认为方言是文化的载体，代表了一种地方文化。可见关于方言的传承问题，移民持包容态度，如表 5-5。

表 5-5　　　　　**宁夏移民对待老家话传承的态度统计**（N=1100）

样本要素	学习老家话态度	老家话传承的必要性（百分数/人数）			
		有必要		没必要	无所谓
		不能忘本	方言宝贵	有普通话	无所谓
性别	男	19.09%/210	24.55%/270	3.64%/40	4.55%/50
	女	17.27%/190	20%/220	2.73%/30	8.18%/90
	小计	80.9%/890		6.37%/70	12.73%/140
年龄	10—20 岁	6.36%/70	5.45%/60	0	1.82%/20
	21—30 岁	18.18%/200	18.18%/200	2.73%/30	3.64%/40
	31—40 岁	7.27%/80	9.09%/100	0.91%/10	3.64%/40
	41—50 岁	2.73%/30	5.45%/60	1.82%/20	1.82%/20
	51—60 岁	0.91%/10	2.73%/30	0.91%/10	0.91%/10
	61 岁及以上	0.91%/10	3.64%/40	0	0.91%/10
	小计	80.9%/890		6.37%/70	12.73%/140
安置方式	集中安置	4.55%/50	13.64%/150	2.73%/30	3.64%/40
	插花安置	1.82%/20	0.91%/10	0	0
	自主搬迁	30%/330	30%/330	3.64%/40	9.09%/100
	小计	80.9%/890		6.37%/70	12.73%/140

据表 5-5 显示，从性别、年龄和安置方式来看，80.9%/890 的移民对家乡方言的传承呈积极态度，6.37%/70 的移民对家乡方言的传承呈负面态度，12.73%/140 的移民对于方言传承呈现出无所谓的态度。值得注意的是，在 10—20 岁的青年群体中，大都认为家乡话的传承是有必要的。由

此可见，在宁夏移民言语社区中，家乡方言并没有随着普通话的推广而处于劣势地位。从另一方面来说，宁夏各地移民并没有很快地适应新的语言环境，还需加大普通话的推广力度。语言没有优劣之分，方言和普通话同等重要，对于实现语言生态和谐仍需进行深入探究和不断努力。

贰　语言态度对移民方言演变的影响

"在双语和多语（包括双方言和多方言）的社会中，由于社会或民族认同、情感、目的和动机、行为倾向等因素的影响，人们会对一种语言或文字的社会价值形成一定的认识或作出一定的评价，这种认识和评价通常被称为语言态度。"（王远新，1999）语言是交际"工具"，为了便于沟通，移民很大程度上"被迫"放弃迁出地原方言，但是同为北方官话区，并非搬迁到新的移民点后语言无法交流，且吊庄移民以集中安置为主，插花移民安置为辅，使用中原官话区的移民仍然聚居在一起。李生信（2018）认为"移民杂居难以形成迁出地本原方言社区，自然而然地要向迁入地方言靠拢，于是便形成了'双言'并存现象。散居移民人口分散、数量少，又不具有各种社会优势，就会不得不放弃迁出地本原方言"。这是移民方言演变的一个因素。语言态度是社会语言学研究的一个重要内容，指个人对某种语言或方言的价值评价和行为倾向，是影响语言使用与传承非常重要的潜在因素（游汝杰、邹嘉彦，2009）。迁入地即移民安置点一般为荒滩戈壁或荒无人烟的地方重新建设，当地居民90%以上是南部地区移民，如银川市西夏区华西村（今镇北堡镇）、闽宁镇以及吴忠市红寺堡区等，这些移民完全在一个相对独立的语言社区，纵然镶嵌在兰银官话区内，但并不影响众多宁夏中原官话方言岛的形成。故语言态度是引起方言演变和代际语言传承转移的最重要因素。地域语言是个体身份认同的重要标志，说宁夏南部方言不利于沟通只是很小的一个因素，更重要的是语言使用者的心理使然。第一，调查发现，80%以上的移民认为自己的方言"土"，这一细微的语言心理引起语言态度的变化。第二，宁夏南部地区相对比较贫困落后，经济的落后带来的语言文化的不自信冲击了宁夏南部方言生存的土壤。第三，移民从宁夏相对较落后的南部搬迁到相对较发达的北部地区，摆脱了贫穷落后的过去，新一代移民地域认同、身份认同、心理认同的需要，以及义务教育的普及、国家通用语言文字推广、城镇化的推进、对外交流的增强等因素，促使普通话逐渐成为主流语言。刘晨红（2015）

对吴忠市红寺堡区回族中学生移民语言情况调查后发现"语言态度方面，调查对象对普通话的理智评价较高，行为倾向也最为积极，对来源地方言的情感评价较高"。周永军（2018）对宁夏红寺堡移民的调查显示，移民普通话态度的认可度主要集中在 30 岁以下的年龄段和文化程度为小学及以上的人群中，并且普通话认可度随着年龄的增加而逐渐降低，随着学历的提高而增加。周永军（2018）研究结果显示，家乡话在家庭和社会交往场合中的使用占绝对优势，且其使用随着年龄的增加而增加，经多元线性模型分析显示：年龄、文化程度、迁入时间与普通话水平为极显著相关，收入为显著相关，且对移民普通话水平影响显著。

　　语言态度包括情感和理性两个维度，情感方面的语言态度往往与说话人或听话人成长的语言环境、文化传统相联系，理性方面的语言态度主要是说话人或听话人对特定语言的实用价值和社会地位的评价（陈松岑，1999）。因此，宁夏生态吊庄移民对原方言的放弃既有被迫放弃也有主动放弃，但从调查来看，主动放弃特别是语言态度即语言使用心理因素是关键。说话人认为自己的方言土、落后，而且使用普通话便于沟通，更能消除由于迁出地经济的落后带来的自卑心理。另外，对外交流时，听话人也认为宁夏南部地区移民经济落后、方言不好听等等，这些评价促使语言出现转换。转换的速度与移民时间的长短、距离中心城市的远近息息相关，即移民时间越长，转换得越快；离中心城市越近，转换得越快，如银川市西夏区兴泾镇移民二代还能说泾源方言，但三代以后已基本转用普通话。

第三节　宁夏移民方言文化资源保护与开发对策探讨

壹　移民方言文化传承危机

　　自 1983 年"三西地区"移民搬迁以来，宁夏回族自治区政府进行了三十多年的移民搬迁工作，累计搬迁移民一百多万。据 2017 年宁夏统计年鉴粗略统计，仍居住在宁夏南部中原官话区的人口约 163 万，迄今仍在减少。随着移民方言代际转换的进行，宁夏移民方言将很快陷入濒危状态。当前宁夏中原官话秦陇片、陇中片、关中片方言实际使用者约 160 万左右，其中关中片方言使用者不到十万。"从语言的变化消亡这个角度来看，目前在汉语方言中主要存在两种类型：突变型和渐变型。突变型，是指弱势方言在强势方言的强大冲击之下，最终彻底放弃弱势方言，改用强势方言。突变型变化消亡往往需要经过几代人才能完成，中间一般还要经过一个弱势方言与强势方言并存并用的双方言的过渡阶段。"（曹志耘，2001）如今在移民搬迁时间二十年以上的宁夏生态吊庄移民区，移民一代使用迁出地方言；移民二代使用迁出地方言和普通话，其中在宁夏南部地区长大的移民二代仍以中原官话为主，在吊庄出生长大的移民二代以普通话为主，移民三代基本用普通话。因此，将来随着移民一代的离去，宁夏中原官话在生态吊庄移民地区将趋于濒危，方言所承载的文化资源也将逐渐消亡，受语言态度影响，方言消亡趋势将不可逆转。数十年后，宁夏生态吊庄移民点方言将被普通话覆盖。

当前，乡村振兴战略是党的十九大报告提出的重大决策部署。2022年中央一号文件《中共中央国务院关于做好2022年全面推进乡村振兴重点工作的意见》提出"启动实施文化产业赋能乡村振兴计划。整合文化惠民活动资源，支持农民自发组织开展村歌、'村晚'、广场舞、趣味运动会等体现农耕农趣农味的文化体育活动。办好中国农民丰收节。加强农耕文化传承保护，推进非物质文化遗产和重要农业文化遗产保护利用"。因此，新时代的乡村振兴不仅仅体现在物质层面，更是全方位、全面的振兴。语言是文化的载体，也是人类文明的传承和发展最重要的工具，世界上几乎80%以上的文化是通过口语和文字流传下来的。李宇明（2010）强调，要树立语言资源观，语言是语言的资源、文化的资源、经济的资源。2017年，中共中央办公厅、国务院办公厅印发了《关于实施中华优秀传统文化传承发展工程的意见》，该文件明确指出要"保护传承方言文化"。2019年联合国教科文组织发布的《保护和促进世界语言多样性岳麓宣言》明确提出"应根据本国语言国情制定科学规划，及时有效地开展本国的语言资源调查保护，并让相关语言群体参与到有关工作中来。"2020年9月，国务院办公厅印发了《关于全面加强新时代语言文字工作的意见》，对新时代中华优秀语言文化的传承发展提出迫切需求。2020年10月召开的全国语言文字会议进一步明确了保护利用语言资源的方针。因此在乡村振兴的过程中，语言文化资源作为非物质文化遗产的保存和保护是一个非常重要且迫切的课题。

关于乡村振兴与语言文字工作，语言学界已有很多探讨。付义荣

（2022）认为，关于语言与乡村振兴，应注意五个方面的问题，即城乡融合中的语言问题、乡村优秀传统文化传承发展中的语言问题、乡村社区重组中的语言问题、乡村教育中的语言问题、乡村治理中的语言问题。以上文献重点聚焦了语言服务乡村振兴战略。随着推广普通话的全面深入和全面建成小康社会的实现，语言助力脱贫的功能逐渐式微，当前的主要问题是：如何有效挖掘语言文化资源服务乡村振兴以及如何有效地保存保护现有的语言文化资源。近年来，在教育部、国家语委"中国语言资源保护工程"的推动下，宁夏语言文化资源保护取得了一定的成效，语保工程在宁夏共设了6个汉语方言调查点（银川、固原、西吉、中卫、泾源、同心）、1个方言文化典藏调查点（同心）。在语保工程的推动下，我国语言方言文化资源保护意识有所加强。但从宁夏整体的语言文化资源情况来看，保护和保存的力度、覆盖范围都比较小，且这些调查点主要为城市，而通常我们所说的语言文化资源丰富主要表现在乡村。宁夏移民历史悠久，特别是近几十年来生态移民助力脱贫攻坚取得了很大成效，移民区文化多样，随着城镇化的逐步推进，传统的农村语言生活和语言资源在移民迁入地将逐渐转变或消失，如何通过语言文化资源助力乡村振兴，并在乡村振兴中保护、传承移民方言口语文化，是摆在当前的问题。因此在乡村振兴中，及时挖掘、搜集、保存、保护并进一步优化宁夏移民语言文化资源，有助于保护现代化进程中日益濒危的非物质文化遗产，为新时代宁夏文化建设、文化教育、文化旅游资源开发提供丰富的养料，进而提高语言服务社会的能力。

贰　宁夏移民方言文化资源及其现状

中华优秀语言文化种类繁多，主要包括口传文化、书面文献、文字文化、书法艺术、碑刻等。乡村振兴中，乡村的语言文化资源既可以发挥经济作用，也可以发挥文化和教育作用。宁夏语言文化资源丰富，移民方言文化与迁出地大致相同，但很多基于当地风土民情的方言文化资源逐渐消失，只能依托迁出地开展地方方言文化资源的保护和开发利用，在此基础上，开展移民方言文化资源的开发和保护工作，实现迁出地与迁入地互补。宁夏以语言为载体的口传文化资源，主要归纳为以下几类。

1. 地方戏曲

宁夏地方戏曲主要有盐池道情、京剧、眉户戏、银川道情、隆德许川"地摊戏"、贺兰皮影、秦腔、中卫道情和花儿剧。此外还有宁夏坐唱和宁夏小曲。宁夏坐唱也是地方曲艺之一，该曲艺于 20 世纪 70 年代末至今一直活跃于区内外曲坛。宁夏小曲民间称"小曲子"，主要流行于银川、永宁、贺兰、中宁、同心、平罗、惠农等地。这些戏曲有些起源于宁夏本地，有些是外地传入后在宁夏广泛流传，无论哪一类传播路径，都可认定为宁夏的语言文化资源。当前，隆德许川"地摊戏"、《京剧》《麻黄山道情》分别列入了宁夏区级第四、五批非物质文化遗产名录。回族民间故事列入第四批国家级非物质文化遗产名录。这些地方戏曲使用宁夏方言进行传唱，具有非常重要的语料价值。

2. 民间传说和故事

宁夏民间传说和故事如七星渠传说、魏征梦斩泾河龙王、须弥山来历、凤凰城的美丽传说、宁夏鸽子鱼的传说、承天寺塔的传说、古琴台的传说等，这些传说大都有相应的纸本记载或者口耳相传流传至今，如由宁夏民间文艺研究会编的《宁夏民间传说故事》第一辑收集了六十三篇作品，《回族民间传说故事丛书》收集整理了广泛流传于我国回族聚居密集地的民间传说故事等，《泾源回族民间故事》列入宁夏区级第二批非物质文化遗产名录，《七星渠的传说》《中卫民间故事》列入宁夏区级第五批非物质文化遗产名录。以上这些民间传说和故事不仅属于文学资源，更是语言文化资源，充分体现了宁夏地域文化色彩。

3. 与劳动、生活相关的口传文化

宁夏口传文化与宁夏方言密不可分，具有浓厚的地域色彩。与劳动、生活相关的口传文化主要有以下几个方面：一是谚语。宁夏地区的谚语种类繁多，而且颇具地方特色，如农事谚语："深谷子，浅糜子，荞麦种着浮皮子""一年倒错茬口，十年缓着牙口""茬口倒顺，等于上粪""青豆重茬收，迎茬丢；胡麻不重茬，不迎茬""伏天挖上一鞭杆，强如秋后犁三遍""歇茬如放账""种田不上粪，等于瞎胡混""一个驴粪蛋，一碗小米饭"；气象谚语："正月二十五，黄风刮起土。立夏不起尘，起尘活埋人。黑云黄稍子，必定下雹子。天上骆驼云，冷子打死人。云朝东，一场风；云朝西，淋死鸡；云朝南，雨团团；云朝北，白雨拍。""早上立了秋，后晌凉飕飕。""日头掉在云后里，睡到半夜里雨吼哩"；绿化谚语："山上栽了树，等于修水库""河边栽了树，河水难吃土""家有三棵柳，烧柴不远走；家有十棵杨，盖房不缺梁""房前屋后都栽树，十年以后自来富"，等等。二是儿歌和摇篮歌。如："驴驮胭脂马驮粉。骆驼驮的红头绳。揭开柜，十八对，揭开箱，十八双，揭开行行，十八个娃娃儿。""捡，捡，捡簸箩，簸箩北，簸箩南，石灰地里一块盐。七斗八斗，石榴花儿开走，不捡这个捡那个。""娃娃勤，爱死人，娃娃懒，鞭杆赶。""我娃睡，猫打盹，狗娃来咧不给给。"三是民谣。如：《宁夏川》《羊肉面》《沙枣花》《贤良》《大武口》等。四是号子。如劳动号子：夯歌、黄河船工号子、场歌。五是山歌。如宁夏"花儿"："宁夏川，两头尖，东靠黄河西靠山，年种年收米粮川，没有饭吃不能怨老天"等。六是歇后语。如：拣着碾盘打月亮——不知道轻重、屎扒牛哭它妈——两眼抹黑、叫花子要了个黑馍馍——自找的、擀杖吹火——一窍不通、嘴上抹石灰——白吃（痴）、锅盖梁梁上做了个风箱杆杆——受了凉气受热气、土旺种胡麻——七股八个杈、鸡娃吃米——光点头、木匠吊线——睁一只眼闭一只眼。七是宁夏社火中的春官词。春官词是民间社火中的一种口头文化，具有口语性、集体性、传承性等特点。黄继红《西吉春官词》对西吉县社火中的春官词进行了相关的介绍，目前西吉社火春官词已列入宁夏非物质文化遗产名录。

4. 民间音乐

宁夏民间音乐资源丰富，如流传于六盘山的代表性民歌宁夏花儿，在继承古陇山民歌的基础上以单套短歌的形式即兴填词演唱，这种口传文化，其曲和词都充分展示了宁夏地区的语言文化风格。近年来石嘴山、平罗北武当庙寺庙音乐，西吉、同心回族口弦，同心、海原山花儿，灵武市马鞍山甘露寺佛教音乐，灵武道教音乐，牛首山佛教音乐，回族民间器乐（咪咪的制作及演奏技艺）等列入宁夏区级第一、二、四、五批非物质文化遗产名录，其中花儿、回族民间器乐、回族宴席曲、宁夏小曲、秦腔列入了第一、二、四批国家级非物质文化遗产名录，这些文化资源代表了宁夏民间音乐的伟大成就，也是当地老百姓口耳相传的文化瑰宝。

5. 庙会等民俗文化

宁夏民俗文化丰富，民间庙会、节会如高台马社火、中卫舞龙等，其中海原回族婚礼、中卫祭河神、隆德高台马社火、隆德六盘山九龙莲花池祭祀民俗、吴忠回族服饰等被列入宁夏区级第一批非物质文化遗产名录，同心莲花山青苗水会、隆德民间祭山、中卫香山水会列入宁夏区级第二批非物质文化遗产名录，回族传统婚俗列入了第三批国家级非物质文化遗产名录。这些民俗文化无不体现了历代宁夏人民丰富多彩的乡村生活，但随着移民搬迁，部分依托当地宗庙或者建筑开展的民俗文化无法开展而消失，且由于移民集中区汇集了来自不同县区的百姓，各地风俗不同，大多数民俗活动基本销声匿迹。

叁　宁夏移民方言文化资源保护与开发对策

近几十年来，随着宁夏移民工程的推进，很多依托迁出地方言的民间民俗活动随着移民搬迁逐渐式微或消失，移民的乡愁情节无处安放，精神文化生活比较匮乏。新时代的乡村振兴除了经济的振兴，精神文化振兴也应该齐头并进。方言文化资源的保护与开发不如基础建设成效那么明显，但作为乡村文明建设不可缺少的精神食粮，方言文化资源保护和开发不可操之过急，多借鉴成功模式，深入乡村开展调查，倾听农民和基层工作者的建议和意见，贴近乡村生活，打造农民喜闻乐见的娱乐项目，丰富乡村"夜文化"和"农闲文化"，让移民在移民区从"住得惯"到"住得好"再到"住得幸福"，不断吸引外出打工的年轻人回乡创业，从精神和物质两方面振兴乡村，让"身体"和"灵魂"在乡村贴心安放。

教育部于2008年启动了"中国语言资源有声数据库建设"，在此基础上，于2015年启动"中国语言资源保护工程"，工程借助多媒体信息技术，从声、像、图、文四位一体的方式对我国境内的汉语方言和民族语言进行了调查、建库、展示和开发利用，形成了一系列标志性成果，如中国濒危语言志、中国语言文化典藏等，建成了中国语言资源库，建设了中国语言资源采录展示平台并向大众开放，为世界贡献了中国智慧和中国模式。因此，借助语保工程的成功经验，宁夏移民方言文化资源的保护也可以采取文字、图片、音视频、动画、网络等多模态建设与传承模式，依托新媒体技术，在政府的统一协调下，依托非遗文化资源保护和开发建设，整合政府、高校、动漫企业、地方传媒、乡镇组织等资源，充分挖掘移民方言文化资源，协同创新，共同探索宁夏移民方言文化资源的保护与开发。

1. 乡村振兴视域下融方言文化资源保护与非遗保护于一体

近年来，宁夏政府非常注重非物质文化遗产的传承和保护工作，2005年，宁夏回族自治区人民政府办公厅颁布了《关于印发非物质文化遗产保护工程实施方案的通知》文件。目前，宁夏境内留存非遗资源 2968 项，"花儿"列入联合国教科文组织人类非物质文化遗产项目名录，"秦腔"等 18 个项目列入国家级非物质文化遗产项目名录，"道情"等 142 个项目列入自治区人民政府非物质文化遗产项目名录。地方政府特别是移民聚居大区如红寺堡区可充分利用可视听、可传承性、可创造、有趣味的方言文化资源，借助乡村振兴的东风，深入开展乡村文化振兴，深入打造宁夏移民方言文化资源保护和开发利用，提升移民方言文化自信心，借助新媒体宣传，打造乡村特色文化品牌，重点扶植一批优秀的中华传统乡村文化项目，着重打造深受年轻人喜爱的宁夏方言民俗文化深度体验项目，研发一批寓教于乐的手机应用软件和小游戏，全面实现语言文化资源的旅游开发和可持续发展。

2. 方言与影视、音乐、文学等艺术创作相结合

新媒体时代，影视、自媒体等传播影响大、范围广，宁夏对外传播要突出"宁夏味道"，近年来热播的电视剧《山海情》依托西北方言讲述了宁夏移民搬迁的历史故事，取得了非常好的传播效果。方言是地域识别最好的名片，在地方文化的保护和传承时，要有一定的语言意识，了解语言是文化的载体，处理好推广普通话与方言保护之间的关系。20 世纪 50 年代开始，我国开展了国家通用语言文字的推广工作，但其目的不是为了消灭方言，而是实现普通话与方言并存的"双言"格局。地方曲艺如隆德"地摊戏"、花儿等口传文化的创作和传播大都以方言为基础，根植于宁夏这片土地，为当地老百姓所喜闻乐见，繁荣了当地乡村文化生活。如果失去方言，地方曲艺的特色将不复存在，其传承也将失去根基。因此大力推广国家通用语言的同时还要注重方言文化的保护，做到推广国家通用语言文字与保护方言间的动态平衡。以宁夏移民为背景打造的方言影视剧《山海情》就成功实现了普通话和方言的双模式输入，为全国观众所喜爱。当前，以宁夏方言为基础的影视文学作品较少。宁夏文学作品具有深厚的乡土情节，无论散文、小说还是诗歌，大体能反映宁夏乡村生活、人物故事以及生活变迁，但在具体的写作中缺乏像以上海话为基础的《海上花列传》、以北京话为基础的《茶馆》等作品，因此地方政府、高校应积极鼓励影视或文学作品多关注地方文化题材，从当地方言文化资源入手，创作出具有地域性又深受全国观众喜爱的作品。

除了影视、文学作品，还可以积极调动动漫、音乐产业或行业充分挖

掘宁夏移民方言文化资源，创作出具有宁夏地方特色的动漫或音乐作品。方言是乡村文化的载体，并不是"土"的代名词，更不能因为"听不懂"而放弃，温州话版《阿妹》、闽南话版《大田后生仔》《爱拼才会赢》以及粤方言《海阔天空》等大量方言音乐作品深受大众喜爱，说明方言不是视听的鸿沟，地方文化具有非常鲜活的生命力，充分运用方言文化元素打造宁夏地方特色的影视、文学、音乐、动漫作品等，不仅能有效传承地方语言文化，更能激活乡村经济，提高地方文化自觉和文化自信。

3. 依托语言资源保护工程开展宁夏移民方言文化资源的调查研究

郭熙（2022）认为："现有的农村语言生活参与者将是中国最后一批传统意义上的农民。传统农业社会的耕作语言交流都将成为不可再生的文化遗产。"因此，抢救性地调查、搜集、记录、摄录、整理这一代移民的语言具有不可估量的价值。随着城镇化的推进，农业耕作词语、农业谚语、熟语、童谣、民谣、民间传说、地方戏曲、地名等在逐渐退出历史舞台。当前，中国语言资源保护工程已经给出了成功的模式和经验，但宁夏方言调查点较少，不能完整地呈现宁夏方言文化面貌，且基本不涉及移民方言调查保存保护。因此，宁夏语委应在已有调查的基础上，组织专家学者对宁夏移民搬迁点方言文化资源开展深入调查、摄录，在此基础上建设宁夏移民方言数据库，实态保存保护当前移民方言文化资源，全面汇聚宁夏移民方言文化资源，参考语保工程建设模式，深入开展宁夏方言文化资源的研究和开发利用。

4. 全面建设宁夏移民方言文化博物馆

2002年，全国政协委员、原国家语委党组书记朱新均在全国政协九届五次会议提议建立中国语言文字博物馆。2009年，我国唯一以文字为主题的集文物保护、陈列展示和科学研究为一体的国家级博物馆——中国文字博物馆开馆。曹志耘（2010）提出了建设以方言和方言文化展示、方言语料保存和收集、方言研究三大板块为主导的汉语方言博物馆的设想。2017年，全国政协委员、安徽省文史研究馆馆长、中国文字学会会长黄德宽建议，由国家文物局、国家语言文字工作委员会牵头，有关部委参加，组织专家启动论证建立国家语言博物馆的可行性方案，将国家语言博物馆建设列入中华优秀文化的传承和保护工程。近年来，随着大众语言文化资源保护意识的觉醒，各地纷纷建设以语言文化资源为主题的实体博物馆或数字博物馆，如：2013年，江苏建成了中国第一个省级语言资料库并向社会开放；2016 年，全国首个实体语言博物馆——广西贺州语言文化博物馆开馆；2018 年，国内首个面向语言文化研发的开放式数字博物馆——北京语言文化数字博物馆上线；2019 年，上海外国语大学世界语言博物馆开馆；2021 年，全国首家省级实体语言类博物馆——岭南方言文化博物馆在广东佛山开馆；2021 年，北京外国语大学世界语言博物馆开馆；2021 年，太原市文化馆非遗展厅之太原方言博物馆建成并开放等。马晓玲（2021）提出建设宁夏方言文化生态博物馆的构想，将方言文化保护与传统文化传承、学术研究与社会服务相结合。基于各省方言文化类博物馆建设的模式，宁夏回族自治区政府应整合地方政府和高校、媒体资源，分步骤实施建设宁夏移民方言文化博物馆。

一是依托宁夏移民博物馆建设移民方言博物馆。2013 年 10 月，位于全国最大的移民开发区——宁夏红寺堡开发区的宁夏移民博物馆开馆。宁夏移民博物馆分别陈列宁夏移民文化概述、"天下黄河富宁夏"、红寺堡地区文物及移民民风民俗、红寺堡建区 10 年成果展，将采取多媒体、图片、文字以及实物场景等形式，对博物馆进行布展，但是缺乏移民方言相关语音、视频数据。随着时代的发展，移民原有的方言文化不断式微，及时、抢救性地保存保护当地方言文化资源迫在眉睫。首先，应对现有的宁夏移民方言文化音视频资料进行搜集整理，归类存储。第二，参考有声数据库建设或中国语言资源保护工程模式，开发宁夏移民方言文化调查数据库软件，从音频、视频、图像、文本等方面采集宁夏移民方言文化资源，通过配套硬件设备和软件应用，实现数据的安全存储和管理。第三，基于调查数据库软件，对需要补充调查的宁夏移民方言文化资源进行实地采录，并按照数据库建设要求，对采集的素材进行模块化处理，根据资源类目设计，进行内容标注、分类、添加关键词。最后，建成一个可方便电脑和手机浏览的网上虚拟博物馆，成为全社会共享的数字资源，从而实现宁夏移民方言文化资源的科学保护与有效传承。宁夏移民方言文化博物馆可以以收藏和展示宁夏丰富的移民语言文化资源为主，参考贺州语言文化博物馆和岭南方言文化博物馆的模式，设语言地图厅、音像展示厅、研究成果厅、互动厅、语言非物质展示厅、虚拟展示厅、录音区等展厅，寓生活民俗、美食趣谈、商埠活动、戏剧曲艺于一体，结合方言点读、漫画解说，到触屏互动、仿真体验，采取听、说、读、看相结合的展陈方式、沉浸式的体验调动多种感官，让公众在轻松有趣的互动下，体会方言魅力，透视宁夏移民文化发展史，让宁夏优秀文化迸发出新的活力，为宁夏移民口传文化传播开辟一条新路。

　　二是宁夏移民方言数字博物馆建设。数字方言文化博物馆建设也是当前人工智能与语言文化资源开发相结合的一大特色。陈丽湘（2022）认为语言文字数字化建设即将大数据、云计算、人工智能、区块链等前沿数字技术引入语言文字应用，形成产品、流程或模式，通过各类数字终端提供语言服务。宁夏移民方言文化数字博物馆可参考北京语言文化数字博物馆的模式，根据地方特色进行改善，以展示宁夏移民口传文化、方言图典、地名文化、楹联匾额、碑刻文字、地方志、方言研究历史文献等为主，同时充分运用新型数字技术将宁夏移民方言文化博物馆的视听资源数字化，建设与大众需求相适应的数字化语言服务体系，实现语言资源开放共享。让宁夏移民方言文化博物馆和方言文化数字博物馆成为人们了解宁夏语言文化的重要窗口，也是搜集、抢救、整理、保护正在迅速变化的宁夏语言类非物质文化遗产的重要平台。此外，除了宁夏移民方言文化博物馆总馆的建设，各乡镇还可根据地方财政和地方语言文化需求，建立农村语言博物馆、口传语言文学陈列馆、民俗馆、非遗馆、村史馆等，实体、实态保存各种传统的民间语言文化形式，依托地方建立健全语言文化资源建设和保护，打造独具特色的宁夏移民方言文化博物馆，留住乡音，记住乡愁，全面实现乡村文化振兴。

　　5. 大规模语料与人工智能技术的深度结合

　　2015 年，祖漪清等人开展了锡伯语的语音合成工作。2017 年，科学讯飞发布 1024 计划，邀请全民共建"中国方言库"，实现用人工智能助力方言保护。祖漪清等（2017）提出用人工智能技术记录濒危语言的新方法。2020 年，科大讯飞与苏州博物馆推出"用姑苏软语传承千年文化"公益活动，使用人工智能保护苏州方言。2021 年，新华社、科大讯飞联合推出"2025，请回答"，人工智能主播们分别使用各地方言播报"十四五"规划。2021 年，中央广播电视总台推出融媒体互动产品《乡音博物馆》，内容包括我国部分地区乡音及其地域文化。2022 年，讯飞输入法、科大讯飞苏州研究院、江苏文艺广播等联合推出方言文化公益短片《姑苏琐记·金缕衣》《懒画眉》，吴语旁白由科大讯飞苏州方言语音合成系统配音完成。2022 年，中国广播电视总台农业农村中心《乡音博物馆》发布"农耕中国"系列喜剧《假如名画会说话》，通过赋予画作符合历史背景的故事和方言配音，展现我国古代农耕文明。由此可见，大规模语料与人工智能技术的深度结合对语言学研究、语言文化资源保护将产生重要推动作用。

宁夏移民方言目前虽然还未达到消亡的程度，但随着经济社会的发展，方言的濒危是不可逆转的。借鉴科大讯飞语音合成的模式，基于宁夏移民方言文化博物馆和宁夏移民方言文化数字博物馆建设中采录的大规模语料，实现与人工智能技术的结合，是宁夏移民方言文化资源保护和研究的一条新出路。一是宁夏移民方言语料和人工智能技术结合，通过语音合成视频或动画展示宁夏移民方言文化，再进一步运用到方言文化博物馆建设中，不仅能提高语言文化资源保护的力度，更能提升大众对当地语言文化的热爱。二是采用苏州方言传承的模式或者参考央视总台"农耕系列"节目，创新模式和路径，使用人工智能技术合成语音讲好宁夏移民故事，传递宁夏声音，提高宁夏地方文化认同和文化自信。三是使用人工智能技术全面合成宁夏各地移民方言语音，建成宁夏移民方言文化数字博物馆展示平台，为语言学研究和语言资源保护贡献宁夏力量。

文化的认同是最深层次的认同，我国幅员辽阔，语言方言文化资源丰富，方言是地域文化的载体，除了作为沟通交流的工具外，还承载着丰富的乡土文化和浓厚的乡土情结，更是地方文化的名片，如果方言消失，那么以它为基础的文化将不复存在。因此在乡村振兴中，要处理好推广国家通用语言文字和语言文化资源保护的关系，不仅要大力推广国家通用语言文字，振兴乡村教育，让大家富起来，更要保护好、建设好、开发好当地优秀的语言文化资源，让农民在提高精神文化生活的同时提升文化自信，弘扬中华优秀传统文化，通过乡村文化振兴辐射国家文化复兴，全面铸牢中华民族共同体意识。

宁夏移民方言文化资源丰富，借助当前国家乡村振兴战略的实施，宁夏地方政府、高校、媒体、企业应充分挖掘各乡镇语言文化特色，借助新技术手段，整合区内外资源，实现科技与文化的全面融合，深度开发、建设地方语言文化资源，创新思路，突出宁夏特色，让宁夏移民方言文化建设在中国乃至世界大放异彩。

附录 方言发音合作人简况表

序号	姓名	性别	出生年月	学历	迁出地	迁入地	民族
1	赛生俊	男	1961.03	初中	原州区开城镇	中卫市中宁县大战场镇	回族
2	孙国怀	男	1957.11	小学	彭阳县小岔乡	中卫市中宁县大战场镇	汉族
3	任万亮	男	1955.02	初中	彭阳县白阳镇	中卫市中宁县大战场镇	汉族
4	杨义福	男	1957.06	高中	海原县贾塘乡	银川市兴庆区月牙湖乡	回族
5	虎安池	男	1957.12	初中	彭阳县城阳乡	银川市兴庆区月牙湖乡	汉族
6	杨占东	男	1967.02	初中	彭阳县交岔乡	银川市兴庆区月牙湖乡	回族
7	刘 平	男	1956.03	初中	隆德县观庄乡	银川市永宁县闽宁镇	汉族
8	穆风清	男	1954.02	小学	西吉县火石寨乡	银川市永宁县闽宁镇	回族
9	马明学	男	1959.01	小学	隆德县山河乡	银川市永宁县闽宁镇	回族
10	马正彪	男	1961.12	高中	同心县张家垣乡	银川市西夏区镇北堡镇	回族
11	张存良	男	1957.02	中专	西吉县硝河乡	银川市西夏区镇北堡镇	回族
12	笪舍利	男	1954.05	小学	泾源县新民乡	银川市西夏区兴泾镇	回族
13	马占祥	男	1950.03	初中	彭阳县王洼乡	银川市贺兰县南梁台子	回族
14	禹万喜	男	1964.03	初中	泾源县新民乡	吴忠市红寺堡区	回族
15	罗永录	男	1952.03	高中	海原县李旺乡	吴忠市红寺堡区	回族

参考文献

一 著作类

曹志耘：《徽语严州方言研究》，北京语言大学出版社 2017 年版。

曹志耘：《吴语婺州方言研究》，商务印书馆 2016 年版。

曹志耘主编：《汉语方言地图集》，商务印书馆 2008 年版。

龚煌城：《西夏语言文字研究论集》，民族出版社 2005 年版。

侯精一、温端正：《山西方言调查研究报告》，山西高校联合出版社 1993 年版。

黄继红：《西吉春官词》，宁夏人民出版社 2008 年版。

李宁：《宁夏吊庄移民》，民族出版社 2003 年版。

李树江、王正伟：《回族民间传说故事丛书》，宁夏人民出版社 2009 年版。

马启成：《民族学与民族文化发展研究》，中国社会科学出版社 1995 年版。

纳日碧力戈：《现代背景下的族群建构》，云南教育出版社 2000 年版。

宁夏民间文艺研究会：《宁夏民间传说故事》（第一辑），宁夏民间文艺研究会 1981 年版。

新吉乐图：《中国环境政策报告：生态移民——来自中日两国学者对中国生态环境的考察》，内蒙古大学出版社 2005 年版。

邢向东：《陕北晋语语法比较研究》，商务印书馆 2006 年版。

邢向东：《神木方言研究》，中华书局 2002 年版。

邢向东：《西北方言与民俗研究论丛》，中国社会科学出版社 2004 年版。

邢向东、蔡文婷：《合阳方言调查研究》，中华书局 2010 年版。

邢向东、王临惠、张维佳、李小平：《秦晋两省沿河方言比较研究》，商务印书馆 2012 年版。

薛正昌：《宁夏历史文化地理》，宁夏人民出版社 2007 年版。

杨子仪、马继善：《西吉县志·方言》，宁夏人民出版社 1995 年版。

杨子仪、马学恭：《固原县方言志》，宁夏人民出版社 1990 年版。

游汝杰、邹嘉彦：《社会语言学教程》，复旦大学出版社 2009 年版。

张安生：《同心方言研究》，中华书局 2006 年版。

张安生：《同心县志·方言》，宁夏人民出版社 1995 年。

中国社会科学院：《中国语言地图集》（第 2 版），商务印书馆 2012 年版。

二　论文类

包智民：《关于生态移民的定义、分类及若干问题》，《中央民族大学学报》
　　2006 年第 1 期。

曹强：《海原方言音韵研究》，硕士学位论文，陕西师范大学，2006 年。

曹强、王玉鼎：《古疑影母在海原方言中的演变》，《安康学院学报》2009
　　年第 5 期。

曹志耘：《关于濒危汉语方言问题》，《语言教学与研究》2001 年第 1 期。

曹志耘：《论方言岛的形成和消亡——以吴徽语区为例》，《语言研究》
　　2005 年第 4 期。

陈松岑：《新加坡华人的语言态度及其对语言能力和语言使用的影响》，
　　《语言教学与研究》1999 年第 1 期。

杜敏、刘志刚：《论语言扶贫在乡村振兴战略实施中的可持续性》，《陕西
　　师范大学学报》2020 年第 2 期。

付义荣、乡村振兴：《中国语言学需要直面的历史性课题》，《语言战略研
　　究》2022 年第 1 期。

高葆泰：《宁夏方言的语音特点和分区》，《宁夏大学学报》1989 年第
　　4 期。

高葆泰：《宁夏方音跟陕、甘、青方音的比较》，《宁夏大学学报》1982 年
　　第 4 期。

高顺斌：《固原方言两字组连读变调和轻声》，《语言文字》2013 年第
　　2 期。

韩瑜：《渭南方言语音研究》，硕士学位论文，西北大学，2011 年。

季永海：《汉语儿化音的发生与发展——兼与李思敬先生商榷》，《民族语
　　文》1999 年第 5 期。

李范文：《中古汉语全浊声母是否吐气一证》，《固原师专学报》1989 年第
　　3 期。

李克郁：《宁夏兰银官话区回民话的〔ər〕韵母及儿化韵》，《宁夏大学学报》2006 年第 2 期。

李如龙、辛世彪：《晋南、关中的"全浊送气"与唐宋西北方音》，《中国语文》1999 年第 3 期。

李生信：《宁夏方言研究五十年》，《宁夏大学学报》2008 年第 5 期。

李生信：《宁夏生态移民居住方式对方言变化的影响》，《北方民族大学学报》2018 年第 1 期。

李树俨：《宁夏方言的分区及其归属》，《宁夏教育学院学报》1986 年第 1 期。

李树俨：《试论宁夏方言的形成》，《宁夏大学学报》1988 年第 2 期。

李树俨：《中古知庄章三组声纽在隆德方言中的演变——兼论宁夏境内方言分 ts、tʂ 的类型》，《宁夏大学学报》1993 年第 1 期。

李现乐、刘逸凡、张沥文：《乡村振兴背景下的语言生态建设与语言服务研究——基于苏中三市的乡村语言调查》，《语言文字应用》2020 年第 1 期。

李宇明：《论中国语言资源有声数据库的建设》，《中国语文》2010 年第 4 期。

刘晨红：《从移民文化看宁夏话的形成与发展》，《北方民族大学学报》2009 年第 6 期。

刘晨红：《红寺堡回族中学生语言情况调查研究》，《北方民族大学学报》2015 年第 4 期。

刘晨红：《移民文化对宁夏话形成发展的影响》，《北方语言论丛》2012 年第 1 期。

马戎：《试论语言社会学在社会变迁和族群关系研究中的应用》，《北京大学学报》2003 年第 2 期。

马伟华：《移民与文化变迁：宁夏吊庄移民语言变迁的调查研究》，《内蒙古大学艺术学院学报》2009 年第 4 期。

马晓玲：《从中国语言资源保护工程看宁夏方言保护》，《宁夏大学学报》2021 年第 2 期。

马晓玲：《宁夏北部（兰银官话区）回民话特点新探》，硕士学位论文，宁夏大学，2004 年。

马晓玲：《宁夏兰银官话区的〔ər〕韵母及儿化韵》，《宁夏大学学报》

2006 年第 2 期。

闫淑琴：《对宁夏固原话吸气音的两个听辨实验》，《方言》2009 年第
　　3 期。

王洪君：《山西闻喜方言的白读层与宋西北方音》，《中国语文》1987 年第
　　1 期。

王玉鼎：《论海原方言的浊音清化规则及其形成原因》，《延安大学学报》
　　2009 年第 6 期。

王远新：《论我国少数民族语言态度的几个问题》，《满语研究》1999 年第
　　1 期。

吴畏：《乡村振兴背景下的古苗疆走廊民族语言文化建设》，《贵州社会科
　　学》2018 年第 11 期。

吴文彪、王平：《吴忠市红寺堡区政协建议》，《人民政协报》2010 年 10
　　月 21 日

喜清聘：《宁夏闽宁镇回族吊庄移民语言生活调查研究》，硕士学位论文，
　　中央民族大学，2012 年。

项梦冰：《晋陕甘宁部分方言古全浊声母的今读》，《咸阳师范学院学报》
　　2012 年第 5 期。

邢向东、张双庆：《近八十年来关中方言端精见组齐齿呼字的分混类型及
　　其分布的演变》，《陕西师范大学学报》2013 年第 5 期。

闫淑琴：《固原话中的吸气音》，《语言研究》2002 年第 4 期。

杨捷：《关于同心方言中后鼻音读为前鼻音探源》，《回族研究》2007 年第
　　4 期。

杨苏平：《隆德方言几种特殊的句式》，《北方民族大学学报》2016 年第
　　4 期。

杨苏平：《隆德方言尖团音分读与合流现象探析》，《宁夏师范学院学报》
　　2007 年第 5 期。

杨苏平：《隆德方言研究》，博士学位论文，河北大学，2015 年。

杨苏平：《隆德方言音系与中古音系比较》，《宁夏师范学院学报》2009 年
　　第 4 期。

杨苏平：《宁夏隆德方言分尖团举例》，《中国语文》2008 年第 1 期。

杨苏平：《宁夏隆德方言古从母仄声字的声母异读现象》，《语言科学》
　　2012 年第 6 期。

杨苏平：《宁夏隆德方言古全浊声母今读的送气现象》，《方言》2013 年第 2 期。

杨苏平：《西北汉语方言泥来母混读的类型及历史层次》，《北方民族大学学报》2015 年第 3 期。

杨子仪：《固原话声调与中古调类之比较研究》，《固原师专学报》1988 年第 2 期。

杨子仪：《西吉音略》，《固原师专学报》1989 年第 4 期。

雍淑凤、马晓玲：《中古知、庄、章三组声纽在同心方言中的演变》，《宁夏大学学报》2011 年第 5 期。

张安生：《宁夏境内的兰银官话和中原官话》，《方言》2008 年第 3 期。

张安生：《宁夏同心（回民）方言的语法特点》，《宁夏社会科学》1993 年第 6 期。

张安生：《同心（回民）方言语词考释（二）》，《宁夏大学学报》1996 年第 1 期。

张安生：《同心回民话中的阿拉伯语波斯语借词》，《回族研究》1994 年第 1 期。

张安生：《同心回族方言语词考释》，《宁夏大学学报》1994 年第 1 期。

张安生：《同心音略》，《固原师专学报》，1991 年第 3 期。

张秋红：《移民方言接触与回族方言语音变迁探析——以宁夏红寺堡开元村关中方言为例》，《北方民族大学学报》2017 年第 5 期。

张秋红、杨占武：《宁夏红寺堡生态移民区回族方言接触探析》，《北方民族大学学报》2016 年第 1 期。

张盛裕、张成材：《陕甘宁青四省区汉语方言的分区（稿）》，《方言》1986 年第 2 期。

张卫国、孙凤、达瓦卓玛、杨一枫、王大柱、［日］朝日祥之：《"语言与乡村振兴"多人谈》，《语言战略研究》2022 年第 1 期。

赵红芳：《固原方言中回族亲属称谓的特点》，《语文建设》2013 年第 11 期。

周磊：《兰银官话的分区（稿）》，《方言》2005 年第 3 期。

周永军：《宁夏红寺堡生态移民区回族移民语言态度调查》，《宁夏师范学院学报》2018 年第 12 期。

周永军：《宁夏生态移民区移民语言使用状况实证研究》，《宁夏大学学报》

2018 年第 6 期。

周永军：《生态移民区移民语言使用状况及其影响因素的相关性研究——
　　以宁夏红寺堡生态移民区语言调查为例》，《宁夏大学学报》2018 年第
　　3 期。

祖漪清、高丽、王祖燕、黄维、吴朗：《用语言复制的方法记录濒危语
　　言——锡伯语案例》，《中国语音学报》2017 年第 1 期。

三　新闻报道类

陈丽湘：《数字化引领语言文字生活新形态》，《光明日报》2022 年 4 月
　　6 日。

郭熙：《乡村要振兴语言来帮忙》，《光明日报》2022 年 3 月 27 日。

李尚：《宁夏 73 人被评为第五批自治区级非遗代表性传承人》，《宁夏日
　　报》2020 年 1 月 9 日。

饶高琦：《当方言不再"土味"》，《光明日报》2022 年 3 月 31 日。

张清俐：《加强优秀语言文化研究和创新传播》，《中国社会科学报》2021
　　年 12 月 17 日。